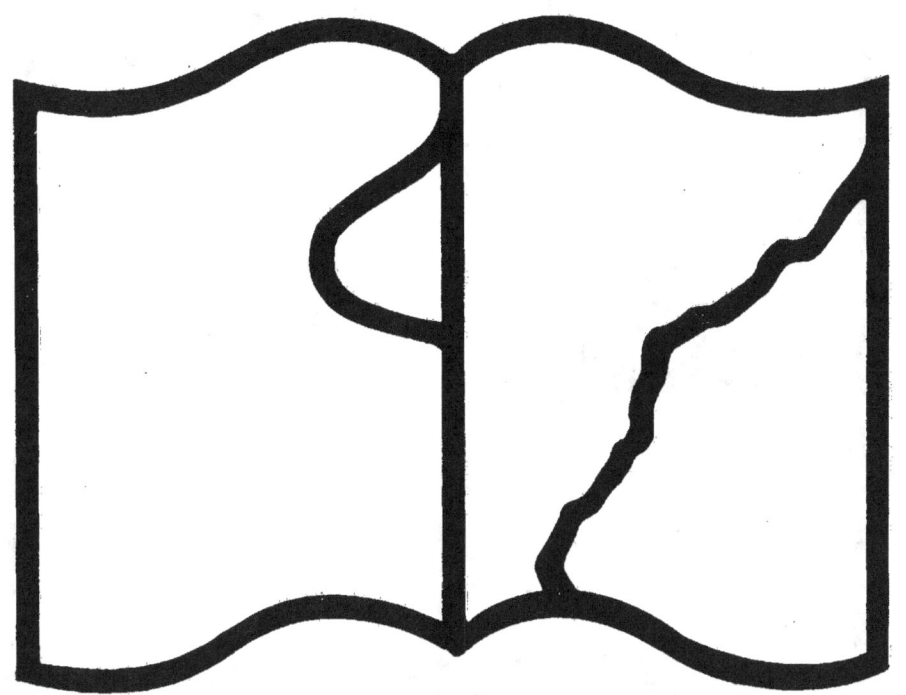

Texte détérioré — reliure défectueuse

NF Z 43-120-11

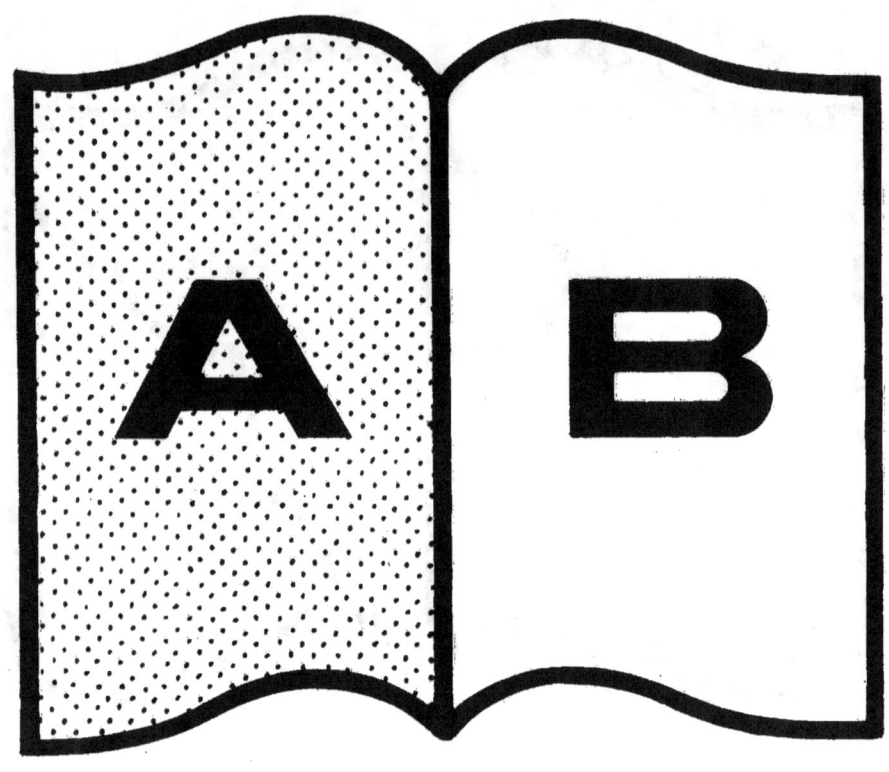

Contraste insuffisant
NF Z 43-120-14

LIBRAIRIE BLÉRIOT
HENRI GAUTIER, SUCCESSEUR
55, QUAI DES GRANDS-AUGUSTINS, 55
PARIS

Un homme, dont il eût été difficile de déterminer l'âge tant sa figure, d'une teinte basanée, portait les traces de longues fatigues, marchait avec agitation dans son cabinet de travail. De rapides froncements de sourcils et les mouvements nerveux de ses lèvres prouvaient qu'il était intérieurement en proie à une émotion puissante. Ses yeux gardaient l'éclat de la jeunesse, mais ses cheveux blanchis aux tempes accusaient des travaux excessifs. Ses mouvements étaient rapides et souples comme ceux d'un homme qui s'était livré à de longues courses, à des chasses dangereuses et avait gardé l'élasticité de ses muscles. La bouche devait savoir sourire, mais le regard couvait de puissants éclairs. Tout indiquait dans cet homme un mélange bizarre, excessif, dangereux peut-être, de douceur et d'emportement, de calcul et de générosité, de finesse d'aperçus, d'enthousiasme même, et, en même temps une habileté sérieuse dans les affaires et une ténacité à toute épreuve. Ce qu'il voulait, il devait le réaliser à tout prix.

1ͬᵉ LIVRAISON.   1

La pièce dans laquelle il se trouvait trahissait une somptuosité étrange.

Dans un angle, des potiches assez hautes pour qu'un homme pût s'y cacher renfermaient des plantes exotiques. Sur la cheminée, des bronzes japonais, d'une grande finesse, étalaient leurs ciselures à côté d'idoles d'or ventrues du Mexique. Des armoires de nacre, fermées de glaces sans tain, renfermaient des bijoux de tous les mondes et des manuscrits dans toutes les langues.

Au moment où s'ouvre ce récit, M. Monier ne semblait nullement occupé de ses travaux habituels ni des merveilles qui l'entouraient.

Son impatience était visible, et une sorte d'expression douloureuse passait souvent sur son visage énigmatique.

La porte du cabinet de travail s'ouvrit doucement, et le valet de chambre annonça :

— Madame Blanche Monier.

— Enfin ! dit le millionnaire.

Sa figure, sur laquelle se lisait tout à l'heure une inquiétude persistante, devint subitement hautaine et froide.

M. Monier s'avança de quelques pas seulement au devant de la visiteuse, puis il lui désigna un siège, sans lui adresser un mot de bienvenue.

Et cependant, rien de plus gracieux que l'ensemble de la jeune femme, vêtue de noir, qui s'avançait lentement vers le vieillard.

Ses grands yeux bleus, profonds et doux, gardaient l'indélébile timidité de la souffrance et de la gêne ; sa bouche pâle, qui devait rarement sourire, annonçait une angélique bonté ; l'honnêteté brillait sur ses traits, et la plus noble décence paraissait envelopper cette créature, prématurément brisée par une grande douleur.

Elle écarta son voile de veuve et tomba dans le fauteuil avancé par le valet de chambre, avec une lassitude trahissant la faiblesse d'une santé rudement atteinte par le chagrin.

Pendant une seconde, M. Monier contempla cette jeune femme ; ses sourcils se froncèrent ; il parut soutenir une lutte contre lui-même ; mais, se redressant et prenant une résolution subite, il dit, d'une voix au timbre cassant et dur :

— Madame, j'ai à vous entretenir d'une chose grave. Je demande instamment que vous m'écoutiez sans m'interrompre, car vous aurez à peser avec votre raison la proposition que je vais vous soumettre. Peut-être devinerez-vous une partie des confidences qu'il ne me convient pas de vous faire. Je vous prie, dans ce cas, de ne point me le laisser voir. Si je vous froisse durant cet entretien, songez, pour garder de la patience et du courage, qu'il s'agit de l'avenir de votre fils.

— De mon cher Henri ? Ah ! vous pouvez parler, monsieur, je saurai tout entendre.

Les yeux perçants de M. Monier enveloppèrent la jeune veuve d'un regard moins dur; il s'enfonça dans son fauteuil, comme un homme qui doit parler pendant longtemps, puis il reprit, d'une voix sans accentuation, qui lui servait sans doute à masquer la violence de son désir et l'énergie de sa volonté :

— Je veux que vous me connaissiez avant d'avoir à me donner une solution définitive. Peut-être vous a-t-on raconté une partie des évènements que je vais sommairement vous rappeler. J'ai passé dans la famille à l'état de personnage légendaire. Mon départ fut enveloppé de mystère, et mon retour produisit sans doute plus d'étonnement que de joie. Je ne me reconnais point le droit d'en être surpris. J'ai trop vu, trop coudoyé, trop fréquenté les hommes de toutes les latitudes pour croire niaisement qu'on récolte la tendresse sans avoir semé la reconnaissance. Il y a trente ans, vous n'étiez pas née; alors je me trouvais dans toute la force de la jeunesse, et la vie m'apparaissait d'autant plus belle que, pour moi, elle avait un but. Je voulais acquérir la fortune et mériter le bonheur. Le bonheur me semblait tout près; je croyais n'avoir qu'à étendre la main pour le saisir, quand brusquement l'espérance de cette félicité caressée au fond de mon cœur me fut enlevée. L'homme qui me jeta du haut de mes rêves d'avenir dans un abime de désespoir, était Jacques Aubry, le frère de votre mère.

— Mon oncle ! murmura la jeune femme, d'une voix douloureuse.

— Je me battis avec lui; il me blessa. Vraiment, il avait à cette époque l'insolence du bonheur. J'eus peur de céder à la tentation de commettre un crime et je suppliai mes parents de me permettre de partir pour les Indes. Vous savez de combien de membres se composait alors ma famille : j'avais un frère, Henri, plus âgé que moi de trois ans; une sœur, Rose-Marie, qui, plus tard, épousa M. de la Haudraye. Tous combattirent ma résolution avec l'éloquence de la tendresse. Mon père me répéta que le temps calmerait mon désespoir, et que je serais le premier, plus tard, à rire de ce poignant chagrin. Ma mère essaya de me fléchir par ses larmes : rien ne put m'attendrir et me convaincre. Ni les regrets de mon père, qui me répétait, d'une voix sourde : « — Si tu pars, nous ne nous reverrons plus ! » — ni les larmes de ma mère, qui sanglotait, en me prenant dans ses bras, ni les affectueuses paroles de mon frère Henri, ni l'enfantine douleur de Rose-Marie. Les malheurs humains ont leur folie, et, dans ce moment, mon malheur me paraissait irrémédiable. Vraiment, à cette heure encore, tandis que j'évoque ces souvenirs, que j'appelle autour de moi les ombres évanouies, je puis l'avouer sans exagération, j'ai souffert autant qu'un homme peut souffrir, puisque jamais, entendez-vous, jamais je ne suis parvenu à oublier.....

La jeune veuve regarda M. Monier et fut effrayée de l'expression de sa physionomie. Il avait eu raison de le lui dire : elle ne savait rien du motif qui jadis l'avait porté à quitter la France, et une grande pitié s'empara du cœur de Blanche.

M. Monier reprit :

— Nous étions peu riches ; la somme que je reçus de mon père servit à payer mon passage aux Indes, et quand j'arrivai à Calcutta, je me trouvais presque aussi pauvre qu'un fakir indien. Mais j'avais l'amour du travail, vingt ans, et un grand désespoir au cœur. Ce qui devient une source de faiblesse et d'énervement pour les uns, se change en puissant levier pour les autres.

» L'habitude de voir manipuler les affaires me donna le désir de me faire négociant à mon tour. Je commençai avec un éventaire pour continuer dans une boutique et finir par un des plus importants comptoirs de la colonie. Arrivé à ce résultat, il semble que j'aurais dû me tenir pour satisfait, réaliser ma fortune et revenir en France. Non! j'étais devenu marchand, voyageur, nomade, riche et curieux ; je voulais doubler, centupler le chiffre de mes affaires, et ne rentrer dans ma patrie qu'environné du prestige de millions gagnés sur toutes les côtes.

» J'écrivais en France à des intervalles irréguliers ; j'appris un jour que mon frère s'était marié à votre mère, Jeanne Aubry. Nul ne s'était souvenu, préoccupé de ma haine pour Jacques, et la famille, faisant bon marché de mon exil, de mon désespoir, de ma haine, unissait deux maisons dont les héritiers avaient répandu le sang l'un de l'autre.....

— Non, dit Blanche, d'une voix douce, on fut sans doute mû par une meilleure pensée. On se dit que l'animosité est un levain mauvais, et qu'il fallait l'éteindre sans retour par un mariage qui ne pouvait en rien vous froisser. Ma mère était un ange de vertu et de bonté ; mon oncle Jacques était mort, pourquoi vouliez-vous éterniser la haine entre deux familles unies jadis par la plus étroite amitié ?

— Je ne pardonnais pas ! dit M. Monier, d'une voix dure, et je ne voulais pas que l'on se crût le droit d'oublier mon bonheur détruit et mon sang répandu. La nouvelle d'une union qui faisait de Jeanne Aubry ma sœur, éloigna davantage mon projet de rentrée en France.

Songez qu'il s'agit de l'avenir de votre fils. (*Voir page* 5.)

Avide d'étendre le cercle de mes relations, de fonder des maisons nouvelles, je laissai mes divers établissements entre les mains de gens sûrs, je nolisai un navire, et je partis pour Java. Pendant deux ans je fis le commerce du poivre, allant de Bantam à Batavia, puis je trafiquai de toutes les épices de cette île magique, qui produit à la fois des aromates et des poisons, des fleurs et des monstres.

» Ma voie était trouvée ; je demandais le mouvement, le bruit, pour oublier, chasser un souvenir, et bientôt le courant agrandi de mes affaires ne me laissa plus un moment de repos. Mon amour pour les voyages devint une violente passion. Je ne me contentai plus d'amasser de l'or, je voulus apprendre, et rapporter plus tard en Europe les souvenirs de mes aventures, de mes chasses, de mes découvertes. Et après trente ans de courses, d'explorations, qui m'ont fait à la fois millionnaire et membre correspondant de toutes les Académies de l'Europe, je suis rentré à Paris.....

M. Monier s'arrêta un moment, ferma les yeux comme s'il voulait échapper à un spectacle terrifiant, et reprit, d'une voix plus sourde :

— J'ai trouvé partout la mort et les ruines : les ruines de nos monuments, les ruines de mes souvenirs, le tombeau de presque tous les miens. J'apportais la fortune d'un rajah, et je ne savais si quelqu'un me ferait la grâce d'en accepter une partie. Je vous ai dit qu'au moment où je quittai la France, j'avais une sœur et un frère. Henri s'était marié à Jeanne Aubry; tous deux étaient morts, et vous étiez devenue la femme de leur fils. Vous ne tardâtes pas à rester veuve, et vous aviez un enfant... Il s'appelle Henri, comme mon frère aîné... Il est bien mon petit-neveu, il est de mon sang, et sa ressemblance avec mon frère m'a plus d'une fois ému jusqu'aux larmes.

» Rose-Marie fut enlevée, ainsi que son mari, M. de la Haudraye, par une épidémie. Ils laissaient un fils, Amaury de la Haudraye. Vous le connaissez ; je l'ai reçu dans ma maison, je le traite comme mon enfant. Il héritera d'une partie ou de la totalité de ma fortune, selon ce que vous déciderez tout à l'heure.

» Deux ans après mon départ pour les Indes, un petit ange fut envoyé à ma mère, fruit tardif de la maternité. Julie, en religion Sœur Sainte-Croix, n'a rien à réclamer pour elle de la fortune immense que je possède, puisqu'elle a fait vœu de pauvreté. Je lui fais une large part dans mes revenus pour ses aumônes.

» Cette sœur cadette, je n'ai pas grandi avec elle, je ne l'ai jamais connue avant de la voir enveloppée de sa robe de bure et de son voile d'étamine. Elle est entre Dieu et moi la messagère de la charité. Je m'en accuse, mais à partir de mon départ pour les Indes, mes relations avec ma famille furent rares. Sauf la corbeille donnée par moi à Rose-Marie, le jour de son mariage, et la dot payée au couvent où Julie prononça ses vœux, mes parents reçurent peu de marques de mon souvenir. J'attendais mon retour pour leur prouver ma tendresse. La mort ne m'a pas attendu; elle a fauché sans relâche les vieillards, les jeunes hommes, les jeunes mères ; j'arrivais trop tard, oui, trop tard ! Rose-Marie et son mari s'en étaient allés ; d'Henri et de son fils je ne trouvai que deux noms sur une plaque de marbre.....

M. Monier passa la main sur son visage et, honteux de s'être laissé dominer par son attendrissement, il reprit :

— Je voulus grouper autour de moi les débris de ma famille décimée; Amaury de la Haudraye, le fils de ma sœur aînée, répondit le premier à mon appel. Sœur Sainte-Croix, ma sœur cadette, vint ici me parler de notre mère et me recommander ses pauvres. Il me restait encore un petit-neveu, votre enfant; celui-là, je me sens disposé à le chérir de toute mon âme, en souvenir de mon frère Henri....

— Oh ! monsieur ! s'écria la jeune veuve, croyez-le, il vous rendra, nous vous rendrons tous deux cette tendresse.

— Ecoutez-moi jusqu'au bout, reprit le millionnaire, et ne vous hâtez point de me bénir. Car si je me sens disposé à chérir Henri, à multiplier pour lui les sacrifices, je ne saurais oublier que vous êtes la fille de Jeanne Aubry et que votre famille a jadis ruiné mon bonheur et mon avenir. Ainsi, je suis partagé par deux sentiments absolument contraires : ma haine pour tout ce qui vous touche de près ou de loin, et ma tendresse puissante pour le sang de mon frère, pour le dernier héritier de ce vulgaire nom de Monier, que j'ai doublement ennobli par la richesse et par la science ! Ne me dites point que ce n'est pas votre faute si Jacques Aubry m'offensa d'une façon mortelle ! d'autres accepteraient sans doute cette raison et vous pardonneraient une filiation fatale. Je reviens riche, plus riche que vous ne le supposez encore, je n'ai jamais été heureux, et qui sait si, poursuivant les traditions de votre famille, vous ne serez pas encore un obstacle aux projets que je caresse ?

— Ah ! monsieur, répondit la jeune veuve, en levant son beau visage couvert de larmes, je voudrais qu'il me fût permis de désarmer votre colère, et d'appeler sur mon enfant un peu de la tendresse que vous portiez à votre frère.

— Nous verrons, nous verrons tout à l'heure, dit M. Monier, si vous êtes disposée à faire ce que vous dites. Laissez-moi achever ce que je veux vous expliquer, vous montrer la situation telle qu'elle est, vous en faire comprendre les avantages, en énumérer les conditions.

— Parlez, monsieur, parlez, dit Blanche.

Le vieillard reprit, non plus avec dureté, mais avec tristesse :

— Mon neveu, Amaury de la Haudraye, le fils de Rose-Marie, a vingt-cinq ans; c'est un homme. Son caractère est fait, et ce caractère, d'une grande rectitude, est en même temps trop arrêté, trop personnel pour qu'il me soit possible de lui laisser mon empreinte. Amaury, instruit, élégant, d'un physique agréable, et très riche par mon fait, choisira bientôt une femme, et je pense même que, sans me le dire, il songe déjà à celle qui va devenir sa fiancée. Je lui inspirerai de la reconnaissance pour mes bienfaits ; je ne parviendrai pas à m'en faire chérir dans toute l'étendue de ce mot. Je viens tard dans sa vie ; Amaury marié, je resterai seul. Eh bien ! je connais trop la solitude pour qu'elle ne m'inspire pas à cette heure une épouvante profonde. Elle me pèse, elle m'est odieuse, j'en ai trop souffert : je n'en veux plus. Il faut que quelqu'un s'attache à moi, une créature simple, douce et bonne, que je ferai riche, et qui me rendra heureux. Je ne me marierai point désormais, et cependant je veux voir ici un enfant.....

— Henri ! s'écria la jeune veuve, votre petit-neveu ?

— Oui, répondit M. Monier ; Henri, qui porte mon nom, et dont les traits rappellent ceux du frère que j'ai pleuré...

— Ah ! dit la jeune femme, en se soulevant, et en tendant vers M. Monier ses petites mains frêles, Dieu est bon d'exaucer la plus ardente de mes prières. Si vous saviez combien je lui ai demandé ce que vous m'apprenez à cette heure. Henri cessera donc d'être orphelin, si vous l'adoptez. Oh ! comme il vous aimera, ce cher enfant, dont le cœur naïf s'ouvre si aisément à la tendresse ! Et moi, avec quelle vénération je chérirai celui qui fera le bonheur de mon fils, celui avec qui il me sera donné de parler du compagnon qui n'est plus !

Le visage de M. Monier s'assombrit jusqu'à la dureté.

— Vous ne m'avez pas compris, lui dit-il sèchement.

— Ne me parlez-vous point d'adopter mon fils ?

— Sans doute.

— De le prendre chez vous, de le faire riche ?

— Il est vrai.

— Vous voyez bien que je vous comprends, puisque je vous remercie et que je vous bénis.

— En qualité de mon petit-neveu, reprit M. Monier, Henri a des droits à mon héritage au même titre qu'Amaury de la Haudraye, le fils de ma sœur, mais je ferai davantage pour cet enfant, si vous me le donnez, si...

— Mon oncle ! mon bon oncle ! dit Blanche, en tombant à genoux, et en s'efforçant de saisir la main de M. Monier.

Celui-ci se recula vivement.

— Relevez-vous, madame, relevez-vous, répéta-t-il avec vivacité. Je savais bien que vous ne lisiez pas au fond de ma pensée, et que vous gardiez une illusion que je veux détruire au plus vite. Si ma tendresse pour Henri, l'enfant de mon neveu, est grande, si je me sens disposé à faire en sa faveur plus que jamais vous n'avez osé espérer dans vos rêves, je n'oublie pas de quelle famille vous sortez. Je me souviens que vous êtes la fille de Jeanne Aubry, la sœur de Jacques, et vous héritez de ma haine, comme votre fils hérite de mon attachement et de ma fortune......

— Ainsi, demanda Blanche, vous l'appelez seul ?
— Seul.
— Vous voulez l'adopter et vous me fermez votre maison ?
— On conduira votre fils chez vous.
— Mon Dieu ! mon Dieu ! murmura la jeune femme en sanglotant.

M. Monier la regarda avec une expression approchant de la pitié.

— Réfléchissez, dit-il, j'ai quarante millions. Dans notre pauvre Europe, un tel chiffre de fortune semble fabuleux ; il est fréquent aux Indes. Je suis plus riche que bien des princes ; toutes les jouissances, tous les luxes me sont possibles. Sur ces quarante millions, Amaury en aura dix seulement ; tout le reste sera pour votre fils, si vous faites le sacrifice de me le confier, s'il grandit avec moi, s'il ne me quitte jamais. Quant à vous, il est juste que vous soyez indemnisée de la privation que je vous impose. A partir du jour où votre fils habitera chez moi, je vous servirai une rente de soixante mille francs, payable chez mon notaire.

La jeune veuve se leva ; son visage était transfiguré par la douleur ; une sainte indignation brillait dans son regard.

— Assez ! monsieur, dit-elle, assez ! Dieu m'est témoin que j'étais prête à vous aimer, et que si vous eussiez ouvert les bras, vous eussiez eu, au lieu d'un, deux cœurs à vous chérir. Mais vous me demandez de vous vendre mon enfant ! d'abandonner mes droits maternels, d'imposer silence à mon amour, de trahir mes devoirs, pour une fortune plus ou moins considérable. Non, monsieur, non, n'espérez pas me convaincre, ne cherchez pas à m'éblouir par des promesses. Et qui donc apprendrait à mon enfant à m'honorer et à me chérir ? Ne me croirait-il point plus tard, coupable de quelque faute honteuse, en me voyant repoussée de votre seuil ? Qui lui rappelerait son père ? Vous ne l'avez point connu. Qui lui parlerait de Dieu ? Vous n'y croyez plus, puisque vous ne savez pas pardonner.

M. Monier fit un signe d'impatience.

— Il s'agit de vous sacrifier pour le bonheur de votre enfant, dit-il.

— Et qui vous prouve que je ferais son bonheur en l'abandonnant de la sorte? C'est un être timide et doux qui a plus essuyé mes larmes qu'il n'a répondu à mes sourires. Songez-y donc, monsieur, j'étais veuve à dix-neuf ans ! Je vis pour mon enfant, par mon enfant ! Il ne me reste rien que lui au monde ; mais nous nous aimons uniquement, et notre mutuelle tendresse nous suffit. Je suis presque pauvre, et ce cher enfant connaîtra plus d'une privation dans la vie, mais au moins, il aura toujours, à toute heure, la tutelle et les baisers de sa mère. Nous ne nous quitterons jamais ! jamais ! Où est la mère, l'enfant doit rester. C'est à la fois sa joie et son devoir. Lui et moi ou ni l'un ni l'autre. Oh ! monsieur, n'hésitez pas à votre tour, ne nous repoussez pas ! Nous avons besoin de vous, car nous sommes deux êtres isolés et faibles. Vous avez besoin de nous, car nous avons assez souffert pour comprendre votre tristesse. Pourquoi voulez-vous que je porte le poids d'une faute dont je suis innocente ? Vous ai-je offensé ! Ah ! si je le pensais, je tomberais à vos genoux. Mais enfin, je veux le croire, puisque vous l'affirmez, une grande douleur vous frappa et Jacques Aubry, le frère de ma mère, en fut cause ; laissez-moi en effacer le souvenir, vous la faire oublier, vous réconcilier avec notre famille et avec vous-même, car la haine meurtrit et blesse le cœur qui la renferme.

— C'est impossible ! dit M. Monier.

— Rien ne pourra vous fléchir ?

— Rien !

— J'ai prié, dit la jeune femme en se levant, ma dignité m'interdit de faire davantage.

— Vous refusez de me confier Henri ?

— La mère garde son enfant ! répondit la veuve.

— Vous renoncez à trente millions ?

— Je garde du pain pour mon fils.

— Vous réfléchirez, dit M. Monier, et vous reviendrez.

— Vous pardonnerez, dit Blanche, et nous reviendrons.

Puis, s'inclinant avec une humilité touchante et une grâce timide, la jeune veuve quitta le cabinet du millionnaire.

Il fit lentement le tour des baraques. (*Voir page 24.*)

CHAPITRE II

ON CREUSE LA MINE

Lorsque la jeune veuve se trouva hors de l'hôtel de M. Monier, elle poussa un soupir de soulagement; le poids des richesses qu'elle venait de voir l'oppressait; il lui semblait que les millions de ce nabab la poursuivaient comme une menace.

Avec une hâte joyeuse, elle descendit les Champs-Élysées, gagna la rue Taitbout, puis entra au numéro 71, et monta au quatrième étage.

Une petite servante vint lui ouvrir; Henri accourut, jeta ses deux bras autour du cou de sa mère et lui prodigua ces folles caresses qui tiennent lieu de tout aux pauvres mères.

Avec quel transport Blanche le pressa sur son cœur; quel flot intarissable de paroles coulait des lèvres de cette mère à qui l'on avait osé marchander son enfant!

L'enfant regardait Blanche avec l'expression d'une émotion touchante. Il ne pouvait comprendre tout ce qui se passait dans l'âme de la jeune femme, mais la gravité de la mère avait prématurément mûri l'esprit de l'orphelin.

Le reste de la journée se passa pour ces deux êtres purs et doux, dans une expansion de tendresse et de joie. Pour la première fois, Blanche comprit qu'elle pourrait, grâce à l'amour de son enfant, retrouver presque du bonheur.

Sa pauvreté lui semblait riante; elle regardait avec une satisfaction touchante son mobilier modeste, les fleurs de sa fenêtre, l'élégant costume bleu de son fils. Certes, à cette heure, les deniers de cette veuve pouvaient plus pour son repos et sa félicité à venir, que les millions du nabab des Champs-Élysées.

Celui-ci, après le départ de Mme Monier, avait d'abord cédé à un de ces violents mouvements de colère qu'Indigo connaissait, mais dont jamais les domestiques de Paris n'avaient été témoins.

La pensée que sa fortune ne pouvait lui donner tout ce qu'il souhaitait l'irritait profondément. Comment, une jeune femme de vingt-deux ans repoussait pour elle et pour son fils une large part de cet or qu'il était allé ramasser sur toutes les côtes du globe? Il apprenait l'insuffisance de la fortune, à l'heure où il croyait tout devoir à sa puissance.

Cependant cette irritation se calma. Il fallut bien à l'esprit une revanche sur l'instinct ; à la logique une part dans la discussion.

Quoi de plus légitime, en somme, que le refus de cette jeune femme? Pouvait-on pousser plus loin la rudesse qu'il ne l'avait fait à son égard? Et sur quelles bases appuyait-il sa haine persistante? Sur le refus fait autrefois par Jeanne Aubry d'épouser M. Monier !

Le millionnaire se répétait ces choses en dépit de lui-même. Puis il se souvenait du jour où, pour la première fois, on lui amena Henri. Qu'il était beau, rayonnant et doux !

Et sa mère, combien elle était touchante au moment où, agenouillée devant le vieillard, elle le suppliait de permettre qu'elle réparât les torts de Jeanne, si cette chère créature en avait eu dans le passé ! Il l'avait repoussée, dédaignée, presque insultée.

Mais quelle revanche dans le dernier regard de cette jeune femme, comme elle le dominait de toute sa dignité de mère, au moment où elle franchit le seuil de son cabinet !

— C'est un caractère ! murmura enfin M. Monier.

Cette expression renfermait pour lui tous les éloges.

Le reste du jour, il resta plongé dans une telle rêverie, qu'à l'heure du dîner son neveu s'inquiéta de sa préoccupation.

Amaury de la Haudraye, le fils de Rose-Marie, sœur de M. Monier, était un jeune homme d'environ vingt-quatre ans, d'une beauté régulière, mais froide. On ne pouvait s'empêcher de trouver la ligne de son profil du grec le plus pur, son regard intelligent, sa bouche fine, et son front assez développé pour laisser deviner que ce jeune homme possédait des facultés puissantes. Et cependant, en face d'Amaury de la Haudraye, personne ne se trouvait à l'aise, pas même M. Monier. Les yeux cernés d'Amaury lançaient un éclair aigu laissant une impression presque douloureuse ; l'ironie se trouvait fréquemment écrite sur ses lèvres d'un rouge trop vif; une ombre inquiétante couvrait souvent son front. On ne pouvait se flatter de le deviner, de le comprendre. Comme toutes les énigmes dont on cherche le mot malgré soi, il laissait un trouble dans l'esprit. Il raillait tout : les belles œuvres, les grands sentiments et les saintes croyances.

Avec son oncle, Amaury se montrait respectueux sans étalage de tendresse, et M. Monier, devinant en partie son caractère, lui savait presque gré de cette réserve. Il entrait une certaine hauteur dans la façon dont Amaury recevait les bienfaits de son oncle. Le millionnaire, fournissant au luxe de ses écuries, et lui faisant une pension de cinq mille francs par mois pour ses menus plaisirs, traitait rarement des questions d'argent avec Amaury.

Celui-ci acceptait sans les implorer les générosités du nabab. Il l'en remerciait en termes plus respectueux que tendres. Cet excès d'orgueil, car le millionnaire ne voulait pas voir d'indifférence dans cette façon d'agir, laissait au jeune la Haudraye une grande liberté d'action et de paroles. Son oncle eut sans nul doute souhaité trouver dans le fils de sa sœur plus d'expansion chaleureuse, mais, la nature d'Amaury étant donnée, mieux valait cette froideur qu'une hypocrisie humiliante pour le bienfaiteur et pour l'obligé.

Amaury occupait moins qu'il ne l'habitait le deuxième étage de la maison des Champs-Élysées.

Il se levait tard, allait au cercle, du cercle au bois, dînait presque quotidiennement avec M. Monier, et retournait au cercle.

Pendant le dîner, la conversation roulait sur les nouvelles du jour, la pièce en vogue, les intrigues du parlementarisme. Jamais l'entretien ne devenait intime.

La vie de ces deux hommes se côtoyait sans se confondre.

Quand M. Monier revint en France avec les millions et les merveilles artistiques dont il avait chargé un navire, son premier soin fut de chercher et de rapprocher de lui les membres de sa famille décimée. Comme il le disait à Blanche, il trouva des tombes. Amaury, qui voyageait en Italie, revint sur une lettre de cet oncle des Grandes-Indes passé à l'état légendaire. Sœur Sainte-Croix accourut plaider la cause des malheureux près de ce millionnaire, et le petit Henri fut amené un matin dans le cabinet où nous avons vu pleurer sa mère. M. Monier ne se trompait pas en disant que de l'enfant seul il devait attendre l'affection et la reconnaissance. L'ambition calculée d'Amaury primait sur tout autre sentiment ; sœur Sainte-Croix s'était donnée à Dieu et ne pouvait se rapprocher de son frère qu'au nom de la charité.

Amaury, voyant que le vieillard ne lui parlait jamais d'Henri, pouvait croire que le millionnaire l'oubliait. Il l'espérait, et plus d'une fois, recommençant le calcul approximatif de la fortune de son oncle, il se répéta qu'elle tomberait toute dans ses mains. Cependant chaque fois qu'une préoccupation se lisait sur le front de M. Monier, Amaury cherchait à en apprendre la cause, afin d'y remédier s'il lui était possible, ou tout au moins de prévenir ce que, pour lui, elle pouvait garder d'inquiétant.

Quand il descendit ce jour-là à l'heure du dîner, l'expression de tristesse amère empreinte sur la physionomie de M. Monier frappa vivement Amaury, qui voulut en savoir la cause.

— Eh bien, mon oncle, demanda-t-il, avez-vous beaucoup avancé votre manuscrit sur *Java et ses Merveilles* ?

— Je ne pense pas avoir achevé ce travail avant deux ans, Amaury, et cependant M. Kerdren, mon secrétaire, y met au moins autant de zèle et de science que moi. Je suis souvent tenté de croire que, sans l'avouer, il a fait le voyage de Java.

— Et les illustrations ?

— Des chefs-d'œuvres, Amaury ! Jean Marigné se surpasse lui-même.

— On donne une première ce soir, mon oncle, souhaitez-vous y venir ?

— Merci ! j'ai à revoir un article sur les marionnettes de Java.

Il ne vint pas à l'esprit d'Amaury de demander à son oncle s'il désirait qu'on lui tînt compagnie, et, le dîner terminé, il se retira.

Rentré dans son appartement, il sonna son valet de chambre, et Germain se trouva si rapidement aux ordres de son maître, qu'on eût pu le prendre pour un de ces diaboliques serviteurs de féeries qui préviennent non pas seulement les ordres, mais les souhaits de ceux qu'ils doivent servir.

Quoiqu'il n'eût guère l'habitude d'adresser la parole à Germain en dehors du service, Amaury, plus occupé qu'il ne l'aurait voulu de la disposition d'esprit dans laquelle il laissait son oncle, demanda au valet de chambre :

— Il ne s'est rien passé de nouveau dans la maison ?

— Rien, monsieur, sinon la visite reçue par M. Monier.

— Mon oncle voit beaucoup de monde.

— Certes, mais jamais Mme Blanche ne franchit le seuil de l'hôtel.

— Et elle a osé !...

— Elle s'est rendue à la prière de M. Monier en venant chez lui.

— Mon oncle l'avait mandée ?

— Par un billet que Pierre a porté.

— Eh bien ?

— Mme Blanche est venue, et, monsieur me pardonne des remarques faites dans son intérêt, j'ai constaté que sa cousine semblait moins pâle et moins triste. On eût dit qu'elle espérait une chose heureuse. Sans doute elle a été trompée dans son attente, car, en sortant, elle pleurait sous son voile.

— Il s'agit d'un secours demandé, sans doute.

— Ou d'une faveur refusée par madame.

Rien ne me coûte quand il s'agit du service de monsieur, reprit le valet de chambre d'une voix de plus en plus basse et avec une attitude de plus en plus humble; frappé comme les autres de voir mander à l'hôtel la nièce de M. Monier, j'ai songé que je rendrais service à Pierre en rangeant le salon de son maître, pendant que Mme Blanche serait reçue dans le cabinet.

— Autrement dit, vous avez écouté l'entretien.

— Je ne me le serais certainement pas permis... Seulement, Mme Blanche disait des paroles si touchantes, et M. Monier élevait tellement la voix que j'ai entendu...

— Eh bien ?

— Oh ! une conversation très intéressante et qui se chiffre par trente millions.

— Mon oncle affirmait posséder cette somme ?

— J'en demande pardon à monsieur, la fortune de son oncle est de quarante millions, et il en offrait trente à Mme Blanche... si elle consentait à lui confier son fils Henri.

— Trente millions ! répéta Amaury, ce vieux fou donnerait trente millions pour avoir Henri près de lui !

— Il en resterait dix à monsieur.

Le front d'Amaury se couvrit d'une sueur glacée.

— Et ma cousine consent ?

— Elle refuse.

Amaury respira.

— Seulement, reprit Germain, il me reste une crainte.

— Et c'est ?

— Que M. Monier admire beaucoup la conduite de sa nièce.

— Il aura grandement raison.

— J'en demande pardon à monsieur, mais il me semble que cette admiration pourrait devenir dangereuse. On est bien près de céder à ceux dont le caractère nous impose. Et qui sait si, plein d'estime pour la mère et d'amitié pour l'enfant, il n'en viendrait pas à les recevoir tous deux dans l'hôtel au même titre que monsieur ?

Amaury ne répondit pas.

Debout devant la glace, occupé à refaire son nœud de cravate, il semblait ne pas attacher beaucoup d'importance aux révélations de Germain ; il lui adressait des questions d'une façon presque machinale. Cependant le valet de chambre crut le voir pâlir.

Amaury plaça des cigares dans un étui de cuir de Russie, demanda des gants frais et se disposa à sortir.

Au moment de franchir le seuil de sa chambre, il se retourna vers son domestique :

— A propos, Germain, si la tristesse de mon oncle augmentait, vous me préviendriez.

Le valet de chambre, resté seul, se frotta joyeusement les mains.

— A la bonne heure ! Il fait l'arrogant, mais au fond il y a peut-être moyen de s'entendre ! Un fier homme, M. de la Haudraye ! Calme comme la mort et froid comme un marbre ! Il est devenu pâle, cependant, quand j'ai parlé de trente millions. C'est contagieux, le voisinage de l'argent. Il me prend des envies de devenir riche, oh ! mais riche ! Pourquoi pas ? J'ai de l'œil, du flair, de l'audace, peu de scrupules et point de conscience. Je me sens disposé à tout pour devenir riche, que le diable me soit en aide !

Tout sembla favoriser les projets de Germain Loysel. La tristesse de M. Monier devint de jour en jour plus évidente, et la préoccupation d'Amaury parut grandir en même temps.

L'ouvrage sur *Java et ses Merveilles* fut abandonné ; le millionnaire s'enfermait dans sa chambre, et refusait de recevoir ses amis.

Il sortit un jour à pied, gagna la rue Taitbout, s'arrêta en face du numéro 71, entra dans l'allée, puis brusquement il se jeta dans une voiture et se fit ramener chez lui.

Le soir même il écrivit une longue lettre qu'il déchira après l'avoir terminée.

A partir de la matinée où Blanche parut chez M. Monier, et où Germain comprit quel drame allait se jouer dans l'hôtel des Champs-Élysées, il adopta un genre de vie tout différent de celui qu'il menait jusque-là. Au lieu de s'isoler, à l'exemple de son maître, il se montra communicatif, obligeant, et offrit à Pierre de lui aider à faire, le matin, l'appartement du millionnaire. Ce fut en renversant la corbeille, remplie de papiers, que Germain Loysel trouva les pages écrites par le vieillard, et que celui-ci n'avait pas eu le courage d'envoyer.

Germain les fourra dans sa poche, acheva tranquillement sa besogne, puis, remontant dans sa chambre, il rapprocha patiemment les fragments de la lettre et parvint à la lire.

Le vieillard s'avouait vaincu ; il appelait l'enfant. S'il ne promettait point à la mère de la chérir au même degré que son fils, il s'engageait du moins à lui témoigner les égards auxquels elle avait droit, et à lui donner dans sa maison une place honorable. Il se reposerait sur elle de mille soins dont le détail lui devenait une fatigue. A partir du jour où elle viendrait, avec Henri, habiter l'hôtel, trente millions seraient garantis à l'enfant à la succession de son oncle.

Germain plaça les morceaux de papier dans une enveloppe, et se mit à réfléchir.

Par quelle suite de déductions le valet de chambre en était-il venu à deviner que son maître aurait besoin d'un aide occulte ?

Il faut croire que les natures identiques se devinent et se comprennent pour le mal comme pour le bien.

Entre le brillant et orgueilleux jeune homme à qui devaient revenir en partie les millions de M. Monier, et le laquais souple et retors, existait un lien mystérieux.

Tous deux devaient forcément en venir à s'entendre. L'un garderait, même dans une combinaison devant aboutir à un crime, le flegme qui paraissait l'entourer d'une atmosphère factice ; l'autre ne se départirait jamais de l'apparence du respect.

Lorsqu'Amaury rentra du cercle, vers une heure du matin, il trouva, dans l'antichambre, Germain qui l'attendait.

Au moment où le valet posait un livre non coupé sur la table de nuit, à côté de la lampe, Amaury lui demanda :

— Quel est ce volume ?

— Un ouvrage nouveau : l'*Enfant volé*.

Amaury regarda Germain.

Le valet de chambre tira de son portefeuille des fragments de lettre qu'il présenta à son maître sur un plateau d'argent ciselé, en disant d'un ton confidentiel :

— Il m'a semblé que ces papiers étaient de nature à intéresser monsieur.

Amaury saisit les lambeaux de la lettre et en commença la lecture, tandis que Germain se reculait dans l'ombre.

Il n'était pas assez éloigné, cependant, pour ne point apercevoir l'éclair de rage qui passa dans les yeux d'Amaury, tandis qu'il lisait les pages écrites pour la jeune veuve, ni pour ne pas entendre les exclamations de colère qui s'échappaient des lèvres de son maître.

Debout, à demi masqué par les plis soyeux des tentures, il épiait sur le visage d'Amaury les signes de haine qui passaient comme un orage sur son front plissé, sa bouche crispée ; plus s'accentuait la cruauté froide de la physionomie du jeune homme, plus celle de Germain brillait d'une joie diabolique.

— Le misérable enfant ! s'écria enfin Amaury, l'astucieuse veuve ! Qui me délivrera de ces mendiants d'héritage !

Comme il achevait ces mots, le valet de chambre sortit de l'ombre protectrice qui l'entourait et demanda respectueusement :

— Monsieur a-t-il des ordres à me donner ?

— Non ! répondit Amaury avec brusquerie, laissez-moi.

Germain sortit à reculons.

Pendant quelques minutes, le visage de M. de la Haudraye garda son expression haineuse et farouche ; elle s'effaça lentement pour faire place à une froideur relative. On eût dit qu'il cherchait un moyen, ou tout au moins un expédient.

Le livre laissé par Germain frappa ses regards.

Il le prit, le retourna fiévreusement dans ses mains, et lut le titre à deux reprises différentes :

— L'*Enfant volé*... Oui, il y a cela, l'*Enfant volé !*

Il ouvrit le volume et lut jusqu'à la dernière page.

Le jour était venu et Germain, entrant dans l'appartement, comprit, en regardant la lampe brûlant encore et la brochure qui venait de rouler sur le tapis, que son maître n'avait pas dormi.

— Je crois que cet ouvrage a paru intéressant à monsieur, dit Germain en ouvrant les croisées et en tirant les rideaux ; s'il n'est plus utile à monsieur...

— Vous le lirez, vous, Germain ?

— Sans doute, j'aime à m'instruire. On m'a dit, d'ailleurs, que la situation est fort intéressante. Il s'agit d'un enfant dont l'existence gêne un héritier. On le fait voler par un homme habile. Le moyen est bon peut-être, mais l'enfant se retrouve ; donc l'affaire a été mal conduite.

— Vouliez-vous qu'on l'assassinât ?

— Moins encore. Mais il fallait le mettre dans l'impossibilité d'hériter, le dégrader si bien au physique et au moral en torturant son corps et en abaissant son caractère, que, se retrouvât-il par miracle, il ne fût pas même bon à faire un valet de chenil.

Les yeux d'Amaury rencontrèrent le regard perçant de Germain.

Le maître n'ouvrit pas les lèvres, le domestique ne prononça pas un mot, et cependant tous deux venaient de s'entendre.

Si M. de la Haudraye avait pu douter de la perspicacité de Germain, il eût été complétement rassuré en l'entendant demander peu d'instants après :

— Monsieur serait-il assez bon pour m'accorder un congé ?

— De combien de jours ?

— Il me serait impossible de le déterminer. Il s'agit d'une affaire grave, exigeant plus d'habileté encore que d'argent, et pour laquelle je me permettrai de prier respectueusement monsieur de me faire quelques avances.

— Eh bien, Germain, revenez quand tout sera terminé à votre satisfaction. Voici mille francs sur vos gages. Pendant votre absence, qui s'occupera de mon service?

— Un camarade sans place, et dont je réponds comme de moi même.

— Je suis renseigné, dit Amaury, il peut venir demain.

— Je remercie monsieur, dit le valet de chambre, et je lui prouverai combien je suis digne de ses bontés.

Le soir même, Benoît, l'ami dont répondait Germain, entrait en fonctions.

Le lendemain, un homme d'environ quarante ans, dont la figure pâle s'encadrait de favoris roux, vêtu d'amples vêtements assez mal coupés, regardait avec attention les écriteaux suspendus aux portes des maisons de la rue Taitbout pour indiquer les appartements ou les chambres garnies à louer.

Sur le même palier que Blanche Monier, habitait une pauvre veuve. Mme Verjus, trouvant encore trop lourd son loyer de 800 francs, louait en garni une chambre et un cabinet dont le prix lui aidait à solder son propriétaire. Depuis quelque temps sa chambre était vacante, et la pauvre femme s'en tourmentait; le terme d'avril se trouvait en retard, et rien ne lui faisait prévoir qu'un garçon de bonne volonté prendrait à raison de cinquante francs par mois la petite pièce qu'elle lui réservait.

Sa surprise égala donc sa joie quand l'individu qui lorgnait tour à tour les maisons de la rue Taitbout entra au numéro 71 et sonna à la porte de la vieille dame. Un accent britannique très prononcé trahissait assez sa nationalité. Il s'enquit du prix de la chambre, la trouva convenable, paya deux mois d'avance, et demanda si Mme Verjus ne pourrait pas lui donner sa pension.

Le ciel s'ouvrait pour la pauvre veuve; elle accepta et le soir même M. Ferson s'installait chez elle.

C'était un homme de mœurs paisibles, sortant peu, rentrant de bonne heure. Curieux, comme les étrangers, de mille détails que ne manquait pas de lui donner Mme Verjus, avec la satisfaction d'une vieille femme isolée qui s'estime heureuse de trouver à qui parler.

L'insulaire l'écoutait religieusement, patiemment, ses mains sur ses genoux, ses yeux bleus et froids fixés sur elle.

Un soir, tout en prenant avec lenteur sa tasse de thé, l'Anglais demanda à la vieille dame :

— Vous avez pour voisine une jeune femme en deuil ?

— Un ange, et un amour d'enfant, son fils.

— J'aimais beaucoup les enfants. Je ferai à vous une confidence. Je étais venu dans cette maison avec des intentions honorables... excentriques, mais d'un gentleman. Si la jeune dame voulait se remarier... Je suis riche, beaucoup riche... j'avais loué cette chambre pour voir, pour étudier. Ne parlez pourtant pas en mon nom, ne me présentez pas non plus. Mais ne vous inquiétez pas si vous me voyez suivre la jeune dame.

— Je comprends cette prudence, quoiqu'elle ne soit pas nécessaire. En huit jours vous saurez par cœur la vie de Mme Blanche.

Elle sort le matin pour aller à la messe, avant que l'enfant ne soit éveillé.

— Qui le garde pendant ce temps ?

— Maurille, la petite servante. Quand la jeune dame revient, elle s'occupe de la toilette du chérubin. Il faut voir ça... des cuvettes grandes comme des piscines, des éponges grosses comme le baby, du savon parfumé, du linge anglais. Le cher petit est toujours habillé de bleu... un vœu de sa mère. Dans la journée, tous deux vont aux Tuileries. Le soir, Mme Blanche répète des contes à Henri jusqu'à ce qu'il ferme les yeux. Alors seulement, comme elle est seule et triste, elle peut pleurer.

— Oh ! c'était très touchant ! dit l'Anglais. Je remercie vous infiniment de ces détails. Seulement, si vous me voyez suivre Mme Blanche, ne vous alarmez pas. J'ai besoin d'être sûr par moi-même. Si tout ce bien est vrai, je la demanderai en mariage.

— Vous la suivrez à l'église ?

— A l'église aussi ; et si, plus tard, ma femme désire que je me fasse catholique...

— Décidément, s'écria Mme Verjus, je crois que vous ferez un excellent mari.

A partir de cette soirée, Ferson s'attacha, avec les précautions indispensables, à la poursuite de la jeune femme. Cependant, il évitait avec soin qu'elle s'en aperçût.

On était aux plus beaux jours de l'année ; la douceur de la température invitait aux longues promenades. Blanche rentrait moins vite dans son appartement, et permettait à Henri de jouer plus longtemps dans les squares où elle le conduisait.

Un après-midi, tandis que Blanche travaillait à sa broderie, Henri, triste et presque boudeur, oubliait son cerceau. De temps en temps il regardait sa mère, s'approchait de deux pas, puis se reculait ; enfin, glissant près d'elle et se collant contre la jeune femme avec une attitude câline, il la regarda avec une expression indiquant clairement qu'il avait une requête à lui adresser.

— Es-tu fatigué ? demanda Blanche en baisant ses cheveux.
— Je n'ai pas envie de jouer, répondit le petit garçon.

Blanche pâlit.

— Tu souffres ?
— Oh ! non, mère, seulement...
— Parle, mon chéri, que veux-tu ?
— Je voudrais aller à la fête de Montmartre. Si tu m'aimais bien, petite mère, tu me promettrais de m'y conduire.
— Je t'en prie, mon chéri, répondit Blanche, demande autre chose. Il y aura une foule à se faire écraser. Pas une fête de ce genre où il n'arrive un malheur. Je te mènerai à Guignol, au théâtre des marionnettes, où tu voudras, mais pas à Montmartre.
— Comme il te plaira, mère, répondit tristement l'enfant.

Le chagrin du cher petit eut un écho dans le cœur de Blanche, et pour ne pas le voir souffrir, étouffant sa propre inquiétude, elle lui dit avec un soupir :

— Nous irons à cette fête, Henri, je te le promets.

De folles caresses payèrent la mère de ce sacrifice, et Blanche, en voyant sourire son enfant, oublia qu'elle avait tremblé.

Quelques instants après, elle se leva et quitta le jardin.

Derrière elle Ferson emboîta le pas ; mais au lieu de rentrer rue Taitbout, il prit le chemin de la place Saint-Pierre.

Lentement il en fit le tour, examinant les baraques, étudiant le visage des propriétaires de phénomènes et des professeurs de dislocation.

Une grande affiche frappa soudain sa vue.

On lisait, au-dessous de la toile représentant les merveilles qui seraient étalées le lendemain sous les yeux des spectateurs :

TAMERLAN
et sa troupe, la plus nombreuse de l'Europe.

— Tamerlan ! s'écria Ferson, je suis sauvé !

Et il souleva la toile fermant la baraque du saltimbanque.

Elle ressemblait à une vision de sainte Cécile jouant pour les anges du ciel.
(*Voir page* 35.)

CHAPITRE III

L'ENFANT VOLÉ

'était un bruit, un vacarme, un tintamare à rendre sourd ; un mouvement, un tournoiement, un étalage de couleurs, un chatoiement de paillettes à vous aveugler ; des cris, des appels, des boniments à troubler la cervelle la mieux équilibrée. On trouvait ce soir-là, sur la place Saint-Pierre, des spectacles pour tous les goûts et des divertissements à tous les prix.

Chaque baraque luttait avec sa voisine dans l'art d'attirer le public et d'occuper la foule. Les cuivres des orchestres éclataient sous le souffle des musiciens ; les peaux d'âne des grosses caisses ronflaient sous les baguettes terminées par des boules grosses comme celles des bilboquets. La note des cornets à piston déchirait l'air, tandis que les orgues de Barbarie miaulaient des refrains connus.

Les femmes géantes s'exhibaient à côté des princesses Colibri, hautes comme un chou ; les sauvages, mangeurs de verre pilé, se rapprochaient de l'homme canon.

Les phénomènes se coudoyaient, non sans jalousie, les plus hideux régnant de toute la supériorité de leur laideur sur les monstruosités de moindre calibre.

Parfois, un véritable savant, frotté de bohème et maltraité par la vie, expliquait les merveilles de la science devant les badauds, traînant sur les tréteaux la physique et la chimie, rappelant ses relations intimes avec M. Babinet, et enseignant pour dix sous les mêmes choses que les professeurs de la Sorbonne.

Une Somnambule *extra-lucide*, interrogée par son prétendu magnétiseur, répondait juste à une question dont la forme dictait d'avance la réponse.

Un bâtonniste, émule de Pradier, jonglait avec trois cannes et, d'un coup hardi et savant à la fois, enlevait une pièce de dix sous sur le nez du premier bourgeois venu.

Une affiche alléchante annonçait un BAL DE DINDONS non loin du salon de cire des Barnum, montrant, en compagnie de Troppman et des frères Siamois, les principales têtes couronnées d'Europe, des épisodes de la prise de Jérusalem par les Croisés, le baptême de Clorinde et le quadrille des clodoches.

Quand l'orchestre se taisait, le pitre débitait cent calembours pour un sou, énumérait les merveilles contenues dans l'intérieur de la baraque et donnait le signal aux *allumeurs*. Ceux-ci, aux invitations répétées de : — « Suivez le monde ! on monte ! on va commencer ! » — faisaient comme les comparses des théâtres, entrant par un côté et sortant par l'autre.

Les militaires riaient en braves gens ayant leur permission de dix heures ; les gamins applaudissaient les boniments réussis et saluaient leurs paillasses de prédilection. On se coudoyait, on se pressait, on se bousculait.

Vraiment si, comme au théâtre, se sentir les coudes est déjà une cause de satisfaction, on les sentait ce soir-là, dans le dos, dans les côtes, aigus, brutaux, méchants, cruels.

Parfois une grande bande nouée par les bras essayait de se dérouler au milieu de la mêlée ; le père et la mère allant en avant, les enfants suivant sans crainte, criant de joie, et attendant l'heure de monter sur les chevaux de bois ou de tirer des macarons à la loterie.

Les chandelles coulaient dans leurs cornets de papier huilé, les lanternes vénitiennes préludaient aux feux de Bengale ; de temps à autre, une fusée partait, essayant de rejoindre les étoiles ; elle retombait en poussière enflammée au milieu des cris de la multitude.

Que devenait, au milieu de cette cohue, la pauvre Blanche ? Fidèle à sa promesse, elle avait conduit Henri sur la place Saint-Pierre ; et, bien que tentée au dernier moment de lui refuser un plaisir dangereux, elle avait cédé, moins encore aux prières de l'enfant qu'à son propre cœur.

Ces deux êtres, chétifs et faibles, avaient grand'peine à se tirer de la foule qui menaçait à chaque moment de les séparer.

Si quelque chose pouvait consoler Blanche d'avoir consenti à cette imprudence, c'était la joie folle d'Henri.

Il ouvrait démesurément ses grands yeux bleus devant chaque tableau des baraques ; il eût souhaité entrer dans chacune, et repaître à la fois ses regards de l'ensemble de ces spectacles.

Dans la petite salle du *Massacre des innocents*, il abattit plus de cent personnages à coups de balles de peau gonflées de son ; chaque triomphe lui arrachait un cri de victoire. Il avait gagné des feuilles de macarons, joué à la toupie hollandaise, chevauché sur des coursiers de bois et regardé avec une curiosité admirative les figures de cire honorées de l'attention des têtes couronnées de l'Europe.

Blanche espérait que la curiosité de l'enfant ne tarderait point à être satisfaite; elle essayait de lui persuader que l'Homme au sable courait dans la foule; mais Henri se défendait contre le sommeil et répétait à sa mère d'une voix pleine de supplications:

— Encore ! mère, encore !

— Mais, chéri, nous n'aurons pas le temps de voir toutes les curiosités ce soir ; j'aime mieux revenir un autre jour.

— Rien qu'une baraque, une seule ; montre-moi le quadrille des dindons et je serai raisonnable. Mais, songe donc, mère, des oiseaux qui dansent.

— Nous ne pourrons jamais fendre la presse, mon cher enfant.

— Nous mettrons plus de patience, voilà tout.

La jeune femme essaya vainement de lutter; sa raison faiblit devant le désir de son enfant, et elle lui dit :

— Je cède, Henri, mais c'est la dernière fois.

Il fallait que le spectacle des dindons, dansant un quadrille, fût bien attrayant pour qu'un si grand nombre de badauds se pressassent en face de la baraque. Le pitre n'avait plus besoin de crier : « Suivez le monde ! » au contraire, se tournant de temps à autre du côté du propriétaire de l'établissement, il lui disait :

— Ces gens-là vont s'étouffer, patron, ma parole d'honneur! Rendez l'argent! que diable, on se bouscule, on s'écrase à la porte. Il faut que tout le monde voie, envoyez la moitié des curieux regarder la *femme à barbe*.

Le pitre obtenait un succès fou. Plus il feignait de se mettre en colère, plus le patron encaissait de gros sous.

Dans son impatience enfantine, Henri, qui serrait la main de sa mère, cherchait à l'entraîner en avant ; celle-ci retenait l'enfant. Lentement ils gagnaient du terrain, et vingt pas à peine les séparaient du théâtre de toile dans lequel les dindons donnaient leurs représentations chorégraphiques.

Tout-à-coup un groupe de jeunes gens, riant, criant, enfonça le carré de curieux, sur le point de monter à l'assaut de l'escalier. Il en résulta un violent mouvement de recul. Refoulés, meurtris, les curieux éclatèrent en reproches, en injures, en cris mal étouffés par les discordances de l'orchestre. Des enfants à demi-écrasés dans cette bagarre, se mirent à pleurer. On échangeait des noms, des appels, on se comptait, on essayait de se rallier par clans, par familles.

Blanche n'avait pas lâché la main d'Henri, quand, brutalement, un poing, lourd comme un marteau, s'abattit sur son poignet ; la douleur qu'elle ressentit fut si violente, qu'elle pu croire un moment qu'on venait de lui briser le bras. Surmontant bien vite sa souffrance, elle avança sa main meurtrie pour reprendre celle de l'enfant, dont elle tenait tout à l'heure les petits doigts. L'enfant n'était plus à ses côtés.

— Henri ! Henri ! cria la mère éperdue.

Mais nul ne lui répondit, et les curieux venus là pour s'amuser, n'étaient pas loin d'en vouloir à cette malheureuse qui troublait si bruyamment leurs plaisirs.

Blanche essaya de percer la foule, de se faire jour sur la place. Dès qu'elle apercevait le pan d'un petit vêtement bleu, elle croyait reconnaître et retrouver son enfant.

Recherches vaines, prières stériles ; elle allait, demandait, repoussée, meurtrie, les yeux aveuglés par les pleurs ; sa voix, devenue rauque par les sanglots, prononçait à peine le nom de son enfant.

Mais, tandis qu'elle jetait dans les groupes sa plainte désolée, les cuivres lançaient leurs notes aiguës, les tambours grondaient, les allumeurs continuaient à guider les moutons de Panurge, et toutes les baraques refusaient du monde.

Et Blanche courait toujours sur la place, retentissante de bruit, ruisselante de lumières, en appelant, d'une voix de plus en plus désolée :

— Henri ! Henri !

Lentement les lumignons s'éteignirent, les lanternes vénitiennes disparurent, les curieux, ivres de gaîté, le tympan brisé, le gosier altéré, quittèrent les spectacles forains après avoir jeté deux sous dans la tire-lire de ferblanc du pitre, et promis de faire part à leurs amis et connaissances du plaisir qu'ils venaient d'éprouver.

Derrière les planches, les tentes, les toiles, les hercules remplaçaient leurs maillots par des vêtements plus aisés, les femmes sauvages se lavaient le visage à la potasse et au savon noir, on retirait les phénomènes de leurs gaines, on permettait aux monstres de dormir.

Tant que la foule avait couvert la place, Blanche conserva l'espoir de retrouver son enfant : séparé d'elle momentanément, elle le verrait tout-à-coup, tremblant de peur et d'angoisse, se jeter dans ses bras, lui demandant pardon de la terreur qu'il lui avait causée, en lui promettant de ne jamais redemander à voir les fêtes populaires.

Mais elle chercha, elle appela, elle ne vit point son enfant, et nulle voix ne répondit à ses sanglots. Alors l'immensité de son malheur se dressa devant elle : son enfant était perdu !

Son désespoir devint une sorte de folie ; elle ne marcha plus sur la place déserte, elle courut ; elle n'appela plus, elle cria.

— On m'a volé Henri ! répétait-elle, on me l'a volé !

Un sergent de ville, voyant la douleur de cette pauvre créature, s'approcha d'elle, demanda et obtint le peu de détails qu'elle savait elle-même.

— Votre enfant n'est pas volé, lui dit-il, mais égaré seulement. Il se peut qu'une bonne âme, voyant ce chérubin, sans guide, dans la foule, l'ait emmené, dans la crainte qu'il lui arrivât malheur.

— Et quand on saura que sa mère le redemande.....

— On s'empressera de le ramener au commissariat de police.

— Oui, monsieur, oui, dit Blanche, je n'y songeais pas. Je ne pense plus à rien. J'aime tant mon Henri ! Allons chez le commissaire, tout de suite, tout de suite.

Le sergent de ville accompagna la jeune femme jusqu'au bureau du magistrat. Celui-ci veillait, prévoyant le cas où un accident grave, un crime, un malheur nécessiterait sa présence.

Il regarda la jeune femme avec une expression de compassion, car il avait tout de suite compris quelle angélique créature pleurait en ce moment devant lui.

— Madame, dit M. Desmonts, remettez-vous, je vous prie. Tâchez de conserver ou plutôt de retrouver assez de sang-froid pour me répondre. Votre enfant s'est égaré dans la foule.....

— Non, monsieur, dit Blanche, en s'essuyant les yeux, et parvenant à dominer l'excès de sa douleur. Sa petite main était pressée dans la mienne. J'avais peur pour lui, pour moi, de cette multitude....

— Alors, reprit le commissaire de police, un de ces mouvements de foule, qu'il est impossible de prévoir et de repousser, vous a séparée de lui ?

Les yeux de Blanche se levèrent, fixes et brillants, sur le magistrat.

— Il faut le chercher, dit-elle, car on ne vous le ramènera pas.

Puis, soulevant la manche assez large de sa robe de deuil, elle montra au magistrat son frêle poignet, tout noir de sang extravasé.

— On vous a frappée, madame?

— On m'a presque cassé le bras, et le premier saisissement de la douleur m'a fait lâcher la main d'Henri.

— Mais, alors, il ne s'agit plus d'un malheur ?

— Non, monsieur. Je me rappelle, maintenant. Je me souviens. Il m'a semblé voir, à deux reprises, dans la foule, une figure blême, encadrée de favoris roux. Plusieurs fois déjà le même homme m'a suivie. Que me voulait-il ? Je ne le connais pas. Je ne vois personne.

— Quel intérêt aurait-il à vous enlever votre enfant?
— Je l'ignore. Son visage m'a presque effrayée, voilà tout.
— Ne l'avez-vous rencontré dans aucune maison?
— Si, monsieur, si, il montait un jour l'escalier de ma voisine, lorsque je descendais.
— Son nom?
— Je l'ignore. Mme Verjus le connaît peut-être.
— Vous n'avez pas d'ennemis?
— Moi, monsieur, à qui donc aurais-je nui en ce monde? Je suis veuve, dans une situation presque indigente. Ah! fit-elle, en cachant son front dans ses mains, Dieu me punit de mon égoïsme. J'ai refusé le bonheur, la fortune de mon enfant, Dieu m'en châtie.
— Comment pouviez-vous rendre une fortune à cet enfant?
— En le laissant adopter par M. Monier, son grand-oncle.
— M. Monier qui a longtemps habité les Indes?
— Oui, monsieur. Il y a un mois, il me fit venir, m'offrit une pension considérable et me demanda Henri. Je refusai fièrement, gardant pour moi mon cher trésor et laissant ses richesses à celui qui croyait sans doute que tout s'achète à Paris, même le cœur des mères. Oh! j'ai été folle! Si j'avais consenti, mon fils aurait eu des laquais pour le servir, le garder. Je pleurerais seule le cher absent. Je le saurais heureux, tandis que je me demande, pleine d'effroi, ce que les misérables qui me l'ont ravi vont faire de ce pauvre petit ange. Oh! monsieur! dites-moi que vous me le rendrez, et que je puis encore espérer.
— Vous pouvez tout attendre de moi, répondit le commissaire de police. Je chercherai, et j'espère vous donner bientôt des nouvelles. Soyez courageuse. Il ne faut pas vous laisser abattre, car votre faiblesse pourrait paralyser mes efforts.
Blanche releva son front penché.
— J'essaierai, monsieur, dit-elle, oui, j'essaierai.
— Vous allez donc rentrer chez vous; c'est à nous de veiller, de chercher. Voulez-vous être ramenée en voiture?
— Non, répondit Blanche, je préfère marcher. Qui sait? Dieu fait des miracles! si j'allais retrouver Henri sur mon chemin.
— Allez, madame, et que Dieu vous soutienne!
— Quand pourrai-je revenir?
— Sitôt que j'aurai des nouvelles je vous appellerai.
La jeune femme regarda le magistrat bien en face.
— Vous n'espérez pas! non, vous n'espérez pas! dit-elle.
Elle se leva, avec une sorte d'emportement et, toute chancelante, gagna la porte.

Lorsque Blanche quitta le cabinet du magistrat, il était près de deux heures du matin. Les rues devenaient silencieuses après s'être faites obscures ; la vie semblait s'être retirée de ce Paris mouvementé, bruyant, rieur, qui s'agitait pendant la soirée dans toutes les grandes artères de la capitale, et dont le flot montant avait gagné jusqu'aux hauteurs de la place Saint-Pierre.

De rares passants circulaient dans les rues ; un refrain s'y faisait entendre par intervalle, écho des plaisirs de la soirée.

Et Blanche s'en allait, frôlant les murailles, chancelante, abîmée dans cette pensée désolante : on m'a volé mon enfant !

Pendant qu'elle parlait au commissaire de police, l'infortunée avait retrouvé un peu de lucidité au milieu du désordre de son cerveau. Le regard, la parole du magistrat, la galvanisaient pour ainsi dire. Elle sentait à côté d'elle une force, une puissance, venant en aide à sa faiblesse ; mais, à cette heure, cette énergie s'en allait ; son cœur criait plus haut que sa raison ; son cerveau s'emplissait de ténèbres profondes, et ses lèvres pâles répétaient machinalement :

— Mon enfant ! on m'a volé mon enfant !

Tout-à-coup des flammes rouges passèrent devant ses yeux, des battants de cloche sonnèrent dans ses oreilles ; elle tenta vainement de s'attacher aux murailles ; il lui sembla que les murs se reculaient, et, avec un cri étouffé, elle tomba sur le pavé de toute sa hauteur.

Au moment où Blanche s'affaissait sur le trottoir, deux jeunes gens descendaient la rue. Le corps inanimé frappa subitement leurs yeux, et tous deux se penchèrent vers la jeune femme.

— Est-elle morte, Barbézius ? demanda le plus jeune des promeneurs.

— En vérité, Jean, je l'ignore ; le cœur ne bat plus. Si la vie n'est pas éteinte chez cette créature, elle est du moins suspendue par l'excès de la douleur.

— Qu'allons nous faire, Barbézius ?

— La porter d'urgence dans un hospice paraît, au premier abord, le plus simple. Mais les vêtements soignés de cette infortunée ne trahissent pas la misère. Nul hôtel ne lui donnera asile. Nous sommes à vingt pas de ma maison, déposons-la chez Guillaumette.

— Tu as raison, dit Jean.

Tous deux soulevèrent Blanche avec des précautions fraternelles, et deux minutes après ils arrivaient rue de Provence, dans la maison habitée par Barbézius.

Une seconde plus tard la sonnette de Guillaumette retentissait d'une façon inusitée.

La brave femme était assez souvent mandée chez des malades pour ne point s'effrayer du bruit qui l'arrachait au sommeil. Elle passa quelques vêtements à la hâte, et ne put s'empêcher de pousser un cri en voyant le corps inanimé, que soutenaient les deux jeunes gens.

— Vite ! vite ! du secours ! dit Barbézius, pas de questions. Ouvrez la porte toute grande, Guillaumette, et le cœur à deux battants.

La garde-malade s'effaça contre la muraille, laissa passer les jeunes gens, et dit simplement :

— Voici mon lit.

— Déshabillez cette jeune femme, reprit doucement Barbézius, je vais chercher une lancette.

Jean resta dans le couloir, tandis que Guillaumette s'empressait d'obéir aux ordres du jeune homme.

— Pauvre enfant ! murmura-t-elle ; c'est tout jeune, et sans doute le chagrin ne s'est pas fait attendre. Elle est bien jolie, quoique si pâle !

Un moment après, Barbézius franchissait avec Jean le seuil de la chambre.

Avec une sûreté de main prouvant une grande habileté, Barbézius piqua la veine de la jeune femme et en fit jaillir le sang.

— Dieu soit loué ! dit-il, elle est sauvée !

En effet, une seconde après, les paupières de Blanche battaient sur la prunelle troublée, et lentement la jeune femme regarda autour d'elle.

La vue des taches de sang couvrant ses draps, lui arracha un cri d'effroi.

— Tuez-moi, si vous voulez, dit-elle ensuite, mais laissez vivre mon enfant.

Barbézius sourit avec amertume.

— Approche-toi, Jean, dit-il, et rassure-la ; je suis si laid qu'elle me prend pour un tortionnaire.

Il était en effet difficile de trouver un type plus incohérent, plus affreux, que celui du pauvre garçon répondant au nom de Barbézius.

La teinte livide de son visage rendait plus fade le ton jaune de sa chevelure ébouriffée. Une barbe de la même nuance, s'évasait sur une poitrine étroite, tandis que le cou tors s'enfonçait entre deux épaules dont la gibbosité faisait mal à voir. Le nez court, aux narines ouvertes comme celles des chiens de chasse, donnait envie de rire. On ne pouvait voir la bouche, sur laquelle débordaient des moustaches invraisemblables, dont les pointes rejoignaient des oreilles rouges et mal bordées. Les sourcils buissonneux étendaient une ligne droite au-dessus de l'arcade sourcillière. On était si soudainement frappé par l'aspect de cette tête de fantoche, tenant du gorille et du polichinelle, que l'on ne cherchait point si le regard avait le rayonnement de la bonté, si l'intelligence brillait sur ce front pâle.

Blanche ne vit que le monstre et détourna la tête avec horreur.

Elle ne devina point la mansuétude infinie de l'âme, elle n'entendit point le ton pénétrant et doux de cette voix dans laquelle vibraient de sourdes tristesses.

— Mon enfant! répéta Blanche, on m'a volé mon enfant!

Barbézius glissa ces mots à l'oreille de Guillaumette :

— Soignez-la! j'irai chercher le médecin à la première heure.

Jean descendit l'escalier en même temps que son ami.

Comme Barbézius demeurait au rez-de-chaussée, il dit à Jean Marigné :

— Veux-tu passer chez moi le reste de la nuit?

— Merci, il faut que je rentre; ma sœur Fabienne serait inquiète.

— Porte-lui l'expression de mon respect. Raconte-lui les événements de cette nuit. Dans quelques heures le docteur Rolland sera ici.

— Tu connais le docteur Rolland?

— J'ai été son interne; parfois, quand il passe dans cette rue, il entre dans mon laboratoire, et me regarde empailler mes grenouilles.

Jean serra la main de son ami et s'éloigna.

Quand Guillaumette se trouva seule près du lit de Blanche, elle prit entre ses mains la main exsangue de la jeune femme, et se mit à lui parler tout bas de consolation et d'espérance; d'abord la malade parut écouter les encouragements de sa gardienne, mais bientôt les paroles lui semblèrent un vain bruit; ses joues s'empourprèrent, et des phrases incohérentes se pressèrent sur ses lèvres. C'était la fièvre, la fièvre précédant le délire.

Tour à tour Blanche s'adressait à M. Monier, qu'elle accusait de ne pas savoir pardonner, et de lui avoir volé son enfant, ou bien elle appelait Henri, d'une voix déchirante.

Tandis qu'elle était en proie à une horrible crise, la porte de la chambre s'ouvrit, et une enfant de quinze ans environ parut sur le seuil.

— Mère, que se passe-t-il donc? demanda-t-elle, d'une voix dont rien ne saurait rendre le charme.

— Ne t'effraie point, Alleluia. M. Barbézius vient d'amener ici une jeune femme demi-morte. Il paraît que la douleur d'avoir perdu son enfant l'a foudroyée.

— M. Barbézius a bien fait, dit Alleluia, de sa voix touchante. Il a un cœur d'or, M. Barbézius. Pauvre créature ! qu'elle doit souffrir ! Je vais t'aider, chère mère.

Alleluia s'avança, en étendant les mains. Elle marchait avec une hésitation craintive, mais cependant gracieuse, et son visage rayonnait d'une sérénité touchante.

Elle gagna l'angle de la chambre et s'assit devant un harmonium, posa ses petites mains sur le clavier et se mit à jouer si doucement que le chant qui s'élevait sous ses doigts se répandait moins en sons qu'en murmures.

C'était une mélodie s'échappant dans un vol aérien, avec des caresses de notes, des mélopées naïves et lentes. Cette créature touchant par l'âge à l'enfance, et qui, dans la nuit, dont il plaisait à Dieu de l'envelopper, mûrissait hâtivement son cœur et sa pensée, trouvait dans son âme des cantiques pieux, des rêveries sans fin.

Assise droite sur son tabouret, sa taille mince à peine serrée dans un blanc peignoir de nuit, ses longs cheveux, d'un blond de lin, flottant sur ses épaules grêles, elle ressemblait à une vision de sainte Cécile adolescente, jouant pour les anges du ciel.

A mesure que se déroulait la mélodie sans paroles sous les doigts de la jeune fille, la crise de Blanche s'apaisait, et l'égarement de la fièvre faisait place dans ses yeux à l'expression de la douleur.

Deux heures plus tard, Barbézius ramenait le docteur Rolland.

Le praticien tâta le pouls de la jeune femme ; puis, attirant Guillaumette et Barbézius dans un angle de la chambre :

— Le cas est grave, très-grave : fièvre cérébrale imminente. Il vous faudra beaucoup de temps et de dévouement.

— Monsieur, dit Guillaumette au médecin, moi et ma fille nous devons la vie à M. Barbézius, nous nous acquittons avec les autres.

— C'est bien fait ! dit M. Rolland, en se tournant vers Barbézius. Ah ! tu nies la reconnaissance. Vois, écoute cette femme et cette jeune fille.

— Alleluia est aveugle ! objecta l'empailleur de grenouilles.

— Monsieur, dit Guillaumette, je resterai ici jour et nuit, jusqu'à ce que notre malade soit sauvée, et puisse guider les recherches de ceux qui lui aideront à retrouver son enfant.

Le docteur secoua la tête.

— Ecoutez, dit-il d'une voix triste, il est possible qu'après trois ou quatre semaines, cette infortunée puisse se lever, agir, parler, mais dans cette frêle enveloppe, l'âme vacillera comme la clarté d'une lampe agitée par un vent furieux. Elle vivra, mais sans conserver la nette perception des choses. Son esprit restera dans les nimbes d'où il faudra un miracle pour le faire sortir. Je ne crois pas que ce miracle s'accomplisse sitôt. Une commotion violente, une joie inespérée guérirait cette malheureuse.

— Nous l'adoptons, monsieur, dit Guillaumette.

— Allons, adieu, dit le médecin ; à demain, s'il ne survient rien de grave ; à ce soir, si vous avez besoin de moi.

Et le docteur sortit avec l'empailleur de grenouilles.

— C'est vrai ce que tu disais, mère, reprit Alleluia, en rejoignant sa mère et en jetant ses deux bras autour de son cou, nous devons la vie à M. Barbézius, et nous pouvons remercier Dieu, s'il nous permet de nous dévouer à cette jeune mère ! Tandis que tu descendras ranger le ménage de notre bienfaiteur, je resterai ici ; au moindre soupir de la malade, je t'appellerai.

Guillaumette pressa sa fille dans ses bras et la garda longtemps, le front penché sur son épaule.

— Tu seras une excellente créature ! dit-elle.

— C'est si bon, l'exemple, murmura la petite aveugle.

Au moment où Guillaumette descendait pour mettre en ordre le modeste appartement et la boutique de Barbézius, Jean Marigné, son ami, entra comme une trombe dans l'arrière-magasin.

— Diable ! dit-il, l'affaire se complique. En croyant simplement remplir un devoir d'humanité, nous avons peut-être mis la main sur une cause célèbre.

Et Jean Marigné s'asseyant à côté de son ami, lui raconta ce qui s'était passé dans la matinée.

Vous voyez; nous commençons son éducation. (*Voir page* 46.)

4º LIVRAISON.

CHAPITRE IV

GERMAIN

Desmonts travaillait, dans son cabinet, quand on gratta doucement à la porte. A peine avait-il dit : — « Entrez ! » qu'un homme long et fluet, enveloppé dans des vêtements faisant ressortir la hauteur de sa taille et sa maigreur invraisemblable, se glissa par l'entrebâillement de la porte, mettant à ne la point ouvrir toute grande une affectation pleine d'humilité.

— Eh bien ! Julep, lui dit M. Desmonts, vous apportez des nouvelles ?

— J'en apporte, monsieur, sans me flatter, de quoi vous satisfaire de tous points. Je me suis présenté rue Taitbout, pour avoir des nouvelles de la jeune dame, et j'ai appris qu'elle n'était point rentrée chez elle. On est fort inquiet dans la maison. Comme Mme Blanche avait quelque rapport de voisinage avec Mme Verjus, je suis monté chez cette dame. Nouveaux éloges sur son compte. — « Et quand on pense que le malheur la frappe au moment où toutes ses peines allaient finir ! me dit Mme Verjus ; M. Ferson, mon locataire, voulait la demander en mariage, et M. Ferson est millionnaire, malgré ses apparences modestes. » L'idée qu'un millionnaire habiterait une chambre dans l'appartement de la vieille dame me parut tellement improbable, que je demandai de plus amples détails. J'appris alors que M. Ferson suivait souvent Mme Blanche dans ses promenades, mais que la vieille dame n'y voyait aucun inconvénient, puisqu'elle était dans la confidence des projets de l'insulaire.

« — Et hier, ai-je demandé, M. Ferson a-t-il répété le même manège ?

« — Je le crois, car il est sorti cinq minutes après ma jeune voisine.

« — Savez-vous, ai-je repris, où se rendait Mme Blanche ?

« — A la fête de Montmartre.

» — C'est bien cela, et c'est là qu'on a volé Henri. M. Ferson est-il rentré, lui ?

« — Non, monsieur, et cependant il n'est pas dans ses habitudes de passer la nuit au cercle ; il mène une vie si régulière !

« — Madame, ai-je repris, la location de votre chambre est payée ?

« — Pour deux mois.

« — M. Ferson avait beaucoup de bagages ?

« — Un porte-manteau. Mais, vous le savez, ces Anglais, ça voyage avec trois foulards.

« — Vous préviendrez au commissariat de police si votre locataire revient ici.

Et j'ai quitté Mme Verjus.

— Ainsi, demanda M. Desmonts à Julep, vous croyez qu'il existe un mystérieux rapport entre cet énigmatique Ferson, attaché à la poursuite de la jeune veuve, et l'événement de cette nuit?

— J'en suis certain. Mais à qui en veut-on? à l'enfant ou à la mère? Nous finirons bien par apprendre...

Julep n'eut pas le temps d'achever sa phrase ; le secrétaire de M. Desmonts entra et remit une carte au commissaire de police.

— Faites entrer M. Marigné, dit celui-ci.

— Monsieur, dit l'artiste, un de mes amis et moi nous trouvâmes hier, non loin de la rue de Provence, une femme évanouie sur le trottoir. Nous prîmes le parti de la faire transporter chez une brave femme habitant la maison de l'un de nous. Une saignée l'a rappelée à la vie, mais aussi au sentiment de sa douleur ; dans son délire, elle redemande l'enfant qui lui a été volé cette nuit.

— Cette femme est jeune ? demanda M. Desmonts.

— Vingt ans au plus, et fort jolie.

Le commissaire de police dit à Julep, qui venait de s'insinuer dans le cabinet :

— La jeune dame dont vous avez, de ma part, demandé des nouvelles, rue Taitbout, 71, est retrouvée. Allez informer de ces événements son oncle, M. Monier.

— Pardon, monsieur, dit Marigné au commissaire de police, de quel Monier parlez-vous ?

— Du millionaire qui habite aux Champs Élysées ; vous le connaissez ?

— Je le vois tous les jours.

— Il me semble, reprit M. Desmonts, que si vous vouliez bien vous charger d'annoncer à M. Monier le double malheur qui le frappe, vous lui rendriez, comme à nous, un grand service...

— Je remplirai cette mission, si pénible qu'elle soit, répondit Jean.

Vingt minutes après, Marigné se présentait à l'hôtel. Quoiqu'il fût un habitué de la maison, Pierre hésitait à l'introduire.

— Je demande pardon à monsieur, disait-il, j'ai des ordres précis. Personne ne sera reçu dans la journée.

— Allez donc vite, mon bon Pierre, reprit Marigné, car c'est de Mme Blanche que j'ai à entretenir votre maître.

Une minute après, la porte du cabinet de travail du millionnaire se refermait sur l'artiste.

— Pardonnez-moi mon insistance pour être reçu, dit Jean d'une voix troublée. Mais je viens vous prier de me venir en aide dans l'accomplissement d'une bonne action. Je veux vous parler d'une veuve et d'un orphelin...

— Combien voulez-vous pour eux? demanda le nabab.

— Il sera indispensable d'en dépenser beaucoup peut-être, car la femme se meurt, et la nuit dernière l'enfant a été volé.

— Volé! hier soir... un enfant... Vous êtes tout pâle, Marigné... Vous détournez la tête, vous semblez craindre que cette révélation m'afflige... parlez... mais parlez donc!

— Monsieur, dit Marigné en s'avançant vers le vieillard, croyez bien que j'eusse donné beaucoup pour ne pas être un messager de malheur...

M. Monier, qui s'était levé, devint blême.

— Henri! dit-il, Henri!

Jean baissa la tête.

M. Monier reprit, en saisissant la main du jeune homme :

— Contez-moi tout. Vous voyez bien que l'homme de bronze s'anime et que le cœur prend sa revanche. Voyez, continua-t-il en saisissant sur sa table des papiers qu'il tendit à Marigné, je m'humiliais. Je demandais pardon de ma dureté. Je criais à Blanche : — « Venez, vous serez ma fille ! »

Le vieillard s'accusait, questionnait le dessinateur, interrompant les confidences qu'il devait recommencer encore. M. Monier poussait des exclamations sourdes, serrait les poings, et s'abandonnait à une explosion de regrets d'autant plus douloureux, que ce couple frappait d'une façon imprévue.

— On retrouvera Henri! disait-il, on le retrouvera. En attendant, je veux que l'on amène ma nièce chez moi, chez elle...

— Monsieur, répliqua Marigné, je doute que le docteur autorise le transport de la malade. Croyez-moi, laissez-la dans la maison où la Providence l'a conduite. Nul n'est plus dévoué que Guillaumette; Alleluia, sa fille aveugle, est un ange.

— Soit ! Mais je veux la voir et juger par moi-même...

— Permettez-moi de vous dire que cette démarche serait imprudente. Dans son délire, Mᵐᵉ Blanche vous nomme parfois. Votre souvenir ravive ses douleurs. Votre vue pourrait être fatale.

— Allons, dit le viellard, j'obéis. J'espère vous voir tous les jours, monsieur Marigné. Vous remercierez M. Barbézius, et j'irai moi-même lui témoigner toute ma gratitude.

Les deux hommes se serrèrent la main.

L'artiste courut rue de Provence, et M. Monier se fit conduire chez le préfet de police.

Le haut fonctionnaire reçut le nabab avec une grande courtoisie.

— Hélas ! lui dit-il, ces sortes de malheurs sont fréquents, malgré les soins déployés par les agents pour surveiller les endroits envahis par la foule. On cherchera, monsieur, on trouvera, j'espère.

La confiance de M. Monier dans le résultat des promesses du préfet de police n'était pas assez grande pour calmer beaucoup ses angoisses ; il rentra chez lui en proie à un profond abattement.

A l'heure du dîner, Amaury de la Haudraye entra dans le cabinet de son oncle. Le binocle à l'œil, un mince ruban de mousseline au cou, un énorme plastron de chemise dessiné par l'ouverture d'un gilet à deux boutons, le gardénia à la boutonnière, le sourire aux lèvres, le jeune homme s'avança vers son oncle.

Le regard morne que leva sur lui M. Monier le remplit d'étonnement.

— Qu'avez-vous donc, mon oncle ? Votre infaillible secrétaire, M. Urbain Kerdren, a-t-il commis une grave erreur ?

— On a volé Henri ! dit M. Monier d'une voix sourde.

Amaury de la Haudraye recula d'un pas.

— Volé votre petit neveu !

— Oui, cela vous indigne, que l'on se soit attaqué à un enfant. Ravir à une pauvre jeune mère le petit être qui fait toute sa joie, c'est horrible ! Et ce crime s'est commis en plein Paris ! Ah ! si j'avais les coupables entre les mains, je ne croirais pas de châtiment assez épouvantable pour leur faire expier leur forfait.

— Et ma cousine Blanche ? demanda M. de la Haudraye.

— Elle se meurt de désespoir.

Amaury resta un moment silencieux, puis lentement il chercha, non pas à consoler le vieillard, mais à lui rendre un peu d'espérance ; enfin, rompant avec sa froideur accoutumée, il parut s'abandonner à un mouvement de tendresse et se rapprocha de son oncle.

— Je vous reste, lui dit-il ; sans doute cet enfant se fût attaché à vous de toute la reconnaissance qu'il vous aurait due. Mais vous n'avez pas à pleurer les douceurs de l'habitude. Vous savez quelle affection je vous porte. D'ordinaire je me montre peu démonstratif, mais quand un chagrin vous frappe, je le ressens avec autant de force que vous-même. Nous unirons nos efforts pour sauver Blanche, retrouver Henri, et plus tard nous serons deux à les aimer, quand le ciel nous les aura rendus.

— Je le sais, dit M. Monier d'un accent un peu contraint, vous m'aimez, mais comme un homme qui a sa vie faite et ses distractions ailleurs. Quand je suis revenu, vous aviez vingt-cinq ans ! Tandis que l'autre, mon petit neveu, m'eût chéri comme un grand-père. Ne vous croyez point obligé à me tenir compagnie ce soir, Amaury. Quand je souffre au cœur et quand je sens une attaque de goutte, j'aime à être seul.

Amaury insista affectueusement, mais le millionnaire s'obstinant dans sa volonté, M. de la Haudraye, par convenance sinon par tendresse, prit le parti de se priver du plaisir qu'il se promettait en assistant à une première représentation dans un théâtre de genre de Paris.

Il rentra dans son appartement et sonna.

— Benoit, dit-il, déshabillez-moi, je ne sors pas.

Le valet de chambre s'inclina respectueusement et dit d'une voix qui fit tressaillir M. de la Haudraye :

— J'attends les ordres de monsieur.

Germain, revenu de voyage, reprenait son service.

En le reconnaissant, si habile que fût Amaury à dissimuler ses impressions, il ne fut pas maître d'un premier mouvement dans lequel il entrait presque de l'effroi. Son esprit établit brusquement une coïncidence entre la nouvelle que venait de lui apprendre M. Monier, et le retour du domestique, « absent pour affaires de famille ». Un moment il essaya de trouver dans ce rapprochement de faits un simple hasard, mais les questions mentales qu'il s'adressa, et les réponses qu'il se fit, ne purent sans doute le rassurer complètement, car il fixa de nouveau son regard clair sur Germain.

Mais Loysel appartenait à la « haute école de la domesticité ».

C'était un valet frotté de figarisme : assez fin pour flairer les avantages d'une place avant d'y entrer, établissant d'un coup d'œil le bilan moral d'une famille, et calculant d'avance les chances de fortune que peut offrir une situation.

Germain Loysel avait beaucoup vu, beaucoup réfléchi. Il possédait l'art de savoir attendre, le plus difficile de tous peut-être, et puis, nous l'avons dit, il était sûr d'avance qu'Amaury de la Haudraye aurait besoin de ses services. Non pas que le flegmatique jeune homme se commit jusqu'à prendre pour confident son valet de chambre. Allons donc ! il était bien trop fier pour cela ! Il faudrait, afin d'arriver à son but, avec un homme de cette trempe, non pas le questionner, mais le deviner.

La partie était grosse à jouer, et demandait des tireurs d'égale force.

Amaury de la Haudraye, qui n'était pas homme à risquer quoi que ce fût, maîtrisa vite sa première impression et répéta à Germain :

— Aidez-moi à me déshabiller, je ne sors pas.

Le valet de chambre obéit silencieusement.

Cependant, M. de la Haudraye crut pouvoir ajouter :

— Êtes-vous content du résultat de votre voyage ?

— Très-content ; je viens d'établir les bases de ma petite fortune.

Amaury se détourna pour prendre un cigare dans une coupe.

Germain s'avança de deux pas et demanda avec un accent particulier :

— Monsieur ne désire plus rien ?

— Rien, merci !

— Monsieur aurait la bonté de sonner. Je ne me coucherai pas cette nuit. Tout est bouleversé dans la maison. Il me semble être encore au jour où Mme Blanche vint ici pour la dernière fois. M. Monier lui avait offert trente millions. Je crus témoigner mon dévouement à monsieur en lui racontant ces détails, et monsieur s'écria : — « Personne ne me délivrera donc de ce maudit enfant ! »

Le petit Henri a disparu, et Mme Blanche est comdamnée...

Cette fois, Amaury regarda Germain en face.

— Pauvre Mme Blanche ! reprit le valet, si bonne, si douce ! Heureusement que le docteur Rolland fait des cures miraculeuses !

— Vous disiez tout à l'heure qu'elle était condamnée...

— Oui, monsieur. Si elle survit à la fièvre, elle restera folle.

— Vous voyez donc bien qu'elle est perdue.

— Le docteur Rolland, reprit Germain après un moment de silence, ajoute que Mme Blanche guérirait si on lui rendait son enfant.

Amaury s'approcha de la cheminée et choisit un cigare dans une boîte avec les précautions minutieuses d'un connaisseur.

Germain, qui l'observait avec persistance, poursuivit :

— La police peut retrouver le petit Henri. La prime sera de nature à tenter tout autre qu'un agent ordinaire. Sans compter qu'une bonne action porte bonheur.

— Décidément, dit Amaury en jetant le cigare qu'il venait d'allumer, la régie nous vole d'une façon détestable.

Puis, ouvrant son secrétaire et se tournant vers son valet de chambre :

— A propos, dit-il, je n'ai pas réglé vos gages.

— Je suis tranquille, dit Germain, monsieur sait apprécier mes services.

— Voici toujours un à-compte, ajouta M. de la Haudraye en froissant quelques billets de banque. Servez-moi toujours avec zèle, vous n'aurez pas à le regretter.

— Toujours aux ordres de monsieur, répondit Germain de sa voix la plus humble.

Au moment où il allait quitter la chambre du jeune homme, il murmura assez haut pour être entendu de son maître :

— Pauvre Mme Blanche ! je crains bien que sa folie soit inguérissable.

Un quart d'heure après, Germain quittait l'hôtel.

Il pouvait être onze heures du soir. Il monta dans un fiacre, se fit conduire rue des Trois-Frères, à Montmartre, renvoya la voiture, entra au numéro 16, passa sans rien dire devant la loge du concierge et grimpa trois étages. Arrivé sur le carré, il tira une clef de sa poche, ouvrit la porte d'un appartement exigü, mais assez propre, poussa le verrou, alluma deux bougies, puis ouvrant une armoire dans laquelle se trouvaient suspendus un assez grand nombre de costumes, il choisit un paletot jaunâtre et commença sa toilette. Elle fut assez longue ; Germain prit la précaution de cacher ses cheveux noirs sous une perruque blonde, et d'adapter à ses joues des favoris à l'américaine. Un pince-nez à verres teintés rendit impossible de reconnaître la nuance de ses yeux. Après s'être minutieusement regardé dans la glace, il fut content de sa métamorphose, et descendit rapidement les escaliers.

— Monsieur Ferson, lui cria le concierge, j'ai une lettre pour vous.

Germain prit la lettre, la parcourut à la lueur du gaz éclairant le couloir, fit un geste de mécontentement et quitta la rue des Trois-Frères pour se diriger du côté de la place Saint-Pierre.

La fête durait toujours.

On entendait dans l'intérieur des baraques des trépignements, des bravos frénétiques, et les sons étouffés de l'orchestre.

Germain, ou plutôt Ferson, s'arrêta devant le théâtre de Tamerlan.

Ferson fit le tour de la baraque, frappa trois coups espacés à une petite porte, et un moment après une femme, aux formes amples, au visage enluminé par un fard grossier, et portant un costume de reine des Amazones, ouvrit au visiteur.

— C'est vous, Ferson, dit-elle avec son plus aimable sourire. Vous serez obligé d'attendre un moment ; mon mari et le gros de la troupe exécutent la pyramide hindoue, et nous ne pourrons causer affaires qu'après le spectacle. Entrez toujours.

L'Anglais franchit le seuil et se trouva dans une pièce exiguë servant à la fois de coulisses et de cuisine. Dans un angle, un sauvage achevait sa toilette en suspendant à son nez un énorme anneau de cuivre.

Au milieu de la pièce se tenait, immobile, une ravissante enfant de dix ans à peu près, chaussée de souliers de satin blanc, et vêtue d'une tunique de gaze agrémentée de paillons, sous laquelle frissonnaient ses membres grêles. Non loin d'elle se trouvait un balancier enrubanné et garni de bouquets. La pauvre créature savait bien que ce soir-là elle devait exécuter un pas difficile, mais il lui semblait que ce moment redouté n'arriverait jamais. Elle attendait un miracle pour la sauver. L'ordre du programme pouvait subitement se trouver bouleversé. Les gendarmes allaient entrer dans la baraque et arrêter à la fois Rosalba et Tamerlan. Le feu prendrait à la maison de toile et de planches. Elle ne savait au juste ce qu'elle attendait, mais elle espérait avec l'instinct persistant des malheureux et des naufragés.

Quand Ferson eut pris place sur une chaise de bois destinée aux exercices d'équilibre, Rosalba souleva un coin de la tenture séparant le théâtre des coulisses, puis revenant rapidement vers la petite fille :

— Alie, dit-elle brutalement, c'est bientôt ton tour. Ne vas pas manquer ton entrée, vermine ! Du jarret, de la souplesse, ou demain tu sais ce qui t'attend.

— Je ne pourrai pas danser, dit Alie, la corde est trop haute cette fois, mes jambes flageollent.

— Tu danseras ! dit Rosalba d'une voix menaçante.

La petite fille joignit les mains.

— Ne me battez pas, ne me menacez pas, madame ; ce soir, je ne pourrai pas, je vous jure que je ne pourrai jamais, j'ai trop peur.

— C'est de moi qu'il faut avoir peur, si tu refuses d'obéir. Tu mourras sous les coups, si tu ne franchis pas le cerceau en retombant sur la corde.

— Mais je ne le vois plus, le cerceau, ni la corde, ni rien ! Quand je me trouve si haut, avec cette foule qui me regarde, ces lumières en bas, j'ai des étincelles dans les yeux et des bourdonnements dans les oreilles.

La Rosalba leva une barre de fer servant aux exercices.

— Tu danseras, dit-elle, ou je te tue.

En ce moment les bravos, les cris, les trépignements, les rappels éclatèrent dans la salle, et Tamerlan, escorté d'une demi-douzaine d'acrobates, rentra modestement dans les coulisses se dérobant à l'admiration progressive des spectateurs.

La reine des Amazones saisit Alie par son petit bras et l'entraîna vers l'escalier donnant accès sur le théâtre.

Pendant ce temps, Tamerlan s'avançait vers le visiteur.

— Vous venez pour le traité, Ferson ?

— Oui, répondit celui-ci, et j'apporte l'argent. Où est l'enfant ?

Tamerlan se dirigea vers un angle de cette pièce exiguë, et tira un rideau de cotonnade à carreaux rouges ; puis désignant un objet difficile à bien distinguer dans la pénombre, il dit simplement :

— Voilà !

Ferson regarda. Sur une roue était étendu un enfant, ses pieds tirés en bas, les bras tendus en haut. La médiocre dimension de la roue l'obligeait à plier le dos en arc, tandis que sa petite poitrine se bombait outre mesure. Un bâillon couvrait sa bouche. Ses grands yeux bleus, égarés par l'effroi, semblaient seuls vivants dans son pâle visage. La sueur baignait son front d'ange, et ses cheveux blonds traînaient presque à terre.

— Vous voyez, dit Tamerlan, nous commençons son éducation. Il n'y a pas de temps à perdre. Les enfants ne se désossent plus après un certain âge. Enfin, il travaillera double.

Le petit Henri, car c'était lui qui souffrait ce martyre, reconnut l'homme qui l'avait enlevé à sa mère, et ferma les yeux. Deux grosses larmes roulèrent sur ses joues, et un sanglot gonfla sa poitrine torturée.

Ferson l'observa quelque temps en silence, puis faisant signe à Tamerlan de refermer le rideau :

— Vous vous rappelez nos conditions, dit-il. Vous serez sévère sans exagération. Que cet enfant souffre, peu m'importe ! Qu'il devienne gymnaste, funambule ou homme squelette, ceci est votre affaire. Mais je ne veux pas qu'il meure. Il se peut que plus tard j'aie besoin de lui. Mais soyez tranquille, si jamais je reprends votre élève, les frais d'éducation vous seront largement remboursés... Une somme ronde... dix mille francs...

— Dix mille francs ! s'écria Tamerlan ; j'achèterais une ménagerie !

— Jusque-là, poursuivit Ferson de cette voix brève et sèche qui lui était particulière, vous toucherez, pour frais d'entretien, cent francs par mois, à la condition que je saurai où vous vous trouvez et ce que vous faites des versements. Je ne veux point prendre de lettres à la poste. Où irai-je les chercher?

— Au *Restaurant des Monstres*, 87, rue de Flandre.

Germain écrivit l'adresse sur son carnet.

— Vous me donnerez un bulletin de la santé de l'enfant.

— Je n'y manquerai pas.

— Comment l'appellerez-vous?

— Colibri. Le dernier petit que nous avions formé se nommait de même.

— Vous allez me signer un reçu.

— Des cents francs? demanda le saltimbanque.

— Non, de l'enfant.

Tamerlan hésita.

— Si vous refusez, dit Ferson, rien de fait.

— Mais, dit Tamerlan, qui n'eût pas été fâché d'approfondir le mystère dont l'Anglais entourait la pauvre créature volée pour l'apporter dans son antre, pour écrire ce reçu, il me faudrait savoir à qui appartient l'élève que vous m'avez confié.

— Je laisserai les noms en blanc, répondit Ferson en cherchant dans son porte-monnaie les cinq louis promis.

La vue de l'or décida le saltimbanque. Il copia le modèle d'étrange reçu préparé par l'Anglais; celui-ci le relut avec soin, le plia lentement, puis le remit dans un portefeuille sur lequel il boutonna son paletot.

Tandis que Tamerlan cachait les cinq pièces d'or dans une petite cassette, un grand cri de terreur s'éleva dans la salle voisine, et cette clameur de la foule couvrit les gémissements d'un enfant.

Moins d'une seconde après, la Rosalba se précipitait dans les coulisses, tenant Alie dans ses bras.

Elle la jeta plus qu'elle ne la déposa sur un amas de nippes.

— La misérable! dit-elle, elle s'est cassé la jambe exprès!

— Faut tirer parti de tout, dit Tamerlan.

Il prit un plat de ferblanc et bondit sur les planches du théâtre.

— Mesdames et messieurs, dit-il, la ravissante enfant que vous applaudissiez tout à l'heure, et qui vient de se blesser d'une façon grave en essayant de périlleux exercices pour vous plaire, est notre dernière, notre bien-aimée fille. Vous ne voudrez pas qu'elle manque de soins et de douceurs, et je compte sur votre générosité pour déposer dans ce plat vos offrandes. Pour la petite danseuse, s'il vous plaît!

Tamerlan récolta plus de quinze francs en gros sous et rentra dans les coulisses le sourire aux lèvres.

— Vous n'allez pas chercher le médecin? demanda Ferson.

— Le médecin pour des jambes cassées ! çà ne serait pas à faire. Deux lattes et des bandes suffisent. Ça se remet si ça peut, si ça ne se remet pas, on lâche la marmaille. C'est le déchet du commerce, voyez-vous, Ferson. Sur dix enfants, la dislocation en tue quatre, la phtisie deux, les accidents trois ; il en reste un ! C'est pour cette raison que la Rosalba recrute beaucoup d'élèves.

Tamerlan s'approcha d'Alie.

— Ne me touchez pas ! cria la malheureuse enfant, ne me touchez pas !

Mais Rosalba la maintint immobile, tandis que Tamerlan arrachait le bas et le soulier de satin.

L'acrobate ne mentait pas, du reste, en affirmant qu'il savait un peu de chirurgie ; il remit la jambe assez adroitement, la banda, puis jeta une couverture sur la blessée.

Alors, prenant dans le plat de fer battu une poignée de gros sous, il les tendit au pitre.

— Apporte une bouteille d'eau-de-vie, dit-il, c'est la mômignarde qui paie !

Ferson se leva et répéta lentement ;

— Le premier de chaque mois, au *Restaurant des Monstres*, 87, rue de Flandre.

— Foi de Tamerlan, je serai exact.

La Rosalba reconduisit Ferson, tandis que Tamerlan transportait Alie dans l'angle de la salle où se trouvait la roue servant au supplice d'Henri.

Une heure après, nul bruit ne se faisait entendre dans la baraque, hors les soupirs douloureux des deux enfants martyrs.

Rosalba et Tamerlan dormaient.

Il s'inclina devant sœur Sainte-Croix. (*Voir page* 38.)

CHAPITRE V

LES TRISTESSES D'UN MILLIONNAIRE

 Monier est seul dans le fastueux cabinet que nous connaissons. Il a devant lui un amas considérable de papiers, les uns mis au net, les autres couverts de multiples ratures résultant de l'obstination du travail.

Des herbiers nombreux, des coquilles visibles dans les tiroirs ouverts d'un meuble destiné aux pièces rares d'une collection, des échantillons de minéraux allant du fer au diamant, ravivent les souvenirs de cet explorateur des deux mondes, et lui aident à peindre d'une façon plus imagée les pays visités pendant trente années de courses lointaines.

M. Monier s'acharne à ce labeur avec le courage d'un savant, et l'ardeur d'un alchimiste, mais il semble avoir perdu le feu sacré du travail littéraire : l'enthousiasme. On dirait son visage plus pâle et ses cheveux plus blancs encore. Sa main laisse parfois échapper la plume. Est-ce avec le découragement de l'homme de lettres trouvant l'outil rebelle à la pensée, et le brisant de dépit de ne pouvoir faire revivre dans la phrase qui décrit la transparence du ciel, les moires de l'eau, les sauvages profondeurs des bois, les épouvantes de la terre convulsionnée, laissant échapper de son sein, par les bouches de ses cratères, le feu qui la dévore ? Non, le millionnaire s'affaisse sous le poids d'une pensée intime. Tandis qu'il s'efforce de garder la chaude lumière de son esprit et la lucidité de son intelligence, son cœur se révolte parce qu'il souffre, et prend sa revanche des efforts multipliés afin de lui imposer silence.

Dans la jeunesse, tant de distractions nous arrachent à nous-mêmes que nous pouvons refuser de l'entendre ; mais quand arrive le crépuscule de la vie, les illusions s'éloignent, et le cœur se réveille et sent le besoin des affections durables.

La solitude devient lourde; elle effraye. On veut se cramponner à une tendresse, comme un naufragé s'attache à la bouée qui doit le porter à la rive.

Le châtiment de l'égoïsme ne se fait sentir qu'à cette heure, mais il est amer, douloureux, profond : il ne donne pas de trêve, il ne laisse pas de relâche. La conscience parle, elle accuse : tout homme doit remplir une tâche en ce monde.

Les égoïstes sont les réfractaires du devoir, sous tous ses aspects : — devoir envers le pays, envers la famille, le plus souvent, envers la religion, — car, s'ils en avaient eu dans l'acception magnifique de ce mot, elle les aurait entraînés vers la charité et aurait remplacé par l'amour des pauvres tout ce qui faisait le vide dans l'âme privée de Dieu.

Le millionnaire repoussa ses papiers.

— Je suis las! dit-il, las de tout, même las de l'existence ! cet ouvrage, ce livre dans lequel je mets toute mon intelligence, ce résumé de toutes mes études, ce monument complet élevé à un pays, cette œuvre unique dans les monuments de la littérature, me fatigue comme le reste. Et pourtant, encore quelques mois et tout sera fini ! et j'aurai atteint mon but. En échange de ce volume, les rois m'enverront leurs ordres; pendant quinze jours, on ne parlera que de moi dans Paris, et puis après... Après? Quand bien même ce tapage littéraire me griserait un peu, je retomberai toujours dans ma solitude, et cette solitude me tuera. Il me fallait un enfant pour me faire revivre ! Depuis qu'Henri est perdu sans espoir, il me manque comme si je l'avais toujours aimé. Quand je pense que beaucoup de gens en passant devant cet hôtel m'envient mon luxe et s'estiment malheureux. Mais ils ont un foyer, des enfants, pour distraire leur vieillesse, ces pauvres, et moi, rien ! rien !

La porte du cabinet s'ouvrit doucement, et une suave figure rendue plus douce encore par les plis des voiles bleus et blancs qui l'enveloppaient, s'encadra dans les tentures sombres.

M. Monier poussa un cri de joie.

— Sainte-Croix ! Ah ! sois la bienvenue, sois bénie, chère sœur !

— Avez-vous donc besoin de moi?

— Comme on a besoin d'air pur et de lumière.

La religieuse prit un siège et se plaça en face de son frère.

Rien de plus idéalement beau ne pouvait s'offrir au regard, rien de plus pénétrant ne pouvait s'imposer à la confiance que cette jeune religieuse. Elle semblait avoir vingt-cinq ans à peine, bien qu'elle comptât davantage. La pureté de sa vie lui gardait la fleur de l'adolescence.

Son front rayonnait par suite de l'habitude de songer au ciel ; mais, sitôt qu'on lui peignait des souffrances humaines, des larmes de pitié roulaient sous ses longues paupières. Ses petites mains qui sortaient de ses manches de bure avaient pansé bien des plaies hideuses, et ses lèvres, accoutumées aux paroles sacrées de la prière, avaient laissé tomber des consolations dans toutes les âmes qui avaient pris la fille du Seigneur pour confidente de leurs chagrins.

Elle n'avait rien d'austère dans le visage. La sérénité l'enveloppait comme un manteau. Où elle entrait, soufflait une brise céleste chassant subitement l'orage.

Le pinceau de Coëllo a rendu quelque chose de cette grâce plus qu'humaine dans son tableau représentant sainte Thérèse recevant la communion.

Aussi, en la voyant paraître, M. Monier fut sûr d'avance qu'il serait consolé.

— Quelles nouvelles? lui demanda-t-il.

— On sauvera Blanche, répondit Sœur Sainte-Croix ; mais le docteur Rolland n'espère pas que la raison survive. Elle aura une folie douce et triste, cette pauvre martyre, frappée tour à tour dans tout ce qu'elle aimait : son mari et son enfant.

— J'espère, dit vivement M. Monier, qu'elle ne manque de rien?

— De rien! Ses amis la veillent avec un dévouement admirable ; Guillaumette passe toutes les nuits, et Alleluia reste près d'elle tout le jour, jouant de l'orgue pour calmer son délire, et chantant des cantiques, que nul ne lui a appris, avec une voix d'ange qui n'appartient qu'à elle.

— Tu l'aimes cette Blanche?

— J'aime tout ce qui pâtit, mon frère.

— Aime-moi donc bien, dit M. Monier, en serrant les doigts de la religieuse à les briser, car je souffre aussi moi, je souffre beaucoup.

Sœur Sainte-Croix s'inclina vers M. Monier.

— Voulez-vous guérir? lui demanda-t-elle.

— Si je le veux? Ce serait remplacer l'enfer par le ciel.

— Mon frère, dit Sœur Sainte-Croix, j'entends souvent crier comme vous venez de le faire : — « Je souffre ! » — mais peu d'hommes ont la force d'appliquer le remède. Il faut le fer et le feu. Ils s'effrayent et gardent au cœur leur plaie vive. Croyez-vous que j'ignore la cause du mal qui vous ronge? Allez, mon frère, si jeune que je sois, j'ai peut-être plus d'expérience que vous-même. Votre souffrance s'appelle la solitude.

— Oui, la solitude, tu l'as dis.

— Seulement, reprit la religieuse, d'une voix de plus en plus douce et pénétrante, vous croyez la trouver autour de vous, tandis qu'elle est au-dedans de vous-même.

— Au-dedans de moi! répéta M. Monier.

— Ah! fit Sœur Sainte-Croix, je sais d'avance ce que vous allez répondre; dans votre esprit subsiste la flamme de l'intelligence et il vous semble que rien ne vous manquerait si votre génie embrassait les divisions multiples de la science humaine. N'avez-vous jamais rêvé cette puissance du savoir?

— C'est vrai, répondit M. Monier.

— Eh bien! mon frère, reprit Sœur Sainte-Croix, l'eussiez-vous possédée, elle vous eût laissé le vide de l'esprit, comme les félicités humaines nous laissent le vide de l'âme. Vous cherchez trop bas! c'est en haut que vous devez regarder; la terre manque sous nos pieds, le ciel rayonne toujours au-dessus de nos têtes.

M. Monier resta un moment silencieux.

— Pourquoi es-tu entrée dans un cloître? demanda-t-il enfin à sa jeune sœur.

La religieuse baissa les yeux et se recueillit, hésitant, comme si tout regard, même celui d'un frère, devait troubler le plus saint mystère d'une âme chrétienne.

Enfin elle répondit d'une voix émue :

— Je vous le raconterai, parce qu'il me semble bon que vous suiviez la pente qui nous entraîne, malgré nous, vers notre but. Peut-être ne comprendrez-vous point toutes mes paroles ; le langage que je vous parlerai est si différent du vôtre. Mais j'en suis sûre, sachant que je vous ouvre mon cœur avec sincérité, vous m'entendrez avec respect. Quand vous partîtes pour l'Amérique, je n'étais pas encore de ce monde, et j'appris plus tard que ma mère avait regardé ma naissance comme une compensation à votre adieu. Comme les fleurs tardives, j'étais faible et pâle ; l'automne de la vie commençait pour celle qui nous a bercés tour à tour dans ses bras, quand j'ouvris les yeux, et à mesure que je grandis, cette vie, dépensée en tendresses répandues à profusion sur les autres, s'épuisait davantage. J'en reçus les derniers rayons vivifiants, et ma jeunesse s'épanouit à l'ombre de la précoce vieillesse de ma mère. Je n'ai pas à vous rappeler comment la mort faucha notre famille. Henri, votre frère aîné, mourut ; Rose-Marie, mariée à M. de la Haudraye, le suivit bientôt. Tant de coups douloureux, frappés successivement sur une âme douce, tendre et dévouée comme celle de notre mère, la devaient briser. Si comme Marie, elle ne garda point la force de refouler ses larmes, moi, qui la vis dans ses plus grandes angoisses, je puis vous jurer qu'elle resta grande et forte, de cette force chrétienne qui soutient les nobles cœurs. C'est à cette école que j'appris la vie ; je vis souffrir, et l'on me dit qu'il fallait se résigner ; je vis pleurer, et je sus que les larmes pouvaient être sanctifiées. A mesure que la doctrine de la résignation entrait plus avant dans moi, je me pris à aimer davantage le renoncement et le sacrifice. Je me dis qu'il était inutile de s'attacher à ce qui passe, de demander le bonheur à ce qui croule sous les pieds, de s'appuyer sur des roseaux destinés à nous percer les mains.

« Par un phénomène que vous devez connaître, le sentiment de la pitié pour autrui se développa et grandit en moi en proportion de l'abandon que je faisais de moi-même. La charité est un triomphe sur l'égoïsme. J'en vins à ne plus me compter à force de regarder les autres, et je me demandai ce que, moi, infime, je pourrais accomplir pour soulager les misères dont le tableau m'émouvait jusqu'aux larmes.

« J'avais seize ans, et déjà, à travers mon expérience précoce, je voyais le monde divisé en deux classes m'attirant tour à tour : les victimes et les martyrs. Soulager les unes, s'égaler aux autres, était mon unique vœu.

« Nous ne pouvons guère, aujourd'hui, aller chercher le martyre sur des rivages lointains, mais nous le pouvons accepter volontaire, humble, résigné, d'autant plus méritoire peut-être qu'il ne recevra jamais les palmes du triomphe. Je me disais : — Ils sont martyrs de la cause sainte de l'Évangile, ces prêtres méconnus, élevant la voix à travers les déserts d'hommes et parlant du ciel à ceux qui fouillent la terre pour essayer d'y trouver des pépites d'or. En récompense de leur dévouement ils reçoivent le mépris et l'insulte : qu'une révolution passe, la première balle est pour eux.

« Ce sont des martyres aussi, martyres volontaires, de chaque jour, de chaque heure, ces femmes qui ont mis entre elles et le monde les barrières d'un vœu et l'étamine d'un voile. Qu'elles pansent les plaies, instruisent les enfants ou visitent les prisonniers, elles soulèvent le fardeau d'autrui ; Il faut qu'elles s'approchent, avec la même douceur, des vétérans du crime et de l'enfant innocent. Puis, agrandissant le cercle parcouru, je me disais encore : — Ce sont des martyrs que les hommes de génie qui, dédaignant les succès faciles et populaires, obtenus par de scandaleux ouvrages, s'enferment dans la solitude pour empreindre leurs œuvres d'un sentiment de foi qui les fait repousser par beaucoup. La renommée bruyante passe à côté d'eux et semble les dédaigner. Ils voient le succès turbulent, mensonger de leurs ri-

Ils ont des enfants pour distraire leur vieillesse. (*Voir page* 54.)

vaux et refusent volontairement d'en prendre leur part. Le Cénacle leur semble préférable à la foule. Mais, combien de privations sont souvent leur partage; quelle lutte ils doivent soutenir pour défendre leurs convictions et pour garder un pan du manteau de la gloire, non pas afin de s'en draper, mais pour s'en essuyer les yeux. — Ne sont-ce pas aussi des martyrs de ce Paris, qui semble un cratère bouillonnant, que ces savants, fouillant les arcanes de la science et demandant à la foi le contrôle de leurs découvertes? Est-ce que tout ce qui lutte, souffre, bataille et saigne pour la défense d'une idée morale ou religieuse ne prend pas sa part de ce martyre volontaire?

— Oui, oui, dit M. Monier, il est de grands cœurs à Paris.

— Et les parias de Paris! ajouta Sœur Sainte-Croix, les oublierons-nous? Les victimes de ces mille plaisirs, les souffre-douleurs de ces fêtes; tout ce qui pâtit, s'atrophie, se pervertit par suite de l'entraînement, de l'exemple. Dieu, sans doute, gardera pour les faibles des trésors de miséricorde, mais il ne me suffit pas de croire que le Seigneur les couvrira de son indulgence, je demande, j'accepte le martyre, pour me vouer à leur soulagement. O mon frère! comment pouvez-vous trouver vos jours trop longs, et le chiffre de votre fortune trop lourd, quand il est tant de misères à combattre, de douleurs à soulager, de maux à prévoir, d'injustices à réparer! Ne serait-il pas noble et beau de vous faire le messager, le représentant de la Providence, et de dire à tous ceux-là : — « *Venez à moi, vous tous qui pleurez, et je vous soulagerai!* » — Moi, une femme, j'ai dans la tête et dans le cœur plus de projets que ne pourrait en réaliser la vie d'un homme. Vous me croyez calme, paisible, et pourtant que de rêves ardents n'ai-je pas faits?

— Les rêves d'un ange! dit en souriant, M. Monier.

— Les rêves d'une chrétienne.

— Veux-tu me les confier?

— Oui, dit la religieuse, en regardant son frère avec un visage rayonnant, et rien ne pourra me consoler davantage. Ne croyez pas que ces rêves soient enfantés par mon imagination; un fait réel les inspira. Tenez, il y a quinze jours, comme je passais sur le boulevard de Clichy, à côté d'une baraque de toile et de planches, j'entendis un cri si aigu, si douloureux que, sans me demander à quoi je pourrais être bonne, je pénétrai dans cette cabane. Elle appartenait à des saltimbanques, et, au moment où j'y entrai, un malheureux enfant, que l'on obligeait à essayer des exercices d'équilibre, venait de se laisser tomber sur le sol; le crâne était ouvert et sanglant. Dans un coin de la loge, un homme, à figure farouche, faisait siffler la lanière d'un fouet, tandis qu'une femme encore jeune, impassible, reprisait un maillot rose. La petite victime était à terre gémissante, brisée; je courus vers elle, je la pris dans mes bras. La femme me regarda d'un air stupéfait, le mari jeta son fouet, et deux petits enfants se cachèrent avec effroi. Le blessé était évanoui.

» — Mon Dieu! dis-je à la femme, vous n'avez donc pas d'amour pour votre enfant?

» — C'est pas mon enfant! dit-elle; c'est un élève.

Le saltimbanque s'approcha.

« — Vous pouvez l'emporter, si vous voulez, me dit-il ; il a son compte !

« Et je l'emportai. Depuis ce jour, quand je trouve un petit malheureux, un abandonné, je le regarde comme un présent du bon Dieu, et je l'emmène. Je voudrais créer un asile pour tous ceux que j'arracherai de la sorte au délaissement, au crime qui les prendrait plus tard. Je voudrais sauver les enfants, afin de former les hommes.

— Oui, dit M. Monier, oui, et si nous sauvions ainsi beaucoup de petits enfants, Dieu nous rendrait peut-être Henri.

— Il nous le rendrait, soyez-en sûr, répondit Sœur Sainte-Croix.

— Et combien faudrait-il pour réaliser ce premier rêve ?

— Il me semble qu'avec trois cent mille francs, on pourrait faire construire un orphelinat.

— Mettons-en quatre cents, et raconte-moi ton second rêve.

— Vous êtes-vous jamais demandé, mon frère, ce que deviennent les vieux forçats ? La loi les relâche, il est vrai, quand l'expiation est terminée, mais la société ne leur pardonne pas. Le stygmate reste à leur front, la souillure paraît naître de leur contact. Si l'un d'eux réussit à entrer dans un atelier, qu'un soupçon naisse dans l'esprit d'un camarade, et le voilà chassé, perdu. Il renouvellera vingt efforts et vingt fois le résultat sera le même. Il peut se repentir cependant. Le soupçon doit-il suivre éternellement un homme, parce que cet homme est tombé ? Quelle porte ouvrez-vous à ces créatures flétries ? La porte d'une prison ou l'exil à Cayenne ? Il y aurait mieux à faire. Il faudrait les prendre meurtris par leurs chaînes, humiliés dans leur cœur, souffrants de corps et d'esprit et, se contentant de leurs remords, leur faire oublier à eux-mêmes, à force de confiance et de bonté, qu'ils furent coupables et bannis du monde. Il faudrait ouvrir pour eux les bras de la charité aussi grands que le Christ les étendit sur la croix. Les occuper à des travaux utiles, au labour des champs qui rafraîchit l'âme en imposant au corps une fatigue salutaire. Et lentement vous verriez les plus mauvais, les plus incrédules, les plus irascibles s'adoucir, s'humilier et tomber à genoux. Cet abîme de misères a besoin de la visite au Dieu de consolation. Ces malheureux ne savent de Dieu que les menaces de sa justice ; il faut leur révéler, leur ouvrir les trésors de sa miséricorde. Je l'avoue, mon frère, il me semble que je saurais ramener au Seigneur les plus méchants de ces êtres, et faire des chrétiens de ces ennemis de tout droit, de toute équité, de toute vertu.

— Mon Dieu, dit M. Monier, il ne coûtera, pour mettre ton projet à exécution que d'acheter une terre assez grande pour une exploitation agricole ; j'y songerai. Et quand la maison sera trouvée, tu chercheras les parias de ce monde et tu poursuivras ton rêve.

— Mon frère, dit Sœur Sainte-Croix, vous êtes bon !

— Non, répondit M. Monier, mais tu m'enseignes la voie dans laquelle je dois marcher désormais, et si Dieu me prête vie, je veux la suivre.

Le millionnaire se leva, ouvrit le tiroir de son bureau, y prit une cinquantaine de billets de banque et les tendit à sa sœur.

Un coup léger fut, en cet instant, frappé à la porte du cabinet.

M. Monier ayant dit d'entrer, un jeune homme de vingt-cinq ans environ parut sur le seuil.

Il allait se retirer quand le millionnaire s'écria :

— Venez, Kerdren, ma sœur sera charmée de vous voir.

Le jeune homme s'approcha.

— Urbain Kerdren, mon secrétaire, mon ami, dit M. Monier, en le présentant à Sœur Sainte-Croix.

La religieuse le regarda un instant avec une attention persistante.

Il semblait que dans son affection pour son frère, elle voulût savoir quel degré de confiance il pouvait garder dans ceux qui l'entouraient.

Sans doute son examen fut favorable à M. Kerdren, car elle sourit avec une angélique douceur, et dit à voix basse à M. Monier :

— Il est vraiment digne que vous l'aimiez.

Pour la seconde fois, la porte s'ouvrit, et Amaury de la Haudraye s'avança vers son oncle.

Il avait toujours son air froid et réservé, plus impassible que digne peut-être, mais que les Anglais eussent déclaré du meilleur monde.

Cependant il ne put si bien masquer son visage, qu'un éclair de colère ne passât dans son regard, quand il reconnut Urbain Kerdren à côté du vieillard.

Il s'inclina devant Sœur Sainte-Croix et eut, en la regardant, un ironique sourire.

La jeune religieuse, dont l'âme était réjouie par les affectueuses paroles et les généreuses promesses de son frère, ne put s'empêcher de frémir en voyant sur les lèvres d'Amaury l'expression d'une raillerie cruelle. Il lui sembla qu'un vent glacial soufflait sur les joies saintes qui venaient de s'épanouir dans son cœur.

Amaury de la Haudraye s'informa de la santé de son oncle, en termes brefs, comme un homme s'acquittant d'un devoir social.

Mais, en ce moment, M. Monier, qui se sentait consolé par la pensée du bien à faire, ne demandait pas mieux que d'épancher le trop plein de son cœur.

— Je vais mieux, Amaury, beaucoup mieux, grâce à mon ange gardien visible, à Sainte-Croix. Elle vient de m'enseigner le moyen de rendre notre douleur utile aux autres, et moins amère pour nous mêmes. Elle m'apprend à faire le bien, et j'espère me montrer digne de ses conseils. Tandis que toi et moi nous passons notre vie à des choses plus ou moins inutiles, elle emploie la sienne à découvrir les infortunes. Elle rêve de fonder de grands établissements de charité pour les vieillards, pour les enfants.....

— Et ces établissements....

— Ne tarderont pas à être créés. Ne dois-je pas soulager ceux qui souffrent, moi qui voudrais être consolé ?

— Ma cousine est très forte ! répondit Amaury.

— Les servantes des pauvres ont tant de droits, mon cousin ! Oui, vous avez raison, je suis forte ! je tends les mains sans honte pour l'aumône, parce que mon royaume n'est pas de ce monde. Je plaide la cause des déshérités, moi qui ai fait vœu de ne rien posséder. Et, vous le voyez, j'ai raison de croire à la bonté de la Providence, et de me fier au cœur de mon frère, puisqu'il m'accorde avec tant de grâce ce que je viens de lui demander.

Le millionnaire regarda Sœur Sainte-Croix avec des yeux humides de douces larmes; puis, se tournant vers Amaury:

— Tu restes avec nous ?

— Si vous me le permettez, mon oncle, je dînerai au cercle.

— Soit ! Oh ! je comprends bien que la société de tes jeunes amis est plus gaie que celle d'un vieux voyageur comme moi.

— Cependant, mon oncle, si vous craignez de rester seul.....

— Nullement. D'ailleurs, s'il est libre, je garderai Kerdren.

Amaury de la Haudraye se mordit les lèvres.

Il prit congé de son oncle, salua sa tante, esquissa un geste d'adieu à l'adresse d'Urbain et quitta le cabinet de M. Monier.

— Oh ! Oh ! murmura-t-il, en descendant l'escalier, il est temps, grand temps de mettre ordre à tout ceci. Henri écarté, reste Sœur Sainte-Croix. Son empire sur son frère va grandir en proportion des regrets que celui-ci conserve. Sainte-Croix est capable de lui donner la manie de la bienfaisance, la plus ruineuse de toutes, car elle survit à la mort et fait épanouir des fleurs magnifiques dans ces testaments qui laissent aux héritiers la paille de Job et les yeux pour pleurer. Ce n'est cependant pas une part, ce n'est pas même la moitié de cette fortune qu'il me faut, je veux les millions de ce nabab imbécile ! Et pour conquérir ces millions....

Amaury n'acheva pas, sauta dans une victoria attelée devant le perron et se fit conduire place Vendôme.

Pendant ce temps, Sœur Sainte-Croix, le cœur débordant de joie à la pensée du bien qu'elle pourrait faire, disait adieu à M. Monier, le laissant l'âme rassérénée, l'esprit calme, occupé lui-même d'une œuvre autrement grande que la publication de *Java et ses merveilles*.

Urbain resta seul avec M. Monier.

Par beaucoup de points leurs intelligences se rencontraient. Ce que le voyageur avait vu durant ses courses aventureuses, Urbain l'avait lu, deviné, compris ; M. Monier, plus positif dans son travail, se plaisait à lire les peintures imagées de son collaborateur. Ces deux natures droites, austères, se comprenaient. Seulement la volonté de M. Monier s'était moins assouplie que trempée dans l'épreuve. Urbain avait autant souffert, mais la foi venait illuminer ses tristesses.

Dans la disposition d'esprit toute nouvelle où se trouvait le millionnaire, après le départ de la religieuse, aucune compagnie ne pouvait lui paraître plus agréable que celle de son secrétaire.

Après le dîner, qui se prolongea, Urbain parla de se mettre au travail, mais M. Monier lui dit, d'une voix affectueuse :

— Il est un livre que je voudrais feuilleter ce soir avec vous.

— Lequel demanda Urbain ?

— Celui de votre vie.

— Vous voulez connaître mon histoire ?

— Depuis votre enfance jusqu'au jour où M. de Lansberg vous amena chez moi.

— J'ai vécu isolé, pauvre et triste, monsieur; quel intérêt peuvent avoir pour vous les détails d'une semblable existence?

Mon jeune ami, dit M. Monier, je ne sais rien de plus noble, de plus grand que la lutte de la pauvreté fière ; je vous prise déjà beaucoup ; j'ai besoin de vous estimer et de vous aimer davantage.

Urbain se recueillit un moment, puis il commença son récit.

Je fus encouragé, acclamé, fêté. (*Voir page* 69.)

CHAPITRE VI

SOUVENIRS D'URBAIN

ussi loin que me reportent mes souvenirs, dit Urbain Kerdren, je vois une grande et plantureuse ferme de Normandie, dont les murailles s'égaient d'églantiers sauvages; un puits surmonté d'un dais de fer forgé, digne de Quentin Metsys, décore le centre de la cour ; de grands bœufs roux, des vaches au poil luisant rentrent à la chute du jour, en poussant de longs mugissements, accompagnés du tintement de leurs clochettes. Les chansons des pastours, les aboiements des chiens efflanqués, les fanfares des coqs montés sur leurs jambes grêles et faisant ondoyer leur queue lustrée, tous ces bruits, ces concerts champêtres, ces tableaux se présentent à mes yeux et bruissent à mes oreilles à travers une distance infinie. Le maître de la ferme était un brave homme, madré pourtant; ma nourrice, la mère Gothon, n'avait eu pour moi que des tendresses. Vous dire que je fus élevé là, c'est vous apprendre que je devins doublement orphelin presque après ma naissance. On ne me parlait jamais de ma famille; Gothon, son mari, leurs enfants m'en tenaient lieu ; et j'eusse, sans regret, vécu de cette vie des champs, qui me semblait saine et douce, si, un matin, le curé du village ne m'eût appelé chez lui pour m'apprendre qu'un de mes oncles se chargeait des frais de mon éducation et que j'allais être mis au collège. Je ne vis dans cette nouvelle que l'obligation de me séparer du fermier, de Gothon, de mes frères de lait; je suppliai le curé d'obtenir qu'on me laissât devenir un paysan; l'excellent prêtre me dit qu'il n'était pas le maître et que, dans huit jours, Jobinet, le fermier, me conduirait au lycée du Hâvre, où l'on m'attendait.

» Le digne prêtre ajouta :

» — Rappelle-toi ceci, mon enfant, Dieu te fera ta part de froid et de souffrances, tu n'auras jamais à porter un fardeau de douleur dépassant tes forces. Arme-toi de courage. Le lycée, c'est la société en petit ; tu y trouveras des orgueilleux, des méchants, des lâches, mais aussi des esprits droits et des cœurs dévoués. Tu vas faire ton apprentissage de la vie, façonner ton caractère, acquérir la science qui donne à notre intelligence toute sa valeur. Travaille, prie et, en dépit de tout, reste bon. »

» Il me bénit, je me jetai dans ses bras et je fondis en larmes.

» Le soir même j'étais au Hâvre.

» J'entrevis vaguement, dans le port, la haute mâture des navires ; je promenai mes regards émerveillés sur la mer et, un peu consolé par la beauté de ce spectacle, j'entrai dans le parloir du lycée, où j'attendis que l'on prévint le proviseur de mon arrivée. Il me fit à l'instant mander dans son bureau, m'interrogea sur le peu que j'avais appris, et je l'entendis murmurer à voix basse :

» — Classe des petits.

» Après une légère collation, je montai au dortoir et je pris place dans une couchette blanche, plus moëlleuse cent fois que celle de la ferme, mais dans laquelle je fus loin de trouver le même bon sommeil.

» Le lendemain, je devins, en qualité de *nouveau*, un objet de curiosité pour mes camarades ; je les jugeai hargneux, cruels, et je m'éloignai de mes condisciples pour m'absorber dans l'étude. J'étais fort ignorant, mais doué d'une mémoire prodigieuse. J'apprenais autant par curiosité que par orgueil. Il me tardait de dépasser ces méchants enfants dont les quolibets et les taquineries avaient plus d'une fois fait couler mes larmes. Je me sentais fier et triomphant quand j'enlevais les croix durant l'année, et les couronnes le jour de la distribution des prix.

» On me permit de passer mes vacances à la ferme, et je me rendis chaque matin chez le vieux curé afin de servir sa messe, puis de prendre une longue et fructueuse leçon. Ce fut durant mes entretiens avec cet homme pacifique et bon que je compris quelle pente dangereuse je suivais, en mettant la vanité à la place d'une noble émulation, et en nourrissant pour mes condisciples une sorte de haine. J'abjurai ces sentiments mauvais pour tous, douloureux pour moi-même, et, quand je rentrai au lycée, ni les élèves, ni les maîtres ne me reconnurent.....

Urbain s'arrêta un moment.

— Quel intérêt, dit-il, peuvent avoir pour vous, monsieur, les souvenirs d'un pauvre écolier ?

— Un plus grand que vous ne pensez, mon jeune ami ; continuez, vous voyez avec quelle attention je vous écoute.

— J'arriverai sans transition, dit Urbain, à ma seizième année ; ce fut alors que je trouvai un ami. Ceux qui ont vécu seuls et refoulés comprennent la valeur de ce mot. Nous avions pour maître d'études un jeune homme hâve, mal vêtu, que l'on payait quatre cents francs par an, et qui étouffait dans l'enceinte de ce lycée, où il comptait autant de bourreaux que d'élèves.

» Le pauvre *pion* et moi nous finîmes par nous entendre.

» Un jour, André Beauvais, poursuivi, raillé, presque menacé par les écoliers qui voulaient l'obliger à quitter le lycée, me trouva tout-à-coup debout à son côté, prêt à le défendre et à me faire tuer pour lui.

» Ma présence changea subitement les projets de mes camarades ; ils retournèrent à leurs jeux, à leurs complots, me laissant seul avec M. Beauvais.

» — Je n'espérais pas trouver un défenseur, me dit le maître d'études, et je vous remercie.

» — Il y a longtemps, lui répondis-je, que je désirais vous prouver combien je suis reconnaissant de la peine que vous prenez pour m'instruire, et vous dire que je souffre de vous voir si peu compris et si mal récompensé.

» — J'y suis fait ! me répondit André Beauvais.

» — Est-ce qu'on s'habitue à souffrir ?

» — Il le faut bien ! Et puis, je vous l'avouerai, à vous, la plupart des méchancetés de vos condisciples ne m'effleurent même pas. Je me suis créé une existence à part, et souvent, quand ils pensent m'atteindre, je plane dans une solitude inaccessible aux mesquines taquineries et aux petites persécutions.

» — Je comprends cela, répondis-je à voix basse.

» — C'est parce que vous pouvez me comprendre que je vous confie mon secret. Vous aussi vous vivez seul ; vous avez seize ans ; encore deux années et vous aurez terminé vos études. Je vous observe ; vous travaillez beaucoup, et quand des frelons bourdonnent à vos oreilles, et vous menacent de leur aiguillon, on dirait que vous ne les entendez pas, et qu'une musique, perçue au-dedans de vous-même, vous empêche de distinguer tout autre bruit. Vous m'avez protégé tout à l'heure ; je me sens heureux de votre sympathie.

» Je serrai les mains d'André ; des larmes mouillaient mes yeux ; je venais de trouver un ami ! A partir de ce jour, je passai mes heures de récréation à m'entretenir avec lui ; il me fit bientôt ses dernières confidences ; sa jeunesse, qui s'était passée sur les bancs, n'offrait rien de remarquable ; mais depuis qu'il était enfermé dans le lycée comme dans une prison, une consolation céleste lui avait été donnée. Un jour, en versant des larmes de joie, il traça, sous une inspiration soudaine, des strophes harmonieuses et pures comme un cantique. Il était poète ! Dès lors, cet abandonné, ce paria, supporta toutes les taquineries sans impatience. Il remplit sa tâche paisiblement, attendant une vie nouvelle qu'il préparait lentement, rêvant de quitter le Hâvre pour aller habiter Paris, réalisant des économies miraculeuses afin d'amasser un petit pécule.

» Mon amitié fut une consolation pour André, et, pour moi, le commencement d'une vie nouvelle. Il me lisait ses odes, ses poèmes, il me consultait sur ses plans de tragédie, il m'expliquait ses idées sur l'art, sur la dignité des lettres, sur les moyens de parvenir, non pas à un succès bruyant, mais à une célébrité assez haute pour que rien ne la puisse atteindre dans les régions où elle se réfugie. Je passai l'année de ma rhétorique dans un enchantement perpétuel dû à l'amitié d'André, aux travaux qui nous rapprochaient, aux projets que nous faisions de nous retrouver plus tard. André attendait impatiemment de partir pour Paris ; cependant il connaissait trop les difficultés matérielles de l'existence pour faire la folie de s'en aller au hasard.

» — J'attends, me disait-il ; j'ai beau me sentir poète, il me faut une occupation capable de me donner du pain ; si nous regardons souvent le ciel, nous marchons cependant sur la terre. La patience est une de mes forces. J'ai à Paris un ami qui s'occupe de moi ; quand il m'aura trouvé un emploi convenable, je tenterai la fortune des lettres, gagnant, le jour, le pain quotidien, et réservant les nuits pour la poésie. Hélas ! peut-être aurai-je disparu de l'arène quand vous y entrerez ! Si je vis encore, je serai votre second de tous les jours, de toutes les heures !

» Les mois se passèrent.

» Un matin, pendant la classe, André me montra une lettre qu'il replaça ensuite dans son portefeuille.

» — Il va me quitter ! pensai-je ; et il me devint impossible de travailler, tant mon émotion et mon inquiétude me comprimèrent le cœur. J'attendis avec fièvre l'heure de la récréation, et je courus vers André.

» — Vous partez ? lui dis-je.

» — Je vous attendrai à Paris. L'ami dont je vous ai parlé, Jean Marigné, m'a trouvé une place modeste dans une imprimerie. Peut-être vous étonnerez-vous que je m'estime enchanté de remplir ce genre d'emploi. Mais il me semble qu'il n'en est point de plus convenable pour celui qui se voue aux lettres.

» La cloche nous interrompit ; le soir même, André annonçait son départ au proviseur ; pendant une semaine, le maître d'études rangea ses papiers, fit deux ou trois visites, et la veille du jour où il devait quitter le Hâvre, il demanda au proviseur la permission de m'emmener faire une longue promenade, et dire adieu avec lui à cette mer magnifique dont l'aspect l'avait tour à tour enthousiasmé et reposé.

» Nous partimes par Sainte-Adresse ; le temps était doux, la marée montait ; des voiles dessinaient leurs blancs triangles à l'horizon; le mouvement du flux était encore presque insensible. Après avoir suivi la falaise, nous montâmes jusqu'à la petite chapelle de Notre-Dame-des-Flots, phare gothique, éclairé par l'étoile du matin, sanctuaire pieux, dont les portes restent toujours ouvertes aux rayons du soleil, aux brises salines, aux pèlerins et aux voyageurs ; où le bruit de la mer arrive pareil à un murmure ; où viennent s'apaiser, dans les méditations et la prière, les tempêtes du cœur et les orages de la vie. Nos cœurs s'emplissaient des tristesses de la séparation, et de temps à autre, nos mains se cherchaient pour une étreinte. Qu'aurions-nous pu nous dire ? Chacun de nous comprenait ce qui se passait dans l'âme de son compagnon. La journée s'écoula de la sorte ; la mer battit son plein sur les galets et commença à redescendre. Alors, passèrent sur le sable des files de voitures chargées de pierres, et qui attendent cette heure pour gagner le Hâvre; des pauvres gens cherchant l'engrais que la mer leur prodigue; enfin les pêcheurs de crabes, un crochet à la main et une hotte sur le dos. Quand les phares s'allumèrent, nous descendimes vers la ville.

» Le proviseur nous invita, André et moi, à prendre chez lui une tasse de thé.

» Pendant la soirée, l'ancien maître d'études, touché de la bienveillance qu'on lui témoignait pour la première fois, avoua son secret à ceux dont il allait se séparer. Il s'anima, se transfigura, en racontant la double vie de *pion* et de poète qu'il avait supportée ; il récita des fragments de ses poésies, et le proviseur lui-même se sentit ému.

» — Vous pouvez arriver à tout ! lui dit-il. Un jour, je vous demanderai votre protection près du ministre.

» André regagna sa chambre, moi le dortoir, et toute la nuit je pleurai.....

Urbain s'interrompit encore et, se tournant vers M. Monier :

— S'il s'agissait d'un roman, je trouverais sans doute moyen de placer dans tout ceci des incidents dramatiques. Mais vous m'avez témoigné le désir de me bien connaître, et ce sont les détails de la vie qui forment la trame de cette vie même.

— Continuez, dit le millionnaire, il me semble que vous me rappelez certaines pages de ma propre jeunesse.

— Le départ d'André fut un signal appelant d'autres malheurs, reprit Urbain ; huit jours après, le proviseur me fit demander. Il paraissait embarrassé et triste, et m'apprit, avec toutes sortes de réticences, que le vieux parent qui soldait ma pension au lycée étant mort intestat, ses frères avaient décidé que je me suffirais dorénavant.

» — Ne vous désolez pas trop, cependant, me dit le proviseur ; vous avez su mériter l'estime de vos professeurs, vous faites honneur aux soins que l'on a pris de vous ; les vacances vont finir dans quelques jours, André Beauvais n'est pas remplacé. Faites votre philosophie, tout en dirigeant la classe de huitième ; de la sorte, vous achèverez vos études et vous passerez vos examens.

» J'acceptai ; le métier fut rude, les élèves mauvais ; je supportai tout en me disant que cet esclavage ne durerait pas plus d'une année. Je recevais régulièrement des nouvelles d'André. Il gagnait le nécessaire, rognait sur ses dépenses afin d'acheter son modeste mobilier, exerçait son métier pendant le jour, et réservait ses nuits pour écrire des pages inspirées. Il m'envoyait ses odes, je lui faisais mes confidences.

» Il m'apprit qu'avec cinq ou six amis, il venait de fonder une société dont je serais un jour appelé à faire partie : la compagnie de la *Vache-Enragée*. Je savais d'avance les noms d'Étienne Pluvier, un sculpteur qui tentait de ramener en France le goût des belles sculptures sur bois qui firent la gloire de la Flandre ! de Loys-les-Sonnets, qui sertissait ses vers comme des bijoux, et ne trouvait rien de plus beau que ce genre unique, dont le type parfait égale les grands poèmes, dit Boileau ; Jean Marigné, dont je n'ai pas à vous vanter le talent, et qui préludait alors en dessinant pour toutes les petites feuilles illustrées de Paris ; Claudius Houssaye, qui rêva un jour de ressusciter la céroplastique, et fit en ce genre des polychromies merveilleuses, dont le haut relief se double de la vérité des tons de la chair ; Grégoire Fursain, que ses camarades accusaient d'être un peu fou, parce qu'il soutenait que la nature d'un coloriste se révèle dans les plus petites choses, et qui, pour mieux affirmer son dire, créait des chefs-d'œuvre avec une feuille de papier gris et une paire de ciseaux : nous l'avions surnommé le *Prince de la Silhouette* ; Baptiste Crémail, qui aurait pu gagner des sommes folles en faisant pour les marchands de curiosités des médaillons en terre cuite que leur finesse permettait de signer *Nini* ; Stylite-la-Tour, dont vous prîtes les conseils pour l'aménagement intérieur de votre hôtel ; Martin Noël, un grand, un véritable poète, dont l'idée se trouve toujours assez haute pour dominer encore la perfection de la forme.....

— Ainsi, dit M. Monier, tous ces jeunes gens dont le talent est déjà formé.....

— Sont les *Compagnons de la Vache-Enragée*, et je vous expliquerai pourquoi leur réunion prit ce titre bizarre. D'avance, je les aimais, je m'associais à leurs succès, je partageais leurs espérances, je me réjouissais de trouver ces frères inconnus.

» L'année scolaire s'acheva ; je passai mes examens, et je déclarai au proviseur qu'après avoir fait un voyage à la ferme de Jobinet et de Gothon, je partirais pour Paris.

» Dans ce coin de terre normande rien n'était changé ; il y avait seulement un peu de mousse sur la margelle du vieux puits, les rosiers atteignaient la toiture inclinée, le vieux chien était mort, Jobinet marchait pesamment et Gothon chantait toujours en filant.

» Le curé pleura de joie en me revoyant. Seulement, quand il apprit ma résolution d'aller à Paris et d'y embrasser la carrière des lettres, il cessa de me comprendre et m'accusa d'être un peu fou. Écrire, vivre de sa plume ! cela semblait au bon prêtre un problème insoluble. Remontant le cours des âges, il me montrait Homère sans pain, Dryden mendiant, Milton dans la misère, Goldsmith obligé pour vivre de faire danser des paysans au son de sa flûte ; Gilbert à l'hôpital, Malfilâtre affamé. Si j'eusse mieux connu alors la vie parisienne, je lui aurais répondu en lui citant le nom de tel feuilletoniste qui gagne trente mille francs par an, en greffant l'empoisonnement sur l'assassinat, et qui bâtit six volumes avec des traditions de crimes et des héritages de perversité. Quoi qu'ait dit d'ailleurs le saint vieillard, j'étais décidé à entrer dans l'arène pour la lutte, et, s'il le fallait, pour le martyre.

» Le lendemain j'étais à Paris.

» André Beauvais habitait à Batignolles un petit appartement dont il m'offrit la moitié, jusqu'à ce que je pusse gagner quelque argent. J'avais six cents francs dans ma poche et je croyais que l'avenir me réservait un fauteuil à l'Académie.

» A cette époque, les *Compagnons de la Vache-Enragée* luttaient, piochaient, gagnaient leur vie et le loyer de leur mansarde. Tout en mangeant du pain sec, ils décrivaient les festins d'Héliogabale ; dans leur logette dénudée, ils évoquaient les muses de l'inspiration chaste et forte. Ils croyaient tout ce qui est grand et beau. Pour se dire leur frère, il ne fallait pas seulement travailler avec acharnement, mais garder dans l'âme de saintes croyances. Ce bataillon serré défendait les mêmes principes. Chacun de ces lutteurs pouvait mourir à la peine, mais il devait refuser toute concession faite aux questions vénales, aux succès tapageurs, aux idées en opposition avec la foi. Chacun prétendait raviver une part du génie de la France et chacun se vouait tout entier au triomphe de cette ambition.

» Le premier éblouissement causé par la vue de Paris une fois passé, je me retrouvai en pleine possession de moi-même, car je commençai le livre que depuis si longtemps je rêvais d'écrire : la *Reine des chimères*. Il y avait de tout dans cette œuvre jeune et passionnée : de l'enthousiasme et de la raillerie, des tableaux débordant d'une poésie pure, et des pages tachées de sang et de vin. Je touchais au ciel dans un vol hardi, et je descendais jusqu'au fond de l'abîme. On aurait sans nul doute trouvé plus à blâmer qu'à louer dans cette composition bizarre, donnant sur beaucoup de points la mesure de mes forces ; on se montra indulgent, et le jour où, dans la réunion hebdomadaire des *Compagnons de la Vache-Enragée*, je leur lus les passages principaux de la *Reine des chimères*, je fus encouragé, acclamé, fêté, admis sans retour dans cette association fraternelle. Et ce n'était pas facile ; sans la protection d'André qui en était presque l'âme, la bonté que me témoigna Marigné, j'aurais pu attendre longtemps que les portes du Cénacle s'ouvrissent pour moi. Jamais la fraternité ne fut mieux comprise que par ces braves jeunes gens. Chacun d'eux mettait dans la caisse fraternelle les économies du mois ; nul ne voyait ce qu'y déposait son frère. On brisait la tirelire le jour où il arrivait un grand malheur à l'un des membres de l'association. Nul n'était jaloux du succès de son ami ; le premier arrivé tendait la main aux autres. Le journaliste rendait compte des livres du poète, l'architecte poussait le peintre, le sculpteur venait en aide au céramiste. Nous nous réunissions toutes les semaines dans un grand local situé derrière le Luxembourg, et qui servait aux artistes d'atelier collectif. Stylite-la-Tour y traçait le plan d'une église qu'il rêvait de construire sur la butte Montmartre, où va se dresser la basilique du Sacré-Cœur ; Étienne Pluvier y fouillait des bas-reliefs de chêne et de poirier ; Jean Marigné donnait ses premiers buis pour les *Drames sanglants*, un roman à grand orchestre où l'on se débarrasse d'un personnage à la fin de chaque chapitre ; Claudius Houssaye cherchait pour ses cires des colorations douces et fondues ; Crémail ciselait les moules de cuivre de ses médaillons, et Fursain enlevait à la pointe des ciseaux des silhouettes douées d'une vie extraordinaire. Pendant que chacun travaillait, Loys lisait un de ses sonnets précieux, Martin Noël nous remuait le cœur avec les tableaux détachés de son livre : les *Poèmes du Foyer*, et je citais à mon tour des fragments de la *Reine des chimères* qui devait bientôt subir son troisième *avatar* et devenir un livre.

» Ecrire un volume n'est rien ! Enfanter l'œuvre est une joie ! Mais trouver l'éditeur qui l'accepte, l'adopte, la lance et attire sur elle un peu de soleil de la célébrité !

» Vous, monsieur, vous arrivez à Paris avec des trésors dans vos portefeuilles, des notes, des dessins, toute une flore inconnue, et des merveilles que nul n'a soupçonnées. Dans deux mois, *Java* sera le livre à la mode, et votre succès ne subira ni lenteurs, ni luttes. Vous demandez les premiers artistes de Paris, vous vous faites imprimer chez Claye ; le relieur chargé de mettre une robe d'or, de soie et de maroquin à vos livres, composera des fers merveilleux ; tous les arts lutteront pour concourir à la beauté de l'œuvre. Vous dépenserez peut-être cinq cent mille francs, mais vous aurez les plus magnifiques livres du siècle. Mais pour le malheureux jeune homme qui arrive, un manuscrit dans sa poche, pauvre, isolé, quelle différence ! Il est un fâcheux pour les uns, un rival pour les autres. Nul ne lui tend la main. Le métier des lettres rend égoïste. Et mon livre avait un grand défaut : ce n'était ni un roman, ni un poème, ni une satire il tenait de tout cela ; cependant, l'enthousiasme, la raillerie, l'imagination s'y révélaient. Mais nul journal ne pouvait le publier en feuilleton, et ce genre hybride ne convenait d'une façon absolue à aucun éditeur.

» Si quelque chose avait pu m'enlever la foi dans mon œuvre et dans moi-même, c'eût été la froideur glaciale des directeurs de journaux et l'attitude presque hostile des éditeurs. Mon Dieu ! cela est juste : l'auteur qui vient offrir un livre, demande, la plupart du temps, à moins qu'il n'ait un nom déjà connu à la bourse littéraire, que l'éditeur fasse une mauvaise affaire. Lancer un homme dans le monde des lettres n'est pas chose facile ! Pour y travailler, l'éditeur doit posséder une foi robuste dans le talent de celui qu'il veut rendre célèbre et mettre à la mode ; et vous comprenez, monsieur, que je n'avais encore inspiré ce sentiment de confiance à personne. Chacun de mes camarades avançait avec lenteur dans le chemin tracé ; Marigné qui pouvait m'être utile, parce qu'il dessinait les bois de plusieurs journaux illustrés, ne se dissimulait point que le genre pour lequel je me sentais le plus d'aptitudes, ne convenait nullement aux feuilles dont il dessinait les scènes dramatiques. Il lui arriva plus d'une fois de me faire lire les épreuves de romans appelés à un grand succès et de me dire :

— Voilà ce que veut le public : de l'action ! de l'action ! encore de l'action ! Et je dois l'avouer, monsieur, si j'aime à caresser un sujet dans ma pensée, à détailler le caractère de mes personnages, à répandre dans un livre mes indignations contre le mal, à y célébrer le bien, le vrai, le beau, j'ignore le convenu, le métier, les ficelles dramatiques et les petits moyens.

Quand je quittai le Hâvre, j'avais six cents francs. Cette somme devait, dans ma pensée, me suffire pendant six mois. Je réussis à résoudre ce problème. L'imprimeur chez lequel travaillait André me donna des épreuves à corriger à raison de trois francs la feuille ; j'entrepris des travaux de peu d'importance, mal payés, incapables de procurer la moindre renommée ; mais je ne mourais pas de faim ! Le courage de mes camarades me soutenait. Je résolus de ne plus chercher d'éditeur pour la *Reine des chimères*, et de faire paraitre ce volume à mes frais dès que j'aurais réalisé un billet de mille francs. Une fois ce livre lancé, le public posséderait la mesure de ma valeur; j'avais donné ma note, la vraie, et, je n'en doutais pas, l'avenir s'ouvrirait alors pour moi d'une façon brillante. Seulement, comment venir à bout de gagner ce billet de mille francs, base de ma fortune, de ma réputaton, de ma gloire ? Je trouvais si difficilement à vivre M. d'Amberg qui connaissait Stylite-la-Tour, chargé des travaux intérieurs de décoration de son hôtel, lui demanda un jour si je consentirais à remplir l'emploi de secrétaire chez un homme riche, travaillant à une œuvre considérable. J'acceptai, monsieur, ce fut mon salut et ma fortune. Je compris tout de suite combien je gagnerais intellectuellement près de vous, et, je l'avoue, pendant quelques mois, j'oubliai mon œuvre personnelle pour m'attacher à la vôtre.

— Oui, dit M. Monier, ce n'est pas en collaborateur que vous m'avez aidé, mais en ami.

— Il se passa ce phénomène, reprit Urbain, c'est que je trouvais mon livre défectueux à mesure que l'horizon s'élargissait devant moi. Je résolus de le mettre un peu de côté, de le revoir ensuite. Pendant ce temps, vivant comme un Spartiate, je réunissais mes économies afin de vivre l'espace de deux ans au moins, sans me préoccuper de gagner de l'argent, après l'apparition de *Java et ses merveilles*. Le livre fini, vous n'auriez plus besoin de mes faibles services.

— Croyez-vous que mon cœur ne vous chérisse pas un peu ?

— Je vous remercie de me le dire, monsieur ; je suis bien heureux de songer que vous tenez à moi ; je puis bien vous l'avouer ce soir, puisque je suis en train de vous montrer mon cœur tout entier, pour l'orphelin sevré toute sa vie des tendresses protectrices de la famille, vous avez été si bon, que ce délaissé s'est senti entraîné vers vous par une sympathie qui s'est bien vite changée en une affection durable.

M. Monier tendit la main à Urbain.

— Vous m'êtes cher ! bien cher ! lui dit-il d'une voix émue.

Urbain reprit un moment après :

— Il y a un mois seulement j'ai porté chez l'imprimeur le manuscrit de la *Reine des chimères*; j'en corrige les épreuves; avant quinze jours le volume aura paru.

— Vous réussirez, n'en doutez pas ! s'écria M. Monier, oui, vous réussirez, mon vaillant enfant ! De ce jour, vous devenez mon compagnon, mon ami, je fais de votre gloire ma part de mon ambition personnelle. Ah ! j'ai bien fait de vous interroger, vous avez bien fait de tout me dire. Votre existence va changer; je suis riche ! Il faudrait des journaux pour vous donner la possibilité de vous faire connaître, apprécier en une seule année ! Qu'est-ce que coûteraient dix grands journaux de Paris? cinq millions ! Mais j'en ai quarante, Urbain; et ce n'est pas tout, vous m'amènerez vos amis, tous ces braves *Compagnons de la Vache-Enragée* qui luttent sans relâche, sachant bien que le succès est au bout d'un labeur persistant. Je me ferai une famille de ces vaillants artistes. Ils m'aimeront un peu; je les protégerai beaucoup. Grâce à eux, à vous, je tenterai de ranimer dans mon cœur un généreux feu près de s'éteindre. Tandis que Sœur Sainte-Croix me parlera des pauvres et prendra la sainte dîme à laquelle ils ont droit, vous viendrez ici discuter les questions qui vous préoccupent. Ce grand hôtel s'emplira et deviendra une sorte d'académie, ouverte à la jeunesse studieuse et croyante. Je suis content de vous, Urbain; je vous le jure, vous serez content de moi.

Le vieillard ouvrit les bras; le jeune homme s'y jeta, et une étreinte chaleureuse confondit en ce moment tout ce que ces deux âmes renfermaient de tendresse et de sentiments généreux.

Quand Urbain quitta ce soir-là l'hôtel Monier, la joie transfigurait son visage, et ses lèvres murmurèrent un nom de jeune fille, comme si les rêves de son avenir se peuplaient d'une nouvelle espérance.

Barbézius s'était fait empailleur de grenouilles. (*Voir page* 79.)

CHAPITRE VII

SOUS BOIS

ès le lendemain, M. Monier ayant à cœur de tenir la promesse faite à Sœur Sainte-Croix, se fit apporter des numéros des *Petites-Affiches* et chercha si, parmi les habitations à vendre aux environs de Paris, il ne trouverait pas ce qu'il souhaitait pour y fonder l'asile des enfants abandonnés.

Le temps était magnifique ; l'espérance que sa bonne action contribuerait à lui faire retrouver Henri, la longue causerie qui, la veille, avait rapproché de lui Urbain Kerdren, tout concourait à rendre au millionnaire une verdeur qu'il croyait perdue, ou tout au moins affaiblie.

L'annonce qu'il trouva dans un journal de la mise en vente d'un pavillon ayant appartenu à la duchesse d'Orléans, et depuis occupé par le pensionnat de *Notre-Dame-des-Arts*, le tenta ; il pensa que certains aménagements se trouvaient déjà prêts pour y recevoir un grand nombre d'enfants, et il se promit de s'y rendre après son déjeuner, non pas en voiture, mais à cheval.

— Mon oncle, dit Amaury de la Haudraye, quand M. Monier lui annonça cette résolution, permettez-moi de vous faire remarquer que vous vous exposez à une grande fatigue, et que vous pourriez regretter cette fantaisie équestre.

— Bah ! répondit le millionnaire, j'ai expérimenté tous les genres de locomotions ; j'ai couru tour à tour le monde entier au pas allongé des dromadaires malaris, et promené lentement à dos d'éléphant. Les *buveurs d'air* m'ont entraîné dans leur course vertigineuse ; je connais la sûreté de pied des mulets de toutes les races, et je me suis donné le plaisir de harnacher une autruche qui me portait, ma foi, fort allègrement. Après avoir couru le monde pendant quarante ans, en suis-je réduit à redouter les chevaux de mon écurie et une promenade à cheval ?... Songe donc ! je vais à Neuilly, et *Tibère* que je vais monter, est, en dépit de son nom, plus doux qu'un agneau. Je serais heureux de pouvoir écrire ce soir à ma sœur : « Ce que tu souhaites est trouvé; je signerai le contrat dans deux jours, amène tes orphelins quand tu voudras. »

— Ah! vous allez à Neuilly pour l'achat d'une propriété?

— Sainte-Croix en a parlé devant toi hier ; j'ai promis, je tiens parole. Je vais faire seller *Tibère*.

— Voulez-vous me permettre de vous éviter ce soin... Je ne serai pas fâché, d'ailleurs, de surveiller le palefrenier, tandis qu'il s'occupera de *Tibère*.

— J'accepte, Amaury.

Le jeune homme sortit rapidement, mais au lieu de descendre tout de suite dans l'écurie, il passa dans sa chambre, s'y enferma, puis ouvrant un cabinet italien à multiples tiroirs, il prit dans l'un d'eux une boîte remplie de perles d'une couleur sombre. Il en garda deux, referma le meuble d'ébène et d'ivoire, et se rendit à l'écurie.

Tibère était dans son box. C'était une bête de race, souple, élégante, docile que M. Monier montait de temps en temps pour se prouver que ses soixante ans ne l'avaient pas trop alourdi, et qu'il était capable de renouveler, dans une certaine mesure, quelques-uns de ses exploits de voyages.

Amaury flatta *Tibère* de la main et lui parla avec cette familiarité que les bêtes connaissent si bien ; mais quoi que fît M. de la Haudraye, *Tibère* ne se prêta point à ses caresses et se mit à creuser le sol avec une sorte d'irritation. En même temps il secouait sa tête fière et faisait ondoyer sa crinière.

— Là! là, *Tibère!* fit Tom en accourant pour exécuter les ordres d'Amaury, ne nous fâchons pas, mon garçon ! il s'agit d'une promenade, d'une simple promenade.

M. de la Haudraye passa une dernière fois la main sur les oreilles délicates et nerveuses de *Tibère*, et resta debout, adossé contre les montants de la porte, tandis qu'on sellait la jolie bête. Seulement il n'avait plus dans les mains les boules verdâtres prises dans la boîte que renfermait le cabinet italien.

Dix minutes après le cheval piaffait dans la cour; M. Monier descendit, et Amaury attendit pour s'éloigner que son oncle se fût mis en selle.

A l'instant où le cavalier rendit la main à sa monture, une sorte de sourire s'ébaucha sur les lèvres d'Amaury.

— Bonne promenade, mon oncle, dit-il.

— Quand on sort pour accomplir une charitable action, on n'a rien à craindre, répondit le millionnaire.

Une minute après il se trouvait dans l'avenue.

Il respira comme un homme dont la poitrine s'allège. Le souvenir des paroles de Sœur Sainte-Croix lui revenait à la mémoire ; au nom de tous les enfants qu'il arracherait à la misère, à la torture, il espérait que le ciel lui rendrait Henri.

Préoccupé de ces pensées, il courait sur la route, sans s'apercevoir que *Tibère* ne gardait pas son allure accoutumée. Cette bête, si docile d'ordinaire, avait des velléités de révolte ; la rapidité de sa course s'accentuait d'une façon inquiétante ; une sorte de folie paraissait s'emparer d'elle, et, quand M. Monier, arraché à ses rêveries par un brusque soubresaut, essaya de la maîtriser, pour la première fois, *Tibère* se montra rebelle, et loin de céder à la traction du mors de la bride, il s'emballa d'une façon si complète qu'il ne fut pas possible au cavalier de songer à descendre. Il n'était plus le maître de sa monture ; mieux valait attendre que le caprice du cheval cessât, que d'essayer de lutter ; l'entêtement de *Tibère* serait peut-être devenu de la rage, tandis que le pire serait sans doute de le voir s'abattre à demi-mort de fatigue.

Le vieillard rassembla toute son énergie pour tenir tête au danger, et, avec un admirable sang-froid, il parvint à se maintenir en selle, en dépit des bonds désordonnés de sa monture.

Tandis que le cheval volait sur la route comme un destrier de Ballade, un fiacre tranquillement conduit par un cocher de la régie, suivait le chemin opposé.

De fort bonne heure, Jean Marigné ayant une étude d'arbres à faire, était entré comme un souffle d'orage dans le cabinet d'Urbain Kerdren.

— Veux-tu venir en pleine campagne, lui dit-il, je vais travailler d'après nature ; le temps est superbe, tu me liras quelques belles pages pendant que je travaillerai.

— Mais je dois aller chez M. Monier.

— Je te déposerai à sa porte vers trois heures.

— Et les notes que j'ai à mettre au net ?

— Tu les classeras et les copieras plus tard. On travaille mal quand on est enfermé tout le jour. Nos yeux ont besoin de se reposer sur la verdure, et notre esprit ne peut se passer de l'action saine et vivifiante qu'exercent sur nous les œuvres de Dieu. Moi aussi j'ai à terminer un bois pour *Java et ses merveilles* ; mais je sais que les photographies sont impuissantes à m'inspirer, que les descriptions de M. Monier, si vraies, si chaudes qu'elles soient, souvent ne suffisent pas pour m'entraîner vers les régions de l'enthousiasme. Un rayon à travers la feuillée, une nappe de lumière sur un tapis de verdure, une danse d'atomes dans une colonne dorée, un souffle dans les branches et le vol d'un oiseau, nous donnent bien mieux la note de la nature que les plus belles pages du monde.

Que de magnifiques choses dues à la distraction de l'esprit nous procure une matinée dans les bois.

— Tentateur ! dit Urbain Kerdren en souriant.

— C'est accepté ?

— Il le faut bien.

— Prends un manuscrit, pas celui de M. Monier, des vers de toi, bien simples, bien vrais, sortis du cœur, capables d'émouvoir d'autres âmes ; ma sœur les aime.

— Ta sœur ? dit Urbain en pâlissant légèrement, est-ce que mademoiselle Fabienne....

— La chère fille ne se plaindrait jamais du rôle de ménagère auquel je la condamne ; mais ses dix-huit ans ont besoin de soleil, et j'ai voulu qu'elle fût de la partie ; elle nous attend dans la voiture.

Urbain jeta un regard dans le miroir placé en face de lui. Il se trouva subitement habillé d'une façon trop négligée et remarqua que ses longs cheveux noirs paraissaient un peu en désordre.

— Je ne suis pas présentable, dit-il avec une sorte de découragement.

— Tu refuses de venir ? demanda Jean Marigné.

— Oui, je refuse et je te remercie.

— C'est bien ! dit Jean froidement, je croyais que tu nous aimais ; mais il n'en est rien.

— Ne pas t'aimer, Jean ! ne pas admirer, vénérer Fabienne, le peux-tu croire ? Ah ! ce mot m'a fait mal.

— Pas plus que ton refus.

— Je le suis, dit Urbain avec effort.

— Alors donne moi la main et merci. Hâtons-nous seulement, Fabienne s'impatienterait si elle n'était la douceur même.

En un instant, Kerdren eut pris à la hâte quelques feuillets épars sur la table ; il les cacha dans la poche de son paletot, et descendit suivant le dessinateur avec une sorte de crainte.

— Je le dénonce, dit Jean à sa sœur, il s'est fait prier.

La jeune fille ne répondit rien, et salua Urbain d'un sourire.

— Vous pardonnerez à Jean son insistance quand vous serez sous les grands arbres, lui dit-elle.

A peine Urbain se trouva-t-il en voiture, que sa crainte disparut comme par enchantement. Les êtres nobles et bons créent autour d'eux une sorte d'atmosphère. L'esprit s'élève et le cœur se dilate dans certains milieux. Les âmes exercent de magnifiques rayonnements. Auprès des hommes grands par la noblesse de leurs sentiments, la hauteur de leurs vues, la limpidité de leurs consciences, nous nous sentons quelquefois soulevés jusqu'à la hauteur de leur génie, ou bien au niveau de la candeur de leur vertu. Les esprits sublimes et les âmes naïves exercent aisément ce merveilleux privilège.

Jean et Fabienne, tous deux orphelins, tous deux élevés à une dure école, avaient grandi côte à côte ; lui la protégeant parce qu'il était homme, elle le purifiant parce qu'elle était femme. Il avait le talent, il savait qu'il aurait la gloire ; elle gardait son rôle modeste d'ange gardien du logis. Elle ne le grondait point, elle osait à peine le reprimander, ce grand et joyeux frère, facile au rire comme ceux qui souvent s'absorbent dans le travail ; mais un pli sérieux de ses lèvres, l'expression triste d'un regard suffisaient à Jean pour lui faire comprendre qu'il avait tort, et avec cette spontanéité charmante qui double le prix des concessions et des sacrifices, il lui cédait en l'embrassant. Il avait un noble cœur ; elle possédait une grande âme. Sa raison était trempée dans la foi. Elle priait, donc elle savait tout ce que devait savoir la femme : attendre, se résigner, aimer. Leur vie à tous deux était calme comme une journée d'automne. Cette belle et pure enfant le retenait au logis. Pour ne point faire attendre Fabienne, il eût refusé toutes les invitations du monde ; mais il l'eût condamnée à veiller toute une nuit s'il se fût agi d'un service à rendre, sûr que la chère créature lui aurait dit en l'embrassant :

« — Tu as bien fait ! »

Bien qu'il fût sincèrement, profondément artiste, Jean Marigné se mêlait peu aux réunions de ses anciens camarades d'atelier. Il ne voulait appartenir à aucune coterie et n'avait point la prétention de faire école ; mais il tenait essentiellement à garder cette fleur d'éducation exquise qu'il tenait de sa mère, et dont ses camarades perdent trop souvent les traditions. Quoiqu'il eût de grandes idées sur l'art, et des notions complètes sur beaucoup de choses, il s'effrayait des hardiesses de langage de ses rivaux, et s'étonnait de leur ignorance.

— Je gagne à étudier leurs œuvres, disait-il à Fabienne, mais je perds le meilleur de moi à les entendre parler. Ils découragent les forces vives par lesquelles je puis devenir grand, tandis que toi, une jeune fille, tu les mets au diapason de mon cœur, et tu les exaltes jusqu'à l'inspiration.

Jean Marigné ne se rendait pas absolument compte de ce prodige mais il le constatait. Il croyait devoir à sa sœur, non-seulement la paix intérieure de sa maison, mais la sérénité de son esprit. Aussi la demeure des orphelins s'ouvrait-elle difficilement. C'était un sanctuaire dans lequel pénétraient peu d'élus : Urbain Kerdren y était admis depuis le jour où Marigné avait été associé à ses travaux chez M. Monier. Une vive sympathie les unit dès le premier jour ; ils se reconnurent pour frères, et scelèrent d'une poignée de main un pacte auquel ni l'un ni l'autre ne devait manquer. Barbézius était depuis longtemps l'hôte, l'ami de Jean Marigné.

Ils s'étaient connus au collège ; Jean avait joué des poings pour défendre son camarade contre les sottes plaisanteries d'élèves plus railleurs que méchants. La laideur de Barbézius était sans cesse le prétexte de tours et de malices payés par des parties de barre, dont Jean sortait le plus souvent vainqueur. Barbézius laissait Marigné se battre pour lui ; le pauvre être était si faible que la vengeance ne lui était pas possible ; mais quand il voyait revenir vers lui Marigné, ses manches relevées jusqu'à l'épaule, rouge d'animation, il se jetait à son cou en lui répétant :

— Tu pourras, plus tard, me demander ma vie.

Chacun d'eux était sorti du collège, Jean pour entrer dans un atelier, Nicolas Barbézius pour aller prendre place sur les bancs de l'école de droit.

Ils se perdirent de vue pendant deux ans, se retrouvèrent, luttant, chacun de son côté, avec acharnement ; un matin, Jean trouva son ami installé dans un rez-chaussée de la rue de Provence. Barbézius s'était fait empailleur de grenouilles ; Jean Marigné dessinait pour le *Tour du Monde*, le *Magasin pittoresque* et les éditeurs publiant chaque année de splendides volumes d'étrennes.

Barbézius vint dîner rue St-Lazare, chez Jean Marigné, et l'amitié reprit comme aux premiers jours.

Le petit cénacle comptait encore d'autres intimes, et nous les trouverons quelque jour dans l'atelier de Jean ; mais de tous ceux que le dessinateur honorait de son amitié, il n'en avait point de plus sincère que Barbézius, de plus cher qu'Urbain Kerdren.

Vraiment, la matinée était bien choisie pour travailler sous bois.

Quand les promeneurs furent arrivés en pleine solitude, Jean dressa le chevalet, Fabienne s'assit sur l'herbe, et, pendant quelque temps, tous trois se laissèrent envahir, absorber par le charme de cette belle et chaude journée.

De temps en temps, Fabienne étendant la main, cueillait une fleur sauvage et l'ajoutait à son bouquet. Jean esquissait sa toile avec une verve heureuse.

— C'est bon, la campagne ! disait-il ; quelle leçon de perfection elle nous donne... Est-ce que les murs d'un atelier nous inspirent ces effets-là ?... Allons Jean, de la profondeur dans cette allée d'arbres.... cela ne fuit pas assez.... Est-ce que les oiseaux trouveraient à se nicher dans ces branchages ? ils ne sont pas assez légers...

Et, se parlant, se gourmandant, s'exaltant, il peignait, retouchait, et achevait rapidement une magnifique ébauche.

— Maintenant, dit-il en s'adressant à Kerdren, des vers, tu sais, des vers comme je les aime ; non pas des strophes de sentimentalité niaise, mais de la poésie vraie, vivace et vivante, reflet d'un côté de la société qu'elle idéalise peut-être, mais quelle enlève à coup sûr dans des régions plus hautes.

Fabienne se redressa subitement, et, les mains jointes sur ses genoux, elle écouta.

Jean avait raison ; la poésie d'Urbain était faite de pensée. Elle prenait le cœur en jetant des lumières dans l'esprit ; on se sentait meilleur après l'avoir entendue. De temps en temps, Marigné s'écriait : « C'est beau ! » et, soutenu par l'attention des deux cœurs sympathiques qui l'écoutaient, Kerdren comprenait, pour la première fois peut-être, qu'il était vraiment poète, et que sa vocation était là. Jamais il n'avait récité avec plus d'âme ces strophes ailées, d'un rythme pur, d'une fantaisie superbe. Fabienne l'écoutait, muette et charmée, et, quand il cessa de parler, Jean ne peignait plus.

— Bravo ! dit Marigné.

— Merci ! ajouta Fabienne.

Kerdren crut en ce moment que tous les rossignols du bois chantaient le printemps au fond de son cœur.

Les heures passaient d'autant plus vite qu'elles semblaient plus douces ; il fallut songer au retour. Jean, satisfait de son ébauche, fredonnait un couplet ; Fabienne grossissait sa moisson de fleurs, et un sourire heureux s'épanouissait sur les lèvres d'Urbain Kerdren.

Tous trois, après avoir jeté un regard d'adieu au coin du pré où l'ombre leur avait paru si douce, remontèrent dans la voiture qui les avait amenés, et le fiacre, prenant l'allure paisible réservée aux promeneurs *à l'heure*, suivit, pour obéir à l'ordre de Marigné, le chemin de Neuilly.

Voilà comment le dessinateur, Urbain et Fabienne se trouvaient sur la même route que M. Monier, au moment où celui-ci, emporté par son cheval, n'était plus le maître de le retenir et de le gouverner.

Ce fut Fabienne qui l'aperçut la première.

— Le malheureux ! dit-elle, il va se tuer.

Urbain ouvrit la portière et sauta sur la route.

Jean Marigné voulut le suivre.

— Je suis seul au monde, dit Urbain, tu le dois à Fabienne...

A la distance où se trouvait encore le cavalier, il n'était pas possible de le reconnaître. Tout ce que savait Urbain, c'est qu'un homme était en péril. En deux élans Kerdren coupa la route, et d'un bond subit il sauta à la tête du cheval au moment où la bête endiablée accourait sur lui. Le choc fut si terrible, que les jambes d'Urbain plièrent. Le cheval, surpris d'éprouver une résistance, voulut passer outre ; n'y pouvant réussir, il se cabra, et, se tenant presque debout, il faillit désarçonner son cavalier. *Tibère* secouait la tête, hennissait de douleur et de rage, mais Urbain ne lâchait point le mors auquel il s'était cramponné, et l'animal reprit sa course en dépit de l'obstacle imprévu qui le matait à demi, en traînant Urbain sur la route pendant une centaine de pas.

Le courageux jeune homme se raidit, parvint à se redresser, et cria d'une voix qui s'étranglait dans sa gorge :

— Descendez de cheval, si vous le pouvez, monsieur, la bête se fatigue, et moi je...

Il n'acheva pas, une secousse terrible venait de le précipiter à terre.

Au moment où Jean Marigné aidait le cavalier à se débarrasser des étriers, *Tibère*, ne sentant plus de poids sur son dos, avait fait un bond prodigieux, brisé ses rênes, et renversé sur le sol Urbain Kerdren qui, le front entr'ouvert, perdait du sang en abondance.

Il se passa une seconde avant que M. Monier reconnût Jean et Kerdren. Alors un cri de douleur jaillit de sa poitrine, et, s'agenouillant sur la route, il souleva le corps inanimé du jeune secrétaire.

Jean lui aidait, et tous deux, revenant du côté du fiacre, firent improviser un lit avec les coussins de la voiture.

Quand Urbain fut étendu sur cette couche, Jean dénoua sa cravate pour rendre l'air à la poitrine comprimée, et Fabienne, revenant avec un mouchoir qu'elle avait trempé dans le ruisseau voisin, lava lentement la blessure qui saignait toujours. Quand elle l'eut bandée d'une main sûre et adroite, elle fit respirer à Urbain un flacon renfermant un parfum fortifiant, et le jeune homme ne tarda pas à rouvrir les yeux.

— Kerdren ! mon cher Kerdren, dit M. Monier, dites-moi que vous vivrez.

Le blessé regarda tour à tour les trois êtres groupés autour de lui, et lisant dans leurs yeux une reconnaissance sans borne, un dévouement fraternel, une pitié angélique, il murmura :

— Je vivrai, oui, je veux vivre !

M. Monier avait émis d'abord le vœu qu'Urbain fût soigné dans son hôtel. Jean l'en dissuada.

— Soyez tranquille, dit-il, dans huit jours vous le reverrez. Moi et Barbézius nous nous en chargerons.

La voiture allait au pas, pour causer le moins de secousses possibles au jeune blessé ; quand elle passa devant l'habitation du millionnaire, celui-ci descendit.

— Monsieur Marigné, dit-il, je ne regrette point de vous devoir toutes les obligations possibles. Il y a quelques jours, vous sauviez ma nièce ; je vous confie Urbain Kerdren, mon ami, mon fils d'adoption.

Un regard d'Urbain remercia le millionnaire de cette parole dite avec toute la chaleur de la tendresse, puis ce regard se reporta sur Fabienne.

La courageuse fille avait gardé son sang-froid et sa présence d'esprit pendant le moment du danger : à cette heure, malgré son courage, sa faiblesse de femme reprenait le dessus ; deux grosses larmes roulèrent sur sa joue, et, pour les essuyer, la jeune fille pencha son visage pâle sur le bouquet de fleurs des champs qu'elle avait cueilli.

M. Monier vit couler ces deux larmes ; il éprouva d'abord un peu de surprise, puis, une pensée soudaine lui traversant l'esprit, l'éclair d'une idée généreuse s'alluma dans son regard.

— Kerdren, dit-il, mon enfant, je vous dois la vie ; un jour, vous me devrez le bonheur.

Les lèvres d'Urbain s'ouvrirent et il murmura :

— Oui, je veux vivre ! Je veux être heureux !

Une minute après, tandis que le fiacre regagnait avec la même allure la rue St-Lazare, M. Monier rentrait chez lui.

Deux heures plus tard, *Tibère*, à demi fourbu, venait tomber dans la cour de l'hôtel.

Les palefreniers, les cochers, les valets d'écurie, s'empressèrent autour du cheval.

Une écume sanglante rougissait ses naseaux, les yeux sortaient de l'orbite, les flancs battaient avec violence ; la pauvre bête semblait sur le point d'expirer. Après qu'on lui eût prodigué des soins intelligents, elle se leva cependant sur ses jarrets frissonnants, puis, la tête abattue, elle se traîna machinalement du côté de l'écurie.

— Ce n'est pas naturel, dit Tom à demi-voix, on a fait quelque chose à *Tibère*, j'en jurerais.

— Et que voulez-vous qu'on lui ait fait ? demanda Germain, qui, depuis un moment, regardait ce qui se passait.

— Il me serait tout-à-fait impossible de le dire. Ce que j'affirme, c'est qu'en Angleterre un jockey s'attira une terrible affaire à propos d'un cheval qui, doux à l'ordinaire comme celui-ci, fut pris, un jour de course, d'une sorte de folie. Celui qui le montait, précipité à terre, eut la jambe cassée ; mais le jockey fut condamné à cinq années de détention dans une maison de travail, pour avoir, au moyen de je ne sais quelle drogue infernale, surexcité la malheureuse bête qui venait de renverser à terre celui qui la montait, et de faire perdre à son pro-propriétaire un pari de deux mille guinées.

Germain se mit à rire d'un air incrédule.

— Bon, dit Tom, vous ne me croyez pas, mais je sais ce que je dis ; on a fait quelque chose à *Tibère*, j'en mettrais ma main au feu.

Germain railla Tom, et ses camarades firent chorus ; mais tandis qu'il montait l'escalier de son maître, le valet de chambre se demandait :

— Est-ce que Tom serait moins bête qu'il n'en a l'air ?... Je m'informerai auprès de Tamerlan, qui a exercé l'art de maquignon à ses moments perdus, et s'il peut me renseigner à ce sujet... Ce serait curieux, très curieux...

Et sifflant un air à la mode, le valet de chambre de M. de la Haudraye se mit à ranger le salon de son maître.

Amaury rentra vers sept heures ; il semblait agité, en proie à une sorte d'inquiétude. Sans demander si son oncle était chez lui, il pénétra brusquement dans son cabinet de travail.

— Je suis content de vous voir, Amaury, d'autant plus content que j'ai failli, cette après-midi, être victime d'un accident aussi terrible qu'imprévu... *Tibère*, le doux *Tibère* s'est emporté... cela vous paraît incroyable, et cependant cela est... Quelque bon cavalier que je sois, j'aurais fini par être désarçonné, sans une intervention miraculeuse...

— Un ange s'est placé entre vous et le danger, mon oncle ?

— Un homme courageux, dans tous les cas... il a risqué sa vie, et porte les traces sanglantes de son dévouement...

— Et c'est ? demanda vivement Amaury.

— Urbain Kerdren.

— Vous l'aimiez déjà beaucoup, mon oncle ; désormais, il fera partie de la famille.

— Je vous sais gré de deviner ma pensée et d'aller au-devant, Amaury ; oui, désormais Urbain Kerdren, blessé pour moi, sera comme un second fils, puisque vous seul me restez.

Amaury passa toute la soirée près de son oncle. Il se montra plus affectueux et plus communicatif qu'à l'ordinaire. Il trouva, pour vanter Urbain Kerdren, que d'habitude il traitait avec une sorte de raillerie, des expressions qui dilatèrent le cœur du vieillard.

— Vous valez mieux au fond, que vous n'en voulez avoir l'air, Amaury, dit le millionnaire à son neveu; vous appartenez malheureusement à une classe de jeunes gens qui mettent leur orgueil à étouffer les nobles sentiments du cœur. Mais je veux croire que leur école ne vous a point gâté. Votre mère, ma chère Rose-Marie, dont l'image flotte devant mes yeux comme une ombre chérie, était trop douce et trop bonne pour ne pas vous avoir légué une part de son cœur... Vous aimerez, désormais, Urbain Kerdren, n'est-ce pas?

— Comme un frère, répondit Amaury.

Quand il se trouva seul dans sa chambre, Amaury déposa le masque dont il avait couvert son visage, et frappant du pied, avec une explosion de colère :

— Il se trouvera donc, sans relâche, quelqu'un entre moi et la fortune que je convoite... Henri écarté, Sœur Sainte-Croix arrive pour prendre, au nom des pauvres, la part à laquelle elle n'a plus droit de prétendre... Et, outre Sœur Sainte-Croix, voici Kerdren que je haïssais d'avance qui s'avise de sauver la vie de mon oncle, quand le caprice de *Tibère*... Allons donc! Amaury de la Haudraye, l'heure est venue d'entamer la grande lutte... Luttons!

Il se regarda en ce moment dans la glace, et l'expression de son visage lui fit presque peur.

Les yeux de M. Monier paraissaient vivants. (*Voir page* 92.)

CHAPITRE VIII

L'ASSASSINAT

Me Julie Reynaud était une charmante petite femme blonde, un peu forte peut-être, mais rieuse parce qu'elle avait de jolies dents, et gaie parce qu'elle avait une bonne conscience. Quand elle ne parlait pas elle chantait ; quand elle cessait de chanter, elle agaçait sa perruche, à moins qu'elle ne se plongeât dans la lecture de quelque drame rempli d'un saisissant intérêt. Cette créature qui possédait le meilleur caractère du monde, et n'eût pas guillotiné une mouche avec deux queues de cerises, se plaisait énormément à suivre les phases d'un roman bien échafaudé. Elle prenait parti le plus souvent pour le coupable s'il se montrait adroit ; et, le soir, tandis qu'elle dînait avec son mari, elle ne manquait jamais de lui demander son avis sur le dénouement probable des événements qui la préoccupaient.

Mais M. Reynaud avait trop souvent occasion de se trouver en face de crimes horribles, et d'interroger d'abominables coquins pour se préoccuper des scélérats inventés et perfectionnés par les romanciers. Aux crimes imaginaires des héros de cour d'assises, auxquels s'intéressait sa femme, il opposait des gredins complets, des misérables se faisant un piédestal de leurs crimes, et Mme Julie, qui aimait tant à frémir de terreur quand elle ne riait pas, frissonnait de tous ses membres en écoutant les récits que lui faisait son mari.

Sans doute pour se montrer conséquente avec elle-même, Julie avait épousé un commissaire de police qui jouissait de la réputation d'être le plus habile de tout Paris.

— Malheureusement, disait sa femme, le quartier placé sous sa surveillance fournissait peu d'affaires importantes. Les vols y étaient rares, les assassinats à peu près nuls, « le crime ne donnait pas, » suivant l'expression de Mme Julie.

Elle regrettait presque de ne point voir son mari commissaire de police à Belleville ou tout au moins à Montmartre, où les instructions d'affaires graves se renouvellent chaque jour, où chaque jour la police se trouve en présence de dangereux malfaiteurs.

Néanmoins, à en juger par l'aspect de la salle à manger dont, en ce moment, elle inspectait le couvert, Mme Reynaud possédait de sérieuses qualités de maîtresse de maison, et l'on pouvait lui pardonner son amour des drames judiciaires en faveur de la grâce des moindres détails présidant à l'arrangement de son intérieur. Elle-même portait avec élégance un peignoir Watteau de faille noire, à gros bouquets brochés en couleur ; ses cheveux relevés très-haut dégagaient bien son front, et, toute blonde, toute rieuse, elle ouvrit la porte du cabinet de son mari, et lui dit, d'une voix pure comme le cristal :

— Viens-tu déjeûner, mon ami ?

M. Reynaud était un homme de quarante ans, de haute taille, forte et bien prise. Ses cheveux commençaient à blanchir aux tempes ; l'habitude d'observer avait communiqué à son regard une étrange expression. On se sentait percé à jour par cette prunelle fixe et puissante. Son accueil calme et un peu sec pouvait s'adoucir, mais jamais il n'arrivait jusqu'à la mollesse. Il remplissait gravement des fonctions pénibles, et en adoucissait la rigueur par tous les moyens que lui laissait la loi.

M. Reynaud aimait sincèrement sa femme, bien qu'il s'efforçât de rendre plus sérieux ce caractère enfantin. La blonde Julie se moquait un peu de ses remontrances.

Ce matin-là, Mme Julie paraissait plus heureuse de vivre que jamais ; elle avait mis la main sur un roman bien noir, machiné avec une habileté extrême, rempli de péripéties tenant le lecteur haletant depuis la première page jusqu'à la dernière.

— Vois-tu, mon ami, disait-elle, après avoir vanté l'œuvre dont la lecture l'absorbait, le temps des grandes causes célèbres est passé. On assassine bêtement aujourd'hui ; les criminels se laissent prendre comme des enfants ! Si j'étais à la place des jeunes gredins donnant à la *Pègre*, petite et grande, de hautes espérances, je n'hésiterais pas : le conservatoire du vol et de l'assassinat n'existant point, je m'adresserais aux romanciers.

— Tu es folle ! Julie, dit M. Reynaud, avec un sourire.

— Point ! et je vais te prouver que j'ai raison. Lis des romans de Gaboriau, et de tous ceux qui ont écrit des drames basés sur une affaire judiciaire ; quelle habileté consommée déploient les coupables, avec quelle adresse merveilleuse ils se dérobent aux soupçons ; quand la loi essaie de les atteindre, ils sont déjà loin, et, le plus souvent, d'ailleurs, ils ont eu l'adresse de préparer un piège où quelqu'innocent se laisse prendre à leur place. Rien n'est laissé au hasard; tout est calculé, combiné, machiné comme une pièce. Le dernier acte renferme souvent, il est vrai, le châtiment du coupable, mais les auteurs ont eu l'adresse de lui ménager de longues années d'impunité. On l'a vu joyeux, honoré, triomphant, étalant dans Paris le luxe de ses chevaux, promenant sa fatuité et son insolence dans le monde, et l'on a tellement pris l'habitude de vivre dans la compagnie de ce gredin, frotté d'honorabilité, qu'on regrette presque, à la dernière page du livre, de le voir châtié pour des crimes qu'il dissimula pendant longtemps avec une adresse merveilleuse.

— Sais-tu ce que tu fais, en ce moment, Julie ?

— Des phrases assez gentiment tournées, n'est-ce pas ?

— Tu fais la critique la plus vraie de la plus déplorable littérature que nous ayons jamais eue- Oui, ta petite tête de linotte a trouvé la vérité dans son puits sans eau. Les romanciers deviennent aujourd'hui les instituteurs, les collaborateurs des criminels. Les dramaturges font école. Plus d'un misérable, arrêté pour un forfait exécrable, peut dire sans crainte d'être démenti : — « J'ai trouvé dans l'ouvrage de M. X. Z. le plan de l'assassinat que j'ai commis ; il m'a suffi de comprendre, puis d'exécuter l'idée. Il a été le cerveau qui combine, et moi le bras qui tue. » — Les romanciers font école parmi les filous. Chacun garde ses habitudes, ses spécialités. Et si j'étais juge, chaque fois, ce qui s'est présenté souvent, chaque fois qu'un malfaiteur me dirait : — « Dans tel livre, à telle page, j'ai trouvé l'idée première du crime qui m'amène aujourd'hui devant vous, » — je ferais chercher la page, et si elle contenait le germe du crime commis, j'appliquerais à l'auteur du livre une peine grave, afin de punir la tête qui a pensé, avant de retrancher le bras qui a agi.

— Tiens ! dit en riant Mme Julie, c'est une excellente pensée ! tu devrais l'envoyer au ministre de la justice... L'application de cette loi nouvelle donnerait un intérêt saisissant au procès. Les voleurs et les assassins se trouveraient en bonne compagnie, et l'aspect de la cour d'assises varierait un peu. Entre nous, c'est toujours la même chose. Je donnerais les boucles d'oreilles de perles placées dans ma corbeille de mariage pour qu'il te tombât entre les mains une de ces grosses affaires qui font la réputation d'un magistrat, le mettent en relief, troublent les reporters de journaux, bouleversent tout Paris, et mettent la police sur les dents. Je souhaiterais que le coupable fût jeune, intelligent, habile, qu'on le soupçonnât sans rien pouvoir prouver et que.....

La jolie Mme Reynaud n'eut pas le temps d'achever ; la porte de la salle à manger s'ouvrit, et le secrétaire du commissariat de police parut.

A sa figure décomposée, à son attitude, le magistrat comprit qu'il se passait une chose grave.

— Qu'y a-t-il donc, Lucet ? demanda-t-il.

— Un crime horrible a été commis cette nuit, monsieur le commissaire ; M. Monier, le millionnaire, a été assassiné dans son hôtel des Champs-Elysées.

— Assassiné ! Soupçonne-t-on quelqu'un ?

— Personne.

— Un vol a-t-il précédé ou suivi l'assassinat ?

— Non, monsieur.

— Qui vous a prévenu ?

— Pierre, le vieux valet de chambre. Immédiatement deux employés ont couru l'un chez le juge d'instruction, l'autre chez le procureur de la République.

— C'est bien, Lucet, je cours aux Champs-Elysées.

Le magistrat se leva.

— En vérité, dit-il à sa femme, il semble que tu prévoyais une catastrophe, en parlant de procès tapageurs ; la mort violente de M. Monier, de quelque façon qu'elle soit arrivée, ne peut manquer de causer un grand bruit dans Paris. Depuis qu'il l'habitait, on citait sans cesse le luxe de sa maison, et la prochaine apparition de son livre était d'avance saluée comme un événement.

— Mais, fit observer Mme Julie, une sorte de fatalité paraît attachée à cette famille ; il y a sept ou huit mois, le petit neveu de M. Monier disparut et la malheureuse mère devint folle.

Le commissaire de police embrassa sa femme, monta dans la voiture qu'on venait de lui amener et donna l'adresse de l'hôtel du millionnaire.

Comme il descendait dans la cour, le juge d'instruction, un substitut du procureur de la République et M. Nazade, un agent de la préfecture, montaient l'escalier.

Ils voulaient visiter le théâtre du crime avant de questionner les domestiques.

Ceux-ci groupés, les uns dans la cour, les autres dans l'antichambre, faisaient sur le terrible événement de la nuit les commentaires les plus invraisemblables.

Pierre paraissait en proie à une sincère douleur ; Germain lui adressait de temps à autre quelques paroles de consolation ; mais le vieux serviteur ne semblait pas les entendre, et répétait lentement la même phrase :

— Mon maître ! mon pauvre cher maître !

Les magistrats traversèrent d'abord le grand salon, guidés par Pierre, qui s'efforçait de surmonter sa douleur pour remplir dignement son devoir.

Le plus grand ordre régnait dans cette pièce ; les quelques fauteuils entourant la cheminée prouvaient que, la veille, quatre personnes s'étaient groupées dans cette partie du salon. Des feuilles d'épreuves corrigées, des premiers tirages de gravures démontraient qu'entre M. Monier et ses amis, il avait été question du volume dont l'achèvement se poursuivait avec tant de hâte.

Le cabinet de travail faisant suite au salon ne présentait rien d'insolite.

Le bureau était encombré de papiers et d'objets curieux, mais on y remarquait seulement le désordre particulier à l'écrivain, et non point le bouleversement produit par une main criminelle.

La caisse de fer dans laquelle M. Monier renfermait ses valeurs était fermée, et rien ne pouvait laisser croire qu'on l'eût ouverte. Là encore, ni trace d'effraction, ni apparence de vol.

Du cabinet de travail, on passa dans la chambre à coucher. En en franchissant le seuil, les magistrats ne purent se défendre d'un mouvement de compassion et d'effroi à l'idée que la victime, en face de laquelle ils se trouvaient, était un de ces hommes dont chacun enviait la situation, la fortune, et qu'il avait été surpris par la mort, sans préparation, sans menace, sans que rien lui permît de l'attendre et de la prévoir.

Du reste, dans cette chambre comme dans les deux autres, pas un meuble ne paraissait dérangé par l'assassin. On eût vainement cherché à l'hôtel Monier ce désordre pittoresque dans son horreur, cette mise en scène du crime qui fait des procès-verbaux une émouvante page de roman. Là, rien de semblable : pas un meuble renversé, pas un vase à terre ; sur la cheminée, dans une coupe d'onyx du Japon, se trouvaient les bijoux du millionnaire : sa montre, des boutons et une bague formée d'un seul diamant d'une grande valeur.

Les magistrats s'approchèrent du lit, tandis que Pierre tirait davantage les rideaux des croisées.

Ce lit datant de la Renaissance, était à colonnes, surmonté d'un dais, et seulement garni de bonnes grâces attachées aux colonnes par des câbles de soie rouge. Il était donc très-facile d'embrasser d'un seul regard l'aspect et l'attitude du cadavre.

La mort avait été instantanée.

Chaque jour la police se trouve en présence de dangereux malfaiteurs. (*Voir page* 81.)

M. Monier, frappé pendant son sommeil, s'était éveillé, et ses yeux démesurément ouverts, s'étaient remplis d'une épouvante sans nom en contemplant le visage de l'assassin.

— J'ai vu bien des cadavres, dit le juge d'instruction à ses collègues, mais à aucun je n'ai trouvé l'expression de celui-ci... l'horreur ressentie par la victime dépasse le sentiment de la souffrance ; puis la prunelle fixe est restée à la hauteur du visage de l'assassin, sans se convulser comme il arrive d'ordinaire. On dirait qu'elle regarde encore.

En effet, les yeux de M. Monier paraissaient vivants. La mort avait été trop foudroyante pour altérer la face par les convulsions de l'agonie. La stupeur s'y lisait seule, une stupeur dans laquelle se mêlaient la douleur et l'effroi. Le juge d'instruction avait raison de le dire, le regard de ce cadavre ne ressemblait à aucun autre.

— C'est étrange ! étrange ! murmurait le commissaire de police, et sans nul doute nous allons nous heurter à des difficultés imprévues dans l'instruction de cette affaire.

— Savez-vous où votre maître déposait ses clefs ? demanda le juge à Pierre.

— Mon maître les plaçait chaque soir dans cette cassette, dit Pierre.

Le magistrat l'ouvrit et y trouva effectivement les clefs.

Pierre en connaissait quelques-unes.

— La clef d'argent ouvre le secrétaire, dit-il, et la clef d'or est celle d'un tiroir de bureau ; quant à la clef d'acier qui est celle de la caisse, il faudrait connaître le mot pour pouvoir s'en servir.

— Le fabricant qui a fourni le coffre-fort nous livrera ce mot, dit le commissaire de police.

Pendant que le juge d'instruction ouvrait le secrétaire pour voir s'il ne renfermait pas de papiers intéressants, le docteur Rolland arriva.

Il marcha rapidement vers le lit, et son premier mot fut celui-ci :

— Je n'ai jamais vu à un mort pareil visage. Ce regard est d'une profondeur qui épouvante. Il semble poursuivre encore le misérable assassin. Oh ! le trépas a été foudroyant, poursuivit le praticien ; le meurtrier est entré, a marché droit au lit ; il tenait le couteau à la main, car, sûr de son sang-froid, il voulait frapper un coup, un seul. Il s'est placé contre le chevet, mais en face de la victime. Celle-ci dormait, appuyée contre les oreillers, le buste dégagé des couvertures... le misérable n'a pas même eu besoin de les écarter ; il a levé le bras, et le couteau s'est enfoncé jusqu'au manche dans la poitrine. Un regard, un soupir, et M. Monier était mort. Point de cri, point de ruisseau de sang, pas de lutte ; en vérité, la façon, pour ainsi dire paisible dont cet épouvantable crime a été commis, est plus effrayante peut-être que les luttes forcenées, les mares de sang, les convulsions de l'agonie.

— Et puis, ajouta le juge d'instruction, il résulte presque toujours de ces mêmes traces, un moyen d'arriver à la connaissance de la vérité, non pas que nous ne pensions fermement parvenir à trouver le coupable, mais il a perpétré son œuvre avec un tel sang-froid, que sans nul doute il s'est entouré d'un rempart de formidables précautions.

— Je me permettrai de faire observer à monsieur le juge, dit Nazade l'agent de police, que ce sont les précautions prises qui perdent d'habitude les criminels.

— Je gagerais que celui-ci n'est pas à son début, dit M. Reynaud.

Le substitut posa sur la table une grande enveloppe scellée de noir.

— Voici le testament de M. Monier, dit-il, nous en prendrons connaissance en temps utile; le plus pressé, messieurs, est de dresser le procès-verbal; pendant ce temps le docteur fera son rapport.

M. Rolland était resté debout près du lit, absorbé par l'étude du visage glacé qu'il avait sous les yeux. L'expression de ce visage restait pour le praticien une sorte d'énigme. Il y trouvait une chose spéciale, indéfinissable qu'il n'avait jamais rencontrée ailleurs. Évidemment il s'agissait d'un cas intéressant et nouveau. Pourquoi se sentait-il si violemment ému par la prunelle fixe du mort? Il ne pouvait le dire, puisque c'est dans ce même regard que se trouvait pour lui le mystère, mais il se tourna rapidement vers les magistrats et leur dit:

— Messieurs, je demande que l'on fasse instantanément le portrait de la victime; non pas dans trois ou cinq heures, mais tout de suite, et sans perdre une seule minute.

Le juge d'instruction donna un ordre à Pierre qui sortit et rentra peu après.

— Monsieur le juge d'instruction peut être tranquille, dit le valet de chambre, il sera obéi.

Pendant un quart d'heure on n'entendit d'autre bruit dans le cabinet de travail où s'étaient retirés les magistrats, le greffier et le docteur Rolland, que la voix monotone du juge dictant le procès verbal, et le grincement de la plume du greffier courant sur le papier. Quand les pièces furent écrites et signées, le docteur resta dans la chambre du mort, tandis que les magistrats se disposaient à interroger les domestiques.

Pierre fut mandé le premier.

— Que s'est-il passé hier au soir? lui demanda le juge d'instruction.

— Rien d'extraordinaire, monsieur le juge; mon maître a dîné avec son neveu, M. Amaury de la Haudraye. Celui-ci est sorti à neuf heures pour aller au cercle. Peu après sont arrivés M. Kerdren, le secrétaire de mon maître, et M. Jean Marigné, chargé de dessiner les planches du livre. Tous trois ont travaillé, causé jusqu'à onze heures... J'ai reconduit ces messieurs, puis je suis rentré faire mon service.

— Dans quelle disposition d'esprit paraissait M. Monier?

— Il était gai, affectueux même avec les deux jeunes gens. Il les aimait beaucoup. J'ai préparé la chambre, placé le verre d'eau sur la petite table; Monsieur s'est couché et a ouvert un livre que M. Marigné lui avait apporté; alors je me suis retiré.

— C'est vous qui avez répandu dans l'hôtel la nouvelle de l'assassinat?

— Oui, monsieur; mon maître se levait matin, et je n'entrais pas dans sa chambre sans être appelé. Voyant que l'heure ordinaire était de beaucoup dépassée, je pris sur moi d'ouvrir la porte du cabinet, puis celle de cette pièce. J'écartai les rideaux, et sans comprendre encore la gravité du malheur, je fus impressionné par la pâleur du visage de mon maître que je distinguais vaguement. J'ouvris la fenêtre et je vis. L'effroi me rendit muet pendant quelque temps. Je constatais le crime et je me refusais à y croire, tant j'avais le cœur serré, l'esprit troublé. Je courus, j'appelai, je questionnai; personne n'avait entendu de bruit. MM. Kerdren et Marigné avaient quitté l'hôtel à onze heures, nul malfaiteur n'avait pu s'y introduire. D'ailleurs on n'avait pas volé, cela paraissait certain quand on examinait la chambre et les deux autres pièces.

— Connaissiez-vous des ennemis à M. Monier? demanda le substitut.

— Tout le monde l'aimait, répondit Pierre; il nous payait avec une générosité sans égale. Pas un malheureux ne frappait à sa porte sans recevoir des consolations et des secours. Qui donc aurait pu le haïr, puisqu'il enrichissait tout le monde autour de lui?

Le juge d'instruction passa la main sur son front, et parut réfléchir profondément.

— On ne commet cependant pas un crime sans y avoir un intérêt direct, dit-il; il existe un homme que le trépas de M. Monier rendait plus libre, plus riche, plus heureux.

Le commissaire de police se pencha vers le juge d'instruction et lui dit quelques mots à voix basse.

Le magistrat fit un signe affirmatif, puis se tournant vers le valet de chambre, il reprit :

— Vous avez parlé de M. de la Haudraye.
— Le neveu de mon maître, l'héritier de son immense fortune.
— Il est sorti de l'hôtel...
— Vers neuf heures du soir, comme de coutume.
— Et il est rentré ?
— A minuit ; comme je descendais l'escalier, M. de la Haudraye le montait et regagnait son appartement.
— Comment se fait-il que M. de la Haudraye ne soit point ici ? Est-ce qu'on ne l'a pas prévenu du malheur qui le frappe ?
— Je ne suis point attaché au service personnel de M. de la Haudraye, répondit Pierre avec une sorte de répugnance, je puis seulement répéter ce que j'ai entendu dire par Germain Loysel, son valet de chambre. M. de la Haudraye, rentré à minuit, n'a pas tardé à ressortir ; à cette heure, il n'est pas encore revenu à l'hôtel.
— C'est étrange ! dit M. Raynaud.
— M. de la Haudraye passe-t-il souvent ses nuits au cercle ?
— Rarement ; seulement quand il s'agit d'une grosse partie.
— Il fallait l'envoyer chercher.
— Un des valets de pied a couru au cercle ; M. de la Haudraye n'y était pas.
— Nous attendrons, dit le substitut ; d'ailleurs, il nous reste à interroger tous les autres serviteurs de la maison. Prévenez Germain qu'il ait à venir ici.

Un moment après, Germain Loysel, correctement habillé, le visage pâle et la prunelle pour ainsi dire sans regard, parut devant les magistrats.

Il réalisait complètement le type d'un domestique de grande maison, copiant l'attitude réservée de son maître.

Germain savait peu de chose, mais un détail important : M. de la Haudraye était rentré vers minuit, et avait ordonné au cocher de l'attendre, sans dételer les chevaux.

Germain ayant pénétré dans l'appartement de son maître, pour lui offrir ses services, M. de la Haudraye avait déclaré n'avoir besoin de rien. Germain s'était retiré, et le jeune homme s'était mis à écrire, car une lettre cachetée se trouvait sur la table ; la plume trempait dans l'encre sur le bureau, et le papier se trouvait dans un certain désordre. Il s'agissait sans doute d'une affaire grave, car M. de la Haudraye semblait préoccupé.

Une sorte d'inquiétude mêlée de curiosité s'emparant de l'esprit de

Germain, il avait guetté son maître, au moment où celui-ci redescendait l'escalier pour remonter dans sa voiture : M. de la Haudraye tenait à la main une boîte carrée, assez lourde, que le valet de chambre crut reconnaître pour une boîte à pistolets.

— Ainsi, demanda le juge d'instruction, vous croyez que votre maître s'est battu en duel ce matin ?

— Je suis convaincu qu'il s'agissait d'une affaire d'honneur concernant au moins un de ses amis.

— Vous ne trouvez pas d'autre explication à son absence ?

— Pas d'autre, monsieur le magistrat.

— Votre maître est-il joueur ?

— Non, monsieur, il joue comme tout le monde, par occasion, mais sans passion.

— C'est bien ! dit le juge d'instruction à Germain, vous pouvez vous retirer.

Le valet de chambre salua gravement et sortit.

Les magistrats restèrent un moment silencieux et préoccupés.

Tour à tour le cocher et les palefreniers furent mandés. Leurs dépositions n'apprirent rien de nouveau ; elles confirmèrent simplement celles de Pierre et de Germain.

— Où je me trompe beaucoup, dit le commissaire de police, ou nous avons affaire à un scélérat bien habile.

Il est quelque chose de plus fort que les scélérats, monsieur Reynaud, dit le juge d'instruction d'un air un peu gourmé, c'est la justice. Soyez tranquille, avant la fin de la journée, nous aurons trouvé un indice qui nous mettra sur la voie. Le serpent laisse toujours une trace de son passage.

Puis, se tournant vers le substitut :

— Il me semble, dit-il, que nous pourrions faire prévenir M. Kerdren et le questionner en attendant le retour de M. de la Haudraye. Un des domestiques peut se rendre chez lui.

— Pardon, dit Nazade, si vous le permettez, je remplirai cette mission. Il me semble préférable que le jeune homme apprenne cette nouvelle de la bouche d'un homme capable de juger de l'effet qu'elle produira sur lui.

— Allez, dit le substitut ; nous attendrons.

Un soir de grande réception, Jean Marigné y mena sa sœur. (*Voir page 68.*)

CHAPITRE IX

LE LEGS

AMAIS Urbain ne s'était senti plus heureux que ce matin-là. Pour la première fois de sa vie, il aspirait le bonheur dans sa plénitude. Il croyait à la tendresse, à la fortune, à la gloire! Un miracle de l'amitié avait suspendu ces beaux fruits aux branches de l'arbre enchanté de l'avenir. Depuis la soirée pendant laquelle Urbain raconta sa jeunesse à M. Monier, le millionnaire qui, jusque-là, s'était seulement montré bienveillant, devint véritablement paternel. Il adopta dans son cœur ce laborieux jeune homme et se promit de le rendre heureux entre tous. Les grands sentiments sont un foyer rayonnant. De même que sœur Sainte-Croix attirait le millionnaire vers les souffrants et les petits, Urbain, en révélant à M. Monier l'existence de l'association artistique des *Compagnons de la Vache-Enragée*, lui suggéra l'idée de se faire le protecteur, le Mécène de cette ardente et studieuse jeunesse.

Grâce à l'initiative d'Urbain, les salons de l'hôtel Monier, déjà fréquentés par toutes les célébrités, s'ouvrirent pour ses amis. On y parla littérature, voyages et beaux-arts; bientôt les noms de Stylite la Tour, de Loys-les-Sonnets, de Grégoire Fusain, le prince de la silhouette, de Claudius Houssaye, commencèrent à sortir de l'ombre. L'un des membres de l'association fit recevoir un drame en cinq actes, Houssaye se vit accablé de demandes de portraits en cérosculpture; Urbain résolut de lancer son premier livre, Marigné dessina une magnifique eau-forte représentant la Muse de la jeunesse couronnant un buste ressemblant fort à Kerdren. Progressivement les soirées de l'hôtel Monier prirent de l'importance. Un soir de grande réception, Jean Marigné y amena sa sœur, et celle-ci, songeant à rendre moins triste l'avenir d'Alleluia, se fit un jour accompagner par la jeune aveugle qui joua, sur l'harmonium de Mustel, avec un sentiment et une grâce qui lui valurent tous les suffrages. Fabienne jouissait du triomphe de sa petite amie. Elle l'avait parée de ses mains, et fière de la beauté mélancolique d'Alleluia, heureuse des sensations de bonheur et de naïf orgueil de la jeune fille, elle l'encourageait, la distrayait, rendant pour ainsi dire visibles pour elle les splendeurs de la maison hospitalière dans laquelle la fille de Guillaumette entrait pour la première fois. Marigné répandait au milieu de ce cercle les élans de sa franche gaieté; Urbain ne s'éloignait guère du groupe formé par Alleluia et Fabienne. Il contemplait ces deux jeunes filles avec une expression de recueillement heureux. Fabienne était si belle avec son teint d'un blanc mat, sa taille souple, ses cheveux noirs, se grands yeux remplis d'une énergie tranquille! Alleluia, blonde, pâle et frêle, semblait appuyer sa faiblesse sur sa compagne, et Urbain, en les regardant, se sentait si ému qu'il lui eût été impossible de parler.

Il se tenait dans une embrasure de croisée, quand M. Monier le rejoignit.

Le vieillard suivit la direction des yeux d'Urbain et sourit avec une bonté qui n'était pas exempte de malice.

— Vous semblez bien rêveur, lui dit-il; j'aurais cru que la prochaine apparition de la *Reine des chimères* suffirait à votre joie. Voyez, moi, depuis que j'ai donné le bon à tirer de la dernière feuille de *Java et ses merveilles*, je respire à l'aise, je m'épanouis. Ma tâche est remplie, et j'ai fait de mon mieux; moi, j'ai plus de soixante ans, et vous êtes, Urbain, dans la force de la jeunesse! Quelques feuillets de papier ne donnent pas un bonheur absolu. Il arrive qu'on se replie sur soi-même. On songe. A l'église, on a vu une jeune fille modeste, pure et belle, on la souhaiterait pour la compagne de sa vie. Je comprends cela, allez! Tenez, quand je regarde la sœur de Marigné.....

— Monsieur..... dit vivement Urbain.

— Une femme accomplie, reprit M. Monier sans paraître entendre l'exclamation d'Urbain. Eh bien ! mon ami, je vous avoue, moi, que je voudrais pour vous une femme comme Fabienne.

Urbain baissa la tête.

— Vous ai-je blessé ? demanda M. Monier doucement.

— Non, monsieur, dit Urbain, je vous vénère, je vous aime trop pour vous en vouloir, peut-être de voir trop juste. Mais tandis que j'entre dans la voie des lettres, Marigné a sa place toute faite dans l'art. Fabienne peut choisir un mari entre des hommes déjà célèbres. Que lui offrirais-je, moi ? Je suis sans fortune.

— Comptez-vous pour rien la générosité de votre caractère, l'honorabilité de votre nom, votre talent qui éclatera quelque jour d'une façon indiscutable ? Vous avez l'avenir, Urbain, parce que vous possédez la patience et la droiture, et croyez-le, j'en jure par cette vie que vous m'avez sauvée, tout ce que je pourrai faire pour arriver à vous rendre heureux, je le ferai.

Urbain serra la main que M. Monier lui tendait, regarda une dernière fois Alleluia et Fabienne, et rejoignit le poète Martin Noël.

Pendant ce temps, un critique influent demandait à M. Monier :

— A quel ouvrage travaillerez-vous désormais, puisque *Java* est terminé ?

— A aucun autre, répondit le millionnaire.

— Si vous n'écrivez plus, vous vous ennuierez, dit le journaliste.

— Je l'eusse redouté autrefois ; maintenant je ne le crains plus ; ma sœur m'a promis de trouver le moyen de dépenser les revenus des quarante millions auxquels s'élève ma fortune. Quand je suis arrivé dans ce Paris, qui semble drapé d'un manteau d'or, j'ai cru que tout y était joie, bonheur et fête. Sœur Ste-Croix m'a fait regarder en bas ; alors, j'ai découvert des misères profondes, des douleurs infinies ; j'ai vu que cette grande cité cachait dans ses faubourgs des victimes du luxe et des plaisirs d'autrui ; que des vétérans du travail s'y trouvaient sans pain ; qu'il existait des vieillards sans asile, des enfants sans mère, et je me suis dit que la plus grande œuvre d'un homme était de faire le bien. Aussi, messieurs, aujourd'hui je vous ai conviés pour remercier mes collaborateurs de leur zèle, vous recommander le livre et l'auteur, et vous prier de souhaiter bonne chance au livre nouveau-né ; mais quand vous voudrez désormais acquérir de véritables droits à ma reconnaissance, vous me signalerez de grandes infortunes à soulager.

— Il me semble, dit Jean Marigné, que votre orphelinat compte déjà cent enfants.

— J'en voudrais mille ! afin que leurs voix innocentes ne cessassent de prier le ciel pour qu'il me rendit celui que j'ai perdu.

— L'hospice des vieillards est presque achevé, ajouta Kerdren.

— Et l'on en raconte des merveilles, dit Houssaye.

— On exagère, répondit M. Monier ; j'ai dépensé deux millions, voilà tout ! Je me regarde désormais comme le dépositaire d'une fortune péniblement gagnée, et, je puis bien l'avouer, j'ai fait mon testament...

— Mais votre santé est excellente, mon oncle, dit vivement Amaury de la Haudraye.

— Sans doute, mais je n'oublie pas qu'un accident a failli me rayer du nombre des vivants et que sans le courage d'Urbain, j'étais perdu. Cher Kerdren, ajouta M. Monier en faisant un pas vers le jeune homme, si la fortune fait le bonheur, comme beaucoup l'affirment, vous serez riche, et je n'aurai jamais mieux placé l'un de mes millions qu'en le léguant à l'être le plus généreux que je connaisse.

— Quoi ! s'écria Kerdren, vous avez songé……

— Je me suis souvenu que vous avez risqué votre vie, et j'ai deviné, ajouta-t-il plus bas, qu'il se trouverait dans le monde une belle, noble et douce créature qui partagerait cette fortune avec vous.

Les yeux d'Urbain cherchèrent Fabienne.

— J'espère rester longtemps travailleur et pauvre, dit Urbain d'une voix vibrante d'attendrissement sincère.

— Il me semble, dit Amaury de la Haudraye, que l'affection de stoïcisme quand il sagit d'une fortune inattendue, dépasse un peu ce que l'on est en droit d'attendre du désintéressement d'un homme. Je prends grande part à l'annonce de cette bonne nouvelle, monsieur Kerdren; je suis sûr d'avance que vous la mériterez par votre reconnaissance comme vous l'avez déjà fait par votre dévoûment.

Tandis que le cœur d'Urbain s'ouvrait à la joie et qu'il voyait la possibilité de demander à Jean la main de sa sœur, Fabienne était subitement devenue triste.

— Je suis pauvre, moi, pensait-elle.

Elle s'efforça de dompter l'angoisse qui lui emplissait le cœur et reprit avec Alleluia son entretien intime, jusqu'au moment où M. Kerdren vint la saluer.

— Jean, dit l'auteur de la *Reine des chimères* à son ami, je voudrais te parler longuement, es-tu libre demain ?

— Non, répondit Marigné, toute ma journée est prise; après-demain, si tu veux, nous dinerons ensemble.

Les jeunes gens se serrèrent la main, et Kerdren regarda Fabienne qui soutenait avec sollicitude la marche indécise d'Alleluia.

— C'est le bonheur ! murmura-t-il, oui, c'est le bonheur.

La journée du lendemain lui sembla longue. Il avait hâte de dire à Marigné : — Appelle-moi ton frère ! — Après une nuit coupée de rêves, il se leva le cœur en fête, se disant que le soir même, sa vie serait fixée, et qu'il passerait peut-être au doigt de Fabienne l'anneau des fiançailles.

Se sentant trop heureux, trop préoccupé pour travailler ce matin-là d'une façon suivie, Urbain voulut se raconter à lui-même les émotions de son cœur.

Il prit une petite clef qui ne le quittait point, ouvrit un tiroir de son bureau, chercha un cahier relié dont il ouvrit le fermoir, et se mit à écrire avec la rapidité qui fait voler notre plume sur le papier, quand nous nous trouvons sous l'impression d'un sentiment puissant. La physionomie radieuse d'Urbain montrait assez qu'il parlait de bonheur.

Cependant son visage refléta une teinte de douloureuse mélancolie, une larme mouilla ses yeux et tomba sur ces mots qu'elle effaça à demi :

— O ma mère, comme vous eussiez aimé Fabienne.....

Urbain n'eut pas le temps d'achever sa phrase; on frappait à la porte et il se leva pour aller ouvrir.

M. Kerdren se trouva en face d'un homme inconnu.

Il le reçut courtoisement, et parut cependant, par son attitude, lui demander du regard ce que signifiait cette démarche matinale.

— Je me nomme Nazade, lui dit l'inconnu d'une voix brève, en inspectant d'un coup d'œil, moins par curiosité peut-être que par habitude, la pièce dans laquelle il se trouvait.

— Vous avez une communication à me faire ? demanda Urbain.

— Oui, monsieur, ou plutôt j'ai une prière à vous adresser, voulez-vous me suivre immédiatement à l'hôtel de M. Monier ?

— Il me fait demander ?

— Votre présence chez lui est du moins indispensable.

— Je devais aujourd'hui m'occuper de mon déménagement, car il était convenu que j'habiterais demain l'hôtel des Champs-Élysées. Je ne sais pourquoi la démarche que vous faites, monsieur, me semble la menace d'un malheur. Pourquoi n'est-ce pas un des domestiques de l'hôtel qui vient ici ? Parlez ! je suis dévoué comme un fils à M. Monier. Est-il souffrant ? Oh ! je vous en supplie, ne me laissez pas dans une telle angoisse.

— Il ne m'appartient pas, répondit Nazade, de vous dire pourquoi l'on vous appelle, mais je ne manquerai point à mes devoirs en vous apprenant qu'en effet, il est arrivé un malheur, un grand et irréparable malheur.

Urbain saisit les deux mains de l'agent.

— M. Monier est mort !

Nazade baissa la tête.

Une pâleur soudaine envahit le visage d'Urbain, ses membres furent agités d'un tremblement convulsif.

— Mort ! dit-il, mort ainsi, brusquement, sans que je fusse là pour entendre ses recommandations dernières. Mort, quand la veille il était si plein de vie.... Mon Dieu ! mon Dieu !... Mais comment est arrivé ce malheur, monsieur ? Quel mal subit l'a foudroyé de la sorte ?

— Je ne puis vous en révéler davantage, monsieur. Venez; vous êtes attendu.

Urbain boutonna machinalement son paletot et suivit l'agent.

Oh ! comme elles étaient loin déjà ses joies matinales. Quel vent glacial venait de souffler sur ses espérances de bonheur. Une grande douleur emplissait son âme et l'empêchait de songer au changement qui survenait dans sa situation. Urbain s'était attaché à M. Monier avec une puissance d'autant plus grande, que le vieillard remplaçait le père qu'il n'avait plus. Les natures aimantes ont des spontanéités dont s'étonnent les gens réfléchis et froids. Rien d'étrange d'ailleurs à ce qu'un jeune homme isolé, trouvant une amitié grave et protectrice, y eût jeté un cœur brisé par la mort des siens, et attristé par l'isolement.

Bien qu'il se dit qu'un homme devait être fort contre la douleur, Urbain sentait des larmes brûlantes monter à ses paupières. Il ne voyait plus, il marchait en trébuchant, suivant d'une façon machinale l'homme qui le menait vers cet hôtel des Champs-Elysées, que la veille il avait quitté l'âme inondée de joie et de reconnaissance.

Il franchit la cour d'entrée et monta l'escalier. Pas un domestique dans le vestibule ; le silence de la mort planait sur cette maison.

L'agent monta le premier et précéda Kerdren dans le salon où se trouvaient les magistrats.

Une si profonde douleur se lisait sur le visage du jeune homme, sa physionomie inspirait une sympathie, une confiance si soudaine, que les trois hommes qui se trouvaient réunis dans cette pièce, éprouvèrent le même sentiment de bienveillance à l'égard d'Urbain.

Le jeune homme tomba sur le siège que Nazade venait de lui avancer.

— Monsieur, dit le juge d'instruction, vous remplissiez auprès de M. Monier les fonctions de secrétaire ?

— Oui, monsieur, dit Urbain d'une voix troublée. Mais, en ce moment, tenez, ne me demandez rien, la nouvelle que je viens d'apprendre me bouleverse et me tue. Mon bienfaiteur, mon ami, est mort ! J'ai besoin de le voir, et tenez, monsieur, je l'avoue sans honte, quoique je sois habituellement fort contre la douleur, j'ai besoin de pleurer.

Le substitut reprit avec douceur :

— Nous comprenons, monsieur, nous respectons vos regrets, mais il est un mandat qui passe avant toutes les considérations de sympathies, c'est celui du devoir... Répondez-nous donc en imposant un moment silence à des regrets qui vous honorent. La justice ne peut perdre un jour, une heure, quand il s'agit d'un crime à punir.

— Un crime ! s'écria Urbain en se levant, il s'agit d'un crime.

— Ne le saviez-vous pas ? demanda le juge d'instruction.

— Pardon, monsieur, dit Nazade en s'avançant, je n'ai parlé que d'un malheur.

Urbain passa ses deux mains sur son front, en répétant d'une voix sourde :

— Un crime ! un crime !

— Et ce crime, poursuivit le juge d'instruction, a été perpétré avec un sang froid complet, abominable ; rien n'a été dérangé dans l'appartement ; il semble que le meurtrier ait eu la certitude qu'il avait bien le temps de commettre cet assassinat.

— M. Monier était si riche ! murmura Urbain.

— Le vol ne semble pas être le mobile du crime. Savez-vous qui pouvait haïr M. Monier ?

— Personne, répondit Urbain ; l'habitude du commandement avait donné quelque chose d'impératif à sa parole ; il parlait peu et brièvement ; mais sa bonté était inépuisable. Chaque matin je décachetais des lettres dont la moitié renfermait des demandes de secours ; aucune ne restait sans réponse.

— Ainsi, rien dans vos souvenirs ne peut nous venir en aide et nous éclairer ?

— Rien ! Rien ! répéta le jeune homme, et cependant, Dieu sait que l'unique allègement possible à ma douleur serait de répandre la lumière dans ces ténèbres. Lui assassiné ! Mais ses serviteurs le chérissaient. Il était généreux et bon pour tous. Aucun d'eux ne manque à l'appel et vous affirmez, monsieur, que l'on n'a rien dérobé ?

— Comment avez-vous passé votre soirée, hier ?

— Comme d'habitude, avec M. Monier. Jean Marigné, chargé de l'illustration de *Java et ses merveilles*, est venu vers neuf heures. Nous avons mis en ordre les dernières épreuves sur lesquelles M. Monier avait signé le bon à tirer. A onze heures, Marigné et moi nous avons quitté l'hôtel. Je n'y devais pas venir aujourd'hui. Il avait été arrêté que je garderais cette journée pour ranger mes papiers, et que demain je viendrais ici occuper l'appartement préparé pour moi au troisième.

L'agent de police qui s'était retiré, ouvrit en ce moment la porte du salon, et dit à l'oreille quelques mots au substitut.

— Bien, répondit celui-ci à voix basse, dans dix minutes introduisez-le.

— Monsieur, ajouta, en s'adressant à Kerdren, le magistrat qui venait de recevoir la communication de Nazade, veuillez vous tenir à notre disposition ; pour le moment, nous n'avons rien de plus à vous demander.

Urbain se leva.

— M'est-il permis, demanda-t-il, de me rendre dans la chambre de M. Monier ?

— Pas encore, répondit le juge d'instruction, mais bientôt vous pourrez remplir ce pieux devoir.

Urbain salua et sortit. Il étouffait.

Sur le carré il trouva Pierre ; le vieux serviteur avait les yeux rouges et gonflés.

Le jeune secrétaire alla vers lui.

— Ah ! dit-il, vous et moi nous l'aimions bien !

Quand l'agent de police entra dans le salon où les magistrats questionnaient Urbain Kerdren, il venait pour apprendre au substitut l'arrivée d'Amaury de la Haudraye.

Les renseignements que pouvait fournir le neveu de la victime étaient trop importants pour ne pas être recueillis avec empressement. Aussi l'ordre de l'introduire fut-il immédiatement donné.

Amaury entra rapidement, en homme qui se rend à une invitation pressante. Son visage avait la mate pâleur qui lui était habituelle. Un cercle de bistre entourait ses yeux. Son regard fixe interrogeait. Ses lèvres muettes paraissaient scellées. Il s'inclina devant les magistrats et il attendit.

— Monsieur de la Haudraye, lui dit le juge d'instruction, j'ai eu l'honneur de vous rencontrer dans le salon de M. Grandchamp, procureur de la République, et je voudrais, pour beaucoup, n'avoir pas la douloureuse obligation de vous apprendre quel malheur vous atteint. Avant que j'entre dans les détails douloureux dont aucun ne vous sera épargné, puisque tous peuvent concourir à l'œuvre de la justice, permettez-moi de vous dire que je prends une grande part au coup qui vous frappe...

— Monsieur, dit Amaury d'une voix, dont une certaine inquiétude réchauffait à peine la froideur, il faut que ce malheur soit bien grand, bien imprévu, bien effrayant même, pour que je trouve réunis ici trois hommes que j'ai, comme vous, rencontrés chez M. l'avocat général, et qui représentent la justice. Je rentre après avoir passé pendant toute la nuit par une série d'émotions qui m'ont brisé, et qui, je le crois, et je le crains, ne tarderont pas, monsieur le juge d'instruction, à m'amener devant vous... Est-ce déjà votre mandat que vous remplissez à mon égard ?

— Quel mandat ? demanda le juge d'instruction.

— Je préfère avouer ma faute tout de suite, dit Amaury.

— Votre faute ! s'écria le substitut, vous devriez dire.....

— Mon crime... ajouta M. de la Haudraye ; je ne discuterai point avec vous le terme dont je devrais me servir... Permettez-moi de me borner à raconter les faits.

Amaury commença :

— Hier au soir, mon oncle devant garder son secrétaire près de lui, je sortis pour dîner au cercle. J'eus sans doute une mauvaise inspiration mais je suis fataliste. Il n'est rien arrivé que j'aie pu prévoir ou entraver. Après le dîner, et tandis que nous fumions des cigares, la conversation de M. de Mortagne et de M. Ludovic de Changy devint aigre-douce. Des sous-entendus ils en vinrent aux personnalités. De Changy leva son gant, Mortagne tint le soufflet pour reçu ; une rencontre fut jugée inévitable. Comme ami de Louis de Mortagne, je fus chragé avec M. de Grandlieu de régler les conditions du combat. Mortagne voulait se battre à la première heure, avant que les causes de ce duel fussent connues, et que cette nouvelle eût fait le tour des salons de Paris ; Mortagne sachant que je possédais de fort belles armes, me pria de les aller chercher. Je revins à l'hôtel entre onze heures et minuit : je montai prendre des pistolets et des épées, puis je retournai, non plus au cercle mais chez Mortagne, après avoir prévenu le médecin de sa famille.

« Mon ami écrivit des lettres, son testament, causa avec moi pendant une heure, afin de me faire certaines recommandations, puis, à cinq heures, lui et moi nous prîmes place dans ma voiture, et nous nous rendîmes chez celui qui devait être son second témoin.

« A six heures, nous étions au bois de Boulogne, et vingt minutes plus tard, Mortagne tombait dangereusement blessé.

« Je ne pouvais l'abandonner ; le médecin et moi nous ramenâmes Mortagne à son domicile. Sans être désespérée, sa situation est si grave, que je n'ai pu quitter mon ami avant le pansement. Un peu rassuré, je rentre à l'hôtel de mon oncle, où je vous trouve, monsieur instruit déjà de ce duel, et prêt à recevoir ma déposition. Je vous l'ai faite en toute franchise. Il me reste seulement à vous donner l'adresse de M. Mortagne : rue Saint-Florentin, 8. J'espère cependant que vous voudrez bien ne point l'interroger aujourd'hui au sujet de sa querelle avec M. de Changy. Le médecin a commandé le plus grand repos, et toute émotion pourrait devenir funeste. »

Le substitut et le juge d'instruction échangèrent un regard.

Amaury ne le saisit pas, plongé qu'il était dans une pensée assez sombre pour creuser une ride à son front.

— Ce que vous venez de nous révéler spontanément, monsieur, dit le juge d'instruction, sera l'objet d'une enquête. La loi punit le duel, car le duel est un meurtre ou une tentative de meurtre, et comme tel il est passible de la justice ; mais ce n'est point à votre sujet que nous nous trouvons réunis dans cet hôtel. Plus tard vous serez entendu d'une façon complète au sujet de la rencontre de M. de Changy et de M. de Mortagne.

— Mais, dit Amaury d'une voix qui, en dépit de son calme, s'altéra légèrement, si ce n'est pas pour m'interroger à propos du duel, dont M. de Mortagne sera sans doute victime, que pouvez-vous faire ici, monsieur, et qu'avez-vous à me demander ?

— Nous voulons savoir, monsieur de la Haudraye, s'il vous serait possible de nous éclairer sur le drame horrible qui s'est passé cette nuit dans cette maison. Votre oncle, M. Monier, a été frappé par une main criminelle, frappé sans crainte, sans hésitation, d'un seul coup, par une main qui n'a pas tremblé.

— Oh ! fit Amaury en cachant son front dans ses mains.

Il resta une minute comme écrasé sous le poids d'une horrible douleur, puis il articula faiblement :

— Mon oncle est mort !

— Le trépas a été instantané. Vous connaissiez sa vie, ses relations, pouvez-vous éclairer la justice et lui venir en aide ?

M. de la Haudraye ne paraissait rien entendre, son regard était fixe ; ses lèvres s'agitaient sans articuler aucun son, et une exclamation sourde jaillit de ses lèvres.

— Le malheureux ! le malheureux !

— Oui, reprit le juge d'instruction, bien malheureux, car il n'a pu vous faire ses recommandations suprêmes, vous donner un dernier embrassement, et vous bénir d'avoir réjoui sa vieillesse.

Amaury se leva brusquement.

— Oh ! le misérable ! le misérable ! répéta-t-il. Mais vous l'avez dit, mon oncle sera vengé, et cette noire ingratitude trouvera son châtiment !

— Certes, dit le juge, croyez-le, c'est un devoir sacré pour nous de venger la société outragée, mais jamais, peut-être, criminel n'avait mérité davantage le châtiment auquel il ne peut échapper. C'est à vous de nous aider, de nous guider dans notre tâche. Avez-vous des indices ? Vous venez de prononcer les mots : misérable... ingratitude. Soupçonneriez-vous quelqu'un ?

Amaury ne sembla plus comprendre ce qui se passait ; il avait laissé retomber son front dans ses mains, et les magistrats respectaient cette douleur légitime. Tout-à-coup M. de la Haudray se leva, appuya sa main crispée sur la table, et demanda, en regardant fixement le juge d'instruction :

— A qulle heure M. Kerdren a-t-il quitté l'hôtel ?

La question d'Amaury prenait une importance énorme si l'on tenait compte de l'accent avec lequel le jeune homme la formulait. Une haine puissante vibrait dans sa voix. Chaque syllabe tombait comme une menace. Dans cette phrase si simple se cachait un terrible soupçon.

Les trois magistrats regardèrent à la fois M. de la Haudraye.

La même pensée surgissait dans leur esprit.

Amaury venait de retomber dans son fauteuil, comme si l'énergie dont il avait fait brusquement preuve, cédait sous l'influence d'une grande douleur.

Le commissaire de police qui ne cessait de l'observer, répliqua :

— M. Urbain Kerdren a quitté l'hôtel vers onze heures ; il en est sorti en même temps que son ami Marigné.

Sans doute M. de la Haudraye attachait une importance très relative à ce que venait de lui répondre le commissaire, car il répéta d'une voix plus lente et plus menaçante :

— Le misérable ! le misérable !

Le juge d'instruction fixa ses yeux perçants sur Amaury de la Haudraye, qui tressaillit sous ce regard, puis brusquement et sans transsition, ce magistrat lui demanda :

— Que pensez-vous de M. Urbain Kerdren ?

— Il est si intelligent, répondit Amaury de la Haudraye, que la mort de mon oncle le fait riche d'un million !

— Monsieur, dit le substitut, vous pouvez vous retirer, nous aurons sans nul doute plus d'une question à vous adresser, mais nous respectons la terrible situation d'esprit dans laquelle ont dû vous mettre les émotions de la nuit et la nouvelle de cette matinée. Nous vous rappellerons s'il y a lieu.

Amaury salua en chancelant et sortit.

A peine eut-il disparu, que le juge d'instruction s'écria :

— Eh bien ! messieurs, qu'en dites-vous ? Nous sommes sur la voie !

La concierge se répandit en phrases verbeuses. (*Voir page* 112.)

CHAPITRE X

LA PISTE

N entendant M. Jomart émettre brusquement cette idée que la justice se trouvait sur la voie, en raison de l'exclamation poussée par Amaury : — « Il hérite d'un million ! » — le substitut releva brusquement la tête, tandis que le commissaire de police, très perplexe, passait à plusieurs reprises la main sur son front.

A force de voir des misérables, d'arracher les masques couvrant les visages, de démêler les fils d'intrigues embrouillées, M. Jomart en était venu à nier l'honnêteté absolue des hommes ; il soutenait que si l'on fouillait au fond de toutes les vies, on ne manquerait pas de trouver dans chacune un crime ou une faute ayant entraîné de graves conséquences.

M. Jomart avait un fils, dont il comptait faire un magistrat formé à son école, et une fille plus jeune dont il surveillait l'éducation. Rien de plus désolant que le système adopté par ce chef de famille. Il s'attachait à enlever à ses enfants toutes les illusions, toutes les croyances, non pas au point de vue religieux, car il cachait son incrédulité comme une plaie secrète de l'âme, mais en ce qui concerne le monde et la vie sociale. Il éteignait l'enthousiasme dans ces jeunes âmes en étalant devant ses enfants les monstruosités du crime, sans leur parler des sublimités de la vertu.

Ses collègues du parquet l'estimaient sans éprouver pour lui une grande sympathie.

La sagacité de son esprit leur imposait ; et l'habitude de garder une prépondérance absolue dans les affaires qui lui étaient confiées, avait accoutumé M. Jomart à rencontrer peu d'opposition.

Aussi se trouva-t-il très surpris du silence gardé par le substitut et par le commissaire de police. Il répéta donc d'une voix plus tranchante :

— Il me semble, messieurs, que nous sommes sur la voie.

— Vous croyez ? dit le substitut, en relevant le front.

— En dépit de son flegme habituel, M. de la Haudraye a trahi sa pensée secrète. Il soupçonne le secrétaire de son oncle.

— Oh ! monsieur ! s'écria le substitut, l'honnêteté respire sur le visage de ce jeune homme ; l'œil est brillant, la voix franche. Nous avons été témoins de sa douleur...

— On a toujours été honnête avant de devenir coquin, objecta M. Jomart.

— Non, reprit le substitut, il ne serait pas possible que M. Urbain Kerdren gardât cette tranquillité si, cette nuit même, il avait commis un meurtre. Je crains, monsieur le juge d'instruction, que votre zèle ne vous emporte aujourd'hui.

— Je cherche à qui le crime profite, répliqua M. Jomart.

— M. de la Haudraye hérite de son oncle.

— Quelle différence ! M. de la Haudraye vivait à l'hôtel Monier, et partageait pour ainsi dire les revenus de son oncle. Je n'affirme rien ; l'instruction commence, une piste nous est indiquée, nous ne devons pas la perdre de vue.

— Aussi, dit M. Reynaud, nous devons chercher tout de suite s'il n'existe point un moyen de pénétrer dans l'hôtel, sans éveiller le concierge et les domestiques. Il nous reste donc à visiter la cour et le jardin.

L'avis de M. Reynaud fut immédiatement mis à exécution.

Le jardin s'étendait jusqu'à la rue voisine. Au fond, une porte basse se trouvait à demi cachée sous les massifs.

Dès que les magistrats pénétrèrent dans le jardin, ils reconnurent qu'on y avait marché la nuit précédente ; sans être mouillé, le sable restait humide, et des empreintes s'y noyaient sans contours arrêtés, mais suffisantes pour attester le chemin suivi. Un dérangement violent produit dans les branches des arbustes, prouvait qu'on les avait écartées, même cassées pour arriver à la petite porte. La serrure rouillée, couverte de poussière, portait les traces de plusieurs doigts. Il avait évidemment fallu un effort pour l'ouvrir.

Quand la porte du jardin démasqua le passage donnant sur la rue, M. Reynaud observa les pavés les plus près du mur et constata qu'ils gardaient les vestiges du sable du jardin.

L'assassin avait traversé le parterre, puis la cour, et gagné les appartements ; son crime accompli, il avait suivi le même chemin et refermé la porte derrière lui.

Les magistrats rentrèrent dans le salon, et Pierre fut appelé de nouveau.

Il affirma que l'entrée du jardin ne servait à personne, et que le concierge qui gardait les clefs de la maison n'avait jamais eu celle-là.

Pierre sortit, et le juge d'instruction dit à ses collègues :

— Le meurtrier s'est procuré une fausse clef. La cause se simplifie beaucoup à mes yeux. M. Monier, arrivé à Paris depuis deux ans, n'y comptait pas d'ennemis. Le vol n'a point été le mobile du crime. Deux hommes sont entrés cette nuit dans l'hôtel : Amaury de la Haudraye, qui venait y chercher des armes pour MM. de Mortagne et de Cenay, puis l'assassin. M. de la Haudraye est entré, comme d'habitude, par la porte cochère ; les domestiques, le cocher l'attestent. Le meurtrier s'est servi d'une clef fabriquée à l'avance, il a pu gravir les escaliers sans faire de bruit et, son crime commis, il a regagné la rue voisine, déserte à cette heure. Après M. de la Haudraye, qui me semble hors de cause, un seul homme avait intérêt au trépas rapide de M. Monier : son secrétaire.

— Eh bien ! dit le substitut, qu'une perquisition soit faite au domicile de M. Kerdren.

— Veuillez, monsieur le commissaire, reprit le juge d'instruction, vous rendre chez M. Kerdren et chercher si vous n'y trouvez rien de nature à fixer nos vagues soupçons.

Un moment après, M. Reynaud et Nazade se rendaient chez Urbain.

En apprenant qu'on venait, au nom de la loi, faire une perquisition chez son locataire, la concierge se répandit en phrases verbeuses, pour attester la régularité de la conduite du jeune homme, la douceur de son caractère, et sa générosité à reconnaître les services rendus.

Elle ouvrit, avec la seconde clef qu'elle possédait, l'appartement de M. Kerdren et, tout émue, resta debout au bas de l'escalier.

Tandis que la portière se lamentait, Reynaud et l'agent fouillaient les deux petites pièces composant l'appartement du jeune homme. Elles étaient sommairement, pauvrement meublées. En quelques minutes on en faisait le tour. Grâce à une collection de clefs mignonnes, l'agent ouvrit les tiroirs du bureau. Il y trouva peu d'argent, un bouquet séché, un paquet de lettres jaunies, signées du père d'Urbain, un cahier relié à fermoir.

L'agent de police continuait à fureter avec la minutie d'un homme accoutumé à découvrir de grands effets dans de petites causes.

Tout à coup, en déplaçant un buste de terre cuite, il poussa une exclamation qui fit tourner la tête à M. Reynaud.

— Eh bien ! demanda celui-ci, qu'avez-vous donc ?

— Voici ce que je viens de trouver, dit l'agent de police.

Et il montra à M. Reynaud, un morceau de cire portant l'empreinte d'une serrure.

— La cire est fraîche, fit-il observer, et il me semble que cette empreinte ressemble à la serrure de la porte du jardin.

— Effectivement, dit le commissaire songeur; nous allons nous en assurer tout de suite. Avant de remonter dans le salon où nous attendent M. Jomart et le substitut, nous comparerons cette empreinte avec la serrure du jardin.

Quand le commissaire et l'agent passèrent devant la concierge, celle-ci leur trouva des physionomies si graves qu'elle ne put s'empêcher de frissonner.

— A quelle heure M. Kerdren est-il rentré hier ? demanda M. Reynaud.

— Je l'ignore, mon commissaire, je l'ignore; j'étais dans le fort de mon sommeil quand le timbre m'a réveillée, mais sûrement il était plus de minuit.

Le commissaire de police et l'agent firent un calcul mental identique. Il se trouvait plus d'une heure d'écart entre le moment où Kerdren avait quitté l'hôtel Monier et celui où il avait regagné son domicile.

Quelques minutes après, Reynaud, se trouvant près de la petite porte du jardin, constatait que l'empreinte trouvée chez Kerdren était bien celle de le serrure.

— C'est exact ! dit-il à l'agent, et cependant j'aurais répondu de l'honnêteté de ce jeune homme. Ma femme a raison, ajouta-t-il plus bas, je me fie à mes impressions, j'oublie souvent de compter avec les lâchetés et les appétits des hommes !

L'agent et le commissaire regagnèrent en silence l'hôtel Monier.

Le juge d'instruction et le substitut employaient le temps de leur absence à faire subir un second interrogatoire aux domestiques.

En quelques phrases concises et comme si ce qu'il avait à dire lui coûtait, M. Reynaud raconta la perquisition faite au domicile d'Urbain, la découverte du morceau de cire et la constatation de l'exactitude de l'empreinte. Puis il posa sur la table le registre à fermoir dont il n'avait pas la clef, et dans lequel, le matin même, Urbain écrivait sous l'inspiration du bonheur.

Les yeux de M. Jomart lancèrent un éclair froid. Il se tourna vers le substitut pour jouir de sa défaite ; puis, après avoir consulté ses collègues, il donna ordre de rappeler M. Kerdren.

Celui-ci, brusquement réveillé de la longue torpeur dans laquelle il était plongé, suivit le policier sans lui répondre par un mot, par un geste. Le malheur qui le frappait le laissait inerte. La mort de M. Monier pesait sur son cœur comme une séparation, sur son esprit comme une catastrophe. Sans comprendre ce qui le menaçait, il lui semblait que le trépas de son bienfaiteur prenait des proportions étranges, de même qu'en regardant une nuée, nous devinons qu'elle recèle la foudre. Il étouffait dans cette maison visitée par le crime. Il ne comprenait pas pourquoi on lui refusait l'entrée de la chambre du vieillard qui fut son maître et son ami.

Quand l'agent de police vint le chercher, il se leva chancelant, les yeux aveuglés par des pleurs qu'il retenait avec peine, et marcha en trébuchant, à la suite de son guide.

Lorsqu'il entra dans la chambre où se tenaient les magistrats, l'expression austère de leurs physionomies frappa le jeune homme; il remarqua vaguement, en outre, que la même courtoisie ne se manifestait point à son endroit.

M. Jomart paraissait fort occupé à compulser des notes ; Urbain attendait. Tout à coup, le magistrat leva la tête, et jeta pour ainsi dire cette interrogation au visage de M. Kerdren :

— Qu'avez-vous fait de la clef ouvrant la porte du jardin ?

— Quelle clef ? demanda Urbain, en retrouvant la lucidité de son esprit.

— Vous n'ignorez pas, reprit M. Jomart, que dans le parterre se trouve une porte communiquant dans la rue. Pour ne pas obliger le personnel de l'hôtel à vous attendre, vous quittiez le logis par la porte du jardin.

— Cela ne m'est jamais arrivé ! répondit Urbain.

Le juge d'instruction sourit d'une façon qui voulait dire : « Nous devions nous attendre à cette réponse. »

Et le substitut ajouta rapidement :

— Vous savez que M. Monier vous a porté sur son testament pour une somme de un million ?

— Il y a quelques jours, M. Monier me l'apprit devant plusieurs intimes.

— Vous connaissiez ce vieillard depuis deux ans à peine ; quelle raison avait-il de se montrer si libéral ?

— Sa générosité était grande, monsieur ; cependant il y avait un autre motif. J'avais été assez heureux pour sauver la vie de M. Monier, et je faillis payer ce service au prix de mon existence.

Urbain souleva les boucles de son opulente chevelure noire et montra à son front une pâle cicatrice.

— Ainsi, reprit le substitut, vivement, M. Monier soldait une dette de cœur en vous faisant don d'une somme de un million.

— Il aimait faire des heureux autour de lui ; me voyant pauvre et me sachant estimable, il rêva de me créer une vie facile.

M. Jomart dégagea des papiers qui le cachaient aux yeux d'Urbain, le livre à fermoir dans lequel le jeune homme consignait ses plus secrètes pensées.

En le reconnaissant, le sang afflua au visage du jeune homme ; il étendit la main pour le saisir. Le juge d'instruction le regarda avec une fixité brutale.

— Si vous ne pouvez, dit-il, nous remettre la clef du jardin, vous pouvez du moins nous donner celle de ce registre ?

— Je l'ai sur moi, dit Urbain d'une voix frémissante ; mais de quel droit me la demandez-vous ? C'est là qu'est renfermé le mot de ma vie, le mystère intime de mon cœur. Je ne permettrai à personne de partager de pareils secrets.

— Nous sommes la justice, répondit froidement M. Jomart.

— Eh ! qu'ai-je à faire directement avec elle ? je réponds à vos questions, autant que peut me le permettre le trouble dans lequel me jette la mort de mon bienfaiteur. Mais, si vous m'interrogez sur ma personnalité, mes sensations, mes espérances, je n'ai rien à vous dire.

— Monsieur, dit sèchement le juge d'instruction, il faut, entendez-vous, il faut que nous appréciions la valeur des révélations intimes contenues dans ce livre. Si vous en refusez la clef, il suffira d'un couteau pour faire sauter les clous du fermoir.

— Voici cette clef, dit Urbain, en la tendant au substitut, qui lui semblait moins hostile que M. Jomart.

Un silence profond régnait dans la chambre ; de temps en temps, le juge soulignait de l'ongle les passages du *Mémorial* de M. Kerdren. Au bout d'un quart d'heure, M. Jomart dit d'une voix glaciale en refermant le volume :

— Nous savons tout ce que nous désirions apprendre.

— Mais moi, monsieur, dit Urbain d'un accent dans lequel vibrait une indignation contenue avec peine, j'ai besoin d'en savoir davantage. Que signifie la marche nouvelle des questions que vous m'adressez ? Vous m'avez interrogé, messieurs, je vous ai répondu ; à votre tour, je vous adjure de m'expliquer ce qui se passe.

— Vous serez satisfait tout à l'heure ; aussi bien nous n'avons plus qu'une seule question à vous poser : Pourquoi, après avoir quitté l'hôtel Monier à onze heures, y êtes-vous rentré à minuit ?

— Mais, je n'y suis pas revenu, monsieur, dit Urbain, stupéfait ; interrogez les domestiques.

— Ils n'ont pu vous voir, reprit M. Jomart, puisqu'au lieu de passer par la grande porte, vous vous êtes glissé par la petite porte du jardin.

— Il aurait fallu en avoir la clef, et M. Monier ne la confiait à personne.

— Vous en possédiez une, cependant ; et cette clef vous l'aviez fait faire au moyen de l'empreinte de la serrure.

Urbain pressa son front à deux mains.

— Je deviens fou, dit-il, la clef, l'empreinte.... Je n'ai jamais ouvert cette porte, et je défie.....

— Prenez garde ! dit le juge d'instruction. Ne vous obstinez pas dans un mensonge. Voici l'empreinte de la serrure, trouvée chez vous, sous un buste ; et dans ce cahier même nous apprenons la cause de la première pensée criminelle qui vous a poussé au meurtre.

— Un meurtre ! moi ! s'écria Urbain ; oh ! c'est horrible ! c'est épouvantable.

Il recula de deux pas, aveuglé, la tête perdue, et il fût tombé à la renverse si Nazade ne lui eût avancé un siége.

Urbain ne resta pas longtemps foudroyé par l'accusation que venait de lancer contre lui M. Jomart. Il se releva, écarta de son front ses cheveux noirs, puis, se plaçant en pleine lumière:

— Regardez-moi bien, dit-il, monsieur le magistrat, vous devez vous y connaître en hommes ! Regardez-moi, et dites si je ressemble à un misérable ! J'ai derrière moi une vie de travail et d'honneur, et, je puis le dire avec orgueil, jalonnée de plus d'un dévouement. On ne devient pas sans transition un assassin, un voleur.

Le substitut tressaillit ; l'accent franc de cette voix le touchait au plus profond du cœur.

— D'ailleurs, reprit Urbain, vous semblez oublier, monsieur, que j'ai sauvé la vie de celui que vous m'accusez d'avoir assassiné.

— A cette époque, M. Monier n'avait pas encore fait de testament.

— Et c'est pour jouir tout de suite d'un legs qui me faisait à la fois riche et heureux que j'ai trempé mes mains dans le sang ?

— Oui, dit M. Jomart, parce que vous aviez hâte d'épouser.....

Urbain joignit les mains.

— S'il vous reste un peu de pitié dans le cœur, monsieur, dit le jeune homme, ne prononcez pas le nom de cette jeune fille ici et dans de pareilles circonstances. Vous m'avez dérobé mon secret, j'espère que vous daignerez le garder.

— Soit ! dit le magistrat.

Le substitut n'avait cessé d'observer le jeune homme ; plus il le regardait, plus il demeurait convaincu que l'infortuné se débattait au milieu de charges accumulées autour de lui avec une habileté si terrible qu'il ne pouvait manquer d'en être victime. Jules Grandier, arrivé fort jeune à la haute situation qu'il occupait, ne s'était pas encore bronzé le cœur au contact des criminels. Il gardait une foi vive dans la vertu de certaines âmes, et celle d'Urbain lui semblait de l'or le plus pur.

Il demanda donc au jeune homme, d'une voix bienveillante :

— Etes-vous rentré dans votre apppartement immédiatement après avoir quitté cet hôtel ?

— Non, monsieur, répondit Urbain ; la soirée était superbe, je me sentais heureux, confiant ; jamais l'avenir ne m'avait paru plus beau. Et, comme il arrive souvent lorsque nous sommes dans des dispositions d'esprit semblables, j'éprouvais le besoin de marcher, de respirer par cette belle nuit, et je restai plus d'une heure dans les Champs-Elysées, bâtissant des projets que devait saper d'une façon si terrible le drame de cette nuit.

— Vous devez comprendre, reprit le substitut, que cette différence d'une heure, entre votre sortie de l'hôtel et votre rentrée chez vous, établit une lourde charge. C'est précisément dans cet intervalle que M. Monier a été assassiné.

Urbain fit un geste découragé.

— Pouvez-vous, reprit M. Grandier, expliquer chez vous la présence de l'empreinte de la serrure du jardin ? La justice veut le châtiment du crime, mais elle redoute avant tout des erreurs fatales.

— Je ne sais rien ! Je ne comprends rien ! dit Urdain ; c'est à en devenir fou. Cette empreinte a été apportée chez moi, c'est évident, mais comment, mais par qui ? Celui qui a trouvé ce moyen de faire retomber sur moi l'accusation du crime qu'il a commis a pris toutes ses mesures. Oui, vous avez raison, monsieur, je serai accusé, et, accusé, je serai condamné.

— Vous persistez dans vos dénégations ? demanda M. Jomart.

— Je persiste dans l'affirmation de mon innocence, dit Urbain, et j'en appelle à Dieu de la torture que vous m'imposez.

Urbain, qui venait de prononcer ces mots d'une voix vibrante, ajouta d'un ton plus bas :

— Heureusement, ma mère est morte !

— Vous allez être confronté avec le cadavre de la victime, dit le juge d'instruction.

M. Jomart passa le premier, suivi du substitut et du commissaire de police ; Urbain venait ensuite ; l'agent marchait le dernier.

Dès que la chambre de M. Monier fut ouverte, Urbain marcha rapidement vers le lit. L'aspect étrange du cadavre lui causa une impression dont il ne fut pas maître. Nous avons dit que le regard de la victime conservait un éclat, une fixité singulière ; il paraissait vivre encore au milieu du masque immobile. Il parlait, il accusait, il voyait. On ne pouvait s'empêcher de frissonner en regardant le cadavre. La mort avait été si foudroyante que le visage ne traduisait nulle douleur. L'étonnement, la stupeur s'y lisaient seuls.

Urbain restait au pied du lit, recueilli et grave ; il priait, il demandait à l'âme envolée de celui qu'il avait tant aimé de prouver à tous son innocence. Il se plaçait sous l'égide de l'éternelle justice, et plus calme après cette prière, il attendit. Toute initiative lui manquait. Il se sentait entre les mains des hommes dont il était entouré. Se débattre, il ne le pouvait plus ; des rêts invisibles l'entouraient. Au premier mouvement d'indignation qui avait jailli de son âme, succédait un calme souverain. La force d'en-haut, qu'il venait d'invoquer, descendait en lui, et ce fut au pied même de la couche de M. Monier qu'il se sentit rempli, non d'espérance dans l'avenir, mais de résignation. Le calme suprême de la mort passa dans son cœur ; il se sentit dans les mains de Celui qui éprouve et console, et il s'abandonna aux événements qu'il n'avait pu prévoir, et qu'il se sentait incapable de diriger.

— Quelle épreuve pour ce malheureux ! dit le commissaire de police.
— Et comme il la supporte noblement ! ajouta M. Grandier.

Le juge d'instruction s'approcha d'Urbain.
— N'avez-vous rien à dire ?
— Rien, monsieur ! Mais je crois à la justice divine, elle fera un miracle plutôt que de laisser condamner un innocent. La mort parlera ! oui, la mort parlera !
— A partir de cette heure, dit le magistrat, vous appartenez à la justice.

Urbain ne répondit rien ; il étendit solennellement la main vers le cadavre, et Dieu seul entendit sa muette prière.

Le juge d'instruction, l'agent de la sûreté, le substitut, M. Reynaud et Urbain quittèrent à la fois la chambre mortuaire. Au moment où ils se disposaient à descendre l'escalier, Jean Marigné en montait les premières marches.

— Bonjour, Urbain, dit-il, j'apporte le frontispice du livre.....

L'artiste n'acheva pas ; l'expression solennelle et désolée du visage de son ami, le groupe d'étrangers qui l'entouraient, tout lui révéla qu'un malheur venait d'arriver.

— Il se passe évidemment quelque chose, dit-il, en montant rapidement l'escalier ; pas un domestique dans les antichambres ; je me sens froid, j'ai peur

— Vous avez raison, monsieur, dit le substitut, la mort est ici, une mort horrible, la mort traînant le crime après elle. La justice allait vous envoyer chercher pour vous prier de faire immédiatement le portrait de la victime.

— La victime serait ?

— M. Monier, dit Urbain, et c'est moi qu'on accuse !

— Toi ! fit Marigné ; allons donc !

Il regarda Kerdren, en haussant les épaules, comme s'il craignait que son ami fût devenu subitement fou ; mais la présence des trois magistrats, et l'expression du visage d'Urbain ne lui permirent pas de douter longtemps de la vérité.

Alors, le front haut et les mains tendues, il rejoignit Urbain.

— Je réponds de toi vie pour vie, dit-il, honneur pour honneur !

— Jean, dit Urbain, je suis digne de toi, digne de tous ceux qui m'ont aimé !

Et tandis que Jean Marigné, cloué par la stupeur, restait debout au sommet de l'escalier, Urbain en descendait lentement les marches, afin de gagner la voiture qui devait le conduire à la Conciergerie.

Marigné fut tenté de fuir cette maison maudite, mais l'agent de police qui venait de le rejoindre, lui dit lentement :

— Rien ne doit être épargné dans cette affaire, monsieur, et c'est grandement témoigner votre amitié à M. Kerdren que de remplir la tâche dont vous charge le ministère public. Faites le portrait de M. Monier ; qui sait jamais d'où peut venir la lumière ?

— Vous ne croyez pas Urbain coupable, vous ? demanda Marigné.

Le policier haussa les épaules.

— Non, dit-il, je ne le crois pas coupable ; mais il lui sera difficile de le prouver ; ce sera l'affaire de ses camarades et d'une autre police occulte, dont je ne demande pas mieux que de faire partie. Pour n'être pas magistrat, on n'en a pas moins de flair. Courage, monsieur, surmontez votre douleur, vos dégoûts, et travaillez.

Le policier poussa pour ainsi dire Jean Marigné dans la chambre mortuaire.

Le cadavre de M. Monier produisait sur lui le même effet que sur tous ceux dont il frappait les regards.

Après l'avoir examiné, Jean se tourna vers l'agent.

— Le temps me manquera pour faire cette étude complète, dit-il, je vais envoyer chercher mes appareils photographiques.

Il ne fallut qu'une demi-heure pour les apporter à l'hôtel.

Une première épreuve fut tirée.

Elle était d'un rendu complet ; le modelé de la face se trouvait reproduit dans ses moindres finesses, et le regard conservait cette expression étrange, stupéfiante, qui bouleversait tous ceux qui l'étudiaient. Après l'avoir vue, on ne pouvait jamais oublier cette prunelle fixe, dilatée, vivante, pleine d'effroi, et qui paraissait accuser et maudire. Son éclat foudroyant, même au-dela de la vie, avait dû faire reculer de terreur le misérable assassin.

Quand cette rude tâche fut terminée, Jean Marigné plaça l'épreuve dans son carton, à côté de l'esquisse, puis il abandonna l'hôtel où venaient de se passer tant d'événements imprévus et terribles.

Il s'élança dans un fiacre, donna son adresse, paya le cocher sans savoir ce qu'il lui donnait et monta dans son atelier, au milieu duquel, en ce moment, Fabienne mettait un peu d'ordre.

Jean se jeta dans les bras de sa sœur.

— Oh! si tu savais! si tu savais, dit-il, Urbain, mon noble Urbain.....

— Il lui est arrivé malheur? demanda Fabienne, en devenant très-pâle.

— Arrêté, accusé, emprisonné...

Fabienne s'appuya contre un meuble et, les mains jointes, le regard voilé de pleurs, elle répéta :

— Accusé, lui ! Oh ! parle ! parle ! Jean, tu vois bien que tu me fais mourir.

Marigné courut à sa sœur, lui prit les deux mains et la regarda avec une pitié mêlée d'une ineffable tendresse.

— C'est donc vrai ? dit-il.

— Oui, répondit Fabienne, d'une voix complètement raffermie, et maintenant, apprends-moi comment nous le sauverons.

— Oui, nous le sauverons! répondit Marigné; nous ne sommes pas un pour lutter contre le malheur qui le menace, nous sommes une foule : les *Compagnons de la Vache-Enragée* ne nous abandonneront pas ! Du courage, Fabienne, Dieu garde les honnêtes gens !

Après le dîner, Octave du Cygne prit son violon. (*Voir page* 127.)

CHAPITRE XI

LES COMPAGNONS DE LA VACHE-ENRAGÉE

A rue Cassini, située derrière le Luxembourg et s'ouvrant dans l'allée de l'Observatoire, renferme quelques maisons tristes, mal bâties, presque croulantes. Celle qui porte le nº 6, construite d'une façon bizarre, coupée de jardinets, égayée de plates-bandes et de lilas, renferme un certain nombre d'ateliers loués pour des prix modestes à des travailleurs avides de fortune et de célébrité. Le plus vaste de ces ateliers et l'appartement de quatre pièces qui l'avoisinait, étaient occupés depuis quatre ans par plusieurs jeunes gens, poursuivant un même but par des moyens différents. André Bauvais écrivait ses poëmes ; Clément Roux terminait son stage ; Claudius Houssaye modelait de ravissantes cires polychromes ; Mareuil peignait des toiles de genre ; tous quatre s'étaient rencontrés dans un restaurant modeste ; une vive sympathie les rapprocha, et, un jour, ils se demandèrent pourquoi ils ne mettraient pas en commun leurs maigres pensions et les magnifiques espérances de leur avenir.

— Nous sommes pauvres, dit Bauvais, mais réunis nous vivrons presque convenablement, nous mangerons chez nous une saine cuisine apprêtée par quelque brave femme, nous passerons nos soirées en commun ou nous irons étudier à la bibliothèque Sainte-Geneviève. Un vaste foyer, une lampe nous suffiront. Nous ne trouverons pas seulement des avantages d'économie à nous rapprocher de la sorte, nous y gagnerons encore de rester toujours dans un milieu sain, productif, affectueux.

— Bien dit ! s'écria Mareuil, si nous devons manger de la vache enragée, mangeons-la ensemble.

— Messieurs, ajouta Houssaye en se levant, dédaignons les plats composés de cervelles de paons, de langues de colombes que se faisaient servir les empereurs romains ; brisons la coupe dans laquelle Cléopâtre fondait des perles, nous en avons le droit ! mais il est deux plats qui reviendront sans cesse dans notre menu, et que nous devons préférer à tous les autres.

— Lesquels ? demanda André Bauvais.

— Le brouet des Spartiates et la vache enragée.

Les trois jeunes gens poussèrent un franc éclat de rire.

— Je vous abandonne le brouet si vous le désirez, reprit Claudius Houssaye, il rentre dans l'antiquité, sinon dans la mythologie ; mais la vache enragée a été le plat de résistance de la table de tous les grands hommes, et ce nous sera un honneur d'en faire notre ordinaire, jusqu'à ce que nous ayons atteint le but poursuivi, c'est-à-dire le succès.

— Oui, oui, oui, dit Robert Mareuil.

— Qu'entends-tu par le succès? demanda Claudius à André Bauvais.

— Mes amis, répondit l'écrivain, nous ne nous repaîtrons jamais de fumée, elle peut aveugler, mais elle ne nourrit pas. Nous nous aiderons spontanément, sans aveuglement ; nous aurons le courage de discuter nos œuvres, de nous éclairer sur nos défauts, nous serons pour le moins sévères, afin que les autres se montrent justes.

— Très bien, dit Mareuil, et à nous quatre....

— Mon Dieu, reprit Bauvais, à nous quatre, nous représentons des côtés bien divers de l'art : Clément Roux, l'éloquence du barreau ; Mareuil, la peinture ; Claudius la sculpture fantaisiste ; mais ne vous effrayez pas de nous voir commencer une association utile avec un si petit nombre d'adhérents. Justement, parce que notre idée est saine, elle trouvera de l'écho. Avant six mois nous serons douze, et dans trois ans, nous serons....

— Ne nous affaiblissons pas en nous multipliant, dit Bauvais. Décidons à l'avance que jamais notre nombre ne dépassera vingt-quatre.

— Approuvé, dirent les trois jeunes gens.

— Seulement, reprit André Bauvais, afin d'être un jour doublement forts, efforçons-nous de recruter nos membres dans les rayons les plus variés de l'art et de la science. Il nous faut des numismates, des paysagistes, des romanciers, des critiques, des savants, des architectes. A mesure que l'un de nous quittera la ruche protectrice, il prendra l'engagement d'aider aux nouveaux venus.

— Il ne manque plus qu'un nom à cette société, dit Claudius.

— Eh bien, reprit Bauvais, que sous une apparence légère il cache à tous le sérieux de notre travail, la légitime ambition de nos pensées : nous serons les *Compagnons de la Vache-Enragée*.

— Bravo, André ! parfait ! répondirent les trois amis, les mains tendues.

— Un toast pour les *Compagnons de la Vache-Enragée*, dit le paysagiste.

— Du champagne ! du champagne ! ajouta Claudius Houssaye.

— Du vin du Vésuve pour échauffer notre verve, ajouta Clément Roux.

André Bauvais se leva.

— De l'eau ! dit-il, de la belle eau pure qui ne troublera point notre cerveau ; de l'eau qui coûtera peu et ne nous entraînera point à commettre de sottises. Nous avons du reste oublié de mentionner un des points essentiels de notre programme.

— Lequel ? demanda Mareuil.

— Nous serons des écrivains, des artistes honnêtes.

— Ne sommes-nous pas dignes de l'estime de tous ? dit Houssaye.

— Mes amis, répliqua Bauvais, je ne parle pas en ce moment de l'honnêteté qui fait que jamais Clément Roux, l'espoir du barreau de Paris, ne sera, je l'espère, obligé de nous défendre en police correctionnelle ou devant la cour d'assises. Je ne fais point allusion à l'intégrité de l'honneur de l'homme, mais au caractère de l'artiste ; je m'explique : si l'on offrait à Clément de défendre une cause mauvaise, il la refuserait, dût-elle lui rapporter des honoraires considérables. Robert Mareuil se souviendra que l'on peut avoir du génie et peindre des sujets chastes. Un éditeur me demanderait un livre dangereux, je repousserais ses offres. Ainsi de tous. Nous deviendrons nombreux et forts ; nous devrons l'être pour le bien et par le bien. Peut-être serons-nous plus de temps à faire notre chemin, mais ce chemin nous le parcourrons quand même et le but en sera plus glorieux.

La voix de Bauvais s'était élevée ; le feu de l'enthousiasme brillait dans ses regards ; les mains qui pressèrent les siennes tremblaient d'émotion.

Ce fut ainsi que, dans un modeste restaurant du quartier latin, fut fondée, par André Bauvais et ses trois amis, une société qui devait exercer sur le Paris intelligent et jeune une si grande influence.

Comme ils le prévoyaient, leur idée s'étendit rapidement : le meilleur ami de Mareuil, Jean Marigné, qui composait alors son premier bois et travaillait pour de petits journaux, fut admis dans le cénacle de la rue Cassini. S'il y passa de moins longues heures que ses collègues, parce que Fabienne lui créait un intérieur, il ne manqua jamais du moins de prendre part à ses expositions et d'assister au dîner mensuel qui rapprochait tous les membres de cette studieuse famille. Elle ne tarda pas à s'augmenter d'Urbain Kerdren, que présenta André Bauvais ; de Barbézius, qui fut amené par Marigné. D'abord l'admission de Barbézius souleva des difficultés.

— Nous ne pouvons cependant pas admettre dans nos rangs un empailleur de grenouilles ! dit un jeune homme à peine sorti des langes du journalisme de province.

— Bah ! répliqua André Bauvais en appuyant ses deux coudes sur la table autour de laquelle le comité se trouvait réuni, et pourquoi cela, s'il vous plaît, quand cet empailleur de grenouilles s'appelle Barbézius ? Savez-vous qu'il est docteur ès-sciences, docteur en droit, docteur en médecine ? Et puis, tenez, vous ne comprenez pas l'art profond, original, amusant et railleur dont Barbézius s'est donné la spécialité.

— C'est vrai, répondit le journaliste, je ne le comprends pas.

— Eh bien ! pour l'exercer comme lui, il faut autant d'esprit qu'en possèdent Gavarni, Bertal et Kaulbach; une fine observation de la nature, et le sens critique de nos habitudes et de nos mœurs. Vous ne vous êtes donc jamais arrêté rue de Provence, devant l'étalage de Barbézius ? mais chacun de ses groupes est une satire. Et puis, derrière l'homme qui a compris que son atroce laideur lui fermerait toutes les portes, se cache le cœur le plus dévoué, le caractère le plus honorable.

— Enfin vous êtes son ami ?

— Moi aussi, dit Marigné en s'avançant.

— Il a sauvé de la faim la pauvre Guillaumette et donné le moyen de vivre à sa fille aveugle, reprit André Bauvais.

— Des boules blanches ! des boules blanches ! crièrent plusieurs voix.

Barbézius fut admis. Il en parut profondément touché. Sans doute, il vint rarement passer ses soirées rue Cassini, mais jamais il ne manqua d'assister au repas fraternel que s'offraient une fois par mois les *Compagnons de la Vache-Enragée*.

Le dîner qui se prolongeait fort avant dans la soirée était d'ordinaire très animé. Une gaieté franche circulait autour de la table.

Ce soir-là, une quinzaine de jeunes gens se trouvaient réunis dans l'atelier.

La journée avait été magnifique ; un radieux soleil d'automne s'était couché dans ses flots de pourpre, et le crépuscule ne remplaçait pas le jour affaibli quand Maguelone pressa les jeunes gens de se mettre à table.

— Mais nous ne sommes pas au complet, dit Barbézius, il nous manque deux convives, deux des plus anciens et des plus chers.

— Kerdren a-t-il promis de venir ? demanda Claudius Houssaye.

— Positivement, et Jean Marigné doit l'accompagner. Tous deux ont achevé le volume de M. Monier, et nous leur devons pour cela toutes nos félicitations ; de plus, Kerdren doit apporter ce soir les *bonnes feuilles* de *Reine des Chimères* et nous confier à tous le soin d'en faire le succès. Vous le savez, fraternité oblige. Avant un mois Kerdren doit être célèbre.

— Et puis, ajouta Grégoire Fusain, notre nouveau camarade, Lucien Ramoussot, regretterait grandement l'absence de deux collègues qui l'ont chaudement recommandé.

— Attendons encore, dit Bauvais.

— Et pour nous occuper, dit Loys-les-Sonnets, faisons passer son examen au récipiendaire.

Le jeune homme qu'on avait appelé Lucien Ramoussot s'avança de deux pas.

— Je ne sais pas s'il est d'usage que vous fassiez subir un interrogatoire en règle aux nouveaux venus, dit-il, mais voici ce que je vous promets : — Je donnerai à mes amis, à mes frères, puisque vous m'admettez dans cette famille, mon travail, mes veilles, mon repos, s'il est nécessaire. A toute heure de jour, on pourra m'appeler pour me demander un service. Je ne me regarde plus comme m'appartenant, je me donne à vous ; et ne me remerciez pas ! J'étais seul, et vous m'entourez. Nul ne m'appelait son ami, et vous me tendez la main. Je sais peu de choses et je puis peu de choses, sans doute ; mais ce peu dont je suis capable ne vous fera jamais défaut ! J'ai beaucoup souffert et j'ai besoin d'aimer beaucoup !

Toutes les mains se tendirent vers Lucien Ramoussot.

C'était un jeune homme de vingt-sept ans environ, pâle d'une pâleur douloureuse. On eût dit que la mort avait prématurément posé le doigt sur son beau visage. Ses grands yeux noirs couvaient plus qu'ils ne laissaient briller une flamme intense. Ce regard puissant effrayait parfois comme un mystère. La bouche était sérieuse ; elle ne paraissait pas connaître le sourire. Les lèvres rouges semblaient immobiles, et les dents blanches éclataient dans les gencives comme des perles dans la chair pourprée d'une grenade. La taille de Lucien était haute, svelte, bien prise. Cependant le jeune homme marchait un peu ployé. On eût dit que ses épaules soulevaient un fardeau trop lourd. Parfois on remarquait chez ce grand et beau garçon des timidités excessives sans qu'on pût s'expliquer pourquoi il lui passait sur la face des rougeurs subites ; certains mots le faisaient tressaillir. Souvent ses compagnons le trouvaient plongé dans des rêveries dont l'intensité et l'amertume amenaient des pleurs dans ses yeux.

Lucien ne devait pas être un joyeux compagnon, mais on le savait studieux ; plusieurs personnes honorables le recommandaient, et quand il souhaita faire partie des *Compagnons de la Vache-Enragée*, il ne trouva pas un seul opposant.

Clément Roux, l'avocat, voulut être son parrain. Tous deux causaient à voix basse quand, pour la seconde fois, Maguelone vint prévenir que le potage refroidissait.

— Allons, mes amis, dit André Bauvais, dînons ! peut-être Urbain et Marigné viendront-ils plus tard.

Les jeunes gens se mirent à table ; mais soit que l'absence de deux de leurs plus chers amis les attristât, soit qu'ils sentissent souffler dans l'air le vent imperceptible qui donnait le frisson au vieux Job, l'entretien languit pendant les premières minutes. Peu à peu cependant on tourna moins les regards vers les deux places restées vides. Ne fallait-il pas faire joyeux accueil au nouveau venu ? Après le dîner, Octave du Cygne prit son violon.

Quand on l'eut acclamé, Barbézius s'avança vers Martin Noël.

— Des vers, lui dit-il, des vers ! On semble aujourd'hui les dédaigner ; prouvons que dans notre cénacle on sait les faire revivre.

— Oui, oui, des vers ! répétèrent plusieurs voix.

Martin Noël essaya de se rejeter dans l'ombre.

Houssaye le saisit par le bras et l'amena près de la cheminée. Noël regarda ses amis, puis, se recueillant, il commença d'une voix douce la *ballade de la neige* :

> Les blancs papillons de l'hiver,
> Les flocons de neige voltigent ;
> Au dedans brille le feu clair ;
> Les blancs papillons de l'hiver
> Couvrant le sol, mordent la chair
> Des pauvres gens et les fustigent !
>
> Nous rions à notre foyer,
> Quand elle tombe drue et fine ;
> Le pied s'y voudrait appuyer ;
> Nous rions à notre foyer,
> Disant : — Pourquoi donc balayer
> Ce merveilleux tapis d'hermine ?

Elle rappelle le printemps
Faisant pleuvoir de blancs pétales
Sur l'herbe verte des champs.
Elle rappelle le printemps,
Quand des nids sortent de doux chants
Quand se réveillent les cigales.

Et puis, c'est si charmant de voir
Des enfants jouant à la guerre ;
Du matin, presque jusqu'au soir,
Vraiment, c'est si charmant de les voir,
Quand leurs mains lestes font pleuvoir
Des boulets tombant en poussière.

Nous autres, nous rions de tout,
Faute de regarder dans l'ombre.
Quel triste fantôme est debout...
Nous autres, nous rions de tout !
Sans songer qu'il en est beaucoup
Que glace la tempête sombre.

Ah ! ceux-là les avez-vous vus,
Frissonnants au vent des rafales,
Aux doux fronts ingénus,
Ah ! ceux-là, les avez-vous vus,
Affamés, presque demi-nus,
Si faibles, hélas ! et si pâles !

L'œil tout hagard de désespoir,
Sous les grandes portes cochères
S'ouvrant ainsi qu'un antre noir,
L'œil tout hagard de désespoir,
N'avez-vous point heurté le soir,
Des vieillards et des jeunes mères ?

Ils sont là, muets de stupeur,
Pétrifiés par la souffrance ;
Ils ont froid et faim, ils ont peur...
Ils sont là, muets de stupeur,
Et les battements de leur cœur
S'éteignent avec l'espérance...

Ils sont là, reproche vivant
Pour celui qui ferme l'oreille
Au bruit d'un sanglot déchirant ;
Ils sont là, reproche vivant
Pour celle qui s'en va rêvant
A quelque fête sans pareille.

Qu'attendent-ils ? Là-haut, minuit
Sonne douze coups à l'horloge ;
Lentement s'éteint chaque bruit ;
Qu'attendent-ils ? voilà minuit !
Au théâtre, où tout reluit,
On ferme la dernière loge.

Si l'ange de la mort venait
Endormir leurs âmes blessées,
Si dans ses bras il les prenait...
Si l'ange de la mort venait !
Lui qui les aime et qui connaît
Les existences délaissées.

Que se passe-t-il dans leur cœur ?
S'ils nous reprochaient leur martyre !
Nous jetant au front leur douleur ;
Que se passe-t-il dans leur cœur ?
Dieu nous garde qu'en leur malheur
Les pauvres viennent nous maudire !

Car Dieu nous pardonnera tout :
Notre orgueil, nos plaisirs frivoles,
Si nous avons donné beaucoup.
Oui, Dieu nous pardonnera tout !
Même d'avoir laissé debout
Tant de monstrueuses idoles...

— J'avais faim, nous dira Jésus,
Vous avez nourri ma misère,
Couvert mes membres demi-nus...
J'avais soif, nous dira Jésus,
Vous m'avez tendu tout émus
Le verre d'eau qui désaltère.

J'étais le vieillard en lambeaux
Heurtant vos seuils dans la nuit noire,
L'enfant qui pleurait à sanglots.,
J'étais le vieillard en lambeaux,
Et des moitiés de vos manteaux
J'ai fait vos vêtements de gloire...

Un frisson électrique passa dans le groupe des jeunes gens.
— Bravo, Noël! dirent-ils, c'est de la poésie éclose dans le cœur.
— Et celle-là fait mourir, ajouta Martin Noël.

Sa voix épuisée dit lentement la dernière strophe :

> Les blancs papillons de l'hiver,
> Les flocons de neige voltigent;
> Il fait froid et le pain est cher;
> Les blancs papillons de l'hiver
> Couvrant le sol, mordent la chair
> Des pauvres gens et les fustigent.

Noël fut pris d'un accès de toux, porta son mouchoir à sa bouche et le retira taché de sang.

Un de ses amis qui était médecin, s'approcha de lui avec sollicitude.

— Tu devrais partir pour l'Afrique, lui dit-il.

Noël secoua la tête.

— Je mourrai en chantant, dit-il, et ce qui vaut mieux, c'est que je pourrai achever dans le ciel les hymnes commencés sur la terre !

Noël fut le premier à dissiper l'impression pénible laissée par cette prophétie. Il parla de la littérature, de la poésie, avec une telle inspiration que ses amis ne pouvaient se lasser de l'entendre. Cet être si frêle grandissait, se transfigurait. Il devenait beau quand il prenait pour thème les grandes et belles choses. Son éloquence arrivait souvent jusqu'au génie. On eût dit qu'il avait la coquetterie d'un trépas précoce et que, se sachant perdu, il voulait laisser de lui un noble et touchant souvenir.

Tandis qu'il parlait avec une chaleur communicative, la porte de l'atelier s'ouvrit brusquement, et un jeune homme se précipita au milieu du groupe entourant Noël.

— Marigné ! dirent vingt voix, comme tu viens tard !

— Comme vous êtes pâle ! ajouta Noël.

— Et Urbain ? demanda Barbézius, où est Urbain Kerdren ?

— Je suis venu vous faire partager mon deuil, dit Marigné d'une voix sourde; Urbain, le bon, le noble Urbain est arrêté.

— Arrêté ! s'écria Claudius Houssaye, arrêté, lui !

— Sous prévention d'assassinat, dit Jean Marigné.

— D'assassinat, lui ! fit Loys-les-Sonnets, allons donc !

— Cela est, fit Marigné d'une voix brisée.

Clément Roux s'approcha rapidement du dessinateur.

— Que s'est-il passé ? vous voyez notre angoisse à tous !

— Ce qui s'est passé, ce que j'ai vu, je vais vous l'apprendre en deux mots : Je montais ce matin l'escalier de M. Monier, quand j'ai trouvé, au premier étage, Urbain, entouré de M. Reynaud, le commissaire de police, du substitut et de M. Jomart.

— Qui donc était mort? demanda Ramoussot.

Le jeune homme était si pâle, et sa voix avait un timbre si étrange que tous les regards se tournèrent vers lui.

— M. Monier... répondit le dessinateur... On l'a tué dans la nuit.

— Et l'on accuse M. Kerdren quand on a...

Ramoussot s'arrêta brusquement et reprit d'un accent moins nerveux :

— Mais il faut des preuves, des indices pour accuser un homme !

— Les preuves manquent, les indices sont là.

— Je répondrais de Kerdren sur ma tête ! dit Clément Roux.

— Croyez-vous donc que je doute de lui? demanda Marigné.

— Mais ces indices, reprit Lucien Ramoussot.

— On a trouvé dans la chambre d'Urbain l'empreinte de cire de la serrure ouvrant la porte du jardin de M. Monier.

— Ah ! fit Ramoussot après avoir réfléchi. Après....

— Vous le savez tous, Urbain Kerdren ayant sauvé la vie de M. Monier, était porté sur son testament pour un million.

— Ah ! ah ! fit encore Ramoussot.

Après un moment de silence, il ajouta d'un accent étrange:

— Et Amaury de la Haudraye ?

— M. de la Haudraye a passé la nuit chez un ami qu'il devait assister dans un duel ce matin, au bois de Boulogne.

Lucien Ramoussot n'ajouta rien.

— Nous formons une seule famille, répondit Jean Marigné ; le coup imprévu qui frappe Urbain nous atteint tous ! En ce moment nous nous devons à lui, à lui seul ! Jamais je ne l'ai estimé davantage ni chéri si profondément. Vous de même, n'est-ce pas ?

— Oui, oui, s'écrièrent les jeunes gens.

— Nous viendrons donc à son aide grâce à nos relations, à notre bourse, à tout ce que nous possédons d'intelligence et d'énergie.

Clément Roux s'avança.

— Je suis avocat, dit-il, je me présenterai demain à la Conciergerie.

— Bien, dit Marigné ; vous, Loys-les-Sonnets, vous connaissez, il me semble, le juge d'instruction?

— Je suis son filleul, dit Loys-les-Sonnets, et sa fille Claudie a tenu sur les fonts du baptême avec moi, la petite Mouron.

— Usez donc de votre influence pour obtenir qu'Urbain soit traité avec tous les égards possibles, jusqu'à ce qu'on le rende à la liberté.

— Moi, ajouta Barbézius, j'ai rendu des services au médecin des prisons et l'aumônier est mon ami, je les verrai tous deux.

— Bien, bien ! dit Jean Marigné d'une voix émue.

Il se tourna vers ses autres camarades.

— Se trouve-t-il encore, demanda-t-il, parmi vous quelqu'un qui se sente la force et le pouvoir d'aider en quoi que ce soit notre malheureux ami ?

Lucien Ramoussot sortit de l'ombre dans laquelle il se tenait :

— Moi ! dit-il.

— Et que ferez-vous ? demanda Jean.

— Je me ferai agent de police ! dit Ramoussot d'une voix vibrante en enveloppant d'un regard circulaire les *Compagnons de la Vache Enragée*. Urbain est innocent, Clément Roux le dira aux juges, moi je veux le leur prouver, prendre l'assassin pantelant et le traîner vers eux, et leur crier en le jetant pâle d'effroi sur les marches du tribunal : « Le couperet de la guillotine est trop peu pour ce misérable, il faudrait pouvoir lui infliger, ensemble et tour à tour, les tortures du corps et celles de l'âme et le forcer d'expier, autant que la douleur humaine expie, et son dernier crime, et ses forfaits passés.

— Que voulez-vous dire ? demanda Jean Marigné.

Lucien secoua ses longs cheveux comme s'il voulait recueillir la lucidité de sa pensée obscurcie en ce moment par une surexcitation violente ; sa voix redevint calme, et son regard, presque égaré tout à l'heure, s'apaisa jusqu'à la prière.

— Acceptez-vous ? demanda-t-il.

— Comment refuser un pareil dévouement ?

— Dévouement ! répéta Lucien, oui, mais aussi vengeance. Promettez-moi que, sous sa nouvelle transformation, vous resterez l'ami de Ramoussot l'agent de police.

Toutes les mains se tendirent vers Lucien ; il les pressa avec une ardeur fiévreuse, puis, prenant le bras de Marigné :

— Venez, dit-il, nous avons besoin de nous entendre.

La lampe jette des clartés paisibles sur cette douce physionomie. (*Voir page* 135.)

CHAPITRE XII

LA MAISON DU BATTEUR D'OR

En quittant Marigné, Lucien Ramonssot se dirigea vers la rue du Four-Saint-Germain.

Il est, dans cette rue, une maison étroite, à deux étages, percée à chacun de deux fenêtres seulement ; cette maison semble la plus gaie de ce triste quartier où, pour suivre le trottoir, il faut marcher à la file indienne, et dans laquelle deux voitures, arrivant en sens inverse, se trouveraient dans le même embarras que les chèvres de La Fontaine.

Par coquetterie, la petite maison semble s'isoler de la rue, au moyen d'une grille de fer. A cette grille sont suspendus deux cadres renfermant des coquilles et des godets d'échantillon ; le rez-de-chaussée est occupé par un batteur d'or dont la boutique rutile de fioles renfermant de l'or en feuilles minces comme du papier de soie. Un immense sept de carreau doré décore un des volets ; la façade est blanche et crépie à la chaux. Les quatre fenêtres superposées sont ornées de fleurs avec une sorte de luxe ; murailles, fenêtres et jardins suspendus sont illuminés à midi par un rayon de soleil.

En bas résonne le marteau des batteurs d'or : au premier étage, tout semble plaisible et recueilli, tandis que le troisième ressemble moins à un appartement occupé par des ouvriers, qu'à une volière habitée par des oiseaux babillards.

Dès le petit jour, quatre ou cinq jolies têtes ébouriffées, blondes ou brunes, s'encadrent au milieu des plantes ; les enfants rient au matin, au ciel bleu ; ils rient à la journée qui commence, et remercient le Père céleste qui la leur donne en se promettant de la bien employer.

Au-dessus de ces mutines figures, paraît souvent une jeune fille blonde, mince, frêle en apparence, dont les cheveux ont la douceur et la nuance des écheveaux de lin. En opposition avec cette chevelure charmante, dont elle semble ignorer le prix, la jeune fille a les yeux bordés de longs cils couleur d'ébène ; ses sourcils sont de nuance semblable. La paix, le contentement respirent sur son visage ; sa bouche ne doit laisser tomber que des paroles pleines de bonté. A voir la façon dont elle rapproche d'elle les petites têtes rieuses penchées à la fenêtre, on sent qu'elle met à la fois dans ce geste une caresse et une bénédiction.

Si la fenêtre reste ouverte pendant les beaux jours, les petits boutiquiers du quartier, les voisins entendent tout le jour des chansons sortir du nid de fleurs et de verdure ; s'il pleut, la rue paraît doublement triste : les enfants ne chantent pas.

Lucien Ramoussot prend sa clef et ouvre la grille ; après avoir traversé le couloir, il monte l'escalier éclairé avec parcimonie, et s'arrête devant la porte de son appartement. Il se compose de trois pièces exiguës ; un salon servant de cabinet de travail, une chambre à coucher, et la salle à manger. Ces trois pièces sont meublées en chêne sculpté ; les murs disparaissent sous les tapisseries représentant des paysages ; les fenêtres de la chambre sont assombries par des vitraux aux teintes douces.

A peine Lucien a-t-il allumé sa lampe, qu'il gagne le fond de sa chambre à coucher, s'arrête devant le rideau de serge noire couvrant un portrait d'homme et tire le voile d'une main rapide ; il se trouve en face de l'image d'un homme d'âge moyen, avec lequel il garde une grande ressemblance.

La lampe jette des clartés paisibles sur cette physionomie sereine et douce ; toute une vie de probité se lit dans les traits de celui dont Lucien contemple le visage avec une émotion telle que des pleurs mettent leur brouillard devant ses prunelles.

Il joint les mains avec le sentiment de la tendresse et de la prière ; puis l'expression de son visage change tout à coup, ses yeux lancent des éclairs, ses doigts se crispent, il étend le bras vers le portrait et répète d'une voix éclatante :

— Tu seras vengé ! cruellement vengé !

Ensuite il s'assied devant son bureau, prend dans un tiroir à secret des liasses de papiers jaunis, maculés de timbres pour la plupart. Il les compulse, les relit, les annote, et à mesure qu'il avance dans ce travail, la rougeur de la honte et de la colère empourpre davantage son front.

Ce qu'il relit doit être dans sa conviction une bien effrayante histoire, car des gouttes de sueur perlent à son front, tandis que des larmes roulent sur sa joue ; un drame terrible doit se passer à cette heure dans le cerveau de ce jeune homme que ses rares camarades trouvent si placide et si froid.

Il s'arrête un moment dans sa lecture et dit, d'une voix sourde :

— Voilà cinq ans que j'attends l'heure ; il me semblait parfois qu'elle ne sonnerait jamais, et que la justice éternelle s'était endormie ! Tu le sais, oui, tu le sais, mon vénéré père, j'ai passé mes jours et mes nuits dans la douleur, au sein d'une solitude que j'avais épaissie autour de moi. J'ai souffert autant qu'un homme peut souffrir en ce monde. Avide de me venger, je ne savais où trouver l'objet de ma vengeance. Il avait fui, comme un serpent dont rien ne révèle la trace sinueuse. Je désespérais presque de pouvoir jamais me mesurer avec lui. Quand il revint à Paris, je repris courage. Dieu qui nous rapprochait devait un jour nous mettre en présence. Mais ce n'était pas un duel que je pouvais attendre ; dès que cet homme aurait su mon nom et reconnu mon visage, il aurait refusé de croiser le fer avec moi, et c'eût été lui qui m'aurait accusé d'indignité. Il me restait bien cette ressource : le tuer ! Mais alors, je commettais un assassinat, et jamais un crime ne lava un autre crime. J'aurais eu l'air de porter le poids d'un effroyable héritage. Ce que je voulais, ce que je demandais à Dieu, c'était la vengeance lente et froide, la vengeance savourée à la façon des sauvages ! Le misérable avait pris une vie sacrée, je voulais tout son sang. Il avait volé un honneur, et cet honneur je voulais le réhabiliter sur les débris du sien ! Avec quelle patience, quelle force, quel courage, je vais me mettre à l'œuvre ! La cause que j'ai à défendre me devient doublement chère ! En vengeant le père, je sauverai l'ami.

Lucien s'arrêta un moment, puis il ajouta, d'un accent moins âpre :

— Urbain a toujours pensé que ma vie cachait un mystère ; je le devinais à certaines nuances d'amitié, à des mots pénétrants, à une étreinte sympathique. Eh bien ! je paierai cette dette de pitié avec l'autre. Tout le fiel dont mon cœur déborde va donc s'épancher. Je voudrais pouvoir inventer de nouveaux supplices pour faire expier au bandit les forfaits de sa vie.

Lucien Ramoussot se leva. Ses traits bouleversés par la colère ne gardaient plus rien de leur douceur, de leur régularité charmantes.

Les sourcils froncés, la bouche frémissante, le regard plein de haine, il marchait à grands pas, en murmurant un nom qu'il était impossible de distinguer.

Tout à coup, un chœur de voix enfantines s'éleva au-dessus de sa tête. Il prêta l'oreille, et quoiqu'il n'entendit point les paroles de leur mélodie, il devina qu'elles parlaient du ciel, qu'elles demandaient le bonheur pour tous les hommes, la paix pour toutes les consciences.

Un profond soupir gonfla la poitrine de Lucien.

— Mésange fait la prière du soir, dit-il.

Il prêta l'oreille plus attentivement, et, à mesure que ce chant, qui paraissait tomber du ciel, se faisait plus doux et plus suave, un changement complet s'opérait dans l'esprit du jeune homme. Sa colère fondait, faisant place à un sentiment plus noble. L'expression de son regard s'apaisait, sa bouche retrouvait des lignes calmes, et la tristesse finit bientôt par régner seule sur sa physionomie d'ordinaire si régulièrement belle.

Quand il sentit son âme rassérénée, Lucien leva les yeux comme s'ils pouvaient percer le plafond qui le séparait du groupe d'enfants dont la voix s'éteignit dans le refrain d'un cantique.

— Merci, Mésange! dit-il, j'aurais agi demain sous l'empire de la haine, je n'écouterai plus que les austères conseils de la justice. Dieu me permet d'être l'instrument du châtiment d'un misérable. j'accepte d'être son mandataire et je remplirai ce devoir avec le calme qui convient aux défenseurs des grandes causes.

Le jeune homme plia les genoux devant le portrait :

— Avant peu j'aurai, je l'espère, arraché pour jamais le voile noir qui cache à tous ton honnête et doux visage. O mon père ! jusqu'à l'achèvement de l'œuvre, aide-moi, protège-moi !

Au moment où Lucien achevait cette invocation, les voix angéliques, chantant en chœur au-dessus de sa tête, expirèrent dans un harmonieux murmure.

— Saintes innocences! ajouta Lucien, que Dieu vous garde !

Et le jeune homme se coucha, mais sans espérer trouver le sommeil.

Il vint cependant vers l'aube; et, par un phénomène étrange, il retraça dans une suite de tableaux variés toute l'existence du jeune homme qui, depuis cinq ans, avait répandu tant de larmes.

Lucien se vit d'abord enfant, dans une campagne riante. La maison de son père se cachait sous les fleurs, des oiseaux privés volaient du pignon aigu au parterre. Tout était joie vivace, rayonnements et gaieté dans ce coin béni. La petite église, dominant la campagne de son clocher aérien, envoyait plusieurs fois par jour les joyeuses sonneries de ses cloches. Au bas du jardin coulait une rivière paisible, sur laquelle les nénuphars formaient des îles nonchalantes, tandis que les iris et les roseaux lui formaient une ceinture.

Le coin de terre était charmant; Lucien y grandissait en plein soleil, en plein air, sous les yeux d'une jeune femme souriante. Elle était pâle, un peu étiolée, mais sa voix gardait un charme incomparable, et sa bonté rayonnait sur tous les malheureux du pays. L'enfant la suivait dans l'église sombre du village ; il apprenait à prier en voyant prier sa mère, et c'était dans ses mains que le soir il joignait ses petits doigts.

A côté de cette figure angélique, apparaissait un homme jeune et robuste, au regard loyal, à la voix sonnant la franchise. Il prenait souvent Lucien sur ses genoux et lui racontait des histoires qui faisaient pleurer ou rire l'enfant appuyant sa jeune tête sur le sein de son père. Et le père lui-même riait aux éclats de cette gaieté enfantine ; alors, la mère se penchait entre le compagnon de sa vie et le petit enfant ; elle remerciait le mari de lui faire la vie douce, elle demandait au ciel de faire heureuse la vie de l'enfant.

Ces tableaux, résumé des joies d'une famille unie, furent brusquement enveloppés d'un épais brouillard ; un vent furieux l'ayant, non pas dissipé, mais déchiré comme les lambeaux d'une voile, Lucien se trouva en face d'un paysage si différent qu'il ne le reconnaissait plus. C'était bien la même maison, mais close et lugubre : plus de roses sur les murailles, d'oiseaux sur le toit, de fleurs étalées dans les corbeilles du parterre. Les arbres morts et dépouillés dressaient vers le ciel leurs branchages noirs ; la neige couvrait le sol, pareille à un suaire de jeune fille ; les cloches tintaient d'une voix lugubre, en voyant, dans leurs notes mélancoliques, l'invitation de prier à toute âme chrétienne compatissant au départ d'une autre âme.

Dans l'intérieur de la maison, brûlait une lampe placée en arrière d'un lit sur lequel était étendue une femme agonisante. Un enfant, agenouillé près du chevet, la regardait à travers ses pleurs, tandis que la main de la mourante se reposait sur la tête de l'enfant.

Lucien se reconnaissait lui-même ; cette femme était sa mère, et son père, retenant d'amers sanglots, emplissait son regard désolé de la contemplation de celle qui ne pouvait tarder à le quitter.

La mourante se souleva péniblement.

— Lucien, dit-elle, en tournant mieux encore vers elle le visage de l'enfant, je n'ai pas à recommander à ton père de veiller sur toi et de te chérir. Dieu fit le cœur des parents d'après le sien dont il reflète la tendresse et le dévouement sans bornes. Mais, toi, je te supplie de comprendre et de retenir tout ce que tu devras de reconnaissance à ce père admirable. Si tu n'étais pas de ce monde, le désespoir s'emparerait de lui, ou bien il enfouirait sa vie dans la solitude d'un cloître afin de ne plus regarder que le ciel où je vais l'attendre. Tu lui restes ; le sentiment de son amour lui donnera le courage de vivre. Aime-le donc ce père que tes petites mains retiendront dans ce monde. Remplace-moi autant que tu le pourras. Peuple sa vie, entoure-le de soins, deviens prodigue de baisers. Je te charge de son bonheur à venir. Si tu le vois menacé par un malheur, jette-toi entre ce malheur et lui. S'il est frappé, atteint d'une souffrance aussi terrible qu'inattendue, console-le, dévoue-toi sans regret et sans relâche. Du haut du ciel je te bénirai pour avoir exaucé ma suprême prière.

Ces mots, prononcés d'une voix défaillante, Lucien les entendait, les comprenait ; ils n'apportaient pas seulement un son à son oreille, mais une clarté dans son âme ; il se sentait grandir subitement, et son cœur se dilatait en se brisant.

Le père, de plus en plus morne et sombre, regardait se débattre dans la mort la femme qu'il avait tant aimée. Elle luttait contre le trépas, mais non point comme une créature révoltée, cherchant à échapper à la main de Dieu qui la saisit ; elle subissait cette crise terrible de la séparation ; l'âme ne parvenait pas à rompre sa chaîne ; les anges l'appelaient, des bras d'enfant se nouaient à son cou.

Le mari comprit. Il alla prendre le crucifix à l'angle de la cheminée et le plaça dans la main de la mourante.

Le matin, le prêtre était venu dans la maison apporter le viatique ; tout restait douleur, mais paix et foi dans cette demeure. Le mari s'agenouilla, ouvrit un livre et, attirant près de sa poitrine son petit Lucien :

— Lis cette phrase, tout haut ! dit-il, en soulignant du doigt un passage.

L'enfant éleva sa voix timbrée et dit, en regardant sa mère :

— Ame chrétienne, montez au ciel !

Un regard de la mère, ses doigts levés pour bénir, un long soupir, puis un silence apprirent que tout était consommé.

L'homme ferma les paupières de la morte, attira l'enfant dans ses bras et pria en sanglotant.

Encore une fois la scène changea.

Lucien, grandi, presque jeune homme, achevait ses études dans un collège.

Le jeudi, il courait retrouver son père et, pendant quelques heures de loisir, tous deux épanchaient leur tendresse et faisaient, pour l'avenir, de beaux rêves.

— Lucien, disait le père, travaille, mon enfant, deviens instruit, je me charge de te faire riche. Apprends beaucoup, et quand tu auras bien fouillé la science humaine, tu choisiras le chemin que tu veux suivre. Je gagne de l'argent, beaucoup d'argent. Dans mon ambition paternelle, je me suis fixé un chiffre de revenus que je veux atteindre. La princesse Vanika Sabouloff rémunère largement mes services ; elle me traite moins en intendant qu'en conseiller ; grâce à mes soins, ses terres rapportent un tiers de plus que leur ancien revenu ; des coupes de bois ont jeté un million dans ses coffres. La princesse se montre généreuse comme une vraie grande dame ! Si quelque travers jette une ombre sur son caractère, je ne veux pas le savoir, dans la crainte de me montrer ingrat. Mes appointements se montent à vingt mille francs, honnêtement gagnés, difficilement gagnés aussi, car il faut multiplier les voyages, et je cours le monde quatre mois de l'année. Mais, dans cinq ans, je me reposerai. Nous vivrons ensemble. Avec toutes les bagues et les épingles que la princesse me donne à l'époque où il est de bon goût d'offrir des souvenirs à ceux que l'on aime un peu, je ferai monter des boucles d'oreilles pour ta fiancée, et tu me donneras la joie de me retrouver en famille avec des petits enfants autour de moi.

Lucien serrait les mains de son père avec un redoublement de tendresse ; il promettait de redoubler de zèle et de se montrer digne d'un homme si courageux, si loyal et si bon....

Au moment où Lucien achevait ce rêve, le matin se levait.

Pendant quelques instants encore le jeune homme reposa sur son lit, mais sans doute de terribles images se présentèrent à son souvenir, car il s'éveilla en poussant un cri sourd, les cheveux hérissés sur le front, les mains crispées.

Il resta un moment sans retrouver le sentiment de la réalité. Ce qui s'était passé la veille luttait avec les vieux souvenirs ; mais un rayon matinal glissa sur le portrait de son père, et soudain il se rappela tout, oui tout.

Il se leva, tira le rideau de serge noire sur le portrait : puis, ouvrant la fenêtre, il s'y accouda. Son regard n'avait point d'horizon ; la rue était noire, boueuse, les maisons lézardées. En face, dans la plus haute mansarde, une lampe brûlait encore.

— Comme Simon travaille tard ! dit le jeune homme à demi-voix.

Une fusée de rires éclata au-dessus de la tête de Lucien ; il leva le front et vit une grappe de têtes blondes ou brunes ébouriffées et charmantes.

— Comme Mésange se lève matin ! pensa-t-il.

Une seconde après, les enfants avaient disparu, la lampe était éteinte.

Lucien rangea quelques papiers, les replaça dans le tiroir à secret du bureau, puis il consulta sa montre. Le temps marchait avec une lenteur désespérante.

Une vieille femme parut bientôt, un plateau à la main.

— Voici votre chocolat, monsieur Lucien, dit-elle.

Le jeune homme repoussa la tasse, prit la carafe et se versa un verre d'eau.

— Seriez-vous malade? demanda la vieille femme.

— Non, mère Marmotte, non.

— Vous avez cependant mal dormi?

— Oui, je l'avoue, assez mal.

— Ne pas dormir! dit la vieille femme, se suicider, quoi! Dormir! moi, j'en abuse, il paraît, ou du moins on me l'a tant reproché que le nom de marmotte m'en est resté. Mais, que voulez-vous, c'est plus fort que moi, je dors en marchant, en travaillant, et, quand je raconte des histoires, on dit qu'elles sont à dormir debout.

Lucien se mit à sourire, et son regard se fixa de nouveau sur la fenêtre de la mansarde.

— Simon a veillé bien tard; que fait-il maintenant?

— Des gravures sur cuivre, comme toujours; seulement, il paraît qu'il y a un mystère, car il ne veut plus que je fasse son ménage. On le dérangerait, dit-il; quand il lui convient, je monte et je range dans sa chambre, sans m'inquiéter du reste. Mais il est bien changé, et je ne serais pas surprise s'il couvait un gros chagrin.

L'horloge sonna huit heures, Lucien prit son chapeau, sortit et se dirigea vers la préfecture de police.

Il y connaissait un brave garçon, très-influent, très-laborieux, de grand avenir; il savait le trouver à son bureau avant l'heure réglementaire, et il se fit annoncer chez lui.

Charles Mangin le reçut à bras ouverts, et lui demanda ce qu'il désirait.

— Une audience du préfet de police, répondit Lucien.

— Pour quel jour?

— Pour aujourd'hui. Tout de suite, s'il se peut.

— C'est grave? demanda Mangin.

— Si grave qu'il s'agit de la vie d'un homme et de l'honneur d'une famille.

— Je te connais trop bien pour en demander davantage, répondit Charles Mangin. Si cela est possible, tu auras cette audience aujourd'hui.

— J'attendrai dans ton bureau.

— Soit! J'écris à l'instant même au préfet.

Une minute après, Charles faisait porter sa lettre, et moins d'une heure après le Préfet demandait Lucien dans son cabinet.

— Vous m'êtes recommandé par M. Mangin, lui dit le haut fonctionnaire, je suis tout disposé à vous accorder ce que vous souhaiterez.

Lucien était beau jeune homme, de taille élégante, de physionomie grave et douce ; la douleur ajoutait à l'expression grave et saisissante de ses traits. Tout prévenait en sa faveur. On le trouvait homme du monde, on le devinait honnête au premier regard.

Aussi l'étonnement du préfet de police fut-il à son comble, quand Lucien lui répondit d'une voix calme :

— Monsieur le préfet, je désirerais entrer dans la police.

Le haut fonctionnaire fit subir à Lucien un examen rapide.

— Êtes vous pauvre ? lui demanda-t-il.

— J'ai dix mille livres de rentes : l'indépendance.

— Vous avez reçu une bonne éducation ?

— J'ai tout mes diplômes et j'ai terminé mon droit.

— Alors, dit le préfet, je ne comprends pas.

— Monsieur, répliqua Lucien, ne cherchez pas à comprendre, et ajoutez à la grâce que je vous demande, celle de ne la pas faire attendre. Supposez ceci : je suis un fantaisiste avide de me jeter tête baissée dans le roman, non pas dans le roman que l'écrivain échafaude paisiblement assis dans son bureau, en combinant ses effets et faisant passer subitement au premier plan les acteurs jusque-là restés dans l'ombre. Je veux me mêler au drame palpitant qui se renouvelle chaque jour sur la scène parisienne, démêler les fils embrouillés de l'intrigue, flairer le coupable, suivre la piste du crime, me jeter dans les profondeurs sombres de l'enfer parisien, en coudoyer les démons, lutter contre eux corps à corps, les saisir à la gorge et les amener pantelants à la lumière du jour, en les forçant d'avouer leurs forfaits.

Je veux fouiller les maisons lépreuses, forcer la porte des bouges infâmes et si le malheur se cache dans ces lieux de perdition, lui rendre le courage et l'espérance.

— Vous souhaitez faire à la fois de l'apostolat et de la police ?

— Et pourquoi pas ? Je suis un homme à part, sans lien dans la vie, qui, s'il disparaissait, laisserait à peine un regret dans un cœur ami. Je ne repousse pas le mot d'apostolat que vous venez d'employer ; je serais fier de mériter que vous m'en fassiez un jour l'application. Mais je veux tout de suite réfréner le mal et le punir. Il reste d'infâmes hypocrisies à démasquer, et celles-là je me les réserve.

— Vous semblez bien convaincu ! dit le préfet de police.

— J'ai autant d'audace que de conviction. Certaines convictions sont en nous, je me sens destiné à rendre de grands services. Du reste, monsieur le préfet, il vous en coûtera d'autant moins de m'accorder ce que je vous demande, que je n'émargerai pas sur le registre d'appointements.

— Vous voulez être gratuitement le mandataire de l'autorité?

— Si je réussis, dit Lucien, je serai assez payé.

— Oui vraiment, dit le préfet de police, vous êtes un homme étrange. Peut-être finirez-vous par trouver le métier moins curieux et plus dangereux que vous ne croyez. Vous le regardez à travers certains livres qui ont presque poétisé l'agent de police. Mais enfin, si la fatigue arrive, vous aurez toujours la facilité de donner votre démission.

— Vous acceptez mes services, monsieur?

— Je les accepte ; vous recevrez une carte prochainement, et quand il se présentera une affaire.....

— Cette affaire est trouvée, monsieur le préfet.

— Laquelle?

— L'assassinat de M. Monier.

— Elle est éclaircie, répondit le préfet de police ; un seul homme avait intérêt à la mort du nabab des Champs-Élysées, et M. Kerdren est arrêté.

— Et si M. Kerdren n'était pas coupable !

— Pas coupable ! Tout l'accuse.

— Je le sais bien. Mais nul ne l'a vu. Le crime a été commis la nuit, sans témoins, et vous voulez, monsieur le préfet, que, sur un indice..

— Vous appelez indice le legs d'un million !

— J'appelle indice le morceau de cire portant l'empreinte de la serrure du jardin. J'ai connu, pas aussi intimement que je l'eusse souhaité, mais enfin j'ai connu Urbain Kerdren, le plus doux, le plus modeste, le meilleur des êtres. Il ne tenait point à la fortune et supportait noblement sa pauvreté. C'était un homme fort, dont le génie ne pouvait manquer de jeter des rayons puissants, et ceux-là savent attendre.

— Ainsi vous le croyez innocent.

— J'en suis sûr.

— Soupçonnez-vous quelqu'un? On le croirait à votre assurance.

— Monsieur le préfet, dit Lucien, d'une voix pénétrante, je vous ai dit qu'en entrant dans la police de sûreté, je croyais remplir un mandat et satisfaire une curiosité. Si j'avais pu agir seul, j'aurais cherché en silence et dans l'ombre les témoins que j'aurai besoin d'appeler ; j'aurais groupé les faits qui seront capables de vous convaincre. Mais dans plus d'une occasion, la force administrative me faisant défaut, je me trouverais paralysé. Pour que j'obtienne un résultat rapide, je dois être appuyé par vous ; vous pourrez toujours me désavouer s'il vous convient.

Le préfet de police continuait à examiner Lucien.

— C'est étrange ! bien étrange ! murmura-t-il.

— Oh ! monsieur; prenez-moi de confiance !

— C'est fait ! dit le préfet, sous cette condition que c'est à moi seul que vous ferez vos rapports. Je ne vous donne point de chef immédiat, cela dérangerait la hiérarchie. A l'instant même on va vous remettre une carte qui vous permettra de faire ouvrir tous les garnis, de franchir le seuil de tous les endroits suspects.....

— Ce n'est pas de ce côté que se tourneront d'abord mes recherches.

— Ah ! fit le préfet.

— Pour avoir des renseignements, reprit Lucien avec un étrange sourire, je dînerai souvent au café Anglais et je me ferai un habitué des premières représentations.

— Vous vous ruinerez ! fit observer le préfet de police.

— Qu'importe, si je réussis ! dit Lucien.

Le préfet sonna, appela un employé, et, un moment après, Lucien était en possession d'une carte d'agent de police.

— Si Dieu le permet, voici le salut d'Urbain Kerdren, s'écria Lucien.

Il remercia chaleureusement le préfet et sortit de son audience le front haut, le regard étincelant.

— Le bizarre jeune homme ! murmura le préfet de police. Je comprends que l'on se prenne d'enthousiasme pour toutes les professions hors celle-là ! Dieu veuille que la lumière se fasse sur cette cause ! Pourtant, qui soupçonner hors Kerdren, qui ?

Le haut fonctionnaire n'eut pas le temps de se plonger dans la rêverie, son secrétaire venait lui apporter la correspondance du matin.

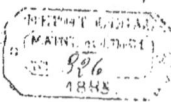

Le guichetier lui apporte son repas. (*Voir page* 146.)

CHAPITRE XIII

LA PRISON

Urbain est seul, tout seul. La porte d'un cachot de la Conciergerie vient de se refermer sur lui. Dans son cerveau malade, les souvenirs de cette matinée terrible s'agitent comme autant de visions. Il refuse de croire à la réalité du malheur qui l'atteint. On ne tombe pas ainsi du ciel rayonnant de l'espérance dans un abîme de misères. Une vie loyale, honorable ne se trouve pas jetée brusquement en pâture à la calomnie. Quelquefois il semble à Urbain qu'on fait de lui l'acteur d'un drame sombre, et que, son rôle joué, la liberté, l'espérance, le bonheur lui seront rendus.

La tête dans ses deux mains, assis sur sa mince et dure couchette, il cherche quel ennemi a dirigé contre lui le coup qui le frappe. Il a toujours fait le bien, et cependant, il n'en peut douter, un homme possède un intérêt capital à le perdre.

Mille pensées se heurtent dans son cerveau. Pendant cette première heure, le cœur bat moins que la tête ne pense. De même qu'un prisonnier cherche sans relâche un moyen d'évasion, Urbain regarde en lui et autour de lui par quel moyen il prouvera son innocence.

— A qui fais-je donc obstacle en ce monde ? se demande-t-il.

Il ne trouve pas et cherche encore.

Si du moins, pendant ces heures d'angoisse, il lui était possible de questionner un ami, d'en recevoir la consolation et la force.

Mais Urbain est seul, tout seul ! La nuit descend et répand une ombre croissante dans la prison.

Le guichetier lui apporte son repas ; le jeune homme le repousse sans parler et retombe dans sa rêverie. S'il pouvait pleurer au moins ! Mais les larmes qui pèsent sur son cœur ne peuvent s'épancher ; elles l'étouffent, et, les poings crispés, les paupières brûlantes, il retombe sur son lit.

S'il pouvait prier ! Mais à l'heure où Urbain se voit menacé dans son honneur et dans sa vie, il se sent tellement écrasé que la force lui manque pour élever son esprit vers le Dieu de toute rémunération.

Il ne peut fermer les yeux de la nuit. Tantôt il aperçoit loin, bien loin, fuyant vers des profondeurs insondables, Fabienne qui détourne la tête. Tantôt il rencontre, fixé sur lui, le regard étrange du cadavre de M. Monier.

Les bruits de la prison augmentent ses souffrances nerveuses. Les cliquetis des clefs, les roulements sourds des portes, les échos produits par les pas des prisonniers ou les rondes des soldats, tout concourt à le jeter dans une surexcitation fébrile.

Vers le milieu de la journée, on lui apprend que le juge d'instruction le mande.

Urbain se lève chancelant, prêt à suivre le guichetier.

Si blasé que fût Luguet sur la vue des prévenus, il se sentit touché par l'expression de douleur du visage de M. Kerdren, et il lui dit d'une voix adoucie :

— Attendez-moi un moment, je reviens.

Une minute après, il rentra dans le cachot. Sans rien dire, il posa sur le banc de bois un petit miroir et un carafon de vin.

Urbain comprit, saisit le miroir et se regarda : il se fit peur.

Alors il procéda rapidement à sa toilette, lava son visage, rejeta ses cheveux en arrière et but un peu de vin de Bordeaux.

— Voyez-vous, monsieur, lui dit Luguet d'une voix lente, vous auriez eu l'air d'avoir des remords.

— Je vous remercie, lui dit Urbain ; oui, du fond du cœur je vous remercie.

— Ce n'est pas un homme commode que M. le juge d'instruction, ajouta Luguet ; l'indulgence n'est point son fort, et les batailles qu'il livre sont rudes ! Dieu vous aide, mon jeune monsieur !

Kerdren suivit ceux qui venaient le chercher pour le conduire chez M. Jomart.

Le magistrat reprit l'interrogatoire de la veille.

— Tenez, monsieur, lui dit Urbain, épargnez-moi la torture que vous me faites subir quand vous renouvelez, sous toutes les formes, les questions que vous m'adressez. Il y aura quelque chose de plus fort que votre habileté : c'est ma franchise. Je suis innocent ! Ne vous récriez pas, monsieur, chaque inculpé traduit à votre barre, répond de la sorte à l'interrogatoire que vous lui faites subir, je le sais. Vous avez perdu, ou à peu près, dans l'habitude que vous avez d'interroger des misérables et de fouiller au fond de consciences souillées, le privilège de croire à la vertu. Je suis à vos yeux un ingrat qui, sachant que la mort de son bienfaiteur le fera riche d'un million, a lâchement assassiné cet homme généreux d'un coup de couteau. Vraiment, cela est étrange ! poursuivit Urbain, moi qui, jusqu'à cette heure, ai vécu honnêtement, moi qui me suis montré dévoué, héroïque peut-être quand il ne s'agissait que de ma vie, je suis, tout d'un coup, devenu capable de tuer, en face, sans peur, l'homme qui me parlait de m'adopter pour son fils. Ma main n'a pas tremblé. J'ai supporté le regard qui se fixait sur moi sans pâlir, sans reculer, et j'ai si bien atteint le cœur, que je n'ai pas été obligé de frapper deux fois. Vous avez vu dans votre carrière, monsieur, bien des coupables, bien des assassins, mais je doute que, si mauvaise qu'elle soit, l'humanité vous offre souvent des prévenus de ma sorte.

Urbain s'arrêta un moment : l'émotion l'étouffait.

— Regardez-moi bien en face, monsieur, reprit-il, comme je vous regarde moi-même. Vous savez juger vite et bien ceux qui sont amenés devant vous : mon regard ne se baisse pas, ma voix n'a point tremblé, et si la rougeur me monte au visage, c'est la rougeur de l'indignation !

M. Jomart, les deux bras appuyés sur son bureau, fixa ses prunelles grises et froides sur les yeux étincelants du jeune homme.

Après ce lent examen, le juge d'instruction recommença à feuilleter ses papiers ; la seule pensée qui traversait son esprit pouvait se traduire par ces mots :

— Voilà un homme très fort.

Il répéta, en essayant de les rendre plus captieuses, les questions posées la veille, et, comme la veille, Urbain répondit qu'il ne savait rien et ne comprenait rien à cet épouvantable mystère.

— Vous employez, je dois vous en prévenir, dit le magistrat à Kerdren, le système le plus vieux et le plus usé, celui de la dénégation quand même. Vous paraissez toujours oublier que nous avons comme preuve de votre culpabilité, l'empreinte de la serrure du jardin.

Urbain serra son front à deux mains. Cette preuve était évidente, palpable, et cependant elle était fausse. Il existe des faux témoins et des preuves incertaines.

— Vous voyez bien, dit M. Jomart, vous ne trouvez plus rien à répondre !

— Vous vous trompez, monsieur, je vous oppose le calme de ma conscience, et Dieu veuille que vous, l'accusateur, vous puissiez aussi bien y descendre que moi, l'accusé.

M. Jomart fronça le sourcil, fit signe à son secrétaire que l'interrogatoire était clos et, frappant sur un timbre, il appela les soldats chargés de reconduire Urbain à la Conciergerie, et de le garder pendant qu'il traverserait les longs couloirs souterrains reliant la prison au palais de justice.

— Me maintenez-vous au secret? demanda Urbain.

— Je le juge inutile, répondit le magistrat, vous pouvez conférer avec votre conseil.

— Je ne prendrai point d'avocat, monsieur.

— La loi vous en impose un.

— Elle m'impose tant de choses, dit Kerdren avec amertume, que je me soumettrai forcément à cette nouvelle exigence.

Le jeune homme quitta le cabinet du juge et, un quart d'heure après, il se trouvait de nouveau dans son cachot.

Ce fut une sorte de soulagement.

Le malheureux était dans la situation d'un noyé qui, sachant sa perte certaine, ne tente plus de remonter le courant et s'abandonne au fil de l'eau.

Au désespoir violent de la première heure succéda l'abattement. Ce n'était pas la résignation mais la faiblesse qui s'emparait de lui. Il se sentait rouler à l'abîme.

Depuis une heure, il repassait les phases de sa vie, quand on vint lui demander s'il consentait à recevoir l'aumônier.

— Oui, oui, dit-il vivement, qu'il vienne !

Le prêtre parut.

C'était un vieillard ; ses cheveux blancs tombaient très bas sur ses épaules, son regard doux et pur consolait par son expression de pitié affectueuse.

Il s'arrêta sur le seuil du cachot, regarda le prévenu, l'enveloppa du feu intense de sa prunelle, puis s'avançant les mains tendues :

— Dieu soit loué ! dit-il, il ne s'agit que d'un malheureux.

Un cri s'échappa de la poitrine d'Urbain qui se jeta dans les bras du prêtre. Celui-ci le serra doucement, comme un père rapprocherait de lui son enfant, et le jeune homme qui, jusqu'à cette heure, n'avait pu pleurer, fondit subitement en larmes.

— Vous me croyez, vous ? lui dit Urbain.

— Oui, mon enfant, je vous crois, parce que je vous ai regardé.

— Mais M. Jomart aussi a examiné mes traits et cherché à y trouver ce qu'il appelle l'énigme de mon âme.

— Sans doute, dit le prêtre, mais il vous a étudié avec le regard d'un juge terrestre, tandis que le Seigneur nous donne, à nous, quelque chose de la clarté de ce regard qui déterminait la vocation des disciples, convertissait le cœur de Madeleine et remplissait l'âme de Pierre du sentiment de son ingratitude. Nous allons plus loin que les hommes, parce que Dieu est avec nous.

— Il n'est plus avec moi, dit Urbain, il m'abandonne.

— Ne pensez pas cela, vous blasphémeriez !

— Écoutez, mon père, dit Urbain, car il m'est consolant de vous donner ce titre, à vous qui venez vers moi à l'heure de l'épreuve et qui serez mon dernier ami ; vous l'avez dit, je suis innocent ; mais vous pouviez ajouter, sans crainte de vous tromper, que je serai condamné malgré cette innocence. Prenez donc, dès cette heure, possession de moi, fermez mes yeux aux choses de la terre ! Montrez-moi si bien le ciel que je n'attende rien de ce monde. Vers l'orphelin, appelez la divine mère tendant ses bras du haut du ciel ; vers le condamné, inclinez la croix du sauveur des hommes ! Je ne lutterai pas et vous allez comprendre pourquoi : Il règne dans le drame épouvantable qui coûta la vie à M. Monier, un mystère que je suis impuissant à comprendre. Un être plus fort que moi s'est chargé d'ourdir cette trame. Je suis pris, enlacé, perdu ! Ne me montrez plus que le calvaire; la vue d'un Dieu expirant me donnera du courage, tandis que nul moyen humain ne peut désormais me sembler efficace.

Le prêtre qui s'était assis sur le lit d'Urbain, saisit les deux mains du jeune homme.

— Oui, lui dit-il, je vous montrerai la croix pour vous aider à souffrir, mais je ne vous permettrai pas cependant d'abandonner vous-même le soin de votre cause. Perdre à cette heure le sentiment de la force que tout innocent puise dans sa conscience, serait vous rendre coupable envers le ciel dont vous sembliez mettre en doute l'éternelle équité.

— Et s'il plait à Dieu que je devienne un martyr !

— Qui vous le révèle ? Ce n'est pas moi, mon enfant, qui certes vous jetterai dans cette voie dangereuse. Les martyrs sont ceux qui versent leur sang pour une cause sacrée, et dont le sacrifice féconde un sillon. Mais si la justice vous frappe, vous innocent ! quel bien produira cette condamnation? Elle laissera le poids d'un doute dans la conscience de beaucoup ; elle désespérera ceux qui vous aiment, et fera victorieux le misérable dont ici vous occupez la place. Non ! non ! pas de faiblesse ! vous n'avez pas le droit, entendez-vous, de délaisser votre propre cause.

— Je me résigne, mon père.

— Il y a de la faiblesse dans cette résignation.

— Je ne suis point allé au-devant du coup qui m'atteint.

— Vous devez tâcher d'éloigner de vous l'amer calice ; si cela vous est impossible, si vous succombez, si Dieu vous envoie cette suprême épreuve, je serai le premier à vous dire de répéter avec moi le *fiat voluntas !* mais rien ne prouve que vous en arriverez à ce degré de misère.

— Je le devine, moi, mon père.

Le prêtre saisit entre ses mains les mains du jeune homme.

— Promettez-moi de faire tout au monde pour vous sauver.

— Je n'ose en donner ma parole.

— Me cachez-vous un secret ? demanda l'abbé Tibuce.

Urbain baissa la tête.

— Oui, pauvre enfant, et de ce secret, je comprends la moitié. Une heure viendra où vous me confierez tout. Qu'il vous suffise de savoir que j'ai connu toutes les angoisses du cœur, toutes les amertumes de la terre avant d'essayer de m'en faire le consolateur.

— Vous, mon père ?

— Moi, mon enfant ! et j'en bénis le ciel. Comment pourrais-je trouver la force de soutenir tant de malheureux désespérés, si je ne sondais l'abîme de la miséricorde divine ? Quels mots trouverais-je pour préparer à la mort le malheureux condamné dont les dents claquent d'épouvante, si je n'avais subi mon agonie ? J'ai pleuré, combattu, souffert ; la souffrance m'a dilaté l'âme ; j'ai des pleurs pour toutes les infortunes, et j'apporte les bontés de mon Dieu à tous les crimes. Quelque jour, peut-être, je vous raconterai ma vie, et vous verrez à quel point je me trouve obligé de me dévouer pour acquitter ma dette. Avez-vous choisi un avocat ?

— Non, dit Urbain, je me laisserai désigner un avocat d'office.

— Pauvre et cher obstiné !

— Que dirait-il pour ma défense ? puisque je ne trouve pas un alibi, pas une preuve, pas un moyen pour me laver d'une accusation infâme !

En ce moment le guichetier parut.

— M. Clément Roux, avocat, et M. Jean Marigné vous attendent au parloir, monsieur, dit-il.

— Jean ! répéta Urbain, mon cher Jean.

— Allez, mon enfant, dit le prêtre, écoutez-les, car ils vous aiment.

Urbain suivit le guichetier.

On lui fit traverser un couloir, puis il se trouva dans une pièce séparée par une grille ; une seconde grille, distante de plus d'un mètre, servait à isoler les visiteurs.

Le premier regard d'Urbain fut pour Jean.

— Tu m'attendais ? demanda celui-ci.

— Oui, répondit Urbain, mais pas aussi vite.

— Je suis, dit Clément Roux, le mandataire de tous nos amis ; chacun d'eux croit à votre innocence ; je prends en main votre défense, et Ramoussot, persuadé qu'il saura découvrir le vrai coupable, s'est fait agent de police afin de vous servir plus efficacement.

— Lui, ce garçon d'apparence si douce, si modeste?

— Tu ne le reconnaîtrais guère, dit Marigné, il n'a plus qu'une idée, qu'un but : faire triompher ton innocence.

— Comment y réussira-t-il quand je ne le peux moi-même ?

— C'est ce que nous nous sommes d'abord demandé ; mais nous avons vite changé d'opinion. Évidemment Ramoussot ne s'engage pas à la légère, il suit une piste : bonne ou mauvaise, il en suit une. Confie ta cause à Clément, son cœur et son talent parleront pour toi. Tu secoues la tête, tu as peur, tu trembles. Urbain, que peux-tu craindre quand nous gardons bon courage ? Es-tu plus que nous anxieux et désolé ? Je ne te parle pas seulement pour moi, pour tous les compagnons de cette société fraternelle dont tu étais l'âme, je te parle encore au nom de...

Le jeune homme n'acheva pas ; il prit à sa boutonnière une fleur pâlie et la lança par-dessus les grilles.

— Que répondrai-je ? demanda-t-il ensuite.

En recevant la pauvre petite fleur, Urbain changea de visage ; l'expression d'une joie vive passa dans ses yeux comme un éclair, et il répondit d'une voix ferme :

— Que je veux lutter désormais, que je veux vaincre. Je n'ai pas le droit de tuer par ma propre mort ceux à qui je suis cher.

— Bien ! dit Jean Marigné.

Puis, se tournant vers l'avocat:

— J'accepte l'appui de votre parole, Clément ; je ne vous dis point que j'essaierai de rappeler mes souvenirs pour vous venir en aide, mais je garderai toute mon énergie pour cette lutte suprême.

Les deux jeunes gens prirent congé du prisonnier et se séparèrent après s'être promis de se revoir dans la soirée.

— D'ici là, dit Clément Roux, j'aurai peut-être des nouvelles de Ramoussot.

Jean remonta rapidement chez lui.

Penchée à la croisée, Fabienne l'attendait.

Elle courut lui ouvrir, et sans parler, brisée par l'attente et l'angoisse, elle se jeta dans ses bras.

Jean, la sentant palpiter et défaillir, l'entraîna dans le salon.

La jeune fille rougit de ce moment de faiblesse, s'essuya les yeux, regarda son frère bien en face et lui demanda :

— Tu l'as vu ?

— Oui, répondit Jean Marigné, et s'il est sauvé, c'est à toi qu'il devra son salut.

— Comment cela ? Parle, oh ! parle, Jean, je t'en supplie.

— Il se laissait entraîner par le désespoir, mais quand il a compris combien nous en souffrions tous deux, il m'a promis d'avoir du courage.

— Oh ! tu es indulgent et bon ! dit Fabienne en prenant les mains de Jean Marigné.

— J'aime Urbain comme un frère, voilà tout, dit l'artiste.

— Il mit dans cette phrase si simple une expression qui amena de vives couleurs sur le front de Fabienne.

Tous deux, en proie à leur angoisse, ne pouvaient parler d'autre chose que de leur ami. Ils discutaient les charges pesant sur lui, ils cherchaient la lumière capable d'éclairer cette ombre.

Après le repas, Jean prit un carton et commença à dessiner ; mais il travaillait sans songer à sa besogne, et l'indécision de sa pensée se traduisait dans sa façon d'esquisser.

Il pouvait être neuf heures quand Clément Roux se fit annoncer.

Le visage de l'avocat reflétait une animation qu'il n'avait point dans la journée, et Fabienne lui dit vivement :

— Vous avez quelque chose ?

— Oui, dit-il, je sais quelque chose, ou du moins nous avons un indice.

— Un indice concernant le coupable ?

— Se rapportant plutôt sans doute à l'ennemi d'Urbain Kerdren, car, nous n'en pouvons douter, Urbain a un ennemi acharné, terrible.

— Vous avez appris cela ?

— Oh ! ce n'est pas moi, c'est Ramoussot.

— Il a donc tenu sa promesse de se faire agent de police ?

— J'ai vu sa carte ; il y a une heure, il est venu chez moi pour me raconter l'emploi de sa journée. Ce qui le troublait comme nous, c'était la présence, chez Urbain, de l'empreinte de cire. Évidemment elle y avait été déposée mais comment ? par qui ? Ramoussot s'est rendu dans la maison de Kerdren afin de questionner la concierge. La vieille femme, très dévouée à Urbain, du reste, était depuis la veille dans un état de surexcitation facile à comprendre. Outre l'émotion vraie qu'elle ressentait, elle ne pouvait pardonner aux magistrats qui, la veille, l'avaient interrogée, de ne lui avoir pas permis de parler tout à son aise des habitudes, des vertus de son locataire. Elle regrettait le rôle qu'elle eût voulu jouer dans ce drame. Accoutumée à lire des feuilletons remplis du récit de causes plus ou moins importantes, elle tenait comme à un honneur de voir son nom cité dans une affaire dont tous les journaux ne pouvaient manquer de s'entretenir. L'arrivée de Ramoussot porteur d'une carte indiquant qu'il faisait partie du service de la police de sûreté, lui parut une revanche de la sobriété de sa précédente déposition. Ramoussot, loin de la ramener aux faits de la cause, la laissait divaguer tout à son aise, revenir au point de départ, s'en éloigner encore, et raconter plus d'histoires qu'elle ne développait d'incidents utiles.

Mais rien n'est perdu dans une affaire difficile, où chaque mot peut nous mettre sur la voie. Ramoussot acquérait de plus en plus la certitude que jamais homme ne mérita plus d'intérêt que Kerdren ; si cette malheureuse circonstance ne l'avait pas obligé à fouiller dans la vie intime de notre ami, il n'aurait pu croire à la simplicité austère de sa vie ; il eût taxé d'exagération ceux qui lui auraient dépeint Urbain sous des couleurs semblables, car ce qui approche de la perfection vous paraît toujours improbable.

Fabienne pressa en silence la main de son frère.

Clément Roux poursuivit :

— Ramoussot tenait surtout à éclaircir un point : entre le jour où M. Monier avait appris, devant plusieurs personnes, à son secrétaire qu'il lui laissait par testament une somme de un million, et la nuit où le crime avait été commis, Urbain avait-il reçu une visite quelle qu'elle fût ? La concierge affirmait avec certitude que M. Kerdren, tout occupé de son déménagement qui devait s'effectuer le lendemain, avait fait refuser sa porte à tout le monde. Quant à Mme Canigou, elle n'avait pas quitté sa loge.

— Ainsi, lui demanda Ramoussot, Urbain n'a reçu personne ?

— Personne, j'en lèverais la main.

— Où a-t-il pris ses repas ?

— En ville, comme d'habitude.

— A quelle heure avez-vous rangé sa chambre ?

— Rangé ! c'est dérangé qu'il faudrait dire ; tout était sens dessus dessous, et je changeais la poussière de place.

— Durant ce temps, pas un fournisseur, pas un commissionnaire n'a franchi le seuil de Kerdren ? dit Ramoussot en insistant.

— Personne, non monsieur, personne. Ah ! pardonnez-moi, l'architecte est venu.

— Quel architecte ?

— L'architecte du propriétaire, par rapport aux réparations qu'il fallait faire dans l'appartement de M. Urbain.

Ramoussot m'a affirmé qu'en ce moment il lui a semblé ressentir une commotion comme si une voix intérieure lui disait : — Poursuis ! c'est la vérité, c'est la lumière !

— Mais, demanda-t-il à Mme Canigou, vous devez connaître l'architecte du propriétaire ; est-ce bien lui qui est venu ?

— Certainement ! sauf que c'est son commis qui a fait le travail en son nom.

— Et quel est ce travail ?

— Dame ! il a regardé, toisé, pris des notes, et puis il est parti en me disant : je reviendrai.

— Pouvez-vous me faire son portrait ?

— Un bel homme, dit Mme Canigou, dans les trente ans, barbe noire, touffue et cheveux longs.

— Très-bien ! dit Ramoussot, veuillez me donner maintenant l'adresse du propriétaire.

La concierge l'écrivit ; Ramoussot sauta dans une voiture et, un quart d'heure après, il entrait dans le salon de M. Cavallois et lui demandait si, d'après son ordre, l'architecte était allé chez M. Urbain afin de s'occuper des réparations dont l'appartement avait besoin. M. Cavallois parut surpris : il n'avait pas donné d'ordres à son architecte.

— Mais, fit observer Ramoussot, peut-être sachant qu'un de vos locataires quittait son appartement, a-t-il voulu s'occuper au plus vite de le mettre en état d'être loué.

— Ce n'est guère probable ; nous demeurons trop près pour qu'en passant il ne m'en eût pas dit un mot. Veuillez attendre un moment, du reste, monsieur ; avant cinq minutes il sera ici : nous devons dîner ensemble, et il est fort exact.

En effet, cinq minutes ne s'étaient pas écoulées que M. Briendu faisait son entrée dans le salon. Sa réponse fut telle que Ramoussot l'attendait : il n'avait envoyé personne dans l'appartement habité par M. Urbain.

Jean Marigné se leva tout ému et prit la main de Clément Roux.

— Et vous concluez de ceci ?

— Que l'homme qui a pénétré chez Urbain en usurpant la qualité d'architecte, est celui qui a caché sous le buste de terre cuite l'empreinte de la serrure du jardin.

— Mais alors, M. Kerdren est sauvé ! dit Fabienne.

— Oui, répondit l'avocat, à la condition que l'on retrouve cet homme

— Dieu est juste, monsieur, on le retrouvera.

— Oui, Dieu est juste, mademoiselle ; mais Dieu est patient, tandis que les hommes mettent dans l'accomplissement de tous leurs actes une hâte effrayante. Quel temps ne nous faudrait-il pas pour chercher et suivre la trace de ce serpent? l'aurons-nous? Qui sait? Ce ne doit pas être l'assassin lui-même, mais un homme payé par celui-ci. Il connaissait toutes les habitudes d'Urbain. Il savait que, ce jour-là, il ne dînait ni chez lui ni à l'hôtel Monier. Il s'est travesti ; ces longs cheveux noirs et cette barbe touffue devaient être postiches. Sans nul doute, cet homme portait des cheveux courts et n'avait point de barbe. J'avais donc raison de vous le dire tout à l'heure, mes amis, ce que je sais est peu et beaucoup à la fois. Rien ne prouve que la visite de cet inconnu ait eu le résultat que nous lui attribuons. Nous pouvons voir nos adversaires tourner même cette découverte contre nous, et la regarder comme une précaution défensive prise au hasard. Dans tous les cas, quel temps il faudrait pour retrouver un individu sur lequel nous avons des renseignements si vagues !

— C'est vrai, monsieur, dit Fabienne, d'une voix navrée, il faudrait un miracle pour sauver l'ami de mon frère.

— Demandez-le donc, mademoiselle, répliqua Clément Roux, Dieu écoute toujours les anges.

L'avocat se leva.

— Au revoir, dit-il, je viendrai souvent ; vous ne pouvez obtenir comme moi l'autorisation de visiter le prisonnier, mais chaque fois que je l'aurai vu, je vous donnerai de ses nouvelles.

— Et dites-lui bien, reprit Marigné, que, pour ma sœur et pour moi, il est plus cher que jamais.

— Allons ! pensa l'avocat en descendant, si Urbain Kerdren n'est pas sauvé, voilà un malheur qui fera coup double !

C'est le réquisitoire? dit elle. *(Voir page* 167.)

CHAPITRE XIV

LIGUE DE JEUNES FILLES

Aris s'était énormément occupé de *l'affaire Monier*. Deux raisons concouraient à la rendre doublement célèbre : la situation de l'homme assassiné, la notoriété dont jouissait Amaury de la Haudraye. Avant le drame des Champs-Élysées, il était classé parmi les gommeux de la plus haute volée ; mais, à partir de ce jour, sa situation changeait à tous les points de vue.
D'héritier en expectative, il devenait possesseur de quarante millions, une de ces fortunes qui font prime, même à Paris. Ensuite, Amaury n'avait pas manqué, après la mort de son oncle, dont il portait sévèrement le deuil, de donner, avec un certain éclat, sa démission de membre du cercle des *Mirlitons*, comme si, par ce fait, il rompait d'une façon absolue avec la vie de jeune homme qu'il avait menée jusque-là. Il présentait cet acte comme une sorte d'expiation de la part qu'il avait prise au duel malheureux dans lequel M. de Mortagne avait succombé. Du reste, le procès des adversaires et celui de leurs témoins avait eu un dénouement rapide, et M. de la Haudraye, condamné à une amende, avait été exempté de plusieurs semaines de prison en considération du souvenir de son oncle. On plaignait beaucoup ce beau jeune homme pâle, qui, sans étaler bruyamment sa douleur, la portait avec une grande dignité.

Ce n'était pas tout ; Amaury entretenait depuis plus d'une année des relations avec la famille de Grandchamp, dont le chef, avocat général à la cour de Paris, possédait l'estime de tous.

Même du vivant de son oncle, Amaury avait témoigné à l'égard de Mlle Marie de Grandchamp d'une sympathie affectueuse; quand l'assassinat de M. Monier le laissa riche, mais isolé, il se rapprocha davantage du magistrat, et s'expliqua un jour d'une façon si formelle sur son projet de renouveler sa vie en faisant choix d'une femme, que

Mme de Grandchamp échafauda rapidement le rêve de lui voir épouser Marie.

C'était une belle et noble créature, assez forte, assez pieuse pour dompter une souffrance personnelle, supporter une épreuve et soutenir une lutte, mais que l'excès de tendresse pour les siens pouvait rendre soumise jusqu'à l'abnégation.

La jeune fille, loin de se sentir attirée vers M. de la Haudraye, éprouvait près de lui une sorte d'angoisse morale ; il lui semblait que l'atmosphère devenait lourde et que son cœur s'oppressait quand il était là. Elle le regardait comme le type complet de cette classe d'hommes inutiles, sachant tenir une maison, faisant courir, dont le nom est connu dans tous les cercles, dont les journaux de fantaisie racontent les moindres actes, et qui, n'accomplissant jamais le bien, doivent souvent glisser sur la pente du mal. Plus elle l'observait, plus il lui inspirait de défiance. Elle eut souvent souhaité pouvoir arracher le masque de froideur dont il couvrait son visage et lui demander : « — Qui êtes-vous ? que voulez-vous ? » — Cet homme, si charmant en apparence, ressemblait à un problème. Quand elle comprit qu'on voulait le lui faire épouser, elle eut peur et redoubla de vigilance pour essayer de le deviner, de le comprendre. Elle voulut lui parler des grandes questions qui intéressent l'avenir, le foyer, le pays ; elle voulut lui parler de Dieu et des choses de la foi ; Amaury lui répondit avec une convenance parfaite, une froideur polie ; il s'expliqua en homme du monde, sachant se tenir aussi correctement dans une église que dans un salon, mais elle comprit qu'il ne priait jamais.

Malheureusement les sentiments religieux de Mme de Grandchamp n'étaient pas assez forts pour qu'elle comprit à ce sujet l'épouvante de sa fille ; quand Marie lui parla de ses appréhensions, la femme de l'avocat général se contenta de répondre :

— M. de la Haudraye te laissera toute liberté pour remplir tes devoirs religieux, cela doit te suffire.

M. de Grandchamp était un esprit froid, systématique, gardant de Dieu une idée abstraite, et séparant complètement l'hommage qu'il lui rendait, des lois édictées par l'Église. Il n'avouait pas être un libre penseur, mais il n'accompagnait à l'Église ni sa femme, qui s'y rendait un peu par habitude, ni sa fille, qui y courait pour trouver le conseil et la consolation.

Sans se rendre compte pourquoi, Marie, depuis le commencement du procès d'Urbain Kerdren, sentit grandir son antipathie pour M. de la Haudraye. Pendant les longues visites qu'il faisait à l'avocat général, le jeune homme ne manquait jamais d'amener la conversation sur la prochaine session des Assises. Il rappelait d'une voix tremblante le souvenir de M. Monier, puis, entraîné sans doute par sa tendresse et ses regrets, il maudissait le meurtrier, et trouvait pour l'accabler des expressions d'une sinistre éloquence.

Marie souffrait en entendant ces explosions de haine ; pour elle, rien n'était moins sûr que la culpabilité de M. Kerdren.

Un matin, elle était agenouillée sur son prie-Dieu, quand Sœur Sainte-Croix, qui pénétrait chez elle sans se faire annoncer, entra dans son oratoire. La religieuse n'était pas seule ; une jeune fille, vêtue de noir, se tenait près d'elle, timide et tremblante.

Sainte-Croix s'approcha de Mlle de Grandchamp et posa doucement la main sur son épaule.

La jeune fille tourna la tête, reconnut la religieuse, et lui dit, d'une voix émue :

— Soyez bénie ! j'ai besoin de vous !

— Mon enfant, lui répondit la religieuse, si vous souffrez, je sais le moyen de vous guérir : consolez ceux qui sont plus malheureux que vous.

La religieuse prit la main de la jeune fille voilée.

— Je vous amène une amie, lui dit-elle, une sœur : Fabienne Marigné. Tout ce qu'elle vous demandera, faites-le un peu pour l'amour de moi, beaucoup pour l'amour de Dieu. Elle croit pouvoir attendre de vous le salut, la vie ; peut-être s'exagère-t-elle votre influence, mais moi qui connais votre cœur, je sais du moins qu'elle aura votre tendresse et votre pitié.

Quelques minutes après, les deux jeunes filles se trouvaient seules.

— Je vous en prie, dit Marie à Fabienne, levez ce voile qui m'empêche de voir votre visage ; regardez-moi, je vous tends les mains.

Fabienne ôta son voile, et Marie de Grandchamp put voir ce beau et pur visage, altéré par l'expression d'une navrante douleur.

— Vous devez être bonne ! lui dit Marie ; parlez, que souhaitez-vous ?

— Mademoiselle, dit la sœur de Jean, on juge Urbain Kerdren dans huit jours.

— Je le sais, répondit Mlle de Grandchamp, en frissonnant.

— Eh bien ! dit Fabienne, je tremble pour le meilleur, le plus noble des hommes. Il compte des adversaires redoutables ; il aura contre lui la plus grande partie de la magistrature. Votre père même le croit coupable. Oh ! tenez, je crains bien que ma demande soit taxée par vous de folie, mais nous sommes femmes toutes deux : si vous ne pouvez endurer ce que j'endure, peut-être cachez-vous aussi une angoisse au fond du cœur.

— Oui, oui, dit Marie, parlez.

— Écoutez ! depuis le commencement de cet horrible drame, depuis que le meurtre a été commis, Urbain et emprisonné, j'ai questionné chaque jour, à toute heure, mon frère, ses amis, tous ceux qui estiment M. Kerdren. Tous sont d'accord sur un point.

— Lequel, Fabienne ?

— Savez-vous que votre père possède un talent énorme, que son éloquence foudroie, que sa parole tue ? Savez-vous, mademoiselle, que la bouche qui couvre de baisers vos cheveux blonds ne s'ouvre à la Cour d'assises que pour demander la tête des accusés ?

— Oh ! c'est affreux ! dit Marie, en frissonnant.

— Vous n'avez jamais songé à cela, sans doute. Vous savez que votre père possède une grande renommée, et vous ne vous demandez pas au prix de combien de larmes et de sang elle s'est faite. Marie ! Marie ! songez-y, dans huit jours votre père criera devant les juges devant la foule : « Urbain Kerdren est un assassin ! condamnez à mort Urbain Kerdren ! » et pour obtenir cette condamnation, il rassemblera les probabilités, les apparences de preuves, il échafaudera son réquisitoire avec un art étrange, prodigieux, irrécusable, et croyant venger la société outragée par un crime, il demandera la tête d'Urbain Kerdren.

— Taisez-vous ! taisez-vous ! dit Marie, mon sang se glace dans mes veines.

— Cette fois, dit Fabienne, il s'agit d'un innocent.

— Que faire ? que faire ? demanda Marie.

— Obtenir de votre père qu'il ne parle pas, et renonce à prononcer son réquisitoire ; un substitut le remplacera.

— Mais, quelle raison donnerai-je à mon père ?

— Mademoiselle, demanda Fabienne, est-il vrai que vous devez épouser M. de la Haudraye ?

— Ma mère le désire, mon père l'exige presque.

— Et vous ? ajouta Fabienne.

— Moi, j'ai peur !

— Refusez ! refusez ! s'écria Fabienne ; les millions de M. de la Haudraye porteront malheur à qui les touchera : il est des héritages maudits. D'ailleurs, M. de la Haudraye demande aussi la vie d'Urbain Kerdren ! Pourriez-vous devenir la femme d'un homme qui envoie un innocent à l'échafaud ?

Ce cri échappa à Fabienne. Elle cacha son front dans ses mains et courba la tête ; mais alors Marie l'attira dans ses bras.

— Ne rougissez pas, lui dit-elle, je comprends et j'admire les grands courages; Sainte-Croix avait raison, je vous aimerai comme une sœur. Vous redoutez l'éloquence de mon père, je le supplierai de ne pas prendre la parole ce jour-là.

— Merci ! dit Fabienne, merci !

Une heure se passa pour les jeunes filles dans un entretien confidentiel ; au bout de ce temps, Fabienne rabattit son voile.

— A demain, lui dit Mlle de Grandchamp.

— A demain, répondit la sœur de l'artiste.

— Et d'ici-là, j'aurai entamé la lutte.

Le soir même, suivant sa promesse, Marie chercha l'occasion de témoigner devant son père de la sympathie que lui inspirait Urbain.

M. de la Haudraye venait d'entrer et, suivant son habitude, il ne tarda pas à amener l'entretien sur le sujet dont s'occupait tout Paris.

D'ordinaire, Marie restait complètement étrangère à la conversation qui s'échangeait alors entre le magistrat et Amaury, mais cette fois, posant sa broderie sur ses genoux, elle dit :

— Si j'étais juge, je ne condamnerais pas M. Kerdren.

Amaury eut un soubresaut.

— Il est presque cruel de l'affirmer devant moi, mademoiselle.

— Pourquoi, monsieur ? La mort tragique de votre oncle est un grand malheur, et je comprends les regrets qu'elle vous inspire ; mais, il ne s'ensuit pas que M. Kerdren soit coupable.

— Qu'est-ce qui t'en fait douter ? demanda l'avocat général.

— Les preuves me semblent insuffisantes d'abord, puis j'attache un grand prix à l'opinion d'une personne qui reste convaincue de l'honorabilité de ce malheureux jeune homme.

— Et cette personne s'appelle ? reprit, un peu railleur, Amaury.

— Sœur Sainte-Croix, monsieur.

— Vous la connaissez ?

— Beaucoup. Elle terminait ses études au couvent quand j'y entrai. Elle me protégea, elle m'aima ; depuis elle est devenue ma conseillère, mon guide. Elle était la Benjamine de M. Monier, sa plus jeune sœur ; elle lui tenait de plus près que vous par les liens du sang. Elle prie pour la victime, elle la pleure, mais loin d'accuser M. Kerdren, elle prend hautement sa défense.

— Une religieuse doit toujours pardonner.

— Dieu lui défend la haine sans lui interdire le sentiment de la justice.

— Ainsi, Sœur Sainte-Croix et vous, mademoiselle, vous croyez l'accusé innocent ?

— Oui, monsieur ; les apparences trompent souvent ; certaine double vue de l'âme est toujours juste. Sœur Sainte-Croix possède ce regard qui fouille au fond des consciences. Elle connaissait bien M. Kerdren, elle le trouvait souvent chez le nabab des Champs-Élysées. C'est une âme d'élite. Hélas ! cela ne veut pas dire qu'il ne sera point une victime de l'erreur des hommes.

— Vous avez vu M. Kerdren ? demanda Amaury, avec une intention dont Mlle de Grandchamp comprit la perfidie.

— Jamais ; si je le connaissais, les convenances m'interdiraient peut-être de prendre ainsi sa défense.

— Marie, dit M. de Grandchamp, d'une voix grave, de semblables sujets ne sont point de la compétence des jeunes filles ; elles ont l'habitude de placer le roman à la place de la logique.

Marie reprit sa broderie et garda le silence.

Amaury, malgré son habileté, ne réussit pas à renouer l'entretien et prit congé de la famille de l'avocat général avec une froideur mêlée de malaise.

Quand il eut disparu, Mme de Grandchamp dit à sa fille :

— Je ne te reconnais pas, Marie, tu deviens agressive.

— J'ai été ce que je serai toujours : juste, impartiale ; les millions de M. de la Haudraye ne me feront point accepter ses opinions sans les contester, sans les discuter. J'ai prononcé ce soir le nom de M. Kerdren pour amener celui de Sœur Sainte-Croix. Malgré les vertus de cette admirable fille, et les liens de parenté qui l'attachent à elle, M. de la Haudraye dissimule mal l'antipathie qu'elle lui inspire. Or, quand je serai mariée, je continuerai à recevoir cette sainte créature, et je veux qu'il le sache à l'avance.

Rentrée dans sa chambre, Marie pria et pleura. Jamais elle ne s'était sentie aussi désolée ; l'idée de son mariage avec M. de la Haudraye lui donnait le frisson. Elle se demandait comment y échapper, comment rompre les projets dont se réjouissait sa famille.

Quand Fabienne entra le lendemain chez elle, Marie courut à elle avec un véritable élan de tendresse ; Fabienne était une alliée, une amie ; elle savait son secret.

La sœur de Jean tenait à la main un paquet de papiers qu'elle tendit à Mlle de Grandchamp.

— Qu'est-ce que cela ? lui demanda Marie.

— Les épreuves du livre d'Urbain Kerdren. Dans trois jours, la presse parisienne ne parlera pas d'autre chose. Et si vous le pouviez, je désirerais que vous lisiez à votre père quelques-unes de ces pages.

— Je le ferai, répondit Marie.

— Vous sauverez Urbain ! s'écria Fabienne. S'il est acquitté, il me semble, je ne sais pourquoi, que votre mariage avec M. de la Haudraye se trouvera rompu. Urbain et vous serez délivrés ensemble, ou tous deux vous roulerez dans l'abîme creusé par un seul homme.

— Et cet homme s'appelle ? demanda Marie.

— Dieu vous le dira, répondit Fabienne.

Marie de Grandchamp employa sa journée à lire la *Reine des Chimères*. Comme l'avaient jugé les *Compagnons de la Vache-Enragée*, c'était un ouvrage à part, touchant à toutes les causes. Rien de banal, rien de forcé dans cette œuvre. Le talent y atteignait souvent le vol du génie. Urbain étudiait une à une les chimères à la poursuite desquelles s'attachent les hommes ; il les montrait proposant à chacun des énigmes décevantes. Après les avoir dépouillées de leur prestige et avoir montré la croupe bestiale du monstre que masquait d'abord la beauté du visage, il les traînait aux gémonies ; et, les ongles rognés, les plumes arrachées, les livrait pantelantes au mépris et au dégoût de ceux qui les avaient poursuivies.

Oui, c'était véritablement un beau et bon livre ! une de ces œuvres qui s'imposent à tous, et que nul n'ose lapider, un livre pensé dans la solitude, écrit avec la lenteur d'une réflexion mûrie et l'enthousiasme d'un esprit élevé. L'homme qui l'avait tiré de son cœur plus encore que de son cerveau, pouvait être un héros et devenir un martyr.

Si quelque chose pouvait ajouter à l'intérêt que la fille de l'avocat général portait à Urbain Kerdren, c'était la lecture de ce livre enthousiaste, plaidoirie magnifique écrite à son heure, défense superbe présentée avant le jour solennel des Assises.

Le soir, M. de la Haudraye se présenta comme d'habitude chez le magistrat.

Mme de Grandchamp avait cru devoir engager Marie à se montrer moins acerbe à l'égard d'Amaury ; et, contre son espérance, la femme de l'avocat général trouva Marie soumise et disposée à déférer à ses désirs.

La jeune fille poussa même si loin la condescendance qu'elle mit une recherche inusitée dans sa parure.

A sa toilette noire toute ruisselante de jais, elle ajouta deux grenades cueillies dans les serres paternelles, l'une perdue dans les ondulations de ses cheveux, l'autre placée à gauche de son corsage, comme une tache de sang sur le cœur.

Amaury, d'abord embarrassé, inquiet de l'accueil de Mlle de Grandchamp, se rassura en la trouvant souriante.

Après quelques mots d'une conversation presque amicale, Marie se tourna vers le jeune homme.

— Voulez-vous être tout à fait aimable, monsieur de la Haudraye, lui dit-elle ; tandis que ma mère et moi nous broderons du filet, lisez-nous quelques pages de ce nouveau livre. On affirme que vous possédez un réel talent de lecteur. Je serais ravie d'avoir l'occasion de l'apprécier.

Amaury prit les feuillets que Marie lui tendait et commença.

M. de Grandchamp, croyant qu'il s'agissait d'un ouvrage p u sérieux, ne prêta d'abord pas grande attention à cette lecture ; peu à peu elle l'intéressa. De temps en temps il manifestait son approbation. et murmurait :

— C'est beau !

Mme de Grandchamp oubliait son ouvrage sur ses genoux, et Marie écoutait, le cœur palpitant, les pages qu'elle connaissait déjà.

Sans doute Amaury de la Haudraye ne donnait pas toute leur valeur à certains passages ; mais il détaillait avec goût, et la pureté de sa prononciation ne laissait rien à désirer. Il lisait donc bien, quoique sans chaleur communicative, et ceux qui lui accordaient ce talent ne l'avaient point surfait.

Du reste, soit conviction, soit pour complaire à Mlle de Grandchamp, Amaury suspendit plus d'une fois sa lecture pour avoir le loisir d'analyser la beauté de certains fragments.

— Vraiment, dit-il, en s'adressant à l'avocat général, on doit s'estimer heureux de posséder un tel génie, dût-on le payer au prix de son bonheur.

— Dieu est juste, ajouta Mme de Grandchamp, et je ne puis croire qu'il prive de félicité en ce monde un homme dont les nobles pensées donnent plus de courage pour accomplir le bien et forcent nos regards à se fixer plus haut.

— Pour moi, dit le magistrat, je remercie Marie d'avoir découvert ces pages magnifiques ; elles m'ont reposé de l'aride labeur de la journée et me rendront peut-être moins difficile la tâche de cette nuit.

— Vous allez vous occuper de l'*affaire Monier ?* demanda Marie, en regardant Amaury de la Haudraye.

— Je préparerai mon réquisitoire.

— Je suis tranquille, dit Amaury, grâce à votre éloquence, mon oncle sera vengé !

— Je vous aurai rendu par certains côtés votre tâche plus facile, mon père, répliqua Marie, d'une voix calme ; quand on doit parler d'un homme d'une façon aussi solennelle que vous allez le faire, il est indispensable de le connaître complètement.

— Eh bien ? demanda M. de Grandchamp.

— Les pages que M. de la Haudraye vient de nous lire sont détachées du volume la *Reine des Chimères*, dont M. Kerdren est l'auteur et qui, dans deux jours, sera livré à la publicité.

— Mademoiselle, dit Amaury, d'une voix sourde, vous m'avez tendu un piège.

— En quoi, monsieur ? répondit Marie, en relevant fièrement la tête. Vous affectez beaucoup, ce me semble, de croire que nos intérêts sont semblables ; je les trouve, quant à moi, très opposés. Pour tirer justice d'un assassinat odieux, vous ne négligez aucun moyen ; vos amis, le monde appellent cela de la piété filiale : c'est possible ; mais vous oubliez que vous voulez faire de mon père l'instrument, le complice d'une haine.

M. de Grandchamp saisit le bras de sa fille.

— Assez, Marie, dit-il, mon indulgence ne va point jusqu'à permettre que l'on manque de respect à la justice. Un peu plus et tu calomniais ton père.

— Non ! dit Marie, Dieu sait ma tendresse, il connait mon respect. Je redoute que vous suiviez malgré vous le courant qui pousse Urbain Kerdren dans l'abime ; les gouttes d'encre sont souvent suivies de gouttes de sang. Votre parole peut tuer, mon père, et je veux, entendez-vous, je veux vous épargner un remords.

Amaury de la Haudraye devint très pâle.

— Je m'étonne presque, dit-il au magistrat, qu'on ait laissé paraître ce volume dans de semblables circonstances.

— Vraiment ! s'écria Marie. Les journaux publiaient jadis les poésies de Lacenaire. Certes, ce n'est pas M. Kerdren qui a pu, du fond de son cachot, lancer ce livre comme une réplique victorieuse à l'accusation qui pèse sur lui. Ses amis, et il en a beaucoup, ont édité la *Reine des Chimères*, corrigé les épreuves, soldé les frais, et la phalange qui s'appelle les *Compagnons de la Vache-Enragée* fera le premier succès de ces pages que vous avez admirées. On ne lira pas autre chose, on ne parlera pas d'autre chose demain.

— C'est la préface, dit Amaury d'une voix tranchante.

Il salua et sortit.

— As-tu juré, demanda M. de Grandchamp à sa fille, de soutenir jusqu'au bout une lutte étrange, incompréhensible avec l'homme qui, je l'espère, deviendra mon gendre ?

— Je me suis promis, répondit Marie, avec une certaine solennité, de me placer, si je le puis, entre M. Kerdren et le coup qui le menace. Vous croyez à sa culpabilité, je reste convaincue de son innocence. Je ne l'ai jamais vu, et je ne connais de lui que son œuvre. Je plaide la cause de la vérité, voilà tout, et jusqu'au dernier moment je vous crierai : — Prenez garde, mon père ! la lumière n'est pas faite encore !

— Elle ne tardera pas à se faire, répondit M. de Grandchamp.

Il quitta sa femme et sa fille et passa dans son cabinet de travail.

Mais, bien qu'il affectât de n'être pas troublé par l'insistance de Marie, l'avocat général se sentait préoccupé. La voix des enfants est la voix de Dieu bien plus que la voix du peuple.

Accoudé sur sa table, le magistrat relut une dernière fois le procès-verbal, l'interrogatoire d'Urbain, la déposition d'Amaury. Puis, levant la main vers le crucifix suspendu en face de son bureau, il dit d'une voix vibrante :

— Devant Dieu, je crois Urbain Kerdren coupable du crime dont on l'accuse !

Il attira des feuilles de papier et commença à écrire. Parfois il reprenait une pièce, la consultait, méditait sur sa portée, puis il continuait son labeur. Sa fille l'avait dit : chaque goutte d'encre équivalait à une goutte de sang. Le magistrat luttait contre un malheureux que d'avance il savait garrotté ; il exigeait une expiation terrible au nom de la famille, au nom de la loi, au nom de la société tout entière.

Et cela était vraiment étrange, de voir cet homme, dans la force de l'âge, qui, à deux pas de sa femme et de sa fille, élaborait dans le silence de la nuit l'œuvre la plus formidable qu'un homme puisse accomplir.

Il venait d'achever sa tâche quand la porte de son cabinet s'ouvrit.

Marie, enveloppée d'un long peignoir en cachemire blanc, ses cheveux tordus négligemment sur son front, s'avança vers l'avocat général d'un pas incertain. Elle tremblait de tous ses membres, et la flamme de la fièvre brillait dans son regard.

Elle marchait si légèrement qu'elle se trouva près du bureau de M. de Grandchamp avant que celui-ci se doutât de sa présence.

Marie passa sa petite main sur les feuillets humides.

— C'est le réquisitoire ? dit-elle.

— Oui, répondit le magistrat, surpris, presque effrayé de l'arrivée de sa fille. Que viens-tu faire ici, Marie ? Pourquoi avoir quitté ta chambre ? D'où vient cette inconcevable insistance à t'occuper d'une affaire criminelle ?

— Parce que je ne veux pas vous laisser de remords, dit Marie, d'une voix désolée. Il y aurait du sang sur vous, sur moi ! Urbain Kerdren n'est pas coupable. Vous secouez la tête, vous le croyez, oui, vous le croyez... Vous aiderez à un meurtre juridique, et vous aurez cru remplir votre devoir. Mais cela est affreux, mon père !

— Je suis magistrat, dit M. de Grandchamp ; la justice est un sacerdoce.

— Je comprends, dit Marie, je comprends. Plus vous êtes sincère, plus vous m'épouvantez. Dieu sait cependant qu'il ne faut pas qu'Urbain soit condamné. Si vous parlez, vous ne pouvez le faire contre votre conscience, et je vous ai entendu prendre le Christ à témoin que vous croyez le malheureux coupable. Je n'ai point le droit de m'occuper de ces choses graves, je suis une enfant ; mais j'ai promis à une pauvre créature torturée de lui venir en aide, et femme, je remplis mon mandat de pitié et de miséricorde. Pourquoi accabler ce malheureux ? Tant de gens le défendent, ne l'accusez pas ! Nul ne vous empêche de renoncer à prendre la parole. Sacrifiez un succès oratoire. Ne demandez pas cette vie, on vous la donnerait.

— Je ferai mon devoir, répondit M. de Grandchamp.

— Oh ! je vous en prie, dit Marie, d'une voix pleine de larmes, je suis à vos genoux. Confiez cette affaire au substitut. Il la plaidera avec moins de force, il n'a pas votre autorité, et qui sait si la mort de M. Kerdren ne dépend pas d'une seule des phrases que vous venez d'écrire ?

— Pas un mot, Marie, dit le magistrat.

— Vous me refusez ?

— Je vous refuse.

— Vous ne m'aimez pas, mon père !

— Ma tendresse parle après mon devoir.

La jeune fille comprit qu'elle ne pourrait rien pour vaincre M. de Grandchamp. Plus pâle qu'une morte, presque sans souffle, elle se traîna vers la porte en s'appuyant sur les meubles ; quand elle rentra dans sa chambre, elle tomba sur une ottomane et y resta sans pouvoir se rendre compte des heures écoulées.

Elle revint à elle en sentant, sur ses joues mouillées de larmes, le baiser de Fabienne.

— Rien ! dit Marie, je n'ai rien obtenu !

Puis elle ajouta, en serrant la jeune fille dans ses bras :

— Mais je ne t'abandonnerai pas, Fabienne, et pendant la journée d'angoisse je resterai à tes côtés.

L'huissier de service annonça la Cour. (*Voir page* 171.)

CHAPITRE XV

DEUX VERDICTS

A salle du palais de justice regorgeait de curieux et de curieuses.

Groupés proches de leurs bancs, les stagiaires en robe, rieurs et coquets, relevaient leurs larges manches et donnaient un tour élégant à leur coiffure; quand un membre influent du barreau pénétrait dans l'enceinte, ceux qui avaient l'honneur de le connaître se faisaient un grand plaisir de l'aller saluer.

Parmi les témoins gagnant leur banc, on remarqua beaucoup une jeune religieuse, dont le teint pâle s'adoucissait encore des reflets bleus de son voile. Du reste, peu de gens devaient déposer dans cette affaire; hors les domestiques de l'hôtel, M. de la Haudraye, Sœur Sainte-Croix, la concierge d'Urbain Kerdren et deux ou trois *Compagnons de la Vache-Enragée*, nul n'était cité.

Quand Sœur Sainte-Croix gagna sa place au banc des témoins, deux jeunes filles qui la suivaient, se glissèrent dans la salle. Leurs vêtements noirs et l'épaisseur de leurs voiles empêchaient de les reconnaître, mais leur tournure élégante suffisait pour les désigner à la curiosité générale. Appuyées l'une sur l'autre, elles regardaient à travers leurs pleurs le crucifix placé dans le fond de la salle, et le suppliaient du fond de l'âme de prendre en pitié l'innocent que l'on traînait à son calvaire. Derrière elles, des femmes parées, souriantes, jouaient de la jumelle, s'adressaient du bout des doigts des signes affectueux, consultaient leur montre pour constater que messieurs de la Cour étaient en retard, et s'interrogeaient pour apprendre le nom des sommités diplomatiques et étrangères pour lesquelles des fauteuils étaient réservés en arrière du tribunal.

Un souffle de curiosité fiévreuse courait dans la foule. C'était, en somme, pour la plupart des assistants, la première représentation d'un drame.

Au moment où la grosse horloge sonnait onze heures, l'huissier de service annonça la Cour.

Un rapide silence succéda à l'animation des causeries; tous les regards se fixèrent sur le président et l'avocat général, pour s'éparpiller ensuite sur les douze membres du jury. Après leur appel nominal et la prestation de leur serment, le président dit d'une voix claire :

— Introduisez l'accusé !

Il se fit un mouvement de curiosité cruelle. Tous les yeux se fixèrent à la fois sur la petite porte placée à droite de la salle, et, dès qu'il parut, Urbain Kerdren se sentit enveloppé des rayonnements de mille prunelles ardentes. Pâle, grave et triste, sans forfanterie comme sans faiblesse, Urbain prit au banc des accusés la place qui lui était réservée; avec une lenteur préméditée, sans aucun doute, il fouilla les groupes des spectateurs; quand il crut reconnaître les deux jeunes filles vêtues de noir, il tressaillit sous l'empire d'une commotion intérieure, mais bientôt, comme s'il eût craint d'amollir son âme dans cette contemplation, il détourna ses regards, et ses lèvres s'agitèrent.

Bientôt, à deux pas de lui, un jeune homme s'assit en déposant sur la table un volumineux dossier. C'était Clément Roux, son avocat.

A gauche, serrés comme une phalange, les *Compagnons de la Vache-Enragée* soutenaient par leur présence l'ami frappé par une terrible accusation. Sur la table de l'avocat, sur le drap vert du bureau, sur le pupitre étroit des journalistes, se trouvait la *Reine des Chimères*, étalant sa couverture d'un rouge vif.

Dans la foule, quelques hommes en lisaient des passages, comme s'ils voulaient bien connaître d'avance l'homme que la justice citait à sa barre.

Nul ne dira jamais ce qu'endure un accusé pendant ces préliminaires qui, pour lui, sont une sorte de prélude à la torture ordinaire et extraordinaire à laquelle on va le soumettre. Quand un spasme de douleur serrait sa poitrine, Urbain regardait la figure résignée du Christ, puisait dans cette contemplation une force nouvelle, puis, abaissant ses regards sur la foule, il cherchait sous leurs voiles les visages des jeunes filles qui lui apportaient le tribut de leur virginale pitié.

Au premier rang des témoins se trouvait Jean Marigné.

Le hasard l'avait d'abord rendu voisin de M. de la Haudraye, qui le salua avec une sorte de réserve hautaine; Jean, sans dissimuler le sentiment qu'il éprouvait à la vue de l'héritier des millions de M. Monier, changea rapidement de place sans rendre à M. de la Haudraye sa politesse glaciale, puis son regard parut interroger une des jeunes filles en deuil ; celle-ci fit un signe d'approbation et serra les mains de sa compagne.

L'acte d'accusation pouvait passer pour le chef-d'œuvre du genre. Cette pièce était un coup de hache moral. Si la tête n'était pas encore tombée, l'honneur était déjà mort. Après l'avoir entendu, ni les jurés, ni le public ne pouvaient garder d'illusion sur le compte de cet homme jeune, intelligent jusqu'au génie, qui se tenait assis, les mains crispées, le regard vague, se demandant si c'était bien de lui qu'il était question dans ce récit savamment échafaudé, monument monstrueux, dont chaque pièce aidait à sa lapidation.

Parfois, il faisait un mouvement brusque ; il voulait se lever, parler, répondre, mais un geste de Clément Roux le clouait à sa place ; d'un regard, les deux jeunes filles en deuil apaisaient pour un moment les violences de sa protestation désespérée.

Le président releva ses manches rouges, dégagea ses mains, releva la tête, puis il dit d'une voix claire :

— Accusé, levez-vous.

Quand le jeune homme eut fait connaître ses nom, prénom, âge et qualités, il dut raconter sa jeunesse. Il le fit simplement. Il peignit son enfance laborieuse, son adolescence solitaire ; il parla de ses rêves, de ses luttes, de ses terreurs ; il intéressa puissamment l'auditoire en parlant de l'association fraternelle dont il faisait partie, association prête à la bataille, au dévouement, aujourd'hui vaillamment à son banc pour le défendre.

— J'en appelle à eux tous, dit Urbain, de l'accusation qui pèse sur mon honneur ; notre pauvreté est semblable, nous avons mangé le même pain et bu à la même source ; courageux dans le présent, avides d'avenir, nous avons montré ce que peut le vouloir de jeunes hommes qui aspirent à mieux qu'aux plaisirs d'une jeunesse ardente. Nous avons mis en commun nos vies, notre gloire ; mon existence n'a pas eu pour eux de mystère ; ils ont été mes frères ; adressez-vous à eux pour apprendre si Urbain Kerdren est un assassin.

— Il est en effet acquis au procès, reprit le président, que votre jeunesse fut exemplaire et laborieuse. La somme de connaissances acquise par vous est énorme, le livre qui se trouve aujourd'hui dans toutes les mains, et dont nul ne discute la valeur, prouve le sérieux de vos études et reflète de grands sentiments qui semblent sincères ; mais ce livre est écrit depuis près de deux années, et depuis.....

— Depuis, répondit Urbain, je n'en ai pas démenti une seule page.

Le président reprit bientôt, sous une forme nouvelle, l'interrogatoire d'Urbain ; il rappela les souvenirs de la veillée passée avec M. Monier, le départ du jeune homme que Jean Marigné laissa à deux pas de chez lui, puis, arrivant à la découverte de l'empreinte de cire, il recomposa la fin de la soirée d'Urbain.

— Au lieu de rentrer chez vous, lui dit-il, vous êtes revenu sur vos pas, et prenant la petite rue sur laquelle donne le jardin de l'hôtel Monier, vous avez ouvert la porte.

— C'est faux, dit Urbain, c'est faux !

— Expliquez alors comment il se fait que l'on ait trouvé chez vous l'empreinte de la serrure.

— Mais vous le savez à l'avance, monsieur le président, vous avez interrogé ma concierge, elle vous a raconté que, la veille du meurtre, un homme s'est introduit dans mon domicile sous une qualité fausse ; il est parti en laissant chez moi le morceau de cire qui seul m'accuse.

— Vous connaissez-vous des ennemis ?

— Non, monsieur, le seul que j'eusse sans le savoir, était le meurtrier lui-même.

— Mais cet homme qui possédait toutes les facilités pour commettre son crime, n'avait pas besoin de le rejeter sur vous.

— En laissant planer le soupçon sur un autre, il s'assurait une double impunité. Tandis que la justice s'égare sur une fausse piste, il déroute d'une façon plus absolue la suspicion qui pouvait l'atteindre. Certes, cet homme est habile ; il a combiné son plan d'une façon si diabolique que moi-même j'en reste épouvanté. Cependant, parce que j'hérite d'un homme, moi pauvre, et que cet homme meurt brusquement, trois jours après m'avoir enrichi, frappé dans l'ombre d'un coup sûr qui ne lui permet même pas de pousser un cri, s'en suit-il que je sois l'auteur de cet assassinat ? N'y a-t-il pas quelque chose d'épouvantable dans ce que vous appelez une juste déduction des faits. Vous reconnaissez que je suis travailleur, probe, estimé ; et, en deux jours, en deux nuits, après qu'un mot a fait tinter l'or à mon oreille, je deviens capable de tuer un vieillard, de le tuer de sang-froid, sans trembler, sans pâlir, puis je regagne tranquillement mon logis, et, le lendemain, à l'aube, je reprends avec la même liberté d'esprit les travaux commencés la veille. Certes, monsieur, le cœur renferme bien des abîmes, mais si capable qu'il soit d'égarement, est-il possible que si vite et de si haut, il puisse tomber dans une pareille fange ?

Le regard d'Urbain embrassa rapidement les jurés et la foule ; la puissance de ce regard fut telle, l'accent de cette parole était si vibrant et si vrai, qu'un murmure de compassion circula dans les groupes ; si ceux qui l'écoutaient à cette heure avaient été les maîtres, ils l'auraient renvoyé absous. Mais la foule, facilement émue, ne pouvait qu'écouter, attendre et se passionner davantage pour ce débat.

Urbain reprit :

— On vous l'a dit, messieurs, j'ai jeté mes croyances les plus saintes, mes illusions les plus chères dans un livre. Des amis généreux l'ont livré hier au public. La *Reine des Chimères* est dans toutes les mains. Les curieux lui demandent si l'homme qui l'écrivit ressemble bien à celui qu'ils se créaient dans leur imagination ; les autres y veulent voir et trouver le mot de mon cœur et de ma vie. Ceux-là ont raison ! Vous pouvez refuser de me croire, vous pouvez me condamner sans retour, mon œuvre vivra pour ma défense, elle conseillera l'honneur, le dévouement et la foi ! Si vous l'avez lue, vous me connaissez tout entier ; si vous avez dédaigné de l'ouvrir, c'est qu'il vous convient de vous prononcer seulement sur le fait brutal, de vous mettre en face d'un cadavre et de me désigner comme l'assassin d'un homme, pour cette raison qu'un inconnu, dont nul ne peut savoir le nom ni retrouver la trace, est venu chez moi afin d'y laisser la preuve d'un crime déjà prémédité.

— Messieurs les jurés apprécieront ce moyen de défense, dit le président. Vous niez toute participation à l'assassinat de M. Monier ?

— Devant Dieu, je le jure, je suis innocent ! dit Urbain en levant la main.

— Vous pouvez vous asseoir, dit le président d'un ton bref.

Urbain tomba sur son siège ; la lassitude le prenait déjà.

— Introduisez M. Amaury de la Haudraye, ajouta le président.

Une minute après, le jeune homme entrait dans la salle d'audience.

Il était pâle, d'une pâleur de marbre, mais ses moustaches dessinaient sur sa lèvre leur élégante courbure. L'immobilité de son visage parut à la plupart des femmes d'une suprême distinction ; elles trouvèrent que les millions du nabab seraient admirablement bien entre les mains de ce beau jeune homme.

— Vous connaissez beaucoup l'accusé ? demanda le président à M. de la Haudraye après lui avoir fait prêter serment.

— Fort peu, au contraire, monsieur le président ; rien ne nous rapprochait, ni nos habitudes, ni nos goûts ; je n'avais pas le droit de blâmer l'engouement de mon oncle pour son secrétaire, mais j'avoue avoir souvent évité de me rencontrer avec lui.

Clément Roux prit la parole.

— Messieurs les jurés voudront bien se rappeler, dit-il, que M. Urbain Kerdren remplissait auprès de M. Monier plus que des fonctions de secrétaire. Il mettait en ordre les notes du voyageur, et la moitié au moins de *Java et ses merveilles* constitue de droit sa part de collaboration. Si M. de la Haudraye évitait de passer ses soirées à l'hôtel Monier, c'est qu'il préférait sans doute la compagnie de ses amis du cercle aux divers travaux auxquels prenaient quotidiennement part MM. Monier, Kerdren et Jean Marigné.

Le président reprit, sans relever l'observation de l'avocat :

— Vous savez que l'accusé a sauvé la vie de votre oncle ?

— Oui, si l'on veut, monsieur le président. *Tibère* est un cheval doux comme un agneau. On m'a dit qu'il s'était *emballé* sur la route de Neuilly, et que l'accusé eut l'heureuse chance de l'arrêter.

— Il fut blessé ? dit le président.

— En effet, monsieur, et pendant plus de huit jours il ne parut pas à l'hôtel.

Urbain rejeta en arrière ses longs cheveux, et désignant une profonde cicatrice :

— Voici qui explique pourquoi je suis resté quinze jours sans paraître à l'hôtel Monier, dit-il.

— N'interrompez pas les dépositions des témoins, dit le président, vous présenterez vos observations plus tard.

Le magistrat s'adressa de nouveau à M. de la Haudraye.

— Vous saviez, lui dit-il, que votre oncle laissait par testament un legs considérable à l'accusé ?

— Ce n'était un secret pour personne, monsieur le président. Mon oncle en avait parlé pendant une soirée.

La voix d'Amaury devint subitement rauque, et il ajouta :

— Deux jours après, mon oncle était assassiné.

Urbain bondit sur son banc, ses mains crispées se joignaient, un éclair d'indignation, dont rien ne saurait rendre l'énergie, jaillit de ses prunelles, il allait parler, quand son avocat se pencha vers lui.

— Taisez-vous, au nom du ciel ! lui dit-il.

En même temps, une des jeunes filles en deuil tressaillit en rapprochant de son visage les plis de son voile. Urbain parut céder à la prière de Clément Roux ; mais qui aurait pu dire s'il n'obéissait pas à une volonté plus chère ?

Quant à la compagne de la jeune fille, la poitrine gonflée, les yeux brûlés de larmes, elle murmura en regardant M. de la Haudraye :

— Et je deviendrais la femme de cet homme !

Amaury n'avait plus rien à dire ; il prit place dans l'auditoire.

On entendit ensuite tour à tour les domestiques. La déposition de Pierre, entrecoupée par les pleurs, révéla plus les qualités du millionnaire qu'elle n'éclaira les faits de la cause. Une seule phrase produisit un puissant effet dans l'auditoire.

— Quand M. le juge de l'instruction m'interrogea pour la première fois, dit le valet de chambre, il me demanda si je connaissais des ennemis à mon pauvre maître, je répondis : — « Non », et, en vérité, je ne pouvais, devant Dieu, nommer personne; mais depuis, en rapprochant certains faits, j'ai conclu que cet ennemi existait et qu'il avait trois fois laissé sa trace maudite dans la maison. Notre maître songe à adopter le petit Henri, l'enfant de Mme Blanche; l'enfant est volé, la mère devient folle. Sœur Sainte-Croix prie son frère d'acheter une maison pour y loger des orphelins, et M. Monier monte *Tibère*, un agneau, et *Tibère* s'emporte, se cabre, devient fou furieux. Enfin, on assassine le meilleur des hommes ! Aussi, je vous dis maintenant que je réfléchis à tout ce qui s'est passé : — « Mon maître avait un ennemi ! » et cet ennemi poursuit son œuvre.

Amaury regarda Pierre avec une sorte d'inquiétude.

— Vous chérissiez votre maître, dit le président, et votre douleur vous porte seule, sans doute, à créer cet ennemi invisible.

— J'ai parlé suivant ma conscience, messieurs, dit-il, le reste vous regarde.

Clément Roux écrivit une note tandis que Ramoussot, placé dans la foule, murmurait :

— Il faudra que je cause avec Pierre, demain.

Jean Marigné ne savait rien du fond du procès. Il se borna à faire de son ami un portrait vrai, sans exagération.

— C'était le meilleur et le plus brave de notre phalange, dit-il, nous l'aimions comme un frère et nous lui demandions son avis dans les cas graves. Nous voulons croire qu'il nous sera rendu, car si nous devions porter un tel deuil, nul de nous ne s'en consolerait.

— Merci Jean, dit Urbain, si je meurs, vous me pleurerez !

Sœur Sainte-Croix, appelée à son tour, fit un éloge discret du jeune homme. Elle l'avait vu bon pour les pauvres, généreux, dévoué; elle suppliait Dieu de faire éclater son innocence.

Les autres témoins firent des dépositions peu importantes. Leur liste étant épuisée, la parole fut donnée au ministère public.

Quand, la veille, Marie de Grandchamp apprit que Fabienne assisterait au procès d'Urbain, elle ne voulut pas la savoir seule au milieu de la foule, le cœur broyé par des émotions terribles ; Marie se résolut à l'accompagner. Le matin, elle témoigna à sa mère le désir de passer la journée chez une de ses cousines ; elle sortit avec la femme de chambre et se rendit, accompagnée par elle, dans la famille où elle devait rester tout le jour ; mais à peine Jeanne eût-elle disparu, que Marie de Grandchamp, toute tremblante de sa hardiesse, et sachant bien qu'elle serait vivement réprimandée plus tard, monta dans une voiture, prit chez elle Fabienne Marigné et gagna le Palais-de-Justice. Le nom de son père lui en ouvrit les portes, et, blottie contre Fabienne, tremblant des mêmes angoisses, secouée par les mêmes émotions terribles, elle assista au commencement de ce drame horrible que l'on appelle un procès criminel. Tandis que l'on interrogeait les témoins, elle se berçait encore de l'espoir que son père ne parlerait pas, qu'il abandonnerait l'accusation. Cela lui semblait impossible, presque monstrueux, que son père demandât la vie de cet infortuné.

L'avocat général se leva.

— Fabienne ! pardonne-moi, dit Marie en attirant vers elle la sœur de Jean Marigné.

Le magistrat prit la parole au milieu d'une émotion poignante, et, avec une éloquence procédant un peu par éclats, il reprit l'accusation point par point, appuya sur chacun d'eux, les enchaîna avec une logique terrible, écrasa Urbain sous le poids de détails dans lesquels il trouvait autant de preuves concluantes, puis, après avoir construit l'échafaudage du crime, il se tourna vers l'accusé.

— Vous avez voulu vous abriter, lui dit-il, derrière l'enthousiasme que respirent certaines pages de votre livre. Ai-je dit que vous ne fussiez pas éloquent ? Vous ai-je dénié les vertus de la première jeunesse ? Je vous les accorde toutes, si vous le voulez, jusqu'au jour de votre chute. Vous possédiez la foi religieuse, le culte du beau, la passion du travail ; vous étiez jeune, et vous supportiez courageusement votre pauvreté. Vous ne direz pas que je refuse de vous rendre justice. Je ne veux plus vous accuser, à quoi bon ! j'ai révélé aux juges, aux jurés, tout ce qu'ils doivent savoir de vous et de votre cause. C'est vous-même qui allez vous livrer, vous vendre, vous trahir, et pour appeler sur votre tête votre condamnation, je ne me servirai que de vos propres paroles.

M. de Grandchamp prit sur sa table le volume relié que nous avons vu jadis dans le cabinet d'Urbain.

En reconnaissant le mémorial sur lequel il avait raconté sa vie heure par heure depuis deux ans, Kerdren devint livide, tout le sang afflua à son cœur, et, les mains tendues vers M. de Grandchamp, il répéta :

— Ne lisez pas, monsieur, ne lisez pas !

Mais l'avocat général venait de trouver le passage qu'il souhaitait lire.

— Voici, reprit-il, ce que vous écriviez trois mois avant le crime : — « Ne serai-je donc jamais heureux ? Suis-je condamné, jeune fille, à vous voir passer près de moi sans jamais oser vous dire mon rêve ? Qui m'apprendra le secret de faire de l'or pour devenir riche, riche à millions, prendre cet or à pleines mains et le remettre dans les vôtres, d'où il se répandrait en saintes aumônes ? Savez-vous seulement qu'en bâtissant des projets de bonheur humain, je vous y associe dans ma pensée, que vous seule me semblez digne de prendre place à mon foyer, et que je crois voir en vous la compagne que le ciel m'a destinée ? Tenez, je vous le confesse, en lisant, l'autre jour, de curieuses études sur la transmutation des métaux, je me demandais si, comme la plupart des alchimistes, je ne vouerais pas volontiers mon existence à la recherche de l'or !

Le magistrat s'arrêta un moment, puis il ajouta avec éclat :

— Et vous avez vendu votre âme pour l'or convoité... Satan vous a crié : — « Tue! » et vous avez tué ! A Dieu ne plaise que je rende responsable de ce crime, celle.....

— Au nom de votre mère, monsieur, ne la nommez pas ! dit Urbain en se levant tout blême.

— Non, je ne dirai pas son nom ; elle ne savait rien, cette jeune fille, elle vous jugeait comme tous ceux qui vous connaissaient, et si l'idée du crime vous est venue, c'est que vous vouliez l'épouser, la voir riche, enviée, et la preuve de ce que j'avance, c'est cette autre phrase que vous écrivez plus tard : — « Cet or est le prix du sang, Fabienne, il est bien à moi ! »

Quand l'avocat général prononça ce nom, la sœur de Jean Marigné se renversa défaillante dans les bras de sa compagne.

— Ainsi, dit-elle, c'était moi ! c'était moi !

— Monsieur l'avocat général, reprit Urbain, oui, le million promis par M. Monier était le prix du sang ! mais ce sang était le mien !

L'émotion dans la salle était à son comble. On se demandait quelle jeune fille se cachait sous le nom si doux de Fabienne, et Marie de Grandchamp murmura à l'oreille de son amie :

— Courage ! voyez comme il souffre !

Pendant la première partie du réquisitoire, l'avocat général avait gagné sa terrible partie ; ce qu'il croyait destiné à frapper Urbain sans retour, servit celui-ci dans l'opinion publique ; l'accusateur le sentit, et sa péroraison fut rapide ; elle concluait à la peine de mort.

Clément Roux tira parti de tous les faits de la cause ; il défendit Urbain avec son cœur et son talent ; il eut des mouvements superbes et des cris venus du plus profond des entrailles. M. de Grandchamp comprit que le jury s'émouvait et quand l'avocat s'assit exténué de fatigue, l'organe du ministère public fit une réplique virulente, plus acerbe, plus terrible encore que le réquisitoire.

Clément Roux voulait répondre, Urbain ne lui le permit pas.

Il se leva et dit simplement :

— Je ne suis plus dans les mains des hommes, mais dans les mains de Dieu... Il m'a permis jusqu'à cette heure de bien vivre, il me fera la grâce de bien mourir.

Fabienne cacha son front dans ses mains.

La délibération du jury fut longue.

Il rentra en séance pour lire une déclaration admettant la culpabilité de l'accusé, avec admission de circonstances atténuantes.

Non pas qu'on pût trouver une atténuation à son crime, mais simplement parce que les jurés ne possèdent pas une autre formule pour empêcher que l'on envoie à l'échafaud celui qu'ils venaient de reconnaître coupable.

Pendant la lecture du verdict, Fabienne et Marie, pressées l'une contre l'autre, semblaient avoir perdu le sentiment de l'existence.

Mlle de Grandchamp souffrait une horrible douleur; elle ne pouvait se faire à l'idée que ce dénouement terrible fût l'œuvre de son père ; elle sentait que désormais ses paroles accusatrices et vengeresses retentiraient à son oreille.

Urbain fut ramené dans la salle d'audience.

Un silence de mort régnait dans la salle; il comprit tout.

Alors, se tournant vers l'image du Christ, il attendit, calme, grave, le front haut, la sérénité dans les yeux. Les martyrs ont de ces sublimes expressions de confiance mêlée à l'acceptation de la douleur. Quand il entendit ces mots :

— Condamné aux travaux forcés à perpétuité, il ne put s'empêcher de pousser un gémissement ; il avait espéré la mort.

— Avez vous quelque chose à dire contre l'application de la loi ? demanda le président.

Urbain leva la main vers le crucifix :

— J'en appelle ! dit-il.

Au même moment, une femme vêtue de noir quitta sa place, s'approcha rapidement du banc sur lequel s'appuyait Urbain, puis levant à deux mains son voile, elle laissa voir son pur visage rayonnant d'enthousiasme.

— Ma sœur ! murmura Jean d'une voix tremblante.

— Fabienne ! dit Urbain, Fabienne !

— Monsieur Kerdren, dit la jeune fille d'une voix solennelle, je viens d'apprendre pour la première fois que vous souhaitiez m'avoir pour femme... Voici ma main ! moi qui vous sais innocent, je vous acquitte au tribunal de ma conscience !

Jean s'était élancé vers sa sœur qu'il tenait pressée contre lui ; Urbain, les yeux voilés de pleurs, ne trouvait rien à répondre à la créature magnanime qui venait, en lui donnant sa vie, compenser toute l'amertume du calice qu'il venait de boire. Un flot de joie se mêla dans son cœur au désespoir qui venait de l'envahir, et un long sanglot souleva sa poitrine.

Jean mit la main de sa sœur dans la main de son ami.

— Je l'approuve ! dit-il.

L'émotion qui régnait en ce moment dans la salle n'avait plus de bornes ; la générosité de Fabienne venait, une fois de plus, de ramener du côté d'Urbain le plateau mobile de l'opinion.

Mais le cri : Emmenez le condamné ! retentit ; en une minute M. Kerdren disparut, et Marie se jeta dans les bras de sa compagne. Jean les entraîna toutes deux.

— Venez ! dit-il.

Tandis que, chancelantes, elles le suivaient dans le couloir qui s'était ouvert pour eux grâce à Clément Roux, Amaury de la Haudraye descendit lentement le grand escalier du Palais de Justice. Sa voiture l'attendait. Au moment où le valet de pied en ouvrait la portière, un flot de curieux poussa Amaury sur la droite, et une voix distincte bien que faible, murmura à son oreille :

— Souvenez-vous des diamants de la princesse Vanika.

Si maître qu'il fût de lui-même, M. de la Haudraye se retourna, le visage livide, fouilla du regard le groupe qui l'entourait, n'y reconnut personne et, s'élançant dans sa voiture, il disparut au galop de ses chevaux.

— Qui donc peut se souvenir de la princesse Vanika ? se demanda-t-il, et qui donc, dans un tel lieu, à pareille heure, peut avoir intérêt à me rappeler cette histoire ?

Et Amaury devint pâle et plus songeur encore, et ses lèvres blémirent tandis qu'il répétait :

— Mais qui donc ? Qui donc ?

Molécule releva les bouquets. (*Voir page* 190.)

16ᵐᵉ Livraison.   16

CHAPITRE XVI

LE NID DE MÉSANGES

 n acceptant pour ainsi dire devant ses amis la responsabilité du salut d'Urbain, Ramoussot n'avait trop présumé ni de son courage ni de son adresse, mais il s'était trompé dans le calcul du temps qui lui devenait indispensable pour arriver à son but. Il croyait être sur la piste, mais il fallait plus de quelques semaines pour débusquer la bête. Si bon limier que fût Ramoussot, il ne pouvait forcer les événements. L'énergie ne l'abandonna pas une minute pendant la durée du procès d'Urbain ; mais à l'heure où une condamnation terrible tomba sur le front du malheureux, l'agent resta foudroyé, doutant presque de la justice divine en voyant cet innocent traîné à la barre, et sortir déshonoré de l'enceinte du tribunal.

Que répondrait-il aux amis de la rue Cassini quand ils lui demanderaient compte d'une promesse solennelle ?

Quand l'audience s'acheva, la nuit était venue ; la soirée grise et froide s'harmonisait avec les sombres idées de l'agent de police et, le front enfiévré, les jambes tremblantes, il se dirigea vers la rue du Four.

La maison du numéro 24 semblait se reculer dans l'ombre, les volets du batteur d'or étaient fermés ; tout en haut, une lampe brûlait jetant ses clartés dans la nuit sombre.

Le jeune homme monta rapidement l'escalier et entra chez lui. Il se jeta sur un siège et y demeura comme engourdi. Un vague reflet de lumière descendait dans sa chambre : il provenait de la mansarde où Simon le graveur continuait sa besogne, penché sur sa petite table. Presque à tatons, Ramoussot se leva et fit glisser le voile noir sur le portrait de son père.

— Ne me maudis pas ! dit-il d'une voix sourde... J'ai cru toucher au succès et la victoire m'échappe ; mais je poursuivrai ma tâche, je réussirai, et je te vengerai en vengeant Urbain Kerdren.

Ramoussot sentit des larmes brûlantes monter à ses yeux.

Il prit son front à deux mains, et, sous l'empire d'un puissant désespoir, les nerfs tendus par les émotions terribles de la journée, il poussa des sanglots amers, déchirants, et se laissa envahir par la douleur qui dévorait sa vie.

Tandis qu'il cédait à la souffrance, un chœur aérien s'éleva au-dessus de sa tête. Des voix d'enfants s'unissaient pour redire une vieille chanson pleine de la poésie des bois et de la mélancolie des solitudes. Les paroles en étaient naïves et eussent fait sourire plus d'un écrivain, mais l'air était doux, et l'accent harmonieux et frais des jeunes lèvres qui répétaient cette légende ajoutait à son charme.

— Il était trois petits enfants
Qui s'en allaient glaner aux champs.

C'était le cantique de l'évêque de Mire racontant le meurtre de trois innocents et la façon miraculeuse dont Saint-Nicolas les rendit à la vie.

— Si je montais chez Mésange, pensa l'agent de police.

Son cœur lui répondit ; il gravit l'escalier, frappa à une petite porte, et une enfant de cinq ans, fraîche comme une fleur, lui vint ouvrir.

En reconnaissant Ramoussot, une jeune fille quitta sa table de travail et s'avança gracieusement.

— Que souhaitez-vous, monsieur? lui demanda-t-elle en avançant un siège.

— L'année s'avance, mademoiselle, et je voudrais une couronne de roses rouges, semblable à celle que vous me faites d'ordinaire pour le 2 novembre.

— Oui, je sais, répondit doucement la jeune fille, vous n'oubliez pas vos morts...

Une larme trembla aux cils de la jeune fille ; elle l'essuya du revers de la main.

— J'ai encore autre chose à vous demander, mademoiselle ; vous êtes bonne, voulez-vous me faire un grand plaisir?

— De tout mon cœur, monsieur ; vous m'avez rendu de nombreux services, et je serais heureuse de vous prouver ma reconnaissance.

— Oh ! des services ! dit Ramoussot.

— Les meilleurs de tous : vous m'avez procuré du travail ; c'est grâce à vous que j'ai la clientèle de Mlle de Grandchamp et de ses riches amies.... la sœur de Jean Marigné, Mlle Fabienne, me protège aussi.

Depuis que vous habitez cette maison, tout a changé pour nous... Parlez donc, que souhaitez-vous?

— Vous ne savez pas, mon enfant, et Dieu veuille que vous ne l'appreniez jamais, que loin de votre nid tranquille il se passe dans Paris des drames épouvantables; tandis que vos sœurs chantent ici le cantique de Saint-Nicolas, plus loin on pleure et on désespère. Depuis deux mois, je m'agite dans un cercle infernal; je vois, je respire le crime, j'entends des sanglots, je suis tenté de maudire la vie et de renoncer à l'espoir de posséder jamais, sinon ma part de bonheur, du moins un peu de repos au bout de ma route... Je suis comme un voyageur qui, à mesure qu'il avance, trouve le chemin plus difficile, tombe, se relève et, chancelant, brisé, redoute de rouler au fond de l'abime, sans atteindre le but suprême qu'il se proposait... Ne riez pas de ce que je vais vous dire... Tout à l'heure, la voix de vos sœurs que j'entendais à travers la distance m'a rafraîchi le cœur; il me semble que si vous vouliez redire avec elles pour moi la sainte ballade que j'ai interrompue, je me sentirais rafraîchi et consolé.

Mésange regarda doucement Ramoussot à travers ses longues paupières, puis, souriant aux petites filles craintives et rieuses pour les encourager, elle recommença le cantique:

> Il était trois petits enfants
> Qui s'en allaient glaner aux champs.

Ces timbres d'or étaient d'une douceur infinie; en les écoutant, Ramoussot se sentait envahir par une sérénité inattendue.

Quand les enfants se turent, le courage était revenu au jeune homme.

— Merci, dit-il, merci du fond du cœur.

Il promena autour de lui un regard à la fois curieux et bienveillant.

— Tout cela est bien pauvre, dit Mésange avec un sourire, mais qu'importe la dureté de la couche, si le sommeil y est bon! Nous n'avons que deux chambres, l'atelier et le dortoir, et plus l'espace est étroit, plus il faut le tenir propre.

— Mais vous avez accompli un miracle, mademoiselle.

— Dieu m'a aidée, monsieur, répondit la jeune fille; j'étais orpheline à treize ans...

— Une enfant! murmura l'agent de police.

— Mais une enfant sachant déjà son métier de fleuriste, et pouvant gagner deux francs par jour.

— C'était peu pour vous seule, et vous aviez la couvée...

— Oui, dit Mésange en regardant ses sœurs avec une expression de tendresse profonde..., je restais seule. Au lieu d'aller à l'atelier, je pris du travail chez moi ; Rose devint ma première apprentie, et Jeanne apprit l'a, b, c, du métier. Le propriétaire me promit de ne pas me demander d'argent avant la fin de l'année... En me levant avec le jour, je pouvais augmenter mon gain de quelques sous... Pendant des mois, nous n'avons guère mangé que des pommes de terre... l'appétit et quelques grains de sel nous les faisaient trouver délicieuses... Les trois plus jeunes, Luce et Lucie, les jumelles, et Cerisette, la dernière, apprenaient à lire : je leur donnais des leçons tout en travaillant ; Marthe s'occupait du ménage, et Louis se chargeait des commissions.

Je sais, ajouta Mésange d'une voix plus grave, que l'on me plaint souvent, on a tort... Mon existence est douce... Mes sœurs sont mes enfants, mes filles ! Je n'aurai pas de jeunesse, sans doute, mais je revivrai dans leur printemps... elles grandissent... Luce, Lucie et Marthe feront en mai prochain et le même jour, leur première communion, ne sera-ce pas pour moi la plus belle des fêtes? Mes compagnes d'autrefois me pourraient envier, il ne me viendra jamais dans l'esprit d'en être jalouse... Si vous saviez combien la mort en a pris... Elles étaient jeunes, jolies, elles aimaient le plaisir... Parties un soir pour le bal, le matin elles allaient à l'hospice ; la phthisie les guettait... Avant qu'on ensevelit leurs pauvres corps, leur foi s'en était allée, beaucoup expiraient sans repentir... Deux ou trois se sont mariées, une est veuve... Si le temps ne me faisait défaut, j'irais parfois consoler Paule : elle a deux enfants et sa misère est grande...

— Que parlez-vous de sa misère quand vous avez six orphelins?

— C'est bien différent ! dit Mésange avec un sourire. Ici on travaille gaiement, on chante une partie du jour ; la santé fleurit sur toutes les joues, et le bonheur est dans toutes les âmes.

— Ne vous reposez-vous donc jamais ?

— Oh ! si, le dimanche ! après les offices nous allons voir une de nos amies, Alleluia, la fille de Guillaumette ; elle apprend des cantiques aux enfants, elle joue de l'orgue pour elles ; il est même arrivé parfois que nous avons dîné gaiement avec elle. Deux ou trois fois dans l'année, nous courons dans les bois respirer l'air pur, cueillir des fleurs sauvages. Nous rentrons bien lasses, et le lendemain la besogne nous semble plus facile !

— Quel âge avez-vous, mademoiselle Mésange?

— Dix-sept ans.

Mésange ! Des cheveux blonds, rebelles au peigne, foisonnaient sur son front et sa nuque ; la lumière y mettait des tons d'or, et des paillettes éclatantes. Était-elle jolie ? Peut-être les avis eussent-ils été bien partagés sur ce point. Son visage manquait de régularité, mais le regard avait une limpidité humide et nacrée, les lèvres exprimaient une aimable douceur. Sa beauté n'était pas encore dans son épanouissement complet, et sur son visage flottait cette grâce adolescente que Murillo a trouvée pour ses anges.

Marthe, Luce et Lucie, presque semblables de taille, disparaissaient sous leurs longs sarreaux de toile noire. Le visage rayonnait au-dessus du vêtement sombre, et d'épaisses nattes blondes roulaient à chaque mouvement sur leurs épaules.

Luce et Lucie étaient pâles, faibles, d'une délicatesse extrême et d'une timidité presque farouche. Ce qui amenait le rire sur la bouche de Marthe, faisait monter des pleurs aux cils des deux jumelles. Si leur sœur aînée avait une préférence, c'était pour ces deux plantes frêles qui croissaient rapidement comme deux lis. Cerisette était le démon de la maison ; elle jouait encore et son travail se bornait à compter des pétales de rose. Cerisette chantait comme les mouches bourdonnent, comme les oiseaux pépient dans le nid ; elle était la ménagère de la maison. Les fournisseurs se seraient créé un remords en la trompant, et c'était pour tous un bonheur de donner grand poids et bonne mesure à cette famille d'enfants que le quartier vénérait.

Louis comptait quinze ans. Il était *frappeur* et faisait la plus dure besogne. Assis tout le jour sur un escabeau, il frappait sur une bille de chêne, recouverte d'une plaque de plomb, les découpages des pétales. Bien souvent, à la fin de la journée, il sentait son épaule endolorie, mais il ressentait de la fierté à l'idée qu'il remplissait sa tâche et aidait au soutien des plus jeunes.

Ramoussot se faisait expliquer tous ces détails, et les écoutait avec une attention presque respectueuse. Cette famille d'enfants, ce nid d'oiseaux reposait à voir, à entendre. Il avait trouvé tant de vice et de fange dans Paris que cette pureté lui faisait du bien.

Quand neuf heures sonnèrent, Mésange se leva.

— C'est l'heure du coucher des enfants, dit-elle avec un sourire... On se lève matin, ici...

— Bonsoir, mademoiselle Mésange, dit Ramoussot d'une voix grave, je suis entré chez vous le désespoir au cœur, je me sens maintenant plus calme.

— Ce n'est pas assez, répondit la jeune fille.

— Que faudrait-il encore ?

— Il faudrait partir consolé.

— Ah ! s'écria le jeune homme, il est des douleurs que rien n'affaiblit, que rien n'apaise !

Mésange regarda doucement le jeune homme.

— Nous sommes orphelins..., dit-elle.

Ramoussot baissa la tête.

— Je vous dois beaucoup, ajouta la jeune fille, et je voudrais m'acquitter... J'essaierai, peut-être réussirai-je... Je vous ai dit tout à l'heure que j'allais coucher les enfants, auparavant nous ferons la prière.... Voulez-vous la dire avec nous ?

Ramoussot hésita, mais cette hésitation fut si rapide que la jeune fille ne s'en aperçut pas. Elle poussa doucement devant elle ce qu'elle appelait sa nichée d'oiseaux et s'agenouilla devant un crucifix de bois.

Quand elle eut fini, elle se leva calme, un peu grave, et Ramoussot resta surpris de l'expression toute nouvelle reflétée sur le beau visage de Mésange.

Il échangea deux ou trois mots rapides et descendit.

Sa colère était tombée ; son désespoir était apaisé, le courage revenait dans son âme.

Le lendemain, il s'accouda à sa fenêtre. C'était un dimanche, et il vit les petites Mésanges paraître deux par deux ; elles se rendaient à l'église. Les grandes tenaient gravement leur livre et Cerisette roulait un chapelet dans ses doigts. Aussi longtemps qu'il le put, Ramoussot les suivit du regard.

— Voilà qui console de bien des spectacles, pensa-t-il.

Il sortit à son tour et se rendit rue Cassini.

Les *Compagnons de la Vache-Enragée* s'y trouvaient au grand complet.

Clément Roux était fort pâle et ses camarades essayaient vainement de le consoler.

— Qu'importe que j'aie fait mon possible ! disait-il, je n'ai pas réussi... Urbain est condamné, Urbain a le droit de me demander pourquoi je me suis chargé d'une cause que je n'ai pas su défendre... Cher Urbain ! en me voyant pleurer de rage et de douleur quand je suis allé le rejoindre à la Conciergerie, après la fin de cette horrible journée, il s'est jeté dans mes bras : « — Je devais être condamné, m'a-t-il dit ; des rets, enlacés avec une habileté infernale, m'enveloppent de toutes parts... Tu n'y pouvais rien ! Je regrette seulement, oui, je regrette du fond de l'âme, que l'on ne m'ait point condamné à mort... Quand le Sauveur eut souffert son agonie, des anges vinrent le consoler !.... Moi, j'avais entendu tomber des lèvres de Fabienne les seules paroles capables d'adoucir mon angoisse... Je pouvais mourir, j'étais sûr d'être pleuré ! » — Alors je lui ai dit que tout n'était pas fini, que nous ne nous regardions pas comme battus sans revanche ; que le temps seul nous avait fait défaut, et que notre dévouement à tous lui resterait fidèle... J'ai répondu pour vous, pour moi, ai-je bien fait ?

— Oui ! oui ! s'écrièrent ensemble les jeunes gens.

— D'autant mieux, ajouta Ramoussot, que je sais être sur la voie, je le sens, j'en suis sûr, et si habile que soit un misérable, le ciel permet toujours qu'il finisse par se trahir.

Clément Roux dit avec tristesse :

— Urbain refuse de se pourvoir en cassation.

— Il a raison, dit l'agent de police, grandement raison... A quoi serait utile ce pourvoi ? En admettant que le jugement fût cassé, que gagnerait Urbain à être renvoyé devant une autre cour ?... Rien.... Personne n'est suspect parmi ceux qui l'ont jugé... Il n'est pas probable que d'ici trois mois nous ayons renversé l'échafaudage de nos ennemis ; ils sont très forts et la lutte sera longue... Ah ! si la peine de mort avait été prononcée, c'eût été autre chose... Mais Dieu nous accorde du temps... Obtenons seulement que l'on n'envoie pas de sitôt notre malheureux ami à Cayenne.. Il se sentira soutenu par notre amitié et nous agirons avec plus de courage.

— Allons, fit Claudis, serrons-nous davantage s'il est possible ; l'un de nous souffre, redoublons de zèle et d'ardeur pour assurer le succès de son livre. Jean Marigné va commencer les dessins d'une nouvelle édition, et les fera graver par un jeune homme dont on dit le plus grand bien. Jamais gloire plus méritée, plus rapide, n'aura été accompagnée d'un pareil malheur.

— Avez-vous reconnu, demanda Loys-les-Sonnets, la jeune fille qui accompagnait Fabienne ?

— Non, dit l'avocat, mais j'ai entendu nommer Mlle de Grandchamp.

— Elle doit épouser M. de la Haudraye, je crois ? ajouta Grégoire Fusain.

— Dans tous les cas, fit observer Loys, il est au moins étrange qu'elle se trouvât placée près de la sœur de Jean.

— Laissons Dieu faire son œuvre ! dit Ramoussot, je ne sais pourquoi, il me semble que Mlle de Granchamp est notre alliée.

Les amis d'Urbain passèrent le reste de la journée dans l'atelier. Il ne fut possible à aucun d'eux de s'occuper d'autre chose que de leur malheureux compagnon. Cependant, quand ils se séparèrent, leur tristesse était moins poignante ; Clément Roux et surtout Ramoussot leur avaient rendu un peu d'espérance.

L'agent de police reprit lentement le chemin de la rue du Four.

Il descendit l'avenue de l'Observatoire et, sur la gauche, vers une porte illuminée d'une façon brillante, il vit se diriger une foule de jeunes hommes et de jeunes femmes, riant, chantant, cherchant le bruit, sinon le plaisir. Les femmes portaient des robes de couleur éclatante, souvent fanées, attestant la misère réelle sous l'apparence du luxe. La plupart tenaient à la main un superbe bouquet et sans nul doute elles ignoraient comment elles dîneraient le lendemain. Les cheveux au vent, le chapeau effronté, la démarche ondoyante, elles semblaient par avance aspirer les bouffées d'un orchestre enragé arrivant par-dessus les murs du jardin Bullier.

Ramoussot allait passer outre, quand un mouvement violent de la foule le jeta contre un individu qui se disposait à entrer dans le bal.

Il le reconnut du premier regard. Non pas au costume qui ne ressemblait en rien à celui de la veille, pas même à l'ensemble de la physionomie, dénaturée par l'addition de deux favoris blonds taillés à l'américaine ; mais si habile que soit un homme à se travestir, il est une chose que Dieu lui interdit de changer jamais, c'est l'expression et la nuance de ses prunelles.

L'individu dont le visage avait surpris Ramoussot, avait l'apparence d'un Américain, et bien qu'il parlât correctement le français, il conservait un accent impossible à méconnaître. Quant à la femme qu'il accompagnait, elle cédait sans doute à la fantaisie de voir un jardin public dans lequel elle n'était jamais entrée ; car cette femme était en possession d'une sorte de célébrité artistique et mondaine. On l'appelait Épine-Vinette, et elle faisait en ce moment les délices de l'Alcazar.

Ramoussot, au lieu de rentrer chez lui, se mit à suivre l'Américain et Épine-Vinette.

— Si je ne me trompe, pensa Ramoussot, la ressemblance est du moins bien étrange...

Il vit l'Américain s'asseoir dans un des bosquets ; en tournant le jardin, Ramoussot trouva un bosquet placé dans un sens différent et d'où il lui était facile de tout entendre.

— Ainsi, monsieur Ferson, demanda Épine-Vinette, c'est en qualité d'impressario que vous vous acharnez à ma poursuite.

— Je suis riche, dit Ferson ; avant trois mois j'aurai réalisé en France toute ma fortune, je quitterai le commerce et j'irai vivre à New-York. Alors, si vous voulez m'accompagner, vous deviendrez ma femme.

— Et l'art? dit Épine-Vinette.

— J'ai cinquante mille francs de rente !

— J'atteins ce chiffre avec mes chansons... Vous parliez d'abord de fonder un théâtre.

— J'en ai parlé, soit! et, comme chanteuse, je vous offrais un engagement ; mais, je cachais un projet autre, celui de vous épouser.

— Oh ! dit Épine-Vinette, cela demande plus de réflexion qu'un engagement théâtral.... Permettez que je réfléchisse, monsieur Ferson. J'aime Paris avant tout, et l'Amérique respire je ne sais quelle vague sauvagerie dont je reste à demi épouvantée.

— Réfléchissez, dit l'Américain, je ne partirai pas avant deux mois.

— Alors, dit Épine-Vinette, regardons danser, voulez-vous?

La chanteuse se leva et s'appocha d'un cercle de curieux regardant *Molécule* exécuter un avant-deux dont aucun chorégraphe ne lui avait enseigné le secret.

— Pauvre petite! dit un étudiant en médecine, elle est phthisique et avant trois semaines elle entrera à l'hospice.

Molécule tourbillonnait comme un atôme dans un rayon de lumière ; elle riait d'un rire étrange, montrant ses petites dents blanches, ouvrant ses yeux brillants comme du mica, et levant son visage pâle dont les pommettes ressemblaient à un bouquet de roses. On applaudissait autour d'elle, et l'infortunée, enfiévrée par les bravos et prise du vertige de la danse, tournait, agitait ses bras frêles, piétinait sur les pointes, ou s'enlevait en bonds gracieux. Sans doute une douleur rapide traversait sa poitrine, car elle y portait la main et le rouge de ses joues disparaissait subitement ; puis elle reprenait sa danse agile, forcenée, s'enivrait de bruit, de clartés, de bravos, de regards fixés sur elle...

Elle pouvait avoir seize ans à peine, elle était d'une taille exiguë et telle que ses camarades l'appelaient *Molécule*. Un matin, elle avait quitté sa mansarde pour venir au bal, et depuis elle dansait, elle dansait toujours sans savoir qu'elle était un jouet vivant pour ceux qui la poussaient dans cette vie enragée, sans se douter qu'elle passait à l'état de souffre-plaisir, et que sa poitrine déchirée manquait de souffle et d'air au milieu de cette atmosphère malsaine, faite de gaz, de poussière, de fleurs fanées et de souffles délétères.

— Bravo, Molécule, crièrent deux femmes en jetant leurs bouquets à la danseuse.

Celle-ci les releva et les agita au-dessus de sa tête, et, grisée, énivrée, folle, elle recommença un pas nouveau.

Tout à coup, elle vacilla sur ses petits pieds, sa tête battit ses épaules, et elle s'abattit sur le sol.

Un étudiant en médecine se précipita vers elle.

— Le cœur ne bat plus! dit-il.

Il la souleva dans ses bras et la porta sous la galerie couverte. Les femmes suivaient curieuses, plus étonnées que tristes. Que Molécule mourût en dansant, peu leur importait, elles ne croyaient guère à leur âme, et la plupart ne savaient point qu'il y eût un Dieu.

Au bout d'un quart d'heure, Molécule entr'ouvrit les yeux; elle sourit faiblement :

— C'est fini... dit-elle, menez-moi à l'hospice... je n'ai pas le sou !
Elle regarda ses camarades de plaisir et ajouta :
— Ça n'a pas été long ! des lilas aux oranges !

On la mit sur un brancard et l'étudiant en médecine prit la tête du cortège.

Pendant ce temps, l'orchestre jouait une valse de Jules Klein, *Cœur d'Artichaut*... Molécule s'en allait au son des violons et des flûtes... L'orchestre conduisait son deuil.

Un moment, l'indécision régna parmi les danseurs du bal Bullier. L'accident survenu à Molécule avait « jeté un froid », mais une grande fille blonde passa au bras d'un valseur ; ce fût un signal : les couples se choisirent, et le tourbillon emporta de nouveau les jeunes gens.

Épine-Vinette se tourna vers le futur impressario.

— Allons-nous-en, monsieur Ferson, dit-elle, c'est triste de dire : A qui le tour ! Aujourd'hui, Molécule ! moi demain !

— Oh ! pouvez-vous penser...

— Ah ça ! dit Épine-Vinette, croyez-vous que je garde des illusions ; à vingt-deux ans ! J'ai de la voix et la beauté du diable, mais parce qu'on chante : *J'ai trop ri !* on n'en a pas moins pleuré... J'ai envoyé mon bonnet par-dessus les moulins de Montmartre, mais je ne suis pas tout à fait folle... Et la preuve, c'est que ne croyant pas aux mobiliers de cent mille francs à perpétuité, je me garde, pour les mauvais jours, la mansarde dans laquelle j'ai souffert trois ans avec Colombe (¹).

Elle resta un moment silencieuse, puis elle reprit d'une voix brève :

— Mais venez donc, j'ai peur !

Et, sans doute parce qu'elle avait peur, elle chanta :

> De l'or ! de l'or ! ! Houx et soie,
> Que tout brille, éclate et flamboie.
> Enivrons-nous, vive la joie !
> Est-il des lendemains de bal ?
> Dansons, quand ce serait à l'orgue,
> Laissons les sots gonflés de morgue,
> Dieu nous garde toujours la Morgue
> Ou bien un lit à l'hôpital.

1. Voir *Les Drames de la Misère*, 2 vol. 6 fr. ou 1 vol. illustré 7 fr.

Une voiture passait, Épine-Vinette et Ferson y montèrent ; Ramoussot sauta dans un fiacre et donna ordre à son cocher de *filer* l'Américain. Celui-ci mit la chanteuse à sa porte, puis il dit à celui qui le conduisait :

— Rue des *Trois-Frères*...

Ramoussot en savait assez ; il donna son adresse et se trouva une demi-heure après rue du Four-Saint-Germain.

Toutes les fenêtres étaient closes ; l'obscurité enveloppait la maison paisible ; une étoile tremblait au-dessus. Aucun bruit, pas un souffle. La couvée dormait en haut... Il faisait bon se retrouver dans ce quartier paisible après avoir été assourdi par les déchirements de l'orchestre, et attristé par l'épisode de Molécule.

Ramoussot gravit son escalier lentement, comme s'il craignait de réveiller les Mésanges ; mais sans qu'il sût pourquoi, au moment où le sommeil fermait ses yeux, au lieu d'entendre les valses et les quadrilles du bal Bullier, il lui sembla distinguer des voix aériennes répétant avec délices des profondeurs de l'éther :

> Il était trois petits enfants
> Qui s'en allaient glaner aux champs.

Il tenait ses yeux attachés sur un point noir. (*Voir page* 199.)

CHAPITRE XVII

HISTOIRE D'UN HOMME QUI MEURT DE FAIM

A matinée était froide et les brouillards cédaient à peine sous la chaleur insuffisante du soleil. Les cloches tintaient la première messe dans les églises ; les boutiques de marchands de vin s'ouvraient, et les ouvriers, ensommeillés, se pressaient autour des comptoirs d'étain, afin de « tuer le ver » avant d'entrer à l'atelier.

Les fruitières revenaient de la halle et remplissaient leur étalage. Les poires, les pommes s'étalaient dans des corbeilles. Les laitiers assemblaient leurs brocs de fer blanc, et, dans les haquets, s'entassaient les moules noires et la marée arrivée durant la nuit.

Paris reprenait vie. Les fenêtres s'ouvraient avec une certaine paresse ; des silhouettes passaient sur les balcons.

Un jeune homme pâle, et qui semblait exténué de fatigue, arrivait du côté de la gare St-Lazare ; il chancelait, et son regard vitreux ne semblait pas avoir une perception bien nette des objets. Parfois il s'arrêtait et s'appuyait contre une muraille.

Un gamin qui passait lui cria, avec un rire narquois :

— C'est rien de le dire comme t'es pochard !

Le jeune homme blêmit sous sa pâleur, fit un effort pour reprendre sa route, étendit les mains en avant et s'abattit sur le trottoir.

En une minute, les curieux formèrent un cercle ; un commissionnaire souleva le jeune homme dans ses bras et l'assit sur son crochet ; mais le corps s'abandonna avec les mollesses de l'évanouissement.

— Portons-le à la pharmacie voisine, dit l'auvergnat.

Au moment où deux camarades soulevaient le jeune homme par les aisselles, une religieuse s'approcha du cercle entourant le jeune homme.

Tous les regards se tournèrent vers la sainte fille, puis les fronts se découvrirent; on l'avait reconnue.

Le nom de Sœur Sainte-Croix courut comme un murmure; les rangs pressés s'ouvrirent et la religieuse s'agenouilla près de l'étranger.

Elle prit des sels puissants et les approcha de ses narines; un soupir souleva la poitrine du jeune homme.

— Souffrez-vous? demanda doucement la Sœur.

Un sourire d'une tristesse navrante glissa sur les joues pâles du jeune homme.

— J'ai faim! dit-il.

Un cri de compassion s'échappa de la foule qui entourait l'inconnu, et toutes les mains s'enfoncèrent dans les poches.

Un regard douloureux de l'étranger remercia les braves gens, mais en même temps il laissa échapper ces mots:

— Pas d'aumône, je ne veux pas d'aumône.

Sœur Sainte-Croix se pencha et lui dit, d'une voix angélique:

— Voulez-vous me suivre?

— Oui, dit-il, où me mènerez-vous?

— A l'hospice, répondit Sœur Sainte-Croix.

Un tressaillement agita le corps du jeune homme. Mais il céda doucement à l'autorité de la main qui s'emp..;a de la sienne, et il monta dans la voiture que l'on venait de faire avancer.

Un jeune homme, qui déclara achever son cours de médecine, prit place auprès du malade, tandis que Sœur Sainte-Croix se plaçait en face de lui.

— A l'hôpital de Lariboisière, dit-elle au cocher.

Le cheval prit une allure lente, et l'inconnu pencha sa tête sur l'épaule de l'étudiant, qui lui fit avaler quelques gouttes de cordial.

Dès que la voiture eut tourné dans la cour, Sœur Sainte-Croix descendit, chercha l'interne de service et le chargea de placer le nouveau venu dans une salle bien aérée et garnie de peu de lits.

— Savez-vous quelle est sa maladie, ma Sœur?

— La faim, répondit la religieuse dont la voix trembla.

L'interne et les infirmiers venaient d'enlever le jeune homme de la voiture; Sœur Sainte-Croix voulut attendre qu'on l'installât avant de quitter l'hospice.

Tandis que les infirmiers conduisaient le malade à son lit, l'étudiant qui avait accompagné l'étranger s'approcha de la religieuse:

— Ma Sœur, lui dit-il, je voudrais vous adresser une prière.

— Que souhaitez-vous, monsieur ? demanda Sœur Sainte-Croix.
— Je ne sais comment vous dire cela. Mais la pureté des anges ne s'offense d'aucun contact. Dans ce même hospice, j'ai amené, il y a quelques jours, une jeune fille, presque une enfant, seize ans ! Cette pauvre créature a grandi dans les hasards, les dangers parisiens ; elle s'est perdue, elle s'est tuée. Elle sait qu'elle a un cœur dont les battements vont s'arrêter ; elle ignore sans doute qu'elle possède une âme. Votre voile bleu, votre sourire l'attireront. Allez vers elle ! La phthisie la dévore, il ne lui reste que quelques jours pour mourir.
— J'irai la voir, monsieur, et je vous remercie.
La religieuse ajouta :
— Dites-moi votre nom, je prierai pour vous.
— Charles Neuville.
L'interne parut en ce moment.
— Ma Sœur, dit-il, le malade demande à vous voir.
— Va-t-il mieux ?
— Beaucoup mieux ; il vient de prendre de bouillon.
— Ainsi donc, il avait réellement faim ?
— Oui, répondit l'interne.
Les deux jeunes gens se serrèrent la main.
— Nous l'aimerons bien ! dirent-ils.
Sœur Sainte-Croix se tourna vers Charles Neuville :
— Vous n'avez point appris le nom de cette jeune fille ?
— Molécule, dit-il.
— Nous la rebaptiserons, répondit la religieuse.
Elle se dirigea vers la salle où venait d'être conduit son protégé. Le soleil l'enveloppait tout entière comme une vision ; il transperçait son voile d'azur, mettait des étincelles au crucifix placé sur sa poitrine et rendait plus vivantes ses mains qu'elle tenait croisées.
Sœur Sainte-Croix s'approcha du lit du malade.
— Allez-vous mieux, monsieur ? lui demanda-t-elle.
— Oui, beaucoup mieux. Je suis un oiseau perdu rentrant dans l'arche. Si dure que soit encore pour moi l'épreuve, je dois avoir le courage de la supporter. Tout à l'heure on viendra me demander mon nom ; avant de le dire tout haut, je voudrais d'abord vous l'apprendre. J'ai besoin d'aide, de conseil ; j'attendrai de vous la ligne de conduite à suivre. Je veux bien avouer qu'il y a une heure, la faim m'a fait défaillir, mais je tiens à vous prouver que ma misère ne fut amenée ni par un vice coupable, ni par un orgueil déplacé.
— Êtes-vous donc en état de parler, monsieur ?
— Oui, ma Sœur, répondit le jeune homme ; d'ailleurs mon nouvel

ami, M. Neuville, a laissé là une bouteille de vin d'Espagne, avec ordre d'en boire quelques gorgées si je sens venir la fatigue.

Sœur Sainte-Croix prit la chaise placée dans l'embrasure de la croisée; elle s'assit en face du malade et, les mains jointes sur ses genoux, elle écouta.

— Je suis orphelin; la vieille nourrice qui m'avait élevé, me voyant seul au monde, me prit chez elle comme son enfant, sans s'inquiéter si la charge ne serait pas bien lourde. Mes parents laissaient un petit domaine dont la rente suffisait à peine pour mon entretien; mais Naniche n'y voulut point toucher et fit des réserves pour le temps où il serait nécessaire de songer à mes études.

« J'avais vu mes parents deux fois; à travers le brouillard du souvenir, je me souvenais que ma mère était grande et belle, et que je passais mes doigts, en riant, dans la barbe de mon père. J'appris bien plus tard qu'il me restait de la famille à Paris; mais personne ne me réclamant, Naniche me garda.

« Je grandis à la façon des faons et des chevreuils, courant dans les prés et les taillis, me roulant dans les herbes, jouant avec les bêtes dans les champs; sain, vigoureux pour mon âge, je restais d'une ignorance pitoyable. J'apprenais seulement de Naniche des chansons de *filandière* et, des garçons du voisinage, l'art de prendre des oiseaux à la pipée et de tendre des collets aux lapins.

« Un jour, le curé du village vint dans la masure de ma nourrice, et lui demanda :

« — Naniche, ne voulez-vous rien faire apprendre à ce jeune garçon ?

« — Faites excuse, monsieur le curé, répondit-elle, le petit gars sait ses prières et son catéchisme : quant au reste, croyez-vous qu'il serait bien malheureux de vivre ici, ni plus ni moins qu'un fils de paysan ?

« — Nous n'avons pas le droit de décider cela pour lui, Naniche.

« — Que pensez-vous donc faire, monsieur le curé ?

« — Instruire l'enfant autant que je le pourrai, puis l'expédier à Paris y chercher les restes de sa famille, car j'ai entendu dire à ses parents que leurs frères et leurs sœurs habitaient Paris.

« Naniche secoua la tête. Cependant, elle savait que le vieux curé raisonnait juste, et, à partir de ce jour, elle m'envoya régulièrement chez lui dès le matin »

Le malade s'arrêta un moment et reprit d'une voix plus lente, comme s'il s'attardait au milieu de souvenirs heureux :

« — Naniche m'éveillait par un baiser! Je sautais ensuite à terre, content de voir le soleil rire sur les aubépines, dont les branches entraient dans mon réduit. Puis, vêtu proprement, les cheveux soigneusement peignés, les pieds chaussés de gros souliers, je courais jusqu'à l'église.

« J'entrais dans la sacristie ; puis, passant ma robe rouge, vêtu d'une aube serrée à la taille par un cordon, la sonnette en main, j'accompagnais le prêtre à l'autel. Le saint sacrifice terminé, je déjeûnais au presbytère ; j'apprenais mes leçons dans le jardin quand il faisait beau, dans la salle basse s'il pleuvait.

« Mon intelligence se développait vite ; mais, si mon vieux maître s'en réjouissait, Naniche en devint triste ; elle comprenait que la science m'arrachait à elle et, comme si elle eût voulu me garder davantage enfant, elle m'attirait sur ses genoux, me racontait des histoires interminables, peuplées de génies puissants, de fées merveilleuses et de princes beaux comme le jour.

« Mais, un jour, au moment le plus pathétique de son récit, je me mis à rire ; elle comprit que je ne croyais plus aux fées, et la bonne Naniche se mit à pleurer. Je la consolai vite, en lui répétant que je garderais pour elle une tendresse sans fin, que je la regardais comme mon aïeule ; elle me crut, et le sourire revint sur ses pauvres lèvres pâles. »

Sœur Sainte-Croix versa quelques gouttes de vin d'Espagne dans un verre, qu'elle tendit au jeune malade.

— Merci, ma Sœur, dit-il, je me sens ranimé en remontant le cours de ma jeunesse ; si j'ai souffert depuis ces années de liberté, de bonheur, je garde néanmoins l'espérance.

« Je savais le latin et le grec ; le pasteur du village ne crut point nécessaire de me faire passer mes examens. Il affirmait que l'on apprend l'histoire tout seul, et que la géographie est une affaire de voyage. Quelques écus pris dans sa bourse m'amenèrent à Paris ; j'allai voir le frère de ma mère : il était presque à l'agonie. Sa femme en larmes, me garda seulement une demi-heure près d'elle.

« — Écoutez, me dit-elle, nous sommes tous pauvres ici, un seul membre de la famille est riche : il habite Batavia ; c'est là du moins qu'il nous a donné sa dernière adresse. Vendez le peu que vous a légué votre père, vos tuteurs vous y autoriseront ; partez pour Java, attachez-vous à votre unique parent, dont le négoce a fait la fortune. Vous êtes jeune, vous ne devez manquer ni de patience, ni de courage ; après quelques années, vous reviendrez ; si je suis encore de ce monde avec mon petit Henri, venez nous voir.

« Je serrai la main de la jeune femme, j'embrassai le front moite de mon oncle et, le soir même, je donnai ordre au notaire du bourg de vendre la maison et les morceaux de terre qui l'entouraient.

« Je me rendis à Amsterdam, et j'y pris passage sur un bâtiment hollandais se rendant directement à Batavia.

« Les premiers jours de traversée furent magnifiques.

« Une nuit, le capitaine me conseilla de descendre dans ma cabine ; sa voix était brève, et son regard conservait une sorte de fixité qui m'inquiéta. Il tenait ses yeux attachés sur un point noir subitement élargi à l'horizon. Évidemment il redoutait un orage. A une question que je lui adressai, il répondit en secouant la tête. Je compris, et je résolus de me trouver prêt à tout événement.

« Afin de ne gêner en rien la manœuvre, je descendis dans ma cabine; je mis les vêtements les moins lourds, je roulai dans un étui de fer-blanc mes papiers et mes billets de banque, et j'attendis. Un grand piétinement sur le pont, des commandements donnés dans le porte-voix, tous les bruits d'une manœuvre compliquée, variant suivant la saute du vent, la quantité de toile et le craquement des mâts, se mêlèrent bientôt. La conscience instinctive du danger réveilla les passagers. Nous nous réunîmes dans le grand salon.

« Tout-à-coup le navire pencha brusquement à tribord : un craquement sourd se fit entendre. Ce fut un moment épouvantable. Il y eut une minute d'effarement, pendant laquelle l'instinct porta tout le monde vers les ponts, mais le capitaine parut.

« — Je vous en supplie, messieurs, dit-il, au nom de la sûreté commune, pas d'empressement, pas de hâte ; on va mettre les canots à la mer. Les femmes et les enfants seront sauvés les premiers.

« Je m'avançai vers le digne Hollandais :

« — Comme capitaine, vous quitterez votre bord le dernier ; je suis seul, permettez-moi de ne vous point abandonner.

« Il me serra la main sans dire mot.

« Dix minutes plus tard, l'embarquement commençait. Il s'opéra avec assez d'ordre ; cinq passagers se trouvaient encore sur le bâtiment quand les canots, remplis de naufragés, s'en allaient ballottés par les lames furieuses.

« Un bâtiment nous aperçut, arriva sur nous de toute la vitesse de sa vapeur et, au moment où le plancher du navire s'effondrait sous nos pas, on nous lançait des cordes et on nous descendait un canot de sauvetage. Je ne me rendis pas un compte exact de ce qui se passa alors : j'étais exténué de fatigue ; je revins à moi sur le pont d'un *steamer* se dirigeant sur New-York.

« Les passagers du *Franklin* se serrèrent pour nous faire place, et un jeune homme de mon âge, avec lequel j'avais une ressemblance bizarre, m'offrit la moitié de sa cabine. Je l'acceptai. Jean Studen était un garçon froid, sceptique, parlant peu, mais qui paraissait capable de s'attacher sincèrement. Était-ce en raison de sa nature silencieuse qu'il se plaisait à écouter les histoires d'autrui, je le crus, et, avec la confiance de mon âge, je lui contai mon enfance dans une ferme bretonne, ma jeunesse écolière passée au presbytère de Plancoët, mon voyage à Paris.

« Jean Studen paraissait prendre un grand intérêt aux moindres détails de mon histoire ; il me les faisait souvent répéter, reprenant lui-même les incidents de ma vie, refaisant les portraits de ceux que j'avais connus, aimés ; me forçant à lui peindre la campagne familière ; s'informant si j'avais les portraits de ma cousine, de son enfant, et si j'avais vu dans son cloître une jeune novice dont j'étais le parent.

« L'intérêt de Jean Studen me charmait. C'était le premier être jeune qui s'intéressât à moi. Le curé était bien vieux ; Naniche, la bonne vieille campagnarde, ne me comprenait que par le cœur ; Jean, instruit, élégant, me charmait. Je pouvais le regarder comme un frère. Il possédait de plus que moi l'habitude de la vie, une sorte de méfiance du monde qui m'était étrangère. Je l'aimais simplement naïvement ; lui, paraissait chercher des raisons pour s'attacher à moi.

« Si peu qu'il parlât de lui-même, je comprenais qu'il avait beaucoup voyagé, beaucoup vu, qu'il connaissait plusieurs langues. Je me trouvais ignorant et faible auprès de lui ; Jean tirait le pistolet avec une adresse merveilleuse, il faisait des armes avec une habileté extrême, connaissant tous les genres d'escrime. Mon éducation, faite dans un presbytère de campagne, le surprenait et lui arrachait parfois un sourire.

« A table, nos couverts se touchaient ; à l'arrière nous ne nous quittions pas.

« Je l'aimais beaucoup ! oui beaucoup ! »

Le jeune malade regarda Sœur Sainte-Croix qui l'écoutait pensive, et il ajouta :

— Que voulez-vous, ma Sœur, n'ayant jamais commis une faute, je ne croyais pas au mal ; n'ayant jamais trahi, je ne pouvais croire à la trahison.

— Ne regrettez pas d'ignorer les mystères d'iniquité de ce monde, lui dit-elle, mieux vaut être trompé que de mentir.

— Alors, ma Sœur, reprit le malade, d'une voix dans laquelle perçait l'amertume, vous allez me trouver bien heureux tout à l'heure.

— Pauvre enfant ! murmura-t-elle, pauvre enfant !

L'étranger reprit, d'un accent plus bref :

— Enfin, nous arrivâmes à New-York ; Studen déclara que je ne le quitterais pas, et que nous habiterions en commun, jusqu'à ce que j'eusse trouvé un bâtiment en partance pour Batavia. Dans mon isolement, je bénis cette amitié que chaque jour paraissait consolider davantage ; et notre vie commune devint plus étroite que jamais. Sous le prétexte que notre chambre d'hôtel était d'un prix trop élevé, mon compagnon en loua une dans un quartier désert.

« Un jour, je venais de ranger, je ne dirai pas mes effets, car j'avais tout perdu dans le naufrage, et je ne possédais rien, mais la boîte de métal dans laquelle j'enfermais mes papiers, quand Studen fit monter le déjeûner. Deux bouteilles d'un vin capiteux furent lestement vidées. Je me sentais plein de verve et de gaieté ; je parlais de mon oncle, de Java, je me réjouissais à l'idée du départ, je voulais absolument que Studen me promit de le faire avec moi.

« Jean répondait à peine ; il souriait et me regardait.

« Je me suis souvenu depuis que son regard pesait sur le mien d'une façon terrible et fascinatrice.

« Quand nous eûmes fini, Studen me tendit un cigare, et tous deux, assis sur le divan, nous commençâmes à fumer. Je n'avais pas aspiré dix bouffées de cette fumée qu'un phénomène étrange s'opéra en moi. Je voyais des figures inconnues, j'éprouvais le besoin de rire, et des refrains de chansons me montaient aux lèvres. Puis la fatigue s'empara de mon cerveau et l'engourdit. Je croyais sentir ma tête vaciller d'une épaule à l'autre. Tour à tour, je me sentais léger comme une bulle de savon, puis lourd comme un lingot de métal. Le plancher oscillait, semblable au pont d'un navire ; les murs tremblaient comme des voiles gonflées du vent ; des bruissements couraient dans l'air. La dernière impression que je reçus fut celle d'un regard de Studen plus froid, plus dominateur que tous les autres. Je sentais cet homme m'envahir, sa volonté peser sur moi. Je ne pouvais me révolter et je sentais qu'il allait me perdre. Tout-à-coup, je vis une lueur aiguë passer devant mes yeux ; j'eus à la poitrine une sensation froide ; une main s'était abaissée, armée d'un poignard, et cette main s'était ensuite retirée toute rouge.

« Je ne vis, je ne sentis, je ne compris plus rien ; il me semblait rouler de l'abîme du rêve opiacé dans les abîmes de la mort. »

Le jeune malade, sous l'empire des souvenirs qu'il évoquait, ressentit une commotion si violente qu'il tomba presque évanoui sur les oreillers ; son front, sans couleur, noyé dans ses cheveux blonds, se perdait sous les draperies ; ses lèvres frémissaient, ses mains frissonnaient sur les draps en chiffonnant la toile ; un spasme souleva sa poitrine comme s'il allait rendre le dernier soupir.

Sœur Sainte-Croix avait écouté l'étranger avec un sentiment de compassion mêlé de confiance fraternelle. Elle sentait qu'il disait vrai et qu'il avait raison de lui dire toutes ces choses. Pourquoi ? elle ne le savait pas ; sa charité qui s'épanchait sur tous avec la prodigalité des grandes âmes, prenait pour ce malade une sorte d'attendrissement. Il lui semblait retrouver un frère mort, respirer une parfum d'air natal en l'écoutant. Sa voix gardait des intonations familières à son oreille ; elle les avait entendues quelque part, elles remuaient un vague écho dans le fond de son cœur.

Lentement elle approcha un verre des lèvres pâles du malade, et celui-ci, réconforté par une liqueur généreuse, sentit de nouveau le sang affluer à son cœur ; une coloration légère monta à ses joues, son regard se ranima, et il continua le récit de ses aventures.

« — Quand je revins à moi, reprit-il, j'étais étendu sur mon lit ; un médecin et des hommes de justice m'entouraient. Des linges marqués de taches rouges se croisaient sur ma poitrine ; je ne souffrais pas beaucoup, mais la fièvre ne pouvait tarder à me saisir, et l'on avait hâte d'apprendre la vérité sur ce qui venait de se passer.

« Il m'était difficile de le raconter ; un trouble restait dans ma mémoire ; je saisissais des lambeaux de souvenirs avec une difficulté extrême ; ma tête flottait encore dans un brouillard. Cependant, avec un prodigieux effort, je parvins à me rendre compte de l'emploi de la dernière heure pendant laquelle j'étais resté dans ma chambre.

« — Studen ! demandai-je, où est Studen ?

« Mon compagnon avait disparu.

« Alors je désignai le meuble dans lequel j'avais enfermé la boîte de fer-blanc contenant mes papiers, et je demandai qu'on me l'apportât.

« Le tiroir de la commode était vide.

« Je commençais à comprendre : Studen m'avait assassiné pour me voler mes papiers ; depuis dix jours, il s'attachait à mes pas avec la préméditation d'un crime ; grâce à mes confidences, il connaissait aussi bien que moi mes relations de famille, et pouvait s'en servir. Comptant sur ma mort, il devait sans doute s'approprier mon nom, se substituer à ma personnalité, et prendre dans le monde la place à laquelle j'avais droit.

« Je saisis cela, ma sœur, plus lentement que je ne vous le raconte. Après ma guérison, les souvenirs affluèrent précis et sans réplique ; pas un oubli, pas une ombre ; mais alors, je les arrachais par lambeaux de ma mémoire engourdie par les fumées de l'opium.

« Je fis signe que je voulais voir l'arme avec laquelle on m'avait frappé! C'était un couteau commun, à lame épaisse, à large manche bien en main. Le mot *Bruxelles* se trouvait gravé sur la lame.

« Le médecin goûta le reste du vin que contenait la bouteille, et lui trouva un goût étrange, narcotisé; le cigare que j'avais fumé avait été également préparé pour me jeter dans un profond assoupissement.

« Le crime de Studen ne fut mis en doute par personne ; les constatations légales et médicales furent rédigées ; j'en demandai un double, puis sachant combien il serait difficile de me faire traiter dans une pension étrangère, n'ayant plus un sou et ne voulant point accepter les secours que l'on m'offrait généreusement, je me fis porter à l'hospice. »

Le jeune homme sourit avec une sorte de joie.

« — Seulement, dit-il, là-bas je ne voyais point les saintes filles de mon pays, et ce n'était pas la même chose ; des femmes dévouées me soignaient, mais ici seulement on trouve des anges. J'ignorais la langue anglaise ; je commençai à l'apprendre, et mes progrès furent plus rapides que ma guérison. Studen avait frappé d'une main ferme, en pleine poitrine, et je devais à un miracle de n'être pas mort de cette blessure.

« Au bout de deux mois je quittai l'hospice. J'étais faible, et je cherchais le long des quais un peu de soleil pour me réchauffer, comme une plante malade. J'allai au Consulat français, où l'on multipliait pour moi les offres de service. Je les repoussai sans hauteur : j'avais un plan que je tenais à suivre.

« Mon oncle ayant réalisé sa fortune dans le commerce, je devais chercher le moyen de me rendre utile dès mon arrivée à Batavia. Le Consul se chargea de prendre des renseignements sur mon parent ; en attendant une réponse, j'entrai dans la maison *Gibrau et fils* pour m'accoutumer aux affaires. Deux mois plus tard, on m'apprit que mon oncle, ayant acquis une grande fortune, s'était embarqué pour l'Europe. Que faire? Écrire, m'informer? Tout cela me parut long ; je ne voulus rien devoir qu'à moi-même, et je restai dans la maison *Gibrau et fils*, jusqu'à ce que j'eusse amassé le prix de mon passage. Alors je courus au port, je retins une place, et deux jours après je quittai New-York. Après une heureuse traversée, je mis pied à terre au Hâvre. Enfin j'étais en France, et j'allais pouvoir retrouver les miens.

« Mes épreuves que je croyais finies, ne devaient pas sitôt avoir un terme; au moment où je débarquais, je fus rudement heurté ; on venait, du même coup, de me voler mon sac de nuit et mon porte-monnaie. Je n'avais plus que trois francs dans ma poche. Ils m'ont servi pour me nourrir, pendant la route du Hâvre à Paris, route que j'ai faite à pied. Vous savez le reste, ma Sœur, vous m'avez trouvé exténué, mourant, et c'est à vous que je dois la vie. »

— Soyez tranquille ! dit la religieuse, vos chagrins vont finir. Demain, ce soir peut-être, vous serez en état de sortir, et, dans tous les cas, je puis faire prendre à l'avance tous les renseignements que vous souhaitez.

— Merci, merci, ma Sœur, répondit le jeune homme; vous me rendez la confiance et l'espoir.

— Comment s'appelle votre oncle ? demanda Sœur Sainte-Croix.

— M. Monier, répliqua doucement le jeune homme.

La religieuse se souleva sur son siège, anxieuse, les yeux grands ouverts, les mains tremblantes.

— Vous avez dit ? reprit-elle d'un accent troublé ; répétez ce nom, oh ! répétez ce nom, je vous en supplie.

Le jeune malade, aussi surpris qu'effrayé de l'angoisse qui se traduisait sur le visage de la religieuse, répéta avec lenteur :

— Mon oncle s'appelle Monier, Philippe Monier. Il est arrivé en France depuis près de deux ans, et après avoir réalisé à Batavia une fortune qui se chiffre par millions...

Mais la religieuse n'entendait plus ; elle venait de tomber sur les genoux et, les mains croisées sur les couvertures du malade, son pâle visage inondé de pleurs, elle murmura :

— Ah ! pauvre ! pauvre enfant ! celui que vous reveniez chercher, est tombé il y a trois mois sous le poignard d'un assassin.

C'en était trop pour le jeune voyageur; ses mains s'agitèrent dans le vide, sa tête roula sur les oreillers, et il s'évanouit.

Avant que Kerdren soit embarqué pour la Nouvelle Calédonie... (*Voir page* 213).

18ᵐᵉ Livraison.   18

CHAPITRE XVIII

UN CRÉANCIER D'UNE NOUVELLE ESPÈCE

de la Haudraye se tenait ce matin-là dans son fumoir. C'était une pièce élégante, tendue de drap gris, rehaussé d'appliques d'étoffes et de broderies d'une nuance vive. Cette pièce affectait, comme décoration, le style mauresque. Les divans larges et bas, les meubles de nacre, les escabeaux supportant des services d'argent filigrané, fins comme des dentelles, des rateliers soutenant une collection de pipes merveilleuses, depuis la pipe d'ambre, ornée de diamants, jusqu'aux racines de buis pittoresquement fouillées. Sur les tables, des journaux dépliés, des brochures à peine coupées s'entassaient en désordre.

Il était onze heures du matin. Amaury, vêtu d'une chemise de soie bleue, relevant la blancheur de son teint, d'un veston de velours noir et d'un pantalon semblable, était à demi-couché sur une large ottomane. Au loin, les arbres dépouillés balançaient leurs branches attristées par l'hiver ; un feu de bois clair brûlait dans la cheminée, sur laquelle se dressait une élégante statue de Daphné subissant sa métamorphose. De gros bouquets odorants égayaient de grands vases. Tout était luxe, jeunesse, élégance, dans cette pièce coquette comme le boudoir d'une femme.

Et cependant celui qui, en ce moment, envoyait au plafond la fumée bleue de son cigare, ne semblait pas heureux.

Il avait la beauté, une royale fortune ; on lui prêtait de l'esprit ; aucun succès ne lui manquait, et néanmoins son front gardait une ride profonde, et sa bouche se contractait dans un sourire amer.

— Une sotte ! s'écria-t-il enfin, cette Marie de Grandchamp ! une fille romanesque, quoi qu'on dise ! Elle s'est prise de pitié, de sympathie pour Kerdren et, depuis sa condamnation, elle me traite avec une dédaigneuse froideur. Je sais bien que le père défend mes intérêts, que la mère, éblouie par ma fortune, plaide incessamment ma cause, néanmoins il y a là un danger ; Fabienne Marigné est mon ennemie et se déclare contre moi. Et cependant je veux, avant deux mois, oui, avant deux mois, être le mari de l'orgueilleuse fille de l'avocat général.

Tandis qu'Amaury de la Haudraye fumait, en cherchant le moyen de se rendre Fabienne moins hostile, et de décider son amie à le prendre pour époux, le jeune homme que nous avons vu couché dans un lit d'hospice et soigné par Sœur Sainte-Croix, montait avec lassitude l'avenue des Champs-Elysées.

Il marchait lentement, s'arrêtant de temps à autre pour reprendre haleine. On eût dit que l'air manquait à sa poitrine fatiguée. Ses yeux erraient autour de lui ; il paraissait s'accoutumer à une topographie décrite d'avance, et quand il se trouva en face du magnifique hôtel de M. Monier, il en étudia les moindres détails avant d'en franchir le seuil.

Ses habits minces et presque pauvres lui eussent fait refuser, par le suisse, l'entrée de l'hôtel, s'il n'avait prononcé le nom de son propriétaire d'une certaine façon digne et fière qui imposa au gros homme.

Le jeune malade parvint jusqu'au vestibule où se tenait un valet de pied, puis il monta l'escalier conduisant aux appartements intimes de celui qu'il demandait.

Comme le suisse, le valet de pied songea à faire subir un interrogatoire au visiteur, mais le calme regard de celui-ci arrêta toute question sur ses lèvres.

— Après tout, se dit-il, le reste est l'affaire de Saint-Germain.

Le valet de chambre se tenait dans une petite pièce tendue d'étoffe persane, communiquant au fumoir dans lequel Amaury de la Haudraye préparait son plan de bataille contre Mlle de Granchamp.

Avant de franchir le seuil de cette pièce, le jeune protégé de Sœur Sainte-Croix eut un instant d'angoisse arrivant presque à la défaillance. Peut-être commençait-il la lutte trop tôt, et ne trouverait-il point la force de la soutenir ? Mais, trop avancé pour retourner en arrière, il comprima d'une main les battements de son cœur, puis marchant aussi vite que le lui permettait sa faiblesse, il s'avança vers Germain Loysel.

— Je voudrais parler à votre maître, lui dit-il.

Le valet de chambre le toisa d'un air insolent, puis il lui répondit du bout des lèvres :

— Mon maître est sorti.

— Vous vous trompez, répondit le jeune homme, votre maître est encore chez lui.

— Soit! répliqua le valet de chambre ; je change la formule et je vous réponds : « Monsieur n'est pas visible. »

— Pour les autres, peut-être, mais à coup sûr il me recevra.

— A quel titre?

Un singulier sourire passa sur les lèvres du jeune homme.

— A titre de créancier, répondit-il.

— Les affaires de Monsieur regardent son intendant.

— Je ne présente pas de facture.

— Qu'apportez-vous donc?

— Une revendication.

— Revendication de quoi? demanda Germain.

— Vous êtes trop curieux ! répondit le jeune homme.

— C'est mon état, reprit Germain ; je m'informe dans l'intérêt de mon maître, d'abord...

— Et ensuite?

— Quelquefois dans le mien.

Le jeune homme plongea son clair regard dans les yeux froids de Germain.

— Connaissez-vous Sœur Sainte-Croix ? lui demanda-t-il

— La tante de Monsieur ? sans aucun doute.

— Je viens de sa part.

— Vous demandez un secours?

— Je réclame un droit.

— J'ai des ordres, dit le valet de chambre, des ordres précis.

— Sur mon honneur, reprit le jeune malade, il faut que je parle sans retard à votre maître.

Depuis un moment Germain examinait le visiteur avec une curiosité atteignant presque la terreur. Il reconnaissait, l'un après l'autre, dans ce pâle jeune homme, épuisé par la maladie, les traits de son propre maître.

C'était bien le regard bleu foncé du neveu de M. Monier, avec la froide dureté en moins ; la bouche, d'un dessin ferme, mais gardant, en dépit de sa tristesse, l'expression de la bonté, le teint pâle, blanc et pur étaient semblables ; la nuance des cheveux différait seule ; ceux du maître de Germain étaient noirs, ceux du visiteur avaient une belle teinte dorée. Le son de voix de l'étranger gardait une autorité innée. En dépit de la pauvreté de ses vêtements, on sentait que cet homme possédait le droit et l'habitude du commandement. Germain, avec sa perspicacité habituelle, ne pouvait se tromper sur le caractère de celui qui lui demandait, avec une insistance croissante, à être introduit près de l'héritier de M. Monier. Une sorte d'intérêt naissait dans l'esprit du valet de chambre pour ce nouveau venu, dont la présence semblait apporter dans la maison la révélation d'un mystère ou les péripéties d'un drame.

Il regarda l'étranger dans les yeux et reprit :

— Si je fais ce que vous me demandez, je m'expose à être grondé, chassé, peut-être.

— Votre maitre est dur ?

— Très dur.

— Je vous garantis que vous allez lui rendre un aussi grand service qu'à moi-même.

Germain prit son parti.

— Votre nom ? demanda-t-il.

— Je m'appelle le Vicomte de la Haudraye.

Germain fit un brusque mouvement.

— Le vicomte de la Haudraye est mon maître, dit-il, cet hôtel lui appartient, il possède quarante millions de fortune, et vous permettrez que je trouve au moins étrange de vous voir emprunter son nom.

— Je suis le vicomte Amaury de la Haudraye ! répéta le jeune homme d'une voix accentuée, en levant son visage pâle ; allez m'annoncer.

Le valet de chambre enveloppa le jeune homme d'un nouveau regard, puis il passa dans le fumoir où Amaury continuait à humer la vapeur de son cigare.

Arrivé sur le seuil de la porte, Germain Loysel s'arrêta. Il compara de souvenir le visage des deux jeunes gens, et dit au nonchalant jeune homme, en accentuant ses mots comme on arrête le contour d'une figure :

— Il vient d'entrer à l'hôtel un étranger qui insiste beaucoup pour être reçu par Monsieur.

— Je n'y suis pour personne.

— C'est ce que j'ai répondu.

— On insiste malgré cela ?

— En raison de cela même.

— Quel homme est-ce ?

— Vingt-quatre ans, le teint pâle, les yeux bleus, une toilette délabrée et cependant un grand air. Monsieur peut s'en rapporter à moi, je m'y connais en gentilshommes.

— Il s'agit donc pas d'un fournisseur ?

— Nullement.
— Ni d'un ami ?
Pas davantage.
— Mons Germain, dit Amaury, avec une nuance de dédain dans la voix, je n'aime pas à deviner les énigmes. Montrez-moi la carte de ce Monsieur, je verrai si je puis le recevoir.
— Il ne m'en a point remis.
— Vous ignorez comment il s'appelle ?
— En vérité, dit le valet de chambre en s'inclinant profondément, je demande d'avance pardon à Monsieur de ce que je vais lui dire. Mais mon dévouement, mon zèle.....
— Passons, dit Amaury.
— Monsieur me permet-il de lui adresser une question ?
— Faites, puisqu'il semble aujourd'hui que vous ayez pris le parti de me fatiguer de vos demandes et de vos problèmes.
— Monsieur a-t-il un frère ?

Germain Loysel prononça ces mots avec une lenteur calculée, en regardant Amaury avec une fixité de reptile. Ces deux êtres se mesurèrent dans une minute rapide, et comprirent leurs forces réciproques en même temps qu'ils se rendaient compte des soupçons naissant mutuellement dans leur esprit. Cependant Amaury se remit vite du trouble que cette demande avait amené sur son visage, et il reprit :

— Pourquoi pensez-vous que je puisse avoir un frère ?
— D'abord la ressemblance du jeune homme demandant à être introduit, puis le rapprochement des noms.
— Quel rapprochement ?
— Cet étranger m'a chargé d'annoncer le vicomte de la Haudraye.

Le jeune millionaire bondit sur son siège, et s'approcha de Germain, si près qu'il frôla presque son visage.

— Vous avez bien entendu ? vicomte de la Haudraye ?
— J'ai bien entendu, et ce jeune homme semble le frère jumeau de Monsieur.
— Je n'y suis pas ! dit Amaury, d'une voix saccadée, je n'y suis pas ! Chassez cet intrigant, ce misérable ! consignez-le à la porte ! Vicomte de la Haudraye ! Il a osé...

Amaury passa son mouchoir de batiste sur son front mouillé de sueur.

— C'est tout ? demanda Germain.
— Vous m'avez dit que cet homme semblait pauvre ? reprit Amaury, d'une voix calme.
— Très pauvre !

—Il n'est peut-être que fou, donnez-lui un louis.

Amaury retomba sur le divan et, appuyant son menton dans la paume de sa main droite, il se mit à réfléchir profondément.

Le valet de chambre rejoignit le visiteur.

— Ce que je craignais est arrivé, dit-il; Monsieur refuse positivement de vous recevoir; j'ai annoncé cependant le nom que vous m'avez dit. Je dois m'acquitter de la commission de mon maître, et vous donner...

Germain prit, dans sa poche, un louis qu'il tendit au jeune homme. Celui-ci, d'un revers de main, fit sauter la pièce d'or, regarda le valet bien en face et se contenta de dire:

— Je reviendrai !

Puis, descendant l'escalier avec lenteur, il gagna le vestibule, traversa la cour et se trouva dans les Champs-Élysées.

Au même instant, une des fenêtres du premier étage fut discrètement entr'ouverte, et le visage pâle du millionaire s'y encadra.

Son regard s'attacha sur le visiteur éconduit, puis une sorte d'égarement passa sur sa prunelle, et il murmura entre ses dents serrées :

— C'est lui ! c'est bien lui !

Alors, repoussant les panneaux de glace de la fenêtre, il retomba sur son siège.

Mais cette fois, M. de la Haudraye ne fuma plus son cigare avec l'indolence d'un désœuvré ; la tête dans ses mains, il réfléchissait.

— Que faire ? répétait-il, les dents serrées, que faire ? Les tombes s'ouvrent donc ! C'est le rocher de Sysiphe à soulever de nouveau, toujours et partout ! Revenu ! lui revenu ! de si loin, de si bas ! et revenu l'orgueil au front et des haillons sur le dos ! Heureusement qu'il est pauvre, sans cela...

Amaury s'arrêta ; puis, brusquement et sans achever le raisonnement qui pouvait lui ravir une part de son énergie, il se leva et se mit à marcher dans la salle.

—Est-ce donc que je ne suis plus moi-même ? jamais une difficulté ne m'arrêta, et j'ai toujours brisé les obstacles placés en travers de mon chemin... Après avoir gagné tant de parties difficiles, reculerai-je parce qu'il plait à un mendiant de s'attribuer le nom que je porte, de revendiquer la fortune dont je jouis, et de vouloir se substituer à ma personnalité ! Que peut-il ? Que fera-t-il ? Quel avocat se chargera de la cause d'un pauvre diable voulant entamer une revendication d'état ? Mais parbleu, j'aurai gagné d'avance. Il serait trop commode d'arriver à Paris, en va-nu-pieds, et de se trouver, un matin, à la tête d'une fortune de nabab ! Allons ! allons ! Amaury de la Haudraye, ajouta le jeune homme, en se plaçant devant la glace, et en se considérant avec l'attention d'un acteur prêt à entrer en scène, rien n'est perdu, rien n'est même compromis !

Amaury sonna Germain.

— Je vais sortir, lui dit-il, je déjeûnerai en ville.

Tandis qu'il nouait sa cravate, il demanda :

— Et ce fou, qui tout à l'heure voulait forcer ma porte ?

— Il s'est éloigné après m'avoir lancé à la figure le louis que Monsieur avait la bonté de lui faire remettre.

— L'insolent ! Et il n'a rien dit ?

— Pardon ! il a dit : je reviendrai.

— Vous donnerez ordre à Schub qu'il ne lui laisse pas traverser la cour.

— Les ordres de Monsieur seront exécutés.

Une demi-heure après, Amaury de la Haudraye se faisait annoncer chez l'avocat général.

Celui-ci, délivré pour quelques jours de ses travaux judiciaires, s'occupait à mettre la dernière main à un curieux ouvrage dans lequel il réunissait les plus anciennes lois et coutumes des jurisprudences françaises et étrangères. Sans doute, la façon dont ce livre était écrit, trahissait le caractère froid du magistrat ; la forme en était sèche et la période manquait d'ampleur ; mais les érudits et les curieux y devaient trouver des renseignements d'un puissant intérêt, et les écrivains une inépuisable mine de romans et de nouvelles.

En apercevant Amaury, M. de Grandchamp quitta son bureau et s'avança les deux mains tendues.

— Je suis vraiment charmé de vous voir, lui dit-il, je ne sais si je me trompe, mais il me semble qu'en nous quittant, il y a deux jours, vous sembliez triste, préoccupé, presque chagrin.

Le visage d'Amaury parut se rasséréner.

— Vous êtes bon de l'avoir remarqué, lui dit-il, et je ne sais comment vous témoigner ma reconnaissance pour toutes vos bontés. Oui, vous avez raison, je suis triste, et vous devinez aussi que ce n'est pas sans cause... Vous avez bien voulu me promettre la main de Mlle de Grandchamp, et vous savez si alors j'ai cru le bonheur facile... Mais depuis.. Sur ce que j'ai à vous dire vous en savez autant que moi ; je serais désolé de causer un souci à une personne qui m'est plus chère que tout au monde, et je ne puis m'empêcher de comprendre que mademoiselle de Grandchamp ressent pour moi une indifférence allant parfois, j'en ai peur, jusqu'à la haine.

— Vous vous trompez ! s'écria l'avocat général.

Amaury secoua la tête.

— Je ne me trompe pas! dit-il; après tout, pourquoi une jeune fille n'aurait-elle pas le droit d'éprouver des répulsions ou des sympathies? De ce qu'il vous semble que je réunis un certain nombre de qualités propres à rendre ma femme heureuse, faut-il en conclure que votre fille doit penser de la même manière? Elle peut avoir lu des livres lui présentant le mariage comme la suite d'événements plus ou moins romanesques, et rien ne l'est moins que la visite d'un jeune homme du monde, s'adressant d'abord au chef de la famille afin d'être agréé, et se bornant à l'envoi régulier de bouquets blancs, en témoignage de sa tendresse.

— Vous vous trompez, dit l'avocat général, ma fille n'a jamais lu de romans.

— Que sais-je, moi! elle a une amie, alors ! et Dieu sait si certaines amies sont dangereuses. Elles dirigent les sentiments, imposent leurs préférences et finissent par dominer d'une façon absolue l'esprit de celle qui les écoute. Ainsi, par exemple, Mlle de Grandchamp est liée avec une jeune personne charmante de tous points, mais qui me hait du fond de l'âme, et fera tout au monde pour renverser mon bonheur.

— Fabienne Marigné.

— Oui, Fabienne... Je n'ai point à vous apprendre la cause de sa haine... Vous savez avec quelle obstination elle poursuit son projet de mariage... Avant que Kerdren soit embarqué pour la Nouvelle-Calédonie, Fabienne sera devenue sa femme... Que des artistes plus ou moins enthousiastes, et ne sachant guère ce que sont les convenances, contractent des unions aussi fantaisistes, c'est leur affaire ! ils vivent dans un monde à part, et la société qui s'occupe beaucoup de leurs œuvres, ne s'inquiète guère de leur existence privée; mais que Mlle de Grandchamp, qui a toujours vécu dans les hautes sphères sociales et ne les doit point quitter, reste liée à Fabienne, cela me paraît dangereux, sinon pour elle, du moins pour moi.

— Vous savez combien Marie est bonne. Cette pauvre fille qui, vous l'avez reconnu vous-même, est douée de qualités généreuses, s'est adressée à mon enfant, croyant qu'elle la pourrait protéger, la défendre... La pitié a saisi le cœur de Marie... Cependant vos observations sont justes... Fabienne Marigné, publiquement fiancée à Urbain Kerdren et qui bientôt sera sa femme, ne peut rester l'amie de Mlle de Grandchamp... Je ferai, à ce sujet, entendre raison à ma fille, et, s'il le faut, je donnerai un ordre formel.

— Et si je suis détesté davantage ?

— Vous exagérez ; ma fille est timide, réservée, voilà tout. Quel mal lui avez-vous fait pour qu'elle vous haïsse ? Vous la demandez en mariage, et vous lui offrez une fortune royale ; elle ne peut, ce me semble, éprouver que de la reconnaissance ; n'exigez pas qu'elle la manifeste. Je vous promets de lui parler et d'obtenir, pour l'union que vous désirez, son acceptation formelle.

Une expression de vive joie éclaira le visage d'Amaury.

En ce moment, on vint annoncer à l'avocat général que le déjeuner était servi.

— Vous nous restez, dit-il, je le veux.

Amaury ne se fit pas prier, et les deux hommes passèrent dans la salle à manger. Au même moment, la douce voix de Mlle de Grandchamp se fit entendre dans le boudoir voisin.

— Je vous le promets, disait-elle, oui, je vous le promets.

Un remerciement qui parut étouffé par des pleurs fut adressé à Marie, puis, dans le couloir, on entendit des bruissements d'étoffes, des adieux affectueux, et, une minute après, Marie parut.

Son beau visage gardait la trace d'une émotion vive, généreuse. Ses yeux brillaient sous des larmes mal essuyées. En apercevant M. de la Haudraye, elle se recula avec une sorte de vivacité. Un regard de son père la ramena vers Amaury qu'elle salua froidement.

— Qui donc était avec toi tout à l'heure ? lui demanda M. de Grandchamp.

Marie regarda en face Amaury de la Haudraye, et répondit :

— Fabienne Marigné.

— Elle vient trop souvent dans cette maison, dit le magistrat.

— Vous m'avez toujours permis de faire l'aumône à ma guise, mon père ; à certains pauvres je prodigue les secours pour soulager les misères de leurs corps ; aux malheureux je donne ma pitié et un peu d'affection... Je ne puis offrir à Fabienne que mon amitié, et je la lui donne sans réserve, parce qu'elle la mérite.

— Ces relations ne peuvent durer plus longtemps, reprit l'avocat général, la condamnation d'Urbain Kerdren...

— Est un malheur ! répliqua vivement Marie.

— Oublies-tu que je suis celui qui éleva la voix pour l'accuser.

— Je crois, dit lentement Marie, que la justice s'est trompée.

— Assez, fit sévèrement le magistrat, tu ne recevras plus Fabienne.

— Je ne la recevrai plus... dit Marie en baissant la tête.

Elle ajouta, en regardant Amaury de la Haudraye :

— Voilà une promesse qui va singulièrement vous réjouir.

— Je ne vous comprends pas, mademoiselle.

— Qu'importe ? fit Marie, vous m'entendez, cela suffit.

L'entretien, commencé de la sorte, ne pouvait plus prendre une tournure aisée. L'arrivée de Mme de Grandchamp amena l'aménité extérieure des rapports sans rappeler la confiance. Pendant le déjeuner, la conversation roula sur des lieux communs, et quand il fut terminé, Marie prit le bras de sa mère, qui dit aux deux hommes :

— Nous vous laissons le loisir de fumer, messieurs.

La jeune fille remercia sa mère d'un baiser et lui dit, en se serrant contre elle :

— Si tu ne veux pas que je meure, empêche ce mariage.

— Ma chère enfant, dit Mme de Grandchamp, je souhaite de te voir heureuse, et je ne comprends pas l'aversion que t'inspire M. de la Haudraye.

— Hélas ! dit Marie, je ne la définis pas moi-même... Je sens seulement qu'il ne partage ni mes goûts ni mes croyances, qu'il manque des qualités intimes propres à faire le bonheur de la vie, qu'il ne croit pas en Dieu, méprise les pauvres et m'empêchera de répandre mes charités. Je devine que ce mariage lui est utile, qu'il fait partie d'un plan... tout ce que l'avenir peut ménager de plus terrible me semble devoir être mon partage, si je deviens sa femme.

— Mon enfant, dit Mme de Grandchamp, je fis, en épousant ton père, un mariage de raison, et je ne m'en suis jamais repentie. Tu m'imiteras, tu goûteras dans ce monde la satisfaction d'avoir accompli ton devoir.

— Ainsi, vous m'abandonnez ?

— Je ne t'abandonne pas, j'ai l'habitude d'obéir à ton père, voilà tout.

— Oui, voilà tout ! répéta Marie avec découragement.

Elle essuya des larmes brûlantes, puis, tordant légèrement ses doigts, elle demanda :

— Mais qui donc viendra à mon secours, qui donc ?

Le valet de chambre ouvrit en ce moment la porte du salon et annonça :

— Sœur Sainte-Croix.

Un cri de joie s'échappa des lèvres de Marie. Il lui sembla que le ciel lui envoyait une céleste amie.

Les trois femmes, à la prière de Mlle de Grandchamp, passèrent dans l'appartement de la jeune fille, et quand l'avocat général et Amaury de la Haudraye vinrent au salon, espérant les y trouver, la pièce était vide.

Malgré son désappointement, Amaury fit bonne contenance, et, en le quittant, le magistrat répéta :

— Je vous ai engagé ma parole... Votre mariage sera célébré dans trois mois.

M. de la Haudraye quitta l'hôtel de Grandchamp, le sourire sur les lèvres. La joie qu'il ressentait lui porta bonheur ; il trouva au Bois ses meilleurs amis, gagna au jeu le soir et se coucha l'esprit calme, en voyant l'avenir sous les couleurs les plus gaies.

Le lendemain matin, il était à son balcon, quand le même jeune homme, qui, la veille, avait insisté pour être reçu, en déclarant s'appeler le vicomte de la Haudraye, se présenta de nouveau.

Cette fois, le suisse l'arrêta dès les premiers pas qu'il fit dans la cour. Le jeune homme n'insista point et répondit comme la veille :

— Je reviendrai.

Pendant une semaine, régulièrement à la même heure, il se présenta en demandant à parler au maître du logis. Le dernier jour, deux personnes le guettaient à la fois : Amaury, de sa fenêtre, et Germain Loysel dans l'angle de la cour.

A la question habituelle posée par l'étranger :

— Le maître de cet hôtel peut-il recevoir le vicomte de la Haudraye ?

Le suisse répondit par un « non » insolent.

Alors le jeune homme ajouta d'une voix calme :

— Dites-lui que je ne reviendrai plus !

Sans savoir pourquoi, cette phrase et le ton dont elle fut dite parurent si menaçants à Germain, qu'il murmura :

— Diable ! diable !

Et quittant la cour de l'hôtel Monier, il se mit à suivre le jeune homme.

Le valet voulut exécuter l'ordre de son maître. (*Voir page* 219.)

CHAPITRE XIX

REVENDICATION

E lendemain du jour où le protégé de Sœur Sainte-Croix avertit le suisse de l'hôtel Monier qu'il ne se représenterait plus chez M. Amaury de la Haudraye pour en obtenir une audience, il erra longtemps sur les quais et aux environs de la maison occupée par M. de Grandchamp. De temps en temps, et d'une façon presque machinale, il portait la main à sa poitrine et s'assurait qu'un large pli se trouvait caché sous son paletot. Attendait-il une heure convenable pour se présenter chez ce magistrat, ou comptait-il sur un incident imprévu suscité par la Providence? Toujours est-il qu'il ne se pressait point de franchir le seuil de l'avocat général, pour déposer entre ses mains la plainte en extorsion de titres, et l'accusation d'assassinat, que, durant la nuit, il avait sobrement et clairement rédigées.

Le malheureux jeune homme, pâle encore des souffrances endurées, vêtu d'une façon presque insuffisante, restait debout, perdu dans ses réflexions, immobile, près de la porte de l'hôtel de Grandchamp, quand un cri strident « gare ! » et le vif claquement d'un fouet l'arrachèrent à l'absorption de ses pensées. Il releva la tête, et comprit qu'il avait failli être écrasé par les roues d'un élégant coupé qui s'arrêtait en face de l'habitation du magistrat. En même temps, il vit sur les panneaux de cette voiture un blason trop bien connu, et le frémissement d'une rage concentrée l'agita de la tête aux pieds. A la même minute, un valet de pied ouvrit la portière, s'effaça, et le pâle voyageur, que la faim avait un jour terrassé sur le pavé de la rue Saint-Lazare, se trouva en face d'un jeune homme de son âge, aux traits réguliers, à l'expression hautaine. Un instant, l'étonnement le paralysa. Il n'avait pas compté sur une chance aussi complète ; mais, profitant bien vite de l'occasion qui s'offrait, le jeune homme pâle s'élança vers Amaury de la Haudraye, qui descendait de son coupé, et lui mettant brusquement la main sur l'épaule :

— Jean Studen, lui dit-il, rends-moi mon titre et mon nom que tu m'as volés !

Amaury se recula comme s'il eût marché sur un serpent ; une teinte livide envahit subitement son visage, mais cette impression pouvait passer pour la froide colère suscitée par une insulte inattendue et incompréhensible, car il se remit immédiatement, repoussa d'un bras nerveux celui qui avait posé la main sur son épaule, et s'écria :

— Vous êtes fou, pour le moins, monsieur, je ne m'appelle pas Jean Studen, mais Amaury de la Haudraye.

— Mensonge, fit le jeune homme pâle, en approchant son visage de celui d'Amaury, tu es bien Jean Studen, le passager du *Franklin*, le misérable qui s'est servi du poison et du poignard pour se débarrasser de moi et se substituer à l'héritier des millions de Philippe Monier.

— Encore une fois, dit Amaury, si vous ne vous retirez, je vous préviens que je requerrai la force pour faire cesser un pareil scandale.

— La force ! la justice ! Jean Studen ! oserais-tu donc te mesurer avec elle, audacieux spoliateur, misérable assassin !

Amaury, les yeux injectés de sang, la parole sifflante, s'adressa au valet de pied.

— Tony, débarrassez-moi de cet insolent ou de cet insensé !

Le valet voulut exécuter l'ordre de son maître, mais, d'un geste rapide, et plus énergique que ne semblait le comporter la débilité de l'adversaire d'Amaury, le jeune homme pâle repoussa Tony qui, revenant à la charge, voulut engager une lutte corps à corps.

— Ne me touchez pas ! s'écria le jeune homme, ne me touchez pas !

Mais Tony saisit les deux minces poignets de l'étranger et réussit à l'écarter. Amaury, ayant le passage libre, en voulut profiter pour entrer à l'hôtel Grandchamp ; mais depuis une minute le bruit occasionné par cette scène avait attiré des curieux ; un groupe s'était formé, et chacun attendait le dénouement de ce drame. Nul ne mit donc d'empressement à ouvrir le cercle dans lequel se trouvaient enfermés Amaury, le jeune homme pâle et Tony, le valet de pied. Les Parisiens sont trop amoureux de bruit et d'événements nouveaux pour mettre fin le plus rapidement possible à une scène intéressante. Un *reporter* qui passait ouvrit son carnet et commença à prendre des notes

Le jeune homme pâle bondit pour la seconde fois vers Amaury, et lui cria d'une voix retentissante :

— Voleur ! assassin !

Une trouée se fit dans la foule à l'instant même : les sergents de ville arrivaient, Amaury les appela à son aide.

Les agents de police se trouvèrent alors en face de deux jeunes gens ayant entre eux une ressemblance frappante. Mais l'un paraissait pauvre, menaçait et injuriait ; l'autre, vêtu avec recherche, ayant à deux pas sa voiture et ses domestiques, se défendait plus par son dédain que par ses paroles.

Amaury s'approcha des sergents de ville.

— Je vous prends à témoins, messieurs, dit-il, que cet homme, dont la raison me semble dérangée, m'insulte publiquement et refuse de me livrer passage... Je me rends chez M. de Grandchamp...

— Nous nous y retrouverons, ajouta le jeune homme pâle.

— Et je m'appelle Amaury de la Haudraye, dit le fiancé de Marie.

— Mensonge ! répliqua son adversaire, Amaury, vicomte de la Haudraye, c'est moi ! moi seul !

En une minute les sergents de ville firent circuler la foule, et frayèrent le chemin à l'héritier de M. Monier, qui disparut derrière la porte cochère de l'hôtel.

Puis se tournant vers le jeune homme pâle :

— Suivez-nous ! lui dirent-ils.

— Où voulez-vous me conduire ?

— Chez le commissaire de police, d'abord.

Le jeune homme allait suivre docilement les représentants de l'ordre public, quand un curieux se détacha de la foule, s'approcha des sergents de ville, fouilla dans sa poche, et en tira une carte qu'il leur montra rapidement.

— Je réponds de ce jeune homme, dit-il.

— Cela suffit, monsieur Ramoussot, il est en bonnes mains.

Ramoussot saisit rapidement le bras de celui dont il venait de prendre la défense. Celui-ci le suivit machinalement, ne sachant plus si on le conduisait chez un magistrat ou si on lui rendait la liberté.

Ramoussot se dirigea vers un restaurant d'assez bonne mine.

— Un cabinet dit-il.

Le garçon lança sur son épaule, avec un geste plein de désinvolture, la serviette qu'un moment avant il balançait avec nonchalance, puis il monta, en les escaladant, les marches d'un escalier en colimaçon. Alors, ouvrant une porte garnie d'une glace dépolie, il dit avec un sourire :

— Ces messieurs seront parfaitement ici.

Ramoussot tendit son chapeau au garçon.

— Deux douzaines d'huîtres, une bouteille de Beaune, du meilleur, côtelettes d'agneau à la purée de marrons, perdreau rôti... nous verrons pour le reste... Allez, servez vite ! nous sommes pressés.

Le garçon disparut, Ramoussot et son commensal se trouvèrent seuls.

— Avant qu'on apporte les huîtres, dit Ramoussot, nous avons le temps, non pas de raconter le drame, mais d'en voir les personnages... Je commence par moi, afin de vous donner confiance... Je me nomme Ramoussot... et je suis agent de la police de sûreté.

En entendant cette dernière phrase, le jeune homme pâle, loin de se reculer, pris de l'espèce de terreur qu'entraîne toujours après soi le mot de police, regarda Ramoussot avec des yeux étincelants, comme si dans chaque homme chargé d'un mandat légal, il était sûr de trouver un allié. Voulant répondre à la franchise de l'agent par une franchise semblable, le jeune homme s'inclina en disant d'une voix claire et sympathique :

— Je suis le vicomte Amaury de la Haudraye...

Les regards perçants de Ramoussot l'enveloppèrent d'une façon rapide ; l'agent se livrait intérieurement à une comparaison raisonnée entre l'héritier de M. Monier et celui qu'il venait d'inviter à sa table.

— Ne vous étonnez de rien dans mes façons ni dans mon langage ; oubliez, si vous le voulez, ma qualité d'agent de police pour voir en moi un homme de votre âge, heureux de vous obliger si cela lui est possible... Notre conversation sera longue... Je vous questionnerai beaucoup, et vous me répondrez sans réticences... Peut-être serai-je votre sauveur. Peut-être les circonstances m'interdiront-elles de vous rendre service... Dans tous les cas, ce n'est pas un adversaire qui vous offre le pain et le sel, j'en atteste notre jeunesse à tous deux, et plus que cela, les chagrins qui ont dévoré nos cœurs de vingt ans.

Le jeune homme tira de son sein une enveloppe qu'il se disposait, une heure auparavant, à remettre entre les mains de M. de Grandchamp.

— Lisez ceci, dit-il à Ramoussot, vous saurez déjà la plus grande partie de mon secret, j'ajouterai tout à l'heure, verbalement, les détails dont vous aurez besoin.

Ramoussot déplia la feuille de papier. Il lut lentement, s'arrêtant fréquemment, comme s'il pesait les preuves dont le jeune homme appuyait son accusation. Parfois, à l'aide d'un crayon, il soulignait un passage ou le faisait suivre d'un point d'interrogation. A deux reprises, il regarda fixement son commensal, puis fermant les yeux, il évoqua une autre image, sans doute celle de l'élégant jeune homme qui, en ce moment, imposait à la délicatesse de M. de Grandchamp, les conditions d'un royal contrat, dont le chiffre exorbitant ne pouvait être égalé que par la bonne grâce avec laquelle le fiancé de Marie s'efforçait d'enrichir malgré elle celle qui pleurait à la pensée d'un mariage odieux. Après avoir pris connaissance du document destiné à l'avocat général, Ramoussot le plaça près de lui, sur la table, le lissa sur la paume de sa main, et il allait commencer la série de questions qu'il se proposait de poser au jeune homme, quand le garçon entra, apportant, bien équibré, le plateau d'argent sur lequel s'étalaient, blanches, grasses et moirées, les huîtres attendues.

Ramoussot coupa le citron, remplit les verres, puis il dit à son invité :

— Quelque tournure que prenne notre entretien, croyez-le sérieux ; qu'importe la forme des questions si le fond en est grave. Convenez que notre situation réciproque serait étrange, si je ne la regardais comme providentielle... Vous paraissez étonné que j'emploie ce mot ? Mais qui donc, mieux qu'un agent de police, doit croire à la Providence ? Quelles souricières tendues par nous peuvent égaler les moyens si simples dont il plaît à Dieu de se servir pour jeter le coupable dans le piège que lui-même a tendu ? Plus nous voyons, rapprochons, étudions les misérables, plus reste vivante en nous l'idée de la justice souveraine... Attaquez ces huîtres... Oubliez un moment ma qualité, le but qui vous amenait chez M. de Grandchamp, et parlez-moi de vous, beaucoup de vous...

Le jeune homme raconta ce que sait le lecteur ; il répéta, en insistant sur beaucoup de détails, les confidences faites à Sœur Sainte-Croix.

— Ainsi, demanda Ramoussot, la jeune sœur de M. Monier vous reconnaît pour son neveu, le vicomte Amaury de la Haudraye ?

— Oui, répondit le jeune homme, et c'est grâce à elle que j'ai pu vivre depuis mon arrivée à Paris ; j'accepte sans rougir les dons de sa charité, je suis sûr de les rendre au centuple, aux pauvres, ses amis, dès que je serai en possession de mon nom et de l'héritage de M. Monier.

— Une chose me surprend, dit Ramoussot, c'est la foi soudaine inspirée par votre parole à cette sainte fille.

— Je m'en étonne moi-même, et cependant, si vous l'interrogez, vous verrez qu'elle ne doute nullement de mon identité. Je lui ai fait la question que vous m'adressez... Elle me trouve mourant de faim sur le

Mésange soignait ses oiseaux. (Voir page 228.)

pavé de Paris, sans protection, sans papiers. Sa pitié parle, sa confiance répond à mon espoir. C'est un miracle !

« — Non, me dit-elle, lorsque je m'étonnai de sa facilité à me croire, il n'y a point de miracle, il plait souvent au Seigneur de donner aux âmes simples une lumière de l'esprit qui leur permet de juger les hommes sur un regard, sur un mot ; une sensation intérieure mystérieuse, mais certaine, leur révèle s'ils sont en présence d'un être bon ou malfaisant. L'honnêteté a son atmosphère comme les astres. Chaque fois que je me suis trouvée en face de l'homme qui se fait appeler Amaury de la Haudraye, je me suis sentie prise d'une vague terreur. L'oiseau fasciné par un serpent doit éprouver quelque chose d'identique. Il est des plantes dont nous redoutons le contact avant de savoir qu'elles sont des poisons ; les reptiles nous épouvantent d'instinct... Eh bien ! croyez-moi, certains hommes tiennent à la fois du reptile et de la plante malfaisante : on les devine, on s'en éloigne. Je sentais que cet Amaury me haïssait. Toutes les fois que mon frère me donnait de l'or pour mes pauvres, Amaury semblait m'accuser d'un larcin. Il est avare et il est haineux : deux vices qui ne sont point de la famille. Si son regard possédait la puissance de tuer, je ne serais déjà plus de ce monde. Vous, pauvre, isolé, affamé, vous gardez sur votre visage une ressemblance complète avec ma sœur Rose-Marie ; son regard attendri, sa bouche un peu triste, comme si d'avance elle se savait destinée à souffrir beaucoup et à mourir jeune. Près de vous, je sens l'épanouissement de cœur que j'éprouvais aux côtés de mon pauvre frère. La voix du sang ne ment pas, elle parle haut dans mon cœur. »

Voilà ce que me disait Sœur Sainte-Croix, et sa bonté touchante m'a prouvé la sincérité de ses paroles.

— Ainsi, l'homme qui porte aujourd'hui votre nom et s'est substitué à votre personne, s'appelle selon vous....

— Jean Studen, d'origine belge.

— Vous avez vu son passeport ?

— Je l'ai vu.

Ramoussot prit un crayon et fit un calcul, dont le résultat le satisfit sans doute car il ajouta :

— Pour moi, vous êtes réellement le vicomte de la Haudraye, non parce que vous m'avez fourni jusquà ce moment des preuves suffisantes de votre identité, mais parce que je ne crois point qu'Amaury soit le neveu de M. Monier. J'embrasse donc votre cause et, comme Sœur Sainte-Croix, je m'y dévoue.

— Ah ! monsieur ! s'écria le jeune homme, que de reconnaissance !

— Ne me remerciez point ! dit l'agent de police avec mélancolie, ce n'est peut-être pas pour vous que je travaille, et il se peut que vous me deviez votre salut sans être obligé pour cela de m'en avoir de l'obligation. Je suis votre allié, voilà un point établi. Je vous prends sous ma protection et je ne vous quitte plus, car à chaque pas que je ferai dans une voie ténébreuse, il se peut que j'aie besoin de vos renseignements et de votre aide. Où demeurez-vous ?

— Rue des Saints-Pères, dans un petit appartement meublé.
— Sous quel nom y habitez-vous?
— Sous le mien, dit fièrement le jeune homme.
— C'est une imprudence, répliqua l'agent de police.
— Quoi! dit le vicomte, vous exigez que je me cache, que je mente, que j'agisse en criminel?
— J'exige que vous agissiez en homme prudent, ne donnant rien au hasard, et se défiant grandement de l'influence de son adversaire. Qu'une plainte soit déposée contre vous rapidement, et quel que soit votre bon droit, il se peut que vous soyez condamné. Il ne faut pas qu'on vous attaque; pour cela vous ne devez point vous mettre en vue. L'heure n'est pas sonnée; la justice pourrait se tromper. Amaury de la Haudraye, le millionnaire, aurait tout le monde pour lui. Par un acte d'habileté, qui me semble une preuve nouvelle contre lui, il a demandé en mariage la fille de M. de Grandchamp, un des magistrats les plus honorés de Paris. Nous ne nous battrions pas à armes égales. Nous ne ruinerons l'édifice de la fortune de cet Amaury qu'en employant la mine et la sape: la partie est trop belle pour que nous soyons condamnés à la perdre.

Le jeune homme tendit la main à Ramoussot.

— Je m'abandonne à vous, lui dit-il; je vous crois sincère, vous êtes jeune, bon, vous paraissez avoir beaucoup souffert. Je ne sais quoi me dit que vous avez dans votre vie un douloureux mystère, et qu'un lien étrange rapproche nos destinées.

— Vous avez raison, dit Ramoussot, et ce lien est une haine égale pour le misérable qui vous a volé et assassiné à New-York.

— Vous le connaissiez avant le crime commis à l'hôtel Monier?

— Je le connaissais.

— Votre main, dit le jeune homme, et faites de moi ce que vous voudrez.

— Monsieur le vicomte de la Haudraye, dit Ramoussot, à partir de cette heure, vous habiterez avec moi, 24, rue du Four-Saint-Germain.

— Je m'installerai quand vous voudrez.

— Et vous prendrez le nom....

— De Taden, Louis Taden; cela me rappellera le pays où je fus élevé.

— Outre Sœur Sainte-Croix, existe-t-il quelque membre de votre famille que vous connaissiez?

— Non, répondit le vicomte de la Haudraye, à qui nous laisserons désormais le nom de Louis Taden.

— Personne, vous ayant connu pendant votre enfance, ne pourrait venir en justice affirmer qui vous êtes.

— Ma nourrice seule, répondit le jeune homme, si elle est encore de ce monde.

— Elle s'appelle ?

— Naniche.

— Et demeure ?

— Au bourg de Taden.

Ramoussot écrivit ces deux noms et sourit d'un air satisfait.

Les coquilles d'huitres encombraient les assiettes ; Ramoussot sonna et le garçon reparut.

Pendant le reste du déjeuner, l'agent de police et son nouvel ami gardèrent le silence ; chacun d'eux songeait aux circonstances étranges qui les rapprochaient ; Ramoussot se demandait si le neveu de Sœur Sainte-Croix ne serait pas l'instrument providentiel lui permettant d'achever son œuvre, et l'adversaire d'Amaury voyait dans l'agent de police le sauveur attendu.

Quand le café, les liqueurs et les cigares furent sur la table, Ramoussot reprit l'entretien où il l'avait laissé.

Il demanda au vicomte le certificat du médecin et des magistrats de New-York, l'attestation du capitaine du *Francklin* prouvant la présence d'un nommé Jean Studen à bord du navire, la déposition du maître d'hôtel à qui Jean Studen avait loué la chambre dans laquelle il avait fait, avec sa victime, un déjeuner, terminé par un empoisonnement à l'opium et par un coup de couteau.

Après avoir réfléchi, il posa les papiers sur la table.

— Voici notre jeu, dit-il, toute notre vie est sur ce coup de cartes. Il faut avouer que nous manquons d'atouts !

— Vous ne désespérez pas du succès, au moins ?

— Non, puisque je risque la partie. Mais enfin, il ne nous servirait à rien de nous abandonner à des illusions. Un certain Studen a pris passage sur le *Francklin*, a loué une chambre à New-York et a tenté de vous assassiner, cela est prouvé ; ce qui l'est moins, c'est l'identité de Jean Studen et de celui qui se fait passer pour Amaury de la Haudraye. Vous le reconnaissez, soit ! mais vous avez intérêt à le reconnaitre puisque vous voulez vous substituer à lui. Tous les signalemens se ressemblent. Après deux ans, le capitaine du *Francklin* et le maître d'hôtel de New-York, en admettant qu'ils fussent de ce monde, reconnaitraient-ils Jean Studen ? Nous aurons, il est vrai, le témoignage de votre nourrice, mais outre qu'elle est âgée, la ressemblance étrange existant entre vous et le spoliateur, ne peut-elle égarer l'esprit d'une vieille campagnarde ? Vous voyez donc bien que j'ai raison de vous conseiller la prudence, et de vous dire que nous manquons d'atouts dans notre jeu. Seulement, moins nous avons de chances, plus nous devons déployer d'habileté. Ruse contre ruse, et Dieu avec nous. Sans le savoir encore, vous avez des alliés et même des alliées.

— Moi ?

— Oui, vous.

— Comment cela ?

— Mlle de Grandchamp retardera le plus possible son mariage avec le possesseur en titre des millions de M. Monier ; elle subit la même influence que Sœur Sainte-Croix et le hait d'instinct ; seulement Marie de Grandchamp est une fille obéissante, elle finira par obéir ; de ce côté nous avons un sursis qui peut vous sauver de la ruine et la sauver, elle, d'un malheur irréparable ; Fabienne Marigné, un ange de dévouement, prête à courir vers ceux qui souffrent ; enfin toute une phalange de jeunes hommes, connus à Paris sous le nom des *Compagnons de la Vache-Enragée*, généreux, braves, travailleurs, ne redoutant rien, honnêtes, pauvres, célèbres, ou près de le devenir ; ils seront pour vous dès que l'heure de la revendication de vos droits aura sonné.

— Et qui me vaudra leur amitié ?

— Vous l'aurez, parce que eux aussi haïssent l'héritier de M. Monier.

— Je comprends la haine d'un homme contre un homme, mais la haine d'un groupe contre un seul.

— Oh ! ceci se rattache à une cause judiciaire qui a eu, peu de jours avant votre arrivée à Paris, son dénouement sinistre. Un jeune homme que, lui aussi, je crois loyal entre tous, a été condamné aux travaux forcés sous l'inculpation de l'assassinat de M. Monier. Pour moi, pour tous les *Compagnons de la Vache-Enragée*, Kerdren est innocent.

— Que pouvait, pour le justifier, celui qui bénéficie de ce crime ?

— Sa déposition l'a chargé ; le premier mot de soupçon a été prononcé par lui. Il le haïssait, il l'a perdu. Or, tout ennemi de celui qui porte aujourd'hui le nom de la Haudraye, trouvera des alliés parmi les fidèles amis de Kerdren.

— Écoutez, dit le neveu de Sœur Sainte-Croix, vous gardez, aussi, des réticences et vous en avez le droit. Dites-moi seulement que les meilleures cartes de la partie que je joue, sont celles que vous ne me montrez pas.

— C'est vrai, répondit Ramoussot.

— Eh bien ! je suis doublement tranquille.

L'agent de police solda l'addition et, un moment après, les deux jeunes gens prirent le chemin de la rue du Four.

Comme ils passaient la grille de la petite cour, ils aperçurent Mésange qui soignait ses oiseaux.

Ramoussot ouvrit la porte de son appartement.

— Louis Taden se contentera-t-il de cette pièce ? demanda-t-il, en désignant une chambre, meublée d'une façon sommaire.

— J'ai failli mourir à l'hôpital, répondit le jeune homme, avec un sourire.

— Fort bien ! Nous prendrons nos repas en ville, de ci, de là, jamais dans le même restaurant, et toujours dans les salles communes ; il est rare que le hasard ne vous apprenne pas quelque chose d'utile. Tantôt je vous mènerai au Café Anglais, tantôt dans un bouge, où nous irons sous le bourgeron d'un travailleur. Vous serez obligé, comme moi, de vous faire plus ou moins agent de police. A partir de cette heure, nous avons à compléter le dossier de Jean Studen.

— Louis Taden vous appartient, dit le jeune homme en serrant la main de l'agent de police.

— Demain, mon tailleur viendra, vous le laisserez prendre la commande qu'il jugera convenable. Voici vingt-cinq louis d'argent de poche. Ne me faites pas l'injure de me remercier.

Et, comme le nouvel ami de Ramoussot voulait refuser les cinq cents francs.

— Je suis riche, dit doucement l'agent de police, et vous êtes millionnaire.

Louis Taden se jeta dans les bras de Ramoussot, et une larme d'attendrissement et de reconnaissance mouilla ses yeux.

Elle regardait la vierge, de ses grands yeux fixes. (*Voir page* 238.)

CHAPITRE XX

UNE PAUVRE MÈRE

E vent poussait par rafales la pluie froide qui tombait à cette heure. Elle descendait des toits en nappes glacées, tintait sur les trottoirs, élargissait les ruisseaux et s'en allait faire des lacs en miniature entre les pavés. Les passants étaient rares et marchaient rapidement, abrités sous des parapluies ; les voitures elles-mêmes gardaient une physionomie morne, et les gouttes d'eau, ruisselant sur les vitres, assombrissaient la lumière des lanternes à verres multicolores.

Debout contre une des portes latérales de l'église de Notre-Dame-des-Victoires, une jeune femme, vêtue de deuil, restait immobile. On eût dit à la voir, pour ainsi dire incrustée dans la muraille, qu'elle faisait partie des statues décorant le saint lieu.

Elle était jeune et, malgré le désespoir trahi par l'amaigrissement de son visage et l'éclat fiévreux de son regard, on retrouvait sur sa pâle physionomie une beauté régulière et pure.

Un voile noir couvrait sa tête ; un châle noir enveloppait sa taille frêle, et sa robe, transpercée par la pluie, descendait sur ses pieds.

Elle restait là, le regard perdu dans l'ombre croissante, insensible au froid, au vent, à l'eau ruisselante. Ses bras pendaient le long de son corps dans une attitude d'affaissement douloureux, et plus on regardait cette jeune créature brisée par la douleur, plus on s'étonnait qu'elle pût se soutenir encore dans l'état de faiblesse où elle se trouvait.

Un vague étrange emplissait ses grands yeux bleus ; elle ne pleurait pas, et l'on pouvait croire, en l'observant davantage, que l'absence des pleurs était pour elle une douleur de plus.

Elle ne se tenait point là seulement depuis le matin de cette journée orageuse; elle y venait tous les jours, à la même heure, au moment où s'ouvrent les portes de l'église; elle s'en allait quand on fermait la grille, et que l'homme chargé de ce soin lui avait dit avec l'accent de la pitié :

— Il n'entrera plus personne.

Alors, fixant sur lui ses grands yeux bleus sans flamme, elle répondait :

— Je reviendrai demain.

Et le lendemain, en effet, elle reprenait sa place.

Dans le quartier, pendant les premiers jours, on se demanda quelle pouvait être cette jeune femme si belle, si malheureuse, qui restait à la porte du temple sans mendier, et adressait à toute personne qui en franchissait le seuil la même phrase, prononcée d'un accent qui remuait dans le cœur les fibres de la compassion.

La police elle-même s'informa. On apprit que cette femme était folle mais d'une folie si douce et tellement inoffensive qu'on pouvait la laisser circuler à l'aise ; et nul n'eut le courage ou la cruauté d'enlever à l'infortunée la seule consolation qui lui restât : celle d'être libre et de chercher dans sa nuit un rayon d'espérance.

Une marchande du quartier, qu'intéressait sa misère, eut un jour la curiosité de la suivre.

En quittant Notre-Dame-des-Victoires, la folle prit la rue Montmartre, remonta le faubourg et, la tête basse, insensible aux bruits de la rue, elle gagna la place Saint-Pierre. La place était déserte. Et cependant, à mesure qu'elle marchait, la folle s'arrêtait de distance en distance; elle paraissait assister à un spectacle plein d'animation. Son corps se redressait, sa voix prenait des vibrations métalliques, elle étendait le bras et paraissait désigner des tableaux imaginaires passant devant ses yeux devenus subitement hagards.

— C'était là, c'était bien là, disait-elle; la parade commençait, le tonnerre de la grosse caisse étouffait le tapage des cornets à piston ; les clowns, en costumes pailletés, préludaient à leurs exercices. Polichinelle répétait les boniments à la foule, et quelle foule ce soir-là ! Plus loin, dans la grande baraque, hurlaient les bêtes fauves, et puis les coups de fusil des tirs, les roues des loteries, les chansons, les orgues de Barbarie : tout se confondait dans un infernal tapage. Et lui, il riait, il frappait l'une contre l'autre ses petites mains et, tournant vers moi son visage rose, il répétait : — « Comme c'est beau, mère, comme c'est beau ! » Et je riais de son rire, je le soulevais dans mes bras, afin qu'il pût mieux voir. Tout-à-coup, un grand mouvement se fit autour de nous, en avant, en arrière, de tous les côtés. La foule montait comme une marée ; elle nous prenait, nous étouffait. Oh ! elle aurait dû nous tuer, c'eût été moins terrible. La foule nous sépara, la foule me prit mon enfant ; elle me laissa seule, toute seule...

La malheureuse tomba sur ses genoux, et resta ses bras étendus vers l'endroit silencieux et désert où elle se souvenait d'avoir, pour la dernière fois, serré son enfant sur son cœur.

La femme qui avait eu la curiosité de suivre la pauvre folle s'approcha d'elle et lui offrit son aide.

— Savez-vous où est Henri ? demanda l'infortunée.

— Hélas ! non.

— Alors, vous ne pouvez rien pour moi. On dit que j'ai perdu la raison ; ce n'est pas vrai. C'est mon cœur que j'ai perdu, depuis qu'on m'a volé mon enfant, mon trésor et ma joie. Je sais mon chemin, allez. Chaque soir je recommence ce pèlerinage. La Vierge Marie s'en allait ainsi à Jérusalem, le long de la voie douloureuse. Laissez-moi : Vous ne pouvez pas faire un miracle, et c'est un miracle que je demande à Dieu.

La jeune mère redescendit lentement, puis gagna la rue de Provence et entra dans une maison dont le rez-de-chaussée était occupé par un empailleur de grenouilles.

Le lendemain matin, elle se trouvait comme d'habitude à l'ouverture des portes de Notre-Dame-des-Victoires et reprenait sa place sous le portail.

Chaque fois qu'un fidèle franchissait le seuil du sanctuaire vénéré, elle murmurait de sa voix douce, mais presque sans timbre :

— Demandez à Dieu qu'il me rende mon enfant, mon petit Henri, que l'on m'a volé.

On la regardait avec l'expression d'une bonté attendrie, et nul de ceux à qui elle adressait cette touchante requête ne manquait d'implorer la vierge miraculeuse pour cette mère de douleur, qui gardait une foi si touchante dans le pouvoir de l'invocation.

Rien n'était plus navrant que de la voir, par tous les temps, occuper sa place à côté des mendiants tendant la main pour l'aumône.

Elle aussi était une mendiante !

Mendiante sublime, dont la foi et l'instinct maternel survivaient à la raison presque évanouie. Elle n'oubliait pas que, là-haut, la Mère divine, au cœur transpercé de sept glaives, garde une céleste pitié pour les mères de ce monde. Elle n'oubliait pas que, dans ce Paris, cratère bouillonnant, lançant tant de laves, de flammes et de cendres, dont les besoins factices, les frivoles plaisirs, les folies coupables, les révolutions criminelles se succèdent, se mêlent, se confondent ; dans ce Paris, qui écrit des pamphlets politiques et renie la croyance de ses pères, brûlant ce qu'il adora et tirant de la boue, pour les encenser, des idoles plus méprisables encore que la fange qui les souille ; que dans ce Paris, enfin, résurrection des capitales maudites qui tour à tour se sont appelées Sodome, Ninive et Babylone, et sur lesquelles fume le feu du ciel en attendant qu'il les dévore, est demeuré un ventre de foi mystérieuse, d'espérance indéniable, un foyer brûlant de confiance et d'amour, et que si, quelque jour, la colère de Dieu laisse déborder la coupe de ses vengeances, il resterait un asile inviolable pour les croyants de la dernière heure, et que cet asile serait Notre-Dame-des-Victoires.

Que de fois, durant ces jours heureux, car elle avait connu le bonheur modeste, la joie pure, l'aisance riante, cette jeune femme, veuve aujourd'hui, côtoyant la détresse et s'en allant demander à la porte des églises la charité d'une prière, que de foi elle était venue, appuyée sur le bras de son mari, suivie d'un ange blond et rose habillé de bleu, s'agenouiller devant l'oratoire où tant de reines étaient venues s'agenouiller avant elle, et rendu célèbre dans le monde entier par l'éclat de ses miracles.

Elle y demandait alors la continuation de cette chose fragile qui s'appelle le bonheur humain ; elle suppliait la Vierge, rayonnante sous sa couronne d'or et de pierreries, de lui garder le compagnon de sa vie, l'ami dévoué de son existence, de lui conserver l'enfant, lien béni qui les rapprochait encore l'un de l'autre.

Elle apprenait à cet Henri, sur la tête de qui reposaient tant d'espoirs, à joindre ses petites mains devant cet autre enfant majestueux et doux, entouré de fleurs et de flambeaux ; et avant même de savoir ce que c'est que la prière, l'innocent recevait cette impression indéfinissable qui fait autour de nous, dans les temples sacrés, une atmosphère à part, hors de laquelle, plus tard, notre âme ne saurait respirer si nous essayons de la lui ravir.

Et quand tout lui avait manqué à la fois, le mari, pris par la mort à l'âge de la force virile, l'enfant enlevé au milieu d'une foule grouillante, elle était revenue là, presque insensée et toujours chrétienne, répéter à chacun de ceux qui franchissaient le seuil de ce lieu de prière, cette parole à la fois humble et sublime :

« Demandez à Dieu qu'il me rende mon enfant ! »

Le jour dont nous parlons, tandis qu'elle restait sous la pluie battante, les vêtements alourdis par l'eau, la dentelle de son voile col-

Bien des reines étaient venues s'y agenouiller avant elle. (*Voir page* 233.)

lée sur son front pâle, elle semblait plus désolée et cependant plus héroïque que jamais.

Cette foi qui ne se lassait pas, cette confiance sainte défiant le temps, cette énergie de la mère survivant aux forces de la femme, tout cela formait un ensemble qui remuait profondément le cœur.

Le mauvais temps faisait plus rares les fidèles dans le sanctuaire privilégié de Paris ; la nuit, en tombant, indiquait l'heure où les grilles se fermeraient bientôt ; le front de l'infortunée se décolorait de plus

Insensible aux bruits de la rue, elle gagna la place Saint-Pierre. (*Voir page* 231.)

en plus, la faiblesse la faisait chanceler et, dans la crainte de tomber sur les marches de pierre, elle se reculait davantage dans l'enfoncement du portail.

Ses yeux atones s'animèrent faiblement en voyant une religieuse gravir les degrés de l'église.

Elle ne regarda pas son visage, elle reconnut son habit, et de son accent voilé, si poignant dans sa monotonie, elle répéta :

— Demandez à Dieu qu'il me rende l'enfant qu'on m'a volé !

La religieuse allait entrer dans la chapelle, quand le son de cette voix la remua jusqu'au fond du cœur.

Elle s'arrêta, puis, se tournant vers la pauvre femme, elle la regarda attentivement.

Celle-ci ne voyait plus, et ses prunelles se perdaient dans l'ombre envahissant la rue étroite et la place voisine.

— Je ne me trompe pas, murmura la religieuse, c'est bien elle.

La sainte fille s'approcha de l'insensée et lui prit doucement la main :

— Blanche ! Blanche ! murmura-t-elle.

La folle ne bougea pas.

— Blanche, ne me reconnaissez-vous point ? demanda la religieuse en serrant les mains de la jeune femme et en obligeant son regard sans expression à se fixer sur son visage.

La pauvre folle obéit à l'impulsion qui lui était donnée.

— Je suis Sœur Sainte-Croix, ajouta la religieuse.

— Sœur Sainte-Croix ! répéta la jeune femme, je ne sais pas. Ma tête est faible. Je ne me souviens plus de grand chose. On a tant et si rudement frappé sur mon cœur que je ne sais rien du monde. Avez-vous vu Henri ? C'était un petit ange. Demandez à Dieu qu'il me rende mon enfant !

— Priez-le vous-même, Blanche, il vous exaucera.

La folle secoua la tête.

— J'ai prié, dit-elle, j'ai fait des vœux, j'ai marché pieds nus dans les rues comme les pèlerins des vieux âges, et je n'ai point été exaucée. Dieu ne veut point m'entendre sans doute. Il doit vous aimer, vous ; demandez-lui qu'il me rende mon enfant !

La pauvre veuve répétait ces mots d'une voix paisible, sans agiter ses mains, sans relever son visage, presque sans remuer ses lèvres.

L'immobilité et la raideur du marbre envahissaient cette créature vivante.

Encore quelque temps de cette vie d'agonie et de tortures et le dernier souffle de cette intelligence s'éteindrait sous le vent du malheur, et le dernier battement de ce cœur s'arrêterait dans cette poitrine épuisée.

Il fallait la sauver pourtant, et la sauver sans retard.

Sœur Sainte-Croix serra plus vivement les mains de Blanche et fixa sur ses yeux mornes son regard rayonnant de charité plus encore que de vouloir. Elle semblait l'envelopper d'une puissance vitale puisée dans l'héroïsme de son dévouement et de sa bonté, et, forte de la force d'en haut qui chasse les esprits des ténèbres, déplace les montagnes et rend la parole aux muets, elle tenta de faire passer son énergie dans l'âme de l'infortunée.

— Blanche, dit-elle, vous venez ici depuis longtemps ?
— Depuis bien longtemps.
— Et vous avez dit à chaque fidèle ce que vous me répétiez tout à l'heure ?
— J'ai prié que l'on demandât au Seigneur de me rendre mon enfant.
— Il fallait entrer dans l'église et prier vous-même, Blanche.
— Je n'ose pas, dit la folle craintivement ; il y a de la foule, une si grande foule dans ce temple. C'est dans la foule qu'on m'a volé mon enfant. Et puis, vous ne savez pas encore ceci : Je me plaindrais à Dieu, et ma douleur le pourrait irriter. Je crierais vers lui en tendant les bras ; qui sait si le blasphème ne monterait pas à mes lèvres ? Tandis que les autres, ceux qui ne savent point quelle douleur c'est que de se voir arracher un petit être dont l'amour est toute votre vie, ceux-là disent à Dieu paisiblement : « Ayez pitié de l'infortunée qui, comme le Publicain, se tient à l'entrée du temple. »
— Maintenant, dit Sœur Sainte-Croix, il fait nuit, nul ne verra votre angoisse et n'épiera votre douleur ; venez, oui, venez avec moi. Vous vous tairez si vous le voulez, vous resterez abîmée dans le sentiment de votre angoisse ; c'est moi qui parlerai à Dieu pour vous et qui vous recommanderai à sa miséricorde. Vous serez éloquente dans le silence et la résignation, et Celui qui compte les souvenirs d'un cœur brisé ne manquera pas de venir à votre aide.

Blanche, cédant à la pression de la douce main qui l'attirait, se laissa entraîner dans l'église.

Elle se trouvait déserte.

Les grands chandeliers de fer soutenant les centaines de cierges qu'y vient allumer la piété des fidèles, ne portaient plus que de rares lumières se consumant sur les bobèches et laissant tomber des gouttes de cire brûlante sur le plateau de fer. Elles exhalaient une vague odeur dont le parfum léger se mêlait à celui de l'encens qui ne s'était pas encore évaporé. Les lampes d'or, d'argent et de vermeil se balançaient avec lenteur et faisaient trembler leurs clartés, tamisées par des verres de couleur.

Dans la pénombre enveloppant une partie de l'autel, des rayons intermittents mettaient tour à tour une étincelle aux bijoux, aux croix, aux médailles renfermés dans les grands cadres, *ex voto* du soldat qu'ont épargné les balles, de la femme exaucée dans sa prière intime, de l'enfant racheté du trépas.

Certes, au milieu de l'éblouissement projeté par cent cierges, ayant à ses pieds une foule pieusement agenouillée, elle paraît bien grande et bien puissante cette fille des hommes, devenue mère de Dieu et reine des cieux. Mais au sein du silence régnant dans l'église, entrevue à la clarté mourante des lumières, baignée par l'ombre mystique tombant des voûtes, elle semblait plus rapprochée de la créature souffrante et plus disposée, s'il est possible, à répandre sur les malheureux l'effusion de ses miséricordes.

Blanche, qui s'était laissé emmener sans résistance, s'agenouilla près de la balustrade.

Elle ne priait pas, elle ne pleurait pas, elle regardait de ses grands yeux fixes la Vierge, présentant son fils à l'adoration des hommes.

Enfin les lèvres de la veuve s'entr'ouvrirent, et elle murmura :

— Elle a gardé son enfant !

— Mon Dieu ! pensait Sœur Sainte-Croix, si elle pouvait pleurer, elle serait peut-être sauvée.

Elle prit la main de Blanche et, la pressant fortement, comme pour imposer l'attention à la pauvre folle, elle reprit :

— Il faut la prier, Blanche, c'est à elle qu'il faut demander de vous rendre Henri.

— Elle ne m'écouterait pas, elle est si heureuse !

— Vous avez oublié l'Évangile, reprit la religieuse, oui, vous l'avez oublié. Il fallait que Marie connût toutes les douleurs pour compatir à toutes les souffrances. Ce n'était pas assez pour cette reine des martyrs d'avoir vu la tête de son enfant menacée, de l'avoir emporté à travers le désert pour le défendre contre les bourreaux d'Hérode, il fallait encore qu'elle le crût perdu sans retour.

— Perdu sans retour ! répéta la folle.

— Blanche, je vous en conjure, essayez de me suivre, de me compredre ; c'est l'espoir, la force, le salut que je vous apporte. Oui, ce Jésus rayonnant, que vous contemplez, fut, lui aussi, séparé de la meilleure des mères. Elle était allée à Jérusalem, la ville était remplie d'une foule énorme, il y avait grande fête dans la ville des palmes.......

— Les fêtes font pleurer les mères, dit Blanche.

— Tout-à-coup, la main de Marie se trouve séparée de celle de Jésus.....

La jeune veuve tressaillit

La religieuse continua, en s'efforçant de maintenir la pauvre femme sous la douce autorité de son regard.

— LaVierge le cherche, l'appelle ! Elle le demande au groupe d'amis qui l'accompagnaient dans la grande cité. Elle frappe à la porte des maisons de ceux chez qui elle pense que l'enfant peut s'être réfugié. Nul ne l'a vu, nul ne peut, d'un mot, d'une espérance, calmer la douleur de la mère dont le cœur souffre d'indicibles tortures. La nuit vient ! les caravanes s'éloignent par des chemins divers, Marie se souvient de l'histoire de Joseph. Si son fils avait été volé par quelque marchand étranger, s'il le cachait au milieu de ses bagages, s'il l'emmenait vers de lointaines contrées. Les maisons sont closes. En dehors de Jérusalem tout est silencieux dans la campagne ; les voyageurs sommeillent à l'abri de leurs tentes ; on entend seulement le bramement doux des dromadaires et des chamelles. Mais la mère ne songe pas au repos, elle parcourt la campagne, elle erre sur les monts, dont les cèdres ombrageront la veillée suprême de son fils, elle traverse le torrent du Cédron, et toujours elle appelle : Jésus ! Jésus !

L'accent désolé de Blanche répéta comme un écho :

— Jésus ! Jésus !

— Le lendemain, elle parcourut de nouveau la ville. Or ! c'était grande pitié de voir cette jeune mère, les yeux baignés de larmes, chercher dans la foule un enfant ! Les mugissements des animaux destinés aux sacrifices étouffaient sa voix et ses sanglots ; elle se traînait avec peine dans les chemins déjà suivis ; ses sandales, usées sur les routes, se détachèrent sans qu'elle s'en aperçût ; elle continua de courir, pieds nus, faible, mourante, appelant au milieu des sanglots son Jésus qu'elle ne retrouvait pas...

La poitrine de Blanche se souleva, ses doigts se tordirent, mais ses yeux restèrent secs.

La religieuse comprit qu'une clarté se faisait dans l'âme de la pauvre jeune femme, et que, si elle parvenait à l'émouvoir jusqu'aux larmes, elle serait sauvée.

— Trois jours se passèrent de la sorte, reprit-elle, trois jours et trois nuits. Enfin une pensée, envoyée par le ciel, la poussa vers le temple. N'est-ce pas aux pieds du Seigneur que se trouve toute consolation ? Marie franchit le seuil de la maison de prières dans laquelle elle avait grandi. Elle erre sous les portiques, elle traverse d'immenses salles vides, car le temple était, non pas un édifice unique, mais un assemblage d'édifices destinés à de multiples usages. Dans une vaste salle remplie des princes des prêtres, des membres du Sanhédrin, on se pressait pour entendre un enfant dont la sagesse précoce et la science admirable confondaient les austères vieillards. Marie fend la foule, et s'approche. Une voix bien connue résonne à ses oreilles, cette voix est entrée au plus profond de son cœur ; c'est Jésus ! Elle le reconnaît, elle le voit ; elle se précipite, tend vers lui les bras et, le prenant sur son sein, elle éclate en transports de joie et laisse couler des larmes de reconnaissance. Blanche, cette mère éprouvée jadis, et aujourd'hui triomphante, c'est Marie. Prie, pleure, dis-lui de te rendre ton fils au nom de ces trois journées d'angoisse, et je te le promets en son nom, ici, à cette place même, à côté de l'Enfant divin, qui semble nous sourire, tu trouveras Henri, ton Henri bien-aimé.

La folle saisit les poignets de Sœur Sainte-Croix.

— J'entends, je vois, je comprends! Ici tu l'as dit au nom du Seigneur, je trouverai mon enfant. Oh! vous ne permettrez pas que l'on m'ait trompée. Mère de miséricorde ! je crois, je veux espérer ! C'est ici que je viendrai l'attendre. Sainte-Croix avait raison, je retrouve, dans ma tête brisée, ma pensée évanouie ; mon cœur bat, je souffre, je pleure, mais j'espère, oui, j'espère en vous.

Un flot de larmes s'échappa des yeux de Blanche, tout son corps tressaillit brusquement, soulevé par les sanglots ; puis l'infortunée, trop faible pour une pareille secousse, s'abattit sur les dalles de l'église.

Sœur Sainte-Croix l'enleva dans ses bras et l'emporta vers le portail ; une voiture passait, la religieuse y déposa la jeune femme, et donna l'adresse de Guillaumette.

Une heure plus tard, Blanche, ouvrant les yeux, reconnut près d'elle Alleluia, la petite aveugle, Guillaumette, sa garde-malade, et l'ange terrestre qui s'appelait Sœur Sainte-Croix.

— Ne craignez plus rien pour elle, dit le docteur Roland, qui venait d'entrer, elle a pleuré, elle est sauvée.

Le soir même, la veuve du supplicié versait du vin bleu aux anciens complices de Sapajou. (*Voir page* 249.)

CHAPITRE XXI

COMMENT SE FONDA LE TAPIS-FRANC
DE LA PAUMELLE

Vingt ans avant les faits que nous venons de raconter, et par une matinée de printemps souriante et parfumée, une foule considérable se pressait à la barrière Saint-Jacques. Depuis quarante-huit heures, des groupes compacts, composés de femmes, d'enfants et d'hommes à l'aspect sinistre, campaient hors barrière, attendant le spectacle qui leur était promis.

D'ignobles figures se montraient parmi les curieux ; les phrases que l'on entendait échanger trahissaient l'argot et sentaient le bagne. On riait en proférant des paroles sinistres. On se grisait de vin en attendant de voir répandre le sang.

Les femmes paraissaient encore plus impatientes que les hommes. On a déjà compris qu'il s'agissait d'une exécution capitale.

— Sapajou canera avant d'arriver à la plate-forme, disait un homme de cinquante ans, dont la démarche se ressentait de l'habitude de traîner la jambe gauche.

— Faudra voir, Galoupiat ! répondit un voisin ; la Paumelle est allée l'attendre à la porte de la prison, elle ne le quittera pas avant de l'avoir conduit à Clamart.

— Regarde bien, ajouta un jeune homme dont le visage accusait tous les vices, en s'adressant à un garçon de quatorze ans, la société va se venger, mais nous restons, nous !

— Et si nous imitons Sapajou, répliqua logiquement le jeune garçon, ou nous coupera aussi la tête !

— Il y a deux espèces d'hommes, reprit le jeune homme qui se faisait l'instituteur de son camarade : ceux qui sont adroits, et ceux qui ne le sont pas... Faut être adroit, comprends-tu ?

— Je comprends, Zidore ; mais n'empêche, on risque gros.

— Qui ne risque rien n'a rien.

— Qui risque trop peut tout perdre.

— Alors, Bauminet, t'aimerais mieux *faignanter* dans un atelier, rabotant du matin jusqu'au soir, que de vivre les mains dans tes poches en essayant de les remplir avec le bien d'autrui ?

— Naturellement, dit le garçon.

— Eh bien ! reprit Zidore, tu ne feras jamais rien de propre.

Dans un angle de la place, quelques hommes, comme on en aperçoit pendant les jours d'émeute ou les sinistres matinées où fonctionne la guillotine, rappelaient les phases diverses de l'existence du misérable qui devait, dans quelques heures, rendre compte à Dieu d'une vie déshonorée.

Pas un mot de plainte ou de regret pour le bandit qui s'en allait; pas un signe de pitié : c'était un maladroit ! La curiosité restait dans l'esprit de chacun ; on tenait à voir s'il mourrait le blasphème aux lèvres, ou s'il écouterait le prêtre l'exhortant à chercher dans le supplice une juste expiation.

Dès que la charrette entra dans la rue Saint-Jacques, la nouvelle se transmit de bouche en bouche ; sur la place, en dépit des soldats gardant la sinistre machine, le flot des curieux se précipita avec violence. Chacun tenait à conserver sa place et son rang.

On entendait le galop des chevaux, des huées, des cris sourds ; le cortège approchait, et, à mesure, les fenêtres se garnissaient de curieux, et de tous côtés arrivaient de nouveaux groupes.

Certes, bien peu de gens accourus barrière Saint-Jacques devaient espérer voir le condamné, mais, le soir, chacun pourrait dire : « J'y étais ! » et raconter quelque détail recueilli sur les lieux.

Les gendarmes et les soldats entourèrent la machine aux poteaux rouges, et le condamné descendit.

Au moment où il allait poser le pied sur la première marche de l'échafaud, une femme habillée de deuil, et qui avait suivi la charrette en courant s'approcha.

— Je suis là, dit-elle; n'aie pas peur ! les camarades te regardent ; il s'agit de ne pas te déshonorer.

Sapajou secoua la tête.

— On ne m'entortille pas, dit-il.

Pendant que la femme échangeait rapidement ces mots avec le condamné, le prêtre qui l'accompagnait lui dit d'une voix pleine de larmes:

— Mon ami, mon frère, tout est fini pour vous; dans une seconde, vous approfondirez le mystère de l'éternité. Un mot de prière, un élan de repentir, et le Dieu de toute miséricorde vous remettra vos fautes;

un baiser sur les pieds de ce crucifix, et ce signe de regret sanctifiera votre supplice. Il ne vous reste plus que l'espace de temps nécessaire pour crier pardon à Dieu ! Le bourreau attend, le couteau va glisser dans la rainure... Un mot, une prière, un soupir...

— Laissez-moi, dit l'homme, on me regarde.

— Courage ! courage ! dit la femme en deuil qui suivait le condamné, ce ne sera pas long, et quand on fera la *complainte*, on dira que tu es mort bravement.

— Mon Dieu ! murmura le prêtre en joignant les mains, cette âme est-elle donc perdue ?

Le condamné siffla un air de barrière.

Il monta trois autres marches et regarda la foule.

Elle oscillait semblable aux vagues de la mer. Des exclamations en sortaient, des cris, des applaudissements ; et le misérable qui s'avançait vers la mort, goûtait une sorte d'âpre jouissance à regarder les milliers de curieux venant voir tomber une tête. Il posait sur ces planches rouges, il jouait son rôle, et l'idée que ses anciens compagnons de chaîne, que les complices de ses derniers crimes le citeraient dans les annales de la guillotine, lui donnait la force de repousser le dernier ami qui daignât lui faire l'aumône d'une prière.

Mais si la foule qui regardait le condamné ne parvenait pas à surprendre en lui des signes de défaillance, il s'en fallait de beaucoup cependant qu'il gardât au-dedans de lui-même l'énergie dont il voulait donner le spectacle. Ses jambes flageollaient ; à mesure qu'il montait un nouveau degré, il sentait la pâleur envahir sa face ; sa poitrine se serrait ; il eût juré qu'on lui comprimait la gorge jusqu'à l'étranglement, et ses yeux, roulant dans les orbites plus caves, regardaient à travers un voile de plus en plus épais.

Il subissait l'épouvantable crise à laquelle sont en proie tous ceux que le glaive de la loi va frapper. La foi seule lutte contre la terreur qu'inspire à toute créature humaine l'idée de sa dissolution. Mais en dehors de ce sentiment divin qui répand l'espoir sur les minutes suprêmes précédant le supplice, aucune force de volonté ne suffit pour réagir contre l'effroi de la mort.

— Tiens bon ! mon homme, hurlait la Paumelle.

— Pleurez ! murmurait le prêtre, priez... Dieu vous attend, sa grâce vous sollicite ; tandis que je vais vous donner le baiser de paix, il vous absoudra au nom de son sang répandu.

Le prêtre et le condamné se trouvaient sur la plate-forme.

En ce moment, cris et huées cessèrent.

Le drame de la mort commençait

Les yeux baignés de pleurs, des sanglots plein la voix, l'aumônier de la Roquette s'avança pour embrasser le malheureux.

Et alors... alors, chose monstrueuse qui jamais peut-être ne s'était vue, le misérable mordit le prêtre à la joue.

Celui-ci ne se recula pas avec horreur, ne poussa pas un cri ; il passa d'une main son mouchoir sur sa joue ensanglantée, puis, de l'autre, tendant le crucifix à Sapajou :

— Mon frère, dit-il, ayez pitié de votre âme !

Mais la folie de l'échafaud s'emparant de Sapajou, il repoussa l'aumônier d'un coup d'épaule, et alla s'abattre sur la planche à bascule de la machine.

Monsieur de Paris aida le prêtre à descendre, tandis que ses aides bouclaient l'assassin.

— Tiens bon ! cria de nouveau la Paumelle.

Le prêtre tomba sur le pavé à deux genoux, et se frappa la poitrine en récitant le *De profundis*.

Tout à coup il s'affaissa, et deux soldats, l'enlevant dans leurs bras, le transportèrent évanoui dans la maison la plus proche.

Pendant ce temps, la sciure de bois remplissant le panier de l'exécuteur se teignait de rouge ; la tête de Sapajou, contractée d'une manière horrible, venait d'y rouler.

Alors la foule hurlante, gouailleuse, ironique, cette foule de Paris qui promène ses curiosités malsaines de la Morgue à la Cour d'assises, et de la place des exécutions aux barricades, se tut soudainement et sentit tomber sur elle quelque chose de froid comme la glace, de lourd comme les chapes de plomb des damnés de Dante.

Le cadavre fut jeté dans un tombereau, les aides démontèrent la machine, et les femmes s'en allèrent se demandant quel mauvais instinct les avait poussées à voir trancher la tête d'un misérable.

La Paumelle resta la dernière sur la place.

Une vingtaine d'hommes, dont les différents types reproduisaient le vice sous tous ses aspects, l'attendaient sur la porte d'un débit de vins.

La veuve du supplicié porta la main à sa gorge.

— J'ai soif ! dit-elle.

Toutes les mains lui tendirent un verre plein jusqu'au bord.

Elle recula avant d'oser en prendre un... Ce vin était couleur de sang...

— De l'eau ! dit-elle, je veux de l'eau.

Elle but, puis s'assit sur une chaise et resta comme hébétée

— C'est pas tout ça, la Paumelle, dit un grand garçon répondant au nom de Galoupiat, faut vivre. Sapajou exerçait un métier scabreux, mais enfin il vous nourrissait. L'assistance publique ne va pas vous faire une pension. Voulez-vous une idée? Nous vous honorons tous de notre confiance. Sapajou est mort au champ d'honneur des gens qui jouent du *surin*. Ouvrez un cabaret, et les amis du défunt vous feront une clientèle. Vous ne devez rien à la justice, pas vrai?

La Paumelle releva la tête.

— J'ai fait mon temps ! dit-elle.

— N'est-ce pas, vous autres, reprit Galoupiat, il s'agit de lui faire un sort, à cette femme ; nous sommes là un tas de bons zigs brouillés avec la *rousse*, et qui ne serions pas fâchés d'avoir un coin dans Paris où il fut possible de causer tranquillement.

— Oui ! oui ! crièrent vingt voix, l'idée est bonne.

La veuve jeta autour d'elle un regard circulaire.

— Je ne possède rien, dit-elle, comment voulez-vous qu'on me loue une boutique, qu'on me vende une barrique de vin ?

— Si ce n'est que ça, répliqua un homme qui s'avança péniblement, soutenu par deux béquilles, et dont les pieds brisés pendaient comme une chose morte, nous allons vous donner une preuve d'amitié. Il vous faut de l'argent ? La main à la poche, vous autres, et inscrivez sur une ardoise le compte de la somme versée par chacun ; la Paumelle s'acquittera petit à petit sur ses bénéfices.

Galoupiat jeta une poignée de billon sur une table ; Roquet, dont les deux jambes avait été brisées par un piège à loup, posa deux pièces de cent sous à côté de l'offrande de son camarade.

L'un après l'autre, les amis de Sapajou apportèrent leur contingent. La veuve inscrivit un chiffre en regard du nom de chaque prêteur, puis, sans qu'un muscle de son visage tressaillît, elle remercia par quelques mots brefs les hommes qui lui venaient en aide.

— Je chercherai le local demain, dit-elle ; Galoupiat, qui demeure dans ma rue, vous donnera l'adresse. Merci à vous, et au revoir.

Elle s'éloigna lentement, longeant les maisons, comme si elle avait besoin d'ombre pour se cacher, ou comme si elle redoutait d'être prise d'une soudaine faiblesse.

Mais la Paumelle était d'une race de fer. Elle ne faiblit point durant le long trajet qui la mena de la barrière Saint-Jacques dans le quartier de Belleville.

Elle gravit ses cinq étages comme une somnambule ; mais quand elle se trouva seule dans son grenier sordide, la force factice qui l'avait soutenue céda tout à coup. Elle se jeta à terre, la face contre le sol, et poussa des cris pareils aux hurlements d'une hyène en cage.

Elle mordit ses poings, elle se répandit en blasphèmes, elle maudit les représentants de la justice qui avaient condamné son misérable compagnon ; elle maudit le prêtre qui l'avait assisté, et Dieu qui lui avait ouvert le refuge de sa miséricorde.

Ce fut une scène horrible, terrifiante ; un spectacle à faire dresser les cheveux sur le front.

On entendait du fond de la cour et de chacun des étages de cette maison noire et puante, cet orage de bestiale douleur. Personne n'alla au secours de la veuve ; et plus d'une parmi les femmes qui écoutaient ses cris furieux et désespérés, se demanda ce qu'elle deviendrait elle-même si la justice fouillait dans la vie de son mari.

Le lendemain, après une nuit passée dans les soubresauts de la fièvre, la Paumelle se lava le visage, brossa ses guenilles, épingla son mouchoir de cotonnade, serra autour de sa tête le ruban noir des Arlésiennes, coiffure qui contribuait à donner à son visage un plus grand caractère de sécheresse, puis, sans parler, sans même adresser un signe de tête à ceux et à celles qui se trouvaient sur son passage, elle gagna la rue.

Qu'allait-elle faire ? De quel côté planterait-elle sa tente ? Où installerait-elle le tapis-franc qui devait servir de rendez-vous aux anciens amis du supplicié ?

La rue de Belleville lui rappelait trop de souvenirs ; elle descendit jusqu'aux bâtiments de la Douane, qu'égayaient en ce moment des panaches de verdure ; puis, les laissant à sa droite, elle commença à gravir la rue de Flandre. Plus large que les quartiers de Belleville, la rue de Flandre garde assez bon air dans sa première partie ; les boutiques, remplies de blouses de toile parlent de travail ; les usines se succèdent, alternant avec des marchands de vin ; les bals, les musettes étalent leurs grandes lanternes ; les herbagers vendent des légumes médiocres et des fruits de seconde qualité ; mais enfin la misère ne se fait pas tout d'abord sordide et lépreuse. La Paumelle montait toujours, fouillant des yeux à droite et à gauche, afin de trouver ce qu'elle cherchait : un bouge assez hideux et assez peu cher de location pour que ses futurs habitués s'y trouvassent à l'aise.

Enfin une affiche collée sur les murs d'une maison portant le numéro 76 frappa ses regards, elle s'approcha et lut ; l'immeuble était à louer.

C'était un bâtiment dont le rez-de-chaussée s'enfonçait dans le sol, et que surmontait un premier étage si bas du plafond, que les toits devaient écraser le front des locataires. La porte se creusait pour ainsi dire dans une cave ; deux fenêtres la flanquaient d'ouvertures misérables. Plus loin, une seconde porte entourée d'une peinture représentant toutes les variétés de bûches, de cotterets et de margotins donnait accès dans l'antre d'un charbonnier.

Une allée longeant la maison d'un côté et un grand mur de l'autre, s'ouvrait sur une cour au fond de laquelle s'entassaient des bâtiments boiteux, suintants, qui, formant une surface plane du côté de la rue, gardaient la fantaisie de leur construction et les accidents imprévus de leurs effets, pour le côté dominant un large chemin conduisant à un établissement de chevaux réformés. Une arcade en planches, peinte à l'huile, représentait des squelettes de coursiers, une apparence de voiture et l'ombre étique d'un cocher. Cette enseigne, lavée et déteinte par la pluie, enjambait le chemin d'une façon imprévue. Quand on se plaçait à droite, sur le mince trottoir suivant cette voie isolée, on apercevait en face de soi les bâtiments en retour de la maison convoitée par la Paumelle. Une énorme cheminée, imbriquée d'ardoises comme un clocher, se dressait au-dessus d'une galerie couverte, soutenue par trois poteaux croulants. Des fenêtres écrasées s'aplatissaient contre les murs écaillés ; d'autres étaient borgnes comme des monstres à qui l'on aurait crevé un œil. Il y en avait de rondes comme l'entrée d'une tonne, de carrées mesurant un pied de haut. Quelques-unes béaient comme la gueule vide d'un four, aussi sombres et plus effrayantes. Mais ce que rien ne saurait rendre, c'est le ton bizarre de cet ensemble, l'ocre écaillé des plâtres, le rouge des briques, les bruns des bois à demi-pourris, les verts des vitres à lentille ; cette maison faisait froid et peur. On la sentait pleine de pièges. Chacun de ses escaliers à spirale aboutissait à une mansarde ; les toits semblaient aplatis exprès pour que les voleurs pussent y trouver un refuge ; la cheminée garnie d'ardoises gardait la capacité d'une tour. Les fenêtres se communiquaient ; on pouvait enjamber les balustrades, et, ce qui semblait plus précieux encore, sauter de la muraille de la cour ou des toitures voisines, sur le grand chemin. Une telle maison est vouée d'avance à l'igominie ; elle la portait sur sa façade, comme certains visages humains sur leur lèpre saignante. Tout y semblait combiné, truqué, prémédité pour le crime. Les maisons de cette sorte ont des oubliettes comme les anciennes prisons, et des troisièmes-dessous comme un théâtre. Celle-là pouvait passer pour la plus hideuse du quartier.

La Paumelle, après l'avoir visitée, s'enquit du moyen de la louer à bon compte. La vieille femme qui la quittait avait vu emmener, la veille, ses deux filles à Saint-Lazare ; son commerce allait mal ; elle souhaitait trouver quelques francs de son comptoir d'étain, de ses tables boiteuses, des restes de liqueurs suspectes restant au fond des bouteilles à étiquettes multicolores ; la Paumelle prit une poignée de monnaie dans sa poche, et dit simplement :

— Voilà, je ne m'y connais point en écritures ; nous sommes au 15 mai, vous payez le terme comme de juste, mais j'ajoute une gratification, et comme vous ne savez où aller loger, je vous garde ici pendant un mois.

Trombine accepta, et deux heures plus tard, la Paumelle se trouvait régulièrement à la tête d'un établissement.

Le soir même Galoupiat en était informé, et la veuve du supplicié, froide et rigide dans sa robe de deuil, versait du vin bleu aux anciens complices de Sapajou.

Au bout d'un mois, sa clientèle était faite ; dès qu'elle commença à réaliser des profits, elle meubla de lits misérables les chambres, les cabinets, les trous noirs, et suspendit à la muraille une enseigne de fer blanc peinte en gris, sur laquelle ces mots s'étalaient en lettres jaunes : *Hôtel garni*. La boutique, enjolivée de sa fresque de bois de chauffage, fut louée à un charbonnier qu'on appelait Saint-Flour pendant la journée, et qui, le soir, dans le caboulot de la Paumelle, répondait au nom de Radis-Noir. Peu à peu les négociants prirent confiance en la Paumelle ; elle paya les billets à échéance et garnit sa cave de plusieurs pièces de vin. Sans doute elle manqua de provisions de fine champagne, mais le trois-six donnait un goût relevé à ses eaux-de-vie, et l'on vantait beaucoup ses citrons verts confits dans le cognac.

Pendant le jour, des rideaux d'un blanc douteux cachaient l'intérieur du cabaret, dont la porte était ouverte. Le soir, La Paumelle y plaçait des volets, et quand ses bonnes pratiques y étaient réunies, on mettait le verrou à la porte.

Les locataires des chambres garnies ne prenaient guère qu'à la nuit ces bouges misérables. Souvent le même matelas recevait deux dormeurs. Plus d'une fois une inspection de police les vint troubler dans leur sommeil. Cependant la police n'inquiétait point la veuve du supplicié outre mesure. Comme elle disait, elle avait fait son temps ; peut-être aussi trouvait-on quelque avantage à ménager cette souricière, dans laquelle on était sûr de trouver des récidivistes, des forçats en rupture de ban, des apprentis voleurs, et généralement l'écume de Paris.

Le commerce de la Paumelle fructifia de telle sorte que ses amis affirmaient qu'elle réalisait des économies et achetait des valeurs.

De longues années se passèrent de la sorte ; on cessa de guillotiner à la barrière Saint-Jacques, et l'on plaça les sanglantes dalles de la place de la Roquette ; les anciens forçats et compagnons de Sapajou retournèrent au bagne ou moururent ; mais le tapis-franc de la veuve du supplicié était achalandé, et une nouvelle génération de voleurs remplaça celle qui disparaissait lentement. Galoupiat seul et Radis-Noir restèrent.

Peu à peu l'établissement de la Paumelle prit une spécialité.

Durant toute l'année, Paris renferme de misérables êtres qui, soit dans des boutiques vides, soit sous une tente de toile, dans une baraque, sont exposés à la curiosité du public pour la modique somme de deux sous. Les femmes colosses, les enfants nains, les hommes squelettes, tous ceux dont la difformité fait là fortune, errent d'un boulevard extérieur à l'autre, pour se retrouver groupés aux fêtes de Montmartre, de Batignolles, des Loges, de Neuilly, de la barrière du Trône. Chacun de ces malheureux n'a pas une voiture assez grande pour lui servir de logis ; d'ailleurs, il faudrait s'éloigner trop de la capitale. Il importe donc à ces misérables gens, à ces êtres dont la nature fit d'horribles fantoches ou des colosses monstrueux, de se réunir dans un milieu, de se grouper, de s'entendre : séparément, ils auraient à souffrir de la curiosité, des railleries de tous ; rapprochés, ils ne peuvent que se plaindre. Qui sait même si, groupés entre eux, ils ne trouvent pas le moyen de rire.

La Paumelle ouvrit aux *monstres* la maison donnant sur la cour, y installa une salle à manger assez vaste, organisa des chambres, et fit savoir à tous les cornacs de la capitale que, quatre fois dans l'année, il y aurait dans son établissement une foire où les montreurs d'Albinos, de femmes à barbe, de squelettes vivants, de Peaux-Rouges, pourraient échanger leur personnel et varier les chances de leur commerce.

Cette horrible clientèle resta fidèle à l'Ogresse et devint une source de beaux bénéfices.

A l'époque où se passaient les derniers événements que nous venons de raconter : le procès d'Urbain Kerdren et l'arrivée à Paris du jeune homme mourant de faim qui affirmait être le véritable vicomte de la Haudraye, la Paumelle, ne pouvant suffire à la besogne croissante que lui donnait son double établissement, s'était adjoint une petite servante.

C'était une enfant de douze ans à peu près, blanche comme la porcelaine de Chine que l'on appelle « coquilles d'œufs. » Elle avait de grands yeux bleus rêveurs et déjà obscurcis par les larmes, et de splendides cheveux blonds se déroulant comme un écheveau de soie sur ses frêles épaules.

Elle répondait au nom d'Alie.

Un jour, un acrobate, en quête d'une femme géante, se présenta chez la Paumelle avec sa femme Rosalba, et la petite fille qui boitait légèrement. Tamerlan fit marché pour le colosse connu sous le nom de la *belle Arlésienne* ; on signa le contrat en absorbant deux litres à douze, et comme La Paumelle remarquait que l'enfant ne buvait point, la Rosalba souffleta sur ses deux joues la mignonne créature en répondant à l'ogresse :

— C'est pour se singulariser, la fainéante ! Elle ne vaut plus le pain qu'elle mange ! Le moyen de faire danser sur la corde cette mijaurée, depuis qu'elle s'est inventé le moyen de se casser la jambe ?

— Si elle ne vous est bonne à rien, répliqua la Paumelle, laissez-la-moi.

— Qu'en ferez-vous ?

— Elle versera bien à boire, au moins, et puisqu'elle n'aime pas le vin, je ne craindrai pas de l'envoyer à la cave.

Rosalba consulta Tamerlan du regard, et celui-ci approuva d'un signe de tête.

— Ce sera cinq francs par mois, dit Rosalba.

— Pourquoi cinq francs ? demanda la Paumelle.

— Pour ses gages, donc !

— Vous dites qu'Alie ne vaut pas le pain qu'elle mange.

— Chez nous, soit ! parce qu'elle ne danse plus sur la corde, mais chez vous, c'est autre chose, elle fera une servante modèle. Il faut bien que nous rattrapions les frais de l'éducation que nous lui avons donnée.

— Je consens parce que vous êtes des pratiques, dit la Paumelle, sans quoi...

Alie jeta autour d'elle des yeux épouvantés.

— Je ne veux pas ! dit-elle à la Rosalba, je ne veux pas rester ici !

— Allons, faudra consulter la mômignarde, maintenant ! Elle pleurait quand il fallait danser sur la corde, elle va pleurer parce qu'il faudra rincer les verres ! On t'en donnera de chics emplois, la princesse ! Et attention à filer droit, vois-tu, parce que Rosalba, c'est pas pour la vanter, mais c'est un agneau de candeur à côté de la Paumelle.

Alie s'assit dans un coin et se mit à pleurer.

— Henri ! pauvre Henri ! murmura-t-elle, comme il aura du chagrin en ne me voyant pas rentrer.

Elle essaya d'attendrir la Rosalba, elle promit de danser sur la corde, de faire le saut des banderolles, elle s'engagea à tout ce que son cher cœur d'enfant la poussait à jurer, afin de garder le droit de consoler un petit être malheureux comme elle ; tout fut inutile ; Rosalba et Tamerlan allaient quitter l'établissement de la veuve du supplicié, en abandonnant Alie à l'Ogresse, quand l'acrobate dit à la veuve de Sapajou :

— A propos, il arrivera chaque mois ici une lettre à mon adresse, recevez-la, Paumelle, je serai aussi exact à la venir prendre qu'à recevoir les gages de la petite... Dites donc, ne vous gênez pas pour lui donner des coup du chat à cinq queues, elle est têtue comme une autruche, et par la douceur je n'en ai jamais rien fait.

— C'est bon dit Paumelle, j'ai mon système.

A partir de ce jour, Alie fut installée dans le tapis-franc en qualité de servante. Cependant, elle restait souvent de longues heures au comptoir, répondant aux consommateurs, et prenant les commandes pour le lendemain ; car Alie gardait une supériorité sur l'Ogresse : elle savait écrire. Tandis que la Paumelle courait de table en table, Alie pouvait parfois échapper par la pensée à l'enfer où elle était descendue ; ses grands yeux bleus se fixaient dans le vague, et ses lèvres pâlies retrouvaient un sourire. Quand la Paumelle la surprenait de la sorte, immobile, silencieuse, étrangère à ce qui se passait au tapis-franc, elle bondissait jusqu'à la faible créature, la secouait brutalement, et lui donnait l'ordre d'aller porter un litre de vin à un ivrogne, ou une allumette à un fumeur. Alie obéissait, mais dès qu'elle avait repris sa place, elle retombait dans la même torpeur maladive.

Il pouvait être dix heures du soir, quand, un mois environ après que Rosalba avait placé Alie chez l'Ogresse de la rue de Flandre, la porte du cabaret s'ouvrit, et une femme, vêtue de haillons et portant sur l'épaule un énorme balai, franchit le seuil de la Paumelle.

Un cri formidable l'accueillit :

— La Balayeuse ! la Balayeuse !

— Ça va bien les études du *Conservatoire* ?

— Merci, les enfants ! dit la Balayeuse en attirant une chaise boiteuse, merci ; mais, pour le quart d'heure, il ne s'agit ni du balai municipal ni du *Conservatoire des cris de Paris* ; ça ne suffirait pas à me remuer le cœur de la sorte, et, je le jure, ce soir, il bat à me briser la poitrine.

Mon fils, dit-elle, qu'as-tu fait de mon fils. (*Voir page* 264.)

CHAPITRE XXII

DENIS L'IVROGNE

A Balayeuse, dont l'arrivée faisait événement dans le tapis-franc, était une femme de haute taille, aux grands traits, à la chevelure abondante et rebelle, débordant du mouchoir à carreaux qui s'efforçait de les retenir. La misère et le chagrin n'avaient pu détruire la trace complète de cette chose sublime dont il plaît souvent à Dieu d'empreindre la face humaine, et qui s'appelle la beauté.

Portant des haillons, mangeant mal, buvant de l'eau, logeant dans un taudis, cette femme passait pour réaliser de notables économies. On la savait probe, loyale ; la justice ne se mêlait jamais de ses affaires. On se répétait bien que son mari était au bagne pour l'avoir frappée de plusieurs coups de couteau, mais nul n'en parlait à la Balayeuse qui évitait toujours de rappeler ce souvenir.

Ce qui lui donnait une influence et la rendait véritablement populaire, ce n'était point l'état qu'elle exerçait. La Balayeuse, intelligente, inventive, douée d'une forte voix et d'une sorte de disposition naturelle pour la musique, avait eu un jour une idée touchant au génie.

En remarquant la variété des annonces en plein vent des maraichers, des marchandes de poisson poussant une charrette à bras, il lui vint à l'esprit d'ouvrir une école spéciale, dans laquelle les enfants viendraient apprendre à crier dans les rues d'une façon originale les denrées qui leur sont confiées. Elle donna modestement à cette école, le nom de *Conservatoire des cris de Paris*. Chaque jour, dans l'après-midi, la Balayeuse offrait ses leçons, à raison de deux sous le cachet.

Le conservatoire de la Balayeuse était très suivi et lui rapportait de notables bénéfices. Pas un petit marchand qui ne la connût, pas un enfant qui ne la saluât avec amitié et respect. La Balayeuse était bonne, quoique d'un caractère sombre et un peu farouche. Avec les enfants surtout, elle avait souvent des élans de tendresse qui surprenaient ceux-ci et amenaient des larmes dans les yeux de cette femme.

Au milieu des habitués du cabaret de la Paumelle, on l'aimait, et cependant jamais la Balayeuse n'avait ni volé ni aidé à un vol ; mais on savait qu'elle se serait fait tuer plutôt que de trahir.

Ce soir-là, le visage de la Balayeuse rayonnait.

Elle s'assit près de la table, allongea ses bras, regarda le cercle des buveurs et dit d'une voix joyeuse :

— C'est demain le 14 décembre, n'est-ce-pas ?

La Paumelle consulta son almanach et répondit :

— Oui, c'est demain le 14 décembre.

— Alors, ajouta la Balayeuse, mon homme revient demain.

— Denis *l'ivrogne* ?

— Oui, Denis *l'ivrogne* ! ajouta la Balayeuse; il a fini son temps.

— Et il t'a écrit ?

— Non ; d'abord il n'a jamais appris à écrire.

— Mais alors, demanda la Paumelle, comment et où le trouveras-tu ?

— Devant le portail de Saint-Étienne-du-Mont.

— Il t'y a donné rendez-vous ?

— Il y a quinze ans, le jour de sa condamnation.

— Et tu tiens à revoir Denis ?

— Oh ! oui, dit la Balayeuse, oui, je veux le revoir !

— Pour te venger, alors ?

— Me venger ! de quoi ?

— Mais des coups de couteau qui lui valurent sa condamnation.

— J'ai pardonné ça, dit la Balayeuse ; les plaies de la chair sont fermées. Il me reste une plaie au cœur, et celle-là, Denis peut la guérir.

— Avec ça qu'il est tendre, Denis !

La Balayeuse secoua la tête.

— Chacun a ses torts, dit-elle ; on connaît le crime de Denis, on ignore mes fautes, à moi ; je suis trop juste pour m'absoudre. Ce n'est pas d'avoir versé mon sang que j'en veux à mon homme : le sang est revenu dans les veines ; seulement, le bonheur n'est pas rentré dans mon âme. Vous avez toujours vu la Balayeuse sombre, morne, vivant d'une façon misérable, et vous vous êtes demandé pourquoi. Denis arrive, je puis maintenant vous le dire.

Un mouvement de curiosité se fit dans les groupes ; la Paumelle, assise à son comptoir, posa ses coudes sur la tablette en appuyant son menton sur ses mains, et la petite Alie se glissa près de la Balayeuse qui s'était toujours montrée douce et bonne pour elle.

— Il y a vingt-cinq ans, reprit la Balayeuse, j'étais la plus belle fille de la Villette, et, pour être franche, la plus coquette de Paris. Les boutiques n'avaient jamais assez de rubans pour ma parure. Je ne rêvais que parties de campagne à âne, courses en canot sur la Seine, et bals dans les guinguettes de barrière ! Quand j'avais travaillé trois jours, l'aiguille devenait lourde dans mes doigts, mes pieds dansaient tout seuls. S'il paraissait un rayon de soleil, je jetais la besogne dans la corbeille à ouvrage, et je m'en allais. Il y avait plus de légèreté que de vice en moi, mais le mal suit le mal, et j'étais dans une mauvaise route. Denis me demanda en mariage ; c'était un brave garçon, exerçant l'état de mécanicien et gagnant de bonnes journées. Sa réputation ne laissait rien à désirer. Il ne me déplaisait pas et sa tendresse pour moi me paraissait sincère ; je l'épousai. Le mariage aurait dû me rendre sérieuse et raisonnable ; il n'en fut rien. Pour ne pas me contrarier, Denis me conduisait au bal le dimanche ; pendant la semaine, j'y allais souvent seule. Cela lui déplut ; il me dit qu'une jeune femme ne pouvait passer sa vie hors de sa maison ; il me pria de renoncer à des distractions bruyantes, de vivre pour lui qui vivait si bien pour moi. Je l'apaisai, je promis ce qu'il voulut, et je recommençai le lendemain. Afin de l'empêcher de m'adresser des reproches, je l'accusai de me tyranniser. Il me regarda d'un air triste et ne répondit rien. Trois jours après, je pris dans le tiroir l'argent qui restait à la maison. J'achetai une toilette neuve et j'allai au bal.

Quand je rentrai, je trouvai Denis ivre-mort, en face de plusieurs bouteilles vides.

Le lendemain, quand je témoignai le dégoût que m'inspirait sa conduite de la veille, il me répondit froidement :

— Tais-toi, j'ai voulu oublier. Tu es coquette et je suis jaloux !

Alors commença pour tous deux une vie infernale. Chacun courait où l'attirait sa passion : lui au cabaret, moi au bal. Il travailla moins ; tout l'argent qu'il gagna passa en eau-de-vie. Quand il rentrait le soir, il me battait. Notre intérieur était un enfer ; et je songeais à quitter le mari que j'avais poussé au désordre, quand subitement tout changea pour moi. Je devins mère. Ce que le mariage n'avait pas fait, la maternité l'obtint. Je ne vis plus au monde que mon enfant, je ne quittai plus son berceau. Alors je compris ma faute, mon crime.

J'essayai de ramener Denis à des habitudes laborieuses, ce fut inutile.

Je pris du travail; je cousais jour et nuit pour gagner ce qu'il fallait à ma vie misérable et à celle de mon enfant; Denis qui ne prenait plus ses outils deux fois par semaine, résolut de ne plus aller à son atelier, et me déclara un jour que mon gain servirait pour toute la famille. Je refusai, je me révoltai, il me frappa. L'expiation fut terrible. Mon petit Antoine grandit sous mes pleurs, il entendit plus d'une fois les blasphèmes de son père. Denis le haïssait parce que, disait-il, j'aimais l'enfant plus que tout au monde. Plus d'une fois il me menaça de le prendre; alors, devenant furieuse, je jurais de fuir la maison et de me cacher si bien que jamais Denis ne retrouverait ses victimes.

Mon mari ne crut pas d'abord à cette menace, cependant il me surveillait.

Je sortis un jour, sous prétexte de chercher de l'ouvrage, et je me mis en quête d'une chambre dans un quartier éloigné du nôtre.

Afin de ne point fatiguer Antoine par une marche forcée, je l'avais laissé à la maison.

Quand je rentrai, je regardai inutilement dans la salle, cherchant Antoine et l'appelant.

Mon mari seul était là ; une bouteille vide se trouvait sur la table, une bouteille d'eau-de-vie.

— Où est l'enfant? lui demandai-je.

— L'enfant? me répondit-il d'un air hébété, je le déteste.

— Réponds, où est-il? répétai-je, en secouant Denis par les épaules.

Le misérable regarda la bouteille et ajouta :

— Je n'aime plus que l'eau-de-vie !

— Mon fils ! lui dis-je en fixant mes yeux sur ses yeux troublés par l'ivresse.

Il tressaillit, se leva et poussa un éclat de rire.

— Ton fils ! Je ne l'aimais pas ! tu me négligeais pour lui, c'était lui qui mangeait l'argent.

— Qu'en as-tu fait, misérable ?

Il me regarda, en faisant un effort pour se tenir en équilibre, et me répondit :

— Je l'ai vendu !

Ce qui se passa fut horrible; je redemandai Antoine avec des supplications, des cris, des sanglots. Je m'humiliai, je me trainai à genoux. Je promis de travailler double, de donner à Denis la presque totalité de mon gain.

Denis continuait à me regarder fixement d'un air hébété.

Alors, je menaçai le malheureux de la justice.

A travers l'ivresse de Denis, les mots de dénonciation, de justice parvinrent à son esprit et l'emplirent d'épouvante.

Il se dressa sur ses pieds chancelants, puis s'approcha, livide.

— Tu te plaindras! me dit-il, tu redemanderas Antoine, tu diras que je suis un ivrogne, un fou! Prends garde! je répondrai que tu es une gueuse, et que je bois pour oublier tes infamies. L'enfant, tu ne le reverras jamais. Il est loin, bien loin, fais-en ton deuil. Je ne veux pas que tu parles, que tu te plaignes. Quand tu m'as pris pour mari, j'étais laborieux, paisible et bon, tu as fait de moi un débauché; tu me garderas tel que je suis, tel que tu m'as voulu, tel que tu m'as fait! Tu ne me quitteras pas, tu me gagneras de l'argent, tu seras ma servante. Je suis le maître; l'enfant me gênait, j'ai supprimé l'enfant!

Je voulus sortir, j'avais peur.

Denis me saisit brutalement. Je parvins à lui échapper, et je courus vers la porte, mais avant que j'en eusse trouvé la clef, une main armé d'un couteau s'abattit sur moi.

Quand j'ouvris les yeux, un médecin et des magistrats m'entouraient.

On m'interrogea. Je demandais mon enfant. Je pardonnais à mon mari. Je ne voulais que le cher petit qu'il m'avait volé.

On me transporta dans un hospice et, au bout de deux mois de tortures, on me conduisit dans la salle de la Cour d'assises, où devait être jugé mon mari.

La veille, j'avais reçu un mot de lui, contenant ces paroles :

« Si tu ne me charges pas, je te rendrai l'enfant, lors de l'expiration de ma peine. »

Je ne l'accusai pas, je demandai pour lui l'indulgence du tribunal ; on le condamna à quinze ans de travaux forcés.

J'allai le voir avant son départ, et je lui portai le peu d'argent qu'il m'avait été possible d'économiser.

Denis, qui avait perdu l'habitude de l'ivresse, retrouva au fond de son cœur un peu de justice et de compassion :

— Je me suis trop vengé, dit-il, je te rendrai l'enfant. Mais j'ai signé, et il faut que le contrat s'exécute. Dans quinze ans, je serai libre. Nous sommes le 10 décembre 1859 ; le 14 décembre 1874, trouve-toi devant l'église Saint-Étienne-du-Mont, je te dirai ce que j'ai fait d'Antoine, et je te procurerai le moyen de le retrouver.

Il ajouta d'une voix sombre :

— Si l'un de nous manque au rendez-vous, c'est qu'il sera mort.

— J'y serai, lui dis-je.

La Balayeuse regarda ses auditeurs, et ajouta :

— Voilà pourquoi, demain, je serai, à dix heures du soir, devant le portail de l'église Saint-Etienne-du-Mont.

— Logera-t-il avec vous, la Balayeuse ? demanda la Paumelle.

— Je l'espère, répondit celle-ci.

— Enfin, dit la veuve du supplicié, en cas contraire donnez-moi la préférence ; il reste encore deux numéros vides dans l'hôtel.

La Balayeuse se leva, plaça son balai sur son épaule et sortit du tapis-franc.

Le lendemain, elle faisait sa besogne avec une sorte de furie.

Sa tâche finie, au lieu d'aller à sa classe du *Conservatoire*, elle donna congé aux élèves. Elle rentra chez elle et rangea son misérable ménage. Puis elle prépara un souper composé de jambon, de pain frais, de fromage et d'une bouteille de vin.

Elle se réjouissait à l'idée de revoir celui qui pouvait lui rendre Antoine ; le souvenir des coups de couteau était bien loin : la femme était morte, mais comme la mère était vivante !

Quand la demie de huit heures sonna, la Balayeuse baissa sa petite lampe et sortit.

Le froid était vif, le ciel sombre.

La neige se mit à tomber.

La Balayeuse marchait, la taille droite, le pied ferme ; elle allait sans rien voir, sans rien entendre, au milieu du tourbillon glacial qui l'enveloppait. Les flocons blancs lui fouettaient le visage, trempaient ses guenilles et alourdissaient ses gros souliers. Les masses de neige s'épaississaient lentement, s'interposant comme un brouillard entre la malheureuse femme et les objets extérieurs.

Elle gagna la place de Saint-Etienne-du-Mont, quelques minutes avant dix heures.

Elle marcha lentement, fouillant du regard les rues noires.

La grosse horloge sonna.

En même temps, au plus fort de la tourmente de neige, une forme vague s'ébaucha du côté de la rue Descartes ; à mesure que cette forme s'approchait, il devint facile de reconnaître un homme marchant avec peine et s'appuyant sur un bâton.

La Balayeuse alla droit vers cet homme, et appela :

— Denis ! Denis !

L'homme, guidé par la voix, rejoignit la femme.

— C'est toi, Michelle ? demanda-t-il d'une voix rude.

— Oui, c'est moi.

La Balayeuse tendit une main que Denis serra.

— Tous deux tremblaient.

— Tu te souviens de la parole que tu m'as donnée.
— Je m'en souviens. J'ai promis de te rendre Antoine, et je te le rendrai.

Tous deux frissonnaient sous la neige, et la Balayeuse reprit :
— C'est bien, je te crois. Tu peux venir à la maison ; tu as froid et tu dois avoir faim.

Le forçat suivit sa femme.

Ils ne se parlaient pas, la tempête devenait de plus en plus violente ; les rues mal éclairées semblaient s'allonger indéfiniment sous les pas de ces deux êtres. Enfin ils gagnèrent le logis de la Balayeuse.

L'homme inspecta le taudis du regard.
— Quelle turne ! dit-il.

Il s'adoucit en voyant le souper.
— Parle-moi d'Antoine, reprit la Balayeuse.
— Antoine, répondit Denis, je l'avais vendu pour quinze ans à un acrobate ; il est libre à cette heure. J'ai promis, je tiendrai. J'ai eu là-bas des indications. L'homme avec qui je traitai se rend souvent au cabaret tenu par la veuve de Sapajou....
— La Paumelle ! dit la Balayeuse, je la connais.
— Un fameux caboulot ! ajouta Denis, on y trouve du travail à discrétion. Il n'y a pas d'eau-d'af, ici ?
— Non.
— T'as pas fait fortune, je vois ! ça viendra !
— Tu vas chercher de l'ouvrage ? demanda la Balayeuse.
— Oui, de l'ouvrage ! fit railleusement Denis. J'irai chez les maîtres mécaniciens, et je leur dirai : « Voilà, en guise de livret, mon passe-port de forçat. » Et on me prendra tout de suite. Comment donc ! et les camarades m'inviteront à dîner dans leur famille ! Vois-tu, ma vieille, pour le libéré comme pour le forçat en rupture de ban, il n'y a qu'une façon de travailler, c'est de ne rien faire.
— On t'aiderait, dit la Balayeuse. Il est de bonnes âmes dans Paris. Une sainte fille a fondé une œuvre pour venir en aide à ceux qui sortent de ces maisons terribles. J'irai la trouver, je lui parlerai de toi, elle s'intéressera à notre misère ; Sœur Sainte-Croix est un ange !
— Ah ! ça, demanda Denis, qu'as-tu donc fait pendant mon absence ?
— Je me suis repentie de mes légèretés, et j'ai travaillé ; le jour, la nuit, j'ai usé mes bras à la besogne ; je suis restée honnête.
— Ah ! tu sais, fit Denis, ça m'est égal, la petite bête est morte.

Il se frappa la poitrine à la place du cœur.

A la fin de cette soirée, si impatiemment attendue, la Balayeuse avait acquis la certitude que, loin de se repentir, Denis, gangrené par le bagne, était prêt à commettre tous les crimes.

Elle n'essaya point de le retenir quand, le lendemain, son mari quitta le réduit où il avait trouvé l'hospitalité.

— J'ai promis, dit-il avant de s'éloigner, je tiendrai ma promesse. Tu me trouveras chez la veuve de Sapajou.

Quinze jours après le retour de Denis à Paris, un homme, vêtu d'une blouse rapiécée, et portant sur la tête une vieille casquette de loutre, pénétra dans le tapis-franc de la Paumelle.

Celle-ci le regarda longuement, comme elle faisait de tous les nouveaux venus.

Alors, l'homme à la casquette lui murmura un nom à l'oreille.

La veuve fit un signe de tête et dit à voix basse :

— Nous sommes au 31 décembre, vous êtes sûr qu'il viendra.

— En l'attendant, reprit l'homme à la casquette, avez-vous sous la main un homme sans préjugés avec qui on puisse traiter une affaire ?

— Oui, répondit la Paumelle.

La veuve se dirigea vers Denis et lui frappa sur l'épaule.

— Trinquez donc avec ce brave garçon, dit-elle, vous n'en serez pas fâché !

En voyant Denis s'approcher, l'homme à la casquette de loutre murmura, à voix basse, en s'adressant à la Paumelle :

— Servez de l'eau-de-vie dans un des cabinets. Venez, ajouta-t-il, en se tournant vers Denis ; ici, les murailles sont curieuses.

L'homme à la casquette de loutre avait vingt-cinq ans au plus ; il paraissait intelligent ; son regard était froid, sa bouche silencieuse, ces gestes rares.

— Il n'est pas besoin de beaucoup de paroles pour nous entendre, dit-il à Denis. Un homme me gêne à Paris, voulez-vous me débarrasser de cet homme ?

— Ça dépend, dit Denis.

— Mille francs après le travail, dix louis d'acompte.

— Est-il robuste ?

— Je ne crois pas, car il reçut jadis un coup de couteau dans la poitrine.

— Il a la vie dure, alors, objecta Denis. Faut-il employer le même moyen ?

— Peu importe le moyen, nous voulons le succès.

— Où trouverai-je l'homme dont je dois me défaire ?

— Sur le pont Notre-Dame.

— Quel jour ?
— Après demain.
— A quoi le reconnaîtrai-je ?
— Il vous dira : *Amérique*, et vous répondrez : *Paris*
— *Amérique, Paris*, répéta Denis. Mais, après ces mots échangés...
— L'homme vous demandera si vous avez *les papiers*.
— Quels papiers ?
— Peu importe ! Vous objecterez qu'avant de les livrer, il faut d'abord en fixer le prix. Naturellement il acceptera vos conditions. Vous fouillerez dans votre poche, en feignant d'y prendre le portefeuille renfermant les papiers que cet homme a marchandés, et vous en tirerez l'arme qui vous conviendra, pourvu qu'elle ne manque pas le cœur de votre adversaire. Près de la Seine, il est toujours facile de se débarrasser d'un cadavre. Le surlendemain soir vous viendrez chercher le reste de votre salaire.
— Où donc ?
— Dans un endroit familier, sinon à vous, du moins à votre femme. Au centre de l'espace vide, enclos de planches, que la Balayeuse a choisi pour son cours du *Conservatoire des cris de Paris*, se trouve un amas de pierres assez considérable. Vous entrerez dans l'enclos par la brèche, et à partir de dix heures du soir, la somme se trouvera à votre disposition : huit cents francs. Vous les ramasserez dans le tas de pierres ; d'ailleurs, je serai là.
— Pourquoi ne pas régler ici ? demanda Denis.
— J'ai peu de confiance dans les habitués de la Paumelle ; le moyen que je vous indique est plus simple et plus sûr.
— Ce qui l'est au moins autant, répondit le forçat, c'est que désormais, vous êtes sûr que je vous reconnaîtrai.

L'homme à la casquette lui tendit la main.
— Tout est convenu, dit-il ; au revoir.

Tous deux quittèrent le cabinet et regagnèrent la salle commune. Tandis qu'ils en ouvraient la porte, un homme vêtu d'une redingote verte garnie de peau de chat franchissait le seuil de la Paumelle.

En passant à côté de cet homme, le jeune misérable, qui traitait l'instant d'auparavant avec Denis pour un assassinat, murmura d'une voix basse et rapide :
— Tamerlan, je veux voir le petit Henri, amène-le demain.
— Soit ! répondit l'homme à la houppelande, aussi bien, c'est le jour où tu as coutume de me payer les frais de son éducation.

Depuis un quart d'heure environ, la Balayeuse se tenait dans un coin de la salle, causant avec Alie d'une voix presque douce.

La malheureuse femme revenait ainsi chaque soir s'informer près de son mari, s'il avait obtenu des renseignements sur son fils.

Elle accourait, le cœur serré par une double angoisse, tremblante à l'idée d'apprendre une fatale nouvelle concernant Antoine, et se demandait si quelque vol, quelque attaque nocturne n'avait pas de nouveau jeté Denis entre les mains de la justice.

L'ivrognerie l'avait repris avec une puissance contre laquelle il n'était plus possible de lutter ; et le séjour au bagne avait gangrené jusqu'à la moelle le misérable compagnon de la Balayeuse.

Elle tenta vainement plusieurs fois de l'arracher à la débauche, de l'enlever à ce bouge dans lequel il achèverait de se perdre ; quand elle voulut lui donner un conseil, il lui répondit :

— C'est pour oublier les chagrins que tu me causais, que j'ai bu mon premier verre d'eau-de-vie ! Je t'ai promis ton fils, je te le rendrai parce que tu ne m'as pas chargé devant les juges ; ne me demande pas autre chose !

Chaque soir, sa journée finie, elle venait chez la veuve de Sapajou s'informer auprès de Denis s'il avait obtenu quelque renseignement.

Ce soir-là, la Balayeuse, en voyant son mari quitter le cabinet de la Paumelle avec un inconnu, s'imagina que Denis pouvait lui parler d'Antoine, et quittant Alie, elle s'avança vers le comptoir.

La foule était nombreuse dans le cabaret, et il lui fallut, pour s'en approcher et gagner l'entrée de la salle, déranger plus d'un buveur et repousser plus d'un ivrogne.

A peine Tamerlan avait-il échangé quelques mots avec le jeune homme à la casquette de loutre, à peine celui-ci eut-il quitté le cabaret, que Denis, les yeux brillants, les lèvres agitées d'un tremblement nerveux, s'avança vers le saltimbanque.

— Tamerlan, dit-il, où est mon fils ? Le traité est rompu ; les quinze années sont finies......

— Ton fils ! dit Tamerlan, quel fils ? Comment l'appelles-tu ? C'est que, mon vieux, depuis que j'ai l'honneur de diriger une troupe d'acrobates, il m'en a passé des enfants par les mains.

— Je m'appelle Denis, répondit le forçat, il s'agit du petit Antoine.

Tamerlan poussa un bruyant éclat de rire.

— Ah bien ! par exemple, elle est bonne, celle-là ! Si un auteur mettait une scène pareille dans un drame, on l'accuserait de faire de l'invraisemblable !

— Où est Antoine ? répéta Denis.

La Balayeuse se cramponna à l'un des bras du saltimbanque.

— Mon fils! dit-elle, qu'as-tu fait de mon fils? rends-le-moi, voilà quinze ans que je le pleure!

— Assez de scène de famille comme ça! dit Tamerlan, et n'essayez pas de la faire à Bibi, ça ne prendrait pas, la mère! Votre mari sait mieux que moi ce que fait son Antoine, puisque, tout à l'heure, ils causaient tous deux dans ce cabinet.

Denis se recula contre la muraille, ses mains tremblaient, le sang injectait ses yeux, et ce fut d'une voix étouffée qu'il murmura :

— Mon fils! c'était mon fils!

Tamerlan avait quitté le tapis-franc, avant que la Balayeuse eut réussi à arracher à Denis une autre parole que ces mots répétés d'une voix empreinte de désespoir :

— C'était mon fils!

La Balayeuse le secoua rudement par l'épaule.

— Qu'avez-vous dit? demanda-t-elle. Tu l'as regardé, tu l'as eu sous les yeux, bien en face, et tu ne l'as pas reconnu. Il t'a parlé, et sa voix ne t'a point remué les entrailles. Cœur de tigre! Oh! si j'avais été à ta place, mon cœur m'aurait crié : Voilà l'enfant! Et je l'aurais pris sur ma poitrine, folle de joie et pleurant au milieu de mes baisers. Où demeure-t-il, que je le retrouve? Un beau garçon, je l'ai vu à peine dans l'ombre, et cependant j'en suis certaine, s'il passait, je crierais : — C'est lui, Antoine! — Réponds, mais réponds donc!

Denis s'appuya sur le comptoir.

— Michelle, dit-il, il n'est pas mort. Tu vois, je le retrouverai, je le sais, j'en suis sûr.

— Quand? demanda la mère affolée.

— Le 6 janvier, répondit Denis, d'une voix sourde.

Puis il ajouta en secouant la tête d'une façon étrange :

— Je ne l'ai pas reconnu, et cependant nous nous ressemblons. Oui, Antoine est bien mon fils. Va-t'en! Michelle, ne me demande rien! rien! je ne pourrais pas te répondre.

Sans doute le cœur de la Balayeuse était plein de joie à la pensée que son fils vivait, qu'elle le presserait dans ses bras, qu'elle l'appellerait son enfant. Et cependant une terreur indéfinissable lui étreignait le cœur; elle pressentait dans le farouche silence de Denis un mystère douloureux, terrible peut-être, et quand elle quitta le cabaret de la Paumelle, elle murmura :

— D'ici là, je ne te quitterai guère, Denis! je ne veux pas que sans moi tu revoies mon Antoine bien-aimé.

Ne vous êtes-vous jamais dit que ces couronnes iraient bien à votre front de seize ans. (*Voir page* 268.)

23me LIVRAISON.

CHAPITRE XXIII

LE PIÈGE

'ancien passager du *Franklin* se reposait enfin de plusieurs années de misères. Le nom de Louis Taden dissimulait assez celui de vicomte de la Haudraye, inutilement réclamé à l'héritier des millions de Philippe Monier. Louis Taden vivait en paix à côté de l'ami qui lui était si providentiellement envoyé par le ciel. Ramoussot se montrait, pour son compagnon, dévoué comme le frère le plus affectueux. Le sentiment instinctif qui l'avait poussé vers ce jeune homme, le flair du policier mêlé à cette chose indéniable mais indéfinissable aussi, qu'on appelle la sympathie, s'était rapidement changé en cette virile tendresse qui remplace tant de liens brisés et console de si grandes peines. Louis Taden sentait que Lucien Ramoussot tenait entre ses mains son avenir. Quand l'agent de sûreté lui répétait que leurs destinées se trouvaient liées d'une façon indissoluble, le jeune homme le croyait. Mais en même temps, et en dépit de cette confiance, combien ressentait-il d'impatience en voyant que Ramoussot cherchait toujours, sans le trouver, le moyen de démasquer un misérable, doublement détenteur d'un titre usurpé et d'un héritage de quarante millions.

— Courage ! lui répétait Ramoussot, vous ne redemandez qu'un nom, une fortune ; je revendique, moi, l'honneur paternel. Quand vous sentez votre confiance faiblir et votre énergie diminuer, rappelez-vous Urbain Kerdren, injustement flétri, et conservant dans sa prison un courage admirable. Celui-là est un martyr ! L'abbé Tiburce ne peut assez faire l'éloge de sa résignation. Il ne se plie pas en philosophe sous le coup terrible qui le frappe, il se résigne en chrétien, et sa vertu est plus haute que la nôtre. Vous et moi, Louis, nous nous débattons au milieu des difficultés d'une situation inextricable ; lui l'accepte et garde la confiance sans perdre la paix.

— Vous parlez, à cette heure, comme Sœur Sainte-Croix, ma tante ; elle me reprend de mes colères ; elle voudrait apaiser les bouillonnements de mon sang de vingt ans, et ne cesse de me dire : « Regardez en haut, c'est de là que descendent à la fois la douceur et la force. » Vous avez raison, je m'agite au milieu de l'inaction à laquelle je suis condamné. Je voudrais agir, dussé-je rester broyé dans cette lutte inégale. Le soir, j'erre quelquefois autour de l'hôtel du misérable qui porte mon nom et m'a volé mon bien, et je suis tenté de forcer sa porte, d'arriver jusqu'à lui en dépit de ses valets, et de lui proposer un duel terrible, mortel, dans lequel l'un de nous succomberait. Je le sens, malgré vos conseils, si un pareil état de choses devait durer, je n'aurais pas la force d'attendre.

— Nous ne courons pas sus à la bête, dit Lucien, nous l'attendons à l'affût. Soyez toujours en arrêt, l'œil ouvert, l'oreille tendue. Défiez-vous du messager qui vous apporte une lettre, du mendiant qui vous demande l'aumône. Tout peut devenir piège pour vous et autour de vous : nous avons affaire à un coquin d'une dangereuse espèce, et le calme dans lequel il nous laisse est souvent pour moi une occasion de m'alarmer.

Les deux amis sortaient rarement, et jamais ensemble. Lucien, que les nécessités de sa situation nouvelle entraînaient souvent hors de la rue du Four-St-Germain, menait une vie agitée, fiévreuse. L'agent de police changeait souvent dix fois de personnalité en un jour. Il déjeûnait au café et finissait sa soirée dans quelque tapis-franc. Doué d'une merveilleuse mobilité de physionomie, d'une mémoire qui le prédestinait d'avance au métier de policier, d'une facilité de parole qui lui permettait de prendre tour à tour l'accent d'un Anglais ou la prononciation lente et crapuleuse des habitués de barrière, il variait son visage autant que son costume. Il se présenta chez Amaury de la Haudraye au nom d'un bijoutier en renom qui fournissait l'élégant jeune homme ; il laissa une épingle à Germain et causa quelque temps avec lui. L'opinion qu'il rapporta de cette expédition fut que le valet de chambre était digne du maître, et que dans tous les drames ourdis et joués dans cette maison, Germain avait été le complice de celui qui, selon toute probabilité, s'était nommé Jean Studen avant de se faire appeler Amaury de la Haudraye.

Louis Taden et Ramoussot montaient parfois jusqu'au nid des Mésanges. Ils se reposaient, au milieu de ces innocences sans tache, des turpitudes entrevues, des crimes devinés, des abominations fouillées, et dont le souvenir leur donnait le vertige que cause la vue des grands abîmes.

L'aînée de cette petite famille d'enfants accueillait Lucien comme un frère de plus, au milieu de ces chers êtres dont elle était la protectrice, la providence et la joie.

Lucien portait un livre et lisait, pour distraire les enfants, quelque beau récit capable de dilater et d'élever leurs âmes. Il les initiait aux héroïsmes des femmes, aux actes de dévouement qui font venir aux yeux de douces larmes. Il leur racontait la vie d'enfants, comme eux devenus plus tard des artisans utiles, les légendes des saints qui peuplent les rêves de visions célestes. Agrandissant pour cette humble famille l'horizon borné de leur travail, il les initiait à la botanique afin d'ajouter la science exacte à l'art d'imiter les fleurs. Il cherchait dans la civilisation de tous les peuples les traces laissées par chaque fleur, chaque plante : il reconstituait l'histoire avec une moisson odorante. L'Égypte revivait dans ses lotus dont la main des déesses et des dieux balance la tige élégante. Il les charmait grâce aux pages charmantes du docteur Sam dans la *Botanique du village* ; le frais volume de Méry, *les Fleurs mystérieuses*, occupa de longues heures ; les plantes ont leurs légendes, leurs aventures, leur acte de naissance comme les hommes. Elles ont tant de fois servi de symbole qu'elles gardent des vestiges de vie politique, humaine ou sacrée.

Certes, les petites Mésanges, ne comprenaient pas grand'chose à la pompeuse description des *jardins* de Delille, mais certains passages d'Alphonse Karr, sur les fleurs, de magnifiques descriptions de forêts faites par Chateaubriand, les émouvaient doucement ou les captivaient d'une façon puissante.

L'intelligence de Mésange, la sœur aînée, la mère de cette petite famille, se développait d'une façon inattendue. Les lectures de Lucien, les causeries de Louis Taden, car celui-ci avait fini par gravir, lui aussi, le dernier étage de la maison du batteur d'or, ouvraient à la jeune ouvrière un monde nouveau. Sa candeur s'y trouvait à l'aise.

Les deux jeunes gens respectaient cette enfant comme une créature de beaucoup au-dessus des jeunes filles de son âge. Ils avaient tant souffert tous les deux, que le spectacle de cette pauvreté digne et simple s'acheminant vers l'aisance par le travail, en s'appuyant sur la loi, leur inspirait une vénération touchante.

— Voyons, Mésange, dit un jour Lucien à la fleuriste, occupée en ce moment à monter une couronne de bal, ne vous êtes-vous jamais dit que ces guirlandes iraient bien à votre front de seize ans ?

— Non, répondit en souriant la jeune fille.
— Vous le savez cependant, vous êtes jolie ?
— Il n'y a pas de miroir ici, répondit Mésange.
Les jeunes gens regardèrent curieusement autour d'eux. Mésange disait vrai, elle ne possédait pas de miroir.
— Soit ! reprit Lucien, mais à défaut de cristal garni d'étain, l'eau claire dit bien des choses. Et puis, quand vous reportez votre travail dans les magasins, plus d'un indiscret vous a sans doute fait un compliment.
— Je sors rarement, monsieur, c'est Louis qui porte les paquets ; si je le fais par hasard, je marche vite, les yeux baissés, songeant que le temps employé à cette course est pris sur le labeur quotidien. Aussi, bien rarement ai-je entendu vanter ma taille ou ma chevelure. Cela m'aurait moins flattée qu'attristée; et je me serais demandé avec une sorte de crainte ce qui, dans ma tournure, ma toilette ou l'air de mon visage, justifiait cette insolence.
Lucien regarda Mésange avec une sorte d'attendrissement.
— Et le bal, avez-vous songé quelquefois que le dimanche, dans toutes les banlieues, dans tous les casinos de Paris, l'archet chante sur les cordes, et que les jeunes filles de votre âge y vont, une fleur à la ceinture et le plaisir dans les yeux ?
— Vous me rappelez un des chagrins de ma vie, monsieur Lucien ; j'ai appris l'état de fleuriste en même temps qu'une fillette de mon âge, blonde comme la paille d'août, blanche comme la fleur de pommier, et petite, mignonne, svelte à donner l'idée des fées. Je ne sais pourquoi Mariette m'inquiétait ; elle chantait trop, elle se regardait trop souvent dans les hautes glaces du magasin. Mariette ne se souvenait plus de ses prières, mais elle savait toutes les chansons à la mode et retenait les airs des valses nouvelles. Elle m'effrayait par sa gentillesse, son inconséquence, ce je ne sais quoi qui tenait de l'oiseau plus que de la femme. Et j'avais raison, allez ! Elle partit un soir pour le bal, et nous ne la revîmes plus. Elle avait laissé les brucelles, les boulons et le porte-bobines pour la parure et ce qu'elle appelait le plaisir. Elle renia jusqu'à son nom. Un jour on nous apprit que Mariette s'appelait au quartier latin *Molécule*.
— Molécule ? Vous ne vous trompez pas, Mésange ? demanda Lucien Ramoussot, d'une voix émue.
— Non, je ne me trompe pas ; mais on dirait que ce nom vous rappelle un souvenir, une tristesse.
— Vous avez du courage, Mésange ?
— Beaucoup, répondit la jeune fille.

— Eh bien ! nous sommes au samedi ; demain dimanche, vous irez à l'hospice Lariboisière, et vous demanderez à voir celle qui fut Molécule au quartier latin et qui redeviendra, je l'espère, la Mariette d'autrefois.

— A l'hospice, elle ! si vite !

— Oui, si vite, Mésange. Des violettes aux chrysantèmes, il n'en a pas fallu davantage pour que la phthisie la prît.

— J'irai, monsieur, j'irai, répondit la jeune fille. Je lui rappellerai le temps où elle travaillait, où elle priait ; et si elle a désappris les saintes paroles, je les trouverai dans mon cœur pour les replacer sur ses lèvres. Pauvre Mariette ! Il a suffi d'un an pour la tuer, et le travail me fait vivre honorée, heureuse et bénie !

Les visages riants des sept enfants devinrent graves, et le frère de Mésange vint passer doucement son bras autour du cou de la jeune fille.

— Ça garde bien, les enfants ! ajouta la fleuriste. A l'idée que Dieu habite dans ces petites âmes, comment aurait-on le courage de mal faire ?

Mésange fut en un instant entourée par Marthe, Rose, les deux jumelles et la petite Cerisette. Il ne fut bientôt plus possible de rien distinguer dans ce groupe charmant, confus, au-dessus duquel s'élevait la tête blonde de la sœur aînée.

Le regard de Lucien devint humide et, après avoir un moment contemplé la jeune fille, il se leva rapidement, en entraînant son ami.

Ce soir-là, après les prières habituelles, Mésange ajouta :

— Demandons à Dieu la consolation et le bonheur pour ceux qui nous ont fait du bien, et surtout pour M. Lucien Ramoussot.

Et, sans doute, le ciel entendit cette prière, car le jeune homme dormit d'un sommeil profond sans rêves pénibles. Il lui semblait au contraire que Mésange passait devant lui habillée de blanc, ayant aux épaules de grandes ailes frissonnantes et qu'elle lui montrait le ciel de la main.

Lucien ayant résolu de faire une exploration mystérieuse dans un des quartiers excentriques de Paris, quitta de bonne heure le lendemain le neveu de sœur Sainte-Croix, en lui recommandant de ne point s'inquiéter s'il rentrait tard dans la nuit.

Louis Taden s'accoutumait à ces allées et venues nocturnes ; il savait que Lucien travaillait à son œuvre, et il s'efforçait de s'occuper à quelque travail intelligent pour tromper la longueur de la journée, et celle des veillées plus interminables encore.

Il pouvait être huit heures du soir, quand un coup léger, frappé à la porte, interrompit la lecture du jeune homme. Il ouvrit. Un petit garçon d'une douzaine d'années, à figure de fouine, aux yeux vifs, à l'allure déhanchée, au sourire narquois, lui tendit une lettre d'apparence grossière.

— C'est-y pour vous? demanda-t-il.

Le jeune homme regarda l'adresse, et répondit :

— Oui, c'est pour moi.

— Y a une réponse, dit l'enfant, et un pourboire à votre discrétion.

L'ami de Ramoussot ouvrit la lettre. Voici ce qu'elle contenait :

« Si vous souhaitez obtenir des renseignements sur les antécédents de JEAN STUDEN, dit *Amaury de la Haudraye*, trouvez-vous ce soir, à onze heures, sur le pont Notre-Dame. Un homme vous attendra appuyé sur le parapet. Vous lui direz : « Amérique », il vous repondra « Paris. » Si vous veniez accompagné, vous ne trouveriez personne, les faits que l'on veut vous révéler étant tout confidentiels. »

L'écriture de la lettre était irrégulière, composée de traits informes ; le papier jauni avait été détaché d'une sorte de cahier d'écolier ; l'enveloppe gardait l'empreinte de doigts crasseux, et une tache de vin mal essuyée la maculait à l'angle droit.

Évidemment la source des renseignements promis était bourbeuse ; mais en ce moment où Louis Taden, sous le personnage de qui se cachait le passager du *Franklin*, se débattait dans la fièvre d'une inaction forcée, peu lui importait de quel côté venait la lumière pourvu qu'elle se fît.

Il ne pouvait guère s'attendre à voir un membre du jockey-club dissiper pour lui les ténèbres enveloppant le passé de Jean Studen. Tout devait faire supposer au contraire que le misérable avait, dès sa jeunesse, commis une de ces actions qui disposent à de plus grands crimes.

Le jeune voyageur mourant de faim, recueilli par Sœur Sainte-Croix, protégé par l'agent de police, s'attendait à trouver les premières traces de Studen sur les bancs de la police correctionnelle ou dans le souvenir de quelque vétéran du crime.

Rien d'étonnant à ce que Jean Studen fût trahi dans l'espoir d'une forte récompense. La haine grandit vite quand elle prend racine dans une complicité infâme. On allait offrir à Louis Taden de lui livrer, pieds et poings liés, Amaury de la Haudraye ; à aucun prix il ne fallait perdre une semblable occasion.

Sans doute la présence de l'agent de police eût été d'un grand secours au jeune homme, mais celui-ci ne devait revenir que le lendemain, et le rendez-vous indiqué ne laissait le choix ni de l'heure ni du lieu.

— Dis à celui qui t'envoie que je serai exact, répondit Louis Taden.

Il tira une pièce de monnaie blanche et la tendit au jeune voyou.

— Merci, mon prince, dit celui-ci.

Et descendant l'escalier avec la rapidité d'un singe, le petit malheureux disparut vite à l'extrémité de la rue.

Louis sortit. Il alla dîner dans le quartier, s'efforçant de tromper la longueur du temps et l'inquiétude de l'attente. En passant devant Saint-Germain-des Prés, il y entra, et là, recueilli dans l'ombre d'une chapelle, il pria avec l'expression d'une ferveur ardente. Sa cause était juste, il la mettait entre les mains de Dieu. Il fit un vœu, à genoux, le cœur rempli d'une sainte confiance. Il promit de fonder un hospice pour les voyageurs si jamais il rentrait dans ses biens, dans son titre, et de le placer sous l'invocation de Notre-Dame-du-Salut.

Le calme de l'église l'enveloppait ; la paix divine descendait dans son âme ; la force de l'invocation envahissait son cœur. Il lui semblait qu'il était sûr de vaincre et qu'il ne combattait plus seul.

Quand on ferma les portes de l'église, l'orage qui avait menacé pendant la journée éclatait dans toute sa furie.

Le jeune homme avait encore de longues heures à passer dans la solitude ; il marcha devant lui au hazard, sous la pluie, le long des quais, regardant machinalement poindre les lumières derrière les vitres ruisselantes.

Il cherchait vainement dans son esprit quelle pouvait être la révélation qu'il allait entendre. Sans aucun doute, elle mettrait dans ses mains, pieds et poings liés, le Jean Studen usurpant à cette heure son nom et sa fortune. D'après les renseignement donnés par Ramoussot, il ne doutait point qu'Urbain Kerdren ne dût sa liberté aux révélations qu'il allait entendre, et son cœur généreux se réjouissait doublement.

Une seule fois, il ressentit une angoisse véritable à la pensée de l'inquiétude dans laquelle son absence allait jeter Lucien. Que dirait-il en ne le trouvant pas au logis ? Il l'accuserait d'imprudence ! Et cependant, quel homme placé dans la situation de celui qui affirmait être l'héritier de M. Monier, le fils de Marie-Rose de la Haudraye, aurait eu plus de patience et de circonspection ?

La foudre grondait, de grands éclairs bleuâtres sillonnaient le ciel, les nuages se frangeaient de teintes sanglantes ; les sinistres clartés des éclairs rendaient plus sombres les rues s'allongeant dans la nuit, et la Seine battant d'un bruit monotone les piliers du pont Notre-Dame.

Les lanternes du gaz, ruisselantes d'eau, répandaient une rare lumière.

C'était une soirée lugubre, pendant laquelle il semblait impossible qu'il arrivât rien d'heureux.

Les premières vibrations de dix heures se firent entendre.

Louis Taden tressaillit et, cessant sa promenade, il revint sur le pont et s'accouda sur le parapet.

L'eau coulait noire, glauque, froide; en la regardant, Louis Taden se sentit pris du vertige de l'abîme.

Il se recula en murmurant:

— Oh! ce serait une mort horrible!

Puis tout-à-coup, rappelé à sa situation par le dernier son de l'heure, il ajouta :

— Pourquoi parler de mort quand le succès va me sourire ?

Au même instant, un refrain vague, à demi-perdu dans les sifflements du vent et les éclats de la foudre, parvint à l'oreille du protégé de Sœur Sainte-Croix.

Et la voix avinée chantait:

   Si je meurs que l'on m'enterre
   Dans la cave où est le vin,
   Les pieds contre la muraille
   Et la têt' sous le robin.

Le jeune homme tressaillit; dans l'ivrogne qui s'approchait devait-il trouver le révélateur annoncé par la lettre ?

Lentement, en festonnant le long de la muraille, le chanteur s'approchait du pont Notre-Dame.

Sans nul doute, Denis, car c'était lui, avait bu plus d'un verre d'eau-de-vie, afin de se donner le courage d'accomplir son odieuse besogne.

Entre les brutalités dont le misérable s'était rendu coupable envers la Balayeuse et le crime qu'il allait commettre froidement, à prix d'or, se creusait un abîme. Si mauvais qu'il fût devenu au contact des forçats, il ne pouvait, sans une invincible terreur, songer à ce qu'il allait faire. Pour moins réfléchir, il avait bu beaucoup. Ses remords s'engourdirent dans une ivresse vague.

Une seule pensée survivait dans le chaos monstrueux envahissant son cerveau, celle de son fils avec qui, sans le connaître, il avait conclu cet ignoble marché.

— Faut pas que la Balayeuse le sache, murmura-t-il, çà la tuerait.

Denis aperçut le protégé de Sœur Sainte-Croix appuyé sur le parapet.

— S'il allait se défendre, dit-il.

Le misérable tira de sa poche un morceau de fer percé de cinq trous, dans lesquels il passa ses doigts, puis armé de ce formidable *coup de poing*, il continua d'avancer.

Seulement il ne chantait plus.

Avec les lenteurs d'une bête féline, il s'approcha de l'ami de Ramoussot.

Louis Taden se redressa subitement et se trouva debout en face de Denis.

L'ivrogne, une de ses mains cachée dans la poche de son pantalon, et l'autre occupée à tortiller la courroie d'un bâton, s'avança vers celui qui l'attendait.

— Monsieur Louis Taden, pas vrai? demanda-t-il.
— C'est moi, répondit le jeune homme.
— *Amérique*, ajouta Denis.
— *Paris,* répliqua Louis Taden.
— Maintenant, nous pouvons causer de nos petites affaires; je sais ce que vous voulez.
— Ce que je veux, reprit le jeune homme, c'est la preuve que Jean Studen est un misérable et un infâme, qu'il n'a pas seulement tenté de m'assassiner, mais encore qu'il a commis des crimes antérieurs rendant plausible l'usurpation de ma fortune et de mon nom.
— C'est juste, répliqua Denis; une fois Studen châtié, vous serez riche.....
— Très riche.
— Quelle part de cette fortune ferez-vous à ceux qui vous rendront le service de démasquer l'habileté de Jean Studen?
— J'offre un million! répondit Louis Taden, sans hésiter.

Ce chiffre causa un éblouissement à Denis. Un million! qu'était à côté de cette somme, le misérable billet de mille francs promis la veille par celui que Denis hésitait à nommer son fils?

— Ne serait-il pas plus habile, se demanda Denis, de respecter la vie de ce garçon, et de lui faire signer un papier par lequel il s'engagerait à me payer ce million, à moi seul. Sans nul doute, mais quel document lui vendre si cher?

Denis ne savait rien! rien! L'or ne pouvait être que le prix d'une révélation; il fallait parler ou agir.

Denis restait immobile, en proie à une perplexité terrible. Le temps se passait, et chaque minute valait des siècles dans une situation aussi tendue.

— Eh bien! demanda l'ami de Ramoussot, les conditions vous conviennent-elles? Un million, en échange du moyen de perdre celui qui se fait appeler Amaury de la Haudraye.

— Ça va, répondit laconiquement l'ivrogne.
— J'attends les papiers, dit Louis Taden.
— Doucement, mon beau fils; je ne lâche rien sans garantie.
— Ma parole.....
— Ne vaut pas votre signature.
— Je suis réduit à un tel excès d'infortune, repondit l'ami de Ramoussot, que je ne sais comment signer la reconnaissance que vous me demandez.

Denis répondit d'une voix basse :

— J'ai mis sur l'adresse de l'avis qui vous mandait ici ce soir : *A monsieur Louis Taden* ; mais je veux au bas du bon d'un million, la signature du vicomte de la Haudraye. Si vous perdez la partie, et que M. Amaury garde la fortune de Monier le Nabab, nous aurons passé tous deux à côté de l'opulence; si l'on vous rétablit dans vos droits je serai riche à perpétuité.

La pluie avait cessé de tomber; les grondements de l'orage s'éloignaient un peu; mais le ciel restait sombre et pas une clarté n'en venait rompre la morne tristesse.

Louis Taden s'approcha d'un candélabre de fonte soutenant une lanterne de gaz ; il tira un carnet de sa poche, puis un crayon, et, les bras levés, afin de mieux voir et de tracer ses caractères d'une façon plus régulière, il commença à écrire le billet que lui demandait Denis.

La noble figure du jeune homme se trouvait alors en pleine lumière. Elle reflétait une joyeuse confiance.

Denis avait tourné le poteau et se tenait un peu en arrière de l'adversaire d'Amaury.

Quand Louis Taden eut achevé de signer l'obligation qu'il venait de souscrire, il se tourna légèrement vers le mari de la Balayeuse, et lui tendit le papier.

— Voici ce que vous demandez, dit-il en présentant le billet sans l'abandonner tout-à-fait, j'attends maintenant ce que vous m'avez promis.

Denis leva sa main armée et, d'un seul coup, asséné sur la tempe, lança sur le sol le protégé de Sœur Sainte-Croix. L'agression fut si violente, si brutale, si imprévue que la victime ne poussa pas un cri.

— Assommé ! dit brièvement Denis.

Il souleva dans ses bras le corps du jeune homme, le tint une secoude suspendu au-dessus du parapet du pont Notre-Dame, et le laissa subitement tomber dans le gouffre.

Un bruit sourd monta jusqu'à l'assassin, l'eau du fleuve battit les arches du pont avec un clapotis sinistre, puis le silence se fit; le ciel noir et sans reflet se confondit avec le fleuve sombre, et Denis, après avoir fait un geste, dans lequel le défi se mêlait à l'indifférence, reprit sa marche titubante le long des maisons du quai, et longtemps après on entendait encore sa voix chevrotante murmurer :

> Si je meurs que l'on m'enterre
> Dans la cave où est le vin.....

Trivator avalera le sabre du grand Mogol (*Voir page* 278).

24ᵐᵒ Livraison.

CHAPITRE XXIV

LES ENFANTS

Erson avait dit à Tamerlan, dans le cabinet particulier du tapisfranc de la Paumelle : « — Je veux revoir Henri. »
— Or, le saltimbanque tenait trop aux cent francs de pension que lui payait son complice pour ne pas se montrer exact.

Ce soir-là, deux heures avant la représentation, Tamerlan donna cet ordre à Rosalba :

— Lave-moi solidement le visage et les mains du moucheron, habille-le proprement, si c'est possible; il ne travaillera pas ce soir ; afin de le remplacer sur l'affiche, tu feras manger des étoupes enflammées à Brindzingue, et Trivator avalera le sabre du grand Mogol.

— Est-ce qu'on réclame le gosse ? demanda Rosalba.
— Pour l'inspection de son savoir et de sa santé, voilà tout.
— Où le conduis-tu ? demanda Rosalba.
— Chez la Paumelle.
— Cette vermine d'Alie y est toujours ?
— Toujours.

La reine des amazones n'avait point parlé assez bas pour ne pas être entendue d'Henri. Du moment que son nom avait été prononcé, il avait tendu l'oreille. Le pauvre petit comprit une seule chose : il allait revoir Alie, son ancienne compagne de douleurs, martyre comme lui de la cupidité, de la méchanceté des hommes. A cette pensée, un sourire pâle erra sur les lèvres de l'enfant martyr. Il n'adressa aucune question, et se prêta sans mot dire à la transformation que la Rosalba lui fit subir.

La veille, un nouvel élève avait été admis dans la troupe : *classe de dressage*, comme disait Tamerlan dans son langage hideux. C'était un bel enfant blond, habillé avec élégance, dont la fine collerette et l'élégant costume trahissaient les soins d'une mère. Tamerlan l'avait apporté au milieu de la nuit, roulé dans un manteau, le visage couvert d'une sorte de masque de poix. La frayeur avait plongé le pauvre petit dans un évanouissement complet, et quand il revint à lui, il se trouva environné de clowns à visage tacheté de blanc et de rouge, à chevelure couleur de sang, dressée en trois pointes aiguës au-dessus d'un front artificiellement agrandi. Trois ou quatre enfants de son âge, en maillot rose, en culotte courte pasquillée d'or, le regardaient avec une curiosité stupide. Eux-mêmes se rappelaient vaguement avoir été, une nuit, apportés dans l'antre de Tamerlan, où ils avaient commencé leur sinistre apprentissage. On venait d'ôter au nouveau-venu sa toilette élégante, comme si les haillons dont on l'enveloppait pouvaient lui faire perdre plus vite le souvenir du passé !

Ce fut le costume du pauvre enfant volé la veille qui servit à vêtir Henri pour la visite qu'il devait faire à Ferson, en compagnie de Tamerlan.

La vue de ces étoffes souples, de ces broderies, rappela au fils de Blanche les souvenirs d'autrefois. Il n'eut pas une seule minute l'espoir qu'on allait le rendre à sa mère, mais par un sentiment d'une naïveté enfantine, dès qu'il fut habillé, il se pencha sur un seau d'eau et se regarda attentivement. Hélas ! il se reconnut à peine.

Son visage était d'une excessive maigreur ; son teint gardait une pâleur morbide ; autour de ses grands yeux bleus s'estompait un cercle bleuâtre. Tout en lui trahissait une souffrance intime.

— Ma mère me reconnaîtrait-elle ? se demanda Henri.

Tamerlan le prit par la main et quitta la baraque après avoir dit à Rosalba :

— Soigne le souper, j'apporterai des roues de carrosse.

Une minute après, le saltimbanque et l'enfant marchaient d'un pas rapide dans les rues. Jamais, depuis la terrible soirée de la fête de Montmartre, Henri n'avait quitté la tente de la voiture des saltimbanques. Les maîtres qui le torturaient comprenaient quelle résolution se cachait sous la douceur de ce petit être. On pouvait le supplicier, on ne parviendrait jamais à le vaincre.

S'il s'était agi simplement d'un élève pris au hasard, Tamerlan, le trouvant rebelle, sombre, eût sans doute renoncé à lui apprendre son infernal métier, mais Henri représentait un chiffre de cent francs par mois. Il ne suffisait même pas à la volonté de Ferson que le pauvre enfant restât dans les mains des saltimbanques : ceux-ci étaient tenus de multiplier leurs efforts pour faire déchoir cette nature charmante, pour abrutir cet enfant, dont le visage rappelait ceux des anges, et le rendre tellement ignorant, abject et flétri, que sa mère, le retrouvât-elle un jour, n'osât plus le reconnaître et l'avouer pour son fils.

Et la torture morale devint pour Henri plus atroce encore que la torture physique. On l'obligeait à parler un langage étrange, dont chaque mot suait le vice et le bagne ; l'argot du ruisseau était enseigné à coups de bâton à cet enfant dont les lèvres n'avaient jusque-là prononcé que de saintes prières ou des phrases affectueuses. On le forçait à oublier le pur langage de son enfance, et rien n'était plus horrible que d'entendre sortir de ces lèvres roses, pâlies par la douleur, des mots empruntés au vocabulaire des voleurs et des assassins.

Tamerlan marchait vite, serrant à la briser la petite main d'Henri.

Il comprenait qu'à cette heure, le pauvre martyr avait une seule pensée, celle de s'échapper, de courir au hasard, de demander aide au premier passant venu, de se mettre sous la protection de la loi, d'implorer l'intervention de la charité, de crier qu'il avait une mère, et qu'on l'avait volé...

Mais Tamerlan maintenait la main d'Henri avec une violence qui renfermait une sourde menace, et l'enfant se taisait.

Il réfléchissait cependant. L'occasion lui paraissait trop favorable pour n'en point profiter. Seulement il voulait prendre conseil d'Alie, bien plus sage et plus grande que lui. Qui sait si tous deux, le même soir, ils ne pourraient point échapper à la surveillance de leurs bourreaux ?

Si Henri appelait au secours, il ne reverrait pas sa petite compagne, il ne la reverrait sans doute jamais, tandis qu'en suivant le saltimbanque avec une apparence de docilité, il se rapprocherait d'Alie et s'entendrait avec elle.

La souffrance double chez les enfants les facultés de l'intelligence ; elle donnait à cette heure à Henri un courage et une patience bien au-dessus de son âge.

Tamerlan le traînait ; Henri suivait, allongeant le pas.

Il faisait froid, un froid sec, noir, moins triste cependant que la pluie de la veille. La route parut à Henri d'une mortelle longueur ; enfin Tamerlan gagna le n° 76 de la rue de Flandre, frappa trois fois distinctement à la porte du bouge, et presque aussitôt Alie parut sur le seuil.

Elle poussa un cri de joie en reconnaissant Henri. Mais le saltimbanque ne laissa pas aux petits malheureux le temps de s'embrasser, et, poussant devant lui le fils de Blanche, il dit brusquement à la Paumelle :

— Le cabinet n° 6, une bouteille d'eau-de-vie et du tabac, c'est Ferson qui paie.

— S'il vous a donné rendez-vous, entrez ; vous êtes le premier arrivé.

Tamerlan suivit la veuve du supplicié et entraîna Henri dans l'intérieur du cabinet.

Le saltimbanque se versa un grand verre d'eau-de-vie, alluma sa pipe et attendit.

Pendant ce temps, Henri, les yeux fermés, l'oreille tendue, songeait à la petite Alie et se demandait s'il ne pourrait, pendant une minute, une seule, raconter ses chagrins à son ancienne compagne.

Il ne s'était pas écoulé un quart d'heure depuis le moment où le saltimbanque était entré dans le cabaret de la Paumelle, quand Ferson, vêtu de son paletot jaunâtre, ses longs favoris à l'américaine soigneusement peignés, traversa le tapis-franc. L'ogresse lui désigna le cabinet, et Ferson, dérangeant deux ou trois consommateurs, gagnait la pièce exiguë où l'attendait le bourreau d'enfants.

Sans adresser la parole au saltimbanque, qui se tenait debout dans une attitude assez humble, Ferson marcha vers Henri, et enleva le chapeau de feutre couvrant ses cheveux blonds. La lumière d'une lampe tombant du plafond, éclaira vivement le pâle visage du fils de Blanche.

Combien il était changé! Les grands yeux bleus trahissaient la terreur causée par une perpétuelle menace; la bouche moins rose ne savait plus sourire; les cheveux coupés court laissaient voir le cou frêle et le front enveloppé de tristesse. Une expression navrante attendrissait ce jeune visage; les pleurs que retenait la crainte roulaient sous les cils relevés en pinceau. Un tremblement convulsif secouait les membres grêles du jeune martyr; ses mains fluettes et transparentes, veinées de bleu, se joignaient avec l'expression de la prière; il restait immobile, sachant qu'il n'avait rien à attendre d'aucun de ces hommes, dont l'un l'avait vendu, dont l'autre le torturait.

Ferson saisit Henri par l'épaule et l'observa longtemps avec une attention froide.

— Êtes-vous content? demanda Tamerlan; les articulations sont devenues souples, on s'est rattrapé sur le travail, parce que le temps manquait; tel que vous le voyez, il exécute très proprement les diverses sortes de culbutes, et traverse agréablement les cerceaux; l'éducation physique est en bon chemin.

— Non, dit Ferson, d'une voix âpre et sourde, vous le désossez, vous ne l'encanaillez pas; son visage a l'expression souffrante, et je la voudrais cynique; vous me gardez un enfant, et je veux que vous me rendiez un monstre.

— Diable! diable! fit Tamerlan, vous êtes plus fort que moi.

— Parle, dit Ferson à l'enfant, que j'entende ta voix, que je sache...

Henri leva ses grands yeux bleus sur le misérable.

— Oh ! monsieur ! fit-il, en joignant les mains, sauvez-moi, enlevez-moi au maître, rendez-moi à ma mère, et tout ce que vous voudrez elle vous le donnera ; elle priera mon oncle de vous faire riche, bien riche. Je ne dirai pas que vous m'avez volé ; je ne raconterai jamais que l'on m'a lié sur une roue, qu'on m'a pendu par les poignets au plafond, tandis que des poids tiraient en bas mes pauvres pieds. Ma mère ne saura jamais que j'ai eu froid et faim, et que la Rosalba me privait de sommeil, en me piquant avec de grandes aiguilles. Ayez pitié de moi, monsieur Ferson, au nom du bon Dieu qui aimait les petits enfants !

Ferson frappa violemment du pied.

— Tu voles ton argent ! dit-il au saltimbanque. Ce petit misérable parle de sa mère avec tendresse et de Dieu avec respect ! Je t'ai commandé de torturer son corps et de dégrader son âme. Je veux qu'il oublie son langage d'autrefois pour ne se servir que de l'argot. Pourquoi n'obéis-tu pas ?

— Tout beau ! dit Tamerlan, ne le prenons pas de si haut, mon ancien élève ; tout le monde n'a pas comme toi des dispositions hors ligne. Le fils de la Balayeuse et de Denis l'ivrogne jaspinait le jars comme sa langue maternelle, mais un mômignard de cette sorte garde des souvenirs qu'il est difficile de déraciner. Tu criais, tu mordais, toi ! lui reste dans un coin muet, immobile, et quand ses lèvres remuent, il s'adresse à des êtres invisibles. Tu m'as donné du mal, Ferson, sous la première incarnation, et je puis me vanter d'avoir formé un fameux élève. Comment peux-tu craindre que je n'avilisse pas, que je ne martyrise pas ce petit être, quand j'ai fait de toi... ce que tu es ?

Tamerlan venait de se redresser et regardait Ferson en face.

— Écoute, dit le saltimbanque, nous travaillons tous les deux pour un résultat superbe ; au dénouement, j'aurai ma part de bénéfices.

— Tu l'auras, dit Ferson, tu l'auras ; je paie toujours ceux qui me servent.

— Veux-tu causer d'affaires ? demanda Tamerlan.

— Oui, dit Ferson ; verse-toi de l'eau-de-vie, la Paumelle gardera l'enfant pendant que nous resterons ici.

Ferson prit la main d'Henri et regagna, avec lui, la salle commune.

— Eh ! l'ogresse ! fit-il, surveillez le gosse pendant que je causerai avec mon ami.

La Paumelle saisit la main d'Henri et le conduisit tout au fond de la pièce ; puis, appelée par ses clients, elle courut autour des tables.

Le fils de Blanche se trouvait dans un angle de la salle, un peu moins encombré de buveurs. Il s'y blottit et resta les yeux clos, se demandant ce que complotaient contre lui les deux misérables qui l'avaient pris à sa mère.

Tout à coup, deux bras caressants se nouèrent autour de son cou, un baiser effleura sa joue pâle, Alie était près de lui.

La Sainte-Vierge et l'Enfant-Jésus apparaissant à de malheureux parents
(*Voir page* 284).

— Enfin, te voilà, dit-elle, je craignais de ne jamais te revoir. C'est mon premier moment de joie depuis que j'ai quitté la voiture de Tamerlan. On me battait bien, là-bas, mais nous pouvions causer tous deux. Tu me parlais de ta mère, Mme Blanche, et moi j'évoquais le souvenir d'une jeune femme, habillée de blanc, jolie, oh! mais jolie! et qui riait quand elle me tenait sur ses genoux. C'était si bon de parler de nos mères ! Est-ce que tu as renoncé à chercher la tienne, toi ?

— Oh ! dit Henri, je mourrai sous les coups de Tamerlan avant d'avoir pu m'évader.

— Non ! espère, dit Alie, tu ne mourras pas, tu ne peux pas mourir. Vois-tu, Henri, il faut rester brave et fort, même au milieu des misérables. Ces gens-là sont féroces, nombreux, mais ils ne peuvent au fond que nous torturer, Dieu ne veut pas qu'ils fassent davantage.

— J'ai pensé à Dieu, petite Alie, mais il ne s'occupe plus de moi. La dernière des hirondelles trouve son nid, les oiseaux ont du grain, les enfants sont oubliés. Il y en a tant d'enfants ! le bon Dieu ne peut pas songer à tous.

Alie prit dans les siennes les deux mains de son petit camarade.

— Je t'en prie, dit-elle, ne désespère pas. Te souviens-tu d'avoir vu chez ta mère de belles images ? Maman me les montrait quand j'étais sage, et je crois les regarder encore. L'une d'elles représentait la Sainte-Vierge et l'enfant Jésus apparaissant à de malheureux parents qui avaient perdu leur enfant, et la Sainte-Vierge leur disait : « Prenez courage, priez bien mon fils, et votre enfant vous sera rendu. » Une autre image représentait Isaac sur un bûcher ; Dieu venait de commander de l'offrir en sacrifice, mais Dieu ne voulait qu'éprouver l'obéissance de son serviteur, et un ange arrêta la main d'Abraham au moment où le vieillard allait enflammer le bûcher ; pourquoi n'attendrions-nous pas un ange ?

Henri secoua la tête.

— Les anges restent maintenant dans le paradis, dit-il.

— Non, fit Alie, non ! je me souviens de ce que répétait ma mère, ils nous entourent sans cesse, ils nous voient, ils nous consolent. Et c'est vrai, si vrai que, quand la Paumelle me bat, j'invoque les anges, et ils viennent.

— Ils viennent ! répéta Henri avec une surprise heureuse.

— Durant toute la nuit ils passent et repassent devant moi, agitant leurs grandes ailes blanches comme celles des cygnes, balançant de grands lis et des guirlandes de roses, et je les entends me dire, au milieu des accords d'une musique divine : — « Petite Alie, nous te préparons un trône dans le ciel ! Confiance, petite Alie, tes larmes montent vers Dieu comme le parfum des encensoirs. Jésus enfant fut proscrit, et sa mère Marie l'emporta à travers le désert pour le sauver des bourreaux. Nous te gardons ta place au milieu d'un groupe de beaux enfants moissonnés dans la fleur de leur innocence. Tu suivras l'Agneau dans les plaines fleuries du paradis ! Courage, petite Alie, tes

prières retombent en consolations célestes dans le cœur de ta mère ! »
— Tu entends tout cela ? demanda Henri, émerveillé.
— Aussi distinctement que ta chère petite voix, Henri. Et c'est pour cela que je te répète : Si Tamerlan te bat, si ton sang coule, regarde en haut, jusqu'aux profondeurs du ciel, dis au Seigneur : — « Je suis votre enfant et vous voyez qu'on me torture. » — Si la Rosalba veut te forcer à dire des blasphèmes, résiste, Henri, ne maudis pas Dieu, il est la bonté même ; ne maudis pas même les hommes ; Jésus pardonnait à ses bourreaux.

— Je ne peux pas ! dit Henri, je voudrais un jour me venger de Tamerlan, devenir grand et fort, et le tenir aussi couché sur une roue, le lardant avec des aiguilles rouges et le privant de sommeil.

— Non, dit Alie, il ne faut jamais penser ces choses, le Seigneur Jésus ne le veut pas. Les enfants Hébreux ne furent points dévorés par le feu de la fournaise. La Paumelle est bien méchante, et j'essaierai de quitter sa maison, mais je ne lui rendrai pas le mal pour le mal.

Henri embrassa tendrement sa petite compagne.

— Tu es meilleure que moi, dit-il.

— Est-ce que tu fais ta prière ? demanda la petite Alie.

— Je crois que je l'oublie.

— Il faut la chercher dans ta mémoire.

— Et puis, comment veux-tu que je la dise au milieu des cris, des jurements, des blasphèmes ? Pour prier, ma mère me faisait mettre à genoux devant une statue de la Vierge tenant l'Enfant-Jésus dans ses bras. Il y avait des fleurs plein le petit oratoire. Personne ne faisait de bruit autour de nous ; alors, je disais : *Je vous salue, Marie, pleine de grâces...* Et vois-tu, cela était vrai, Alie ; ses grâces, elle les répandait sur moi, je les sentais dans les caresses de ma mère, dans le bonheur dont je jouissais, mais aujourd'hui...

— Aujourd'hui, dit Alie, elle est encore pleine de grâces. Si les damnés pouvaient prier dans l'abîme, l'enfer ne serait plus l'enfer. Au milieu du bruit, des cris, des menaces, tu lèveras les yeux et tu diras : — « Venez au secours d'un pauvre enfant ! » — La Vierge t'entendra, et tu seras consolé !

— J'essaierai, petite Alie.

— Il faut me promettre.

— Eh bien ! je te le promets, mais tu me laisseras haïr Tamerlan ?

— Non ! répondit Alie, je lui pardonne ma pauvre jambe brisée.

— Et si je fais ce que tu me dis, Dieu me sauvera-t-il ?

— Il te sauvera.

— Et toi, Alie ?
— Moi, je deviendrai un ange.
— Tu mourras donc ?
— Oui. Ne pleure pas, ne t'attriste pas ; je le sais, je le sens ; je demande seulement à voir ma mère avant de mourir.
— Mais, si tu t'échappes, pourras-tu la retrouver ?
— Dieu m'aidera.
— Tu espères quitter la maison de la Paumelle ?
— Ce n'est pas facile, dit Alie ; quand elle sort, la méchante femme m'enferme à clef, mais je guette l'occasion.
— Si tu pars la première, Alie, quand tu auras trouvé ta mère, tu diras à la mienne où je suis.
— Oui, elle s'appelle Blanche, Mme Blanche ; les anges me la feront trouver.

Elle achevait ces mots quand un soufflet retentissant s'abattit sur sa joue.

— Paresseuse ! cria la Paumelle, propre à rien ! les clients demandent du vin à douze et vous perdez votre temps avec ce petit saltimbanque. Descendez à la cave, et plus vite que ça ! jour de Dieu, quelle tripotée t'attend ce soir !

Alie se leva, calme, tranquille ; elle leva lentement la main comme pour rappeler au petit Henri que la force venait d'en haut, puis elle posa un doigt silencieux sur ses lèvres.

Un sourire passa sur la bouche pâlie du fils de Blanche.

— Elle a raison, murmura-t-il, les anges me couvriront de leurs ailes !

Pendant que les deux enfants s'encourageaient, se consolaient, Tamerlan et Ferson, restés en face l'un de l'autre, se consultaient de l'œil et paraissaient chercher mutuellement le côté vulnérable.

— Nous pouvons bien être francs, n'est-ce pas ? demanda Ferson à l'acrobate ; je te hais et tu me redoutes. J'ai contre toi la rancune amassée pendant cinq ans de souffrances. Ah ! si tu m'as payé à ce père, dont jusqu'à cette heure tu n'as pas voulu me dire le nom, tu as tenu à rattraper ton argent, mon bonhomme ! Un peu plus et tu m'assassinais... Je porte toujours la marque d'une certaine barre de fer...

Ferson souleva ses cheveux et montra au côté gauche de son front une large cicatrice.

— Ce fut cette brutalité qui nous sépara ; malgré ce traité que tu disais avoir en règle, tu ne réclamas pas, et tu me laissas partir...

— Eh bien ! oui, je suis dur avec les élèves, je vole, j'achète des enfants, je trafique de la chair humaine... En Amérique, on fait la traite des noirs, je fais la traite des mômes! C'est un commerce comme un autre, pas vrai? Mais toi, sais-tu que si l'on fouillait dans ta vie, on y trouverait plus de méchantes actions que dans la mienne... Combien d'autres noms usés, épuisés, compromis, cache le nom de Ferson qui ne sert peut-être que pour moi. Oh! l'art du grimacier est celui que tu possèdes le mieux... En une heure tu sais changer l'air de ton visage... Moi je suis et je reste Tamerlan, trapu, membré, lourd ; je ne pourrais recouvrir d'une perruque ma chevelure crépue ; mes gros bras qui font craquer le maillot, sont mal à l'aise sous un paletot. Je suis moi, et je reste moi ! La souplesse me manque, sans cela j'aurais été loin... Sois raisonnable, le petit que tu m'as confié me donne du mal et ne fera jamais un élève sérieux... Double les frais de sa pension, et je me tiendrai pour satisfait.

— Crois-tu que l'argent pousse dans mon chemin comme les cailloux sur les routes ?

— Si je ne reçois pas davantage, dit le saltimbanque, place-le ailleurs... Sa tenue est d'un mauvais exemple... Il pleure, il garde les révoltes du silence ; je le bats, je ne le domine pas ; quelque chose de lui m'échappe : sa mère a gardé son esprit et son cœur.

— Faudrait qu'il t'aime ; pas vrai, Tamerlan ?

— Enfin, reprends-le si tu veux.

— Oui, dà ! c'est me mettre le marché au poing, ce me semble.

— C'est te prouver que je ne tiens pas à tes cent francs.

Ferson réfléchit un moment.

S'il retirait Henri de la baraque de Tamerlan, où le mettrait-il ? Un nouveau complice serait peut-être plus exigeant encore que celui-là. D'ailleurs Tamerlan, frustré de ses espérances, pouvait lancer une dénonciation anonyme, et mettre la police sur les traces de l'enlèvement du fils de Mme Monier.

— Bah ! pensa Ferson, la fortune du nabab suffira pour les frais.

Le faux Anglais tira un portefeuille de sa poche, y prit deux billets de banque et les aligna sur la table.

— Je suis trop coulant en affaires, dit-il, je ne m'enrichirai jamais.

Tamerlan mit l'argent dans sa poche.

Il se levait et allait quitter Ferson, quand celui-ci, saisissant le bras du saltimbanque avec une sorte d'émotion, lui demanda :

— Ma mère qui m'a pleuré, mon père qui m'a vendu, sont-ils en vie ?

Un éclat de rire de Tamerlan fut la seule réponse du misérable.

— C'te farce ! dit-il, est-ce que par hasard l'amour de la famille te viendrait ?

— Qu'il vienne ou non, mon père et ma mère vivent-ils ?

— Oui, dit Tamerlan.

— Je voudrais les voir, ajouta Ferson.

Un second éclat de rire, plus formidable que le premier, fit trembler la cloison du cabinet de la Paumelle.

Ferson frappa du pied.

— Je suis ce que je suis, dit-il, pas grand'chose, puisque j'ai eu le malheur d'être ton élève... Eh bien ! cependant ! je te défends de rire de ce sentiment-là, Tamerlan... Si tu ne le comprends pas, respecte-le assez pour te taire ; j'ai souvent éprouvé le désir de voir ma mère qui peut-être m'aimait. Elle ne m'a pas vendu, elle ! c'est mon père. Il était ivre ce jour-là, tu m'as répété qu'il était toujours ivre. Ma mère a pu me pleurer ; et il m'arrive, dans le chemin que je me suis fait, de m'arrêter et de me dire : — Ma mère m'eût sauvé. Parle donc, Tamerlan, parle ! sais-tu ce que sont devenus mon père et ma mère ?

— Je le sais, répondit Tamerlan.

— Je veux les voir.

— Mon fiston, répondit le saltimbanque, avec un atroce sourire, en ce moment-ci je voudrais être auteur de mélodrame et non pas un simple acrobate enseignant le tremplin ou le trapèze aux fils de famille ; sans le savoir, tu viens de mettre la main sur un dénouement.

— Ne raille pas ; tu es pauvre, avare, vends-moi ce secret.

— Allons donc, dit Tamerlan, je suis sans rancune, moi, tu m'as quitté d'une vilaine façon en payant d'un coup de poinçon le coup de barre de fer qui t'avait fendu le crâne ; je comprends les revanches quand elles sont justes et je m'en sers à l'occasion. Donne-moi la main, mon garçon, et aussi vrai que nous sommes deux pas grand'chose, demain tu reverras ton père. Vous êtes digne de vous entendre.

— Où ? comment ? demanda Ferson.

— Assez de confidences comme cela, mon fiston, n'abusons pas des joies du cœur ; demain ! entends-tu, demain tu reverras ton père.

Ferson tendit la main à Tamerlan.

— Cette promesse me réconcilie, dit-il.

Et, tournant le loquet de la porte, Ferson rentra dans la grande salle, tandis que Tamerlan murmurait :

— Il n'y pas à dire, j'ai trouvé un dénouement, et un fameux.

Il ajouta, en lançant un regard plein de haine du côté de la porte et en montrant le poing comme s'il menaçait Ferson :

— Tu t'es revengé, tu m'as abandonné, demain nous serons quittes !

Haut ou bas ! (*Voir page* 295.)

25me Livraison.

CHAPITRE XXV

LE CONSERVATOIRE DES CRIS DE PARIS

'enclos dans lequel la Balayeuse tenait ce qu'elle appelait « *les cours du Conservatoire,* » était un vaste espace enceint de planches, situé proche des Buttes-Chaumont.

A l'extrémité de ce terrain, se trouvait une vaste baraque de planches élevée en vue des travaux futurs que ne pouvait manquer de nécessiter la construction de maisons nombreuses sur les voies déjà tracées et munies de becs de gaz. Cette baraque servait de remisage à des outils; deux ou trois bancs, mal dégrossis à la hache, s'allongeaient tout autour, et une chaise très haute en occupait le centre.

La balayeuse eut un jour une idée de génie.

Vous avez tous prêté une oreille curieuse à ces cris divers, au moyen desquels les petits marchands de Paris, qui parcourent nos rues aux heures matinales, cherchent à attirer l'attention des chalands.

Il existe tout un poème musical dans la façon dont on crie la botte de « cresson, la santé du corps » et le son de voix traînant qui répète : « A l'anguille de mer ! à l'anguille ! » Les vieux bonshommes qui passent dans les rues un panier au bras semblent avoir volé le plus énorme des batraciens à la façon dont ils croassent : « V'là l'marchand d'grenouilles ! » On dirait qu'ils éprouvent une sorte de honte à vendre le produit de leur pêche.

Le grand art des marchands en boutique consiste dans leur façon d'étaler les marchandises, de façon à les rendre agréables à l'œil ; l'art du pauvre marchand qui pousse devant lui une charette, dont le contenu varie d'après chaque saison, se manifeste dans la manière de l'annoncer. Un cri nouveau est une fortune. Que l'oreille soit d'abord frappée, et les ménagères descendront, entourant la charrette et se disputant ce qu'elle contient.

Chaque année, un grand nombre d'enfants se vouent à cette carrière peu productive de marchands des quatre saisons.

Il devient donc indispensable que ces futurs marchands apprennent la musique particulière à la denrée qu'ils auront à vendre.

La Balayeuse créa le cours du *Conservatoire des cris de Paris*.

Chaque matin, quand le service des rues de Paris se trouvait fait, la femme de Denis l'ivrogne, de Denis le forçat, se rendait dans l'enclos pierreux avoisinant les Buttes-Chaumont.

Immédiatement accouraient de tous les carrefours, de tous les coins, presque de tous les trous, des déguenillés empressés à apprendre le moyen d'attirer la pratique. Le lendemain du jour pendant lequel Henri et Alie s'étaient rencontrés dans le bouge de la Paumelle, vers l'heure où la Balayeuse se rendait au Conservatoire, un mouvement plus prononcé que d'ordinaire s'opéra dans les pauvres quartiers du voisinage. Il faisait froid, la Seine avait gelé pendant la nuit; sur les trottoirs et le long des ruisseaux, les enfants risquaient des glissades. Les uns se défiaient à la course, les autres, les mains cachées sous les aisselles, battaient la semelle avec un ensemble pittoresque. Les oreilles étaient rouges, les yeux vifs. La voix sonnait claire et gaie. Sous les guenilles, et en dépit du froid, ces troupes d'enfant riaient ; quelques-uns répétaient le cri que leur enseignait la Balayeuse, les autres sifflaient, quelques-uns s'essayaient à imiter le coq dans l'espérance de faire beaucoup de bruit au théâtre s'ils obtenaient jamais une contre-marque au théâtre de l'Ambigu.

Les planches formant l'enceinte du terrain pierreux laissaient entre elles assez d'espace pour qu'il fût possible de se glisser par les brèches.

Les élèves de la Balayeuse, effrontés, bavards, gais comme des moineaux francs, envahirent le champ abandonné.

La directrice n'étant pas encore arrivée, ils jouèrent à la course, à la lutte, se défiant, riant jusqu'à ce que de loin, le plus jeune reconnût la haute taille de la Balayeuse.

Elle marchait droite comme toujours, la jambe solide, la tête haute, tenant en équilibre sur son épaule, le grand balai, insigne de sa profession, dont elle ne se séparait jamais.

Son visage reflétait une expression que nul ne lui avait jamais vue.

Son front ridé s'éclairait d'une pensée heureuse ; quelque chose ressemblant à un sourire s'esquissait sur ses lèvres. Sa marche avait le rythme cadencé de la joie. Elle était évidemment sous l'empire d'un bonheur profond, intense ; une joie qui rajeunissait ce vieux visage tanné par les intempéries de la saison, laissait refleurir sur sa joue une sorte de jeunesse.

La veille, Denis lui avait promis que le soir même elle reverrait son fils.

La balayeuse avait peine à contenir son émotion ; elle cachait mal son secret. En apercevant les groupes d'enfants qui l'attendaient, elle fut tentée de leur dire :

— Moi aussi, j'ai un fils !

Mais, revenant bien vite à l'impérieux sentiment de ses devoirs :

— La classe commence ! dit-elle.

Tous les sabots, rentrant dans l'ordre, cessèrent de produire un bruit de castagnettes ; les petites têtes mutines devinrent immobiles, et les yeux rieurs se fixèrent sur la femme de Denis.

— Allons, toi, le mouflet blond, à gauche, as-tu compris qu'il faut crier les chiffons avec un flageolet dans le nez ?

— J'sais pas, répondit l'enfant ; j'ai joliment répété, allez !

— Nous verrons bien, fit la Balayeuse ; place-toi au milieu de la salle bien campé sur les hanches, le nez en l'air, comme si tu regardais de quelle fenêtre on te fera signe de monter.

Le petit garçon bondit près de la haute chaise de la Balayeuse et répéta, en grossissant sa voix :

Chif-fons à vend', voilà le marchand' de chif-fons.

— Ce n'est pas mal, dit la Balayeuse ; seulement, tu cries tes chiffons comme tu ferais pour des cerises de Montmorency. Nazille, mon enfant, nazille, c'est de tradition.

— Oui, madame, fit docilement le mouflet blond.

— A toi, Loiselet ; ton père t'a donné un cornet, j'espère ?

— Tout flambant neuf, et j'en joue déjà.

Et Loiselet, pour prouver la vérité de son assertion, souffla l'air de *Malborough*, puis s'interrompit pour crier, avec une vérité d'intonation très remarquable :

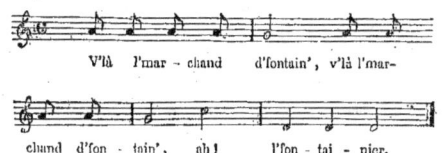

V'là l'mar - chand d'fontain', v'là l'marchand d'fon - tain', ah ! l'fon - tai - nier.

La Balayeuse écouta son élève avec une satisfaction visible ; puis, lui frappant sur l'épaule, elle dit, en riant :

— Mes conseils te seraient inutiles désormais, vends des robinets comme ton père; tu n'as plus besoin de venir au Conservatoire.

Loiselet, en signe de joie, exécuta une brillante fanfare dans son cornet d'étain, puis il regagna sa place à cloche-pied, ce qui n'était guère sérieux pour une classe de Conservatoire.

Une petite fille, maigre, pâle, étiolée, s'avança lentement. Elle tenait à la main une cliquette de bois, qu'elle secoua de la main droite; puis, d'une voix qui tremblait, elle essaya de chanter:

Voi - là l'plai-sir mes dam's, voi-là l'plai-sir.

Mais, brusquement, sa gorge se serra, un spasme douloureux étreignit sa poitrine, de grosses larmes jaillirent de ses yeux, et la pauvre petite Lise resta immobile, sa cliquette en main, les pieds enracinés au sol, et ne semblant plus se souvenir du milieu dans lequel elle se trouvait.

La Balayeuse l'attira doucement vers elle.

— Qu'as-tu? demanda-t-elle.

— Mon père est bien mal, dit l'enfant, mes petites sœurs avaient tellement faim hier qu'on leur a donné pour souper toute la marchandise. Ma mère manque de pâte aujourd'hui pour faire des oublies. Mon père va mourir; certes, je le sens là, mon père va mourir.

La petite Lise fondit en larmes de nouveau.

D'un mouvement brusque, la Balayeuse fouilla dans sa poche, en tira deux francs qu'elle remit mystérieusement à la petite marchande d'oublies, puis l'embrassant au front, elle ajouta:

— Achète du pain, et va soigner ton père.

Lise embrassa la Balayeuse et quitta la salle.

Les élèves étaient devenus tristes; le professeur comprit qu'il s'agissait de changer la note, et la Balayeuse appela:

— Morisseau! Morisseau!

Un garçonnet de quatorze ans répondit à l'appel de son nom, en lançant, de toute la vigueur de ses poumons:

chand d'habits, marchand, ha-bits, ha-bits, mar-chand

a - vez - vous de vieux ha - bits à ven-dr'.

— Le creux est bon, Morisseau ; mais tu manques de distinction dans la tenue, mon garçon.

Sans être appelé, et sur un signe, un enfant bossu vint, en se traînant au milieu du cercle, et d'une voix lente, une voix de grillon ou de crécelle, il répéta :

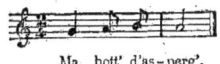

Ma bott' d'as-perg'.

— Ce n'est pas cela, mon pauvre Turpin, dit la Balayeuse d'une voix découragée, tu manques de conviction. A la façon dont tu proposes ta botte d'asperges, on doit croire qu'elle est petite, fanée, verdâtre, une botte de rien du tout, enfin ! Tâche donc de comprendre qu'il faut s'imposer pour réussir, et proposer sa botte d'asperges avec tant d'assurance qu'on se dise :

« — Il ne doit pas y en avoir de plus belle dans tout Paris. »

A quoi pensais-tu donc en criant ta botte d'asperges ?

— A ma bosse, répondit Turpin.

Un immense éclat de rire retentit dans la salle du Conservatoire.

La Balayeuse jeta aux élèves un regard courroucé, bondit jusqu'à l'angle dans lequel se reposait son balai, et le brandit d'un air formidable.

— Le premier qui rit, dit-elle, je le chasse ! Mauvais cœurs que vous êtes. Turpin ne vous vaut-il pas, quoiqu'il soit contrefait ? Je gage qu'il est meilleur pour sa grand'mère que le plus robuste et le plus adroit d'entre vous. Allons, mon p'tit, de la vigueur dans le gosier et le sourire aux lèvres si tu peux, un bossu qui rit de sa bosse n'est jamais ridicule.

— Vous êtes bonne ! s'écria Turpin les yeux humides.

— Je ne suis pas bonne, répondit la Balayeuse, mais j'ai un enfant !

Et la voix de la rude créature s'adoucit jusqu'à la tendresse.

Aussi Turpin, encouragé, lança-t-il un : « *Ma botte d'asperges !* » avec une telle énergie que des applaudissements éclatèrent dans la salle.

Une mignonne fillette s'approcha sur un regard de la maîtresse et dit en riant :

Chasse - las d'Fontain' - bleau.

Elle n'avait pas fini qu'un joli garçon dont le visage était noirci par la poussière du charbon, et dont le petit costume de velours bleu trahissait l'Auvergne, cria en enflant le volume de sa voix :

A l'eau - eau.

et termina son annonce par un pas de bourrée.

Son voisin le plus proche le poussa du coude ; piémontais d'origine, il avait sur les lèvres ce joli rire confiant et fin qui montre les dents blanches et met une étincelle dans les yeux. Fils de ramoneur, il devait passer lui-même sa vie à ramoner les cheminées des Parisiens, mais il se moquait de la suie et ne se trouvait pas plus noir que son camarade l'auvergnat.

haut en bas !

Il répéta deux fois ce cri si connu, puis poussant en riant le futur porteur d'eau, il reprit sa place sur son banc.

— Allons, cela ne va pas mal ! dit la Balayeuse qui se sentait en veine d'indulgence, mais répéter : « A l'eau ! » ou du « haut en bas ! est l'*abc* du métier, parlez-moi d'un grand air, comme on dit à l'Opéra. Allons, Jacqueline, soigne tes légumes, ma fille !

Jacqueline bondit plutôt qu'elle ne se leva. Elle avait une taille adolescente, et un visage d'une expression enfantine. C'était une fille de la Halle, moins le langage poissard et l'effronterie. Le poing sur la hanche, elle se campa au milieu de la salle, parut inspecter son public et commença :

Oh ! des choux, des poi-reaux, des ca-rott's. Na-vets !

Na-vets ! Pomms' de terr' au bois-seau. D'la vitt-

lott', du bel o-gnon, du bel o-gnon.

— Ton mois finit aujourd'hui ? demanda la Balayeuse.

— Oui, répondit Jacqueline, et ma foi tant pis !
— Pourquoi ? tu vas gagner ta vie, maintenant.
— Eh bien ! vrai, je vous regrette ! fit Jacqueline en embrassant la femme de Denis.

Celle-ci lui rendit ses caresses et murmura :

— Que c'est bon les baisers d'un enfant ! mon Dieu, que c'est bon ! et quand je pense que ce soir je reverrai mon petit Antoine !

Elle resta un moment silencieuse, puis revenant au sentiment de ses devoirs :

— Louise ! Louise !

Une voix qui partait du fond de la salle répondit :

A la crêm', fro-mag' à la crêm' !

— Ce n'est pas cela, Louise, non, ce n'est pas cela, tu en as plein la bouche de ton fromage à la crème : détache les mots, ma fille ! et ne les avale pas.

Louise Janet prit place près de la chaise de la Balayeuse, et répéta d'un air gouailleur, en faisant siffler une badine de jonc :

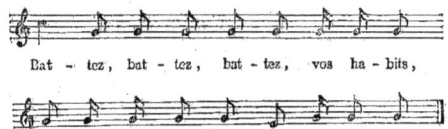

Bat - tez, bat - tez, bat - tez, vos ha - bits,

vos ca - na - pés, vos femmes, pour deux sous.

— C'est trop bien ! fit la Balayeuse, faut pas encourager les méchants maris. A toi, la Muguette.

Une petite fille répondit à ce nom printanier :

A la douc' ce - ris', à la douc'.

Puis vint une brune fille qui cria :

Des gros cer - neaux.

Elle éclatait de vie et de santé, et l'air de la rue paraissait la faire fleurir comme une pivoine de mai.

Tour à tour des marchandes de violettes, de sardines fraîches, de petits pois se succédèrent : écoliers dont les études touchaient à leur fin et qui n'avaient jamais présenté de difficultés sérieuses. Le professeur écoutait distraitement ces banales annonces ; elle ne prenait de plaisir qu'aux phrases musicales exigeant de l'intelligence et un sérieux travail.

— Voyons, Luchet, dit-elle, as-tu saisi les cartons, mon garçon ?

— C'est diablement difficile, ce cri-là.

— Je ne dis pas ! Tandis que l'on traine la voix pour annoncer « *la douce, l'anguille,* » qu'on aboie pour crier les cuisses de grenouilles, il faut, par une torsion toute spéciale de la bouche, et en appuyant la langue contre les dents, arriver à l'effet traditionnel.

Et la Balayeuse commença cette longue phrase musicale :

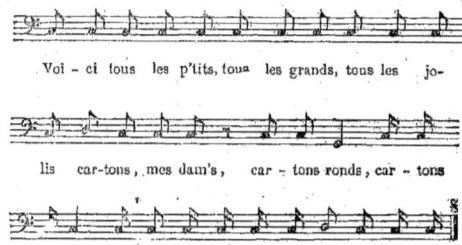

Voi - ci tous les p'tits, tous les grands, tous les jo- lis car-tons, mes dam's, car - tons ronds, car - tons car-rés, car-tons à cham-pi-gnons, car-tons o - val's.

Luchet la répéta après elle, mais d'une voix molle et trainante.

— Tu manques de conviction ! s'écria la Balayeuse ; quand on manque de conviction on vante mal sa marchandise. Sont-ils mal faits tes cartons ?

— Mal faits ? les cartons de papa ! ça s'rait pas à faire !

— Alors tâche de le croire.

— Je crois aussi que je ne ferai pas mal de venir encore un mois au Conservatoire.

— C'est une bonne idée, Luchet ; en attendant, répète ferme, pendant toute la journée et la nuit, en rêvant. Où est le rémouleur ?

Un petit garçon imita gentiment le bruit de la meule, puis répéta par trois fois :

Cou - teaux, ci - seaux à r' - passer.

— C'est bon, tu as le fil, dit la Balayeuse.

La femme de Denis fit un signe, et un petit garçon, vêtu de loques sordides et dont les pieds passaient à demi à travers des souliers éculés, s'avança vers la Balayeuse. Ses grands yeux cernés reflétaient une morne douleur, ses lèvres s'agitaient comme s'il refoulait ses larmes, et un sanglot l'interrompit quand il commença cette phrase :

Du mou - ron pour les p'tits oi - seaux.

— Ça ne va pas ! dit la Balayeuse. Ceux qui achètent du mouron pour les oiseaux sont généralement des gens gais ; ne prends pas un air si triste, Gervais.

— C'est que, voyez-vous, madame la Balayeuse, tout en criant le mouron, je pense qu'il vaudrait mieux, pour moi, être un oiseau qu'un enfant. Pour les oiseaux le grain est prêt, la cage dorée, le nid bien chaud ; le sucre et le mouron sont là. Mais pour moi, voyez, mes pieds se fendillent de froid, la vieille grand'mère manque de pain, et ses douleurs l'empêchent d'aller mendier. Si j'pouvais me changer en oiseau, j'n'y manquerais pas, allez !

— Le printemps reviendra, dit la Balayeuse.

— Je ne le verrai point, ajouta Gervais.

— Qui sait ! tu peux trouver une bonne âme sur ta route. Il est des gens riches et généreux dans Paris, seulement, ils ne peuvent découvrir toutes les misères. Voilà dix sous, mon petit Gervais, essaie de bien crier le mouron et ne désespère pas de l'avenir...

La vue de la petite pièce blanche alluma un rayon de joie dans les prunelles de Gervais qui reprit sur un autre mode :

Du mou - ron pour les p'-tits oi - seaux.

Quand il regagna sa place, les mains de ses petits camarades fouillaient dans leurs poches et en retiraient des croûtes de pain, des noix, une pomme, dont le petit Gervais fit à l'instant son déjeûner.

— Le plus difficile pour la fin ! s'écria la Balayeuse, comme le bouquet du feu d'artifice ! Allons, Jobic, fais honneur à la plus rare de mes compositions musicales ; M. Offenbach la paierait cher pour la mettre dans un opéra, mais pas de çà, Lisette, la Balayeuse ne travaille pas pour les théâtres et les saltimbanques, elle ne veut avoir affaire qu'à de futurs marchands de la rue.

Jobic s'approcha lentement en se dandinant à la façon d'un ténor qui va chanter son grand air devant un public idolâtre. La bouche souriante, le pied droit en avant, bien campé et souriant, il répéta avec la conviction que donne un talent incontestable :

V'là l'mar-chand d'ripes, v'là l'mar-chand d'ripes,

v'là l'mar-chand d'ripes, d'ripes à la mod' de Caen. V'là l'mar-chand d'ripes.

Puis il salua ses camarades, qui, sans jalousie, l'applaudirent à tout rompre.

Jobic se rengorgea et regagna sa place.

Le cours était terminé. Chaque élève vint mettre dans une tirelire de terre placée devant la Balayeuse, le sou représentant la valeur de son cachet, puis ces adolescents, ces enfants, répétant à la fois le cri qu'ils étaient tenus d'apprendre, réalisèrent le plus curieux vacarme qu'il fût possible de rêver. Ce fut un charivari, un brouhaha, une cacophonie dont rien ne saurait donner l'idée. Toutes les offres se croisèrent à la fois ; les moules et le cresson, la barque, les vitres et la ferraille. La gamme des voix monta de la basse profonde au suraigu ; et ce fut au milieu d'une sorte de sarabande que les élèves de la Balayeuse quittèrent la baraque du Conservatoire.

Il ne resta plus bientôt près d'elle que deux jeunes gens, demandant à la femme de Denis un cri nouveau, original, propre à fixer l'attention des chalands, et pour la propriété exclusive duquel chacun déposa cent sous sur le bureau.

— Ça ne s'improvise pas, répondit la Balayeuse, j'y songerai ; revenez dans huit jours. On a déjà tant crié dans ce Paris, qu'il devient difficile d'inventer du neuf. Je le ferai cependant, vous venez de payer d'avance, je suis dans vos dettes. Laissez-moi toute une semaine, mes enfants, j'ai besoin de me sentir vivre un peu. Aujourd'hui je ne sais crier qu'une seule chose : « Je vais revoir mon fils ! »

— Eh bien ! foi de Romignon, ça me fait plaisir, dit un des jeunes gens, vous l'avez assez pleuré.

— Dans huit jours, vous autres ! et n'ayez pas peur, vous aurez quelque chose de réussi ; le bonheur doit donner de l'inspiration.

Une minute après, la salle du Conservatoire était vide.

La Balayeuse prit l'argent de la tirelire et compta.

— Tout cela est pour mon fils, dit-elle. Je suis riche, très riche, pour une balayeuse des rues de Paris. Antoine pourra prendre un commerce, avoir boutique sur la rue, épouser une honnête fille, et vivre heureux. J'élèverai ses enfants, et peut-être que le tableau de ce bonheur, que la tendresse de ces jeunes gens, arrêtera Denis sur les bords du gouffre !

Elle passa la main sur son front, comme pour en chasser une pensée lourde et pénible, et ajouta :

— Le souvenir de Denis m'épouvante, je ne veux plus penser qu'à mon enfant. Merci de me le rendre, mon Dieu ! merci de me consoler à l'heure où la vieillesse arrive. J'aurai les mains de mon fils pour me fermer les yeux !

Un moment après, la Balayeuse reprenait le chemin de son logis, et, son balai sur l'épaule, marchait avec l'allègre courage de la jeunesse : elle avait tant de joie au cœur !

Tu ne me reconnaîtras pas. Tu ne reverras jamais mon visage. (*Voir page* 309).

26 Livraison.   26

CHAPITRE XXVI

AVEUGLE

Il fait nuit. L'enclos du Conservatoire, si bruyant pendant le matin, est envahi par le silence. L'immobilité du froid, qui semble ajouter à l'absence de tout mouvement, pétrifie ce champ de pierres qui, aux intermittentes clartés de la lune, ressemble à un cimetière parsemé de monticules blancs indiquant des sépultures.

Un homme suit lentement la palissade de planches, pénètre dans l'enclos, et s'approche de l'amas de blocs de pierres le plus haut. Il regarde autour de lui avec une expression craintive et défiante; puis, après s'être assuré qu'il est bien seul, il allume une lanterne, dont le foyer lumineux se projette sur un espace étroit, écarte quelques pierres et commence à fouiller le sol.

Quand il a enlevé une certaine quantité de terre, il place dans l'excavation une substance noire, dont il a grand soin d'éloigner sa lanterne, pose par-dessus quelques cailloux, puis, fouillant dans sa poche, il y prend quelques gros écus, les met sous une grosse pierre, répand tout autour de lui de la poussière brune dont il est nanti, puis il s'éloigne avec les mêmes précautions de défiance.

Arrivé proche de la baraque servant à la Balayeuse pour les cours du Conservatoire, il pousse une exclamation de joie.

— Parbleu! dit-il, je serai parfaitement là pour tout observer.

Il pousse la porte de la cabane, pénètre dans l'intérieur et s'allonge sur un banc.

— On est toujours trop curieux! murmure-t-il entre ses dents; si Denis l'ivrogne, comme l'appellent les habitués du tapis-franc de la Paumelle, n'avait pas témoigné un grand désir de me mieux connaître, et s'il ne s'était pas vanté surtout de ne jamais oublier mon visage, j'aurais jugé inutile de le comprendre dans la liste de ceux qui gênent mon chemin....,

Il s'arrêta un moment, étouffa un jurement et reprit :

— On ne s'arrête pas dans la route que je suis! En épousant les haines de M. de la Haudraye, je m'oblige à les servir toutes. L'un après l'autre, les obstacles doivent disparaître. Le petit Henri n'est plus à redouter, le jeune vicomte qui revenait d'Amérique pour révéler à tous le passé de Jean Studen dort au fond de la Seine; Denis pouvait me nuire, car un ivrogne est toujours dangereux : dans une heure, j'en aurai fini avec lui.....

Une sorte de poignante contraction passa sur le visage du misérable.

— Je ne sais pas pourquoi, dit-il, j'aurais voulu l'épargner! Le maître ne l'a pas voulu, et le maître paie trop bien pour qu'on lui marchande les services. Ma fortune s'arrondit d'une façon inespérée. L'affaire du petit Henri m'a rapporté 50,000 fr., déguisés sous l'apparence de gratifications. Après la mort de M. Monier, son opulent héritier m'a conseillé de jouer à la Bourse, et j'ai gagné dans un mois cent vingt mille francs. Je parie bien que si j'avais donné commission à un agent de change, au lieu de suivre les avis de mon maître, j'aurais perdu toutes mes économies. Le total de ce gain m'a fait perdre la mémoire de l'émotion qui m'étreignit le cœur quand *j'oubliai* chez M. Kerdren un morceau de cire portant l'empreinte de certaine serrure. L'affaire du pont Notre-Dame a doublé mes capitaux. Ce soir, je serai à la tête de quatre cent vingt mille francs.....

Il s'arrêta et parut s'absorber dans le sentiment de cette joie.

— Quatre cent vingt mille francs en bons billets de banque satinés, en or sonnant, et je ne m'arrêterai pas là! Une heure vient dans la vie où l'amour de l'or est remplacé par la folie de l'or. Cette maladie terrible me menace; j'en ressens les progrès journaliers, je prévois qu'un jour, me dressant devant mon complice, je lui dirai : « Partageons! à moi la moitié des millions du vieillard, les jouissances d'un luxe effréné, les fantaisies coûteuses, l'existence dont le tableau ne se trouve que dans les livres des romanciers. » — Et quand j'aurai dit : je veux! que répondra le maître d'aujourd'hui? Tentera-t-il de briser son instrument? Il n'osera pas, il paiera! Il paiera, et je serai riche, envié, puissant, et je jouirai de la vie sans crainte, sans regrets, sans remords.

Était-ce vrai?

Le misérable qui projetait d'accumuler des crimes nouveaux sur des crimes anciens, ne se mentait-il pas à lui-même, en affirmant qu'il jouirait de la vie sans remords après avoir basé sa fortune sur le rapt, le vol et le meurtre?

Un soupir profond, protestation de la conscience souillée, mais non pas anéantie, souleva sa poitrine. Ferson passa la main sur son front, et s'agita sur le banc de bois qui lui servait de couche.

Puis, comme s'il espérait fuir les visions qui le torturaient, il ferma les yeux et garda le silence.

Les minutes s'écoulaient lourdes et lentes : aucune horloge sonnant dans la nuit ne permettait d'en calculer la durée. Le temps semblait horriblement long à celui qui attendait sa dernière victime.

Pendant qu'il guettait, à travers la porte entrebâillée, l'arrivée de celui qui ne pouvait manquer de venir chercher le salaire de son crime, Denis l'ivrogne quittait le tapis-franc de la Paumelle qui, en raison des bénéfices à venir, avait doublé le chiffre de crédit de son habitué.

Denis avait bu seul, lentement. Taciturne et muet, il cherchait à se donner du courage, car, pour la première fois de sa vie, il avait peur.

Deux jours auparavant il ne tremblait pas quand son poing armé s'abattit sur la tempe de l'ami de Ramoussot; il ne tremblait pas davantage quand, le soulevant dans ses bras, il le laissa retomber dans l'eau noire et profonde. Mais, ce soir-là, le mari assassin, le père criminel s'attendait à recevoir un rude choc. Il allait pour la seconde fois se trouver en face de son fils.

La première, tous deux, assis en face l'un de l'autre, avaient froidement comploté un meurtre; ce soir même, il allait dire à celui qui le poussait plus avant dans le crime :

— Je suis ton père!

Comment le précoce bandit accueillerait-il cette révélation? de quelles malédictions couvrirait-il celui qui, après l'avoir roué de coups dans son enfance, l'avait vendu à Tamerlan pour en faire une machine humaine se désarticulant à plaisir; pour livrer ses muscles, ses nerfs, sa chair à la variété de martyres que l'acrobate lui avait fait subir?

Si Denis n'eût songé qu'à lui, il se serait bien gardé d'apprendre à Ferson la vérité sur sa naissance, mais Denis avait promis à la Balayeuse de lui rendre son fils, et quoi qu'il en dût résulter pour lui, il était résolu à tenir parole. C'est dans l'espoir de retrouver l'enfant arraché de ses bras que la malheureuse femme avait atténué devant les juges le crime de son mari; c'est pour se ménager une consolation suprême, que durant les quinzes années de bagne de Denis, elle lui avait envoyé un peu d'argent pour adoucir sa misère. Tout ce qu'elle avait fait, subi, depuis l'emprisonnement de Denis, avait eu pour but cette consolation suprême : Denis la lui devait, et lui, si peu scrupuleux cependant comptait, solder cette dette.

D'ailleurs, si le bagne avait fait de l'ivrogne un assassin, un voleur, la faute n'en était pas à la Balayeuse. Elle avait besogné, travaillé, peiné, afin d'amasser un peu d'argent pour son fils. De sa coquetterie passée, après le malheur tombé sur elle, il n'était rien resté. On l'avait toujours vue probe et pauvre, et celle-là, Ferson, le complice de Denis, pouvait l'avouer pour sa mère.

Cependant, redoutant la scène qui se devait passer entre lui et son fils, Denis ne prévint pas sa femme qu'il allait au-devant de l'Antoine qu'elle pleurait. Il pensait même qu'après l'avoir entendu, Ferson n'hésiterait pas à le suivre chez la Paumelle, où l'attendait la Balayeuse.

Si misérable que fût devenu Denis, un sentiment l'emportait cependant sur celui de la cupidité : il allait revoir son fils. Le cœur lui battait. L'âme ne meurt jamais, et le sentiment paternel survit dans l'être corrompu. Denis souffrait même, lui, avili, dégradé, à l'idée de l'avilissement de son fils. Il eût payé cher pour que le crime ne fût pas une hérédité terrible. D'ailleurs, il se regardait comme responsable des vices d'Antoine; s'il l'eût laissé à sa mère, la Balayeuse en eût fait un homme; il l'avait livré, vendu! Antoine était devenu un mécréant. Les acrobates avaient torturé son corps, puis lentement dégradé son âme, et s'il tentait jamais de reprocher à Antoine les crimes nombreux déjà entassés sur sa route, qui sait si Antoine ne lui répondrait pas :

— C'est votre faute! frappez votre poitrine et gardez le silence! Fils de forçat, que devais-je devenir à l'école où vous m'avez placé? Un voleur, un assassin, je suis tout cela! Nous nous valons, mon père !

Tandis qu'il remuait ces pensées dans son cerveau, Denis prenait le chemin du clos de pierres. Un flot d'idées qui jamais ne lui étaient venues lui remplissaient le cœur. S'il pouvait arracher Antoine à l'abîme? Si le malheureux comprenait l'angoisse du misérable père repentant? L'or que Denis devait trouver dans le champ indiqué par Ferson lui faisait horreur ; c'était le prix de l'honneur, de l'âme de son enfant! Il n'en voulait plus ; il lui semblait qu'il lui brûlerait les doigts.

— Je le donnerai à quelques pauvres gens, dit-il ; il empêchera une faillite ou un désastre ; mais cet or est maudit, je le repousse. Je suis rentré depuis peu de jours à Paris, l'affaire du pont Notre-Dame n'a pas fait de bruit. Ce sera mon dernier crime. Je suivrai les conseils de la Balayeuse, je ne boirai plus. S'il le faut, je travaillerai ; Antoine aura les économies de sa mère. Il me pardonnera, et nous essaierons de redevenir honnêtes gens. Nous nous repentirons, nous tâcherons d'effacer les taches du sang versé. Les prières disent que Dieu remet les fautes. Oh ! si cela était vrai ! si jamais....

Un frisson parcourut le corps de Denis.

— Si Antoine ne venait pas au rendez-vous !

L'ivrogne hâta le pas.

La terre durcie par la glace criait sous ses souliers ferrés. La nuit était noire, et les becs de gaz isolés piquaient l'ombre de points lumineux sans rayonnement. Les bruits s'apaisaient, les quartiers lointains devenaient déserts ; les travailleurs, revenus de l'atelier depuis longtemps, soupaient déjà à la table de famille. Seuls les gens ivres titubaient le long des murailles, les voyous criaient à tue-tête quelque refrain stupide, les chiffonniers, la hotte au dos, le crochet à la main, inspectaient les détritus amassés devant les maisons. De quelques guinguettes sortaient des bruits de violons criards ou des airs de bourrées, martelés par le pied solide des Auvergnats.

La vie des rodeurs de nuit commençait, cette vie que Denis connaissait si bien et qu'il mena longtemps avant d'aller au bagne.

Un sentiment de dégout prit le misérable en voyant des hommes cuvant leur vin dans le ruisseau.

Il pressa le pas et bientôt il se trouva proche de la place Puebla.

A gauche, un peu plus loin, se profilait une église blanche et coquette ; à droite commençait la palissade de planches.

Denis savait par quelle brèche il devait entrer ; c'était du côté faisant face aux buttes Chaumont, et que les élèves de la Balayeuse appelaient l'entrée du Conservatoire.

A l'une des fenêtres de la maison du gardien du parc brillait une petite lumière. Derrière les rideaux blancs on veillait en famille ; le grand-père faisait une pieuse lecture, la femme travaillait à l'aiguille, et le gardien tournait un joujou pour son dernier enfant.

Denis marchait de plus en plus vite, sans tourner la tête, sans se préoccuper de rien ni de personne. Une seule pensée dominait dans son esprit : Antoine serait-il là? S'il manquait au rendez-vous, comment le retrouverait-il? Ferson connaissait le bouge de la Paumelle, mais, sans nul doute, la femme du supplicié eut été incapable de retrouver dans Paris le client qui venait à de rares intervalles s'enfermer dans un cabinet et boire un verre d'eau-de-vie avec Tamerlan.

Celui-ci ignorait aussi une partie de l'existence de son associé, de son complice. Ferson devait déposer le masque de son personnage et reprendre ailleurs une nouvelle individualité.

Denis l'avait fort bien compris, son fils était *fort*, dans le sens criminet de ce mot. Il pouvait combiner un plan, ménager des effets, et trouver la trame complète d'un drame sans avoir besoin d'un collaborateur ; tout au plus acceptait-il un machiniste pour la partie matérielle. Si Denis manquait cette occasion unique de revoir son enfant, peut-être ne le retrouverait-il jamais.

Il courait presque le long de la palissade de planches, sans se douter que, depuis son départ de chez la Paumelle, il était suivi de loin.

Malgré la promesse faite par Denis à la Balayeuse de la rapprocher de son fils, cette nuit même, la femme du forçat avait en cette parole une médiocre confiance. Elle ne comprenait pas pourquoi son mari refusait de l'emmener afin qu'elle assistât à cette première entrevue. Dans la hâte de son amour maternel, elle n'admit ni retards ni conventions.

Dans une heure, Denis et Antoine seraient en présence ; elle voulait se trouver en tiers dans cette reconnaissance.

Elle se croyait le droit, ayant tant attendu, tant souffert, d'embrasser le fils qu'on lui avait volé, vendu, le fils dont le souvenir lui avait donné la force de vivre, le courage de travailler, l'industrie nécessaire pour gagner de l'argent, et l'amasser afin qu'il fût heureux un jour.

La malheureuse connaissait trop bien le caractère irritable de son mari pour manifester une volonté opposée à la sienne ; dans la crainte que sa femme le suivit, Denis aurait peut-être changé quelque chose à ses projets. Sans savoir pourquoi, d'ailleurs, la Balayeuse ne se sentait pas tranquille. Elle ignorait l'assassinat du pont Notre-Dame, mais les relations faites par Denis dans le tapis-franc, sa volonté de vivre sans travailler, le cynisme avec lequel il lui avait expliqué ses théories sur la propriété d'autrui, l'épouvantaient. Elle redoutait chaque jour qu'un nouveau crime amenât Denis en face de la justice ; et depuis son retour du bagne, la malheureuse restait en proie aux plus terribles appréhensions. La seule espérance qui lui restât était de revoir son enfant, le petit Antoine volé par le père et qui avait maintenant âge d'homme.

Aussi, avec l'instinct machinal du cœur, sans questionner, sans savoir, elle suivait Denis, certaine que celui-ci allait au-devant de son fils.

Quand la Balayeuse vit son mari tourner la palissade de planches après avoir suivi la voie aboutissant au parc des buttes Chaumont, elle se sentit rassurée ; elle entrait dans son domaine, chez-elle. Il ne devenait plus nécessaire de se presser.

La femme du forçat ralentit le pas, vit Denis disparaître par la brèche et, s'accotant contre la palissade de planches, elle attendit ce qui allait se passer.

Denis se trouvait seul dans le champ pierreux. De gros nuages noirs venaient, en s'écartant, de laisser transpercer la pâle lumière de la lune ; elle répandait sur cet enclos dévasté, des clartés molles et blafardes. Chaque amas de pierres ressemblait à un tumulus. Tout prenait en cet endroit, la blancheur sinistre des tombes.

Denis marcha au milieu de l'enclos, s'arrêta, posa deux de ses doigts sur ses lèvres et fit entendre un sifflement long et modulé.

Personne ne répondit.

Cependant ce signal avait été entendu, et Ferson qui se tenait depuis plus d'une heure tapi dans la cabane de planches du Conservatoire, se souleva du banc de bois sur lequel il était allongé et se rapprocha de la porte. Il voulait juger par lui-même du dénouement préparé avec un soin diabolique.

Ainsi, d'un côté, la Balayeuse guettait Denis afin d'accourir près de lui si un autre homme venait à sa rencontre, sûre que cet homme serait son Antoine tant regretté ; de l'autre, Ferson, abrité par la cabane, surveillait d'un œil fixe les mouvements de Denis.

Celui-ci répéta trois fois le signal convenu. Il comprit, ne recevant pas de réponse, que celui qu'il attendait ne viendrait pas.

Alors, une parole empreinte d'un regret véritable pressa ses lèvres :

— Que dirai-je à la femme, quand elle me demandera son fils ?

Cette désillusion lui causa un tel choc que le peu d'honnêtes pensées qui avaient trouvé le chemin de son âme, s'envolèrent à tire d'ailes. Le père pouvait éprouver un bon sentiment, survivant à toutes les turpitudes de sa vie, le forçat se retrouva seul.

Il avait tué, il voulait le prix de son sang.

Denis s'orienta dans la plaine de pierres et, avisant un monticule plus haut que les autres, il se souvint des instructions de Ferson, et s'approcha du tas de meulières sur lequel tombait la clarté douce de la lune.

Il devait se hâter de profiter de cette éclaircie, car de gros nuages noirs accouraient, et dans une minute il ne serait plus possible de se livrer à ses recherches.

Après avoir fait le tour de l'amas de pierres, Denis crut remarquer que du côté faisant face au parc on en avait dérangé quelques-unes ; il s'agenouilla et avança la main. Ce mouvement fit rouler quelques cailloux, mais au milieu du bruit causé par le choc, Denis distingua un son métallique.

— Allons, pensa-t-il, il manque d'exactitude, mais il est honnête !

Comprenant qu'il ne pouvait au hasard fouiller dans la cachette, et y prendre les huit cents francs, Denis tira un briquet de sa poche;

frotta deux allumettes, et les approcha d'une petite excavation au fond de laquelle il vit briller des pièces de cinq francs.

Il fit un si brusque mouvement pour saisir ce trésor déposé là par Ferson, que les allumettes échappèrent de sa main gauche, tandis qu'il enfonçait la main droite jusqu'au coude pour saisir l'or et l'argent qui soldaient, à cette heure, l'assassinat du protégé de Sœur Sainte-Croix.

Mais, au même moment, un fracas épouvantable retentit, les pierres furent lancées au loin, le sol crevassé se souleva, et le bruit répété de la foudre éclatant dans la nue donnerait seul l'idée de la détonation qui ébranla le clos pierreux, au moment où Denis roulait, foudroyé, sur le sol.

Les derniers échos de ce bruit terrible n'étaient pas éteints encore que Ferson, quittant la cabane de planches qui l'abritait, courut à l'endroit où gisait le corps de Denis, tourna vers la face ensanglantée du forçat les rayons d'une lanterne sourde et murmura :

— Tu ne me reconnaîtras pas, non ! non ! Tu ne reverras jamais mon visage !

Au même instant, deux mains osseuses pesèrent sur l'épaule de Ferson, et firent tomber à genoux le misérable, puis une voix, qui râlait de désespoir, cria à l'assassin :

— C'est ton père, entends-tu ? Denis est ton père !

C'était la Balayeuse qui, presque folle de douleur, jetait le parricide à côté de la victime.

— Mon père ! murmura Ferson, mon père !

— Je t'ai cherché, je t'ai pleuré, reprit la Balayeuse, j'ai vécu de ton souvenir et de l'espérance de te revoir. Je te maudis ! je te maudis !

Elle étendit le bras au-dessus de la tête de Ferson et parut appeler sur lui toutes les colères du ciel.

Puis, se penchant sur le sol, elle souleva, avec une énergie surhumaine, le corps de Denis, le jeta sur son épaule, et pliant sous le faix, elle gagna la baraque dans laquelle, le matin même, elle donnait son cours aux enfants, tout en rêvant à la joie de revoir son fils.

Étourdi par la révélation de sa mère, comme s'il eût reçu un coup de massue, Ferson resta quelque temps immobile. Offrirait-il son aide à la Balayeuse, essaierait-il de se faire pardonner son crime ? Sans nul doute, à cette heure, la femme de Denis le repousserait ; le cadavre de son père les séparait pour toujours. Dût-il espérer son pardon, ce ne serait pas certes à cette heure. Il devait songer, d'ailleurs, à sa sûreté personnelle. Le bruit de l'explosion pouvait attirer des curieux, mieux valait se sauver avant leur arrivée, quitte à s'informer le lendemain.

Ferson traversa, en chancelant, l'enclos, franchit la palissade et, au lieu de redescendre par la voie que domine le parc, il fit le tour du terrain, et marcha le plus rapidement que le lui permit le tremblement convulsif de ses jambes.

Un café borgne se trouvant ouvert à quelque distance, il y entra, se fit servir un flacon d'absinthe et en but deux verres.

Le garçon qui le servait, voyant son client si défait, lui dit avec une certaine bonhomie :

— C'est pas dans l'intérêt de la maison ce que je vais vous dire, mais vous êtes pâle comme un mort, et mieux vous vaudrait un verre d'eau fraiche que l'absinthe verte qui vous rend fou.

— Oui, de l'eau ! de l'eau ! répondit Ferson.

Il mouilla son mouchoir, le passa sur son visage et parut un peu ranimé.

Il cacha son front dans ses mains, se demandant ce qui se passait là-bas.

— Voilà cent sous, dit-il au garçon, trouvez-moi une voiture.

— C'est pas pour dire, répliqua celui-ci, mais vous êtes bien gris.

Dix minutes après, Ferson montait dans un fiacre, se faisait descendre à l'angle de la place Saint-Pierre, payait le cocher, puis gagnant la rue des Trois-Frères, il montait à son modeste appartement.

Pendant ce temps, la Balayeuse, après avoir porté Denis jusqu'à la barraque, l'étendit sur un des bancs de bois scellés à la cloison, et attendit.

Le bruit de l'explosion avait réveillé bon nombre de gens du quartier.

Les sergents de ville couraient dans des directions diverses; le gardien du parc s'était levé et parcourait le jardin avec deux forts molosses.

Bon nombre de curieux étaient aux fenêtres. On s'étonnait, on se questionnait. Mais le récit d'aucun malheur ne parvenant aux oreilles, on finit par croire qu'il s'agissait de quelque expérience de chimie faite dans un laboratoire. On veilla dans la crainte du feu, puis tout rentra dans l'ordre ; le lendemain révélerait sans doute les causes de cette détonation insolite. Un sergent de ville eut bien l'idée qu'elle s'était produite dans le champ de pierres, mais un de ses camarades lui objecta que, s'il en était ainsi, il n'existait de danger pour personne, puisque cet enclos était inhabité.

Tant que la Balayeuse redouta les investigations de la police, elle se tint immobile dans la cabane ; de temps en temps seulement, elle passait la main sur la poitrine de son mari, afin d'y chercher les pulsations de la vie.

Elle ne sentait rien ! rien !

Quand elle crut que tout danger d'inspection était conjuré, elle alluma une petite lampe, la posa sur le banc, et regarda...

La face de Denis présentait une seule plaie rouge... A la place de chacun des yeux se trouvait un trou béant... Les lèvres tuméfiées n'avaient plus de forme, le front couvert d'écorchures disparaissait sous les cheveux collés par des caillots bruns.

Cela était horrible ! horrible !

Cependant Denis vivait peut-être encore.

La Balayeuse prit dans la cabane une cruche contenant un peu d'eau qu'elle fit tiédir à la chaleur de la lampe ; puis arrachant de son cou un fichu de toile, elle l'imbiba d'eau, et commença à laver le visage qui ne gardait plus rien d'humain. D'abord elle enleva le sang des lèvres déchirées, pendant comme des débris aux gencives sanglantes ; elle rapprocha les chairs, débarrassa le front et les cheveux des caillots, effleura avec des précautions inouïes, les orbites caves ; puis elle attendit.

Un soupir passa entre les dents du moribond.

— Denis ! murmura la femme, Denis !

En ce moment elle oubliait sa jeunesse tourmentée, les coups de couteau du mari exaspéré, la perte même du misérable enfant qu'elle avait tant pleuré ! Elle ne vit plus que le compagnon de sa vie, l'homme à qui elle était liée pour le bonheur et l'infortune.

Le forçat ne lui répondit point, mais il agita la main pour lui prouver qu'il l'entendait.

— Denis, dit-elle, c'est moi, la Balayeuse. Ne crains rien, autour de nous tout est tranquille, tu es chez moi. Demain seulement je pourrai te donner des secours, prends courage, mon homme, prends courage !

Denis fit signe qu'il avait soif ; la Balayeuse lui fit avaler quelques gouttes d'eau, puis elle s'occupa à panser d'une façon plus complète le visage à demi-broyé.

Une bande de toile couvrit les deux trous des yeux, une seconde, placée comme un bâillon, maintint la bouche et les lèvres.

Denis ne se plaignait pas. Sans nul doute, à cette heure, les tortures de son corps n'étaient rien en comparaison de celles de son âme.

Pendant ces heures de souffrance physique, il repassait sa vie : il se voyait livrant à Tamerlan le petit Antoine, et suivait dans cet être la lutte progressive du vice ; il le voyait faisant son apprentissage de vol et de meurtre, au milieu d'êtres misérables, abandonnés, vendus comme lui... Et quand il était prêt à lui dire :

— Tâche de me pardonner, aime-moi, si tu le peux, je suis ton père ! il tombait dans le piège préparé par son fils.

Et quel piège ! Denis lui-même n'eut pas fait mieux.

L'excès de la douleur, de la fatigue, jeta le forçat dans une sorte de sommeil ; quand il en sortit, il avait un peu de fièvre, mais il se sentait moins abattu. Il appela en agitant les mains :

— Ma femme ! ma femme !

La Balayeuse se pencha vers lui.

— J'ai dormi longtemps. Quelle heure est-il ?

— L'horloge de l'église vient de sonner huit heures.

— Huit heures ! Le jour est levé, si bas qu'il soit, on voit, on voit. Pour moi, la nuit dure encore.

La Balayeuse prit Denis dans ses bras :

— Elle durera toujours ! murmura-t-elle.

Denis se souleva, poussa un cri terrible et retomba évanoui sur son banc.

Sœur Sainte-Croix enleva dans ses bras la pauvre Blanche. (*Voir page* 314.)

27ᵉ Livraison.

CHAPITRE XXVII

BLANCHE

onsque Sœur Sainte-Croix enleva dans ses bras la pauvre Blanche terrassée, au pied de l'autel de Notre-Dame-des-Victoires, par l'impression produite en elle par les paroles de la sainte fille, on eût dit que la mort l'avait soudainement frappée de son aile noire. Pendant le trajet, il fut impossible de la ramener au sentiment de l'existence, et Guillaumette dut aider la religieuse à transporter l'infortunée, de la voiture dans son petit appartement. Barbézius courut chez le docteur Rolland qui s'empressa de venir au chevet de la malade ; et, comme le soir où la mère désespérée d'Henri avait été amenée dans la maison de l'empailleur de grenouilles, Alleluia s'assit à l'orgue, jouant avec une extrême douceur des improvisations empreintes d'un pénétrant caractère religieux.

La chambre de Blanche présentait un aspect étrange. Au chevet du lit se tenait le médecin, surveillant son retour à la vie comme à la raison ; au pied de la couche, enveloppée de l'ombre grandissante du soir, Sœur Sainte-Croix restait à genoux, à demi cachée dans ses multiples voiles bleus et noirs ; et tout au fond, la silhouette d'Alleluia s'enlevait en blanc sur les ténèbres, tandis que sa chevelure d'or, répandue sur ses frêles épaules, semblait concentrer les derniers rayons du soleil, dont les clartés subites venaient de remplacer l'orage et la pluie.

— Ma Sœur, dit le docteur Rolland, c'est grâce à vos paroles, grâce à l'émotion qu'elles ont produite, à l'espoir qu'elles ont fait naitre, que s'est déclarée la crise qui peut sauver cette jeune femme. Continuez votre œuvre. Parlez-lui encore. Ses yeux vont s'ouvrir. Que l'entretien commencé au pied de l'autel, s'achève dans cette chambre. Que l'espérance renaisse dans ce cœur brisé, au nom de la foi qui opère des miracles, quand la science n'en fait plus !

La religieuse se leva.

— Blanche, dit-elle, chère Blanche, vous dormez. Réveillez-vous, afin de prier avec moi, et de demander au ciel qu'il vous rende votre ange. Qui sait si le Seigneur n'attend pas un acte de confiance et d'abandon pour le remettre dans vos bras ?

Au même instant, les yeux de Blanche s'ouvrirent, elle joignit ses mains pâles et murmura :

— Vous me l'aviez donné ! Vous me l'avez ôté !

Un soupir profond, déchirant comme un sanglot, l'empêcha de poursuivre.

— Que votre saint nom soit béni ! ajouta Sœur Sainte-Croix.

— Oui, que la miséricorde du Seigneur soit bénie ! fit Blanche.

Elle se tourna vers la religieuse.

— Est-ce cela que vous voulez ? Est-ce assez d'abandon et de confiance ?

— Pauvre chère éprouvée ! répondit la religieuse ; oui, c'est cela. C'est bien ! Dieu entend, la Vierge écoute ; et la Vierge dira là-haut à son fils : « Cette mère n'a plus d'enfant ! » Et de même que Jésus remplit de vin les outres vides à Cana, de même que voyant pleurer la veuve de Naïm, il lui rendit son fils, le Seigneur vous ramènera votre enfant. Gardez votre âme en paix, même dans la douleur, Blanche. Accepter la peine de la main divine qui l'a dispensée, c'est le meilleur moyen de l'adoucir.

Blanche se souleva sur son lit.

— Je me soumets, dit-elle ; la folie de ma douleur est calmée, je vous vois, je vous reconnais tous ! Autrefois je vous apercevais au travers d'une sorte de brouillard, un nuage se plaçait entre moi e vous. Je vous dois la vie, car vingt fois j'ai dû mourir ! Je vous dois la raison. Est-ce que je m'acquitterai jamais envers vous, ma sœur ! Est-ce que je pourrai vous exprimer ma reconnaissanse d'une façon assez éloquente, bonne Guillaumette !

Blanche se souleva et appela :

— Alleluia ! Alleluia !

La jeune aveugle quitta l'instrument et vint d'un pas lent, hésitant et cadencé, vers le lit de la veuve qui l'attira dans ses bras.

— Nous chercherons encore mon fils, dit Blanche, nous le chercherons jusqu'à ce que nous l'ayons trouvé ; mais nos démarches seront plus raisonnées, plus précises.

— Nous serons deux pour cela, madame, ajouta le docteur en s'avançant.

— Nous serons trois, ajouta Sœur Sainte-Croix. Grâce aux dons de mon malheureux frère, j'ai pu fonder ma maison d'orphelins. Chaque jour j'y ramène quelque petit abandonné trouvé dans les rues de Paris. Les uns n'ont jamais connu leur mère ; d'autres furent arrachés à ses caresses ; les derniers, après avoir suivi un cercueil, n'ont ni toit pour s'abriter, ni sein maternel pour s'y réfugier. J'ouvre les bras et j'offre ma maison. Il n'est guère de jour où je ne rentre en cachant sous mes voiles une pauvre petite créature. Eh bien ! je veux davantage. Je fouillerai les bouges, les endroits où logent des misérables exploitant l'enfance, je leur arracherai les petits malheureux dont ils font des mendiants, en attendant que la paresse et le vagabondage les poussent au crime. Je lutterai pour la défense des enfants abandonnés, assassinés de tant de façons diverses, dans Paris, cet Hérode des innocents ! Je descendrai dans les enfers où l'on torture les membres des pauvres petits, où l'on crée des monstres, où l'on fabrique des infirmes. Au nom de Jésus, enfant banni, persécuté, je protégerai ces chers petits êtres. Où vous ne pourriez passer, Blanche, j'entrerai, moi, avec ma robe grise et mon voile bleu. Si Henri est votre fils, il m'appartient aussi par le sang. En me dévouant pour lui, il me semble accomplir la dernière volonté de mon frère.

Blanche serra dans les siennes les mains de la religieuse.

— Vous m'avez rendu la force, dit-elle, je serai digne de vous.

— Mes soins ne vous sont plus nécessaires, reprit le docteur Rolland ; je me rends près d'une autre malade. Vous l'aimeriez, elle vous ressemble ; le coup qui vous a frappée l'atteignit elle même, il y a quatre ans.

— Un enfant perdu.

— Un enfant volé. Et la comtesse de Sézanne se meurt lentement de sa douleur. Le désespoir causa l'anémie, et j'épuise, pour la combattre, les suprêmes ressources de mon art.

— Pauvre femme ! dit Blanche, je prierai pour elle.

Une demi-heure après, il ne restait plus dans la chambre que Blanche, Guillaumette et Alleluia.

La malade voulut se lever. Elle était à peine installée dans un grand fauteuil, quand Fabienne et Jean Marigné parurent.

Depuis le jour où la jeune fille se fiança publiquement à Urbain Kerdren, la jeune veuve se prit d'une amitié instinctive pour la vaillante créature. Aussi, dès qu'elle l'aperçut, elle lui tendit les bras, et pendant longtemps elle la serra sur sa poitrine.

La première émotion passée, le calme rétabli entre ces êtres liés par de grandes douleurs et des dévouements si héroïques, Jean dit d'une voix grave, en s'adressant à la mère d'Henri :

— Vous ne savez rien de ce qui s'est passé durant la maladie qui fut pour vous comme un long sommeil. Cependant vous n'ignorez point que M. Monier est mort.

— D'une mort terrible ! dit Blanche en frissonnant.

— Votre oncle a fait un testament.

— Si j'avais voulu lui confier Henri, mon enfant aurait eu quarante millions. Je refusai, et M. Monier nous laissa pauvres.

— La perte de votre enfant lui causa un profond chagrin. Il s'accusa d'injustice envers vous, et, dans un moment où il écoutait sa conscience plus que ses rancunes, il vous légua une rente viagère de trente mille francs.

— C'est trop ! C'est beaucoup trop ! dit Blanche.

— Non, répondit Jean Marigné ; qui vous dit que la recherche d'Henri ne sera pas dispendieuse ?

— Vous avez raison ; d'ailleurs, je soulagerai les pauvres mères, répliqua Blanche ; que la mémoire de mon oncle soit bénie !

— Vous êtes guérie, presque riche, il faut vous entourer de confort, vous installer d'une façon convenable.

— Mais je suis bien ici.

— Vous y manquez de tout, hors d'amitié et de soins.

— On m'aime, murmura Blanche ; sans Guillaumette, sans Alleluia, je serais morte.

— Oh ! madame, dit Guillaumette, vous exagérez mes services.

— Vous n'exagérez pas l'affection, du moins, s'écria Alleluia, car Dieu sait combien je vous aime.

— Je ne vous quitterai jamais, Guillaumette ; je ne me séparerai jamais de toi, Alleluia.

Fabienne prit les mains de Blanche.

— Tout peut s'arranger dans ce sens, chère madame ; le logement de Guillaumette est trop exigu, louez un bel appartement, meublez-le, sans luxe, mais avec goût, puis amenez-y Guillaumette et Alleluia.

Le visage de la jeune femme rayonna.

— C'est cela, oui, c'est cela, fit-elle, et de cette façon j'accepte de quitter ce logis. M. Marigné cherchera ce qu'il nous faut, et nous nous installerons en famille.

Alleluia s'arracha des bras de Blanche et se leva toute droite.

— Non ! dit-elle, avec une sorte de terreur, non, je ne veux pas !

— Et pourquoi, chère enfant ? demanda Fabienne.

— C'est dans cette maison que j'ai grandi. C'est ici que je me suis sentie heureuse, au milieu de la pauvreté et de la nuit qui m'environne. M'en aller de cette demeure, ce serait m'expatrier, moi, pauvre aveugle ! J'y resterai, j'y vivrai, j'y veux mourir. La voix d'Alleluia montait ; son teint, d'ordinaire d'une blancheur de cire, s'était avivé de couleurs roses; elle tremblait d'émotion, et sa voix prenait des notes émues jusqu'à la douleur.

— Guillaumette, dit Jean Marigné, parlez raison à votre fille. Sa jeunesse s'étiole dans ces pauvres chambres. On choisira un appartement situé au midi, avec un grand balcon. Elle aura de l'air et des fleurs. Sa santé s'affermira dans un autre milieu.

L'aveugle ne semblait plus entendre les paroles qui s'échangeaient autour d'elle ; elle prêtait l'oreille à un bruit lointain.

Quelqu'un montait l'escalier.

Une sorte de sourire erra sur les lèvres d'Alleluia, on eût dit que, pour la lutte qu'elle avait à soutenir, elle ne se trouverait bientôt plus seule.

— Non ! je ne veux pas ! répéta-t-elle.

Puis, se tournant vers la porte qui venait de s'ouvrir :

— N'est-ce pas, mon grand ami, que je vous manquerais si je m'en allais d'ici ?

— Qui parle de vous emmener, Alleluia ? demanda Barbézius, en s'avançant dans la chambre.

— Blanche, Fabienne, M. Marigné, eux tous.

— Je voudrais partager avec elle ma nouvelle aisance, dit la jeune veuve.

— On est heureux où l'on aime et où l'on a souffert, madame, répondit Barbézius. Qui vous prouve que cette enfant ne tient pas à ces murailles ? Qu'a-t-elle besoin d'un appartement plus vaste : il lui serait plus difficile de s'y mouvoir. Qu'importe que vous le rendiez plus somptueux, aucune des merveilles du luxe que vous y rassemblerez n'égaiera sa vue. Son atmosphère à elle, c'est l'amitié qui la protège, et peut-être un palais ne remplacerait-il jamais l'humble logis où fleurirent ses seize ans, non comme les fleurs orgueilleuses qui s'épanouissent en plein soleil, mais semblables aux corolles délicates qui s'entr'ouvrent aux pâles clartés des étoiles !

— Oui, vous avez raison, dit Alleluia d'un accent vibrant, cette maison est ma vie, mon univers. Je me vois encore le jour où j'en franchis le seuil, fiévreuse, affamée, dans les bras de ma mère qui mendiait pour me nourrir. Vous me parlâtes d'une voix si douce, mon grand ami, que mon cœur d'enfant s'en alla vers vous, comme vers un être cher subitement reconnu. Je vous tendis les bras, et vous trouvâtes, pour me consoler, des mots presque aussi tendres que ceux dont se servait ma mère. A partir de ce jour, je n'eus plus froid : votre toit m'abritait. On semblait dire tout à l'heure autour de moi que cette maison n'est pas belle. Et qu'importe, si elle se montra hospitalière ! Le foyer en fut chaud à mes pauvres membres engourdis, et le pain que votre bonté nous tendit ici ne me sembla pas amer. J'ai grandi près de vous, comme une sœur providentiellement envoyée par le bon Dieu. Autrefois, mes grandes joies étaient d'entrer dans votre atelier ; tandis que vous travailliez, vous me racontiez des histoires ; plus tard, comme mes yeux restaient fermés à la lumière, vous songeâtes à bannir les ténèbres de mon esprit. Je vous dois ce que je sais. Quelles leçons patientes vous m'avez prodiguées ! Combien votre voix résonnait douce, quand elle mettait à ma portée le monde qui m'était inconnu. Vous avez vous même appris ce que vous ignoriez afin de me l'enseigner : comment écrivent et lisent ceux que Dieu priva de la clarté du ciel. A mesure que j'ai grandi, la maison me semblait plus chère, mes amitiés plus vivantes. A mesure aussi, je vous vis moins. Mais, quand vous n'étiez pas là, que de fois encore je suis descendue dans l'atelier où je m'asseyais toute enfant ! Je rangeais votre bureau, j'effleurais de mes mains les groupes nouvellement composés, je mettais des fleurs dans la chambre sombre, et j'essayais de vous prouver que je me souvenais et que je vous aimais bien. Et aujourd'hui je quitterais cette maison pour une nouvelle demeure qui n'aurait rien de mon passé, de ma vie ; jamais ! non jamais ! J'ai grandi ici, c'est ici que je veux vivre.

— Merci ! merci ! chère enfant ! s'écria Barbézius, avec une émotion profonde.

— Vous le voyez, ajouta Blanche en s'adressant à Jean Marigné, nous ne pouvons partir.

— Peut-être avez-vous raison ! On l'a dit : « les grands espaces nuisent au bonheur ! » Rapprochez-vous, et restez dans le coin du monde où vous avez souffert, où vous redeviendrez heureux.

Le jour baissait.

Un même sentiment d'attendrissement remplissait les âmes, et rendait silencieux les hommes et les femmes groupés dans le petit salon.

Tout-à-coup Alleluia, dit à Barbézius :

— Mon grand ami, une de mes joies était jadis de vous entendre réciter des vers. Vous choisissiez quelque morceau d'un sentiment noble et pur, et vous le disiez de cette voix émue et vibrante qui pénètre profondément les cœurs attentifs. Il me semble qu'à cette heure où chacun de nous sent se fondre son âme et s'humecter ses yeux, nous comprendrions mieux que jamais ce que la poésie a de grand et dans quelles hautes régions elle peut transporter notre esprit.

— Oh ! monsieur Barbézius ! ajouta Fabienne, cédez à la demande de cette chère enfant.

— Nous t'écoutons ! dit Marigné.

Barbézius se recueillit un instant, comme s'il cherchait quelle ode ou quel poème conviendrait à l'auditoire intime groupé autour de lui, puis il commença :

LA SAISIE

C'était par un matin lugubre de décembre ;
La scène se passait dans une pauvre chambre
Sans feu, malgré le froid qui sévissait bien fort.
Dévoré par la fièvre, et plus pâle qu'un mort,
Un homme chancelant, épuisé, l'œil atone,
Répétait lentement d'une voix monotone :
« — Nous chasser ! Ils ont dit qu'ils allaient nous chasser ! »
Et la femme, à ses pieds, ne savait que presser
Sur son sein amaigri, trois enfants, trois beaux anges,
Dont le dernier riait, innocent, dans ses langes.
« — Calme-toi, disait-elle en refoulant ses pleurs,
Dieu nous consolera, Dieu qui voit nos douleurs ;
Lui qui sait que jamais, cher compagnon, mon homme,
Tes bras n'ont refusé la besogne... La somme
Que nous gardions, hélas ! pour solder le loyer,
En remèdes pour toi j'ai voulu l'employer.
Qu'importent le chagrin, l'épreuve, la misère ?
La femme a son mari, les enfants ont leur père ;
Le courage en mon cœur ne s'est pas éteint ;
Il s'éveille plus fort quand le malheur l'atteint,
Et je sens doublement, dans le fond de mon âme,
Que je suis la moitié de ta chair, moi, ta femme ! »
L'homme laissa tomber ses deux mains sur le front
Qui se tournait vers lui : — « Nous subirons l'affront,
Nous partirons, dit-il, car ta force me gagne ».
Alors, se relevant, sa vaillante compagne
Attacha ses regards désolés sur les murs ;
Puis, lui montrant du doigt un bouquet d'épis mûrs :
« — Nous étions mariés du matin ; hors la ville
Nous allâmes tous deux, pleins d'un bonheur tranquille,
Seuls... nous parlant bien bas, dans les champs tout dorés ;
Je rapportai ma gerbe... Ah ! ces épis sacrés,

Ce chaste souvenir dont j'ai peur qu'on se raille,
Je puis bien l'emporter. Ce n'est qu'un peu de paille. »
En détournant la tête elle prit le bouquet,
Puis y colla sa bouche en pleurant...
                            Le loquet
De la porte grinça : les hommes de justice
Arrivaient pour remplir leur inflexible office.
Ils tenaient à la main des grimoires noircis ;
Tout était bien en règle et l'ordre était précis.
Saisir le mobilier des escrocs, des joueuses,
Des femmes dont le luxe a des sources boueuses,
Des hommes d'agio qui volent en plein jour,
Des emprunteurs, vivant sur chacun, tour à tour
Chevaliers de hasard, maîtres d'escroqueries,
Du volcan parisien méprisables scories,
C'est bien, juste, moral, — et chacun applaudit.
Mais, s'il s'agit du pauvre, ah ! notre cœur bondit !
Ces minces mobiliers d'une valeur vénale
Presque nulle, n'ont rien pourtant qui les égale :
La table de sapin, les simples rideaux blancs,
Le coucou qui chantait les heures aux enfants,
L'armoire de noyer servant de lingerie,
Les fauteuils des petits, la vaisselle fleurie,
Quelques livres, enfin le lit des deux époux
Où l'honnête travail rend le sommeil plus doux,
Tout cela c'est sacré...
                    Mais la justice est une ;
Son duel commençait avec cette infortune.
Quand l'huissier dans la chambre à peine eut fait un pas,
Lorgnant le mobilier, il murmura tout bas :
« — Pas seulement les frais ! » — Des gens du voisinage
Le suivaient, curieux de voir, sur leur visage,
Comment les malheureux expropriés, saisis,
Se verraient de chez eux renvoyer sans sursis.
La vente commença :
                    — La commode, peu chère !
Imitant l'acajou... Cinq francs... Qui met enchère ?
Six francs à gauche... Allons, c'est pour rien ! Une fois !
Deux fois, trois fois, à six francs ! adjugé !
                                        Cette voix
Dans le cœur de la mère entrait comme une lame,
Et, la main dans la main de son mari, la femme
Regardait, l'œil hagard, s'en aller ses trésors ;
Ses larmes ruisselaient, malgré de vains efforts...
— La table, maintenant ! un meuble de famille,

Je l'offre pour cent sous... C'est vous, la blonde fille,
Qui faites signe? Non ! La table pour cent sous !
On y peut dîner six... Vrai, ces prix sont trop doux,
Examinez l'objet... Ah ! cinquante centimes,
Enlevez !
    Tour à tour, et pour des prix infimes,
Les meubles s'en allaient... Un crucifix pieux
De l'homme de la loi vint à frapper les yeux :
Il avança la main... Alors, tremblante et blême,
Comme si on venait de l'atteindre elle-même,
La femme s'élança soudain :
      — Ah ! de ce lieu,
Emportez tout, oui, tout, mais laissez-moi mon Dieu,
Laissez le crucifix dont l'aspect nous console ;
La loi ne peut vouloir qu'on prenne un tel symbole ;
Et pas plus que le lit, on ne saisit l'autel.
M'enlever cette image ! ah ! ce serait cruel !
Ma mère la serrait sur ses lèvres si pâles,
Quand la mort éteignit le dernier de ses râles ;
Mes enfants à ses pieds savent joindre leurs doigts ;
Ils disent le *Pater* de leurs petites voix ;
Sur leurs berceaux déjà s'incline le Calvaire ;
En me sentant chrétienne, ah ! je suis deux fois mère !
Ceux qui gardent les biens de ce monde, parfois
Peuvent bien oublier le Sauveur mis en croix ;
Mais nous, monsieur, mais nous qui tombons hors d'haleine
Sous l'écrasant fardeau d'une éternelle peine,
Nous qui d'un dur labeur devons subir les lois,
Que deviendrions-nous, si nous n'avions la croix ? »
Tandis qu'elle parlait, sa joue était mouillée
De larmes qu'essuyait l'enfant... Agenouillée,
Des sanglots plein le cœur, elle étendit les bras,
Mais l'huissier dit :
     — La loi n'a point prévu ce cas,
Elle vous laisse un bois de lit, avec la paille...
Arrachant brusquement le Christ de la muraille,
L'homme noir ajouta :
     — Le crucifix de bois
A vingt sous... quinze... dix...
       Nul ne couvrait sa voix.
Quand un accent, vibrant de notes généreuses,
Répliqua :
    — Cinq cents francs !
       Les têtes curieuses
Se tournèrent alors vers un jeune homme en deuil

Qui du pauvre logis avait franchi le seuil.
Il avait entendu les prières ferventes
De la femme, il avait vu ses larmes brûlantes ;
Remué jusqu'au fond du cœur, il s'était dit
Que donner fait du bien !... et l'huissier interdit,
Redoutant une erreur, dit d'une voix railleuse :
— Cinq cents francs ! Il s'agit d'une œuvre merveilleuse !
A cinq cents francs le Christ ! personne ne dit mot ?
Il est à vous, monsieur... La femme eut un sanglot
Mêlé tout à la fois de douleur et de joie.
— Sauvés ! Dieu les sauvait, l'huissier lâchait sa proie,
Les meubles resteraient à ces pauvres bannis,
Et l'on pourrait encor vivre des jours bénis.
La mère, ses deux bras arrondis en corbeille,
Soutenant les enfants à figure vermeille,
S'élança vivement vers le jeune étranger :
— Un ange vous a donc dit de nous protéger ?
— Oui, répondit alors lentement le jeune homme,
Cet ange était ma mère... Avant un mois, à Rome,
J'irai pour me tremper aux eaux vives de l'art ;
Eh bien ! je vous le dis, jamais pour mon regard
Rien ne sera plus grand, ni plus sain pour mon âme,
Que le spectacle offert par vous, ô pauvre femme !
Où je trouve le vrai, je crois trouver le beau ;
De cette scène-là je veux faire un tableau,
Une œuvre qui sera mon œuvre populaire,
Qui dans tous les greniers parlera de prière ;
A mes frères dans l'art, je veux prouver combien
Notre esprit peut grandir en se faisant chrétien !
Si nous reproduisons des scènes trop cruelles,
Nous devons les baigner de clartés éternelles !
Mon atelier d'artiste est voisin des greniers,
A des titres divers, nous sommes ouvriers :
Ah ! dans le fond du cœur et dans la chambre sombre,
Gardons le crucifix pour éclairer notre ombre ;
Drapeau, frère divin du drapeau des soldats,
Que la femme relève en pleurant sous nos pas,
Qu'elle déploie au sein des plus rudes misères,
Qui, nous parlant du ciel, nous rappelle nos mères ! »

Et l'artiste, le cœur ému, les yeux rougis,
Embrassant les enfants, s'éloigna du logis.

Quand Barbézius acheva ce poème émouvant, tout le monde pleurait.

— Vous voyez bien, dit enfin Alleluia, d'une voix vibrante, vous voyez bien que je ne puis pas partir !

— Non, répondit Barbézius, en essayant de dompter son émotion, nous souffririons trop.

Alleluia tendait vers Barbézius ses petites mains. (*Voir page* 326.)

CHAPITRE XVIII

LE FACTEUR D'ORGUES

u moment où Alleluia, sans prendre le temps d'essuyer les larmes coulant sur ses joues, tendait vers Barbézius ses petites mains tremblantes, la porte de la salle s'ouvrit et un homme, dans toute la force de l'âge, parut sur le seuil. Il avait la taille haute, le regard franc, le front penseur ; une grande expression de douceur fondait ses traits un peu heurtés au premier abord. Bien des soucis devaient avoir creusé les rides traversant ce visage : l'œil profond gardait à la fois le rayon brûlant de l'inspiration et la trace des larmes versées pendant les heures douloureuses.

Il s'arrêta une seconde avant d'entrer, embrassa d'un regard le bossu et ses auditeurs, puis s'avançant vers la jeune aveugle :

— Eh bien ! eh bien ! dit-il, qu'est-ce qui fait pleurer ici ma petite sainte Cécile ?

— Oh ! je vais vous le dire, monsieur Mustel, s'écria Alleluia en tournant son visage sans regard vers le nouveau venu. Je suis sûre que vous allez me défendre contre tous !

— Non, pas contre tous, murmura Barbézius.

— C'est vrai, mon grand ami, vous n'avez pas voté pour l'exil, vous.

— Voyons, Alleluia, mon enfant, expliquez-vous.

— J'ai pleuré deux fois, dit Alleluia, d'abord sur moi, car on voulait me causer une grande peine.

— On, qui donc, ce *on* ?

— Mme Blanche, Mlle Fabienne, son frère. Oh ! si vous saviez ce que l'on exigeait de moi, monsieur Mustel. On essayait de me faire comprendre que cette maison était triste et que je la devais quitter ! Me voyez-vous abandonnant le nid de mon enfance, le paradis que chacun ici se plut à embellir. Mais j'ai refusé. Quoi ! je renoncerais au voisinage des grands ateliers où l'on crée vos instruments merveilleux, je ne pourrais plus, à toute heure, errer au milieu de vos orgues, et réveiller leurs claviers sous mes doigts. La musique cesserait de m'environner comme une atmosphère. Je ne respirerais plus en pleine harmonie! moi, aveugle! à qui Dieu donna deux façons de traduire sa pensée : le langage et la mélodie, pour remplacer les yeux qu'il ferma; je fuirais ce coin de Paris où tout vibre, m'entend et me répond! jamais! Il me semble, quand je me trouve au milieu de vos grandes orgues, que j'en suis l'âme aérienne. Pas un de vos instruments qui ne résonne sous mes doigts! S'il vient un étranger, curieux d'en connaître les ressources et la puissance, c'est moi que vous appelez pour jouer une inspiration nouvelle. La musique est une part de ma vie, à moi, déshéritée! Et il ne me suffit pas d'avoir dans ma chambre l'instrument que vous m'avez donné, je veux me sentir respirer et vivre dans vos salles immenses ; là j'ai un domaine à part, et si j'étouffe ici, je m'y réfugie. Je suis un peu votre fille adoptive, monsieur Mustel, défendez-moi donc contre ceux qui veulent déranger mon bonheur.

— Est-ce que vous pensez sérieusement, Guillaumette, à m'enlever ma petite Alleluia? Tout ce qu'elle vous a dit, je le pense. Je la regarde comme la sœur de mes enfants. Les ateliers où elle passe tant d'heures, où elle prit ses premières notions de musique, me paraîtraient vides sans elle. Laissez-la où elle a grandi, Guillaumette ; il est des plantes qui dépérissent dès qu'on essaie de les transplanter.

— Merci! dit Alleluia, vous m'aimez bien, vous!

— Seulement, ajouta M. Mustel, Mme Blanche et Mlle Fabienne n'avaient pas tout à fait tort. Cet appartement est trop exigu pour vous tous. Heureusement le locataire principal du carré quitte Paris inopinément ; Mme Monier pourrait prendre la suite de son bail et, de cette façon, vous vous trouveriez mieux installés, sans être séparés pour cela.

— Alors tout est pour le mieux, dit Blanche, car plutôt que d'attrister davantage cette chère enfant, j'aurais personnellement renoncé à tout changement dans mon existence.

Alleluia embrassa la jeune veuve avec effusion.

— Voilà pour les premières larmes! dit M. Mustel, explique-moi pourquoi tu as versé les secondes.

Le beau visage d'Alleluia rayonna.

— Oh! celles-là, dit-elle, furent douces et consolantes; tout à l'heure, j'ai prié M. Barbézius de nous dire des vers, et ce que je viens d'entendre a été interprété d'une façon si touchante, si dramatique, que j'ai senti mon cœur se fondre et que de nouveau j'ai pleuré. Mais, cette fois, les larmes dilataient mon cœur ; j'éprouvais une sorte de bonheur à me sentir si profondément remuée, et je bénissais dans le fond de mon âme les poètes à qui Dieu inspire de telles pages !

— Oui, tu as raison, ma petite Alleluia, nous devons remercier ceux qui nous exaltent par de nobles et saintes choses, dit M. Mustel. En parlant ainsi tu ne devinais guère qu'une des raisons qui m'ont porté à m'occuper de toi, à suivre ton éducation musicale jusqu'à faire de toi une grande artiste, a été la pensée d'acquitter une dette de reconnaissance contractée avec un petit mendiant aveugle.

— Un petit mendiant aveugle ! répéta la jeune fille.

— Et à qui vous deviez de la reconnaissance ? ajouta Blanche.

— Certes, madame, puisqu'il m'a fait ce que je suis.

— Il s'agit d'une touchante histoire, sans nul doute, reprit Barbézius. Veuillez nous la dire aujourd'hui, tout de suite ; nos âmes se trouvent, à cette heure, à l'unisson, ce qui est rare dans la vie, et vous ne comptez ici que des amis.

M. Mustel passa la main sur son front et commença :

— En voyant aujourd'hui ma maison si prospère, en comptant le nombre des ouvriers que j'emploie, en calculant le prix de mes instruments, et le chiffre approximatif de ma fortune, vous êtes bien loin de vous douter de l'obscurité de mes commencements, et des difficultés que j'ai rencontrées à mon début dans la vie. Aujourd'hui, loin de répudier ces souvenirs, je m'en glorifie ; loin de regretter les heures difficiles de la lutte, je les bénis ! Quand je vins au monde, dans une pauvre maison, j'eus sous les yeux le tableau d'une famille unie par l'amour, mais aux prises avec toutes les difficultés matérielles. Ma mère eut à peine le temps de m'apprendre à lire, de m'enseigner à prier Dieu ; elle précéda de peu au ciel le père qui devait faire de moi un homme, et à quatorze ans j'étais orphelin.

« A quatorze ans, autour de moi je ne trouvais que des tombes, je ne voyais que des étrangers ! Plus de repas de famille, de baisers partagés, de prière en commun ; plus rien des joies qui rendent si heureux les indigents. J'étais un enfant isolé, jeté dans le monde, sans appui, sans autre boussole que ces naïves croyances, sans autre force que celle de vouloir être honnête et de gagner ma vie par un travail assidu.

« Trois ans plus tard, j'entrais en qualité d'apprenti dans l'atelier d'un menuisier en bâtiment. Mon adolescence fut triste. Enfant-ouvrier, je n'avais d'autre consolation que celle de me rendre à l'église le dimanche et de prier Dieu de me garder digne de mes chers morts. Je lisais, je travaillais, j'essayais d'agrandir le cercle de mes connaissances; je trompais ma solitude sans cesser de la trouver lourde. J'essayais d'améliorer mes outils, je fabriquais des meubles plus élégants que ceux de mes voisins, je perfectionnais le labeur mécanique afin d'y ajouter un côté artistique. Quelque chose s'éveillait en moi que je ne pouvais définir; je m'agitais dans mon milieu restreint, comme une de ces créatures infimes qui passent par différentes métamorphoses avant d'arriver à la dernière expression de leur forme.

« Je besognais avec un incroyable courage; travailler chez les autres m'attristait, j'éprouvais le désir de me sentir mon maître; j'économisais donc avec une patience et une ténacité dont vous ne sauriez vous faire l'idée. Mes efforts eurent un tel succès qu'à vingt ans je fondais à mon tour un établissement modeste, et je m'installais dans le petit hameau de Sauvic. J'étais déjà plus heureux. Mon travail assez lucratif me laissait quelques heures de liberté que j'employais à m'instruire. L'ambition grandissait dans mon cœur; je voulais retourner au Havre où j'étais né, et j'amassais, j'amassais encore! Il faut l'avouer cependant, j'achetais beaucoup de livres. Sans me poser vis-à-vis de moi-même en ouvrier incompris, je sentais que j'avais mieux à faire que de manier la varlope et le rabot. Je ne voulais pas rester rivé à l'établi, et sans savoir de quel côté soufflerait pour moi le vent du succès, j'espérais que la Providence en amènerait l'heure.

« Un jour, je trouvai, assis près d'un talus de pierres et pleurant à chaudes larmes, un jeune garçon de quinze ans. Il était aveugle!... A ses pieds gisait un accordéon brisé. De méchants enfants avaient trouvé plaisant de prendre son instrument, son gagne-pain, et d'en tirer au hasard et brutalement des sons discordants; puis, rejetant l'instrument sur le sol, ils s'étaient enfuis sans comprendre peut-être la gravité de la mauvaise action qu'ils venaient de commettre.

« J'emmenai d'abord le pauvre garçon chez moi; j'étais peu riche, et je ne pouvais songer à lui acheter un nouvel accordéon. Il me vint une idée, celle d'essayer de réparer le sien.

« C'était une présomption, une folie; j'ignorais la musique, et jamais je n'avais vu travailler un luthier. Mais le désespoir de l'enfant me pénétrait le cœur; il me semblait que la Providence me devait venir en aide, puisque j'avais une si grande bonne volonté.

« La première tentative que je fis pour essayer de raccomoder l'accordéon, fut de le démonter entièrement.

« Ne fallait-il pas d'abord en étudier le mécanisme ?

« Quand je songe à la naïve audace de ma tentative, j'en suis encore tout surpris. Ce fut une rude besogne pour moi que de me rendre compte de la façon dont se disposent les clefs d'un accordéon, et surtout d'accoutumer mes oreilles à saisir la distance des tons entre eux. Je ne dormais plus, je ne songeais plus à autre chose. Mon établi de menuisier s'était transformé ; mes outils dormaient.

« Tandis que j'essayais de trouver la combinaison et le rapport des sons entre eux, mon jeune aveugle, installé chez moi, se reposait des fatigues de la route et des tristesses de la solitude. Il ne paraissait nullement inquiet de son accordéon ; j'avais promis de le lui rendre, il se fiait à ma parole. Et cependant, tandis qu'il se promenait devant les fenêtres de mon humble maison, combien de fois, regardant les pièces numérotées de l'instrument démonté, ne me demandai-je pas avec terreur si je n'avais point, loin de le conjurer, doublé la grandeur du désastre ?

« Quels tâtonnements pour arriver à remplacer les notes absentes ! Quelles difficultés avant de trouver les tons, les demi-tons, plus difficiles encore à donner justes ! La sueur mouilla plus d'une fois mon front, tandis que, penché sur ce travail ardu, j'en cherchais vainement la solution.

« L'aveugle chantait à voix basse, et de temps en temps il m'adressait une amicale parole ; alors, il me semblait entendre un voix intime qui me criait :

« — Courage ! En faisant le bien, c'est la fortune et la gloire que tu vas trouver ! »

« Je rencontrai d'abord le modeste succès cherché ; je refis l'accordéon, et quand le jeune aveugle le tint dans ses mains et commença à en jouer, sa figure s'illumina d'une joie profonde.

« — Il est bien meilleur qu'auparavant, me dit-il, les notes sont plus pleines, le son plus beau ! Vous pouvez vous vanter d'être un fameux luthier.

« Luthier ! moi, qui jusqu'à cette heure m'étais contenté d'être un modeste menuisier de village.

« Le mot de cet enfant aveugle était-il une prophétie ?

« Me montrait-il ma voie, ce déshérité que j'avais secouru ?

« Je le crus ; je l'embrassai, ému d'une joie nouvelle ; quelque chose bouillonnait dans mon cerveau que je ne connaissais pas encore. Le cœur me battait, je me sentais subitement grandir.

À quatorze ans, autour de moi, je ne trouvais que des tombes. (*Voir page* 328.)

« Le soir même, l'aveugle reprit sa route, et je restai seul avec les rêves ambitieux qu'un mot de lui venait de faire naître.

« Pendant la nuit suivante, il me semblait que ma pauvre chambre allait s'agrandissant et prenait les proportions d'une salle gigantesque. Dans le fond brillaient les tuyaux d'airain des grandes orgues, dont les soufflets se mouvaient sous des mains invisibles. Les murailles étaient recouvertes, dans toute leur hauteur, de violons, de basses, de violoncelles, sur lesquels se promenaient des archets magiques, tirant des cordes des sons clairs comme le cristal. Dans un désordre plein de grâce s'entassaient, au centre de cette pièce, les instruments de cuivre déroulant leurs spirales semblables à des serpents dorés, évasant leurs pavillons, se repliant, s'allongeant avec d'étranges fantaisies. Nulle main ne les effleurait, nulle bouche humaine ne se collait à leurs embouchures, et cependant ces instruments jouaient, accordant l'éclat métallique de leurs notes avec le murmure des violes, des harpes, des violons, et les soupirs profonds des basses et des contre-basses.

« C'était un concert magique dont rien ne saurait donner l'idée. L'orgue dominait, de sa grande voix, les soupirs, les plaintes, les notes suaves, et cette voix de l'orgue me semblait la seule divine au milieu de ce concert, et je ne me sentais pris que par elle, entraîné, emporté que vers l'harmonie qu'elle répandait à flots autour de moi. Tous les instruments me parlaient de la terre, l'orgue seul me parlait du ciel. Et, à ce moment, il m'apparut une figure semblable à celle que Raphaël prête à sa Sainte-Cécile ; elle tenait entre ses mains une de ces petites orgues, dont nous trouvons des traces dans les bas-reliefs anciens et, s'approchant de moi, elle remit l'instrument dans mes bras.

« Je m'éveillai.

« A la place de la grande salle, je reconnus ma pauvre chambre. Au lieu de la Sainte Cécile, je trouvai, debout près de mon lit, ma femme, qui souriait.

« — Tu n'as pas fait un mauvais rêve ? me demanda-t-elle.

« — Non, lui dis-je, oh ! non ; il me semble que Dieu vient de me révéler ma vocation.

« — Tu ne veux plus être menuisier ? me demanda-t-elle.

« — Je serai luthier, répondis-je.

« Ma femme posa doucement la main sur mon épaule.

« — Que ta volonté soit faite ! me dit-elle, avec une voix si douce qu'elle me remua profondément le cœur ; seulement n'oublie pas tes enfants.

« — Ce que je n'oublierai pas non plus, lui dis-je, c'est que jamais tu n'as tenté d'affaiblir en moi le courage. Oui, je serai luthier, nous souffrirons peut-être pendant quelque temps, mais l'avenir sera beau, et je t'en devrai la moitié.

— Oh! c'est vrai! dit Alleluia, en joignant ses petites mains, votre femme est un ange!

Un sourire de M. Mustel remercia la jeune aveugle; puis il reprit:

« Souvent, à côté de l'inventeur, de l'homme de génie, de l'écrivain de talent, nous trouvons une ombre terrible, malsaine, fatale, dont l'influence néfaste contrecarre, anéantit, annihile celui que Dieu avait créé fort et qui présageait devoir être grand.

« Cette sorte de femme n'est pas rare. Elle devient le mauvais ange de la maison; elle tourmente le créateur au milieu des combinaisons de son génie; elle rapetisse, si elle le peut, le cercle dans lequel se meut son ardente pensée; elle jalouse la part de Dieu qu'il réserve pour l'art. Elle raille ses recherches, elle souffle sur ses illusions, elle se dresse entre lui et l'espérance! Elle absorbe la sueur, le sang, les larmes de l'homme; loin de le soutenir dans la lutte, elle le désespère. Cette femme, nous la trouvons tour à tour debout près de Socrate, dont elle interrompt les méditations philosophiques par ses reproches et ses injures! A côté de l'Arabe Job, couché sur son fumier, riant de sa patience et de son courage! Elle insultait à la charité de Tobie! Elle raillait Colomb de croire à l'existence d'un nouveau monde! Penchée sur les essais de Bernard Palissy, poursuivant le secret qui devait créer les rustiques *figurines*, elle se réjouissait de ses échecs successifs, insultant à son labeur, et lui répétant comme une prophétie sinistre: « — Tu ne réussiras pas! » — Cette femme est le fléau de l'homme de foi, de courage et de génie! Elle lui fait payer cher la gloire qui vient souvent trop tard, et qu'il achète au prix de sa tranquillité et de son bonheur. Pénétrez dans la plupart des maisons en renom, des peintres connus, des écrivains de talent, il est rare que l'homme ne soit pas victime de cette goule morale, de cette prophétesse de malheur dont la pernicieuse influence le pousse souvent jusqu'au désespoir. Leur égoïsme agit sur les âmes de ceux qui les entourent, comme le mancenillier sur les voyageurs endormis à son ombre.

« Ma femme, à moi, loin de ressembler à ces types trop connus à Paris, avait le courage d'une fille du peuple, et la patience d'une chrétienne. Elle me chérissait comme mari, elle respectait en moi le chef de la famille. Elle croyait fermement que je travaillais pour le bien de tous; moins par orgueil qu'entraîné par une vocation véritable, elle me voyait multiplier les tâtonnements, les efforts, et ses encouragements doublaient mon énergie. Que de fois elle s'attardait durant les nuits à un travail de couture, afin de remplacer dans notre pauvre budget la somme que je négligeais de gagner. J'oubliais les commandes des clients, je mécontentais mes pratiques. On se plaignait du menuisier. Ma vaillante femme apaisait les uns, rassurait les autres, elle me faisait songer au plus pressé, et jamais sa voix ne parla rudement pour me donner un conseil, quand je lui aurais trouvé le droit de m'intimer un ordre ! Quand elle venait me chercher dans l'atelier du luthier pour m'amener dans la boutique, c'était avec une angélique douceur ; elle n'attrista pas ma vie une seule heure ; elle aplanit mille difficultés par sa bonne grâce, et si je bénis Dieu de m'avoir envoyé le succès, je le bénis encore davantage de m'avoir donné une telle compagne.

« C'en était fait, j'étais luthier. Mes progrès devenaient sensibles, je triomphais lentement de difficultés inouïes. Songez donc que moi, un homme illettré, privé de leçons et de conseils, j'entreprenais de créer des instruments de musique ! J'en louai un pour me servir de modèle ; mais bientôt je rêvai de perfectionner le petit orgue que l'on m'avait confié et j'en fis un, à moi, possédant cinq octaves et demie. Le succès ne me grisa pas, mais il me décida à prendre une grave détermination. Je vendis mon atelier de menuisier, et je partis pour Paris. J'y arrivai au moment d'une de nos grandes expositions, et pendant toute sa durée je ne manquais pas un seul jour de me rendre au Palais de l'Industrie, afin d'entendre les orgues, les harmoniums, dont jouaient le plus souvent de grands artistes. J'écoutais, j'admirais, je me rendais compte du jeu de chaque tuyau. Mon admiration pour les instruments capables de remplir les immenses nefs de nos églises de leurs puissantes harmonies fut tel que je délaissai un peu les instruments qui d'abord m'avaient seuls occupé. Je ne rêvai plus que grandes orgues de cathédrales, et j'entrai dans une fabrique où je restai peu néanmoins, le salaire reçu ne répondant pas à l'excès du travail.

« Je ne vous parlerai point de mes nombreux essais ; je cherchais sans cesse ; chaque jour j'augmentais la somme de mes connaissances ; à force d'ardeur et de veilles, je devins un assez bon facteur ; et mon ambition prenant un essor plus vaste, je rêvai de quitter la maison d'autrui et de fonder un établissement. Je voulais créer un instrument qui fût à moi, à moi seul, *l'orgue Mustel!* Il fallait pour cela hypothéquer un lopin de terre ; le Crédit foncier ne se pressait pas... la misère venait... le temps me manquait pour attendre, et je vendis l'héritage paternel. Ma femme et moi nous pleurâmes ce jour-là, mais l'avenir fut conquis !

« A partir de ce moment, j'ai progressé, j'ai grandi, j'ai atteint le succès. Je ne compte plus les médailles reçues, le chiffre de mes affaires ne cesse d'augmenter, et les grands artistes me donnent la première place parmi les facteurs de Paris. Vous voyez bien, mes amis, que les commencements furent rudes... tu vois bien, Alleluia, que, devant ma vocation, mon talent, ma fortune, à un enfant aveugle comme toi, j'étais obligé, devant Dieu, à te payer ma dette de reconnaissance ! »

Marigné serra la main de Mustel.

— Oui, dit-il avec expansion, vous aviez contracté une dette envers la Providence, mais vous l'avez noblement payée.

— Simplement en honnête homme, répliqua Mustel, en homme qui a mis les choses d'en haut avant celles de ce monde, et à qui le Ciel a bien voulu aider, parce qu'il n'oubliait pas d'appeler la bénédiction de Dieu sur son labeur. Sans doute, l'obscur menuisier de village n'est pas arrivé à fabriquer des harmoniums sans avoir rudement peiné... Mais, je vous l'ai dit, j'avais pour me soutenir une femme admirable, la foi dans la Providence, et cette régularité de vie qui fait déjà la moitié du succès. Je puis dire, mes amis, que si j'ai acheté le mien au prix du labeur, je ne l'ai jamais payé au prix de mes larmes.

Alleluia se leva et tendit ses deux mains au luthier.

— Soyez béni ! dit-elle, vous avez donné à la pauvre aveugle la plus grande consolation de son existence ! Grâce à vous, j'oublie souvent que je suis une infirme mise en dehors de la société des heureux ! Je me réfugie dans l'harmonie, et je vois le ciel ouvert. J'entends, croyez-le, bien souvent le concert des anges ! Il me semble que sainte Cécile se tient souvent près de moi pour m'inspirer, et que je respire le parfum des roses de sa couronne de vierge ! Vous dites parfois que j'ai du talent, monsieur Mustel, ce n'est pas ! non cela n'est pas ! mais le cœur y supplée ; mon âme vibre dans mes doigts ; je prie, je chante sur vos orgues ! Et souvent je me sens si loin de ce monde que des larmes ruissellent sur mes joues sans que je les sente couler.

— Sais-tu quelle est la conclusion de cet entretien, Alleluia demanda Mustel.

— Non, répondit la jeune aveugle.

— Ma chère mignonne, ce soir, je reçois l'élite des artistes de Paris, des critiques d'art et des amateurs connus pour leur goût éclairé.

Il s'agit d'une audition sur des harmoniums nouveaux, ceux que je regarde comme mes chefs-d'œuvre. Et je veux que tu joues sur l'un de ces instruments.

— Moi ! s'écria Alleluia, moi, me faire entendre par les premiers artistes de Paris.

— Alleluia, les uns joueront avec leur génie, tu auras pour toi ton cœur.

— Je n'oserai pas ! dit la jeune fille, en secouant la tête, non, je n'oserai pas.

— Tu me refuses quelque chose ! toi, mon élève, ma fille ?

— Je suis une enfant, je ne sais rien ! je joue comme je sens, mais je reste une ignorante !

— Alleluia, tu t'ignores toi-même ! Ce que tu prends seulement pour la distraction de ta solitude et de ta nuit, c'est le talent, le talent qui ne demande qu'à s'épanouir, à grandir encore. Je ne veux point que tu restes ignorée et pauvre ; il te faut dans la vie ta part de fortune et de soleil.

— La fortune ! le bonheur ! répéta l'aveugle.

— Jouez ! dit Barbézius, avec l'accent de la prière ; jouez, Alleluia, ce sera une grande joie pour mon cœur.

Alleluia se leva, souriante, tremblante de crainte et toute rose de joie.

— J'irai, dit-elle, j'irai à cette fête.

— Et tu joueras ? demanda Mustel.

— Je jouerai, dit Alleluia, et, pour la première fois de ma vie, je supplie Dieu de me donner un succès.

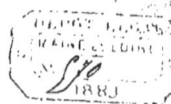

L'empailleur de grenouilles descendit l'escalier en trois bonds. (*Voir page* 339.)

29ᵐᵉ Livraison.

CHAPITRE XXIX

LES SOUFFRANCES D'UN GRAND CŒUR

À peine M. Mustel eut-il quitté le modeste salon, que Fabienne et Blanche s'écrièrent à la fois :
— Et la toilette d'Alleluia ?
— Ma toilette ? répondit la jeune fille avec un sourire ingénu, ne suis-je pas bien avec la robe que je porte chaque jour ?
— Une robe de laine ! quand il s'agit d'une soirée, d'une magnifique soirée où se trouveront tant de femmes élégantes ! Tu n'y songes pas, ma mignonne, s'écria Fabienne. Encore s'il s'agissait simplement d'une question personnelle, comme je fais, pour mon compte, assez bon marché de la coquetterie, je te permettrais la plus grande simplicité ; mais ton vieil ami te l'a dit : il s'agit d'une présentation en règle à la presse, à la critique ; de ton succès dépend ton avenir et, quand je dis le tien, je parle aussi de celui de ta mère. Tu lui dois de triompher dans cette bataille. Demain, le nom d'Alleluia doit se trouver dans tous les journaux. Sans doute ta modestie s'inquiète peu d'un brillant succès, mais une fois ton talent connu, apprécié, loué, tu trouveras des élèves, ma chérie, et ces élèves te donneront non pas seulement le bien-être dont Blanche serait heureuse de t'entourer, mais cette noble indépendance qui est une des conditions de l'honorabilité de la femme. Il est bon de pouvoir se dire : « Je suffis à mes besoins ; je travaille, donc je suis utile aux autres comme à moi-même. »
— Si vous envisagez la question à ce point de vue, reprit Alleluia, je n'ai plus rien à dire ; occupez-vous de ma parure ; moi, je jouerai de mon mieux.

Alleluia se tourna lentement du côté de Barbézius :
— Vous viendrez chez M. Mustel, n'est-ce pas, mon grand ami ?
— Je ne sais..., répondit l'empailleur de grenouilles, qui se sentait

pris d'un effroi soudain chaque fois qu'on lui parlait de se mêler à la foule.

— Oh! je vous en prie, ajouta l'aveugle, venez... Je jouerai avec plus d'inspiration si je sais que vous m'écoutez. Vous m'avez si souvent donné de bons conseils quand j'étudiais, qu'un bravo de vous me semble plus sincère et plus précieux que les applaudissements de toute une salle.

— Je ne suis pas musicien, cependant, Alleluia.

— Vous n'êtes pas musicien! s'écria la jeune fille. Cent fois vous m'avez répété qu'il est des poètes dont la plume n'a jamais tracé une ligne. La poésie est le sentiment du beau, le souffle qui nous soulève, l'aile qui nous porte au plus haut de la pensée humaine ; et celui-là est vraiment poète dont l'âme se pénètre de toutes les inspirations sublimes. Il doit en être ainsi de la musique.

Tandis qu'Alleluia parlait, le visage de Barbézius, ce visage d'une laideur complète, intraduisible, fantastique si l'on peut dire, avait changé d'expression. Toute la vie s'était réfugiée dans ses grands yeux bleus, d'une douceur incomparable, et l'éclair de reconnaissance et de joie qui jaillit de ses prunelles humides, peignit, mieux que ne l'eussent fait des paroles, les sentiments qui remplissaient le cœur de l'ami d'Alleluia.

Mais la jeune aveugle ne put saisir le regard qui se reposa sur elle avec l'expression d'une reconnaissance infinie ; elle n'entendit que la réponse de Barbézius, réponse courte, embarrassée par l'émotion :

— J'irai, oui, j'irai !

Et, comme s'il étouffait, l'empailleur de grenouilles s'élança hors du salon et descendit l'escalier en trois bonds.

Puis, poussant la porte donnant dans son atelier, il s'y enferma, afin de n'avoir nul témoin de la joie qui lui envahissait le cœur.

Il resta longtemps plongé dans la rêverie, les deux mains couvrant son visage, et s'abandonnant à un bonheur intime, envahissant, qui le rajeunissait et le renouvelait.

Puis il se leva et, comme si quelques changements extérieurs répondaient à ce qui se passait en lui-même, il redressa ses statuettes, plaça ses tableaux dans leur jour, alla chercher des fleurs dans la boutique avoisinant la sienne, les plaça dans de grands vases, de façon à faire valoir la couleur rouge des terres cuites, et la blancheur mate des biscuits de Sèvres.

Tout bas, il se répétait certains mots avec l'inflexion qui les avait accompagnés ; il semblait heureux et fier, cet être disgracié qui se regardait comme le rebut des hommes quand il songeait à son enveloppe où le terrible le disputait au ridicule. Il oubliait sa forme extérieure de fantoche pour écouter son âme. Il la savait aussi noble, aussi grande que son corps était difforme ; et dans cette heure rapide, la première de sa vie, Nicolas Barbézius se sentit jeune par le cœur.

Tandis qu'il s'abandonnait à ce bonheur juvénile tombé dans son âme avec quelques mots d'une enfant, Blanche et Fabienne se consultaient au sujet de la parure d'Alleluia.

— Suis-je de trop? demanda Marigné.

— Non, cher frère, répondit Fabienne, mais le temps nous presse, et je resterai ici assez tard ; il faudra que j'aide Blanche à habiller notre petite amie.

— Et toi? demanda Jean.

— Moi? oh ! une robe de deuil est vite passée !

— Alors, je viendrai te chercher...

— A neuf heures seulement ; je rentrerai à la maison, puis nous irons ensemble chez M. Mustel, afin d'assister au succès d'Alleluia.

Les trois femmes se consultèrent, et il fut décidé que la parure de la jeune aveugle se composerait d'une simple robe de mousseline blanche, relevée par des traînes de pervenches.

Fabienne courut acheter les fleurs, pendant que Blanche taillait la robe.

Guillaumette allait et venait, radieuse à la pensée de voir sa fille si belle, et cherchant toutes les raisons possibles afin de s'approcher des couturières improvisées ; sous prétexte de leur apporter un objet dont elles avaient besoin, elle bourdonnait dans la chambre, mais, en réalité, elle voulait embrasser Alleluia et remercier ses amies.

En attendant le retour de Fabienne, Blanche travaillait avec zèle, et la jeune aveugle cousait à côté de son amie, car Alleluia était douée d'une perfection de tactilité qui lui permettait de s'occuper de mille petits travaux de femmes.

A la voir assise sur sa chaise, faisant courir son aiguille dans le tissu léger, nul n'aurait pu croire que cette charmante fille fût privée de la vue. Elle causait gaiement avec Blanche, car sa première impression de terreur à l'idée de se trouver au milieu d'une grande foule, une fois évanouie, Alleluia reprit sa naïve insouciance. Elle ne se troubla point à la pensée du plus ou moins de succès qu'elle pouvait obtenir. Elle ferait de son mieux ; elle jouerait pour elle, pour ceux qui l'aimaient et qui la protégeraient par leur présence, pour son grand ami qui l'écouterait le cœur palpitant de joie.

Fabienne ne tarda pas à revenir, suivie de Mésange, portant un carton rempli de ces charmantes fleurs qui reflètent le ciel dans leurs corolles. Mésange paraissait un peu pâle ; sa vie était dure ; il fallait, grâce au labeur de ses doigts, soutenir la petite famille.

— Mais vos sœurs vous aident? demanda Blanche.

— Sans doute, madame, et du mieux qu'elles peuvent, les chéries ! mais leur instruction religieuse prend beaucoup de temps. Alors je me lève plus matin pour suppléer aux heures que les mignonnes donnent au bon Dieu, et je me couche plus tard.

— Vous vous tuerez, ma bonne Mésange.

— Oh! non, madame, répondit la vaillante fille ; sauf un peu de pâleur, n'ai-je point le même visage? On voit que j'ai pleuré, peut-être...

— En effet, dit Blanche, vous avez éprouvé un chagrin!

— Bien violent, oui, madame.

— Pouvons-nous l'alléger en quelque chose?

Le visage de Mésange s'éclaira un peu.

— Oui, dit-elle presque timidement, vous le pourriez.

— Alors, reprit Fabienne, confiez-nous votre peine, Mésange ; les honnêtes filles comme vous ont toujours droit à l'aide des femmes de cœur qui les savent apprécier.

— Quand j'appris l'état de fleuriste, reprit Mésange, nous étions une centaine dans l'atelier de M. Marienval. Parmi les jeunes filles dont l'âge se rapprochait du mien, il en était une vers qui je me sentais attirée. On l'appelait Mariette; figurez-vous une enfant de quatorze ans à qui on en aurait donné dix, petite comme la fée Poucette, et jolie à miracle ; avec cela une gaieté d'oiseau : les chansons semblaient toujours avoir envie de s'envoler de ses lèvres. Malheureusement, elle avait deux défauts : elle chantait trop, sachant qu'elle avait la voix claire et juste ; elle aimait trop les rubans parce qu'ils allaient bien à son visage. Mariette vint d'abord irrégulièrement à l'atelier ; je l'en repris ; elle se mit à rire.

« — J'ai seize ans, me dit-elle un jour ; crois-tu que nous soyons destinées à chiffonner des fleurs pendant toute la durée de notre vie ? Quand j'ai dansé jusqu'à six heures du matin, je suis trop lasse pour me remettre le lendemain à ma tâche.

« — Tu vas au bal ? lui dis-je avec effroi.

« Mariette me regarda en riant.

« — Je fais comme les autres, me répondit-elle.

« Hélas! faire comme les autres, comme la plupart, du moins, c'est se lancer dans un tourbillon de plaisirs qui finit par devenir un gouffre.

« Nous cessâmes de voir Mariette.

« Un dimanche, tandis que je conduisais mes sœurs à l'église, je vis passer mon ancienne compagne, vêtue d'une toilette luxueuse; elle rougit en me reconnaissant et tourna la tête, comme si elle était prise de honte et de remords. Pendant la messe, je priai pour elle, pour elle seule; je devinais que cette âme se perdait. Et vous le dirai-je, cette taille d'enfant, cette miniature de femme semblaient si peu d'accord avec une existence fiévreuse que j'en avais doublement pitié. Il eût fallu pour Mariette la vie de famille, calme, sereine; le travail, la prière, le repos qui ne coûte rien au devoir, la gaieté qui ne dérobe rien à la conscience ! »

La voix de Mésange baissa subitement; puis elle dit, d'un accent mouillé de larmes :

— Ce fut notre dernière rencontre en ce monde. Je ne devais plus la revoir que sur le seuil de l'éternité. Il y a quelque temps, son nom vint à mon souvenir, et je le prononçai devant M. Ramoussot, que vous connaissez, mademoiselle Fabienne. Je savais que Mariette avait reçu au quartier latin le sobriquet de Molécule, et je ne l'eus pas plus tôt dit que M. Ramoussot me raconta une chose navrante. Mariette, *Molécule*, si vous voulez, était tombée demi-morte au milieu d'un bal et, d'urgence, on l'avait transportée à l'hospice. Mon cœur se serra à se briser. Si j'avais dû m'éloigner d'elle pendant sa vie légère, je pouvais m'agenouiller près de son lit d'agonie, et lui rappeler ses jours d'honnêteté, de travail, de vertu.

« J'allai, le dimanche qui suivit cette nouvelle, à l'hôpital Lariboisière. J'entrai dans la salle où les lits tout blancs sont alignés, et je lus sur une pancarte : Mariette Massol, *phthisie*. Mariette sommeillait à cette heure. Sa petite figure pâle, renversée sur les oreillers, gardait aux pommettes deux taches d'un rouge vif; ses mains fluettes, transparentes, s'allongeaient sur les draps; une expression de souffrance laissait un pli sur son front; ses rêves devaient être pénibles, car elle poussa un profond soupir.

« Je pris une de ses mains : elle s'éveilla.

« — Mésange ! dit-elle, Mésange, c'est vous ! quoi ! vous n'abandonnez pas la malade, vous ne méprisez pas la pécheresse !

« — Je viens vous parler du temps où nous nous sommes aimées, lui dis-je.

« — C'est loin ! bien loin ! fit-elle.

« — Pauvre enfant ! quelques mois à peine.

« — Le nombre des jours n'y fait rien. C'est loin comme sont loin de moi, dans les brouillards du passé, l'innocence, le travail, la prière.

» — Mariette, lui répondis-je, le passé, le présent, l'avenir se rencontrent, se confondent, ne font rien qu'un dans la miséricorde divine.

« — Non, me dit-elle en secouant la tête, ce n'est pas possible. Dieu est la puissance, la grandeur, la pureté. Je suis une créature à qui il reste à peine de sens moral pour comprendre qu'elle est gangrenée.

« — Si Dieu est grand, puissant et pur, Mariette, il est aussi indulgent... Ne croyez-vous plus en lui, ne voulez-vous plus tourner vos yeux vers la croix, ne sentez-vous pas le besoin de l'appeler à votre aide ?

« — Il ne m'écouterait pas, me dit-elle, en secouant la tête. Songez donc, Mésange ! depuis plus d'un an je ne pense qu'au plaisir, je fuis l'église qui me rappellerait mes promesses d'enfant, je détourne les yeux de la croix qui m'accuse. Entendant blasphémer les autres, j'ai blasphémé à mon tour. On m'a dit que mon corps s'en irait en poussière, je veux croire que je n'ai point d'âme, afin de ne pas m'effrayer d'avance des tourments de l'enfer, dont on me parlait jadis.

« Oh ! vraiment, cela était horrible d'entendre raisonner ainsi cette malheureuse fille, dont chaque instant emportait un souffle de vie.

« — Quoi ! lui dis-je, il n'est rien resté, rien, de cette foi d'enfant, de cette candeur évanouie ! ta mémoire a perdu le souvenir des mots de la prière et ton cœur celui des enseignements divins !

« — Rien ! me dit-elle, d'une voix faible.

« Tout-à-coup, elle fit un mouvement, porta la main à son cou et, tirant un petit cordon noir, auquel était suspendue une médaille d'argent, elle ajouta avec un sourire :

« — Si, il m'est resté cela !

« — Ah ! c'est assez, lui dis-je, Mariette ! porte-la à tes lèvres, et tu seras sauvée ! Cette médaille est un souvenir du jour où tu t'approchas de l'autel pour la première fois ; si tu l'as gardée sur ton cœur, même au milieu de tes désordres, c'est que la Vierge te protégeait encore.

« Mariette pressa la médaille sur sa bouche décolorée et resta silencieuse. Je suivais, sur son visage, les traces croissantes de son émotion. Ses lèvres pâles tremblaient d'une façon convulsive, des larmes roulaient sous ses paupières, des sanglots comprimés avec peine soulevaient sa poitrine déchirée. Enfin, elle ne fut plus maîtresse de lutter contre les sentiments nouveaux qui l'agitaient ; elle s'y abandonna avec l'élan des âmes ardentes, et les pleurs roulèrent sur ses joues comme une pluie d'orage.

« Je tombai à genoux près du lit.

« Une seconde après, en levant les yeux, je vis, en face de moi, une religieuse immobile : Sœur Sainte-Croix.

« Elle devina ce qui se passait entre Dieu et la pauvre âme coupable ; son visage rayonna comme celui des saintes, et elle attendit, les mains jointes, que Mariette fût un peu remise de l'émotion qui l'avait foudroyée.

« Hélas ! cette impression salutaire pour son âme était trop violente pour son corps affaibli ; Mariette fut prise d'un accès de toux terrible, suivi d'un effrayant crachement de sang.

« Ses yeux prirent l'expression pleine d'angoisse qui précède la mort, elle se jeta comme une enfant effrayée sur le sein de Sœur Sainte-Croix, et lui dit, d'une voix déchirante :

« — Un prêtre ! un prêtre !

« Un quart d'heure après, l'aumônier s'approchait du lit de Mariette, et nous la laissâmes seule avec lui.

« L'heure de la visite était finie ; je quittai l'hospice, le cœur rempli d'un chagrin consolé par la foi.

« Lorsque deux jours après, je retournai voir Mariette, je la trouvai calme, reposée, souriante.

« — Tu ne sais pas, me dit-elle, il paraît que j'irai en paradis, et que le bon Dieu me pardonnera mes fautes ; comme le prêtre m'a consolée ! J'allais mourir dans le désespoir, maintenant je me remets entre les mains de Dieu et je suis contente, contente de souffrir pour purifier ma vie, contente de mourir afin de ne plus rien faire de mal en ce monde.

« La chère fille se montrait admirable de résignation ; elle n'avait pas vécu assez longtemps dans le désordre pour oublier tous les enseignements de son enfance. La vertu revenait en elle à mesure qu'elle priait davantage. L'année maudite, consacrée aux plaisirs qui avaient tué son corps et son âme, s'effaçait de sa mémoire ; elle se retrouvait toute enfant, croyante, naïve ; du fond de sa mémoire remontaient les prières oubliées, et je pleurais en l'écoutant parler.

« Hier, je suis retournée à l'hospice, Mariette était au plus mal.

« — Mésange, m'a-t-elle dit, j'ai peur d'une chose : on va porter mon pauvre corps à l'amphithéâtre, cette idée m'est odieuse. Oh ! si je pouvais avoir un drap pour m'ensevelir, une bière pour renfermer ma dépouille ! Si on me faisait cadeau d'une place au cimetière, pour y dormir à l'ombre d'une croix !

« — Sois en paix, lui ai-je dit, ce sera fait ! »
Blanche regarda Mésange avec attendrissement, et lui demanda :
— Mais, pauvre enfant, où trouverez-vous la somme nécessaire ?
— Depuis longtemps, reprit Mésange, j'amassais dans une tire-lire mes petites économies. Je songeais aux toilettes de première communion de mes sœurs, aux cierges, à tout ce qui fait la pompe extérieure de cette grande fête ; j'avais une somme suffisante, et je me réjouissais à l'idée de voir mes filles vêtues de blanc ce jour-là, enveloppées de grands voiles et toutes pareilles à des anges. Hier, je les ai prises dans mes bras, et je leur ai raconté ce que je pouvais leur dire de l'histoire de cette agonisante, qui n'avait ni bière, ni croix, ni linceul. Alors, les chères enfants se sont jetées à mon cou.

« — Prends l'argent de la tire-lire ! m'ont-elles dit, Dieu regardera nos âmes, il les verra toutes blanches, et cela suffit. La pauvre morte priera pour nous du haut du ciel, et si la solennité est moins brillante pour nous en ce monde, la fête sera plus belle chez les anges ! »

« Alors, toutes quatre, nous nous sommes embrassées en pleurant de joie.

« Ce matin, je me suis informée : nous pouvons, avec nos épargnes, avoir la bière, le linceul, le terrain, une messe ; mais il nous manque la croix que Mariette souhaite sur sa tombe.

Blanche se leva, ouvrit son secrétaire, y prit un billet de cent francs et le mit dans la main de Mésange.

— Voici pour la croix et pour les fleurs, dit-elle.
— Oh ! merci ! merci ! madame ! s'écria la jeune fleuriste.
— Quant à vous, Mésange,...... dit Fabienne.

Blanche posa un doigt sur ses lèvres, et Mlle Marigné, au lieu de finir sa phrase, ajouta, en s'avançant vers Mésange :

— Je serais bien heureuse de vous embrasser.

Et les deux nobles filles, sœurs par le dévouement, s'étreignirent avec une amitié sincère.

Une seconde après, Mésange rentrait chez elle, le cœur plein de joie d'avoir enfin réussi à combler le vœu de Mariette repentante.

Pendant le reste de la journée et, tout en s'occupant de la parure de la jeune aveugle, Blanche et Fabienne ne cessèrent de parler de la conduite admirable et de la générosité si simple de la pauvre ouvrière.

A huit heures, la robe d'Alleluia était finie.

C'était une robe simple et charmante, dont des plissés de mousseline faisaient tous les frais ; une robe honnête et chaste qui devait embellir avec une grâce décente une jeune fille candide.

Blanche habilla sa petite amie, et Fabienne s'occupa de sa coiffure.

Alleluia était blonde, d'un blond doux, cendré, rare et charmant; son extrême jeunesse et le caractère de son visage permettaient de lui conserver quelques-uns des privilèges de l'adolescence; aussi ses deux amies décidèrent-elles que la coiffure la plus seyante pour elle serait de laisser flotter sur son dos ses cheveux naturellement bouclés. Un cordon de pervenches les retiendrait sur le front.

Quand Alleluia, toute vêtue de blanc, se trouva debout au milieu de la chambre, et que ses amies appelèrent Guillaumette pour l'admirer à son aise, Blanche demanda avec bonté :

— Voyons, Guillaumette, êtes-vous contente ?

— Oui, madame, répondit-elle, car ma fille, vêtue ainsi, est belle comme un ange.

— Vrai ? demanda l'aveugle avec une joie naïve.

Un bruit de pas se fit vers la porte ; Alleluia se retourna, et demanda, de loin, à un être encore invisible :

— Mon grand ami, donnez-moi votre avis, ma mère affirme que je suis bien ainsi.

— Trop bien ! dit lentement Barbézius.

— Pourquoi, trop bien ?

Le bossu ne répondit pas.

Subitement, à la vue d'Alleluia si complètement belle, il avait senti fondre toute sa joie. L'impression heureuse reçue dans la matinée se dissipa ; ses rêves de bonheur s'enfuirent comme des oiseaux effarouchés, et il sentit une morne tristesse envahir son cœur.

Il eut, un moment, l'idée de ne point assister à la fête dont il s'était réjoui d'avance, de rentrer dans son atelier solitaire et d'essayer d'oublier qu'il est des harmonies poignantes pour le cœur, des attentes trop tôt déçues. Il se demanda ce qu'il irait faire au milieu de ces artistes, de ces hommes de lettres, et il allait prendre le chemin de son atelier, quand Alleluia lui dit doucement :

— Donnez-moi la main, mon grand ami ; je veux arriver de bonne heure chez M. Mustel, me cacher dans un angle du salon, et attendre que Fabienne vienne me rejoindre.

Barbézius aida la jeune aveugle à descendre, la conduisit près de Mme Mustel, puis il se dissimula entre les plis soyeux des rideaux des fenêtres.

La jeune aveugle s'était trompée en espérant passer inaperçue ; bientôt tous les regards des arrivants se tournèrent vers cette charmante fille dont l'expression de sérénité frappait tous les yeux et attifait tous les cœurs. On demandait son nom, on s'intéressait à son malheur, et quand Mustel, allant la prendre par la main, la conduisit à l'harmonium, un murmure d'admiration et de pitié courut dans l'assemblée.

La pauvre enfant ne voyait rien de cette foule ; la solitude et la nuit l'entouraient au milieu de cette fête ; malgré sa timidité, elle n'éprouvait aucune des terreurs de beaucoup de virtuoses que la vue d'un public nombreux émeut et trouble.

Lentement Alleluia ôta ses gants, puis elle posa ses mains sur le clavier. Sa belle et poétique tête se leva, le souffle inspirateur caressa son front, l'irradiation du génie illumina son visage ; elle joua. Que joua-t-elle ? Abandonnée à la fougue de son inspiration, elle mit son cœur dans une mélodie douloureuse et charmante, au milieu de laquelle revenait par intervalle un chant de jeunesse, éclatant comme un hymne de triomphe. Peut-être ne songeait-elle qu'à elle-même, et racontait-elle sa vie peuplée d'apparitions d'anges qui la soulevaient jusqu'au ciel pour lui révéler les mélodies des vierges et des séraphins.

On l'écoutait haletant, stupéfait, saisi tout à coup d'admiration, puis entraîné par une pitié immense.

Ce poème inédit, que déroulaient ses doigts et qu'enfantait son âme, entraînait tous les auditeurs, et quand Alleluia, pâle, chancelante, brisée, quitta l'orgue en s'appuyant sur le bras de Fabienne, la foule éclata en bruyants applaudissements.

Alors, la jeune fille se pencha vers la sœur de Marigné :

— Où est mon grand ami ? demanda-t-elle.

— Au fond de la salle, dans l'embrasure d'une croisée.

— Semble-t-il heureux ?

— Non, il paraît souffrir !

Le front d'Alleluia se décolora davantage.

— Que me font les applaudissements des autres, pensa-t-elle, si Barbézius n'y mêle pas les siens !

Et la foule disparut, la joie du succès devint nulle pour la jeune fille. Elle entendit autour d'elle répéter des louanges ardentes, sincères, et son cœur resta muet et froid. Son front se voila d'un nuage, et sa bouche eut un amer sourire.

Mustel s'approcha d'elle.

— Allons, ma petite sainte Cécile, dit-il, c'est la gloire qui commence.

— Quel deuil ! murmura-t-elle, d'un accent étouffé.

Sous prétexte que le bruit, les parfums, les lumières la fatiguaient

Alléluia se retira de bonne heure, et quand elle se trouva seule elle pleura.

— Mon grand ami m'a fuie pendant toute la soirée, pensa-t-elle ; je n'ai reçu de lui ni un mot affectueux, ni une pression de main ! A quoi sert ce que les autres appellent la gloire, s'il faut sentir, les jours de triomphe, que la solitude est plus grande et que l'âme est plus triste !

La jeune aveugle et Fabienne avaient à peine disparu que Barbézius rentra chez lui.

Il avait laissé sa lampe allumée, et au moment où il franchit le seuil de sa chambre, un grand miroir lui renvoya son visage.

Il recula brusquement.

— Hideux ! murmura-t-il, je suis hideux !

Le front caché dans ses mains, il resta quelque temps immobile, puis, relevant la tête et marchant de nouveau vers la glace :

— Allons, Caliban ! dit-il, aie le courage de te regarder en face. Détaille bien pour toi-même la laideur qui fait de toi un véritable monstre, et quand tu te seras rendu compte de ce que tu es, peut-être trouveras-tu la force d'arracher de ta poitrine d'avorton le cœur saignant qui te condamne au martyre. Regarde ce front embuissonné de cheveux rebelles, ces sourcils touffus, retombant sur des paupières trop épaisses, ce nez kalmouk s'écrasant au milieu d'un visage livide, cette bouche ombragée de moustaches féroces, cette taille contrefaite ! Regarde bien ! Riquet-à-la-Houpe, ridicule encore plus qu'odieux ! monstre physique qu'une âme tendre et bonne est condamnée à animer jusqu'à ce que le corps tombe en poussière. Ourson mal léché, rentre dans ta tanière ! Esaü poilu, laisse à Jacob, plus heureux, ta part d'héritage !

Il tressaillit de la tête aux pieds et poussa un cri déchirant, que suivit une explosion de sanglots amers.

Puis, une plainte, une seule, un soupir, enfin un nom passèrent sur ses lèvres :

— Alléluia !

Tais-toi, dit Barbézius, en saisissant le bras d'Élie (*Voir page* 356.)

CHAPITRE XXX

UN BUVEUR D'ABSINTHE

À partir de cette soirée, une morne tristesse s'empara de Barbézius; il ne monta plus s'informer de la santé de Blanche, et parut oublier que la naïve créature qui l'appelait son grand ami, fût de ce monde. Quand on sonnait à la porte de son magasin pour acheter quelques grenouilles empaillées, il étalait ses collections d'un air morne, et loin de joindre de piquantes saillies à l'exhibition de ses batraciens, il restait muet, sombre, comme si la question de vente et d'achat lui eût été complètement indifférente. Sa vie était ailleurs désormais. Sa pensée courait sur une pente déclive qui pouvait le conduire au désespoir. La fièvre brûlait son sang ; il perdit à la fois l'appétit et le sommeil. Lui qui, jadis, redoutait d'apercevoir son image dans une glace, multiplia les miroirs dans sa chambre, afin de se railler lui-même à toute heure, et de ne perdre jamais le sentiment de sa laideur et de sa difformité. Il cessa de travailler et s'abandonna à des rêveries sans fin.

Guillaumette, tout en faisant son ménage, étudiait le pauvre garçon, s'informait de sa santé, recevait de laconiques réponses, et se contentait de préparer, au hasard, quelques tisanes qu'elle jugeait, la pauvre femme, aussi salutaires pour le corps que pour l'esprit.

Un matin, le docteur Roland, passant rue de Provence, entra chez Barbézius. Il fut tout d'abord frappé de l'altération de ses traits.

— Allons! pensa-t-il, l'ami et le médecin sont nécessaires ici ; par malheur, Barbézius ne sera pas facile à confesser.

Roland prit la main du bossu et la garda quelque temps dans les siennes :

— Fréquence de pouls, peau sèche, brûlante.

Il regarda son ami bien en face, et ajouta mentalement :

— Œil brillant, mais paupières rougies, il a pleuré.

Seulement, comme le docteur connaissait la perspicacité de ce nouveau malade, il se garda bien de lui demander de ses nouvelles, et fit comme les paysans, qui commencent toujours l'entretien auquel ils attachent de l'importance, par le sujet le plus éloigné qu'ils peuvent trouver.

— A quoi dois-je la bonne fortune de vous voir, cher maître?

— Je veux vous consulter, Barbézius.

— Sur un cas médical?

— Oui, sur un cas médical.

— De la part d'un autre praticien, je pourrais croire à une raillerie, mais vous m'aimez et vous savez le peu que je vaux. Le temps me manque pour faire de la science, et si, par hasard, je donne un bon conseil, c'est d'instinct, voilà tout.

— Ces avis-là sont parfois les meilleurs ; dans le cas présent, il faut d'autant plus se fier à l'instinct, qu'il s'agit d'une opération rarement faite et qui, si elle n'est point dangereuse, peut, du moins, demeurer inutile. Croyez-vous à l'efficacité de la transfusion du sang?

— Cela dépend, répondit Barbézius. Si vous espérez, comme certains docteurs l'affirment, guérir la phthisie et les maladies chroniques en renouvelant le sang dans les artères du malade, je crois l'entreprise impossible. Mais dans les cas d'anémie, de chlorose, elle peut amener de sérieux résultats.

— Il s'agit justement d'une malade arrivée au dernier degré d'épuisement. On répète souvent que le chagrin ne tue pas, que le chagrin n'est pas une maladie organique ; on se trompe, la douleur tarit les sources mêmes de la vie. J'ai connu la comtesse de Sézanne belle, robuste dans son élégance même ; la perte d'une enfant adorée l'a jetée dans une prostration sans cesse grandissante, et, dans deux mois, si nous ne réussissons à la sauver par un moyen énergique, la pauvre jeune femme mourra.

— Pourquoi la plaindre? demanda Barbézius, elle rejoindra sa fille.

— La rejoindre... là est le mystère, mon ami : l'enfant n'est pas morte, elle a été volée. Quand Mme Monier subit cette même épreuve, elle perdit la raison. La comtesse de Sézanne descend vers la tombe sans larmes, sans cris, sans affectation théâtrale, simplement parce que la vie lui manque depuis qu'elle est privée des baisers de sa fille.

— Mais cette fille, elle l'a eue, elle l'a aimée, elle a senti ses petits bras autour de son cou, elle a vécu de sa tendresse. Tenez, Roland, ne me parlez plus des douleurs d'autrui, à moi qui n'ai jamais su non pas seulement ce que c'est que le bonheur, mais ce que c'est que d'être semblable aux autres hommes !

Le docteur Roland, accoutumé à la résignation, à la bonté de Barbézius, jugea le mal de son ami plus profond encore qu'il ne l'avait pensé, mais il reprit vivement :

— Je ne viens point vous apitoyer sur la douleur de Mme de Sézanne, mais vous prier de m'aider dans une opération délicate. Je veux tenter sur elle l'opération dont je vous parlais tout à l'heure.

— La transfusion du sang ?

— Oui.

— Avez-vous le *sujet* qui se prêtera à cette opération ?

— Pas encore, mais je le chercherai.

— Ce sera difficile à trouver, répondit Barbézius ; les pauvres gens seuls seraient disposés à vous vendre le sang de leurs veines, mais à Paris, les pauvres gens, mal logés, mal nourris, ont un sang peu riche en globules, et la moyenne serait sans doute de 60 globules au lieu de 90, qui constituent le nombre normal. Il faudrait découvrir un beau gars arrivant du pays, une fraîche paysanne, afin de ressusciter cette riche malade en lui infusant la santé d'autrui.

— Je me suis déjà dit tout cela. Enfin, vous me promettez votre concours ?

— De grand cœur.

— Alors, je me mets en quête du sujet. Merci, mon ami, votre main et adieu. Bah ! votre main est brûlante, Barbézius, l'épiderme sec... vous souffrez. C'est la fièvre, une fièvre nerveuse, diraient mes confrères qui, quand ils ignorent le nom d'une maladie, la font tout de suite dériver du système nerveux. Moi je dis : c'est une fièvre morale.

— En ce cas, mon cher maître, répondit l'empailleur de grenouilles en soulignant les mots par l'accent, répétez-moi ce vieux proverbe des anciens : « Médecin, guéris-toi toi-même. » Soyez tranquille, je connais la plaie, et, s'il le faut, j'y porterai le fer et le feu.

Roland serra énergiquement la main de Barbézius.

— A bientôt, dit-il.

— Oui, à bientôt, mon ami.

Resté seul dans son atelier, Barbézius devint de plus en plus sombre. Il regarda ses mains pâles, ses bras maigres, et murmura :

— Je ne puis pas même offrir à cette femme, qui se meurt du regret d'avoir perdu son enfant, le sang apauvri qui coule dans mes membres. A peine suffit-il pour soutenir le misérable avorton qui s'appelle Barbézius ! Et cependant, quand je me serais fait saigner, quand je serais mort d'épuisement en accomplissant cet acte de charité, c'eût été un double bienfait pour Mme de Sézanne et pour moi...

En ce moment, Guillaumette rentra, une boîte de fleurs dans les bras.

— D'où viennent ces fleurs? demanda Barbézius d'une voix dure.

— C'est Alleluia qui m'a dit de vous les apporter, répondit la pauvre femme. Les fleurs, ça égaie et ça sent bon ! C'est par trop noir et par trop triste, ici! Ces chambres remplies d'oiseaux empaillés, les grandes carapaces suspendues au plafond, les grenouilles mortes couchées sur le dos, tout cela n'est pas d'une gaieté folle, monsieur Barbézius, et la chère enfant a pensé qu'un peu de soleil et quelques roses changeraient l'air de votre appartement. Pour lors, je vais ouvrir les fenêtres et placer les fleurs dans un vase.

— Non ! Guillaumette, s'écria Barbézius avec impatience, laissez tout cela; les fleurs me donnent la migraine et le soleil me gêne. Vous reviendrez plus tard, tantôt, quand je serai sorti.

— Monsieur, reprit Guillaumette d'un accent attristé, faites de ces fleurs ce qu'il vous plaira; elles ne sont bonnes à rien si vous ne les acceptez pas; dispensez-moi seulement de les remporter, Alleluia s'en apercevrait et en éprouverait un grand chagrin.

Et Guillaumette, le cœur gros, quitta l'atelier de l'empailleur de grenouilles.

Barbézius fut saisi d'un accès de rage. Il prit les roses, ces belles roses fraîches, épanouies, odorantes, ces roses encore humides de rosée et, les jetant à terre, il les foula aux pieds. En ce moment, cet être, déjà si laid, devint hideux ; une expression de rage inouïe contractait ses lèvres, ses yeux flamboyaient, ses mains s'agitaient en avant comme pour maudire un absent ou repousser un fantôme, et tandis que des cris sourds s'échappaient de sa gorge comme un râle, ses pieds lourds et difformes continuaient à piétiner les fleurs.

Et c'était un grand triomphe pour cet homme intelligent, savant jusqu'au génie, bon jusqu'à l'abnégation la plus absolue, que de broyer les calices odorants, les feuillages lustrés, et d'anéantir une gerbe de roses envoyée par une enfant aveugle !

Puis quand il n'y eut à ses pieds que des débris, Barbézius tomba dans un fauteuil. La crise de colère douloureuse était passée ; l'abattement lui succéda, puis vint une sorte de torpeur, d'engourdissement de l'âme, pendant lequel il ne sentit plus rien. Comment revint-il au sentiment du présent? il ne put s'en rendre compte, et s'étonna de voir à ses pieds les débris du bouquet. Alors il lui sembla qu'il

A cette heure, la *Brasserie des Martyrs* était presque déserte. (*Voir page* 356.)

venait de commettre un crime. Il regarda les pétales broyées sous son talon avec un regret mêlé de pitié ; et comme les fleurs écrasées doublaient, en expirant, leur arôme, il crut trouver dans ce parfum des roses mourantes un reproche de sa double cruauté. Ses mains tremblantes fouillèrent au milieu des vestiges épars sur le parquet, comme s'il cherchait un débris échappé à sa rage. Un petit bouton fermé, tout pâle, restait intact au milieu de la jonchée de fleurs mortes. Barbézius le saisit avec un sentiment d'attendrissement et de joie, il en respira

Guillaumette rentra, une botte de fleurs dans les bras. (*Voir page* 353.)

longuement le faible parfum, puis cherchant un vase de cristal allongé, il y versa de l'eau, y plaça le bouton, et posa le vase sur sa table de travail.

Mais le calme ne rentra pas dans son esprit troublé ; l'énervement de ses membres, la fièvre de ses sens continuaient, et il sortit à la nuit, essayant de tromper par la fatigue une douloureuse agitation.

Barbézius erra d'abord sur les boulevards, sans savoir où il allait ni ce qu'il voulait faire, puis il monta machinalement la rue des

Martyrs. En ce moment, un jeune homme pâle et voûté l'arrêta en poussant un cri de joie :

— Barbézius !

— Ah ! c'est toi, Reinal ?

— Tu pourrais bien dire : Ce *fut* toi, Reinal ! je ne m'en formaliserais pas. Entre l'homme que tu as connu et celui d'aujourd'hui, ne trouves-tu pas un abîme ?

— Tout homme change, murmura Barbézius.

— Oui, nous disions cela en latin, jadis, cela semblait plus majestueux.

— Qu'as-tu donc fait depuis notre dernière rencontre ?

— J'ai bu de l'absinthe, répondit Reinal. Et toi ?

— Moi, je suis devenu triste.

— Et les deux poisons, l'absinthe et l'ennui, sont arrivés au même résultat. Notre pâleur est la même, notre pouls est également fébrile, et nous n'attendons plus rien de l'avenir qui, jadis, nous promettait tant de joie et de fruits d'or ! Seulement, si je me rends compte des ravages de l'absinthe, je comprends moins pourquoi tu as éprouvé un désespoir, toi, le philosophe, le stoïque, le fantastique empailleur de grenouilles qui a sa légende au quartier latin, et dont les imagiers offriront bientôt les traits à la foule !

— Tais-toi, dit Barbézius en saisissant le bras d'Élie Reinal et en se haussant sur la pointe des pieds pour lui parler plus près, ne parle jamais de ma taille contrefaite ni de mon visage hideux, c'est assez que je me connaisse, vois-tu, c'est assez !

— Entrons au café, dit Élie, j'ai soif.

A cette heure, la *Brasserie des Martyrs* était presque déserte ; les grandes salles se perdaient dans une sorte de pénombre ; les glaces nombreuses ne répercutaient que des lustres sans lumière, et seulement à de rares intervalles on entendait le bruit sec des boules de billard se choquant sur les tapis verts.

Un garçon accourut au retentissement du coup frappé par Élie sur la table de fer et, avec une attitude de danseur saluant le public après un rappel, il demanda :

— Que servirai-je à ces messieurs ?

— De l'absinthe verte, dit Reinal.

— De l'eau glacée, ajouta Barbézius.

Lorsque les deux jeunes gens, bien isolés dans un coin de la brasserie, eurent devant eux ce qu'ils avaient demandé, Barbézius, après avoir bu un verre d'eau froide, dit à son compagnon :

— Il me prend parfois envie d'écrire un livre, un livre terrible et qui ferait pleurer ; je l'appellerais les *Crimes de la laideur*. Car être laid, c'est être coupable de rompre l'harmonie générale, d'affliger le regard de ceux qui ne vous ont jamais froissé. La laideur ! tu ne sais pas ce que c'est, toi, Élie, que Dieu avait jeté dans les moules superbes de la beauté et de la force, et qui as pris à tâche de cracher sur l'œuvre divine et de tenter de l'avilir ! Moi, je suis laid ! si laid, que, me sachant une exception, je n'ai pas osé suivre ma voie comme les autres hommes. Je me connais si bien, qu'ayant terminé mes études, je ne pratique pas la médecine dans la crainte d'effrayer mes clients. Je me sais tellement repoussant de visage que, si j'avais plaidé en cour d'assises, on n'eût pas manqué de me prendre pour le diable ! Tu pouvais parvenir à tout, toi ! Ma laideur m'a fermé toutes les portes. Le sentiment juste de ce que je suis a déteint sur mon imagination ; une désolante pensée a contracté mon cœur. Comme Ulysse, fermant les oreilles pour ne point entendre le chant des sirènes, j'ai voulu ne distinguer aucune des voix conviant ma jeunesse au plaisir. Volontairement je me suis séquestré, rabaissé, sinon avili. J'aurais pu entreprendre des travaux assez sérieux pour me mériter un jour une place à l'Académie des sciences, je m'en suis fait le pitre et la queue rouge. Je pouvais gagner au concours une chaire de professeur au Muséum, et je suis devenu empailleur ! Encore ai-je choisi, pour lui rendre l'apparence de la vie, l'animal le plus bête de la création, le seul qui n'inspire aucune tendresse, qui se prive mal et ne trouve dans son gosier qu'un cri rauque capable de chasser tous les rossignols. Les batraciens m'ont attiré par leur laideur, leur ventre ballonné, leurs pattes grêles, leur aspect luisant d'herbe mouillée et de serpent mort, leur tête enfoncée dans les épaules et manquant de la grâce du cou, leurs gros yeux bêtes, leurs larges bouches idiotes rejoignant les ouïes. A un être horrible comme moi, il fallait une occupation qui le rapprochât d'autres monstres. Ces bêtes visqueuses demandaient un metteur en scène, j'ai été cet homme ! Et celui qui, comme lauréat à l'Ecole de droit de Paris, pouvait occuper un siége de procureur de la République, s'est contenté de rester Nicolas Barbézius, l'empailleur de grenouilles, le seul homme qui, après le duc de Roquelaure, peut se dire l'homme le plus laid de France.

— Si tu dépensais à te moquer des autres la moitié de l'esprit que tu viens d'employer à te railler toi-même, je t'aurais trouvé demain le moyen de te distraire, d'épancher la bile de ton esprit et les colères de ton cœur ; j'aurais aidé à ta dernière incarnation, et tu serais...

— Que veux-tu que je sois ? demanda Barbézius ; Dieu m'a condamné à l'emploi des monstres, et je le garde.

Elie vida le carafon d'absinthe dans son verre, puis regardant son ami bien en face :

— Tu t'es trompé sur ta vocation, dit-il, mais il est temps d'y revenir.

— Ma vocation ! répéta Barbézius, encore un mot gonflé d'air et d'espérance !

Reinal se fit apporter un nouveau flacon de liqueur verte, et il en remplit un verre plus grand que le premier.

— Tu te tues ! lui dit Barbézius.

— Je le sais, mais je ne le regrette pas ! Qu'importe de vivre moins, si l'on vit davantage. J'use mon cerveau, dis-tu, cela m'est parfaitement égal, pourvu qu'il produise pendant le temps qu'il me sera donné de vivre. J'écris trois heures par jour, j'abandonne le reste à l'ivresse de l'absinthe. Moitié éveillé, moitié plongé dans la torpeur du poison, je m'abandonne à la fantaisie de mes rêves. Nous sommes ainsi des centaines dans Paris. Un grand nombre d'entre nous auraient du talent si nous nous respections nous mêmes en menant une vie régulière ! Mais nous usons notre existence comme une étoffe sans importance, et nous finirons idiots, si nous ne mourons jeunes !

— C'est affreux à penser ! dit Barbézius.. Et tu dis que Paris compte un grand nombre de jeunes hommes intelligents vivant de cette vie de désordre et de débauche ?

— D'abord tous les membres du club, *les Mangeurs de fumée*.

— Les *Mangeurs de fumée* ! qu'est-ce que c'est que cela ?

— Une importante partie de la population parisienne, le cercle le mieux achalandé du monde, la plus riche des associations financières. On y remue des millions avec une facilité inouïe ; il n'est pas de jour où cette association ne fonde des villes sur les brouillards du Meschacébé. On y fait une réputation sur la foi d'un quatrain spirituel, on forme un capital pour le perfectionnement d'un bec de plumes avec 500,000 actions et des dividendes ! Les *Mangeurs de fumée* réalisent cette chose improbable d'être des millionnaires sans revenus, des célébrités sans talent, et des artistes immenses que personne ne connait ! Les *Mangeurs de fumée* ne vivent et ne peuvent subsister qu'à Paris, pays par excellence du gobeur, du gobe-mouche et du gogo !

— Moitié crétins, moitié filous ? demanda Barbézius.

— Par hasard il s'y trouve parfois un inventeur ; on y parle d'une affaire présentant certaines chances de succès, comme celle des *Galions de Vigo*, et cela remonte subitement le crédit de la société tout entière. En ce moment, nous sommes en train de fonder un journal.

— Qui fait les fonds ?

— Un Péruvien.
— Un vrai ?
— Tout ce qu'il y a de plus vrai, jaune comme un cédrat, riche comme une mine vierge.
— Quel est son but en fondant un journal en France?
— Il veut s'entourer de romanciers et d'hommes de lettres. Il croit encore aux journalistes ! Il prendra naturellement le titre de Directeur.
— Et cela l'avancera ?
— A dépenser un million ! C'est déjà quelque chose, quand on est si colossalement riche !
— Et après?
— Après... c'est tout ! à moins qu'il ne dépense un second million pour entretenir ce même journal; mais, pendant l'existence de sa feuille, il aura occupé l'opinion publique, et ce n'est pas à dédaigner !
— Singulière spéculation.
— Spéculation d'homme inoccupé.
— Que feras-tu dans ce journal?
— Je parlerai des livres des autres. Tout à l'heure je te disais : Tu t'es trompé sur ta vocation. Voici pourquoi : Que tu sois laid, cela ne fait doute pour personne, et te soutenir le contraire serait te prendre pour un sot. Je comprends que tu n'exerces ni comme avocat ni comme médecin, mais quelle situation convenait mieux à ta vie que celle d'homme de lettres? Du fond de ta Thébaïde, tu pouvais écrire tes articles. Ton instruction variée t'aurait rendu le plus fort d'entre nous. Être laid ! Esope laissa-t-il un renom de beauté ou des fables immortelles? Quand Socrate parlait, songeait-on à l'irrégularité de son visage ? La difformité enlevait-elle à Scarron son esprit mordant? Tu pouvais être un admirable critique! Laid, tu gardais les privilèges de ta laideur, l'ironie, la haine amère, la colère sourde et, à force de souffrir, je te jure que tu aurais créé des chefs-d'œuvre !
— Ah ! s'écria Barbézius avec l'expression de la douleur, c'est que Dieu m'avait fait bon !
— Si tu le veux, reprit le buveur d'absinthe, dont le regard se troublait et dont la tête avait des balancements enfantins, je te présenterai au Péruvien, tu entreras dans la rédaction. On paiera cher. Je travaillerai deux heures par jour, j'aurai cependant beaucoup d'argent pour me griser. Nous t'associerons aux *Mangeurs de fumée*, et tu deviendras un nouvel homme.
— Tu as peut-être raison, dit Barbézius, j'étais né pamphlétaire et écrivain satirique; ma main eût manié avec une énergie féroce le fouet de la raillerie ! J'aurais lutté contre les abus, les préjugés, les sottises

de la moitié du genre humain, cinglé les épaules des hypocrites, des avares, des ambitieux! Journaliste! c'était peut-être ma voie.

— Si tu veux que je le croie, dit Elie, dont la langue s'embarrassait, bois de l'absinthe, un verre... Ne repousse pas la muse verte! C'est bon, cela fait oublier.

— Que veux-tu donc oublier, Reinal? demanda Barbézius.

— Que j'ai fait mourir ma vieille mère de chagrin, répliqua Elie; ma mère, une sainte... Reconduis-moi, je tomberais sous la table, et je veux garder, dans l'ivresse, une certaine décence.

Barbézius prit le bras d'Elie, et tous deux sortirent.

La soirée était belle et froide. Les étoiles brillaient au ciel, et si le malheureux Barbézius eût été dans une autre disposition d'esprit, il eût éprouvé une joie grande à compter les constellations lumineuses et à chercher, au-delà du ciel visible, le ciel infini rempli par l'éternelle splendeur. Mais en ce moment, Barbézius avait remué le lac dormant de son âme; la fange était montée à la surface, il ne pouvait voir s'y réfléchir que des choses malsaines. Sa souffrance intime le poussant au désespoir, lui faisait regarder le mal à commettre comme de justes représailles; il avait, pour ainsi dire, soif d'abaisser son âme et de lui donner la difformité de son corps. Ce n'était pas d'Elie Reinal qu'il avait besoin à cette heure; il aurait dû épancher son âme près de Jean Marigné, et demander à la droite raison du jeune homme l'amical conseil qui lui faisait défaut à l'heure du danger. Malheureusement, ce fut le mauvais ange qui parut dans le désert où Barbézius subissait sa tentation, et le mauvais ange l'emporta.

— J'irai te prendre, lui dit Elie en le quittant; nous avons demain une réunion du comité de rédaction, je veux que tu en fasses partie.

— A demain! répondit Barbézius.

Agathos Tournesol croyait à l'aérostation (*Voir page* 371.)

CHAPITRE XXXI

LES MANGEURS DE FUMÉE

Le lendemain, Élie Reinal fut exact et vint chercher Barbézius, à huit heures du soir, pour le conduire au cercle des *Mangeurs de fumée*.

Il était installé en plein Paris, rue de la Chaussée-d'Antin, dans une maison de belle apparence et dont les escaliers garnis de tapis donnaient toute confiance aux actionnaires.

Ce qui se brassait d'affaires dans cette société en commandite de rêveurs, d'idéologues et de flibustiers est incalculable. Toutes les inventions douteuses, les projets impossibles, les tentatives insensées y recevaient accueil. Il n'était pas d'idée absurde qui ne trouvât le moyen de s'appuyer sur un conseil d'administration.

Et ne croyez pas que les gens mis à la tête de ces affaires, commençant par le fantastique pour finir par le véreux, fussent toujours des gens sans nom, sans surface. Loin de là.

Il existe à Paris un grand nombre de personnages à peu près ruinés, mais porteurs d'un nom, et gratifiés de décorations étrangères, grâce aux soins de quelques amis employés dans les ambassades. Presque tous, trouvant insuffisants leurs revenus, cherchent le moyen de les grossir au moyen de *jetons de présence*. Ces jetons varient de vingt à quarante francs ; le président se fait le plus souvent donner quatre louis de jetons de présence : la part du lion.

La plus mauvaise affaire trouve à Paris des niais pour y porter leur argent.

Une fois l'idée lancée, les hommes ayant une apparence de surface et des décorations trouvés, le conseil d'administration s'installe et fonctionne ; son premier acte d'autorité est de déterminer la valeur de ces fameux jetons et de se les adjuger.

En province, on est bien loin de se douter de tous ces petits mystères ; les listes qui circulent semblent honorables de tout point ;

Paris seul connaît les cartes biseautées dans ce jeu des chiffres qui frise de si près l'escroquerie.

L'entreprise des *Mangeurs de fumée* était établie sur un grand pied.

Le loyer des bureaux coûtait cinq mille francs; l'ameublement de velours vert était grave et simple; quelques bronzes choisis avec goût mettaient une note artistique au milieu de cette gamme assombrie. Mais rien ne saurait donner une idée de l'ordre avec lequel ce cercle fonctionnait. Son organisation était à elle seule un trait de génie. Grâce à une collection curieuse de plaques de cuivre, on changeait en une seconde la destination des salles. Ces plaques, munies d'anneaux, s'accrochaient à des clous comme les cartons d'appartements vacants. On les changeait suivant l'heure.

De dix heures à midi, par exemple, l'écriteau de cuivre portait : *Locomotives aériennes;* tous les actionnaires de cette entreprise, les bourgeois confiants, pressés de porter leur argent dans l'espoir d'un gros dividende, accouraient à l'heure indiquée; étaient-ils de deux minutes en retard, ils trouvaient dans une vaste anti-chambre deux laquais solennels, qui leur répondaient, avec un flegme du meilleur ton :

— Les bureaux des *Locomotives aériennes* sont fermés. Vous pouvez revenir demain à dix heures.

Le tableau nouveau suspendu à la porte indiquait : de midi à deux heures : *Concessions de la Colombie.*

Les employés se trouvaient à leur place; on étalait des cartes et des plans sur une table énorme et on attendait.

A deux heures, changement à vue : *Société des réformes humanitaires,* disait la plaque de cuivre. Les amis de l'humanité ou ceux qui croient se grandir en ayant l'air d'aimer l'humanité dans son ensemble, ce qui dispense la plupart du temps de pratiquer la charité en particulier, se pressaient dans les bureaux, signaient une adhésion, payaient vingt francs de cotisation, cinq francs pour frais de diplôme, quarante pour *l'insigne,* consistant en une médaille de bronze agrémentée d'émail, et s'en retournaient satisfaits chez eux, afin de commander un cadre pour le diplôme qui les sacrait amis de l'humanité, et de placer leur médaille dans un écrin, qu'ils avaient soin de laisser ouvert sur la cheminée.

La mise en scène variait de nouveau : *Compagnie des trésors sous-marins.* On accrochait deux scaphandres complets à la muraille, on groupait sur la table des figures de navires et on attendait les amateurs. Il en venait plus qu'on ne pouvait croire.

Puis venait une affaire colossale qui, pour six cents francs de capital une fois versé, produirait six mille livres de rente. Il s'agissait d'une concentration de viandes de la Plata. Dans cet heureux pays où la peau d'un buffle se vend trente francs, la viande n'a aucune espèce de valeur. On établissait des usines, on fabriquait des boîtes de fer-blanc, puis après les avoir fait passer dans un double courant de vapeur, on les chargeait sur des navires, et on les livrait à la consommation publique au prix de cinquante centimes le demi-kilo. Il y avait à gagner des millions!

Les portiers, les servantes, les petits commis apportaient leurs économies, et jusqu'à ce jour l'affaire marchait admirablement, c'est-à-dire que les administrateurs touchaient de gros jetons de présence, et pour se prouver la bonté des viandes arrivées de la Plata, ils s'empressaient de manger des *Châteaubriands* saignants, réservant pour les amateurs de dividendes le buffle conservé au moyen de courants de vapeur.

Toutes les entreprises devaient être représentées dans le cercle des *Mangeurs de fumée*. Il patronait, abritait et popularisait une société intitulée la *Patriarchale*, et qui devait, en quelques années, changer la face du monde. Son but était de fonder, presque simultanément, des crèches, des hôpitaux, des hospices de retraite pour les vieillards, des écoles. Elle monopolisait la charité, elle absorbait la bienfaisance, bouleversait la société, répandait l'aisance dans tous les ménages, la joie dans tous les esprits. La *Patriarchale* était l'avenir, le salut, la réalisation d'un bonheur jugé improbable, impossible!

Quand on entendait le président de la *Patriarchale* vanter son système de progrès, on restait étourdi, stupéfait, ne comprenant pas comment un initiateur de cette puissance n'avait pas une statue érigée de son vivant, et ne présidait point encore la société des *Économistes*. Et son plan était simple, simple comme toutes les choses de génie.

Les millions à recueillir se trouveraient dîmés sur toutes les choses indispensables à la vie. — La *Patriarchale* s'entendrait avec les bouchers, les boulangers, les épiciers, les marchands de toutes sortes ; ils vous livreraient les denrées aux prix ordinaires, un peu plus élevés peut-être, puis ils paieraient une remise à la *Patriarchale* qui vous avait envoyé chez eux. Cette remise devait produire des sommes immenses, dont les administrateurs garderaient la première moitié, la seconde devant servir à bâtir les hospices, les écoles, les refuges pour les vieillards.

Votre boulanger vous avait vendu très cher de mauvais pain, votre épicier vous avait volé sur le poids, votre boucher sur la qualité de la viande, mais la *Patriarchale* faisait boule de neige, et tout allait pour le mieux parmi les philanthropes de Paris.

Quand le fonctionnement successif des sociétés de *Locomotion aérienne*, de la *Compagnie des Trésors sous-marins*, des *Réformes humanitaires*, des *Concessions de Colombie*, de la *Fusion des amateurs pour la multiplication des léporides, l'acclimatation du kangourou* et de la *Patriarchale* cessait, le vaste local de la Chaussée-d'Antin restait libre.

Pendant tout le jour, les grands laquais avaient renouvelé tour à tour les écriteaux de cuivre gravés en noir, qu'à chaque changement à vue de sociétés et de conseils d'administration, ils devaient suspendre à la porte principale.

Chaque variation des écriteaux avait amené celle de la livrée. Une société qui se respecte veut avoir la sienne. Les laquais gardaient dans un cabinet de toilette l'assortiment complet des gilets et des habits particuliers à chaque institution de crédit, de progrès ; toutes les deux heures, ils variaient leur costume, et leurs métamorphoses s'opéraient en même temps que celles des écriteaux et des amateurs de jetons de présence.

Et ne croyez pas que ce tableau soit chargé de couleurs ! Nous savons bien que les habitants de la province qui viennent passer quelques jours à Paris, ne se doutent pas des petits mystères que la capitale renferme !

La justice n'a pas toujours à s'occuper de ces affaires ; les sociétés mort-nées se perdent dans l'oubli ; les portiers se taisent, les petits rentiers se mordent les doigts, personne n'ose attacher le grelot, et demander à la police correctionnelle si elle n'aurait pas le droit de surveiller ces fonctionnements étranges, d'éplucher ces conseils d'administration ; on ne charge pas la Grande-Chancellerie de la Légion-d'Honneur de s'assurer si, dans le nombre des décorations, il ne s'en trouve point d'apocryphes ou tout au moins un grand nombre tissées coton et bourre de soie. On rougit un peu de sa crédulité, on jure de montrer plus de prudence à l'avenir, on serre les cordons de sa bourse pour remplir le vide creusé par une confiance naïve.

Mais si les crédules sont éternels, les membres des *conseils d'administration* le sont plus encore ! Les jetons tintent toujours bien à l'oreille ! ces miroirs aux alouettes gardent leurs boutonnières fleuries de rubans et constellées de plaques. Quand vous voyez s'étaler dans un journal le titre d'une affaire bizarre, souvenez-vous que les réclames se paient à la ligne, et que les administrateurs des *Concessions de Colombie*, des *Chemins de fer dans le Sahara*, des *Ruches* de *l'Hymète* et des *Vins réconfortants à l'ambre gris*, touchent de vingt à quatre-vingts francs chaque fois qu'ils se réunissent pour fumer ensemble d'excellents cigares, regarder votre signature parmi celles des actionnaires, et rire de votre naïveté !

Les *Mangeurs de fumée* sont souvent de bonne foi, en ce sens que quelques-uns croient à l'excellence de leur idée, et qu'ils la poursuivent avec une sorte d'acharnement, mais le résultat n'en est pas moins le même ; avec ou sans préméditation ils vous plument avec une égale aisance et une même ténacité.

Un jour, il vint à l'idée des membres les plus remuants, sinon les plus influents du cercle, qu'ils avaient besoin d'un organe spécial, d'un journal ayant pour mission de produire *les jeunes*, c'est-à-dire ceux qui n'ont encore ni réputation, ni talent, mais qui soutiennent que les auteurs connus sont des « mazettes » prenant de la place dans les colonnes des feuilles publiques, et qu'il est temps d'en finir avec une génération d'idiots qui ne comprend rien à l'art transcendantal.

A côté de trois ou quatre jeunes gens divaguant sur les choses touchant à la religion, à la morale, à la littérature, surgit toujours l'homme providentiel, le capitaliste ! D'où vient-il ? d'où sort-il ? quel est son but ? qu'importe ! Atlas sauveur, il offre de porter le monde sur ses épaules, c'est-à-dire qu'il accepte la responsabilité de payer l'imprimeur, le marchand de papier, les frais de poste.

Cette fois, pour les *Mangeurs de fumée*, il s'agissait d'un Péruvien nouvellement débarqué à Paris, ivre du mouvement qui l'enveloppait, troublé par le bruit, aveuglé par les œuvres d'art, avide de rentrer dans sa patrie en prouvant qu'il avait pris une part active à la vie intellectuelle de la France, et prêt, pour atteindre ce résultat, à vider l'or d'une de ses mines inépuisables.

Le *Mangeur de fumée* qui inventa le Péruvien Antonio Perez s'appelait Agathos Tournesol ; il était le propagateur, le lanceur des locomotives de l'air.

Du jour où il trouva Antonio Perez, Agathos Tournesol ne le lâcha plus. Mais en somme Agathos était un bon diable ; désireux de voir ses amis profiter de la bonne volonté du Péruvien, il amena successivement celui-ci à toutes les réunions des membres du conseil d'administration, que le n° 6 de la rue de la Chaussée-d'Antin abritait dans ses vastes bureaux, et Antonio Perez plaça son nom à la suite des noms des administrateurs et signa sur le registre des actionnaires, au nombre desquels il pria que l'on voulût bien le compter.

Agathos Tournesol, emporté par la folie du mouvement, préparait une expédition destinée à visiter le monde à vol d'oiseau et à en faire le tour en quarante-huit heures ; la société de géographie le soutenait, le journal l'*Explorateur* vantait son courage. Tournesol conseilla à Perez de lancer une feuille spéciale : la *Locomotive aérienne*. Mais, tour à tour, la *Patriarchale*, la *Réforme humanitaire*, la société pour la *Concentration des viandes de la Plata* supplièrent Perez de leur venir en aide, et le Péruvien conclut avec un rare bon sens que mieux valait créer un journal quotidien que d'en faire vivre dix mensuels.

Cette idée, considérée comme un trait de génie, fut immédiatement mise en œuvre.

— Voyez-vous, dit Agathos au Péruvien, nous aurons le premier organe de Paris, si vous ne lésinez pas sur le prix de la rédaction ; montez une affaire colossale, vous vous rattraperez sur les annonces.

— Je croyais que les annonces produisaient peu, depuis la guerre ?

— Cela est incontestable ! Mais vous aurez, d'après mon système, une si grande quantité d'annonces, qu'avant deux mois, vous serez obligé d'adopter l'annonce américaine ou de doubler le format de votre feuille.

— Quel miracle nous attirera cette manne tombée du ciel ?

— Mais vous aurez de droit les annonces de toutes les sociétés dont votre journal sera l'unique organe. On vous donnera des actions de chacune de ces sociétés en échange des affiches clichées et des réclames de haut style ! Dans deux mois vous serez célèbre, et dans six vous aurez doublé votre fortune.

— Miséricorde ! s'écria le Péruvien, je ne sais déjà que faire de celle que j'ai, puisque je vous en abandonne une partie pour votre feuille.

— Outre les affaires qui nous sont personnelles, nous lancerons des entreprises, nous les ferons coter, nous mettrons en coupe réglée des solfatares valant, comme rapport, les *deniers d'Anzin*. Vous refondrez la société des *Guanos artificiels* et la compagnie des *Fourrures de taupe*. Les mines d'argent de la côte du Croisic sont abandonnées, nous les mettrons en plein rapport. Et puis, je vous donnerai pour auxiliaire un homme précieux, bon à tout, parlant toutes les langues, Ludovic de Beaumont, le directeur de la société des *Concessions de Colombie*.

— Je comprends, voilà pour la Bourse, les choses d'argent, mais le journal ?

— On l'imprimera chez Claye, en caractères neufs.

— Très volontiers. La rédaction ?

— Sera formée en huit jours.

— Vous vous chargerez d'aller trouver vos confrères John Lemoine, Weiss, About, Féval, Cadol, Belot...

— A quoi pensez-vous ! s'écria Agathos Tournesol, en serrant le bras du Péruvien ; voulez-vous tuer le journal avant qu'il soit né ?

— Dieu m'en garde !

— Alors, écoutez mes conseils.

— Je ne demande pas mieux.

— Avez-vous songé au titre ?

— Pas encore.

— Le titre, c'est tout ! Le titre parle, éclaire, attire ; il flamboie...

— Appelons notre journal la *Véritée*.

— Il y a eu je ne sais combien de véritées sombrées dans la littérature. Non ! non ! un nom ronflant, rappelant des souvenirs grands comme le passé, terribles comme une menace.

— C'est cela ! fit Pérez.

— La *Bouche de fer*, dit Agathos ; que pensez-vous de cela ?

— Superbe !

— Oui, superbe ! répéta Agathos ; la *bouche de fer* qui dit la vérité et que jamais ne corrompra le mensonge. La *Bouche de fer* qui crachera sur les lâches et dénoncera les coupables ! La *Bouche de fer* qui sera la voix du peuple et la voix de Dieu.

— Vous allez peut-être un peu loin, dit le Péruvien.

— *Vox populi, vox Dei* ! Je ne sors pas de là.

— Bien, j'approuve le titre : la *Bouche de fer*.

— Nous aurons pour les articles politiques Arthur de la Variante, un charmant garçon, un peu vieillot, mais sachant tourner la phrase académique ; on l'a vu successivement à la tête de beaucoup de journaux. Il flatte tout le monde et porte beaucoup de décorations. Ses bras sont presque aussi longs que ses jambes, et ce n'est pas peu dire. Comme il s'est légèrement usé, nous lui adjoindrons un jeune, un pur, qui brûle de faire ses premières armes, et qui possède l'esprit de Paul-Louis et la verve de Veuillot.

— Est-il connu ?

— Lui, il n'a jamais écrit ! C'est un homme de l'avenir.

— Nous voici munis pour la politique. A qui demanderez-vous le premier feuilleton ?

— A Max Riou ; encore un jeune ! Toutes les feuilles refusent sa prose, et tous les éditeurs se le renvoient ; personne n'est à la hauteur de cette intelligence hors ligne, de cette imagination endiablée. Il m'a lu les premières pages d'un roman humoristique, le *Crapaud de mer* ; c'est tout simplement un chef-d'œuvre, un de ces livres qui font époque.

— Vous me présenterez M. Max Riou ; les autres...

— Pour les autres, ne nous pressons pas ; les variétés seront faites par ceux d'entre nous qui lancent des affaires et qui tous ont leur spécialité ; le reporter de Bourse est un de mes amis ; un avocat qui, dans cinq ans, remplacera Demange, au criminel, se chargera de la partie judiciaire. La poésie, car il faut que la poésie soit représentée dans un journal, aura deux grands bardes : Loys-les-Sonnets, dont le surnom dit assez la paternité, et Elie Reinal, qui fait des poèmes à la manière noire, comme les Anglais font des gravures.

— Fort bien ! dit Antonio Perez.

— Laissons de la place pour les éventualités ; songez que chacun d'entre nous vous présentera au moins deux de ses amis. Avant quinze jours, la rédaction se trouvera au complet, et la *Bouche de fer* parlera d'une voix tonnante.

— Où installerons-nous les bureaux ? demanda le Péruvien.

— Ce soin vous regarde, répondit Agathos Tournesol ; en général, les journaux sont mal logés, c'est un tort ; on offre aux rédacteurs des petites boîtes basses d'étage, mal tapissées, quand elles le sont, et dont le poêle de fonte pousse, en hiver, à l'asphyxie. C'est déshonorer la littérature, que de mettre le journalisme dans de pareils meubles. Choisissez-nous un appartement grandiose, faites-le meubler royalement, et que la *Bouche de fer* ait un hôtel doré !

— Vous avez raison, dit le Péruvien, mais en attendant que j'aie acheté un hôtel pour y loger le journal...

— Soyez sans inquiétude ; l'immeuble de la Chaussée-d'Antin est libre ; le soir, nous nous y installerons provisoirement ; cela ne coûtera rien qu'une plaque de cuivre de plus et une nouvelle livrée pour les laquais.

Antonio Perez serra la main d'Agathos Tournesol et courut dans les principales études de Paris, afin de chercher un hôtel à vendre.

Le lendemain, le cercle tout entier des *Mangeurs de fumée* se réunissait, 6, rue de la Chaussée-d'Antin.

Agathos se donnait beaucoup de mouvement et paraissait en faire les honneurs ; il avait découvert le Péruvien, on lui devait bien un peu de déférence et de gratitude.

Le premier venu au rendez-vous fut Ludovic de Beaumont, qui avait la prétention de représenter, à lui seul, la République argentine.

C'était un homme étrange, déclassé pour plus d'une raison, et qui parvenait parfois à conserver une sorte d'apparence de surface.

Né riche, il s'était sottement ruiné par vanité ; tenaillé par l'orgueil, et n'ayant pas le courage de vivre pauvre dans un pays qui avait vu son luxe, il partit pour l'Amérique, courant, du sud au nord, à la poursuite d'un capital, achetant des fourrures, vendant des nègres, tripotant dans une foule d'affaires, et finissant par se faire condamner à mort pour crime de baraterie. Après être parvenu à s'évader de prison, il enrégimenta des Indiens et partit pour un placer; le placer renfermait des pépites, et Ludovic de Beaumont recommençait à faire de beaux rêves, quand on voulut, un jour, lui appliquer la *loi du Lynch* ; une branche qui cassa à propos lui sauva la vie. Dégoûté de la justice expéditive de la patrie de la liberté, il partit pour la Colombie et en revint avec une concession de terrains qu'il entreprit de mettre en actions. Un architecte dessina sur le papier une ville imaginaire : la société des *Concessions de terrains en Colombie* fut formée, et naturellement Beaumont en devint le fondateur-président.

Il ne tarda pas à joindre à la vente en détail des terres de la République argentine, le trafic de faux brevets de décorations calquées sur les véritables titres dont il avait su se procurer le modèle et contrefaire les cachets. Plus d'un inutile orgueilleux, d'un négociant, d'un petit crevé, venait le matin s'enquérir, près de Ludovic de Beaumont, du genre de services qu'il fallait rendre à la République argentine afin d'obtenir sa décoration.

Alors Beaumont étendait la main vers les cartes placées sur le tapis vert de la salle du conseil.

— Colonisez ! disait-il, fertilisez ! nous enverrons dans trois mois cinq mille colons dans ce pays, le plus riche du monde, et nous aurons la satisfaction d'avoir refait une patrie à des Alsaciens dépossédés, à des habitants du Tyrol chassés de leur patrie par la misère ! Et quelle affaire, en dehors de la question de l'humanité, que nous plaçons en première ligne ! Nous vendons les cent mètres carrés cinq francs ! On peut enclore, sans se donner aucune peine, des terrains immenses ; des bordures de cactus, hautes comme des chênes et solides comme des murailles, suffisent pour cela. Vous placez dans ces terrains des buffles, des porcs, des chevaux ; ils paissent, vivent et se multiplient en liberté. Chaque année, vous comptez les nouvelles têtes de bétail dont vous êtes propriétaire, et vous vendez l'excédant du chiffre que vous vous êtes fixé. Et dans Beaumont-Ville, la capitale de la colonie naissante, voyez quels magnifiques édifices ! Ici, la cathédrale, une merveille ; là, la Bourse, un monument grec, avec une statue de Mercure, dieu des affaires; un Hôtel-de-Ville, des écoles, des gymnases, des marchés publics...

— Tout cela est bâti? demandait l'ambitieux.

— On y travaille, on y travaille. Tenez, il reste dans la rue que vous voyez là, tracée au crayon rouge, près de la Bourse, un emplacement magnifique... et pour rien, vingt-cinq francs le mètre, quand vous le payez 2,000 francs à Paris! Achetez-vous ce terrain? Je vous conseille d'y joindre une concession de 50,000 mètres de forêt pour l'élevage des buffles. Dans trois ans vous serez millionnaire, et dans deux mois chevalier de l'ordre.

On achetait les terrains et on recevait le brevet à court délai.

Anicet Dubreuil avait la manie des réformes sociales par le moyen de l'harmonie; cela ne mettait personne d'accord, mais ce n'était pas dangereux.

Hospice Germal, auteur d'un système religieux, le *Germalisme*, commençait à dater une ère nouvelle du jour de sa naissance, et il fondait son Hégyre.

Eustache Machin recomposait l'histoire de tous les idiomes au moyen du phénicien, et prétendait enseigner le phénicien à la Sorbonne, afin de supprimer l'étude de toutes les autres langues mortes.

Agathos Tournesol était le plus sincère, il croyait à l'aérostation.

— Icare a voulu monter trop haut, disait-il, mais enfin Icare était dans le vrai. Rien n'est impossible à l'homme, et nous vaincrons l'atmosphère, comme nous avons vaincu l'eau à l'aide du navire, et le feu avec les machines à vapeur.

Quand ces novateurs, ces rêveurs, ces malheureux qui grignottaient souvent à peine du pain sec à la fumée du succès, se trouvaient réunis dans les salles du cercle, M. Legrand-du-Saulle eut sans doute fait là de curieuses recherches, et marqué d'avance ceux qui, plus tard, entreraient comme aliénés dans les hospices placés sous sa direction, tandis qu'un commissaire de police de la force de M. Clément, ou un juge d'instruction habile se serait dit en regardant Ludovic de Beaumont et quelques-uns de ses amis : « En voici qu'attendent les bancs de la police correctionnelle. »

C'est que, par une sorte de conséquence fatale, les *Mangeurs de fumée* qui commencent par tomber sous l'obsession d'une idée, finissent inévitablement par faire des dupes.

Ils débutent par l'enthousiasme et la pauvreté, traversent une phase de fortune, et viennent s'échouer à la Conciergerie.

Les littérateurs qui remplaçaient, le soir, dans les bureaux, les membres des conseils d'administration dont nous avons parlé, faisaient plus de bruit et gagnaient moins d'argent. Agathos Tournesol les enivra en montrant à leurs yeux le Pactole découvert dans la personne d'un Mécène péruvien. A partir du jour où chacun d'eux se crut sûr de toucher des appointements réguliers, et d'émarger sur un vrai journal, leur éloquence tourna au lyrisme.

De même que les *Derviches Tourneurs* se communiquent mutuellement une sorte d'ivresse en s'abandonnant à un mouvement perpétuel de rotation, de même un certain nombre d'hommes aspirant au titre de journaliste, de romancier, de critique, finissent, au bout d'un certain temps, par se convaincre qu'ils n'ont qu'à le vouloir pour se placer à la tête du mouvement intellectuel, et saper en un jour les réputations les mieux fondées. Rien ne se transmet plus vite que cette sorte d'épilepsie morale qui s'appelle la vanité. Nabuchodonosor, pour avoir voulu s'élever au-dessus de tous les êtres, sentit un jour qu'il devenait une brute ruminante. Bien des gens, à force de se répéter qu'ils ont du génie, finissent par croire qu'ils vont assister à leur propre apothéose, et se disent tout bas, comme l'empereur romain le répétait à ses courtisans : « Je sens que je deviens Dieu ! »

Quand Elie entra dans la salle du cercle, les *Mangeurs de fumée*, abandonnés à toute leur fantaisie, venaient de rédiger le projet de journal le plus insensé du monde.

— Ecoutez cela, dit Agathos à son ami.

— Permettez-moi d'abord de vous présenter M. Barbézius, un des futurs rédacteurs de la *Bouche de fer*.

— Accepté d'avance! dit Agathos. Et maintenant, silence, attention! Voici un plan qui va couler toutes les feuilles, grandes et petites, de Paris.

Les *Mangeurs de fumée* jetèrent leurs cigares et prêtèrent l'oreille avec une attention soutenue, interrompant souvent l'orateur par des bravos enthousiastes.

Les batraciens pouvaient dormir tranquilles,... Barbézieu faisait de la littérature
(*Voir page* 376.)

CHAPITRE XXXII

LE PREMIER NUMÉRO DE LA BOUCHE DE FER

AR malheur pour Agathos, Elie se trouvait dans un de ses rares moments lucides; il avait fort peu bu d'absinthe dans la journée, se réservant pour l'orgie qui ne pouvait manquer de suivre la réunion préparatoire des journalistes de l'avenir.

Il écouta Tournesol avec une attention obstinée, silencieuse, puis quand les bravos de ses camarades eurent cessé, il se leva et dit froidement, en fixant un regard éteint sur son ami :

— C'est peut-être fort beau, ce que tu viens de dire là, noble Agathos, mais cela n'a pas de sens commun.

Un « Ah ! » prolongé peignit la stupéfaction de l'auditoire.

— Cela n'a pas de sens commun, et je le prouve. Comment, vous avez un capital à votre discrétion, des millions à remuer, et vous voulez créer une feuille de chou ! Je maintiens le mot feuille de chou ! Que nous nous estimions entre nous, c'est assez rare pour valoir une mention, mais que nous soyons assez ignorants de la façon dont se préparent les succès littéraires pour nous ménager un four en commun, c'est ce que je ne saurais admettre, c'est ce que je ne souffrirai pas ! Je sais bien que, trois ou quatre fois dans l'année, une demi-douzaine de jeunes gens, ayant entre eux réuni un capital de cinq cents francs, fondent un organe des étudiants, et font un vaillant appel aux poètes nouveaux, à la vaillante jeunesse. On donne le premier numéro à ses amis, on vend mal le second, le troisième est imprimé à crédit, le quatrième ne paraît jamais. J'en compterais parmi vous neuf sur dix qui ont collaboré de cette façon à des feuilles nées sous les galeries de l'Odéon et enterrées au Luxembourg. C'est très beau, de fonder des organes de la jeunesse, de faire place aux jeunes, mais à la condition que les jeunes seront des travailleurs promettant des hommes de talent ! Vous semblez croire qu'on possède du génie pour cette seule raison qu'on entre dans sa vingtième année avec les illusions du bel âge!

— Vas-tu médire de la jeunesse? demanda Riou.

— Dieu m'en garde! Elle peut devenir féconde à son tour, pourvu qu'elle ne grandisse point en serre chaude et ne se croie pas arrivée quand elle commence à peine à gravir la colline. Place aux nouveaux, soit! S'ils ont du talent, formez-les à l'ombre des maîtres!

— Eh bien?

— Voilà pourquoi votre projet n'a pas de sens commun.

— Tu conclus mal, dit Agathos.

— Sois tranquille, je n'ai pas fini. Vous voulez fonder un journal dont tout Paris s'occupe, qu'on s'arrache sur les boulevards; mettez à sa tête deux ou trois noms connus, aimés, donnant confiance; puis, à l'ombre de ces noms, laissez paraître des articles de gens à leurs débuts, mais assez forts pour conquérir une place enviable. Sans cela, personne ne lira votre feuille, car il est quelqu'un qui sait mieux écrire que les enfants achevant leur rhétorique, et qui a plus d'esprit que vous tous : le public!

Les futurs rédacteurs se regardèrent avec indécision. La logique de Reinal leur paraissait sans réplique.

— Je suis de votre avis, répondit Riou; peu m'importe qu'on place mon roman après celui d'un faiseur en vogue, je ne puis que gagner au voisinage.

— D'ailleurs, ajouta Elie, quand le prix de cinquante centimes la ligne aura été fixé pour les écrivains connus, on le conservera pour vous.

— C'est encore une raison, ajouta Tournesol.

Un remaniement complet eut donc lieu dans la liste des rédacteurs de la *Bouche de fer* et, à la fin de la séance, un plan raisonnable auquel Barbézius avait travaillé avec une sagacité pleine de modestie, était élaboré en commun. Le nom du rédacteur en chef politique, celui du romancier et du critique du théâtre étaient d'une indiscutable valeur.

— Maintenant, dit Elie, vous pouvez manger l'argent du Péruvien, mais, à coup sûr, vous ne le volerez pas.

Il fut convenu que Barbézius donnerait un article humoristique pour le premier numéro de la *Bouche de fer*.

Le bossu refusa de suivre ses amis chez Bignon, et rentra chez lui la tête lourde, le cœur gonflé de tristesse.

Le lendemain, il écrivit d'une façon fiévreuse un article dont il était content; cet article avait pour titre : *L'âge des illusions*. Barbézius soufflait sur chacune de ces illusions charmantes de la jeunesse. Il leur enlevait leur fraîche couronne et leur autel. Il les traînait brisées dans la poussière, insultant à leur chute et les maudissant sans pitié. Tout le fiel de son âme, toutes les larmes longtemps amassées dans son cœur se répandaient sur ces pages douloureuses. Ces phrases amères ne pouvaient sortir que d'un cœur brisé; Barbézius qui avait de la foi, semblait plutôt l'avoir reniée que perdue; il la raillait en apostat poursuivi par le remords de son apostasie. Lui, qui jusque-là semblait avoir gardé le culte de la famille, vantait les faciles plaisirs donnant l'oubli à défaut du bonheur. Il raillait ceux qui gardaient encore dans l'âme les naïvetés de l'enfance, et faisait des lambeaux souillés du chaste voile de l'innocence. Cet article serrait le cœur; il laissait dans l'esprit un trouble profond; il décolorait la vie; il faisait évaporer brusquement les parfums d'encens qui s'exhalent au pied de l'autel; il remplaçait le crucifix et l'image de Marie par une sorte d'idole sans nom, incapable de soutenir ou de consoler ceux qui se pressaient autour d'elle. Puis, entouré de ruines morales, il restait debout, railleur, sceptique, riant d'un rire mauvais, le rire de Méphistophélès dans le jardin de Marguerite, quand le souffle du mal en a flétri les fleurs.

Après avoir écrit cet article, Barbézius sortit.

Il courut chercher Elie à la *Brasserie des Martyrs*, lui lut son article et but, avec lui, de l'absinthe.

— Est-ce que tu te formerais? lui demanda Elie.

— Non; je m'étourdis, répondit l'empailleur de grenouilles.

Durant quinze jours, il mena une vie étrange, désordonnée.

On ne le voyait plus dans la maison; la boutique restait vide. Quand il rentrait, Barbézius s'informait à peine, près du petit commis, s'il avait vu des clients dans la journée.

Les batraciens pouvaient dormir tranquilles dans les hautes herbes. Barbézius ne songeait plus à les empailler, il faisait de la littérature. Il se trouvait bien loin maintenant de la raillerie moqueuse avec laquelle il représentait des scènes de la vie réelle à l'aide de ses grenouilles vertes. La plume avait une bien autre force! Comment avait-il jusqu'alors méconnu sa vocation? Ses amis avaient raison : il pouvait, tout en s'abandonnant à sa verve mordante, rester inconnu, isolé, et vivre dans son trou, cachant à tous sa laideur et sa tristesse. Une vie nouvelle s'était éveillée en lui, vie malsaine, dangereuse, terrible, qui, chaque jour, l'entraînait davantage et le faisait davantage souffrir. Il essayait cependant de tromper cette douleur. A force de se railler lui-même, il espérait se vaincre; mais la plaie vive continuait à saigner; et plus Barbézius traçait de pages ironiques insultant les choses sacrées, plus il sentait s'agrandir dans son âme une plaie intérieure qui peut-être deviendrait inguérissable.

Guillaumette ne le voyait presque jamais.

Quand, par hasard, le bossu se trouvait là pendant que la brave femme faisait son ménage, Barbézius lui répondait avec une brusquerie inusitée, et Guillaumette tournait la tête pour cacher ses larmes.

— Que lui avons-nous donc fait? se demandait-elle. Jadis il était si doux, si bon, il me parlait avec tant de douceur!

Hélas! elle n'avait rien fait, la pauvre femme! Barbézius essayait de se persuader qu'il souffrirait moins en faisant souffrir les autres.

Depuis quelque temps, Alleluia devenait pâle et triste; le sourire avait fui de ses lèvres; elle restait de longues heures assise près de Blanche, travaillant, sans parler, à quelque broderie. On eût dit que jamais elle n'avait mis les mains sur un clavier, à voir l'oubli dans lequel elle laissait la musique.

M. Mustel lui ayant apporté plusieurs morceaux, Alleluia les oublia sur l'orgue sans les déchiffrer.

Guillaumette lui demandait souvent d'une voix inquiète :

— Souffres-tu?

La jeune fille secouait la tête sans remuer les lèvres.

Parfois elle se jetait brusquement dans les bras de Blanche, et restait la tête appuyée sur son épaule, ou bien lui disait d'un accent ému :

— Parlez-moi du petit Henri, de votre cher enfant.

Alors M%me% Monier évoquait le souvenir du jeune ange qu'on lui avait ravi, et ses larmes ne tardaient pas à couler. Alleluia pleurait en voyant la douleur de son amie, et le docteur Roland trouvait que la jeune aveugle avait souvent les yeux rouges.

— Je ne veux pas cela! disait-il, je ne le veux pas! Guillaumette, veillez sur votre fille, tâchez de la distraire. A son âge, le chagrin est dangereux. Qu'a-t-elle, cette enfant?

— Je ne vois plus le ciel! répondit un jour Alleluia à cette question du docteur.

Cependant, le Péruvien ayant acheté un hôtel, il y avait installé les bureaux de la *Bouche de fer*. On ne parlait que de la magnificence des tentures, des tapis, des bronzes; Antonio Pérez voulait loger la littérature dans un palais des *Mille et une Nuits*.

Des affiches, répandues à profusion dans Paris, annoncèrent sur tous les murs le nouvel organe de la presse quotidienne. La réclame sonna dans toutes ses trompettes, et un matin la *Bouche de fer* cria ses premières vérités.

Ce fut un événement dans Paris. Les crieurs inondèrent la ville. On assiégea les kiosques ; il fallut à midi, faire un nouveau tirage ; la vente de tous les autres journaux fut nulle ce jour-là et, dans tous les bureaux de rédaction des autres feuilles on commença à dénigrer la feuille rivale et ses rédacteurs.

Tandis qu'elle faisait le ménage de son maître, de celui qu'elle regardait toujours comme son bienfaiteur, Guillamette trouva le premier numéro de la *Bouche de fer* ouvert sur une table.

Comme il arrive souvent, un seul mot frappa les yeux de Guillamette ; elle vit, au bas d'un article, cette signature : *L'empailleur de grenouilles.*

— C'est de M. Barbézius, pensa l'excellente femme ; je comprends maintenant pourquoi il était si préoccupé ; les hommes qui écrivent, c'est comme cela, m'a-t-on dit. Il a bien assez d'esprit pour faire des livres et des articles, M. Barbézius. Je vais dire cela à ma fille. Si je montais le journal ; monsieur sera sans doute longtemps absent, il ne saura pas que je l'ai emprunté pour une heure.

Guillaumette prit le journal et pénétra toute joyeuse dans la chambre d'Alleluia.

— Tu ne sais pas, chérie, pourquoi nous ne voyons plus ton grand ami ?

— Non, répondit la jeune fille d'une voix tremblante.

— C'est qu'il écrit maintenant ; il travaille dans les journaux.

— Qui vous l'a dit ?

— J'ai trouvé la *Bouche de fer* dans son atelier, un journal nouveau dont les affiches tapissent tout Paris.

— Ah ! s'écria Alleluia, je voudrais savoir.....

— Ce qu'a écrit M. Barbézius ?

— Oui, chère mère.

— C'est facile, voici le journal.

— Que vous êtes bonne ! dit la jeune aveugle, en se jetant dans les bras de sa mère.

— Mais, reprit Guillaumette, je n'ai pas le temps de te faire la lecture, il faut que j'aille au marché maintenant.

— Ma chère Blanche me le lira.

Guillaumette embrassa sa fille, et Alleluia se dirigea vers la chambre de la jeune veuve.

Le visage de l'aveugle rayonnait quand elle tendit le numéro de la *Bouche de fer* à Mᵐᵉ Monier.

— Oh ! je vous en prie, dit-elle d'une voix inquiète, impatiente, lisez-moi l'article écrit dans cette feuille par mon grand ami.

Les crieurs inondèrent la ville (*voir page* 378).

— Volontiers, mon enfant, répondit Blanche.

La jeune veuve lut les premières lignes avec un accent assuré. On devinait que, connaissant l'esprit et la science de Barbézius, elle était sûre, à l'avance, de trouver dans toute œuvre sortie de sa plume, la haute raison dont tant de fois il avait donné des preuves

Alleluia, inclinée en avant, les mains jointes sur les genoux, écoutait avec une attention mêlée de joie.

Tout à coup, la voix de Blanche faiblit ; la jeune femme s'arrêta au milieu d'une phrase, et suspendit brusquement sa lecture.

— Après, après ? demanda Alleluia.

— Je ne puis continuer, mon enfant.

— Vous ne pouvez plus lire, vous souffrez, sans doute... En effet, le timbre de votre voix est altéré... et ma mère qui vient de sortir ! Je ne pourrai pas entendre la suite. Je ne saurai pas ce qu'a écrit mon grand ami ; ce que, sans doute, à cette heure, tout Paris admire...

Et Alleluia approchait le journal de ses yeux sans regard, comme si l'excès de son désir pouvait lui faire deviner ce que Blanche refusait de lui dire.

Mais Blanche prit doucement la feuille des mains de l'enfant.

— Laisse ce journal, dit-elle, laisse-le, je ne veux pas le voir dans tes mains !

— Pourquoi donc, Blanche ?

— Il les souillerait.

— Je ne vous comprends pas, mais j'ai peur. Si vous saviez combien je souffre. Qu'a donc écrit mon grand ami ?

— Des choses que tu ne dois pas entendre, répondit avec tristesse Mme Monier.

Alleluia resta un moment pensive.

— On peut toujours m'écouter quand je chante, moi !

— Oui, mon ange, mais ce journal n'est pas écrit pour les jeunes filles, il est fait pour les hommes, et tu comprends ?

— Je ne comprends pas, non, je ne comprends pas ! répondit Alleluia ; si l'article est trop savant pour mon intelligence, certains passages m'échapperont, je le conçois. Mais il parlait des illusions de la jeunesse ; je suis jeune, quoique infirme, et j'en ai peut-être caressé dans ma longue nuit. Il me semble que M. Barbézius, qui est si bon, si généreux, doit avoir loué dignement toutes les grandes choses. Chaque fois qu'il parlait jadis, dans le temps où il trouvait des heures à nous donner, je me sentais meilleure et plus résignée après son départ. N'écrit-on pas comme on pense, Blanche ? Et depuis qu'il ne vient plus m'entendre jouer de l'orgue, depuis la grande soirée de M. Mustel, car c'est depuis ce jour-là que M. Barbézius n'est plus revenu, peut-il avoir changé de croyances, de sentiments, d'amitiés ?

Alleluia baissa la tête, et deux grosses larmes roulèrent sur ses joues.

En ce moment, la voix de l'empailleur de grenouilles s'éleva dans l'antichambre.

— Mon journal, dit le bossu en s'adressant à Guillaumette, qu'avez-vous fait de mon journal ?

La pauvre femme se mit à trembler.

— C'est de la *Bouche de fer* que vous voulez parler, monsieur ?

— Sans doute ; qu'en avez-vous fait ? Je ne la trouve pas.

— Excusez-moi, monsieur, je n'ai songé qu'à faire plaisir à la petite. Pensant que vous ne rentreriez pas avant ce soir, j'ai apporté le journal ici.

— Et vous l'avez remis ?

— A Alleluia, qui se le fait lire par Mme Blanche.

Barbézius fit un geste de colère.

— Ah ! malheureuse ! dit-il.

La porte de la chambre de Mme Blanche s'ouvrit, et la jeune veuve parut ; elle tenait le journal à la main.

En voyant Mme Monier, Barbézius devint pâle.

— Tenez, monsieur, dit Blanche d'une voix attristée.

— Madame... murmura Barbézius.

— Je ne l'ai pas lu, ajouta vivement Blanche Monier.

— Vous n'avez pas lu...

— Je veux toujours vous estimer, monsieur Barbézius.

— Vous êtes bonne ! oui, vous êtes bonne ! murmura le bossu.

— Vous souffrez donc bien ? lui demanda Mme Monier avec compassion.

— Plus que je ne saurais dire.

— Je ne suis qu'une femme, reprit Blanche, et mes paroles ne pourraient avoir sur vous que peu d'influence, mais je n'ai jamais compris que l'on pût se guérir d'une grande douleur en commettant une mauvaise action.

— Le chagrin aigrit, madame.

— Non, répliqua Blanche, il attendrit notre cœur et l'incline vers les souffrances d'autrui. Ce n'est pas d'aujourd'hui que je vous connais ; à l'heure où vous m'avez sauvée de la mort, vous gardiez autant de sujets de peine qu'aujourd'hui, et cependant votre parole était douce, vous compatissiez à toutes les misères, vous parliez de Dieu avec respect, de votre intelligence avec le sentiment de dignité que le talent exige. Ne vous souvenez-vous plus d'avoir passé de longues heures dans le petit salon, tandis qu'Alleluia jouait de l'orgue? Y a-t-il si longtemps que vous nous avez récité des vers empreints des grandes pensées de la foi, et que vous avez fait couler nos larmes? Dans ce temps-là, si peu éloigné de nous, et que vous semblez vouloir rayer de votre vie, vous étiez moins malheureux, et je n'essuyais point les larmes d'Alleluia.

— Alleluia pleure! s'écria Barbézius. Oh! je veux...

— Laissez-la souffrir, souffrir seule, monsieur, ou plutôt mettre au pied de la croix une douleur que vous ne comprendriez plus. Elle avait gardé, elle, ces illusions sur lesquelles vous soufflez le vent de votre ironie et de votre colère, et Dieu veuille qu'elle ignore toujours où vous en êtes venu!

— Madame! madame! dit Barbézius, par pitié...

— Je ne vous demande point d'explication, dit Blanche; il y a plus, je n'en veux pas à cette heure. Encore une fois, je n'ai pas lu cet article. Arrivée à la dixième ligne, je me suis arrêtée ; car c'était assez, c'en était trop. Gardez le silence sur ce qu'à cette heure vous brûlez de me dire ; et si vous éprouvez un regret salutaire, si vous souffrez, allez vous jeter aux pieds de Dieu, et priez!

Barbézius déchira le numéro de la *Bouche de fer*.

— Blanche! Blanche! appela la voix douloureuse d'Alleluia.

La veuve s'élança du côté de la jeune aveugle, tandis que Barbézius rentrait dans son atelier.

A peine y fut-il arrivé, qu'il tomba dans un fauteuil et cacha son front dans ses mains.

— Je n'étais que hideux, dit-il, je vais devenir méprisable.

Puis, après avoir subi au-dedans de lui une de ces luttes qui foudroient un homme, et dont il sort renouvelé ou perdu pour jamais, il se leva et marcha droit vers son miroir.

— Aie le courage de te regarder en face, Caliban moral, gnôme indigne! l'ébauche de tes traits, ta taille difforme effrayaient les enfants, c'est vrai, et repoussaient souvent loin de toi la sympathie des hommes, mais Dieu ne regarde pas l'enveloppe! Il connaît l'argile qu'il a pétrie, et dans quelque moule qu'il l'ait jetée, il la transfigurera au jour du jugement. Tu pouvais rester fort par l'esprit, chaste par tes mœurs, grand par l'idée! En te donnant une face effrayante, le Seigneur t'avait doué d'une âme capable de comprendre et de réfléter les choses du ciel. Il ne te manquait rien! non, rien! car tu t'étais accoutumé à la pensée de rester le Quasimodo de la littérature. Pour comble de bonté, Dieu avait placé sur ta route un ange qui, les yeux clos aux choses de la terre, te voyait dans le monde où se meut son innocent esprit, comme un être doux, bon et pur. Cette enfant t'estimait, t'honorait! Tu viens de perdre en un jour, en une heure, ce qu'elle t'avait voué de culte ingénu. Si, profitant de la situation à part qui lui est faite, tu avais osé lui dire un jour tes secrètes espérances, peut-être ne les eût-elle pas repoussées : elle te regardait avec les yeux de son âme et jadis tu lui semblais digne d'elle. Et maintenant, misérable avorton, tu as traîné dans la fange les reliques chéries du passé ! Tu as voulu railler, sinon les croyances saintes, du moins les naïves illusions de la vie ! au prix des bravos de quelques jeunes hommes sans pudeur, tu viens de renverser tes autels ! Esaü a voulu son plat de lentilles ! Mange-le donc, et renonce à l'héritage céleste. Il reste toujours des pourceaux à faire paître pour les enfants ingrats désertant la maison du Père de famille. Ah ! lâche ! lâche et vaniteux que tu fais ! il ne sera plus de pardon pour toi, comme il ne sera plus de bonheur !

Un sanglot amer monta aux lèvres de Barbézius.

Il marcha dans l'atelier avec agitation ; puis, brusquement, il s'assit devant sa table.

— Eclairez-moi, mon Dieu, dit-il ; je voudrais racheter, au prix de mon sang, les lignes écrites hier, les effacer de la mémoire de tous et du livre éternel où vous enregistrez nos actes ; que dois-je faire ? Parlez, j'obéirai.

Sur le bureau se trouvait une main de papier, une plume ; Barbézius regarda ces outils de travail, et une pensée consolante lui vint.

— La lance d'Achille guérissait les blessures qu'elle avait faites, pensa-t-il, je puis, par un article écrit dans un tout autre sens, effacer l'impression produite aujourd'hui par ma faute. Il n'y a pas de honte à couvrir de fleurs un autel profané. Blanche s'est vue tout à l'heure obligée de cacher à Alleluia les lignes écrites pendant une veille fiévreuse ; je veux que demain elle lui lise ce que m'inspirera le repentir.

Fortifié par cette résolution, Barbézius se recueillit.

Loin d'évoquer les muses antiques et païennes, il appela près de lui la Colombe divine, volant du Jourdain au Cénacle, et il écrivit, avec une rapidité prodigieuse, un article plus long que celui de la veille, et dans lequel il parlait des choses de la foi avec une élévation que jamais encore il n'avait trouvée.

Onze heures sonnaient au moment où il achevait sa copie.

Il la porta, en courant, au bureau du journal, attendit qu'on l'eût composée, afin de corriger lui-même ses épreuves, et rentra chez lui au moment où l'aube se levait.

Barbézius, harassé de fatigue, se jeta sur son lit et dormit paisiblement, jusqu'au moment où Guillaumette entra dans sa chambre.

Elle tenait à la main la *Bouche de fer*.

Avec un mouvement de curiosité et de joie, Barbézius déplia le journal et, voyant son article à une bonne place, il se donna le plaisir de le relire, puis il tendit la feuille à Guillaumette.

— Portez ce journal à Mme Blanche, dit-il.

— A Mme Blanche! répéta Guillaumette, qui craignait une erreur; monsieur se souvient cependant qu'il m'a grondée, hier, pour avoir osé prendre la *Bouche de fer* sur son bureau; même, ajouta Guillaumette, c'est la première fois que monsieur m'a traitée durement...

— Et vous m'en voulez, n'est-ce pas?

— Non, monsieur; mais j'ai du chagrin.

— Pardon, dit Barbézius d'une voix douce, oui, pardon; hier, j'ai fait beaucoup de sottises. Montez cette feuille, de ma part, et priez Mme Blanche de lire à ma petite amie un article intitulé : *Les vieilles Croyances*.

— Oui, monsieur, oui, tout de suite! répondit l'excellente femme. Il me semble que je vais consoler ma fille et la voir sourire; elle sourit bien peu, depuis quelque temps, monsieur Barbézius.

Guillaumette monta l'escalier en courant.

— Tenez, madame, voici un journal pour vous, pour Alleluia. Vous lirez tout haut pour ma chérie *les vieilles Croyances*.

Alleluia s'avança aussi rapidement que si elle y voyait; elle s'assit aux pieds de Mme Monier, et elle écouta.

La jeune veuve lut tout haut, et cette fois avec un sentiment de joie et d'admiration, ce que le malheureux bossu avait laissé tomber de son âme.

A mesure qu'elle avançait, l'aveugle sentait son âme s'imprégner d'une félicité plus complète, plus ineffable.

— Blanche! Blanche! murmura-t-elle enfin; quand je vous disais que mon grand ami possède du génie.

La jeune veuve ne répondit rien, elle se souvenait du premier numéro de la *Bouche de fer*, et se demandait si une larme, une prière d'Alleluia n'avaient point sauvé une âme sur le point de se perdre.

L'infortuné fut lancé par dessus le pont Notre-Dame. (*Voir page* 386.)

CHAPITRE XXXIII

LA COURONNE DE ROSES NOIRES

Depuis le jour où, quittant Louis Taden, il avait recommandé à son jeune ami de l'attendre, qu'était devenu Ramoussot ? On se souvient que le protégé de Sœur Sainte-Croix, qui affirmait être le véritable vicomte de la Haudraye, reçut, peu de temps après le départ de l'agent de police, une lettre par laquelle on offrait de lui communiquer des documents certains sur la personnalité de « Jean Studen » connu officiellement à Paris sous le nom d'Amaury de la Haudraye, et mis en possession d'une fortune princière, à la suite de la mort de M. Monier. On sait aussi qu'attiré dans un piège par Denis l'ivrogne, l'infortuné, atteint à la tempe d'un coup violent, fut lancé par-dessus le pont Notre-Dame.

Ramoussot, fidèle à son plan, s'éloigna ce jour-là de la rue du Four-Saint-Germain, dans l'intention de *filer* Amaury de la Haudraye.

Cette immense ville de Paris est partagée en un certain nombre de zones aussi invisibles que la ligne du Tropique, mais tout aussi sérieuses.

Bon nombre d'habitants de la capitale naissent et meurent dans un rayon de quelques rues.

Pour les commerçants, chaque quartier forme une petite ville à part.

Les élégants, les inutiles, de quelque nom qu'on les appelle, gandins, crevés ou gommeux, vivent du boulevard Montmartre à la Madeleine.

Dans cet espace se trouvent leurs cercles, leurs théâtres, leurs restaurants, leurs cafés. Ils savent toujours où se rencontrer sans se donner rendez-vous.

Ramoussot connaissait son Paris comme un romancier, un filou ou un agent de police, les trois classes d'hommes qui apprennent le plus vite une topographie et retiennent avec le plus de fidélité la physionomie des lieux.

De plus, Ramoussot, jeune, élégant, doué de tous les avantages physiques, intelligent et assez muni de billets de banque pour toucher à tous les luxes et se permettre toutes les distractions, paraissait partout à sa place.

On le connaissait sur le boulevard ; plus d'un jeune élégant, d'un noble étranger, avait témoigné le désir de se lier avec lui, mais Ramoussot encourageait peu la sympathie et, sous prétexte de n'infliger à personne la moitié des deuils de son cœur, il restait à l'écart, étudiant, observant, prenant des notes, grossissant chaque jour le dossier mystérieux d'où devait jaillir une lumière suffisante pour éclairer les infamies dont il comptait faire jaillir la vérité.

Plus d'une fois on l'avait vu dans des restaurants à la mode, en compagnie d'Epine-Vinette, mais la chanteuse de cafés-concerts, interrogée sur l'énigmatique personnage, s'était contentée de hausser les épaules et de répondre :

— Rien ne m'ôtera de l'idée qu'il collabore à quelque drame bien noir.

Soit fatigue, soit ennui, Ramoussot restait peu de temps dans les endroits divers où chaque jour il se rendait ; vingt personnes pouvaient chaque soir affirmer l'avoir rencontré dans des lieux fort opposés. Parfois on était tenté de lui attribuer un don d'ubiquité tenant du prodige.

Après avoir quitté Louis Taden, il se dirigea vers le café Anglais ; plusieurs tables avaient déjà des convives ; Ramoussot en choisit une placée de telle sorte que, sans être vu d'Amaury de la Haudraye, qui dînait avec un de ses amis, il pouvait entendre chaque mot de la conversation des deux jeunes gens.

— Que ferez-vous cet été? demanda M. de Mortagne au jeune millionnaire.

— Cet été, mon cher, je serai marié, et je conduirai ma femme en Suisse.

— Vous donnez donc suite à votre projet ?

— Plus que jamais.

— Mlle de Grandchamp est sans fortune.

— Ne suis-je pas assez riche pour deux ?

— Sans aucun doute, mais...

— Mais quoi ?

— Les méchantes langues ajoutent quelque chose qui aurait pu vous dissuader de cette union.

Amaury de la Haudraye regarda fixement M. de Mortagne, tandis que Ramoussot prêtait attentivement l'oreille.

— Et que disait-on, mon cher bon? demanda M. de la Haudraye, d'un ton qu'il voulait rendre dégagé.

— Que Mlle de Grandchamp se pliait avec peine à la volonté de sa famille.

— C'est possible! fit Amaury, mais elle se plie, c'est le point essentiel.

— Vous comptez donc pour rien l'affection de votre femme?

— J'estime beaucoup l'habitude de l'obéissance chez les jeunes filles. Et puis, Mortagne, ma femme m'aimera..... plus tard.

— Vous avez des habitudes, des goûts si différents des siens!

— Elle s'y accoutumera, croyez-moi; d'ailleurs, la fortune que je lui apporte l'apprivoisera mieux que toutes les raisons. Elle est pauvre; si elle ne m'eût épousé, elle fût peut-être entrée dans un cloître.

— Voulez-vous encore une vérité, mon cher Amaury?

— Dites une poignée de vérités!

— Elle eût peut-être été plus heureuse au couvent que mariée à un homme comme vous.

— Allons! bon, vous allez vanter la vie du cloître, vous, un viveur.

— Moi! répondit le jeune homme en baissant la tête, j'ai une sœur qui, après la mort de mes parents, s'est faite religieuse; tandis que je gaspille mes heures et mon argent, elle soigne les pauvres, jeûne, porte un cilice et dort sur un misérable lit. Elle n'usera pas deux robes en toute sa vie; l'une lui a été donnée le jour de sa profession, la seconde lui servira de linceul. Je vais la voir quelquefois, et l'aspect de son visage reposé, de ses yeux candides, du contentement qui éclate en elle, me fait croire que réellement, bien réellement, elle se trouve heureuse. Pendant que je m'étourdis pour oublier que le mouvement n'est pas le bonheur, elle prie et regarde le ciel. Moi, je l'ignore, ou si je le sais, ce n'est pas beaucoup plus gai! Croyez-vous que notre vie d'hommes à la mode n'ait pas ses fatigues? Aller de sa maison au club, du club au bois, du bois au club, courir les petits théâtres où l'on joue des pièces idiotes! Dépenser le meilleur de son temps en conférences avec son tailleur! Rester criblé de créanciers quoiqu'on soit riche! Savoir que le cocher vous vole, et que le valet de chambre a une remise sur vos habits! faire une chose importante du choix d'un parfum inédit d'origine anglaise; changer ses chevaux sans nécessité et ses voitures par caprice! Passer sa journée à dire des sottises et sa soirée à perdre au jeu ; et pour tout résultat de cette vie bête, qui finit par devenir odieuse, se dire qu'on deviendra assez chauve pour avoir besoin d'un *régénérateur des cheveux*, et qu'on ne trouvera jamais un régénérateur pour sa vie perdue ! A moins que, poussant l'égoïsme jusqu'au bout, ou devienne le mari d'une fille accomplie qui, suivant votre expression, obéit à sa famille.

— Diable ! vous avez le champagne triste, Adolphe !

— C'est que, depuis dix ans, je bois le même champagne frelaté, dans la même coupe de faux cristal de Bohême !

— Allons, il est temps que vous fassiez une fin.

— Que je me marie ?

— Lorsque Mlle de Grandchamp sera devenue Mme de la Haudraye, elle vous trouvera une compagne.

— Non ! dit Mortagne, jamais ! les démons ne peuvent s'allier aux anges.

— Vous flattez ma fiancée à mes dépens.

— Elle est si complètement charmante !

— Il ne m'appartient pas de vous démentir, je la trouve belle puisque je la souhaite pour ma femme.

— Au moins, convertissez-vous avant de l'épouser.

— Je fais moins de folies que vous.

— C'est possible ! dit Mortagne, en secouant la tête, mais votre regard froid ne me rassure pas. Un Italien vous accuserait d'être *jettatore*.

— Et vous n'avez pas peur ? demanda, en riant, Amaury.

— Moi ? Vous voyez bien que j'ai une corne de corail en breloque ; chaque fois que je vous vois, je la dirige de votre côté. Il vous faudra mettre une branche de corail rose dans la corbeille de votre fiancée, ce sera une attention délicate.

— Je n'y manquerai pas.

— A propos, quand vous mariez-vous ?

— Dans six semaines, et en dépit de vos appréciations, de vos méchantes paroles et de vos fâcheux pronostics, vous serez, j'espère, un de mes témoins.

— Je vous dois bien cela, vous avez été témoin de mon dernier duel, un duel terrible ! Quand je songe qu'on assassinait votre oncle pendant que nous attendions le moment de cette rencontre, et que je prenais mes dispositions suprêmes !

— Oui, répondit Amaury, d'une voix qui s'étrangla dans sa gorge.

— A propos, l'assassin partira prochainement pour Cayenne.

— On le dit, du moins.
— Un grand misérable, ce Kerdren, ou un grand martyr.
— Doutez-vous donc de sa culpabilité?
— Comme de ma vertu. J'ai bien regardé ce jeune homme, je l'ai bien étudié le jour du procès, j'ai lu son livre, un livre admirable, et si j'étais juré, je ne dormirais pas tranquille après l'avoir déclaré coupable.
— Je ne vous savais pas si physionomiste.
— Moi! mais je suis très fort. Donnez-moi votre main, vous verrez.
— Je ne crois point à ces sottises.
— Vous y croyez, si vous refusez de me la tendre.
— La voici, dit Amaury avec une certaine répugnance.

Adolphe de Mortagne la regarda, la renversa, étudia les doigts, les phalanges, la paume; puis, après avoir examiné attentivement la ligne de vie, il étouffa un cri de surprise.

— Eh bien? demanda M. de la Haudraye.
— Défiez-vous des cordons de sonnettes, des cravates de soie, des cordelettes de chanvre, de tout ce qui sert à entourer le cou.
— Et pourquoi?
— Parce que, mon cher bon, vous mourrez de mort violente et par strangulation.
— Ce qu'il y a de certain, dit Amaury avec un rire sonnant faux, c'est que si nous étions en plein été, je croirais que vous avez attrapé une insolation. Vous commencez par me détourner du mariage et vous finissez par me dire que je serai pendu. Voulez-vous une loge à Charenton?
— Merci, dit Mortagne; en attendant, j'en ai une aux Variétés, et je vous offre une place.

Les deux jeunes gens se levèrent et quittèrent le café Anglais; tous deux gardaient sur le front le reflet d'une préoccupation pénible.

Ramoussot écrivit quelques mots sur son carnet, pendant que le garçon cherchait l'addition et lui rapportait la monnaie d'un billet de banque.

Quand il eut payé, Amaury prit, avec son ami, le chemin des Variétés, et Ramoussot les suivit; il espérait apprendre quelque chose dans les couloirs ou au foyer du théâtre.

Vers onze heures, le rideau baissa; l'orage venait de se calmer.

Ramoussot descendit à pied la rue Vivienne et se dirigea vers son paisible quartier.

On eût dit une vieille province.

La petite grille était fermée; toutes les croisées restaient obscures.

Ramoussot monta lentement l'escalier, gagna la salle à manger, et il allait passer dans sa chambre à coucher, quand le souvenir de son ami, du protégé de Sœur Sainte-Croix, lui revint à l'esprit. Subitement il éprouva le désir de savoir s'il dormait paisiblement; une inquiétude vague le saisit, cette angoisse secrète et mystérieuse de l'amitié qui s'alarme de tout, même d'un songe, et pousse vers son compagnon cet admirable ami de La Fontaine.

Usant de précautions infinies, dans la crainte de troubler le sommeil de Louis Taden, Ramoussot tourna doucement le bouton de la porte de sa chambre et regarda.

La chambre était vide, le lit n'était pas défait.

L'agent ressentit un mouvement de chagrin mêlé de colère.

— Allons, dit-il, l'oiseau est déniché; il s'ennuie de sa cage, et il a pris sa volée. Je le gronderai, oh! oui, je le gronderai. Pauvre garçon! c'est assez naturel cependant; je le garde là prisonnier, quand les soirées commencent à devenir tièdes! c'est égal, quelle imprudence! Il peut tout compromettre, tout ruiner dans une heure! Si notre vigilance se repose une seule minute, celle de nos ennemis veille sans cesse. Ceux qui ont fait disparaître Henri, ceux qui ont assassiné M. Monier gardent un intérêt au moins aussi grand à se débarrasser d'un créancier qui revient de l'autre monde pour réclamer des millions et son état-civil. J'avais tant prié Louis d'avoir le courage d'attendre!

Ramoussot s'assit dans un fauteuil.

— Je ne me coucherai pas avant qu'il soit rentré, dit-il.

La pendule sonna minuit et demi.

— Les théâtres sont fermés, murmura Ramoussot; où qu'il soit allé, il devrait être revenu.

L'agent de police se leva, afin de prendre un livre dans la bibliothèque.

Un papier roulé en boule, et qu'il heurta du pied, attira son attention. Il le déplia et le parcouru avec une angoisse croissante.

C'était la lettre écrite à Louis, lettre dans laquelle on lui donnait rendez-vous, pour ce même soir, à dix heures précises.

— Dix heures! s'écria Ramoussot; il est minuit et demi, et Louis n'est pas revenu. Il est tombé dans le piège. On l'a pris à l'appât de ces promesses menteuses. Au lieu de rencontrer un délateur prêt à trafiquer d'un secret, il a trouvé un assassin. On l'a tué, oui, on l'a tué!

Le malheureux jeune homme descend l'escalier, quitte la maison et prend sa course vers les quais. Chaque fois qu'il rencontre un sergent de ville, il l'interroge, mais aucun de ceux qui veillent aux environs du pont Notre-Dame n'a entendu le bruit d'une rixe ou d'un cri d'appel. Du reste, à l'heure indiquée par la lettre du correspondant anonyme, l'orage éclatait dans toute sa furie, et les retentissements de la foudre, les roulements du tonnerre pouvaient étouffer bien des bruits sinistres.

Un sergent de ville accompagna Ramoussot sur le pont Notre-Dame, et tous deux, munis d'une lanterne, inspectèrent avec soin le pavé.

Nulle mare de sang, nulle trace de lutte; il est vrai que la pluie aurait pu laver les pavés. Ramoussot allait rentrer rue du Four, plus découragé que jamais, quand, au pied du parapet, il vit briller quelque chose. C'était une toute petite breloque d'or, que l'agent de police reconnut immédiatement pour appartenir à Louis Taden.

Ainsi, le malheureux jeune homme était venu à ce rendez-vous!

Il fallait attendre au lendemain pour essayer de se procurer d'autres renseignements. Dès que les bureaux furent ouverts, Ramoussot courut à la préfecture de police. Il montra la lettre, la breloque; il expliqua que l'auteur du billet devait avoir un puissant intérêt à se défaire de ce jeune homme.

Les meilleurs agents de la sûreté furent mis à la disposition de Ramoussot; ils n'apprirent rien; le mystère le plus absolu plana sur ce nouveau crime; la Morgue ne rendit point de cadavre, et les filets de Saint-Cloud ne firent pas de sinistres révélations.

Rien! on ne trouva rien!

Le désespoir de Ramoussot grandit de toute la puissance de cette nouvelle douleur. Il crut son œuvre condamnée. Il cessa d'attendre le succès poursuivi pour une cause sainte et, courbé sous le poids immense d'un chagrin qu'il ne se sentait plus la force de soulever et de vaincre, il tomba à genoux devant le portrait dont sa main fiévreuse avait arraché le voile.

— Dieu ne veut pas! dit-il, mon père, non, Dieu ne veut pas! Tous ceux qui tentent de répandre la lumière dans ces ténèbres succombent à la tâche. J'ai cru voir dans ce loyal jeune homme l'aide envoyé par la Providence, mais lui aussi vient de rouler dans le gouffre qui nous dévorera tous!

D'en haut, un chant semble répondre à la plainte de Ramoussot; ce chant aérien et pur descend vers lui et, comme une rosée bienfaisante, il apaise les tumultueux battements de son cœur.

Il sait bien quelles sont ces voix et, attiré par leur magique puissance, il se lève tout chancelant et, s'appuyant aux murailles, il quitte son appartement, gravit l'escalier et paraît sur le seuil de l'atelier de Mésange.

— Comme vous êtes pâle ! s'écrie la jeune fille.

Ramoussot tombe sur un siège ; il raconte le drame horrible de l'avant-dernière nuit et, cédant à l'excès de sa douleur, attendri par la sympathie qu'il lit dans les regards de toute la petite famille, il ne craint pas de laisser voir les larmes coulant sur son visage.

— Je n'ai plus d'ami ! répète Ramoussot, je n'ai plus d'ami !

Mésange se lève ; elle est grave et ressemble en ce moment à ces figures de saintes que l'art archaïque peignait sur des fonds d'or ou d'azur.

— Vous oubliez l'Ami céleste, dit-elle, celui qui ne trompe jamais, et qui n'abandonne pas ceux qui l'aiment. Avez-vous la foi ? reprend la jeune fille en tendant un vieux livre à Ramoussot.

— Je crois en Dieu, Mésange, mais la main de ce Dieu est une main de fer. Il ne m'attire point, parce qu'il me frappe sans cesse et que, je vous le jure, rien dans ma vie n'a mérité semblable châtiment.

— Oh ! dit Mésange d'une voix plus douce et plus vibrante, ce n'est pas à nous qu'il appartient de sonder ses desseins éternels. J'ai trouvé souvent l'existence difficile, le pain s'est plus d'une fois fait rare dans le nid des mésanges, alors nous demandions avec un redoublement de ferveur « le pain quotidien » tombant des mains éternelles. Je suis une femme, une pauvre fille, croyante, ignorante des sciences de ce monde, j'essaie d'épeler celle du ciel ; si j'avais à vous donner un conseil...

— Parlez, Mésange, dit Ramoussot.

— Je vous dirais : ce que les hommes ne peuvent faire, Dieu peut l'accomplir. Qui vous affirme qu'il n'attend pas votre prière pour l'exaucer ? Rien ne vous prouve d'une façon absolue la mort de votre ami. La breloque perdue peut s'être détachée pendant une lutte. M. Louis est prisonnier de gens mal intentionnés, j'en conviens mais vous pouvez l'arracher de leurs mains, je n'en doute pas, moi ! Où la police a échoué peut triompher la prière.

— Ah ! s'écria Ramoussot, que voulez-vous que je promette, Mésange ? Je jurerais d'aller, en usant mes genoux sur le pavé, jusqu'à Notre-Dame-des-Victoires, si j'espérais acheter à ce prix la vie de mon ami !

Mésange secoua la tête.

— Ce n'est point cela qu'il faut promettre. Vous êtes un honnête homme, dans toute l'acception de ce mot, mais dans votre chagrin vous avez oublié Dieu, comme d'autres l'oublient dans leur prospérité. Nul ne vous a consolé depuis de mortelles années, et vous seul savez ce que vous avez souffert. Pour rendre aujourd'hui la paix et l'espérance à votre âme, il faut la foi, la foi sincère, ardente, la foi enthousiaste et forte ! Elle vous manque, et sans elle vous ne pouvez rien.

— Rien ! répéta Ramoussot d'une voix désolée.

— Tenez, reprend Mésange, mes quatre sœurs feront leur première communion au commencement du mois de mai. Jurez à Dieu que, ce jour-là, vous purifierez votre âme pour entrer dans le saint temple, et vous approcher de l'autel ; jurez de vivre en chrétien, en fils soumis de l'Église catholique, de courber le front sous la main qui pardonne et purifie ; si vous jurez cela, quelque chose me crie au fond du cœur que vous retrouverez M. Louis.

— Mésange, dit Ramoussot d'une voix tremblante, vous avez sur mon esprit une étrange puissance.

— Je n'en veux avoir que sur votre âme.

— Je promettrai cela à Dieu, oui, Mésange, je le promettrai !

Mésange désigna un crucifix suspendu à la muraille.

— Jurez, dit-elle doucement.

Ramoussot étendit la main.

Quand il eut fait à voix basse le serment exigé par Mésange, il lui sembla qu'un calme divin descendait en lui.

— Je sais bien peu de choses de Dieu, murmura-t-il.

— Vous apprendrez.

— Comment ?

— Dans ce gros livre.

— Et si je ne comprends pas ?

— Vous vous adresserez à un prêtre. D'ailleurs, point n'est besoin de tout comprendre ; il suffit de plier sa volonté comme celle d'un enfant. Tenez, moi, je ne ressemble guère à un docteur, et cependant je suis sûre d'en savoir autant qu'il m'est nécessaire.

— Que savez-vous donc, Mésange ?

— Espérer, aimer, me résigner, cela suffit.

— Oui, cela suffit.

— D'ailleurs, quand vous serez embarrassé, allez trouver l'abbé Tiburce.

— Un saint !

— Raison de plus, les saints sont si indulgents !

— En attendant, Mésange, j'emporte le vieux livre, et vous me permettrez de venir vous interroger souvent?

— D'autant mieux que la lecture et son explication profiteront aux petites.

La porte de l'atelier fit, en s'ouvrant, résonner un timbre.

Une jeune femme, vêtue simplement, parut dans la baie sombre de la porte, et Ramoussot reconnut Fabienne.

La jeune fille lui tendit la main.

— Dieu nous éprouve beaucoup, monsieur, lui dit-elle ; la perte que vous venez de faire retarde sans doute le jour de la délivrance et du salut, mais Dieu veille, Dieu garde les innocents, et cette confiance nous suffit.

La sœur de Marigné se tourna vers Mésange.

— Mon enfant, lui dit-elle, je voudrais une parure.

— Une parure de bal, mademoiselle?

— Une parure de mariée, répondit Fabienne d'une voix sonore; tu la feras suivant mon vœu, sans te souvenir de l'usage ; des fleurs d'oranger pour la tête nuptiale, des roses noires pour mon deuil.

— Une couronne de roses noires pour un mariage !

— Oui, Mésange ; dans dix jours j'épouse Urbain Kerdren.

— Oh ! c'est bien ! c'est bien ! s'écria la jeune ouvrière; que le Seigneur vous bénisse, vous qui sauvez une âme du désespoir ; qu'il vous console et vous soutienne, vous qui vous sacrifiez pour le bonheur d'autrui, et mettez votre bonheur dans le même plateau de balance que celui de M. Kerdren.

— Oui, c'est bien, ajouta Ramoussot ; et si quelque chose peut consoler ce malheureux, c'est de voir rester fidèle à son infortune la créature qu'il chérissait et respectait davantage.

— N'êtes-vous pas aussi un de ceux qui lui aident à porter sa croix, monsieur?

— Ne m'en remerciez pas, mademoiselle ; ma vie cache aussi son secret terrible ; si ma cause ne se fût point trouvée liée d'une façon mystérieuse à celle d'Urbain, peut-être ne me serais-je pas fait agent de police ; et, en admettant qu'il y ait dévouement de ma part, voyez combien peu ce dévouement est utile.

— Ce n'est pas votre faute, répondit Fabienne ; moi, qui continue à croire, à espérer contre toute attente, je suis sûre que chacun de nous concourt au résultat attendu. Urbain ne sera peut-être sauvé par aucun d'entre nous, mais l'œuvre sera le fruit des dévouements collectifs qu'il inspire.

— Je ne l'ai pas vu depuis quinze jours, comment va-t-il?

— Il conservé tout son courage; nous nous sommes bien gardés, mon frère et moi, d'amollir son cœur. Depuis le jour des assises, je ne lui ai jamais reparlé de notre mariage. Je commande à Mésange ma parure de noces avant d'avoir consulté Urbain, et, croyez-le, dans son abnégation touchante, c'est lui qui refusera la main que demain j'irai lui tendre.

— Le noble cœur craindra de vous entraîner dans son naufrage.

— Nous serons sauvés tous deux... Mésange, chère enfant, vous avez bien compris ?

— Des fleurs d'oranger et des roses noires, oui, mademoiselle.

Fabienne se tourna vers Ramoussot.

— Monsieur, dit-elle, mon frère a l'intention de vous demander si vous voulez bien nous faire l'honneur d'être témoin de mon mariage? Promettez-le-moi tout de suite, vous lui répondrez plus tard.

— Je vous le promets, oui, je vous le promets, noble fille.

— Merci, dit Fabienne. Peut-être ne vous verrai-je point avant ce jour-là. Vous prierez bien pour nous, n'est-ce pas ?

— Oui, répliqua Ramoussot en montrant le gros livre de Mésange, je vais apprendre ce que j'ignore, et Dieu me fera crédit d'un peu de science, en considération de beaucoup de bonne volonté.

Et, saluant profondément Fabienne, Ramoussot quitta l'atelier de Mésange en pressant sur sa poitrine le livre usé de la jeune fille, comme s'il devait désormais lui servir de bouclier contre la douleur ou tout au moins le désespoir.

La jeune fille prit le bras de son frère; elle tremblait. (*Voir page* 398.)

CHAPITRE XXXIV

UNE PROMESSE SACRÉE

En quittant l'atelier de Mésange, Fabienne revint rue de Provence; son frère l'attendait. Il semblait plus grave encore que de coutume, mais il tendit les bras à sa sœur avec un irrésistible élan.

— Partons, lui dit Fabienne, partons, il nous attend.

Ils montèrent en voiture et, pendant le trajet qui les séparait de la Roquette, aucun d'eux ne rompit le silence ; ces âmes, également nobles et compatissantes, se comprenaient trop bien pour avoir besoin du secours de la parole afin de se communiquer leurs impressions.

Fabienne descendit de voiture à la porte de la prison. Évidemment elle était attendue et pouvait pénétrer à la Roquette en vertu d'une autorisation spéciale, car le concierge se recula silencieusement pour lui laisser le passage libre, et ne demanda pas même de permission signée à Marigné.

La jeune fille prit le bras de son frère; elle tremblait.

Il y avait quinze jours que Fabienne n'avait vu Urbain Kerdren, et chaque fois qu'elle se trouvait en sa présence, une émotion terrible précipitait les battements de son cœur.

Le jeune homme conservait son calme habituel. Il ne se révoltait point contre l'injuste arrêt qui le frappait ; il ne se rebellait pas contre la volonté de Dieu, il acceptait la douleur sans affectation de stoïcisme, mais avec l'énergie d'un chrétien qui trouve le secret de sa force dans le sentiment de la foi.

L'abbé Tiburce était devenu son ami. Grâce au saint prêtre, Urbain n'était pas toujours seul. Il pouvait s'entretenir avec l'aumônier, du passé qui lui avait prodigué ses espérances, de l'avenir qui lui réservait tant de tourments. Il commentait avec le digne prêtre les livres que celui-ci lui avait prêtés, il en aspirait toute la sève. Jusqu'à l'heure où la douleur submergea son âme, Urbain avait eu cette croyance infructueuse, pour ainsi dire, qui reste dans le fond de l'âme sans produire de fleurs ni de fruits. Elle le séduisait par les côtés magnifiques et les splendides horizons qu'elle ouvrait à sa pensée ; elle charmait sa poétique nature, et il en eût coûté autant à son cœur qu'à son esprit d'y renoncer. Elle se présentait à lui avec la grâce de ses pompes, ses théories de jeunes filles vêtues de blanc et couronnées de roses pendant les processions solennelles, les reposoirs drapés de velours rouge à crépines d'or, tout étincelants de flambeaux et tout parfumés de fleurs à la Fête-Dieu. Il se rappelait avec attendrissement le chant des cantiques sous les voûtes fraîches des églises tandis que le crépuscule attire les femmes au mois de Marie ; il se rappelait avoir vu en Espagne la pompe des processions traversant les villes au milieu du recueillement général. Puis, tout enfant, il se rappelait avoir vu, le jour des Rogations, les prêtres passer dans les champs en longs surplis, tandis que la voix claire des enfants de chœur répétait les proses latines, et que les trilles des oiseaux, les mugissements des bœufs répondaient aux paroles de bénédiction descendant sur les blés, les troupeaux et l'homme de la terre.

Puis, durant la semaine sainte, combien de fois n'était-il pas allé, dans l'ombre des piliers d'une chapelle, imprégner son âme de la grande douleur de l'Église, sangloter ou écouter les strophes désolées du *Stabat*, et se courber devant la croix drapée d'un linceul.

Mais alors la religion le charmait, le pressait, le prenait par sa poésie ; il en admirait le côté idéal, le génie particulier, plus grand, plus pur que celui de tous les autres cultes. Il la trouvait belle et sainte ; mais il admettait, comme un grand nombre d'hommes de son âge, que lui rendre ce tribu d'admiration devait suffire, et que la pratique des lois qu'elle prescrit n'est point nécessaire d'une façon absolue. La foi restait pour lui dans une région spéculatrice. De l'idée de Dieu, il essayait de séparer celle de l'Église. Plus chrétien que catholique, il trouvait encore que certaines obligations abaissaient sa raison et choquaient le sentiment de sa liberté. Après avoir accepté le Décalogue, il discutait les commandements de l'Épouse du Christ. Il lui semblait que le Seigneur se devait contenter d'un culte un peu vague, dont il lui offrait l'hommage à ses heures, suivant la disposition de son esprit et l'inclination de son cœur.

Urbain lisait la Bible avec passion; il ne pouvait se lasser d'admirer la poésie mâle des livres saints. Dans les cris de Job et les chants de douleur de David, il trouvait l'expression de toute humaine souffrance; mais il n'était pas sûr de s'abandonner comme croyant aux pensées que les psaumes faisaient naître : le poète y prenait la plus grande part.

Enfin Kerdren faisait partie de cette phalange d'hommes qui se croient le droit de discuter, de réfuter, de combattre ce qui leur déplait ou ce qu'ils ignorent.

Quand le malheur fondit sur lui, Kerdren le reçut avec courage ; il appartenait à l'abbé Tiburce de diriger vers le ciel cette âme broyée, et de la rappeler au pied de la croix inondée du sang de l'Agneau.

Ce fut une noble conquête que celle de cette grande intelligence. Du reste, du moment où la grâce le toucha, où le vent de L'Esprit souffla au-dessus de sa tête, Urbain n'essaya point de lutter. Il trouva une joie sublime, pénétrante, à se sentir vaincre par Dieu. Pourquoi tenter de défendre son âme contre l'éternel amour qui vient à vous ? A quoi bon chercher des sophismes dans son esprit, quand on sent des larmes dans ses yeux ? Lorsque Saül tomba sur le chemin de Damas, ébloui, aveuglé, il adora la main qui le renversait dans la poussière. Urbain resta, lui aussi, brisé, anéanti, mais convaincu. Il se jeta dans les bras de Dieu avec l'élan filial qui désarme sa justice, et l'abbé Tiburce s'attacha au malheureux avec d'autant plus de force qu'il lui devait une des grandes joies de sa vie sacerdotale.

Aussi, loin de s'affaiblir dans la solitude, l'âme de Kerdren grandissait ; sa pensée prenait un vol non pas seulement superbe, mais céleste ; elle ne rasait plus la terre comme l'aile de certains oiseaux qui l'effleurent avant de monter se perdre dans les plaines de l'air ; elle se berçait radieuse et sereine dans les régions qui jusqu'alors lui avaient paru inaccessibles. Aux écrivains qui, jusqu'à cette heure, avaient fait son admiration et ses délices, il préférait l'évêque d'Hippone et les œuvres des Pères qui, pour exalter les choses de Dieu, ont employé le plus magnifique langage, persuadés que, de même que les draps d'or, les pierreries et l'encens précieux sont réservés pour le Tabernacle, la langue de l'homme doit, quand elle parle des choses du ciel, s'élever à une hauteur inconnue.

Sans doute, le souvenir des bonheurs d'autrefois lui revenait, mais il y songeait comme nous nous rappelons de merveilleux mirages entrevus dans nos rêves. Il se disait que Fabienne resterait dans sa vie semblable à une image parfaite de la femme, avec sa douceur, sa modestie, sa vaillance. Et quand les paroles qu'elle lui avait dites devant les juges résonnaient à son oreille, il bénissait la sœur de Jean pour cet hommage rendu à son malheur. Jamais, depuis ce jour, ni Marigné ni sa sœur n'avaient rappelé le cri de pitié et la promesse sacrée qui jaillirent alors à la fois du cœur de Fabienne.

Depuis deux jours, l'abbé Tiburce avait prévenu Urbain Kerdren que, sans nul doute, il partirait pour Cayenne avec le prochain convoi de condamnés.

Le jeune homme s'était jeté dans les bras du prêtre.

— Mon ami ! mon noble ami ! aurai-je la force de vous quitter ! lui dit-il.

— Vous trouverez des prêtres là-bas, répondit l'abbé Tiburce, et Dieu est partout.

Cette nouvelle ne cessa pas cependant d'affliger Urbain, et il gardait avec l'aumônier de la Roquette un douloureux silence, quand la porte de sa cellule s'ouvrit sous la main du gardien, qui laissa passer Fabienne et son frère.

Le condamné courut à eux.

— Vous ! vous ! s'écria-t-il.

— Ne nous attendiez-vous pas ? demanda la jeune fille.

— Vous m'aviez dit : Je reviendrai ; et je sais que l'on doit compter sur votre parole ; mais je connais les difficultés administratives, et ce n'est point à vous que je m'en prenais de votre absence.

L'abbé Tiburce se leva, serra la main de Kerdren et se disposa à le quitter.

— Monsieur l'abbé, lui dit doucement Fabienne, faites-nous la grâce de rester.

— Votre frère et vous, mademoiselle, avez sans doute à faire des confidences intimes à ce cher enfant.

— Je souhaite que vous les entendiez, répondit Fabienne d'une voix grave dans laquelle se trahissait une violente émotion.

Elle était restée debout, en face d'Urbain, et le regardait. Jamais le beau visage du jeune homme n'avait reflété plus de noblesse, de dignité, de grandeur vraie. On sentait, en le voyant, qu'il avait un de ces cœurs que rien ne peut corrompre, un de ces caractères que rien ne saurait abaisser.

Mlle Marigné s'avança de deux pas.

— Urbain, dit-elle, vous souvenez-vous des paroles que je vous adressai au tribunal ?

— Oui, répondit le jeune homme avec l'accent d'une profonde reconnaissance, elles m'ont empêché de mourir.

— Moi, reprit Fabienne en rougissant avec une grâce pudique, je me rappelle les passages écrits sur votre *Mémorial*, ces pages dans lesquelles vous parliez de moi avec un sentiment si profond, si vrai, une si confiante tendresse.

— Cette tendresse m'a fait vivre, ajouta Urbain.

— Me la gardez-vous encore ?

Fabienne demanda cela sans baisser le clair et loyal regard qu'elle venait de fixer sur Urbain.

Celui-ci tressaillit.

— Est-ce une question, Fabienne ?

— C'est l'expression du désir de m'entendre répéter ici ce que j'ai appris... là-bas...

— Oui, répondit Urbain avec une sorte d'effort douloureux.

En voyant Fabienne, il comprenait la grandeur du sacrifice qu'il devait faire en renonçant à elle.

Le visage de Fabienne refléta une joie profonde, et ce fut d'un accent plus vibrant qu'elle ajouta :

— A mon tour, je viens solder ma dette, Urbain.

— Votre dette ! grand Dieu ! et que pouvez-vous me devoir ?

— N'ai-je point promis de devenir votre femme ?

Urbain étendit la main en avant comme s'il voulait, par ce geste, empêcher Mlle Marigné d'en dire davantage.

— Laissez-moi achever ma pensée, Urbain. J'ai promis de devenir votre femme ; librement, volontairement, je viens tenir cette parole donnée dans une circonstance solennelle et terrible. Dans dix jours, si vous le voulez, Urbain, nous serons unis devant Dieu.

— Vous ! ma femme ! s'écria le malheureux.

— Aviez-vous renoncé à cette espérance ?

— Je l'ai repoussée, Fabienne, repoussée de toutes les forces de mon cœur brisé. Vous, ma femme ! Vous, Fabienne, la plus pure, la plus chaste des jeunes filles, vous unir à un malheureux flétri par la loi ! Vous, m'apporter votre nom, que Jean sut rendre glorieux, pour le voir signer à côté du mien un acte de mariage qui vous déshonorerait ! Ah ! ne croyez pas que jamais j'y consente ! Il y aurait cruauté à profiter d'un élan de pitié qui vous porta vers moi le jour où se dénoua ce drame terrible. Oui, vous le savez, puisque, non contents de chercher à pénétrer les secrets de la nuit du crime, les hommes de la justice fouillèrent dans les plis secrets de mon cœur,

Il se rappelait avoir vu en Espagne la pompe des processions (*Voir page* 399).

votre nom a rempli ma pensée, votre image a peuplé mes journées solitaires. J'ai rêvé la gloire pour vous en offrir les lauriers, je voulais être célèbre pour voir relever votre front quand mon nom serait prononcé devant vous. Mais ce rêve est mort, Fabienne, le jour où l'on me crut capable d'un meurtre. Je vous ai sciemment ensevelie, ô chère fiancée, avec les souvenirs de ma vie heureuse ! Et quand je vous revois encore glissant sur les murs de ce cachot, c'est pareille à ces visions de Dante qui, plus aériennes que vivantes, se perdent dans l'atmosphère lumineuse du ciel ! Moi, votre compagnon ! pour mettre mes chaînes de forçat dans votre corbeille de noces !

Urbain frissonna et voila ses yeux de sa main.

— Ces chaînes, je les rendrai plus légères, dit Fabienne : nous serons deux à les porter. Le malheur, un malheur immérité, terrible, brise votre vie, est-ce une raison pour vous enlever la seule joie qui vous reste, celle d'avoir pour compagne une femme qui vous apprécie ? Ah ! si l'épreuve, loin de vous grandir, vous avait abaissé, si, vous sentant méconnu, vous aviez blasphémé Dieu et fermé votre âme à l'espérance, peut-être aurais-je hésité ; mais vous me paraissez plus fort et plus digne de moi depuis que vous avez tant souffert.

— La pitié vous égare, Fabienne.

— Une tendresse chrétienne m'éclaire.

— Avec moi, c'est l'exil.

— Qu'importe où se fonde la famille, si le Seigneur la bénit.

— Vous regretteriez, quelque jour, un pareil sacrifice.

— Croyez-vous donc que vous cesserez de me chérir ?

— Ah ! s'écria Urbain, cette lutte est au-dessus de mon courage. Je croyais avoir triomphé de toutes les épreuves, et celle-ci me reste... la dernière, la plus douloureuse... vous eussiez dû me l'épargner, Fabienne. Voyez, j'ai peur, et je tremble. Quoi ! vous m'apportez le bonheur, et la plus stricte équité m'oblige à le repousser ; vous accourez ici, votre grave sourire sur les lèvres, votre chaste compassion dans les regards, et je dois fermer les yeux pour ne pas voir le sourire, pour ne pas surprendre les larmes. Vous m'offrez de devenir l'Eve innocente accompagnant Adam exilé, et les mains qui devraient se tendre vers vous pour vous bénir, s'agitent pour vous repousser. Fabienne, chère Fabienne ! ne prolongez pas davantage cette torture. Partez, éloignez-vous pour ne jamais revenir. Je garderai dans le secret de mon âme un inaltérable et religieux souvenir de cette heure. Dans le fond de ce cachot, vous me semblez plus admirable encore que devant la foule à qui vous avez crié : « Il faut bien qu'il soit innocent, puisque je consens à devenir sa femme ! »

Un sanglot monta aux lèvres d'Urbain.

— Adieu, dit-il, adieu, chère sainte du foyer ! songez à moi, qui ne vous oublierai jamais. Et si quelqu'autre, plus capable et plus digne de vous rendre heureuse, vous demande en mariage, asseyez-vous sans remords à son foyer ; ne craignez pas que je vous accuse de trahison : vous avez payé, et bien au-delà, la dette de l'héroïsme à la parole donnée.

Urbain Kerdren s'approcha de Jean Marigné.

— Emmène-la, dit-il, emmène-la.

— Et pourquoi ? demanda Jean, pourquoi empêcherais-je cette vaillante fille de remplir son devoir ?

— Son devoir ! mais elle n'est obligée à rien envers moi

— Ceci, dit Jean, est l'affaire de sa conscience.

— Tu ne me soutiens pas, tu la défends, tu te ligues contre moi pour arriver à me faire accepter...

— Le bonheur, dit Marigné, oui.

— Mon Dieu ! mon Dieu ! répéta Urbain, je dois refuser cependant, oui, je le dois.

— Si Fabienne agissait autrement, répliqua l'artiste, je la renierais pour ma sœur !

Fabienne pressa dans une de ses mains la main de Marigné.

Les regards des deux jeunes gens ne pouvaient se détacher du malheureux Kerdren. Son âme se trouvait à cette heure en proie aux sentiments les plus contraires. Sa tendresse pour Fabienne, loin de diminuer et de s'éteindre dans la solitude, avait grandi ; les sentiments religieux du jeune homme lui avaient communiqué un caractère plus auguste et plus pur. Il l'associait par la pensée à sa vie de solitude et de prière, et voilà qu'elle venait, avec une confiance sublime, une abnégation sainte, lui tendre la main et le convier à des noces dont il n'espérait plus voir la pompe chrétienne.

Accepter ! c'était recevoir de la main de Dieu une compensation inespérée à toutes ses souffrances. Mais accepter, c'était aussi entraîner cette jeune fille dans l'abîme de misère et de déshonneur où il était tombé.

Plus il la chérissait, plus il devait s'obstiner à la laisser près d'un frère bon, généreux, célèbre, qui la protégerait, l'aimerait, et lui choisirait plus tard un mari digne d'elle, quand le temps, qui adoucit tout, aurait presque effacé les vestiges de cette grande douleur qui passait sur sa jeunesse comme un vent d'orage. Oui, son devoir, à lui, était de s'obstiner dans un refus détruisant son dernier espoir de consolation terrestre. Il le ferait, il le ferait avec l'aide de Dieu, car seul, l'infortuné le sentait, il serait vite vaincu par l'amitié de Jean et les prières de Fabienne.

Tandis que les jeunes gens s'abandonnaient à cet héroïsme des grands cœurs qui trouvent faciles tout les sacrifices, l'abbé Tiburce, assis dans l'angle le plus obscur du cachot d'Urbain, remerciait le ciel d'envoyer une consolation suprême à ce malheureux qu'il regardait comme son enfant. Il priait avec ferveur pour le bonheur de ces trois êtres si complètement dignes de comprendre l'amitié, la tendresse, et de donner à un monde égoïste le spectacle de ces dévouements qui font monter à nos yeux des larmes silencieuses.

Tandis que, les mains jointes, il suppliait Dieu d'achever cette œuvre de miséricorde, Urbain Kerdren s'approcha de lui vivement.

— Mon père ! dit-il, mon père, vous venez d'entendre Fabienne ?
— Oui, mon fils.
— Vous savez ce qu'elle veut, et ce que je refuse ?
— Je le sais.
— Prononcez entre nous, dit Urbain, ou plutôt donnez-moi la force de m'opposer à ce qu'elle consomme un semblable sacrifice.
— Monsieur l'abbé Tiburce ne le fera pas, dit Fabienne; il sait ce que j'ai dit devant tous, le jour où l'on vous condamna comme meurtrier. J'ai voulu de solennelles fiançailles ! J'en ai pris pour témoins les juges assis au banc du tribunal, les jurés tout pâles de leur verdict, la foule qui se pressait dans le prétoire ! Où se trouve l'image de Jésus crucifié est pour nous tous un autel ! J'ai étendu la main vers le Christ, et j'ai juré de vous dévouer ma vie ! Devant Dieu, devant le prêtre, devant ma conscience, je ne puis accepter d'autre mari que vous !
— Mais je suis flétri, Fabienne.
— Vos fils vous respecteront.
— Je vous aime trop pour consentir à cette immolation.
— C'est au nom de cette tendresse que je vous l'impose.
— Mon père, dites à cette enfant que sa générosité l'égare !
— Affirmez à cet infortuné, mon père, qu'il s'oppose aux desseins de Dieu sur lui en me repoussant !

Les deux jeunes gens se trouvaient alors de chaque côté de l'abbé Tiburce. Le même tremblement généreux agitait leur voix, la même flamme pure brillait dans leurs regards. Le besoin du sacrifice éprouvait si bien ces deux âmes, que c'était vraiment un noble spectacle que cette lutte dans laquelle l'un s'obstinait à s'immoler, et où l'autre acceptait le malheur éternel plutôt que d'en partager le poids.

L'abbé Tiburce se leva.

Il semblait grandi. Sa haute taille dessinait une ligne noire, grêle et correcte sur la muraille de la prison, crépie à la chaux. Son visage ascétique rayonnait de cette joie intérieure qui s'irradie autour du visage des bienheureux ; expression sublime que les peintres ont traduite par les clartés des nimbes au-dessus de la tête des saints.

Ses lèvres s'agitèrent quelque temps sans prononcer de paroles ; il s'adressait à Dieu avant de répondre aux enfants prosternés devant lui.

Enfin, étendant ses deux mains en avant et les laissant tomber sur le front de Fabienne et d'Urbain :

— Je vous donne, leur dit-il, la bénédiction que Dieu répand sur les grandes âmes. Pauvre être foudroyé dans les chemins du monde, de quel droit repoussez-vous le salut? Quand Tobie s'en alla vers Gabélus pour lui réclamer les dix talents prêtés par son père, refusa-t-il un ange pour son compagnon de voyage? Urbain, c'est le Seigneur qui vous a choisi Fabienne pour femme. Elle sera douce comme Rébecca, sage comme Abigaïl, agréable à vos yeux comme Rachel. Aimez-la, elle qui vient à l'heure de la tristesse pour être votre consolation ; à l'heure de l'isolement et de l'exil, pour vous créer un foyer et vous rendre une patrie ! Aimez-la comme elle mérite d'être aimée pour ses qualités charmantes et ses hautes vertus ! Jamais peut-être les voûtes d'un cachot ne virent semblables fiançailles! Elles sont doublement grandes et sacrées ! Un frère en est témoin, la main d'un prêtre les bénit, et, dans le ciel, le Seigneur les sanctifie !

Urbain tendit ses deux mains à Fabienne.

— Ma femme ! dit-il.

Puis, courant vers Jean Marigné :

— Frère ! oh ! frère ! dit-il, comment m'acquitterai-je envers vous ?

— En rendant ma sœur heureuse, répondit Jean.

Pendant le reste du temps que dura la visite de Fabienne et de Jean au prisonnier, on convint de tout ce qui restait à faire pour préparer la cérémonie. Elle pouvait strictement avoir lieu dans dix jours. Urbain possédait tous ses papiers ; on obtiendrait des dispenses pour les publications ; et si l'ordre du départ du condamné était donné plus rapidement encore qu'on ne devait l'attendre, la jeune femme serait prête à suivre son mari.

L'entretien de ces quatre créatures, si bien faites pour s'apprécier et se comprendre, se prolongea aussi longtemps que les réglements le pouvaient permettre.

Quand Fabienne et Jean se retirèrent, Fabienne souriait, et Urbain sanglotait dans les bras de l'abbé Tiburce

La fiancée avait choisi un costume étrange. (Voir page 414.)

CHAPITRE XXXV

UN MARIAGE FUNÈBRE

a chapelle de la Roquette prenait un air de fête, grâce aux soins intelligents de Mésange et de ses sœurs, qui aidaient Sœur Sainte-Croix dans l'ornementation de l'autel. Dès le matin, les jeunes filles avaient apporté d'énorme branches de lis mêlées de scabieuses sombres ; Mésange se souvenait du désir de Fabienne, qui voulait, pour cette cérémonie, mêler le deuil à l'expression de la joie.

Les flambeaux étincelaient, de riches tapis garnissaient les marches du sanctuaire, et l'on avait fait venir d'une grande paroisse de Paris les fauteuils de velours, les coussins, les prie-Dieu dont on a coûtume de se servir le jour des mariages opulents. Sœur Sainte-Croix avait chargé Ramoussot de ces détails ; elle voulait, en donnant plus de pompe à l'union de Fabienne et d'Urbain, protester contre la condamnation de ce dernier et contre l'insolence croissante de M. de la Haudraye.

Depuis sept heures du matin, une foule énorme stationnait place de la Roquette.

Il ne s'agissait point, cette fois, de venir monter les poteaux des bois de justice dans les quatre pierres dont l'eau du ciel ne parvient pas à laver les taches rouges, mais d'assister à ce touchant spectacle d'une femme assez courageuse pour demander sa part dans la souffrance immérité d'un honnête homme.

Les journaux ne manquèrent pas de s'emparer de ce *fait-Paris*, et la veille, Barbézius, sous l'empire d'une émotion profonde, rappela les poignants souvenirs de la cour d'assises, et la solennelle parole de Mlle Marigné, qui, le lendemain même, devait recevoir son accomplissement.

Sans revenir sur la chose jugée, Barbézius, avec un art infini, groupa certaines circonstances étranges ayant précédé, accompagné ou suivi l'assassinat de M. Monier. Il citait le nom de Louis Taden, ce jeune homme qui s'était présenté à l'hôtel du millionnaire afin de réclamer sa fortune et son nom, et qui, peu de temps après, était tombé dans un guet-apens.

« Nous n'en avons pas fini, croyons-nous, disait-il en terminant son article, avec les sinistres surprises : après l'enfant, le vieillard, après le vieillard, le jeune homme. Quel mystère étrange, quelle fatalité inouïe s'attache donc aux membres de cette famille? Combien de pleurs répandus, de sang versé, depuis que le nabab de Java est revenu en France! Certaines fortunes sont-elles donc dangereuses, et leur possession entraine-t-elle donc fatalement la perte de ceux qui affichent des droits à une part de ces millions maudits? Priez, Blanche, pauvre mère chrétienne! afin que le Seigneur remette dans vos bras l'enfant ravi à votre tendresse! Priez, Fabienne, noble fille, qui vous consacrez à relever dans sa douleur l'homme dont vous acceptez le nom, et qui n'a pas, un seul jour, cessé d'être mon ami! Priez, Sœur Sainte-Croix, vous qui êtes un ange, afin qu'un dernier miracle s'accomplisse! qu'il plaise au Seigneur d'intervenir dans ces épisodes terribles, et de faire la clarté où nous ne trouvons que les ténèbres. »

Cet article eut un grand retentissement. Le numéro de la *Bouche de fer* fit prime sur le boulevard. On assaillit les kiosques pour s'arracher le journal, et on parla de faire un tirage à part de l'article de Barbézius.

L'opinion publique suivit le courant vers lequel l'entrainait cette parole convaincue. La pensée que Kerdren était victime d'une erreur judiciaire, gagna comme une trainée de poudre. L'enthousiasme pour Fabienne grandit à mesure, et l'on n'eut pas assez d'éloges à donner à Marigné pour la noblesse de sa conduite dans toute cette affaire. Le mouvement qui se produisit dans l'opinion explique suffisamment pourquoi, depuis la veille, la foule se pressait dans la rue de la Roquette ; chacun tenait à s'assurer d'une place, d'un balcon ; les marbriers étaient encombrés de visites.

La terrasse du magasin de croix funéraires qui fait face à la place de la Roquette, se trouvait garnie de bancs et de chaises destinés aux curieux. Ceux-là ne pourraient voir que le cortège.

Les amis d'Urbain, ceux de Marigné, la presse gardaient leurs places dans la chapelle.

Le mariage devait avoir lieu à dix heures.

Un quart d'heure auparavant, les portes s'ouvrirent et les invités, amis d'Urbain, arrivèrent par groupes.

Depuis l'heure où l'avocat général, à l'instigation d'Amaury, défendit à sa fille de parler à Fabienne Marigné, Mlle de Grandchamp se soumit à la volonté paternelle. Elle n'accomplit pas sans peine ce sacrifice. Mais elle n'essaya pas de se révolter contre la cruelle injustice de cet ordre.

A mesure qu'approchait l'époque de son mariage avec M. de la Haudraye, Marie de Grandchamp, privée d'amitiés, de conseils, trouvant dans sa mère non pas une confidente, une alliée, mais presque une antagoniste, avait ressenti le besoin de se tourner davantage vers Dieu. Sa piété se doublait de la violence de son chagrin et de ses secrètes appréhensions.

Chaque matin, accompagnée d'une femme de chambre qui l'avait vue naître, elle assistait régulièrement aux offices à Notre-Dame. Selon les besoins de son cœur, elle y restait plus ou moins longtemps. Tandis qu'elle se recueillait dans la prière, Mlle Julienne Aubry lisait l'*Ame élevée à Dieu*, un beau livre qu'elle savait par cœur et dont elle méditait sans fin les pages.

Souvent elle voyait, au léger mouvement des épaules de Marie de Grandchamp, que la jeune fille pleurait; alors la servante avait grand'peine, dans son attachement pour Marie, à ne point accuser de tyrannie l'avocat général et sa femme.

Le matin du jour où Fabienne devait épouser Urbain Kerdren, Mlle de Grandchamp apporta un soin inusité à sa toilette, puis, à peine se trouva-t-elle hors de l'hôtel habité par son père, qu'elle dit à Julienne :

— Ma bonne Aubry, nous n'allons pas à la messe à Notre-Dame, ce matin.

— Quelle paroisse choisissez-vous, mademoiselle?

— Tout simplement une chapelle. Montons en voiture, la course sera longue.

Julienne appela un cocher, et Marie prit place dans un coupé de régie, après avoir donné à l'automédon, assez bas pour que la femme de chambre ne pût distinguer, cette indication :

— Chapelle de la Roquette. Arrêtez-vous devant le premier magasin de fleurs que vous trouverez sur votre route.

Dix minutes après, Marie descendit devant une boutique embaumée comme un parterre.

— Que voulez-vous, mademoiselle? demanda Julienne.

— Un bouquet, répondit Marie.

— C'est pour l'autel, alors?

Marie ne répondit rien, choisit les plus belles roses blanches qu'elle put trouver, les fit simplement lier en bottes et entourer de feuillages légers, puis elle remonta dans la voiture.

Les chevaux partirent d'une assez vive allure pour des chevaux de fiacre, et un quart d'heure après, la voiture s'engagea dans la rue de la Roquette.

— Mon Dieu, mademoiselle, demanda Julienne, est-ce que nous allons au Père-Lachaise ?

— Non, ma bonne Aubry, pas aussi loin.

Mais quand elle aperçut une foule énorme sur la place, Julienne fut saisie d'une autre terreur.

— Pour sûr, mademoiselle, dit-elle, il y a une exécution ce matin ; n'avancez pas, je vous en supplie.

Mais Mlle de Granchamp venait de mettre la main sur la poignée de la portière ; elle descendit si vite que les paroles de la femme de chambre se perdirent dans le bruit de la multitude environnant la prison.

Immédiatement, et avant que le cocher de Mlle de Granchamp eût le temps de tourner, d'autres voitures arrivèrent à la file ; des hommes en descendirent et gagnèrent silencieusement la chapelle, dont ils occupèrent les côtés.

C'étaient les compagnons de la *Vache-Enragée* : Clément Roux, l'avocat Grégoire Fusain, Loys-les-Sonnets, Elie Reinal, André Beauvais. Leur attitude était respectueuse et grave. On comprenait qu'une profonde émotion leur remuait le cœur.

Au lieu de monter du côté de l'autel, Mlle de Grandchamp resta près de la porte de la chapelle.

Julienne ne comprenait rien encore à la fantaisie de sa jeune maîtresse, mais elle ne pouvait s'empêcher de trouver bien étrange que Mlle de Grandchamp assistât à la messe à la prison de la Roquette ; elle comprenait du reste encore moins la pompe inusitée déployée dans cette circonstance. Julienne devinait vaguement qu'elle allait assister à une cérémonie imposante, et que la femme de l'avocat général la gronderait d'une façon sévère, si jamais elle apprenait la présence de sa fille à la chapelle de la Roquette ; mais en ce moment, Julienne ne voyait qu'une chose : on permettait à Marie d'assister le matin aux offices, et jamais on n'avait désigné d'église spéciale. En somme, la bonne Aubry ne désobéissait point à un ordre formel. Quant à raconter plus tard à Mme de Grandchamp ce qui se serait passé, Julienne ne croyait point qu'il rentrât dans ses attributions de donner des rapports détaillés de tout ce que pouvait faire sa jeune et chère maîtresse ; elle la trouvait bien assez malheureuse d'épouser, dans six semaines, M. de la Haudraye.

Tout-à-coup, une rumeur s'éleva autour de la place, rumeur mêlée d'admiration, de sympathie.

La voiture amenant Mlle Marigné et son frère venait de s'arrêter, devant la porte de la prison.

La fiancée avait choisi un costume étrange : ce n'étaient point des noces ordinaires que les siennes ; elle avait voulu que sa parure ne ressemblât en rien à celle des autres mariées. Sur sa robe de satin blanc à larges traînes, tombaient fort bas les plis d'un voile de tulle noir, placé à la juive et couvrant à demi son beau visage. Dans ses cheveux, suivant les indications données à Mésange, s'enroulait une guirlande de fleurs d'oranger mêlées de roses de velours noir ; un bouquet semblable se balançait à son corsage, et deux guirlandes couraient sur la jupe pour dessiner la taille, et agrafer en arrière les quadruples plis de sa robe.

Sans lever les yeux sur la foule, qui se pressait pour mieux la voir, Fabienne, appuyée sur le bras de Jean Marigné, franchit le seuil de la chapelle.

En ce moment, Mlle de Grandchamp, tout émue de son généreux courage, prit place à côté de la fiancée : elle voulait, après l'avoir suivie à la cour d'assises, lui servir à l'autel de demoiselle d'honneur.

Fabienne lui pressa la main en silence, mais Marie comprit, au rayon de joie qui brilla dans ses yeux, combien la fiancée était touchée de cette nouvelle marque d'affection.

André Beauvais, Clément Roux, Barbézius et Ramoussot, témoins du mariage, prirent place en arrière des sièges destinés aux fiancés.

Un groupe charmant attira bientôt l'attention. Il se composait de six petites filles d'âges différents, et d'un jeune garçon de quatorze ans, tous vêtus de bleu sombre ; leur sœur aînée les surveillait avec sollicitude, et Ramoussot murmura à l'oreille de Barbézius, qui demandait le nom de la petite famille :

— Ce sont les Mésanges.

Les Mésanges portaient des bouquets, frais comme leurs visages, purs comme leurs prières. Dès qu'elles furent agenouillées, elles s'absorbèrent dans le sentiment de la prière, et ne levèrent plus leurs longs cils.

Fabienne venait de se prosterner sur son prie-Dieu. Elle semblait paisible, heureuse et digne. Son regard, fixé sur le crucifix, paraissait tour à tour implorer et rendre grâce.

Enfin une petite porte s'ouvrit, à droite, et Urbain Kerdren parut.

Le directeur de la prison l'accompagnait.

Urbain était pâle, mais de la pâleur d'une grande et noble émotion.

Arrivé à la place qui lui était destinée, il aperçut Fabienne en prière, et alors le sentiment de consolation que lui envoyait le ciel, le respect qu'il ressentait pour l'admirable fille qui lui vouait sa vie, envahirent son âme, et l'excès de joie fit couler de ses yeux des larmes que n'avaient pu lui arracher les plus longues, les plus horribles douleurs.

Au moment où il s'approcha de Fabienne, les sons voilés d'un harmonium s'élevèrent dans la chapelle ; Alleluia avait voulu tenir l'instrument pendant la messe de mariage. En reconnaissant le jeu simple et pur de la jeune aveugle, Barbézius tourna la tête ; mais l'organiste se trouvait cachée par la foule, et il devint impossible à l'empailleur de grenouilles de l'apercevoir.

La cérémonie commença.

Les deux fiancés étaient profondément recueillis. Ils comptaient moins sur eux-mêmes que sur le Seigneur pour leur donner la force d'accomplir leur tâche. Avant de se lier sans retour, ils éprouvaient le besoin de se jeter sur le sein paternel de Dieu, et de lui demander du courage pour la lutte.

Après avoir béni les bagues, l'abbé Tiburce leur dit d'une voix profondément émue :

— Je ne vous donne pas des anneaux d'or, mais des anneaux de fer. Vous ne serez point une compagne comme les autres, jeune éprouvée, car vous acceptez par avance le poids de toutes les douleurs de celui que vous avez choisi. Vous pouviez prendre pour le compagnon de votre vie un homme riche ou célèbre, heureux selon le monde, et vous venez de tendre la main au plus abandonné, au plus éprouvé des malheureux. Vous avez compris que, pour certains malheurs, il fallait des consolations exceptionnelles, et vous avez voulu être l'envoyée de Dieu, l'ange visible de celui qui devait vivre dans la désolation. Votre pompe nuptiale est mêlée de deuil ! le sourire qui s'ébauche sur vos lèvres s'éteint dans les larmes ! Vous non plus, jeune homme, ne ressemblez aux autres fiancés ; vous n'amènerez pas votre compagne dans la maison nouvelle qui lui fera fête, vous n'ôterez pas le voile dont elle a couvert son front de vierge. A peine vos mains se sont-elles pressées, que de nouveau vous serez séparés. C'est l'exil qui vous rapprochera ! Sur les terres lointaines vous vous retrouverez, et là, seulement, vous pourrez songer à votre consolation mutuelle !

« Mais si douloureux que soit le présent, si longue que doive être l'épreuve, soyez fier, jeune homme ! levez la tête, jeune fille ! car vous contractez devant Dieu la plus sainte des unions.

« Aimez votre femme, Urbain Kerdren, plus qu'aucun époux n'a jamais chéri la sienne ; elle vous donne aujourd'hui la preuve d'une tendresse que vous resterez toujours impuissant à solder !

« Chérissez votre compagnon, jeune fiancée, vous savez quelle compensation suprême est nécessaire à sa vie ! Songez que jamais vous n'aurez le droit, par une plainte, par une larme, par un soupir, de lui faire sentir la grandeur du sacrifice que vous acceptez au pied de l'autel.

« Enfin, tous deux, aimez Dieu qui vous réunit et vous protège ! Dieu qui purifie, éclaire et console ! Dieu qui se tait souvent et semble, dans le silence et la grandeur de son éternité, oublier les fils souffrants qui tendent vers lui leurs bras, mais qui pourtant se souvient toujours de ceux qui l'aiment, et qui, quand son heure est venue, quand il n'a pas répandu sur les choses obscures de ce monde l'aurore de sa lumière, les éclaire subitement aux éclats de la foudre, cette foudre dont vous ne redoutez pas les clartés, et devant qui seuls doivent trembler les coupables ! »

A cette allusion au procès dont le dénouement avait été la condamnation d'Urbain, un frisson parcourut l'auditoire, et chacun crut que l'abbé Tiburce prophétisait le jour où l'innocence d'Urbain se trouverait enfin reconnue.

La cérémonie du mariage terminée, la messe commença.

Ramoussot, sous l'empire d'une double émotion, sentait son cœur battre avec une violence inusitée. Il se souvenait, à cette heure, de la promesse solennelle faite à Mésange, de la sainte confiance avec laquelle la jeune fleuriste lui avait répété qu'un miracle s'accomplirait, s'il le demandait à Dieu.

Pour la première fois, Lucien éprouvait le besoin de l'invocation, et devinait la force divine de la prière. Seulement il savait à peine comment on parle au Seigneur ; il avait les balbutiements de l'enfant inhabile à traduire sa pensée ; il se contentait d'ouvrir son âme comme un livre, et de dire à Dieu : «Effacez ce qui ne doit pas y rester, et remplacez-le par ce que vous voulez que je croie, que j'espère, que j'aime désormais !»

Plus d'une fois son regard se tourna vers Mésange et ses sœurs.

Les enfants priaient comme ces anges que l'on représente aux angles des autels, les unes plongées dans le sentiment de l'anéantissement en présence de Dieu caché sous les voiles d'un sacrement auguste; les autres, les yeux levés vers le ciel, les bras croisés sur la poitrine, les cheveux soulevés par le souffle de l'extase.

Elles pensaient qu'elles aussi ressembleraient bientôt à ces anges, et leurs innocents visages reflétaient tant d'amour et de joie que plus d'un peintre ami d'Urbain Kerdren, songea à prendre ce groupe pour le sujet d'un tableau.

Mésange restait les yeux baissés, les mains jointes ; ses lèvres remuaient à peine.

Cette nature si complètement pure et dévouée, prenait à tâche, depuis sa première jeunesse, de lutter contre elle-même et de se sacrifier pour autrui ; ce qui se passait en elle demeurait un mystère. Pourvu que le Seigneur fût content de ses efforts, elle se tenait pour satisfaite.

Une fois seulement, elle leva les yeux et les reporta sur ses sœurs ; un rayon de joie passa sur son visage ; Ramoussot le surprit et il ajouta à sa prière mentale cette autre prière :

— Faites qu'elle soit heureuse, Seigneur ! faites qu'elle soit heureuse !

Pendant ce temps, Alleluia jouait avec ce talent merveilleux fait d'inspiration, et qui enlève bien plus un public que toutes les difficultés vaincues.

Le chant nuptial qu'elle exécutait pour Fabienne s'imprégnait, de temps en temps, de phrases poignantes, et au milieu de la marche triomphale, les soupirs du *Miserere* se firent entendre comme une basse désolée.

Enfin la messe s'acheva ; l'abbé Tiburce prit le chemin de la sacristie.

Fabienne savait que c'était l'heure de l'adieu.

— Pour toujours ! dit-elle à son mari.

— Oui, pour toujours ! répondit Urbain.

Les nouveaux époux étaient debout, souriants et forts.

Ils s'appartenaient ; chacun d'eux cessait d'être isolé dans la vie.

Ramoussot s'approcha d'Urbain.

— Je ne renonce pas à la lutte, lui dit-il, et je le crois comme l'abbé Tiburce, dût la vérité éclater comme un coup de tonnerre, elle se fera.

— Je puis attendre maintenant, murmura Urbain en regardant sa femme.

Marie de Granchamp se jeta dans les bras de Fabienne, et laissa tomber à ses pieds son bouquet de roses, puis elle quitta la chapelle avec Julienne Aubry.

Tandis qu'une voiture emportait rapidement la fille de l'avocat général vers l'hôtel de son père, Alleluia, brisée par l'émotion, s'évanouissait dans les bras de Blanche Monier.

On emporta la jeune aveugle, et Barbézius, le cœur navré, la gorge serrée, répétait à Blanche :

— Sauvez-la ! soignez-la ! Mon Dieu si vous saviez.....

— Chut ! dit Mme Monier, ce n'est pas l'heure. Montez dans la voiture avec nous ; Alleluia va reprendre connaissance dans une minute. Pauvre créature, c'est frêle comme un lis ! un souffle la ferait mourir.

Ainsi que l'avait prévu Blanche, Alleluia ne tarda pas à retrouver le sentiment de l'existence.

— Fabienne est heureuse ! murmura-t-elle ; oui, Fabienne est heureuse, elle épouse celui qu'elle a choisi.....

Barbézius prit la main de l'aveugle.

— Vous êtes là, mon grand ami, murmura la jeune fille, je suis tranquille ; je ne sais pourquoi, tandis que je jouais, il m'a semblé tout-à-coup qu'il faisait plus noir, et j'ai cessé de comprendre ce qui se passait autour de moi, à l'instant où je frappais le dernier accord.

— Et maintenant ? demanda Barbézius.

— Maintenant, mon cœur y voit !

Le visage du bossu se transfigura ; le sourire de ses lèvres et l'éclair de ses yeux corrigèrent son extrême laideur, et Blanche demeura frappée de la joie qui s'irradiait sur sa physionomie.

— C'est bien beau ce que vous avez écrit dans la *Bouche de fer*, reprit Alleluia, d'une voix tremblante d'émotion ; Blanche me lit chaque jour vos articles. Chacun les admire comme moi, n'est-ce pas mon grand ami ? Tenez, tandis que j'écoute Blanche, il me semble vous voir ; mon cœur bat, mes yeux s'ouvrent. C'est une vision intérieure, si consolante, si douce, que si jamais un miracle s'accomplissait, si je recouvrais la vue, fussiez-vous au milieu de cent autres personnes, je suis sûre que je vous reconnaîtrais.

L'expression de contentement qui brillait sur le visage de Barbézius s'éteignit subitement.

Une pâleur livide remplaça le rayonnement qui transfigurait ses traits heurtés, et de ses lèvres blêmes s'échappa un douloureux soupir.

Il jeta sur Mme Monier un regard si plein de détresse, que la veuve lui tendit la main, afin de lui communiquer un peu de force morale.

— Combien ce doit être bon de se dévouer à ce que l'on aime, murmura Alleluia. Tenez, personne ne doit aujourd'hui plus remercier Dieu que Fabienne. Pouvoir se dire qu'avec un mot l'on renouvelle une vie, qu'on efface l'anathème des hommes, qu'on rapproche une âme de Dieu ! s'oublier dans autrui ! se donner dans un tel sentiment de bonheur que l'on perde même la notion du sacrifice, cela est beau, cela est grand, cela est sublime!

— Cela te tenterait? demanda Blanche.

— Oui, je l'avoue, répondit Alleluia; si j'avais été semblable aux autres femmes, le dévouement eut été mon ambition unique...

Elle s'arrêta un moment, et reprit avec un soupir douloureux :

— Au lieu de cela, Dieu, pour m'éprouver, a voulu que ce fût vers moi que les sacrifices dussent tous aboutir. Je suis la faiblesse, la misère, la souffrance. Je ne peux rien! je ne sais rien! Infirme et plongée dans ma nuit, je reste un fardeau pour tous ceux qui m'aiment.

— Non! non! s'écria Blanche, cela n'est pas!

— Cela est! croyez-vous que je ne le comprenne point, parce que chacun évite de me le faire sentir. J'ai mes clairvoyances du cœur, à défaut de la lumière de mes yeux.

— Alleluia..... dit Barbézius.

— Oh! quoi, vous voulez essayer de me contredire afin de diminuer votre dévouement! ne tentez pas d'affaiblir en moi le sentiment de la reconnaissance. Vous m'avez protégée, instruite, choyée, vous avez fait de l'enfant infirme une jeune fille capable, avec son art, de gagner honorablement sa vie. Je le suis depuis la soirée de M. Mustel, car j'ai trouvé bon nombre d'élèves demandant des leçons; j'ignore même pourquoi Blanche refuse de me laisser prendre des élèves.

— Pour une raison bien simple, ma petite sainte Cécile : je suis jalouse de ton amitié, et je veux te garder pour moi. Ce sont les doux accords de ton instrument qui m'ont bercée pendant mes heures de souffrance. Je ne céderai à personne ma petite amie.

— Ah! fit Alleluia, vous exceptez, j'espère, mon grand ami.

— Le grand ami est le grand ami, dit Blanche, c'est convenu; vous jouerez pour lui, pour moi, pour tous ceux qui vous aiment.

— Voulez-vous me promettre quelque chose? demanda Barbézius.

— Parlez! parlez!

— C'est que, un de ces soirs, vous jouerez pour moi seul, tout seul. J'ai à écrire un grand article dans la *Bouche de fer* sur la musique sacrée, et je puiserai mes inspirations dans votre génie.

— Oui, dit Alleluia, d'une voix étouffée, je jouerai pour vous seul.

Dès qu'elle fut rentrée chez elle, Alleluia prit dans un vase un gros bouquet de lilas blanc que lui avait apporté Blanche, et, le séparant en deux, elle dit à sa mère :

— Je t'en prie, descends ces fleurs dans l'atelier de mon grand ami.

Guillaumette hésita un peu ; elle se souvenait de la façon dont Barbézius avait reçu le bouquet de roses.

Elle céda cependant au vœu de sa fille et, toute craintive, parut dans l'atelier, les branches de lilas à la main.

Barbézius comprit, à la façon dont Guillaumette les lui tendait, qu'elle se rappelait le jour où il avait assez souffert pour repousser les fleurs de la pauvre aveugle et les fouler aux pieds ; s'avançant vivement vers Guillaumette :

— Quel dommage, lui dit-il, que je n'aie point un vase digne de ces fleurs ! Prenez le plus beau, Guillaumette, et placez ces lilas sur mon bureau, ils m'inspireront un bel article ce soir !

Alleluia et Fabienne n'étaient pas seules heureuses ce jour-là.

Au moment où Mésange et ses sœurs allaient sortir de la chapelle de la Roquette, l'abbé Tiburce, quittant la sacristie, se disposait à partir.

Sur le seuil, Ramoussot l'attendait.

— Monsieur l'abbé, dit-il d'une voix émue, votre dévouement aux prisonniers vous permet-il de songer aux autres ? Pourriez-vous donner vos conseils à un homme qui a besoin d'apprendre Dieu ?

— Oui, dit l'abbé Tiburce, en enveloppant, d'un regard confiant et attendri, le jeune homme qui se tenait devant lui, venez mon fils.

Mésange n'en entendit pas d'avantage, mais à peine fut-elle hors de la chapelle qu'elle attira sur son cœur la couvée de mésanges, et baisa le front pur des enfants avec un redoublement de tendresse.

Dans la chambre funéraire, les cierges jetaient une clarté douce. (*Voir page* 428.)

CHAPITRE XXXVI

LE BATEAU DE CHARBON

Le bateau de charbon flottait sur la Seine, au balancement monotone des petites vagues heurtant sa coque noire ; la pluie tombait drue sur la bâche de grosse toile cirée, et produisait un bruit aussi sec que des grêlons heurtant des vitres.

Le pont du bateau était recouvert d'une sorte de fange épaisse produite par les détritus de charbon s'amalgamant avec l'eau. Une sorte de cabine s'élevait à l'une des extrémités ; deux vasistas pouvaient, durant le jour, y répandre une avare lumière. Un escalier en vis s'enfonçait dans la cale, dont la plus grande partie contenait des marchandises, tandis que la seconde moitié servait d'habitation au propriétaire du bateau.

Il s'appelait Hercoët. C'était un brave homme, dur à la besogne, élevé par sa mère dans l'honnêteté, le travail et la foi. Le père Yves Hercoët avait été un des meilleurs marins de St-Malo, cette pépinière de loups de mer qui jadis avait ses flottes de navigateurs et découvrait des plages nouvelles. Mais le père Yves mourut en essayant d'arracher à la mort les passagers d'un navire en perdition, et sa veuve fit jurer à Hélier de ne pas choisir un métier si rude. Le garçon, se sentant du goût pour le commerce et pour l'eau, choisit l'état de marchand de charbon, afin d'avoir au moins la facilité de vivre près des fleuves, puisque sa mère lui interdisait de naviguer sur la mer. La brave femme ne se trompait point ; du reste le cœur d'Hélier s'inclinait vers e foyer, les saintes tendresses, plus que son imagination ne l'entraînait vers les aventures. Il resta dans le voisinage de St-Malo tant que vécut sa mère, et après lui avoir fermé les yeux, il résolut de voir du pays et de s'approcher de ce centre de toute ambition et de toute fortune qui s'appelle Paris.

Au lieu d'aller avec une charrette et un cheval, chercher le charbon dans les loges cachées au fond des bois, Hélier pensa qu'il serait moins rude de se rendre vers les grandes forêts, en descendant le cours de la Seine. Avec le prix de sa maison et de son champ, il acheta un bateau, puis une première cargaison, et vint attacher sa barque près des piliers du pont Notre-Dame.

Pendant trois ans il descendit et remonta paisiblement le fleuve, couchant sur le pont pendant la saison chaude, s'affalant dans la cabine durant les gros temps. Ne s'ennuyant pas, parce que la race bretonne est éminemment rêveuse et mélancolique, et qu'elle aime à se bercer dans ses propres songes avec la molle paresse des Orientaux. Son cœur était resté simple et franc. Si on lui eût dit que certains hommes vivaient sans Dieu, il lui eût semblé qu'ils réalisaient au moral le même prodige que si un savant affirmait pouvoir exister sans air. Sa vie était monotone mais douce.

Tous les mois, Hercoët renouvelait sa provision de marchandises.

Lucas Bridoux se réjouissait chaque fois que Hélier Hercoët passait le seuil de sa maison, et sa fille, la grande et svelte Mathie, devenait toute rose quand le jeune Breton s'avançait, son large chapeau à la main, en les saluant d'un mot amical.

Mathie avait dix-sept ans; toute petite, elle était frêle, mais l'existence en plein air ne tarda pas à développer ses membres; elle grandit tout à coup, comme une plante printanière, et devint la plus charmante fille des alentours. La santé brillait sur sa joue; elle chantait presque toute la journée, et c'était le plus souvent le refrain de sa chanson qui guidait Hercoët vers l'endroit où le père et la fille se trouvaient à l'heure de sa visite.

Le métier de charbonnier n'enrichit guère son homme; Lucas restait pauvre. Mais si on lui avait offert le plus lucratif état du monde, à la condition de quitter ses grands arbres, sa vieille forêt, il eût certainement refusé.

Un jour, en pénétrant sous la voûte des vieux chênes, Hercoët se sentit le cœur tout serré de ne pas entendre la chanson de Mathie. Il eut le pressentiment qu'un malheur était arrivé au vieux Lucas, et, pressant sa marche, il gagna la hutte.

Pas de fumée sortant du toit, pas de bruit dans la pauvre demeure, sinon quelque chose d'indéfinissable qui, de loin, paraissait un sanglot.

Le cœur de Hercoët se serra. Il poussa la porte, et ce qu'il vit alors dans la chambre sombre lui causa une si profonde douleur qu'au lieu d'avancer il recula contre la cloison.

Sur le lit enveloppé de draps blancs, était étendue une forme rigide

Les plis de la toile moulaient à demi la face osseuse de Lucas. Ses bras, collés au corps, paraissaient encore grandir sa haute taille. Un rameau de buis et un chapelet reposaient sur sa poitrine. Agenouillée au pied de la couche funèbre, Mathie, la tête dans ses mains, demeurait immobile; de temps en temps, un soupir soulevait sa poitrine, mais elle ne changeait pas d'attitude et demeurait là, écrasée par le sentiment de la perte qu'elle venait de faire, n'ayant plus la notion du temps, ni le sentiment des choses réelles.

Hercoët était, malgré sa force physique et son courage au travail, un homme timide ; il gardait la conscience de cette timidité, et n'osait pas toujours dévoiler les sentiments de son cœur.

Il s'approcha cependant du lit où dormait le vieux Lucas, et, avec les précautions d'une femme, il toucha l'épaule de la jeune fille.

— Me voilà, Mathie, dit-il, que voulez-vous que je fasse?

La pauvre enfant laissa échapper un cri :

— Vous, Hélier, vous!

Et l'accent avec lequel l'orpheline prononça son nom signifiait :

— Voici enfin le secours d'en haut pour ma détresse!

Elle tourna vers lui son visage, sans se lever, et, d'une voix lente, dit au batelier :

— Je veille mon père depuis deux jours, et il me semble que jamais je n'aurai le courage de me séparer de sa chère dépouille. Il est mort dans mes bras, sans souffrir, frappé comme par un coup de tonnerre.

— Et personne ne vous est venu en aide ?

— Personne ne connaît mon malheur.

— Vous avez confiance en moi, Mathie? demanda Hercoët.

— Mon pauvre père vous aimait bien, répondit la jeune fille.

— Alors j'agirai pour lui, comme j'ai fait quand Yves Hercoët, dont Dieu ait l'âme, nous quitta pour monter au paradis.

Puis, Hercoët, ayant aspergé le corps du défunt et récité dévotement le *De profundis*, partit pour le prochain village, afin de s'occuper des funérailles. Il paya d'avance tous les frais, n'oublia rien, commanda un enterrement convenable, acheta une concession dans le cimetière, puis il revint avec le prêtre, le fossoyeur et quatre hommes de bonne volonté.

Mathie aida à placer son père dans le cercueil ; elle baisa une dernière fois son front livide, puis la croix d'argent se dressa dans l'air, les porteurs soulevèrent leur fardeau, l'enfant de chœur prit le vase d'argent rempli d'eau bénite, et le vieux prêtre commença les prières, dont l'Église accompagne ses enfants.

Mathie et Hercoët suivaient seuls ces pauvres funérailles.

Quand s'acheva la cérémonie funèbre, que les derniers chants s'éteignirent, et que la dernière pelletée de terre fût tombée sur le cercueil du charbonnier, Hercoët attendit que Mathie se relevât.

L'orpheline, chancelante, les yeux noyés de larmes, s'appuya sur la croix de bois noir, qui rappelait le souvenir d'un honnête homme et d'un bon chrétien ; elle promena autour d'elle un regard navré, et parut se dire :

— Dans ce vaste monde, il n'est point d'abri pour l'orpheline! pas une maison ne lui est ouverte, elle est seule, toute seule!

Hélier comprit la navrante expression de ce regard.

Il porta vivement la main à sa poitrine, comme pour comprimer son cœur et se donner du courage, puis, plus tremblant que Mathie elle-même, il lui dit :

— Vous voilà sans parents, Mathie, et sans foyer. Votre père m'estimait, nous sommes seuls au monde, me voulez-vous pour mari? Je ne sais point dire de grandes phrases et promettre plus que je ne puis faire. Je travaillerai pour vous d'un grand cœur, et je vous honorerai comme une honnête femme. Je sais bien que d'aucunes gens trouveraient étrange que je vous parle de mariage le jour même où le bon Dieu vous reprend un père, mais, Mathie, vous êtes toute jeune, toute belle, vous avez besoin d'un protecteur, et si je ne vous semble pas incapable de vous rendre heureuse, vous me répondrez selon l'impulsion de votre cœur.

— Nous sommes seuls tous deux, répéta Mathie, mon père vous aimait, je vous accepte pour mari.

Ce furent leurs fiançailles.

Une vieille femme recueillit Mathie chez elle pendant les six semaines qui se devaient écouler avant le mariage. Hercoët prit un chargement de charbon, revint à Paris et songea qu'il devait tout aménager pour rendre plus douce la vie de la jeune fille dont il allait faire sa compagne.

Une chambre presque commode fut installée. Elle devait servir à de multiples usages, mais les grands espaces ne sont pas nécessaires au bonheur.

Quand l'époque des noces fut arrivée, Hercoët pria deux de ses amis d'être ses témoins. On para le bateau comme une frégate. Il eut un pavillon neuf et des bouquets. Hélier se sentait heureux de la joie profonde qu'éprouve tout homme qui va fonder une famille, protéger un être plus faible que lui, et gagner de l'argent pour des êtres chers.

La fiancée ne quitta pas ses habits de deuil pour le mariage. Hélier ne trouva point sur son visage la joie naïve que laisse souvent éclater la nouvelle épousée; mais, en sortant de l'église, Mathie serra les fortes mains de son mari en lui disant :

— Je vous aurais choisi entre tous, Hélier, et je sais que mon père eut approuvé mon choix.

Le soir même, le bateau reprenait le chemin de Paris.

Ce fut une vie paisible, mais monotone, que celle de la jeune femme ; elle ne quitta plus sa maison flottante. Enfermée une partie du jour dans la cabine où elle préparait les repas, elle prenait l'air sur le pont. Quand le bateau quittait les abords de la cité pour aller renouveler sa provision de charbon, Mathie accompagnait son mari.

Elle n'avait point d'amies, point de voisines, et vivait dans un solitude sans trouble.

Un an plus tard, Mathie berçait deux jumeaux dans ses bras.

Elle ne s'ennuya plus et cessa de trouver la cabine sombre pendant les temps mauvais; sa vie se concentra sur les chers petits êtres, et l'heureux Hélier sentit doubler son bonheur et son courage.

Il tenait amplement les promesses faites à l'orpheline ; dans ce cœur généreux et profondément honnête, rien de mauvais ne pouvait entrer. Chaque jour Mathie devenait plus chère à Hélier; leurs affaires prospéraient; on parlait déjà de l'avenir des enfants, de la dot de la fille, et de l'état qu'apprendrait le garçon.

Oui, vraiment, tous quatre formaient une heureuse famille.

Et cependant, étaient-ce les fatigues de la maternité, l'humidité du bateau ou la poussière inpalpable se dégageant des amas de charbon? mais Mathie devenait de plus en plus pâle. Ses yeux se cernaient; elle sentait à la poitrine de vives douleurs; parfois, quand Hélier ne pouvait la voir, elle se jetait à genoux près du berceau de ses enfants et conjurait le Seigneur de ne point la séparer de ses chers innocents.

Devant son mari, Mathie redevenait joyeuse; elle chantait comme jadis sous les grands bois.

Elle savait bien, elle, d'où venait le mal, qui, lentement, la minait. Il lui manquait les souffles purs de la forêt, la musique des branches, le chant des oiseaux, la sève s'exhalant de la terre qui l'avait nourrie, soutenue, et dont subitement elle s'était sentie sevrée.

Ce grand bateau, noir comme un vaste cercueil, avait un aspect lugubre; l'eau qui clapotait autour, l'attristait. Pendant des mois entiers, Mathie restait dans la chambre étroite, imprégnée de poussière, humide et sombre.

Il est vrai que la Seine était charmante quand on la descendait pour prendre une provision de charbon; mais ses bords couverts de fleurs, ombragés d'arbres, faisaient à Mathie l'effet d'un paradis dont elle était chassée. On n'abordait point sur ces berges couvertes d'herbes vertes ou de sainfoins roses: on ne se reposait pas sous les chênes séculaires; le bateau s'en allait lentement entre ses bords ombreux, et Mathie aurait donné bien des jours de sa vie pour pouvoir courir pendant deux heures sous les vieux arbres, ou se rouler avec ses enfants dans les herbes parfumées.

Elle avait la nostalgie des bois qui la virent grandir; elle cherchait en vain à respirer dans l'air brûlant de la ville les senteurs qui l'eussent ranimée. La plante vivace, subitement transplantée, étouffait et dépérissait.

Sans doute, un mot de la jeune femme eût suffi pour tout changer. Plutôt que de la voir souffrir, Hélier eût vendu son bateau, renoncé à son commerce, et exercé n'importe quel métier pour vivre. Mais Mathie songeait à l'avenir des enfants : le commerce allait bien, le jeune ménage réalisait des économies, et la mère acceptait ses souffrances comme un nouveau devoir.

Dieu la frappa... Dieu qui ne fait point connaître ses voies adorables !

Le croup, cette épouvantable maladie qui atteint les enfants jusque sur le sein maternel, foudroya les deux jumeaux dans les bras de la mère désespérée. Elle ne cria point, elle ne pleura pas, elle n'eut aucun des emportements de la douleur, mais le mal qui la minait sourdement se développa avec une intensité terrible, et dans la même semaine il fallut commander trois cercueils.

Les enfants étaient partis, la mère restait encore.

Hélier se tenait debout au pied du lit sur lequel il l'avait couchée.

L'idée de la voir rigide sous un drap blanc l'épouvantait; il voulait reculer le plus possible le moment de la séparation absolue, et garder près de la trépassée l'illusion de la vie.

Il la revêtit de sa robe de noces, une robe noire, mais qui lui seyait bien; il enleva du cadre sous lequel elle reposait, la couronne de roses blanches, et la posa sur son front; un chapelet s'enroula autour de ses poignets, un crucifix reposa entre ses doigts.

Les regards d'Hélier étaient fixes et mornes. Cette âme silencieuse ne pouvait souffrir sans que sa douleur atteignît des proportions désolées. Hélier avait mis toute sa tendresse dans trois êtres faibles et charmants; eux partis, il ne se sentit plus le courage de vivre.

Pourquoi travailler? pourquoi lutter? Il ne verrait plus le visage de ses petits anges, il n'entendrait plus les chansons de Mathie.

— Il ne me reste qu'à mourir, pensa Hélier.

Et l'infortuné résolut de mourir.

Il calcula le temps qui se devait écouler entre l'heure où il se trouvait et le moment où l'on viendrait chercher la morte, et résolut d'en finir, cette nuit-là même, avec une existence désormais vide de toute joie.

Il ne songea pas à Dieu dans ce moment, ou plutôt s'il y songea, ce fut pour lui dire :

— Le calice est trop amer, je ne puis pas le boire !

Il ne se souvint pas que le Seigneur mesure l'épreuve à nos forces, que fuir le combat est une lâcheté flétrie par les lois humaines, châtiée par les lois divines.

Pendant tout le jour, il resta près de Mathie, la regardant avec un sentiment étrange de douleur et de joie.

— Tu vois bien que je t'aimais, disait-il, puisque je ne puis te survivre.

Une chose l'inquiétait grandement : il avait peur qu'on essayât de l'empêcher de se tuer. De la planche de son bateau à la Seine, il y avait bien peu d'espace, mais combien de fois, au moment où un désespéré se précipite dans une rivière, un homme courageux ne l'arrache-t-il point au trépas malgré lui.

Vers le soir, éclata un furieux orage ; le malheureux s'en réjouit.

— La nuit sera trop noire, pensa-t-il ; en supposant qu'un passant entende le bruit de ma chute, il lui serait impossible de plonger et de me ramener à la surface ; d'ailleurs j'attendrai jusqu'à dix heures.

A ce moment, le tonnerre grondait d'une façon effroyable, de gros nuages plombaient le ciel ; la pluie tombait à torrents et le pauvre Hélier était certain que l'homme le plus généreux n'eût pas impunément essayé de l'arracher à la mort.

Dans la chambre funéraire, les cierges jetaient une clarté douce ; le balancement du bateau paraissait communiquer à Mathie les apparences de la vie ; les clartés des cierges flottaient sur son visage pâle ; on eût dit qu'elle égrenait son chapelet de ses doigts immobiles.

Dix heures sonnèrent à Notre-Dame.

C'était le moment fixé par Hélier pour accomplir ce crime sans rémission qui s'appelle le suicide.

Une dernière fois, l'infortuné effleura les lèvres et le front de la morte, puis il quitta la cabine, monta l'escalier et se trouva sur le pont.

De grands éclairs livides sillonnaient le ciel ; le tonnerre grondait avec un bruit sourd.

Hélier s'agenouilla et pria.

Il demanda au Seigneur pardon de son crime, de son désespoir, se leva et s'avança vers l'extrémité du bateau.

Il allait se précipiter dans le gouffre, quand un bruit se fit entendre à ses côtés ; l'eau bouillonna en battant les flancs de la barque : du haut du pont Notre-Dame un homme venait de tomber dans la Seine.

Hélier ne songe plus qu'il voulait mourir ; le sentiment d'un impérieux devoir lui fait oublier l'excès de sa propre douleur, il s'élance à son tour, cherche, plonge, et est assez heureux pour ramener à la surface de l'eau un infortuné près de périr.

D'une main, Hélier se cramponne au rebord de la barque, de l'autre il tire à lui le noyé, puis, le soulevant dans ses bras, il descend l'étroit escalier conduisant à la cabine.

Bientôt, le malheureux qui a perdu connaissance, est étendu sur le plancher ; Hélier enlève ses habits ruisselants d'eau, frotte le corps immobile, l'enveloppe dans une couverture, puis, penché au-dessus de son visage, épie son premier réveil à la vie.

Tout à coup Hélier pousse un cri : il vient d'apercevoir, à la tempe de l'homme sauvé par lui cinq marques sanglantes.

— Il s'agit d'un meurtre, dit-il.

Alors il redouble de soins, étanche le sang, bande la plaie, verse quelques gouttes d'eau-de-vie entre les dents du malheureux et attend son retour à l'existence avec une cruelle anxiété.

Dans le fond de la chambre, la clarté des cierges mortuaires continue à flotter sur le visage de la morte, tandis que le roulis la berce comme une enfant endormie.

Un soupir s'échappe des lèvres du blessé.

— Sauvé ! Il est sauvé ! murmure Hélier.

Le jeune homme se soulève lentement, promène autour de lui un regard effaré, qui va du visage de la jeune morte au visage de son sauveur.

— Où suis-je ? demande-t-il d'une voix faible.

— Chez un pauvre homme qui vous soignera comme un frère ; maintenant, que je vous sais vivant, je puis aller chercher un médecin.

— Oh non, répond le blessé, avec une sorte d'épouvante, pas de médecin !

— Mais cependant...

— Vous êtes dévoué, puisque vous avez risqué votre vie pour m'arracher au trépas ; eh bien ! à cet immense service, joignez-en un autre : gardez le silence à tout prix.

— Cependant, ce n'est pas vous qui êtes coupable.

— Non, répond le blessé, mais ceux qui ont voulu me tuer chercheraient quelque nouveau moyen pour se débarrasser de moi.

— Je vous obéis, dit Hélier ; mais votre blessure ?

— Quand on n'est pas tué immédiatement d'un coup à la tête, le mal est rarement mortel ; vous suffirez pour me soigner.

— Allons ! pense Hélier, je mourrai plus tard, sauvons toujours ce malheureux.

— Je ne me rends pas compte de l'endroit dans lequel je me trouve, reprend, une minute après, le blessé.

— Dans l'unique chambre de mon bateau.

— Cette femme, couchée, que je distingue à peine...

— C'est Mathie, ma femme. Dieu me l'a prise avant-hier...

— Et malgré votre douleur, vous avez trouvé le courage...

— D'honorer sa mémoire en vous sauvant ; oui, monsieur.

Hélier se tait ; il n'ose en ce moment avouer qu'il a songé au suicide. Il se cache de son désespoir comme d'une faiblesse, comme d'une honte.

A l'aube, il s'approche du blessé qui s'est endormi pendant quelques minutes.

— Le prêtre doit venir chercher Mathie, dit-il ; croyez-vous pouvoir rester seul pendant que je la conduirai au cimetière ?

— Oui, répond le blessé ; la fièvre vient, mais je ne cours aucun danger.

Hélier transporte le jeune homme dans un étroit cabinet, puis, entendant retentir des pas sur la planche servant de passerelle du quai à terre, il quitte la cabine et monte sur le pont.

Quelles heures pour l'infortuné ! Il se rassasie de l'horrible douleur de la séparation ; il couche lui-même sa femme dans le cercueil, il aide à visser le couvercle, il porte la bière sur ses épaules pendant qu'il traverse le bateau, il ne consent à se séparer de la dépouille de Mathie qu'après l'avoir placée sur le char funéraire.

Les cloches de Notre-Dame sonnent doucement, et le cortège de la pauvre fille des grands bois gagne la superbe basilique.

Le trajet est long jusqu'au cimetière. Hélier compte tous les êtres chers qu'il a déjà menés à la terre du repos ; il sent qu'il est las, qu'il n'en peut plus, que lui aussi a besoin de se coucher et de dormir.

Sa résolution n'a pas changé, mais il songe à son hôte et prend, devant Dieu, la résolution de le ressusciter avant de songer à mourir.

Il revient en se traînant, les yeux gonflés, les jambes lourdes, le cœur noyé.

Le blessé le reconnaît à peine ; il est en proie à un violent délire et parfois, se soulevant sur la couche de Mathie qui est devenue la sienne, il agite les bras, menaçants, en répétant :

— Tu n'es pas encore sûr de vaincre, Amaury de la Haudraye !

Quelques boissons fraîches le raniment ; Hélier le soigne avec des soins fraternels ; la fièvre cède au bout de trois jours, et le jeune homme peut s'entretenir avec le malheureux à qui il est redevable de son salut.

Lentement Hélier en arrive à la confiance. Il avoue son désespoir et la résolution qu'il a prise de se suicider. Il ne pourra vivre sans Mathie ! ses enfants l'appellent et lui tendent les bras !

— Vous voulez les revoir ? lui demande le blessé.

— Je veux mourir pour les rejoindre.

— Mais ce trépas vous en séparerait à jamais ! Pour retrouver ceux que nous pleurons, la route est longue, mais elle est sûre : se résigner, attendre, prier.

Et le pauvre Hélier, retrouvant dans les paroles de son hôte l'écho de l'enseignement de son village, se jette à genoux, prend les mains du blessé et lui répète en fondant en larmes :

— Vous ne me devez rien ; j'ai sauvé votre corps, vous venez de sauver mon âme ! Oui, je reverrai Mathie et mes enfants dans un monde meilleur, et quand il plaira au Seigneur de me rappeler près d'eux.

Une amélioration sensible ne tarde pas à se manifester dans l'état du malade.

Il peut bientôt se lever et prendre l'air sur le pont du bateau.

Un billet de cent francs, retrouvé au fond de l'une des poches du jeune homme, a été soigneusement conservé ; il sert à payer les premiers frais occasionnés par la maladie.

Hélier sort chaque jour ; il rapporte des provisions, des livres, des journaux. Bien qu'il refuse de sortir, le blessé tient à rester au courant de ce qui se passe, et à savoir quel bruit a pu produire dans le monde judiciaire sa subite disparition.

Il sait bien qu'une ou deux personnes sont affligées de sa perte ; mais à l'excès de confiance succède l'excès de crainte ; le jeune homme redoute non pas une trahison d'Hélier, mais une chose imprévue qui lui fera subitement perdre les avantages de sa disparition absolue et la supposition de sa mort.

— Je les consolerai plus tard ! se dit-il.

Bientôt, cependant, il se hasarde à quitter le soir le bateau de charbon.

Pendant tout le temps qu'il lui a été impossible de se lever, le chant des cloches de Notre-Dame l'a bercé d'une harmonie plus qu'humaine.

Il a trouvé dans leurs voix d'argent tous les souvenirs d'une heureuse enfance ; leurs tristes glas ont évoqué devant lui la double catastrophée qui lui faillit coûter la vie. Il s'endort, s'éveille bercé par ces voix d'airain qui parlent des choses d'en haut, et lui rappellent que l'âme doit prendre son vol par la prière.

Aussi, dès qu'il se décide à quitter son mystérieux asile, sa première visite est pour la grande basilique.

Il s'y rend le soir et, perdu dans la foule des fidèles, il sent palpiter son âme dès que s'éveillent les grandes orgues, les chants liturgiques, et que le calme de Dieu enveloppe et pénètre.

Il comprend alors que si le moyen âge a vu se perdre une de ses plus précieuses prérogatives pour le souffrant, pour le chrétien, pour l'opprimé, l'Église garde encore, afin de le consoler et en l'appuyant sur son sein maternel, la plus magnifique de toutes : celle du droit d'asile.

Appuyé contre une des colonnes de l'église, il prêtait une oreille attentive.
(*Voir page 440.*)

CHAPITRE XXXVII

TÉNÈBRE

Parmi les fêtes chrétiennes qui s'emparent le plus fortement de notre âme, sont sans contredit les solennités de la semaine sainte.

L'homme a beau faire, il se retrouve plus dans la douleur que dans la joie.

L'essence de notre cœur est une incurable mélancolie.

Or, si nous éprouvons une sorte de satisfaction à nous plonger dans la tristesse, même quand cette tristesse est seulement à l'état vague et pour ainsi dire flottant autour de nous, à plus forte raison, avec quelle puissance embrassons-nous les grandes, les incommensurables tristesses auxquelles nous convie l'Église dans ses grands jours de deuil.

Comme elle a bien compris tous les besoins du cœur de l'homme, cette religion divine ! Avec quelle maternelle prévoyance elle a réparti tour à tour les joies naïves de Noël, les embrasements de la Pentecôte, la puissance triomphante de la Résurrection, les merveilles de l'Ascension, et celles de l'Assomption, qui semble en être la suite glorieuse.

Mais l'humanité se trouble, s'anéantit en face de pareils prodiges ; les splendeurs de Jésus glorifié l'obligent de courber le front dans la poussière ; elle ôte ses sandales comme Moïse ; éblouie, elle ferme les yeux, et ne saurait se reconnaître dans l'image transfigurée d'un Dieu.

Bientôt, à la lumière du Thabor succèdent les ombres enveloppant les oliviers du jardin d'agonie ; les chants des anges sont remplacés par le *Dies iræ* murmuré sur les tombes, ou par les grandes lamentations de Jérémie.

Les sublimes mystères de la souffrance se déroulent, le drame sacré du Calvaire nous appelle et la voix de Marie nous crie : « Venez et voyez s'il fut jamais une douleur comparable à la mienne. »

A partir du jour où Jésus quitte ses Disciples, ses Apôtres, sa Mère, pour se préparer, dans le désert, aux fatigues de la prédication et aux tortures de l'holocauste, l'homme se connaît ; l'Évangile s'applique à sa vie par toutes ses paraboles ; à son cœur par toutes ses consolations ; à son âme par toutes ses espérances. Il apprend les *béatitudes* de l'épreuve ; il épèle la prière universelle qui tombe des lèvres du Sauveur ; il a faim dans les déserts, et prend sa part des pains et des poissons multipliés. Malade, il effleure la robe de Jésus, et il se trouve guéri ; aveuglé par le faux éclat des choses de ce monde, il tend les bras : « Fils de David, ayez pitié de moi ! » Et un peu de boue, image des fausses joies de ce monde, un peu de boue appliqué sur ses yeux par un doigt divin, suffit pour lui rendre la lumière. Il ignore la charité pour tous, et ne croit pas que tous les hommes sont frères ; il apprend que le Samaritain est l'égal du Juif et du Gentil. A-t-il été offensé, et se demande-t-il combien de fois doit s'exercer sa miséricorde ? Jésus lui répond par un chiffre significatif : toujours ! Tient-il aux biens de ce monde ? il voit passer sous le portique du Temple la veuve mettant son denier dans le trésor, et plus loin, ce jeune homme que Jésus « avait regardé, » distingué, qu'il appelait à lui, et qui manqua de courage de vendre tout ce qu'il avait, et de donner son bien aux pauvres !

Mais c'est surtout à partir du jour où commence la Passion, c'est-à-dire à l'heure du triomphe de Jésus dans Jérusalem, que l'homme se sent poigné au plus profond de son âme.

Il n'est pas une douleur ressentie par lui qui n'ait d'avance été épuisée par son divin modèle. Quoiqu'il ressente de torture, cette torture a passé par l'âme et par le corps d'un Dieu ! Il peut offrir au Seigneur ses délaissements, ses désespoirs, car Jésus a subi l'agonie de l'abandon, de la trahison. Il a pleuré, il s'est débattu au sein d'une angoisse que le langage humain est impuissant à rendre, et jamais l'homme ne pourra connaître que le reflet de la divine douleur.

Le modèle céleste est là, si brisé, si déchiré, tellement abattu, méprisé, foulé aux pieds, que nulle créature ne sera réduite à tant d'opprobre.

Jésus endure un martyre si grand, tant de sang coule sur la croix dressée, tant de fiel abreuve les lèvres du Crucifié, tant de tristesse inonde son âme, que le chrétien peut tout supporter, lui, l'enfant, le disciple, parce que, d'avance, le maître l'a souffert.

C'est par ses côtés douloureux que la religion se rapproche de nous davantage.

La vie est triste, la lutte terrible. L'homme écorche ses pieds aux pierres du chemin, ses mains s'ensanglantent dans les épines, les appuis qu'il choisit se brisent et le laissent plus chancelant ; les éclaircies pour son esprit sont rares, les heures de ténèbres sont longues. Nous éprouvons des solitudes de cœur qui nous brisent ; le monde semble vide, la terre dévastée ; à quoi nous prendre, que chercher, qu'aimer ? Les affections s'évanouissent comme des mirages, les fortunes s'écroulent, les réputations s'oublient. Chaque jour nous apporte une désillusion, une épreuve, une souffrance.

En nous réveillant, chaque matin, nous n'avons pas à nous dire :
— Quelle joie me doit arriver ?

Mais nous pouvons presque sûrement nous demander :
— Quel ennemi devrai-je combattre, quelle peine me doit atteindre ?

Aussi, quand arrivent les fêtes douloureuses de la semaine sainte, l'homme même qui oublie trop durant l'année ses devoirs et ses croyances, éprouve le besoin d'entrer dans les églises. Il y retrouve des émotions puissantes, et même s'il ne prie pas, il semble que des voûtes descende sur lui quelque chose de doux et de sacré qui l'enveloppe, le purifie et le console.

A partir de l'heure où les rameaux de buis sont bénits par le prêtre, la foule se presse dans les temples ; elle écoute avidement la parole des prédicateurs éloquents chargés d'éclairer, de toucher les âmes pendant cette grande semaine. Plus les jours sacrés s'avancent, plus elle redouble de ferveur, se prosterne devant les stations du Chemin de la Croix, chante avec des larmes : *O crux, Ave*, et s'attache à l'autel comme un naufragé au roc qui le défendra contre l'abîme.

Les tristesses de l'Église deviennent les siennes, elle s'en enveloppe, elle s'en nourrit.

Oublieuse pendant une partie de l'année, elle se souvient pendant ces jours sacrés.

Un magnifique élan la porte au pied des autels : les chapelles s'emplissent ; les confessionnaux sont assiégés. Vraiment, en dépit de ceux qui affirment que Paris est libre-penseur, ceux qui visitent la capitale durant la semaine sainte, ne peuvent manquer de s'écrier :
— C'est faux, Paris est chrétien !

Ce jour-là, Notre-Dame était enveloppée de deuil comme une veuve. Les portes ouvertes du tabernacle laissaient voir un vide désolé.

Les crucifix drapés de noir se cachaient aux regards ; des cierges rares brûlaient dans les petites chapelles.

En arrière du chœur s'était réfugiée la pompe catholique.

Une des chapelles, tendue de soie rouge, à crépines d'or, éblouissait par le luxe de ses lumières ; des fleurs embaumaient l'air, et au pied de la grande croix, enveloppée d'un linceul, on avait porté le calice, dont le grand autel venait d'être privé.

C'était le Tombeau.

A genoux sur des prie-Dieu, près des balustrades, sur les dalles, des hommes et des femmes priaient; les mains formaient le signe de la croix ou bien heurtaient les poitrines, les lèvres murmuraient la prière de l'adoration ou étouffaient le cri du repentir.

Dieu était là, on le savait, on le sentait! Dans son abandon, sa nudité, sa misère, chacun pouvait lui dire:

— « Je suis votre créature, ayez pitié de moi! Oui, *ayez pitié de moi*, non pas parce que je vous le demande et surtout que je le mérite; non pas dans une proportion mesurée à ce que je suis et au peu que je vaux, mais *selon l'étendue de vos miséricordes*, c'est-à-dire dans une mesure sans fin.

J'ai péché, j'ai méconnu la loi, j'en ai secoué le joug, que je trouvais trop lourd pour mes épaules; j'ai péché, entraîné que j'étais par le fougue de ma jeunesse, de pernicieux conseils, et la soif dévorante de posséder des faux biens après lesquels j'ai couru sans parvenir à satisfaire mon cœur et à combler l'abime de mes désirs. *Effacez mon iniquité* par les larmes que vous avez versées sur Jérusalem infidèle, et sur Lazare descendu dans la tombe. Lavez-moi de mes souillures par le sang qui coula sur la croix pour le salut du monde.

Je comprends dans quelle nuit se sont égarés mes pas; le souvenir de mes erreurs se dresse devant moi et, comme autant de fantômes, mes fautes se présentent à ma mémoire pour m'épouvanter et m'entraîner à la désespérance.

J'ai redouté souvent d'affliger un ami, d'offenser un père, de me montrer ingrat envers un bienfaiteur; j'aurais craint, comme une cruelle injure, qu'on m'accusât de manquer à ce que je dois de respect et de soumission à ceux à qui je dois obéir, et *j'ai péché contre vous.* Je m'effrayais des regards curieux, je fuyais la foule pour lui dérober la connaissance de mes erreurs; je tenais à l'opinion du monde, et *j'ai fait mal devant vos yeux*, devant vous qui êtes la pureté par essence, dont le regard voit les taches dans le soleil, devant vous qui sondez les cœur et les reins de l'homme! j'ai péché, j'ai prémédité la plupart de mes fautes, j'ai triomphé dans mes injustices; tenté, je suis à mon tour devenu tentateur. Si quelque chose peut diminuer à vos yeux ma culpabilité, souvenez-vous que je suis sorti d'un limon impur, Seigneur, que la source de ma vie était déjà souillée, et que le péché était en moi comme la tache de mon origine avant même que j'eusse vu le jour.

Ne détournez pas les yeux du malheureux qui gémit à vos pieds mais plutôt dans sa déchéance et sa misère, rappelez-vous qu'il est votre enfant! prenez la branche d'hysope, que l'on trempait jadis dans le sang des victimes, baignez-la dans le sang de vos plaies, purifiez-moi, *lavez-moi et je deviendrai plus blanc que la neige*!

Alors, j'oserai tourner vers vous mon visage couvert des larmes du repentir, je vous crierai : — « Je suis ton enfant. » Vous me répondrez : — « Je suis ton père » Vous ferez entendre à mon âme *une parole de consolation*, le désert fleurira comme un lis, mes os brisés tressailleront de joie; vous prendrez mon cœur de chair rempli de vanités puériles, de désirs mauvais, d'ambitions fausses, de tendresses périssables, et vous me donnerez un cœur nouveau rempli de l'esprit de droiture, purifié par votre souffle et digne de vous servir de temple.

Le voudrez-vous? Après tant d'abandons successifs, d'infidélités, de promesses sans effet, de larmes stériles, croirez-vous à mes protestations, prêterez-vous l'oreille à mes cris! N'ai-je point lassé votre patience divine! La coupe de mes fautes ne déborde-t-elle pas! et celle de votre colère n'est-elle point prête à s'épancher! J'ai mérité, ce serait justice, cependant *ne me rejetez pas*! soutenez-moi., fortifiez-moi! Que votre esprit m'éclaire, que les flammes de votre amour me consument comme un holocauste, qu'il ne subsiste plus rien en moi qui ne soit digne de vous être offert! Alors je raconterai vos miséricordes au monde entier, *j'enseignerai vos voies* à ceux qui les abandonnent, je célébrerai les merveilles de votre Providence, je proclamerai vos bontés et j'appellerai les impies à la grâce de votre pardon! Tout ce que vous avez mis en moi d'intelligence sera employé à chanter vos bienfaits; je publierai votre justice, et plus encore, votre indulgence; ma vie entière sera consacrée à révéler la douceur de votre joug et les délices que vous réservez à ceux qui vous aiment!

Pour vous célébrer ainsi, Seigneur, *ouvrez mes lèvres*, brûlez-les du charbon d'Isaïe, rendez-les éloquentes à force de remplir mon âme du sentiment de votre tendresse.

Afin de témoigner de mon repentir, de laver le passé, de mériter l'effusion de vos grâces, je voudrais vous offrir un sacrifice digne de vous. Mais vous ne voulez plus d'hécatombes au pied de votre autel ; vous n'acceptez que les hommages d'un cœur brisé, que les larmes arrachées par la sincérité du regret de vous avoir méconnu et trahi. Prenez donc cette âme humiliée, ce cœur contrit, ne dédaignez pas mes remords, unissez-les aux souffrances que vous avez endurées, purifiez, consumez, changez votre créature misérable! Elle avait fait des ruines du temple que vous avez choisi dans son cœur, relevez-en

En arrière du chœur s'était réfugiée la pompe catholique. (*Voir page* 436.)

les murailles, dominez en maître, en roi, en Dieu ! et que votre règne y commence en ce monde pour s'achever dans les éternelles splendeurs !

La prière qui jaillit le plus vite du cœur de l'homme après celle que le Sauveur nous enseigna, est celle du *Miserere*. David y a résumé toutes les douleurs de l'esprit abattu, du cœur brisé, de l'âme repentante ; c'est un sanglot humain, une prière divine, l'aveu de l'impuissance terrestre et l'appel de l'aide céleste, l'inspiration de l'infini du ciel, après les larmes versées sur toutes les espérances déçues.

Et sous les grandes voûtes de Notre-Dame, avec l'acte d'adoration pour l'hostie jaillissait le *Miserere* de l'humanité étalant devant le Seigneur son incurable misère !

Un prédicateur monta en chaire et parla de Dieu en termes magniques. Il avait appris le langage des choses divines, en méditant aux pieds de la croix, et les phases douloureuses de la passion se déroulèrent pour ses auditeurs avec une grandeur sublime.

Quand il descendit, il dut voir couler bien des pleurs.

Parmi les hommes groupés non loin de la chaire, se trouvait l'hôte de Hercoët, le marchand de charbon.

Appuyé contre une des colonnes de l'église, il prêtait une oreille attentive à la voix du prédicateur, et son cœur, bouleversé par mille épreuves, se fortifiait en écoutant les sublimes leçons du moine, dont la haute taille drapée de blanc, se dessinait sur le fond sombre de la chaire.

Le prédicateur descendit et disparut dans la foule.

Alors le jeune homme se tourna davantage du côté de l'autel. Il se trouvait si près du banc dans lequel avaient pris place les quêteuses qui devaient, quelques instants plus tard, solliciter la charité des fidèles pour une œuvre de bienfaisance, qu'involontairement. Il fixa ses regards sur l'une d'elles. Il distinguait à peine son visage, et ne voyait qu'un profil d'une ligne exquise, d'une pureté idéale. Mais ce ne fut pas la beauté de la jeune fille qui le frappa ; il ne se sentit pas pour elle une secrète sympathie parce qu'elle lui parut charmante, mais bien parce qu'il comprit qu'elle souffrait. Deux ou trois fois, il la vit essuyer ses larmes ; et pendant un moment, elle cacha sa tête dans ses mains et sanglota sous son voile.

Un grand mouvement s'opéra dans l'église : l'heure de l'adoration de la vraie Croix était venue ; la foule compacte qui se pressait à cette heure dans Notre-Dame, et dont la ferveur s'était accrue de l'exposition des grandes reliques, allait pouvoir coller ses lèvres sur la couronne d'épines rapportée de la Terre-Sainte par Louis IX, baiser un des clous qui suspendit à la croix le Sauveur des hommes, un des morceaux du bois que teignit son sang.

Oh! si impie qu'il soit, si cuirassé qu'il ait essayé de rendre son cœur contre la grâce, si fort qu'il se croie contre les tressaillements de la vieille foi, dont il conserve malgré lui le signe indélébile, je défie un homme de sentir contre sa bouche la couronne sacrée et les bois divins sans être remué jusqu'au plus profond des entrailles.

Peut-être essaiera-t-il de cacher son émotion, et tentera-t-il d'en nier la puissance. Il voudra vous répéter, et se répéter à lui même, que ces fragments sacrés ne sont pas authentiques; qu'il ne peut honorer des débris de bois, d'épines ou de fer; ce n'est pas vrai, il ment! Au contact de ces reliques divines, le cœur bat, les larmes coulent, le tressaillement de Job s'empare de la chair; nous éprouvons un besoin d'adoration qui serait à lui seul une preuve suffisante. L'âme se fond au moment où nous effleurons ces souvenirs de la Passion de Jésus, et parmi les incrédules, s'il y en avait dans la foule emplissant l'église, il n'en est pas un qui ne fût prêt à mourir pour les défendre de la profanation.

Trois prêtres, trois vieillards, précédés d'enfants de chœur, se suivaient; chacun d'eux tenait un reliquaire d'or et de cristal, laissant transparaître la sainte couronne et le bois sacré. Les fidèles, recueillis, s'agenouillaient, et, la tête inclinée, le cœur serré, les yeux lourds de pleurs, attendaient le passage des saints prêtres; après avoir baisé les reliques, ils s'éloignaient silencieux, émus, sentant qu'une vertu secrète avait agi au fond de leur âme.

Le hasard plaça sur deux chaises voisines l'hôte d'Hercoët et la quêteuse.

Le jeune homme se recula pour lui faire place; elle lui adressa à peine un signe de remerciement et se plongea dans sa prière; quand le prêtre approcha la sainte couronne de ses lèvres, deux larmes brûlantes, tombant sur le cristal, voilèrent les dures épines entrelacées.

Peu après, au lieu de reprendre sa place dans le banc d'œuvre, elle se dirigea vers une des portes de la métropole, s'agenouilla sur un prie-Dieu, et, sa bourse à la main, sollicita d'une voix douce la charité des fidèles sortant de l'église.

A l'adoration de la croix succéda le chant des *Ténèbres*.

Toutes les douleurs dont Jérémie nous a laissé la sublime expression élevèrent leur cri sous les hautes voûtes devenues sombres; chacun se sentit le cœur pris comme dans un étau. L'Église, cette grande veuve, pleurait son époux crucifié par la haine des hommes. Elle le redemandait avec des sanglots; et la foule, impressionnée par ces lamentations, tressaillait et priait, écrasée par la douleur dont revenait sans fin l'expression et le tableau.

Cette grande poésie biblique, dont le souffle suffit à remplir l'intelligence de l'homme, passait au-dessus de la foule et s'emparait de toutes les âmes. Chacun sentait la profondeur de cette parole : *Comment te consoler, fille de Sion, ta douleur est vaste comme la mer !* L'Église redemandait le Sauveur crucifié ; et où manque Jésus, que reste-t-il ?

Longtemps, le jeune homme s'absorba dans la prière.

La nuit était venue ; les derniers chants des *Ténèbres* s'éteignaient sous la voûte, et la foule s'écoulait lentement.

Le jeune homme attendit que l'église se trouvât presque vide. Alors, descendant la nef, il s'approcha du bénitier. Au même moment, la jeune quêteuse y plongeait ses doigts. Elle venait de lever son voile, et la clarté d'un groupe de cierges allumés devant un autel éclairait son visage.

Oui, vraiment, elle était bien belle, et surtout bien touchante, et l'expression de douleur répandue sur son visage doublait encore la sympathie qu'elle inspirait.

Elle leva les yeux sur le jeune homme qui la considérait avec un respect attendri, parut hésiter, fit deux pas pour s'éloigner, puis revint subitement vers lui.

— Monsieur le vicomte de la Haudraye... dit-elle.

— Mademoiselle, répondit le jeune homme en s'inclinant, vous êtes la première qui m'ayez spontanément appelé ainsi. Soyez-en bénie.

La jeune fille parut surprise ; elle ajouta plus lentement :

— Vous savez combien j'ai lutté contre mon père et ma mère, pour tenter de les faire renoncer à l'idée d'une alliance entre nos familles ; j'ai échoué. Si vous n'avez pas la générosité de retirer votre parole, je serai forcée de courber la tête et d'obéir, le sentiment du respect à l'égard de ceux qui m'ont élevée l'emportant sur toute autre considération. Vous le voyez, je suis venue prier, pleurer au pied de l'autel, demander au Seigneur qu'il daigne accomplir un miracle pour m'arracher au malheur dont je suis menacée ; car ce serait un irréparable malheur...

La jeune fille s'arrêta un moment, comme suffoquée par les larmes.

Quant au jeune homme, il murmura :

— Mademoiselle Marie de Grandchamp...

— Quoique vous décidiez, Monsieur de la Haudraye, je sais que je serai une honnête femme, comme je suis une honnête fille.

— Oui, oui, répéta doucement l'hôte d'Hercoët.

Il ne pouvait s'empêcher de trouver une grande joie à contempler cette enfant si malheureuse et si digne tout ensemble. Il avait sur les lèvres mille protestations de dévouement, et cependant il n'osait parler ; il se contentait de la regarder en se disant tout bas :

— Noble fille ! je comprends tout ce qu'elle doit souffrir.

— Vous vous taisez, reprit Mlle de Grandchamp ; vous venez de prier cependant : la prière incline le cœur vers la justice et la pitié. Dieu ne vous a-t-il pas conseillé d'avoir égard à mes supplications, à mes larmes, et de ne pas abuser du respect qui me courbe sous la volonté paternelle.

Le jeune homme répondit d'une voie troublée :

— Vous devez épouser dans huit jours Amaury de la Haudraye.

— Vous le savez bien, monsieur, vous-même avez fixé cette date.

— Retardez-la ! retardez-la ! A tout prix gagnez du temps. Ce n'est pas seulement le malheur qui vous menace, c'est l'infamie !

— L'infamie ! dit Marie de Grandchamp d'une voix sourde, que voulez-vous dire ? N'êtes-vous donc pas...

— L'homme à qui vous êtes fiancée ? Non, mademoiselle.

— Mon Dieu ! mon Dieu ! balbutia Marie.

— Mais je suis l'homme qui pourra, je le crois, vous sauver.

— Vous m'avez laissée parler, monsieur, reprit Marie d'un accent douloureux auquel se mêlait le reproche, maintenant, vous savez...

— Rien que je ne connusse déjà, je vous le jure ! Seulement, retenez bien ceci : au nom du Dieu que nous venons d'adorer, au nom des reliques sacrées qui ont effleuré nos lèvres, je vous en conjure, croyez en moi. Si j'avais à vous dire des paroles que vous ne puissiez écouter, ce n'est pas ce lieu sacré que je choisirais pour vous les faire entendre. La Providence a tout conduit. Surprise de trouver dans le temple saint Amaury de la Haudraye, vous avez pensé que Dieu toucherait peut-être son âme et vous vous êtes adressée à moi. C'est que la ressemblance de nos visages est grande, mademoiselle, si grande, que...

— Qui êtes-vous, de grâce, apprenez-moi qui vous êtes ? dit Marie de Grandchamp.

Le jeune homme la regarda avec une expression à la fois douce et fière :

— Aujourd'hui, un jeune homme sans nom, sans fortune, n'ayant que son dévouement à vous offrir ; mais dévouement déjà si absolu et si vrai, que, renonçant à l'ombre dans laquelle je m'enveloppe, au risque de perdre ma vie pour sauver votre bonheur, je veux me rejeter dans le danger et dans la lutte...

— Oh, je ne veux pas ! je ne veux pas ! murmura Marie.
— Ce sera, dit le jeune homme d'une voix plus calme.

Marie de Granchamp et son interlocuteur avaient, depuis quelques instants déjà, quitté l'église ; ils se trouvaient alors sous le grand portail, et la femme de chambre de Mlle de Grandchamp, Julienne Aubry, se tenait à dix pas.

Que croire ? que faire ? demanda Marie, comme si elle se parlait à elle-même.

— Vous voulez un conseil ?

— Oui, dit Marie, car je suis seule, toute seule dans une lutte dont je sortirai brisée.

— Adressez-vous à Sœur Sainte-Croix, mademoiselle.

— Vous connaissez Sœur Sainte-Croix ! dit Marie avec surprise.

— Beaucoup.

— Et je puis lui parler de vous.

— Vous pouvez lui parler du vicomte de la Haudraye.

L'hôte d'Hercoët salua respectueusement la fille de l'avocat général, et suivit le pont Notre-Dame, qui devait le ramener au bateau de charbon habité par son sauveur.

Pendant ce temps, Julienne disait à Mlle de Grandchamp :

— Je n'aurais jamais cru M. Amaury de la Haudraye capable d'aller à l'église. Et puis je ne sais si je ne me trompe, mais, ce soir, l'expression de sa physionomie était pleine de douceur, tandis que d'ordinaire...

— Oui, murmura Marie de Grandchamp, c'est bien étrange.

Et elle ajouta plus bas :

— Oh ! je verrai Sœur Sainte-Croix et je saurai...

Les yeux bleus reparurent au milieu des fleurs. (*Voir page* 449).

CHAPITRE XXXVIII

AUX BUTTES-CHAUMONT

Ce matin-là, Jean Marigné, André Beauvais, Barbézius, et Loys-les-Sonnets se levèrent avec le projet de quitter leurs ateliers pour respirer un peu l'air du printemps. On étouffait dans les maisons. Chacun songeait à gagner la campagne.

André Beauvais, surtout, y pensa en cherchant le commencement d'un chapitre de roman qui ne vint pas sous sa plume.

— Allons cueillir des pensées extra-muros, dit-il, on étouffe ici.

Et Beauvais courut chez Marigné, qu'il trouva mélancoliquement assis en face d'une toile à peine ébauchée.

— Tu as bien de la chance si tu peux travailler, lui dit Beauvais.

— Moi j'ai des idées de lézard aujourd'hui.

— Si nous flanions ?

— Flanons! hors Paris, par exemple ; j'ai besoin de voir des arbres, de contempler des roches majestueuses, d'entendre le murmure des cascades, le souffle du vent dans les draperies du lierre et de me reposer sur les rives d'un lac.

— Alors nous partons pour la Suisse ? demanda Beauvais.

— Je dois être rentré ce soir à dix heures.

— Et tu tiens à voir tout cela?

— Tout cela ou je ne sors pas.

— Veux-tu mon idée ?

— Oui, si elle est bonne.

— Allons prendre conseil de Barbézius.

— Lui, au lieu d'écouter chanter les fauvettes, il pêchera des grenouilles..

André Beauvais haussa tristement les épaules.

— Plût à Dieu ! dit-il, que Barbézius trouvât encore une distraction dans l'empaillement fantaisiste des batraciens. Il était pâle, il devient blême ; il était maigre, il s'achemine vers l'étisie. Sa tristesse s'est changée en un désespoir sombre. Il riait de sa bosse, il pleure de sa laideur. Pauvre Caliban! comme il s'appelle lui-même, il est loin du temps où, pour se reposer d'études ardues, il composait des satires spirituelles avec ses groupes de grenouilles! Allons le chercher, ce sera une charité amicale. S'il nous donne un bon conseil, nous serons payés par-dessus le marché.

— Vois-tu, dit Jean Marigné à André Beauvais, cette fine lame se brisera dans un horrible fourreau. J'ai un moment espéré que le bruit qui se fait autour de son nom le consolerait et lui semblerait une compensation, mais l'autre jour, tandis que je lui répétais les choses flatteuses inspirées par les remarquables articles signés de lui dans la *Bouche de fer*, il m'a serré la main avec une énergie douloureuse, en me disant :

« Ne cherche pas à cautériser la plaie, laisse-la plutôt saigner. »

— Et qu'as-tu conclu ? demanda Beauvais.

Marigné répondit à son ami par une autre question :

— Comment trouves-tu Alleluia ?

— Belle comme l'image d'un ange.

— Tu vois bien que Barbézius ne peut pas guérir.

— Cherchons du moins à le distraire, répliqua Beauvais.

Les deux jeunes gens sortirent après que Jean eut dit adieu à Fabienne, en ajoutant :

— Fais préparer un en-cas, chère sœur, nous souperons peut-être ensemble ce soir.

Quand Barbézius vit entrer ses deux amis dans l'atelier d'empaillage, il se leva vivement et courut leur tendre les mains.

Il était bien changé, oui, bien changé, le pauvre bossu!

Mais la tristesse, en voilant son visage, l'ennoblissait et l'épurait.

— Vrai, vous m'emmenez! dit Barbézius d'une voix joyeuse, quand ses amis lui eurent fait part de leur projet, eh bien! franchement, je vous remercie; j'ai, comme vous, grand besoin de changer d'atmosphère; cela sent l'hiver ici, et aussi la tristesse. Ah! si Dieu faisait un soleil pour le cœur, comme il en a fait un pour la terre! J'ai si froid! Il me semble que tout fleurirait alors dans mon esprit, et que j'enfanterais des merveilles!

— Allons toujours chercher le soleil de ce monde, dit Beauvais. Mais, ajouta-t-il, ce diable de Marigné n'est pas facile à satisfaire : il lui faut à la fois des montagnes, un lac, une cascade, un bois, et tout cela dans l'intérieur de Paris.

— Mais rien de plus facile! s'écria Barbézius.

— Il est possible de rencontrer tout cela dans un seul coin de terre ?

— Je me charge de vous le faire découvrir.

Les trois amis se mirent en quête d'une voiture.

Comme ils regardaient de tous côtés, ils s'écrièrent à la fois :

— Tiens! Loys.

— En personne, répondit le Parnassien, qui jeta son cigare ; Loys qui cherche des sonnets dans l'air, ou pense les trouver dans les grappes fleuries des marronniers.

Il ne fut pas difficile à Beauvais et à ses compagnons d'entraîner Loys. Comme ils le disaient, la poésie était dans l'air et chacun avait soif de l'aspirer pour mieux la traduire.

Un cocher s'arrêta sur un signe de Marigné; et Barbézius lui dit avec une sorte de mystère :

— Buttes-Chaumont, porte de Puebla.

Une demi-heure après, les quatre amis franchissaient la grille du parc, après avoir laissé derrière eux le terrain semé de pierres blanches dans lequel la Balayeuse donnait jadis son cours de *Conservatoire des cris de Paris.*

Sur les bancs, des vieillards se reposaient et se laissaient vivre, tandis que des jeunes enfants ébouriffés, mutins et rieurs, se poursuivaient en jouant dans les allées.

— N'est-ce pas que l'on respire bien ici? demanda Barbézius.

— A merveille! j'en conviens, répondit Marigné ; mais j'ai demandé un paysage complet, et tu me sers un bout de parc.

— Patience, fit Barbézius ; il y avait plus d'un détour dans le paradis terrestre.

— Pourvu qu'on y trouve quelque chose à manger, hasarda Loys.

— Cueille des sonnets, lui répondit en riant le bossu, tu nous les diras au dessert.

— En somme, reprit Beauvais, l'idée de Loys, toute matérielle qu'elle soit, n'en est pas plus mauvaise.

— O rêveurs! fit Barbézius, vous voilà bien ! Vous demandez la nature, et à peine vous offre-t-elle ses plus belles fleurs, que vous exigez des fruits. C'est égal, je me sens tellement d'humeur conciliante, que nous allons aller dîner.

— Dans l'île de Robinson?

— Si tu veux, Beauvais.

L'empailleur de grenouilles prit les devants.

Au moment où ses camarades le rejoignirent, les quatres jeunes gens poussèrent un cri d'admiration.

Le restaurant se trouvait élevé sur une partie du jardin formant terrasse.

— C'est vraiment charmant, dit Marigné ; un peu joli, mais charmant.

— Ai-je surfait le spectacle ? demanda Barbézius ; des rochers, de l'eau, des bois.

— Et un déjeuner ! ajouta Loys ; ce qui n'était pas dans le programme.

Une demi-heure après, nos amis déjeunaient paisiblement.

Le repas fut charmant, la cuisine suffisante, peu recherchée ; une honnête cuisine, comme il convient de la choisir, quand on se trouve en face d'un résumé des plus belles choses de la création.

Quand ils se levèrent de table, les quatre amis se trouvaient de la meilleure humeur du monde, et Barbézius lui-même semblait avoir perdu sa bizarre sauvagerie.

— Allons voir les rhododendrums, dit-il.

Les jeunes gens suivirent une large allée, dominée à droite par un mur surmonté d'un balustre, et tendu de lierre de haut en bas.

Barbézius avait rempli ses poches de morceaux de pain avec lesquels il comptait faire des libéralités aux moineaux et aux cygnes se balançant sur le lac.

Il commença par lancer à la volée des miettes aux friquets. Ceux-ci s'abattirent piailleurs, jaloux, batailleurs, se disputant, se querellant, se frappant du bec, de l'aile et des pattes ; et comme cette lutte amusait Barbézius, il jeta dans l'allée un assez gros morceau de pain, se demandant comment feraient les moineaux pour se le partager.

Tout à coup Barbézius poussa un cri.

Dans le buisson, il avait vu luire deux yeux bleus doux et tristes, et en même temps une toute petite main, passant à travers les feuilles, saisit le morceau de pain, puis disparut.

— Un enfant ! dit Barbézius, il y a là un enfant.

— J'ai vu, dit Marigné ; et sans doute un enfant qui a faim, puisqu'il a pris le pain des oiseaux.

— Petit ! petit ! dit Barbézius d'une voix douce, comme s'il parlait à des pigeons.

— Viens, ajouta Marigné, viens, pauvre créature ; si tu as besoin de secours, nous t'aiderons.

Rien ne bougea dans le buisson.

— Nous avons effarouché le petit sauvage, dit Loys.

— Écoute, ajouta Barbézius ; voici du pain, je le place là pour que tu le prennes, puisque tu refuses de te montrer ; mais tu as tort, petit, nous ne sommes pas méchants.

Les yeux bleus reparurent au milieu des fleurs.

Puis une voix douce répéta :

— Pas méchants.

Alors Beauvais et ses compagnons aperçurent une chevelure blonde en désordre, puis un front blanc, enfin un ravissant visage de fillette pâle, effarouchée, et qui semblait avoir beaucoup souffert.

— Que fais-tu là, chère petite? demanda Marigné.

— Je me cache, répondit l'enfant.

— De qui as-tu donc peur, des gardiens?

— Des gardiens, non; j'ai peur de la Paumelle.

— Qu'est-ce que çà, la Paumelle? demanda Marigné.

La petite fille tendit les mains :

— J'ai encore bien faim, dit-elle.

Barbézius vida ses poches sur les genoux de l'enfant, puis Loys jeta dans son tablier une pièce de monnaie blanche.

— Vous êtes bons, dit l'enfant, vous ne me trahirez pas.

Sois tranquille, lui répondit Loys, nous voilà quatre pour te défendre. Pauvre petite Poucette égarée dans le bois, as-tu craint de rencontrer l'ogre ?

— Non, mais l'ogresse.

— Une ogresse de contes de fées? demanda Marigné en riant.

— Une ogresse qui me roue de coups, répondit l'enfant en relevant les manches de son mince corsage, et en montrant ses bras grêles couverts de taches livides.

— Allons, dit Barbézius, Dieu est toujours bon, il nous envoie une bonne action à faire.

La petite fille attacha ses grands yeux bleus sur les jeunes gens, et sourit de ce beau et confiant sourire de l'enfance.

— Viens, dit Marigné, nous allons chercher un coin de jardin paisible, et tu nous raconteras ton histoire ; d'abord comment t'appelles-tu ?

— Alie, répondit l'enfant.

— Eh bien, Alie, nous nous intéressons à toi ; compte sur nous.

— Allons dans la grotte, dit Alie.

Les quatre amis et l'enfant descendirent un chemin sablé, et ne tardèrent pas à trouver une allée conduisant jusqu'à l'entrée d'une grotte dont l'ouverture se voilait de feuillages flottants.

Alie entra la première gagna une roche et s'assit au sommet, tandis que les quatre jeunes gens se groupaient autour d'elle.

La grotte était haute, au fond et d'en haut; par une échancrure circulaire laissant voir le ciel, tombait la nappe écumeuse de la cascade. La fraîcheur de la voûte et la fraîcheur de l'eau causèrent un frisson à la petite Alie.

Marigné prit dans sa poche un grand et souple foulard de soie blanche, et en drapa les épaules de la petite fille. Ses guenilles disparurent, et on ne vit plus qu'une figure charmante encadrée de cheveux blonds, et éclairée par des yeux d'ange souffrant et résigné.

— Par où commencer? dit Alie regardant ses quatre protecteurs.

— Par le commencement, mignonne, répondit Barbézius, c'est le moyen le plus simple, le meilleur.

— Le commencement... murmura Alie rêveuse, le commencement, c'est comme dans les histoires, où l'on dit : il y avait une fois une petite fille jolie comme le jour, mais je ne suis plus belle comme le jour, ajouta Alie en secouant la tête, mais autrefois, il paraît que cela était ainsi, car ma mère me le disait.

— Et comment s'appelait ta mère, Alie?

— Je la nommais maman, et les domestiques Mme la comtesse.

— Et, demanda Marigné, te souviens-tu de ton père?

— Petite maman étalait souvent devant elle une carte marquée de lignes de couleurs représentant des royaumes, et elle me disait :

« — Ton père est là-bas, il reviendra bientôt, il t'aime! Et quand il sera de retour, nous serons tous heureux! »

Et quand je demandais pourquoi mon père ne revenait pas tout de suite, ma mère répondait :

« — Il veut nous faire encore plus riches, ma chérie! »

— Ta mère était donc riche, mignonne? dit Marigné.

L'enfant regarda ses haillons, ses pieds nus, et dit :

— Dans ce temps-là, j'avais des bottines de velour bleu, des robes de soie, et des poupées si magnifiques, qu'elles avaient de vrais bijoux en or, des dentelles, des cachemires, des fourrures. Vous comprenez, il n'y avait point de jouets trop beaux pour une petite fille belle comme le jour.

« Un soir, ma mère recommanda à ma gouvernante de me coucher de bonne heure. C'était en été. Le temps, doux et clair, donnait envie de sortir. Je suppliai miss Cuming de me promener un peu ; elle y consentit. Aux Tuileries, elle trouva une amie, Anglaise comme elle; toutes deux se mirent à causer. Je m'ennuyai bientôt d'entendre parler une langue que je comprenais à peine, et je m'éloignai pour jouer; je revenais, mais chaque fois je m'éloignais davantage. Tout à coup, j'aperçus sur un banc une femme tenant à la main un joujou superbe. Figurez-vous une poupée mécanique jouant de la vielle, tournant l'instrument avec grâce, et remuant sa petite tête comme pour indiquer la mesure de la musique, qui était charmante. Dieu! que j'avais envie de cette poupée! J'offris mes boucles d'oreilles, ma montre ; je suppliai la femme d'apporter le lendemain ce jouet chez ma mère.

« — Mais, me dit-elle, j'en ai de bien plus jolis ; voulez-vous les voir !

« — Je ne puis pas, répondis-je, ma gouvernante me chercherait.

« — Elle ne s'occupe guère de vous, ma chérie, puisqu'elle vous laisse courir à votre guise dans ce grand jardin. Mes jouets sont à deux pas, et j'ai une voiture à la porte des Tuileries. Avant que votre gouvernante se soit aperçue de votre absence, vous serez de retour.

« Je suivis la femme à la poupée ; nous montâmes effectivement dans une voiture, mais je m'y trouvais à peine qu'un masque de poix fut collé sur mon visage, on lia mes pieds et mes mains, et en moins d'une seconde je me trouvai roulée comme un paquet. Quand je revins à moi, j'étais dans la baraque d'un saltimbanque.

— Mon Dieu ! encore une martyre ! dit Marigné.

« — La femme qui m'avait volée, reprit Alie, portait une robe à paillettes, une coiffure de plumes de couleur, et sous ce costume elle me parut mille fois plus effrayante encore. On me mit au régime, c'est-à-dire qu'on me fit endurer la faim. Ensuite, on me força à placer mes pieds dans des machines de bois, afin de les tourner en dehors, on me disloqua les bras, on m'obligea à monter sur des échelles, et j'appris à danser sur la corde.

— Après ! après ! dit André Beauvais ; sans le savoir, tu fais joliment bien la copie, et je te donnerai des droits de collaboration.

« — Ça dura trois ans ; mais une compensation me fut donnée par le bon Dieu : il m'envoya un camarade de misère.

— Étais-tu donc la seule enfant de la troupe ? dit Loys-les-Sonnets.

« — Non ; mais les autres étaient, comme les appelait Rosalba, des *enfants de la balle*, et moi pas, à ce qu'il paraît... Qu'est-ce que les *enfants de la balle* ? demanda la petite fille à Jean Beauvais.

— Ils n'ont rien de commun avec les mignonnes belles comme le jour ; continue.

« Mon petit camarade fut amené un soir, à l'heure où je refusais de passer à travers un cerceau garni de poignards. Je le vois encore, habillé de bleu, comme moi jadis. Les *enfants bleus* sont les enfants de la vierge, monsieur, et je reconnus celui-là pour mon frère. Il n'eut pas besoin de me dire qu'on venait de le voler ; je le devinai bien, allez ! Il me regarda comme pour implorer mon aide. On me poussa sur le théâtre. Cinq minutes après, je tombais de toute ma hauteur sur le sol, et j'avais la jambe cassée. C'est alors qu'on me plaça, tout emmaillottée de bandages, près de mon petit camarade. On venait de le lier à une roue, afin de lui assouplir les membres, comme disait la Rosalba.

De grosses larmes roulaient dans ses yeux, et il appelait sa mère avec de grands cris. Sa mère, à lui, s'appelait Blanche.

— Elle s'appelait Blanche! répéta Jean Marigné.

« — Oui, monsieur, j'essayai de consoler mon petit compagnon. Nous nous aimions beaucoup, nous étions si malheureux! Nous faisions le projet de nous évader, mais la Rosalba nous guettait si bien que cela fut impossible. Un jour, quittant mon lit, je gagnai l'extrémité de la tente; la méchante femme me saisit par ma jambe blessée, et je m'évanouis de douleur. Chaque matin, mon petit ami apprenait ses exercices. Quelquefois nous causions tout bas, d'un peu loin; lui, restait lié à une mécanique qui le ployait en deux comme un cerceau, moi, la jambe roidie entre des lattes et des bandages. Nous parlions de celles qui nous pleuraient. Et puis, nous nous promettions que le premier évadé sauverait l'autre. Au bout de deux mois, je pouvais marcher; mais ma jambe brisée étant restée un peu courte, il ne m'était plus possible de danser sur la corde. La Rosalba me loua alors comme servante à une vilaine femme appelée la Paumelle; elle tient un cabaret rue de Flandre, 76; son mari a été guillotiné.

— Ton histoire se corse diablement, dit André Beauvais.

— Je ne voulais pas quitter la Rosalba, reprit Alie; je tenais à rester chez les saltimbanques pour ne pas quitter Henri.

— Henri! ton petit compagnon s'appelait Henri? s'écria Barbézius.

— C'est étrange! bien étrange! murmura Jean Marigné.

Le dessinateur traça quelques lignes sur un album de poche, puis il reprit :

— La voleuse d'enfants se nommait Rosalba, mais tu ne m'as point dit le nom du saltimbanque qui vous torturait, toi et le petit Henri.

— Tamerlan, répondit l'enfant.

Marigné attira Alie vers lui, tandis que Barbézius serrait ses pauvres petites mains.

— Tu te souviens bien, mignonne, Tamerlan, Rosalba?

— Est-ce que vous les connaissez?

— Non, mais je connais la mère du petit Henri.

— Et vous l'aimez?

— Autant que tu chéris ton petit camarade.

— Alors, dit Alie, soyez tout à fait bon pour moi, au nom d'Henri et de Mme Blanche.

— Je ferai tout ce que tu voudras.

— Savez-vous faire des chansons, monsieur?

— Non, moi je dessine, mais André Beauvais fait très bien les chansons.

Alie tourna, vers celui qu'on lui désignait, ses grands yeux bleus, remplis de prière.

— Je vous en supplie, dit-elle, faites une chanson pour moi toute seule. Vous voyez combien j'ai été malheureuse, aidez-moi à retrouver tous ceux que j'ai perdus. Quand je saurai par cœur la complainte, j'irai la chanter dans les rues. Vous direz dans la chanson que la petite Alie a été volée par une méchante femme, qu'elle a pleuré, souffert, qu'elle cherche sa mère, et le bon Dieu permettra que je passe en chantant sous les fenêtres de ma mère, elle reconnaîtra la voix de son enfant, et la petite fille, qui autrefois était belle comme le jour, redeviendra heureuse.

André Beauvais prit son crayon.

— Tu as une jolie voix, Alie ?

— Je ne sais pas, je chante comme les oiseaux.

— Eh bien ! tandis qu'ils chantent dans les branches, commence un couplet de tout ce que tu voudras.

Alie chanta, d'une voix limpide, le refrain d'un vieil air.

— C'est assez, dit Beauvais ; je tiens mon timbre.

Et il se mit à écrire.

— Pendant qu'André fait votre chanson, reprit Barbézius, racontez-nous comment vous avez pu quitter la maison de la Paumelle.

— Ah ! c'est une terrible aventure. La Paumelle me surveillait, devinant bien que je songeais à m'en aller de sa maison où tout m'effrayait. La nuit, quand les buveurs étaient partis, et que je venais de m'étendre dans mon lit, je rêvais que le mari de l'ogresse entrait dans ma soupente, sa tête à la main, et qu'il s'en servait pour jongler. Je m'éveillais en poussant des cris, et la Paumelle me battait. Mais chaque nuit ramenait des rêves effrayants, et la vieille femme prit le parti de me faire coucher dans une sorte de trou noir éloigné de sa chambre et éclairé par un œil de bœuf.

« Après avoir revu Henri, que Tamerlan amena un soir dans le *Cabaret des Monstres*, je mis dans ma tête de m'évader de la maison de la Paumelle. Par la porte, c'était impossible ; restait l'œil de bœuf. Je trouvai, un matin, dans la cour, une vieille corde, jetée là par mégarde, je la portai dans mon réduit et, dès le lendemain, j'attachai une grosse pierre à la corde, afin de voir si elle atteignait le pavé. Je compris vite qu'elle ne touchait point la terre ; mais que faire ? Si l'on m'ôtait ma corde, je perdrais tout espoir de m'évader ; mieux valait risquer de me blesser, en tombant d'assez haut, que de rester dans ce bouge. Le lendemain, je fixai la corde à un énorme clou fiché dans la muraille, je suivis quelque temps la crête d'un mur, en rampant comme une couleuvre, puis je vis, en face de moi, un chemin désert, le chemin qui conduit à l'établissement des chevaux malades.

« Arrivée là, je pris la corde à deux mains, en ayant soin de les garantir avec un vieux mouchoir, et je me laissai aller. Le caillou m'arrêta, et je restai suspendue dans le vide. Il faisait noir. Je me souvenais de ma jambe cassée, mais je me rappelais plus encore la promesse faite au petit Henri, je lâchai tout, et je tombai sur le sol, étourdie, mais non blessée. Pendant un moment, je restai assise sur le trottoir faisant face à la fenêtre qui venait de servir à mon évasion, puis quand je me sentis remise de ma secousse, je quittai le chemin et je me trouvai dans la rue. J'avais grand'peur. Je m'en allais à petits pas, regardant avec effroi derrière moi, en avant, partout. Personne ne m'arrêta. Je vaguais comme un chien perdu.

« Au matin, je vis devant moi une grille, des arbres, et dans le grand jardin, des enfants pauvres, jouant de bon cœur.

« Quand la nuit vint, je descendis dans la grotte où nous sommes. Je m'étendis sur la roche.

« Ce matin, quand j'ouvris les yeux, j'avais grand'faim. Je n'avais mangé qu'un gâteau la veille. Aussi, bien que je me fusse cachée en voyant venir des grandes personnes, car tout le monde me faisait peur, excepté les enfants, je n'ai pu résister à la tentation de prendre le morceau de pain que vous veniez de jeter aux moineaux...

Alie se tut, et Bauvais s'écria :

— Voilà ta chanson, petite!

— La chanson parle d'oiseau, mais pas d'un enfant volé, répondit la petite fille.

— Prends patience, il est question de l'enfant dans le refrain.

Et la petite Alie chanta :

> Plaignez l'oiseau tombé de nid à terre;
> Plaignez l'enfant qui répète à grands cris :
> Ah! rendez-moi les baisers de ma mère,
> Et le bonheur que les méchants m'ont pris.

— Les méchants, c'est Rosalba et Tamerlan, ajouta la petite fille. Et les autres couplets?

— Tu les auras ce soir.

— Parlez de ma mère, des saltimbanques, et du petit Henri si vous pouvez.

— C'est peut-être beaucoup, mais je ferai pour le mieux.

— Écrivez bien vite, monsieur, que j'apprenne tout de suite ma chanson, et que je la chante demain.

— Mais s'écria Marigné, tu ne coucheras pas ce soir aux buttes Chaumont, les gardes finiraient par te trouver, et l'on te mettrait en prison comme vagabonde.

— Je ne pourrais pas chercher ma mère, alors?

— Non, sans doute. Voyons, petite Alie, as-tu confiance en moi?

L'enfant fit un joli signe de tête.

— Eh bien! j'ai une idée, une bonne idée.

— C'est possible, vous avez la figure bien douce.

— Ma sœur Fabienne est un ange, je vais t'emmener avec moi si tu le veux; tu ne la quitteras plus, elle te donnera des habits convenables. et tu pourras alors aller dire ta chanson.

— On ne m'arrêtera pas?

— J'obtiendrai pour toi une permission de la police.

— Emmenez-moi, alors, emmenez-moi!

— Auparavant, dit Barbézius, tu dîneras avec nous au restaurant.

Quelle bonne journée, dites : mes amis? Toi, Loys, si tu ne composes pas sur cette enfant le plus ravissant de tes sonnets, je t'enlève la dernière feuille de ta couronne poétique. Nous avons bien déjeûné, mais vive Dieu! quel dîner nous allons faire; rien ne creuse comme une bonne action!

Une heure plus tard, comme le restaurant de la *Terrasse* se trouvait encombré, le pianiste jouait à tour de bras le *Beau Danube bleu*, tandis que Marigné, Barbézius, Loys et Beauvais riaient de l'appétit d'enfant de la petite Alie.

Il signor LUCO, dompteur de *toutes les têtes couronnées*. (Voir page 460).

39ᵉ Livraison.

CHAPITRE XXXIX

LES MISÉRABLES DE LA PLUME

À peine Marigné eut-il, en quelques mots, raconté l'histoire d'Alie à Fabienne, et confié la mignonne à ses soins, qu'il courut chez Ramoussot.

Celui-ci restait sous l'impression douloureuse où l'avait jeté la disparition de Louis Taden. Il ne doutait pas que le malheureux eût été tué par ceux qui avaient tour à tour volé Henri à sa mère, et assassiné le nabab des Champs-Élysées. Mais plus il avançait dans ce drame sombre où se trouvaient en jeu le bonheur d'une femme, la revendication d'état d'un jeune homme, victime d'un piège odieux, et la réhabilitation de la mémoire d'un mort, plus il comprenait les difficultés de la lutte entreprise, et moins il en espérait un résultat satisfaisant.

Quand Marigné, en revenant des Buttes-Chaumont, monta chez Ramoussot, la porte était fermée ; un souvenir, qui fit sourire le dessinateur, l'encouragea à gravir un étage de plus ; il sonna à la porte des fleuristes, et aperçut Ramoussot dans la petite chambre servant d'atelier ; l'agent de police répétait gravement l'épellation d'un mot difficile à Cerisette, qui mordait le bout de ses doigts roses en regardant Ramoussot avec une malice ingénue.

— Oh ! mon ami ! s'écria Marigné en secouant la main de l'agent de police, quelles nouvelles ! Pardonnez-moi, mademoiselle Mésange, il s'agit de personnes que nous aimons, que vous aimez aussi, sans doute. J'ai l'esprit si bouleversé depuis tantôt !

— Alors procédons par ordre, dit Ramoussot en prenant son carnet.

— Oui, procédons par ordre. Cette petite Alie, un Ange ! des yeux bleus ! tu les verras, aussi doux que ceux de Mlle Mésange ; il fallait la voir au fond de la grotte.

En ce moment, Ramoussot, Mésange et ses sœurs partirent d'un éclat de rire si franc, que Marigné, stupéfait, les regarda en se demandant quelle pouvait être la cause de cet excès de gaieté.

— Voyons, dit-il, pourquoi riez-vous ?

— C'est trop fort ! s'écria Ramoussot, je te prie d'être clair, précis, de procéder par ordre et tu commences par créer la topographie la plus embrouillée qu'il soit possible d'imaginer. Le lieu de la scène est à la fois une montagne rocheuse, un lac, une terrasse, un restaurant, une grotte, une cascade, sans doute ?

— Oui, il y a une cascade.

— L'action se passe en Suisse ?

— A Paris, mon ami, à Paris ; aux Buttes-Chaumont.

— C'est possible, dit Ramoussot. Donc le théâtre du drame est aux Buttes-Chaumont.

— Oui, dit Marigné, qui n'osait plus reprendre son récit.

— Maintenant, qu'est-ce qu'Alie ?

— Une ravissante enfant.

— L'héroïne du drame, alors ?

— Justement.

— Maintenant, j'écoute.

— C'est heureux, fit Marigné. Prends des notes ; pourquoi nous sommes allés aux Buttes-Chaumont, Barbézius, Beauvais, Loys et moi, cela t'importe peu. Il faisait soleil, et nous cherchions, moi, un arbre joliment feuillé, André, un chapitre de roman, Barbézius, des grenouilles vertes, et Loys, des sonnets. C'est pour cela que nous avons rencontré Alie. Nous venions de déjeuner quand, tout en émiettant du pain aux oiseaux, nous voyons... une enfant, une jolie enfant, avancer son bras maigre et prendre le pain des moineaux. Nous avons fait notre voix si encourageante, que la pauvrette est sortie de sa cachette de feuillage ; et quand elle s'est trouvée dans la grande grotte de stalactites, elle nous a conté son histoire. Alie est aussi une enfant volée, volée par une misérable créature appelée la Rosalba. Rosalba est la femme du saltimbanque Tamerlan et, au nombre des petits martyrs torturés par ce couple ignoble, se trouve Henri.

— Le fils de Mme Monier ?

— Cela est plus que probable, puisque Henri a raconté plus d'une fois à sa compagne que sa mère s'appelait Blanche.

— O Providence ! dit Ramoussot d'une voix vibrante, vous avez bien raison d'y croire, Mésange, et de m'apprendre à vous imiter.

Les petites filles ne travaillaient plus ; toutes six s'étaient groupées autour de l'agent de police, et prêtaient une oreille attentive au récit de Jean Marigné.

— Maintenant, reprit l'agent, il suffit de retrouver Tamerlan.
— Oui, mais où le rencontrer ?
— Sois tranquille, ces nomades ont des habitudes ; leur tour de France les ramène dans les mêmes localités à des époques fixes. Or, la foire au pain d'épice s'ouvre dans deux jours : Tamerlan est peut-être déjà revenu à Paris.
— Oh ! si cela était possible !
— Cela est certain. Le reste me regarde.
— Je fais mon affaire de Tamerlan, reprit Ramoussot ; dès demain, je m'informe à la préfecture de police et je cours à la place du Trône inspecter les baraques en construction.

Marigné serra les deux mains de Ramoussot.

Une minute après, Jean rejoignait sa sœur.

A la première heure, le lendemain, l'agent courait à la préfecture.

On lui donna la liste des acrobates et des saltimbanques ayant demandé l'autorisation de donner des représentations.

Ramoussot alla sur la place, descendit la rue de la Roquette, entra le soir dans le *Cabaret des Monstres*, tenu par la Paumelle, et qui, dans ce moment, regorgeait d'hommes squelettes, de femmes colosses d'enfants hydrocéphales, mais Tamerlan n'avait annoncé son retour à personne, ce qui surprenait grandement la Paumelle.

Malgré sa répugnance à donner des renseignements sur ses habitués, la veuve du guillotiné n'eût pas osé refuser à Ramoussot ceux dont il avait besoin ; elle savait trop qu'un mot de lui à la préfecture pouvait causer la fermeture de son tapis-franc.

Les nouvelles que l'agent porta chez Jean Marigné furent donc assez tristes.

Il vit la mignonne Alïe, la pria de lui parler d'Henri, mais il ne jugea point à propos de raconter à Mme Monier ce qui s'était passé ; si Tamerlan devenait introuvable, si la piste était perdue, à quoi bon causer une fausse joie à la pauvre mère.

Ramoussot ne serait pas rentré chez lui si découragé, s'il avait suivi dans sa course un homme au visage olivâtre, aux cheveux noirs, vêtu d'une redingote longue ornée d'une quantité de brande-bourgs. Cet individu venait de quitter une des plus grandes baraques de la place du Trône, et, sur un tableau gigantesque, représentant un homme en costume de gladiateur, debout au milieu d'une douzaine de bêtes féroces, on voyait ingénieusement écrit en lettres formées par des enroulements de boas constrictors :

IL SIGNOR LUCO, DOMPTEUR *de toutes les têtes couronnées.*

Tamerlan, car c'était lui, subissait un des innombrables avatars qui trompent et retardent si souvent les investigations de la police.

Parti de France pour faire une tournée en Italie, il arrivait à Florence muni de quelques centaines de francs, quand il apprit que le dompteur Luco, le plus hardi de tous ceux qui prétendent traiter les lions de l'Atlas en caniches, venait d'être dévoré par un de ses pensionnaires. Seulement, la révolte du fauve n'avait pas eu lieu en séance publique; le malheur ne faisait pas encore de bruit; il était peut-être possible, avec un peu d'audace, de prendre enfin la situation, si longtemps rêvée, de dompteur de bêtes féroces.

Tamerlan alla trouver la veuve de Luco, et lui offrit vingt mille livres comptant pour ses bêtes et leurs cages, et la Corilla se trouva heureuse d'accepter.

— Nous signerons demain soir, dit l'acrobate.

Le lendemain, Tamerlan se rendit chez la veuve du dompteur; il avait dans sa poche une cinquantaine de louis rendant un carillon rassurant; il apporta l'acte de vente tout préparé, le tendit à la Corilla, qui hésita en prenant la plume.

Tamerlan plongea la main dans sa poche, l'or tinta, et la Corilla, rassurée, signa rapidement.

Au même moment, Rosalba se jeta à son cou en s'écriant:

— *Mia cara! ah! mia cara!*

La Corilla, trouvant que la Rosalba l'embrassait trop fort, se débattit; mais plus elle se débattait, plus la Rosalba serrait le cou de la malheureuse qu'elle venait d'emprisonner dans ses dix doigts. Les soubresauts de la victime s'apaisèrent; la Corilla était une créature délicate: elle ne fut pas longue à mourir.

Sa quittance était donnée. Ce soir-là les lions soupèrent bien.

La nuit même, les lourdes voitures renfermant la ménagerie d'il signor Luco se mirent en route, et chacun répéta à Florence que la Corilla avait pris pour associé l'acrobate Tamerlan.

Dans chacune des villes où il passa, celui-ci essaima ses élèves; il ne garda que le petit Henri dont il devait compte à Ferson.

Ce fut donc après une tournée avantageuse dans le midi de la France que Tamerlan, devenu le signor Luco, entra dans Paris au moment où on commençait à s'occuper de la construction des baraques qui, à l'époque de la foire au pain d'épice, couvrent toute la place du Trône et la grande avenue de Vincennes.

Une seule chose le tourmentait. Jusqu'à ce moment, il avait conservé le tableau commandé par Luco; mais ce moyen d'exciter la curiosité est si vieux qu'il montre la corde.

Il fallait du nouveau, encore et toujours du nouveau.

Tout-à-coup il eut non pas une idée complète, mais l'embryon d'une idée ; et, se frappant le front :

— Allons chez Bauché, se dit-il.

Tamerlan descendit la rue de la Roquette, et s'arrêta devant une sorte de cour encombrée de bois de démolition, occupée dans le fond par un four destiné à la cuisson des plaques de faïence employées pour les poêles, puis il gagna une sorte d'appentis formé par les débris disparates de deux ou trois cahutes, et leva, sans frapper, le loquet d'une porte en vitrages étoilés de cassures.

L'intérieur de ce misérable logis répondait à l'extérieur.

Deux ou trois meubles épars, claudicants, sales et graisseux, se collaient aux murailles couvertes d'affiches multicolores. Au fond, on apercevait la maigre silhouette d'une femme étendue sur un lit de sangle, et dont la toux sifflante révélait les atroces souffrances.

Sur quelques poignées poussiéreuses de crin d'Alger échappé d'un vieux fauteuil, trois petits enfants se tenaient pelotonnés. Ils ne riaient pas, ils ne parlaient pas, ils semblaient souffrir, et se regardaient avec des yeux un peu hagards.

Assis sur une chaise laissant échapper des touffes de paille, et penché sur une table de bois noir, un homme, jeune encore, travaillait.

Sur des lambeaux de papiers épars autour de lui, se voyaient groupés des distiques destinés à la décoration des mirlitons.

Quand on regardait attentivement cet homme vêtu d'une façon sordide, on restait surpris de trouver en lui les traces indélébiles d'une condition meilleure. L'intelligence brillait par intermittence dans ses prunelles. On eût dit que parfois il éprouvait des révoltes contre les douleurs du présent, et demandait à Dieu le pourquoi de sa condition misérable.

Trois ou quatre vieilles croûtes de pain traînaient sur un buffet : mais elles étaient si dures, qu'elles eussent déchiré les gencives des petits enfants.

La femme ne souffrait pas de la faim, la phthisie la dévorait.

Elle retrouvait parfois un éclair de vie et d'amour, en regardant les enfants se roulant au milieu du vieux varech.

— Si je pouvais les emmener avec moi ! murmurait-elle.

A l'instant où Tamerlan leva le loquet de la porte, les trois petits cachèrent leur tête dans leurs bras en s'écriant :

— Croquemitaine !

Bauché se leva.

— Vous me reconnaissez ? demanda le saltimbanque.

— Fort bien; j'ai travaillé pour vous.

C'est vrai, et je me souviens d'avoir été satisfait de votre besogne ; seulement, c'est le vieux jeu, tout ce que l'on a mis jusqu'à présent sur les affiches.

— On peut doubler les adjectifs et disposer autrement les lettres, dit Bauché.

— Que faites-vous, maintenant ? demanda l'acrobate.

— Des devises de mirlitons ; je ne refuse aucun labeur.

— Le travail donne-t-il ?

— Voici la saison. Vous le voyez, les murailles sont couvertes de nouvelles affiches, toutes plus alléchantes les unes que les autres. J'ai composé trois boniments pour un marchand de poudre à détacher et un autre pour le fin Aiguiseur. Enfin j'ai terminé une *parade* pour la famille Laurier : *le muet aveugle, sourd et manchot.* Voulez-vous que je vous en lise une scène?

— Soit ! dit Tamerlan; je ne crois pas cependant qu'il me faille rien dans le genre de ce que vous venez d'écrire.

— C'est possible. Je me suis efforcé d'être gai, mais nous n'avions pas mangé, depuis vingt-quatre heures, et peut-être la faim a-t-elle déteint sur mon ouvrage. Ceci est la *scène V :* Gilles se rend chez M. Videgousset, afin de lui remettre trente pistoles de la part de son maître ; il rencontre en chemin un adroit filou.

— J'écoute, dit Tamerlan.

Bauché feuilleta son manuscrit et lut :

« *Scène V.* Personnages : Gilles, le Filou. — C'est le filou qui parle : — Ayez compassion, monseigneur, d'un pauvre gentilhomme qui est dans une extrême pauvreté et qui ne peut pas demander sa vie. — Gilles : — Et pourquoi, mon ami, ne pouvez-vous pas demander vot' vie? — Le Filou : — C'est, monsieur, que je suis muet depuis trois ans ! Gille : — Vous êtes muet depuis trois ans ?

— Le Filou : — Oui, monseigneur. — Gilles : — Et par quel accident cela vous est-il arrivé ? — Le Filou : — C'est que, comme pour mon plaisir, je portais l'oiseau dans un bâtiment où j'étais manœuvre, un échelon ayant cassé sous moi, je me suis donné du menton sur celui d'en haut, et cela m'a coupé la langue tout net. — Gilles : — Vous avez la langue coupée ? — Le Filou : — Oui, monsieur; voilà ce qui m'en reste. — Gilles : — Diable ! vous l'aviez donc bien longue ? — Le Filou : — Oui, monsieur ; on m'a toujours dit que j'avais la langue trop longue. — Gilles : — Et combien vous en reste-t-il encore ? — Le Filou : — Environ un mètre. — Gilles : — Ah! cela est bien honnête pour un manœuvre. Et, depuis ce temps-là, vous ne parlez plus ? — Le Filou : — Non, monsieur, excepté pour demander mes nécessités. —

Gilles : — Mais, c'est toujours parler. — Le Filou : — Ah ! tant mieux ! monsieur. *(Il pleure.)* — Gilles : — Vous en êtes bien aise, et vous pleurez ; qu'est-ce que cela veut dire ? — Le Filou : — C'est que pendant que l'opérateur me promettait de me rendre la parole, j'ai oublié de lui demander un remède pour ma vue. — Gilles : — Vous êtes aveugle ? — Le Filou : — Oui, monsieur. — Gilles : — Je vais voir s'il me trompe ; j'ai heureusement sur moi une pièce de vingt-quatre sols, et quelques liards. Tiens, mon ami. *(Il lui présente d'une main vingt quatre sols, et un liard de l'autre ; le filou examine les deux mains puis prend les vingt-quatre sols.)* — Le Filou : — Monsieur je vous remercie. Gilles : — Mais vous choisissez la pièce de vingt-quatre sols. — Le Filou : — Oui monsieur ; j'ai bien vu qu'elle valait mieux qu'un liard ; il m'est resté cette faculté de la vue. — Gilles : — Vous avez bien l'air d'un fourbe et d'un fripon ! — Le Filou : — Ah ! monsieur, vous avez bien tort de m'insulter ; car si j'avais entendu ce que vous venez de dire... — Gilles : — Vous avez entendu cela ; vous n'êtes donc pas sourd ? — Le Filou : — Excusez-moi, monsieur, je n'entends que lorsqu'on me dit des sottises, ou : tiens, mon ami. — Gilles : — Cela est bien merveilleux. — Le Filou : — Il est vrai ; mais tout cela ne serait rien si j'avais l'usage du bras gauche, qui est tout retiré, et si un boulet de canon ne m'avait pas emporté l'autre. — Gilles : — Il me paraît pourtant que tu te sers bien du bras gauche. *(Il lui présenta de l'argent et il allonge le bras.)* Vous allongez cependant bien le bras. — Le Filou : — Oui, monsieur, quand on me donne quelque chose. — Gilles : — Et où avez-vous perdu le bras ? — Le Filou : — A Port-Mahon. — Gilles : — Aviez-vous alors cet habit ? — Le Filou : — Oui, c'est mon habit d'ordonnance. — Gilles *(à part)* : — Ah ! je le tiens pour le coup *(Haut.)* Mais comment le boulet de canon t'a-t-il emporté le bras et laissé la manche ? — Le Filou *(à part)* : — je suis pris comme un sot. *(Haut.)* Monsieur, n'avez-vous jamais entendu dire que le tonnerre fondait une épée dans son fourreau sans endommager le fourreau ? — Gilles : — Non. — Le Filou : — Cela est pourtant certain. Et bien ! c'est à peu près la même chose : le boulet de canon a passé à travers les pores du drap de la manche de mon justaucorps. »

Bauché laissa tomber le manuscrit sur la table.

— Trouvez-vous cela drôle ? demanda-t-il à Tamerlan.

— C'est le vieux genre, répondit le mari de Rosalba.

— Ce n'est pas cela qu'il faut pour vous ?

— Nullement. Vous comprendrez mieux quand vous connaîtrez ma mise en scène.

— Monsieur Tamerlan, remettons cet ouvrage à demain. Mon cent de devises doit être livré à la première heure ; nous sommes sans pain ici.

— Je ne puis pas attendre, répliqua Tamerlan. D'ailleurs, la besogne que je vous commande est plus lucrative que celle que vous achevez. Si vous réussissez, je vous donnerai vingt francs.

Seulement il faut faire vite. La foire au pain d'épice s'ouvre dans quelques jours, et peut-être la répétition de la scène dont j'ai besoin ne sera-t-elle pas la chose du monde la plus facile, attendu que mes artistes n'ont encore joué rien de semblable.

— La pièce doit-elle être composée pour des mimes, des clowns ou des pitres ? demanda Bauché.

— Elle doit être faite pour des bêtes fauves, répondit Tamerlan.

— Des bêtes fauves ! mais vous devenez fou, maître Tamerlan !

— D'abord, tachez de vous souvenir, ami Bauché, que Tamerlan est mort, supplanté par *il signor* Luco, *le dompteur incomparable.*

Une voix plaintive s'éleva dans le fond de la chambre :

— Emile, j'ai bien soif... de la tisane, un peu de tisane, pour l'amour de Dieu !

— Vous le voyez, répondit Bauché en s'adressant au saltimbanque, ma femme demande de la tisane, et je manque de feu, d'herbes médicinales. Il faut que j'achève mes devises de mirlitons.

Le malheureux se tourna vers le fond de la chambre.

— Patience, dit-il, ma chérie, la besogne sera finie ce soir. Veux-tu de l'eau, un verre d'eau fraîche ?

— Elle me glacerait la poitrine, dit la femme, j'ai déjà si froid !

— La fièvre ! murmura Bauché, la fièvre !

— Zorzette a faim, dit une voix d'ange.

— Chut ! répliqua la sœur aînée ; dors, ce n'est pas l'heure de souper. Demain, le père ira chercher toutes sortes de choses : du pain blanc, des pommes de terre frites, des sucres d'orge.

Mais la petite fille répéta de la même voix dolente :

— Elle a grand faim, Zorzette !

Bauché plaça ses mains sur ses oreilles pour ne pas entendre.

Tout-à-coup, il se leva brusquement.

— Je vais mendier, dit-il. Cela vaut mieux que de les laisser mourir.

Tamerlan tira vingt sous de sa poche.

— Il serait préférable de composer ce que je vous demande, dit-il.

— Mais que voulez-vous que j'écrive ? Quel *scenario* échafauder, quand vous ne me présentez pour acteurs que des bêtes fauves.

— Vous vous trompez, dit Tamerlan ; il y a un autre personnage.
— Qui donc ?
— Un enfant.

Emile Bauché se leva.

— Un enfant ! et vous voulez que j'écrive une scène pour cet enfant, ces lions et ces tigres ! Mais, à moins de jeter tout de suite l'innocent en pâture aux bêtes fauves, je ne comprends pas ce que vous voulez.

— Je veux s'écria Tamerlan, une chose qui jamais ne se soit vue. Je veux, que tout Paris accoure dans ma loge : les journalistes et les badauds, et que la scène capitale puisse être reproduite au milieu d'une affiche gigantesque.

— De la tisane ! une tasse de tisane ! répéta la femme.
— Allez chercher des herbes, dit le dompteur.
— Papa, Zorzette a faim, balbutia la petite fille.

Bauché repoussa la pièce de vingt sous.

— C'est de l'argent maudit ! reprenez-le, dit-il au saltimbanque ; je croirais être votre complice si je l'acceptais. Mon Dieu ! mon Dieu ! et dire que j'en suis réduit à entendre râler ma femme, à entendre crier famine à mes enfants ! Allons, c'est ta faute, misérable de la plume, le plus misérable de tous ! Pourquoi as-tu quitté les champs où la vie était large, facile, afin de continuer tes études et de devenir un propre à rien ? Tu sais le grec, et tu ne peux nourrir ta femme ! Tu sais l'Enéïde par cœur, et tes enfants tordent leurs petits corps à demi-nus sur quelques poignées de varech ! Allons, bachelier inutile, greffe gâtée et pourrie de l'arbre de la science, maudis-toi ! châtie-toi ! l'orgueil t'a perdu !

— Emile, dit la femme d'un ton plus déchirant, tu ne m'entends donc pas ! De la tisane ! de la tisane chaude et sucrée !

— Réfléchissez, reprit Tamerlan ; vous pouvez gagner vingt francs en une heure. Je solderai comptant. Que vous importe quel enfant jouera cette scène, pourvu que vos enfants à vous ne manquent de rien !

Cette horrible logique s'empara du cerveau du malheureux.

— Si je le fais, dit-il, je ne le ferai pas à jeun, il faudra que je sois ivre, ivre-mort, entendez-vous ?

Tamerlan posa deux francs sur la table :

— Voici pour l'ivresse, dit-il.

Un quart d'heure après, le feu flambait dans l'âtre, une infusion de tilleul fumait dans une tasse, les trois enfants mangeaient une galette dorée, et Bauché avalait un grand verre d'eau-de-vie.

Quand les vapeurs de l'ivresse l'eurent surexcité suffisamment, il se leva et, marchant à grands pas dans la chambre, il prononça des phrases heurtées, des mots sans suite, comme si le bruit causé par ses propres paroles pouvait lui fournir une idée.

— Des lions... des bêtes fauves, et un enfant, un petit enfant.
— On pourrait, au besoin, ajouter un bourreau, dit Tamerlan.
— Ue bourreau, ce serait vous ?
— Naturellement.
— Le bourreau, l'enfant. Le bourreau jette la victime aux bêtes. Le bourreau est une brute farouche. Les fauves ont des magnanimités de rois. Les lions valent mieux que les hommes. D'ailleurs, pourquoi un enfant, une innocente créature, ne serait-elle pas douée d'un pouvoir merveilleux ? Non ; les regards d'un enfant sont trop doux pour fasciner des monstres qui rugissent, des fauves qui ont faim. Mais il y a le miracle, il y a Dieu !

Puis, continuant son travail mental : C'est cela l'enfant est protégé par Dieu, cela explique tout.

Mais comme l'idée de cette protection divine ne répandait pas encore le mouvement cherché par le faiseur de *scenario*, il se versa un second verre d'eau-de-vie, arpenta la chambre d'une façon plus fiévreuse, puis il se frappa le front de la paume de la main :

— Daniel ! fit-il, Daniel dans la fosse aux lions !

Tamerlan ne comprenait pas.

— Vous ne connaissez pas ce personnage-là, Daniel ? reprit Bauché en regardant le saltimbanque. Vous n'avez jamais ouvert la Bible. Vous ignorez le premier mot de cette merveilleuse histoire ? Dieu ! qu'il est loin le temps où j'emplissais ma mémoire de cette grande poésie ! Et ce soir, ce soir, pour donner du pain à mes petits innocents, je la prostitue à cet acrobate devenu dompteur! Voici, poursuivit Bauché en s'arrêtant en face de Tamerlan: Darius, un roi des Mèdes et des Perses, que vous ne connaissez pas, a défendu que pendant trente jours on adressât une prière à quelque divinité ou quelque créature que ce fût. Daniel le prophète continue à fléchir les genoux trois fois par jour en se tournant du côté de Jérusalem. On le dénonce à Darius ; celui-ci ordonne que le prophète soit jeté dans la fosse aux lions. Une pierre est scellée à l'entrée de la fosse. Mais un ange du ciel ferme la gueule des lions, et, le lendemain, Daniel sort vivant de la fosse... Comprenez-vous le parti que je puis tirer de ceci? L'enfant c'est Daniel, Daniel tout jeune, convaincu d'avoir désobéi au roi. Nous ferons un anachronisme, car Daniel se trouvait enfant sous Nabuchodonosor, adolescent sous Balthazar, homme fait sous Darius. Traitez le public en ignorant, et vous aurez rarement à vous repentir.

Les mots de Daniel et de fosse aux lions s'accouplent bien dans sa mémoire, et lui rappellent vaguement un épisode connu, cela suffit. Vous avez été chargé d'exécuter l'édit dont vous donnez lecture à Daniel ; puis vous le descendez dans la fosse, vous la scellez, tandis que l'enfant, en longue robe blanche, en cheveux bouclés, s'agenouille au milieu des bêtes fauves, qui viennent frotter contre lui leurs mufles froncés, et lèchent ses pieds avec une soumission craintive.

— Superbe ! superbe ! dit Tamerlan, j'ajoute cent sous !

— Vous voyez ça d'ici. Comme mise en scène, vous aurez eu soin de dissimuler les trois quarts de la cage dans une sorte de caverne. Pour votre costume, le torse nu, avec tunique courte aux reins, la barbe noire et frisée, un large sabre à la ceinture, sur la poitrine, une sorte de plastron de colliers, et des bracelets aux bras. Si l'enfant est beau, l'effet de cette scène sera irrésistible.

— Irrésistible ! répéta le saltimbanque ; j'ajoute cent sous.

— Si vous le pouvez, pendant que l'enfant priera dans la caverne, vous ferez flotter une figure ailée dans le lointain, et l'on entendra quelques accords fort doux, une harpe, par exemple...

— J'aurai une harpe et j'inventerai un ange. Encore cent sous ! Avec une réflexion de miroirs, on obtient aujourd'hui de prodigieux effets.

Tamerlan posa huit pièces de cinq francs sur la table.

— Je suis content, dit-il ; écrivez la machine, composez l'affiche. Je reviendrai demain. Du moment que vous avez l'idée, je me sens tranquille. Je peux toujours mettre en scène, l'enfant apprendra vite les paroles du rôle que vous lui ferez.

Tamerlan quitta la chambre de Bauché au moment où la malade disait d'une voix moins dolente :

— La bonne tisane, Emile ; je me sens toute réchauffée.

— Délivrez-nous du mal, notre Père, qui êtes aux cieux... gazouilla Georgette, que les anges berçaient.

— Oh ! l'enfant ! le pauvre enfant pour qui je vais écrire ce rôle, murmura Bauché, si les lions le dévoraient vivant, je me regarderais comme coupable de sa mort. Après tout, je ne le connais pas, celui-là, et il faut bien que les miens vivent !

Et ce misérable de la plume, qui se souvenait de Virgile et traduisait Homère, avala le reste du flacon d'eau-de-vie et roula ivre-mort sur le sol.

Est-ce assez beau ? demanda le misérable de la plume. (*Voir page* 479.)

CHAPITRE XL

UN ANGE DANS L'ENFER

N est à la veille du jour de Pâques, et les installations de boutiques, de cirques, de baraques, occupant le cours de Vincennes se poursuivent avec une ardeur fiévreuse. Sous le prétexte de la foire au pain d'épice, on organise sur la place du Trône et dans les environs, une quantité énorme de spectacles forains. On y trouve autant de devineresses et de somnambules que de marchands de darioles.

Il y a plusieurs siècles, cette fête, complétement mercantile, avait une grande importance pour les marchands de toute sorte ; c'était une fête patronale, à laquelle se donnaient rendez-vous les paysans des alentours, et où les bourgeois des environs venaient renouveler leurs provisions d'épices.

Une cérémonie religieuse attirait à la fois dans ce quartier lointain le clergé et la noblesse : la fille la plus sage du faubourg Saint-Antoine, au lieu de recevoir le don d'un *chapel de roses*, comme les rosières de Salency, avait l'honneur de se voir représenter en *pain d'épice*, et débiter à des milliers d'exemplaires à tous les braves gens avides de fêter la vertu et de protéger le commerce.

La figure de pain d'épice de la jeune fille se trouvait voisine de celle du sieur *Poivre*, ancien intendant de l'île de France, qui, il y a plus de cent ans, eut l'idée de se rendre dans la patrie même des épices, et d'apporter en France ce qu'il y trouva de plus précieux.

Aujourd'hui, au lieu de la fille la plus sage du quartier Saint-Antoine, on représente en pain d'épice une des célébrités populaires de l'année ; l'uniforme militaire se prêtant à recevoir des ornements en sucre de couleur, les gendarmes, les pompiers, les zouaves jouissent en général d'un légitime succès.

Pendant que les marchands de pain d'épice achevaient leur étalage les saltimbanques clouaient leurs banquettes et accrochaient le tableau traditionnel à la porte de la baraque. On ne voyait que toiles gigantesques réprésentant des sauvages luttant contre le terrible *lion de la mer*; des *descendants des Caciques* mangeant des poulets crus et mâchant des cailloux ; des hommes de huit pieds affaiblis par leur haute taille ; puis des singes acrobates, des chiens savants, des cirques, des salons de cire, des théâtres de prestidigitation. Mais ce qui promettait, cette année-là, d'attirer davantage la foule, c'était la ménagerie d'il signor Luco.

On entendait de loin le rugissement des bêtes fauves, et une curiosité mêlée d'effroi attirait autour de la grande baraque de Tamerlan une foule d'enfants, d'hommes et de femmes avides d'assister au spectacle du lendemain.

Tandis que son mari se rendait chez Bauché pour lui demander le *scenario* dont il avait besoin, Rosalba, qui s'ennuyait un peu depuis qu'elle n'avait plus d'enfants à battre, de pitres à gronder, de queues-rouges à tirer par leurs tignasses mal peignées, faisait quelques visites dans le quartier des phénomènes.

Afin d'être sans inquiétude au sujet du petit Henri, la Rosalba l'avait, avant de sortir, attaché par un pied à une lourde table placée au milieu d'une petite pièce destinée à la recette, et précédant la galerie dans laquelle se trouvait la cage du lion.

Quand la misérable compagne de Tamerlan eût disparu, laissant Henri seul dans la grande baraque, l'enfant s'abandonna à une horrible explosion de douleur. Il pouvait enfin pleurer. On n'étoufferait pas ses cris à coups de bâton. Il appela d'une voix désespérée. Tour à tour il demandait l'aide de Dieu, de sa mère, de la petite Alie.

Il essaya d'arracher ses poignets des cordes qui les liaient ; il ne parvint qu'à déchirer sa chair.

Alors un espoir lui vint : on pourrait l'entendre, quelqu'un allait s'inquiéter de ses cris, on ouvrirait la porte, il raconterait sa lamentable histoire, et on le délivrerait avant la rentrée de ses bourreaux.

Comme il grossissait sa voix d'ange, cet enfant torturé ! Avec quelle fixité, pleine d'angoisse, il attachait ses yeux bleus sur la porte, qui pouvait être subitement ouverte par un sauveur accouru à sa voix !

Il entend du bruit, une main s'appuie sur le loquet, le lève avec une sorte de timidité, et Henri distingue une femme..

Ce n'était pas une femme, mais un ange !

A la faible lueur de la chandelle expirant dans un flambeau de fer, Henri vit s'avancer une créature qui ne lui parut point appartenir à ce monde. Elle était vêtue de noir, mais un grand voile bleu flottait autour d'elle, et couvrait à demi son front pur couronné par un bandeau de lin.

Deux petits enfants reposaient sur l'un de ses bras.

Sœur Sainte-Croix s'avança rapidement vers le petit Henri.

— J'ai entendu pleurer, dit-elle, je viens.

— Oh ! sauvez-moi ! sauvez-moi ! murmura le pauvre petit martyr. Je vous dirai tout. Vous me rendrez à ma mère. Détachez vite les cordes ; si la Rosalba allait venir.

L'enfant baisait ses mains, il priait, il pleurait, il se croyait déjà libre !

Mais, tandis que Sœur Sainte-Croix brisait ses ongles en essayant de délier les nœuds, la Rosalba entra brusquement dans la baraque et, comprenant tout de suite ce qui se passait, elle bondit vers la religieuse.

— Que fais-tu ici ? lui demanda-t-elle, de quel droit violes-tu le domicile de gens patentés pour leur voler leurs enfants. Je ne sais ce qui me retient de te faire sentir ce que pèse le bras de la Rosalba ! Décampe au plus vite ! Si j'attache ce môme, c'est que cela me plaît. Il est méchant, je le châtie.

— Il est malheureux, je le protége.

— Ma sœur ! ma sœur ! emmenez-moi ! répéta Henri.

Mais la Rosalba prit par les épaules Sœur Sainte-Croix, chancelante d'émotion et soutenant avec peine les deux petits enfants malades qu'elle venait de recueillir pour les emporter dans son asile, et jeta pour ainsi dire la sainte fille hors de la baraque.

Puis, quand la religieuse fut dans la rue, la Rosalba, cherchant dans son vocabulaire les injures les plus odieuses, les insultes les plus grossières, les jeta à cette fille du ciel comme une poignée d'ordures.

De tous côtés sortirent alors des baraques : des clowns, des pitres, des queues-rouges, en costume de théâtre et de parade, sifflant, criant, jurant, se pressant autour de Sœur Sainte-Croix, l'environnant d'un cercle hideux qu'il lui devenait impossible de franchir ; chacun ajoutait son lazzi, son insulte, sa raillerie. Les blasphèmes se mêlaient aux mots ignobles. Cette fille angélique, isolée au milieu de cette horde de démons, ressemblait à une figure de la charité descendue dans quelque cercle fantastique de l'enfer.

Sœur Sainte-Croix priait, suppliait qu'on la laissât partir ; mais plus elle semblait souffrir de cette scène odieuse, plus les misérables saltimbanques éprouvaient de joie cynique et cruelle à voir trembler ses lèvres appelant vainement à l'aide, à voir couler de grosses larmes sur ses joues pâles.

Au moment où les acrobates, les faubouriens et les curieux s'amusaient davantage, quatre soldats, deux zouaves et deux chasseurs d'Afrique, sortaient d'un cabaret.

Ils avaient largement bu à leur rencontre, à leurs campagnes, à leur amitié, et, le képi et la chéchia sur l'oreille, ils allaient descendre vers leurs casernes respectives, quand le bruit d'un sanglot de femme et des gémissements d'enfants parvinrent jusqu'à eux.

— Tonnerre ! fit un des zouaves, jouons serré des coudes, et arrivons au fort de la lutte.

Et tous quatre, accolés, pressés, poussant, bousculant, se frayèrent un chemin au milieu de la foule, et arrivèrent assez près pour comprendre la monstrueuse scène qui se passait.

A la vue de Sœur Sainte-Croix prisonnière au milieu de ce cercle, le cœur des soldats bondit dans leur poitrine.

Sans se parler, et d'un même élan, ils renversèrent ceux qui tentaient de s'opposer à leur passage, et, bondissant vers la religieuse, ils s'écrièrent à la fois :

— N'ayez pas peur ! soldats français !

Puis, le zouave se tournant vers les misérables insulteurs :

— Lâches ! fit-il, deux fois lâches, qui insultez une femme et des enfants ! Et savez-vous ce que sont pour nous les femmes qui portent ce voile sur le front et cette croix sur la poitrine? Ce sont nos anges gardiens ! Elles remplacent nos sœurs et nos mères ; elles nous pansent sur le champ de bataille ; elles nous parlent du bon Dieu quand nous l'oublions ! Et l'on ne touche pas plus à leur robe devant nous, qu'à notre ruban rouge ou à notre drapeau !

Et le zouave se plaça à côté de la religieuse, tandis que ses trois amis, repoussant à coups de poings les clowns, les pitres et les curieux, ménageaient à Sœur Sainte-Croix un libre passage.

Alors, avec cette facilité singulière de versatilité qui fait le fond de toutes les foules, ces mêmes gens qui riaient de voir la sainte fille au milieu d'un cercle d'hommes immondes, battirent des mains en présence de l'attitude des soldats, en entendant les paroles émues du zouave.

— Passez, ma sœur, dit un des chasseurs d'Afrique, passez ; vous n'avez plus rien à craindre.

— Merci ! oh ! merci ! fit la religieuse, pour moi, pour ces enfants que je viens de ramasser mourants dans la rue, et que j'emporte comme un trésor ! Il y en avait un autre à sauver, Dieu ne l'a pas voulu ce soir ; mais je reconnaîtrai l'endroit, je reviendrai.

— Ma Sœur, dit le zouave, priez le bon Dieu pour nous ; le cœur est bon, mais c'est tout ; et il paraît que ça ne suffit pas.

— Non, répondit la religieuse, mais c'est déjà beaucoup.

Les quatre soldats escortèrent encore quelque temps la sainte fille puis, la voyant tout-à-fait hors de danger, ils lui firent respectueusement le salut militaire, et, debouts, immobiles, ils la virent disparaître.

— Des anges comme ça, dit l'un d'eux, ça ferait croire en Dieu, si on n'y croyait pas.

Ils se serrèrent la main et se quittèrent ; ce qui venait de se passer leur rappelait à la fois la maison paternelle, la prière du soir, les fêtes du village, les instructions du vieux curé.

Quand la Rosalba, après avoir chassé la religieuse de la baraque, se trouva seule avec le petit Henri, ellhe murmura d'une voix rauque :

— Attends ! attends ! je ne sais pas ce que je vais inventer pour te faire souffrir, mais tu n'es pas quitte ! Ah ! serpent ! attirer ici des intrus, et des gens d'église, encore ! Un mot de plus, et tu disais que je ne suis pas ta mère ! Le martinet ? Il ne cingle pas assez dur. Le bâton ? je ne peux pas trop te meurtrir la peau des bras.

La mégère vit une barre de fer dans un coin.

— Voilà l'affaire ! dit-elle ; je vais la faire chauffer.

Elle alluma un fourneau et souffla avec sa bouche pour activer la flamme ; puis elle plaça dans le feu l'extrémité de la barre de fer, et, tandis que celle-ci rougissait, elle s'approcha d'Henri et lui arracha une partie des vêtements couvrant son pauvre petit corps.

— Marqué ! tu seras marqué au fer rouge, comme les galériens.

Elle bondit vers le réchaud, prit la barre de fer et la brandit. Mais au moment où elle s'avançait vers Henri, un bras robuste fit sauter la barre, dont l'extrémité rougie atteignit la Rosalba au cou.

— Chien ! misérable ! fit-elle.

— Eh bien ! de quoi ? demanda Tamerlan, qui revenait de chez Bauché. Je ne veux pas qu'on détériore ma marchandise. D'la douceur, si c'est possible ! et de la rapidité pour le mouvement.

Acculée dans un coin de la petite pièce, la Rosalba geignait.

— Pas de farces ! dit le saltimbanque ; râpe une pomme de terre, et place-moi çà sur la brûlure. Et puis, à souper pour trois ; Colibri soupera, il a eu assez peur pour mériter un repas soigné.

Tamerlan prit son couteau, coupa les cordes enserrant les poignets et le pied du petit garçon ; puis il poussa l'obligeance jusqu'à mouiller un chiffon dans l'eau fraîche et à le lui apporter :

— Bassine les écorchures, dit-il, ça ne sera rien.

Henri leva les yeux vers son bourreau ; il ne comprenait rien à cette douceur inusitée et la redoutait presque comme un piège.

Après bien des refus, des plaintes, des paroles amères, la Rosalba consentit à aller chercher du vin, car il n'en restait pas plus d'un litre, et le saltimbanque se trouvait doublement altéré, d'abord par la course qu'il venait de faire, puis par l'agitation intérieure que lui causait l'idée de Bauché.

— Je tiens le succès! dit-il, en mangeant, le succès et la fortune!

— Bois, Colibri, bois du vin, mon garçon, et mange, ça rend gaillard et ça empêche d'avoir peur, car il s'agit d'être brave, brave à tous crins, brave comme pas un! Mais aussi quel enthousiasme tu vas exciter; les femmes auront des attaques de nerfs, on te jettera des sous et des oranges. Je te laisserai les oranges, et les sous serviront à t'habiller, car tu vas avoir un costume superbe. Aimes-tu les beaux costumes?

— Je n'en aimais qu'un : le costume bleu que ma mère me faisait porter ; pour les autres, ça m'est égal.

— Ça viendra! dit Tamerlan; jusqu'à cette heure, tu as travaillé sans goût, à contre-cœur, l'amour du public va te venir! Mange donc, Colibri, et bois ferme, comme un homme.

— Que vas-tu donc faire? demanda Rosalba.

— Je te conterai cela demain matin ; ce soir, j'ai bien assez de ruminer mon idée et de me préparer à mon rôle. J'ai peur que les marques rouges des poignets et de la jambe de cet enfant paraissent demain ; fais une compresse, et après avoir pansé le petit, couche-le.

— Le panser! dit Rosalba, furieuse, panser une écorchure à ce môme, que je voudrais transpercer avec des aiguilles rougies. Le soigner, quand tu ne t'occupes pas de la brûlure que j'ai au cou...

— Je me fiche bien de ta brûlure, dit Tamerlan ; il faut que l'enfant soit guéri, voilà tout.

— Oh! le lâche! le misérable! fit Rosalba ; il me laisserait mourir comme un chien.

— Ah! non, par exemple! Si j'avais un chien je l'aimerais!

Rosalba s'élança sur Tamerlan ; mais le saltimbanque la saisit par les bras et les serra si fort, en regardant Rosalba dans les yeux, que celle-ci fut prise d'un frisson d'épouvante.

— Laisse-moi, dit-elle ; c'est bien, c'est fini.

— Non, ce n'est pas fini, dit Tamerlan, d'une voix sourde, ça se retrouvera. Pour le moment, obéis et marche droit.

Et Rosalba, versant quelques gouttes d'arnica dans un verre d'eau, lava les blessures et les contusions d'Henri.

Un moment après, elle se couchait à son tour.

Mais, tandis qu'elle reposait sur sa couchette, calme en apparence, elle rêvait. Une ombre s'approchait d'elle, et cette ombre ressemblait à la Corilla ; les doigts fluets de l'Italienne se glissaient lents et froids autour du cou de la Reine des Amazones et, progressivement, lentement, ces doigts pressaient la gorge jusqu'à l'étranglement ; puis, quand le souffle manquait à la patiente, que l'asphyxie allait être complète, la Corilla lâchait un peu la chaîne vivante, l'air rentrait dans les poumons, la Rosalba aspirait la vie, puis de nouveau les doigts de la morte, faisant l'office du garot, reprenaient leur pression insensible.

A l'aube, Tamerlan s'approcha du lit de sa femme.

— Debout ! dit-il, et à la besogne ! Voilà cinquante francs, avec cela tu vas acheter un cachemire blanc, pour faire une longue robe de forme antique à Colibri. Regarde des images pour comprendre la coupe. Pas d'ornement, une simple bandelette bleue. Pour moi, une tunique courte, en étoffe rouge, bordée d'un galon d'or, une bandelette d'or dans les cheveux. Tu chercheras la perruque noire et la grande barbe, et tu les friseras toutes les deux. Les colliers que tu portais dans ton costume de Reine des Amazones me serviront. Le maillot couleur chair suffira pour le torse avec les colliers ; Le sabre court et le baudrier se trouveront dans les accessoires.

— C'est tout ? demanda Rosalba.

— Oui, mais les costumes doivent être finis pour demain.

Rosalba sortit, et Tamerlan éveilla Henri.

— Lève-toi, dit-il sans rudesse ; il s'agit de travailler ferme.

— A quoi ? demanda l'enfant.

— Tu sais lire ?

— Oui.

— Apprends cela par cœur ; tu vois, toute la partie du dialogue qui concerne Daniel ?

— Daniel, un prophète, dit l'enfant.

— Oui. Et sais-tu ce qu'on lui fit à Daniel ?

— On le jeta dans la fosse aux lions.

— Et il ne fut pas même égratigné, acheva Tamerlan. Apprends le rôle, la prière, ce n'est pas long, et dans deux heures, je viendrai te faire répéter.

Henri prit les feuillets et, pour la première fois depuis qu'il se trouvait dans la baraque des saltimbanques, il trouva une sorte de joie à obéir à son tyran. Le rôle qu'on lui faisait apprendre par cœur parlait de choses qui lui avaient été familières. Il faisait à son bourreau de belles et simples réponses, il attestait sa foi dans la bonté du ciel, il implorait le secours d'en haut ; il répétait que le juste ne peut périr et que la main de l'Éternel s'étend sur l'innocence. Sa mère ne lui eût pas enseigné de plus nobles paroles. Un parfum de livre saint s'exhalait de ces pages, et le cœur de l'enfant s'emplissait d'espérance et de joie.

Assis dans un coin de la petite pièce, appuyé contre la cloison de sapin, Henri apprenait son rôle en conscience ; il ne se sentait plus triste ; en parlant de l'ange du Seigneur, il se souvenait de Sœur Sainte-Croix qui avait promis de revenir et de le sauver.

Au bout de deux heures, Tamerlan revint.

Il prit les feuillets, donna la réplique au petit Henri, et poussa la condescendance jusqu'à lui adresser des éloges sur la façon dont il récitait la prière encadrée dans son rôle.

— Tout ira bien ! dit-il ; mettons la chose en scène, maintenant. Viens, Colibri.

L'enfant se leva et suivit Tamerlan.

L'acrobate s'était vite accoutumé au métier de dompteur, plus facile à exercer qu'on ne pense, et dans lequel un charlatanisme occulte garde une bonne part.

Du moment que les lions ont l'habitude d'obéir, ils changent aisément de maître ; les systèmes de corrections restant identiques, les bêtes savent qu'il faut se soumettre n'importe à qui les emploie. Les baguettes rougies à blanc, la fumée qui les enivre, la faim qui les brise, ils sont faits à tout cela ; pourvu qu'ils devinent ensuite que l'homme qui entre dans leur cage est sans crainte, ils n'ont garde de se servir des crocs qu'ils montrent avec tant de complaisance. Il n'avait donc pas fallu beaucoup de temps à Tamerlan pour remplacer Luco avec avantage.

Mais, en somme, Tamerlan était un homme robuste, adroit, armé !

Tandis qu'il s'agissait, pour le prochain spectacle, non pas de les magnétiser par le regard, et de les paralyser par la peur, mais d'obtenir qu'elles ne fussent pas prises de la soif du sang, en se trouvant en face d'un être faible et sans défense, Tamerlan ne se sentait pas complètement rassuré.

Malgré la docilité avec laquelle Henri venait d'apprendre le rôle de Daniel, il appréhendait également que le petit garçon fût pris d'une terreur folle contre laquelle encouragements et menaces seraient à la fois inutiles.

Les lions venaient de s'éveiller.

En apercevant le dompteur, ils frolèrent les grilles, et poussèrent des rugissements rauques.

Bien que Henri eût l'habitude de les voir, il ne pouvait en approcher sans frissons de terreur. Tamerlan ne lui avait point dit encore ce qu'il attendait de lui, mais une crainte vague commença à s'emparer de l'enfant ; il se serrait contre Tamerlan, et répétait une partie de la prière de son rôle.

Chose étrange, cette prière était belle. Le misérable qui l'avait écrite l'imprégnait de foi, de confiance et d'amour ; elle était bien faite pour les lèvres d'un innocent enfant jeté aux bêtes féroces comme une proie et qui, des mains des bourreaux, passait dans les griffes des lions !

Devinant la résistance qu'allait faire Henri, Tamerlan le prit sur un de ses bras et le serra contre sa poitrine, avec une force herculéenne.

— Comme cela, dit-il, tu auras moins peur.

— Que voulez-vous faire ? demanda Henri.

— Nous allons jouer *Daniel dans la fosse aux lions.*

— Daniel ! je serai Daniel ! et j'entrerai dans la cage ? Non ! non ! jamais ! dit l'enfant, en faisant des efforts désespérés pour s'arracher de l'étreinte du dompteur ; je serais dévoré tout vivant, les bêtes broieraient mes membres, leurs dents briseraient mes os. Je ne veux pas ! je ne veux pas !

Mais Tamerlan le maintenait assez étroitement pour que le malheureux enfant fût dans l'impossibilité de s'échapper.

Puis ouvrant la première porte de la cage, le dompteur se trouva enfermé dans une sorte de petite guérite à jour.

L'enfant ne criait plus, ne bougeait plus, ses yeux étaient fixes, hagards, ses lèvres muettes. Il regardait les lions, et les grands lions se levèrent debout contre les barreaux et le flairèrent.

Par un mouvement rapide, Tamerlan ouvrit la seconde porte et se trouva face à face avec les fauves.

Ceux-ci rugirent sourdement, le mufle à terre. Une cravache siffla ; ils s'acculèrent dans le fond de la cage.

Alors Tamerlan se baissa et posa l'enfant à terre.

Henri ne bougea point ; il attendait la mort, et toujours il regardait les grands lions aux prunelles d'or, aiguisant leurs ongles sur le plancher, et secouant leurs lourdes têtes.

— Tu vois bien ! dit Tamerlan, elles ne te feront pas de mal.

Mais, soit caprice, soit instinct de cruauté, s'éveillant à la vue d'une proie facile, une des bêtes allongea sa griffe et saisit Henri par son vêtement.

Henri poussa un cri terrible, il étendit les mains pour demander grâce, et répéta trois fois cet appel :

— Mon Dieu ! mon Dieu ! mon Dieu !

Tamerlan repoussa le lion d'un coup de pied ; puis, s'adressant à Henri :

— Ta prière, maintenant ; dis la prière de ton rôle.

Mais l'enfant ne savait plus rien, la terreur paralysait sa mémoire, et terrassé par la violence de son émotion, il fut pris d'une crise de nerfs si grave que Tamerlan l'enleva dans ses bras et regagna la petite salle.

— Soigne Colibri, dit-il à Rosalba, qui rentrait, les bras chargés d'étoffes et de passementeries d'or. Ça n'a pas mal été d'abord ; mais il faudra plus d'une répétition.

Henri revint lentement au sentiment de l'existence, ses yeux se tournèrent avec effroi autour de lui. Quand il se vit seul avec Rosalba, il respira. Tamerlan s'occupa pendant deux heures à apprendre son rôle de bourreau de Darius, et à donner le premier repas des bêtes fauves.

A midi, le dompteur saisit de nouveau Henri dans ses bras et le porta dans la cage des lions. L'enfant ne résista plus. Il ne se soumettait pas à l'oppression du misérable saltimbanque, mais il s'en remettait à Dieu du soin de le garder. Il n'était plus le fils de Blanche, l'enfant volé caché sous le nom de Colibri, il était vraiment un enfant innocent offert par les méchants en pâture aux bêtes féroces. Loin de s'effrayer cette fois, il se résigna. La vie était pour lui si amère que le trépas cessait de l'effrayer. Aussi, quand Tamerlan lui demanda :

— Veux-tu réciter ton rôle ?

L'enfant sourit avec une résignation singulière, et répondit :

— Je veux bien !

Tous deux répétèrent donc dans la cage ; tandis que Tamerlan, la cravache en main, surveillait les fauves du regard, Henri, agenouillé au milieu des lions, récitait son invocation au Seigneur.

— C'est bien ! dit Tamerlan qui l'enleva dans ses bras et sortit en reculant. Ce soir, nous aurons le reste ; une harpe et l'apparition de l'ange. Ça ira comme sur des roulettes !

En rentrant dans la chambre, il trouva Bauché déroulant l'affiche qu'il venait de composer pour le spectacle d'*il signor Luco*.

— Est-ce assez beau ! demanda le misérable de la plume.

— Oui, c'est bien ! Je suis content ! dit Tamerlan. Si la recette me donne les profits que j'espère, il y aura encore quelques roues de carrosses pour toi, Bauché.

Et Tamerlan lut de nouveau cette affiche, haute de six pieds :

PLACE DU TRONE
Au rendez-vous de la haute société parisienne
LE SPECTACLE LE PLUS MERVEILLEUX
DU
XIXME SIÈCLE
DONNÉ PAR
IL SIGNOR LUCO
Dompteur de toutes les têtes couronnées
ET LE JEUNE ET INTÉRESSANT
COLIBRI
son élève
LA REPRÉSENTATION COMMENCERA
par des
EXERCICES ÉQUESTRES
Par LUCO et ses Lions
Haute-voltige avec deux Tigres noirs. — Les Hyènes et le Vampire. — Char de Bacchus, traîné par des Panthères.
LA REPRÉSENTATION SERA TERMINÉE
PAR UNE
GRANDE SCÈNE BIBLIQUE
Inédite
DANIEL DANS LA FOSSE AUX LIONS

Personnages :
DANIEL, Jeune prophète. — HIRCONOR, Bourreau de Darius. — UN ANGE, Personnage muet.

HERCULE — BRUTUS — LA FOUDRE — SAHARA
Lions du désert

Accompagnement de harpe dans les instants dramatiques

Prix des places : { *Grandes personnes* : 2 fr. aux premières.
　　　　　　　　　　Id.　　　　　　 1 fr. aux secondes.
MM. les militaires, enfants et femmes de chambre : 50 c.

TIMBRE.
10 c.

Hirconor pousse dans la cage Daniel pâle d'épouvante. (*Voir page* 487.)

CHAPITRE XLI

DANIEL DANS LA FOSSE AUX LIONS

Il paraît que Paris n'était pas absolument blasé par les calembredaines de la femme de Ménélas, et que son engouement pour la *Valse des conspirateurs* lui permettait encore d'admirer les belles choses et les grandes traditions de l'art, suivant l'opinion de Luco, car une foule énorme s'amassa en face de la baraque du dompteur, dès que l'immense affiche de Bauché eût été collée de chaque côté de la porte, accompagnant l'immense tableau représentant des lions du Sahara bondissant autour de l'émule de Bidel.

Dès huit heures du soir, la circulation devint difficile aux alentours de la place du Trône. Arrivées à la rue de la Roquette, les voitures s'arrêtaient, la grande voie montant vers le centre de la fête foraine étant réservée aux charrettes des marchands ambulants et aux piétons.

La rue illuminée de verres de couleur, semblait un faubourg de quelque grande ville bâtie sur le fleuve Jaune.

En haut, tout en haut de la rue de la Roquette, la place du Trône paraissait s'élargir outre mesure, tandis que le long ruban enflammé du cours de Vincennes se perdait à l'horizon dans les ombres épaissies.

Quand on arrivait à la place, on s'arrêtait ébloui.

Ce n'était pas une illumination, mais une débauche de lumières ; et ces lumières ne restaient pas immobiles, versant tranquillement le rayonnement adouci ou incandescent de leurs clartés. Sur la plus grande partie de la place, elles semblaient douées de vie.

Ailleurs, un grand portique de flammes découpait ses pointes aiguës de minaret, son fronton, son ample façade ; dans l'enfoncement se mouvaient des hommes semblables à des salamandres, et dont les habits pailletés prenaient des reflets fulgurants.

Les cuivres éclataient de tous côtés : les orgues mettaient leur note sourde à ce même orchestre dont chaque fragment jouait un air différent, et dont l'ensemble n'était pas sans charme dans sa discordance.

Et, vraiment, tout Paris était là, ou, du moins, Paris avait envoyé des représentants à cette fête traditionnelle.

Le nombre des artistes de toutes sortes qui s'y pressaient était énorme : journalistes, reporters chargés de rendre compte de la fête ; romanciers en quête d'un lieu de scène bizarre pour quelque drame bien noir ; dramaturges cherchant le décor d'un acte que brossera Chéret ; compositeurs d'opérettes rêvant de trouver des refrains populaires et des thèmes bizarres dans la musique des saltimbanques ; dessinateurs curieux de costumes pour les journaux illustrés ou le carnaval prochain ; écrivains satiriques qui ne convaincront personne, ne corrigeront pas un seul petit crevé de leur siècle, mais se donneront à eux-mêmes la satisfaction de se draper dans un manteau de philosophe troué comme la lune, et de se répéter, parce qu'ils ne savent plus rire : « — Je suis bien au-dessus de tout cela. » En général, les artistes, les écrivains s'amusaient comme des enfants.

Personne plus qu'eux n'entrait chez les somnambules *extra-lucides*, ne tirait des macarons, ne riait aux représentations de l'*Enfer de Canard*, ne se tordait à *Guignol*, ne répétait en chœur la complainte du jour, et ne lançait de balles de son sur les graves personnages du *Massacre des innocents*.

Marigné se trouvait à la fête au milieu d'un groupe d'amis. Afin de mieux réussir son volume, *les Brûleurs de planches,* il était arrivé dès le matin place du Trône, et avait rempli son carnet de croquis saisis sur le vif.

A côté de Marigné se tenait Beauvais, qui devait écrire le texte du livre ; la collaboration se faisait sans apprêt, sans travail ; on causait tout haut. On avait de l'esprit parce qu'on ne le cherchait pas. Et puis, la philosophie la plus vraie est souvent celle qui se dérobe sous l'aspect de la joie.

— Marigné, dit Beauvais en faisant arrêter son ami devant la baraque d'une femme sauvage, entrons et demandons son histoire à la fille des Peaux-Rouges qui connut peut-être Atala.

— Entrons, dit Marigné.

Les deux jeunes gens passèrent dans la baraque et furent bientôt introduits dans une petite pièce au centre de laquelle se trouvait une jeune femme du plus beau noir, enveloppée d'un pagne, la poitrine couverte d'une fourrure de panthère dont la tête formidable tombait sur la jupe bariolée.

— Qu'en dis-tu? demanda Beauvais.

On présenta à la sauvage un plateau couvert de morceaux de verre cassé qu'elle saisit à pleines mains, porta à sa bouche avec une gloutonnerie très prononcée, et l'on entendit bientôt un bruit sec, comme si les molaires pilaient les tessons de bouteilles avec une voracité digne d'un meilleur régime.

— Eh bien? fit Beauvais en regardant Marigné.

— Naïf! Tu crois que la femme sauvage mange des morceaux de verre?

— Ça y ressemble fort, du moins. Comment expliquerais-tu....

— Le bruit qu'elle fait? D'abord la femme sauvage n'a rien pris dans l'assiette; mais, tandis qu'elle feint de manger, un compère frappe des fragments de verre les uns contre les autres.

— Alors, c'est une sauvagesse de Batignolles?

— Absolument.

— Tiens! tu me la dépoétises.

— Nullement. Nous sommes ici pour étudier les trucs et vider le sac aux malices. Je te rends service.

— Alors, regardons autre chose, dit Beauvais en s'arrêtant en face d'un nécromancien habillé d'une longue robe couleur de flammes sur laquelle volaient des crapauds noirs.

Le nécromancien agitait une longue baguette de coudrier au-dessus d'un jeu de cartes rangées sur une table couverte d'un tapis de drap vert, et, moyennant cinq sous, il vous prédisait votre destinée.

— Essayons, dit Beauvais, et commence, Marigné.

Marigné sourit, s'approcha, posa cinq sous sur la table et attendit.

La tête du nécromancien se balança de droite à gauche et fit osciller son bonnet pointu.

— Ecoutez l'arrêt du destin, dit-il à Marigné : 1, 2, 3, 4, 5, surprise; 1, 2, 3, 4, 5, causée par une aventure extraordinaire; 1, 2, 3, 4, 5, un trésor, qui a été perdu par une personne que vous connaissez, sera retrouvé ce soir même.

— Cela suffit, dit Marigné ; si une personne à laquelle je m'intéresse doit retrouver un trésor, ce n'est pas trop de donner vingt-cinq centimes pour l'apprendre.

Les deux jeunes gens virent successivement *Catherine l'Alsacienne*, femme à barbe de la plus belle venue ; la *créole scapillonnée*, dont les cheveux, droits et frisés, forment autour de sa tête un demi cercle haut de trente centimètres au moins.

La *Martyre des Buttes-Chaumont* retint quelque temps encore Marigné et Beauvais. Dans chaque baraque ils prenaient des notes, et leur bagage littéraire grossissait dans des proportions promettant que le volume les Brûleurs de planches compterait un nombre de feuilles très respectable.

Puis ils entrèrent dans le *Musée des figures de cire*, loge énorme, sur les tréteaux de laquelle se dépense une quantité incalculable de blagues acrobatiques et de banques parisiennes. Le pitre débite avec le plus grand sérieux les faribolés les plus insensées, tandis que le propriétaire de l'établissement, correctement vêtu d'un habit noir, crie dans un tube de fer blanc pour attirer les curieux.

Après ce salon de cire vinrent les musées d'objets curieux, parmi lesquels se trouvent : le bonnet de Charlotte Corday, le cheveu qui tenait l'épée suspendue sur la tête de Damoclès, un morceau de la besace de Diogène, un des cailloux que Démosthènes avait l'habitude de mâcher pour apprendre à parler correctement, l'épée de Bayard, la trompette de Gédéon, l'aspic de Cléopâtre conservé dans de l'alcool et une paire de patins ayant appartenu à Hugues Capet !

Aucun des gens intelligents qui se pressaient dans cette loge ne croyait, certes, à l'authenticité de la relique étiquetée, mais plus l'objet était bizarre, le mensonge amusant, plus on riait. Naturellement aussi, il y avait des gobeurs. Les plus curieux étaient ceux qui, comprenant à demi, s'adressaient à leurs voisins pour en obtenir une explication plus détaillée.

Comme Marigné sortait du *Musée des antiques*, il crut voir devant lui une femme dont la tournure lui était connue.

— Je gagerais que c'est Mme Monier, dit-il.

— Quelle apparence ! Ne l'as-tu point laissée faisant de la musique avec Alleluia ?

— Sans doute ; mais elle a dû apprendre par les journaux que la foire au pain d'épice venait de s'ouvrir et, poussée par une vague espérance de retrouver l'enfant qu'on lui a volé, elle peut venir dans chacune de ces baraques demandant, cherchant, regardant du cœur et des yeux si elle ne retrouvera point la pauvre petite créature.

— Bah ! dit Beauvais, toutes les femmes se ressemblent de loin.

Les deux amis se demandaient à quel spectacle ils donneraient la préférence, quand soudain leurs yeux furent frappés à la fois par le tableau suspendu à la loge de Luco et l'affiche alléchante composée par Bauché avec un véritable talent typographique.

La foule se portait en masse du côté de l'immense baraque ; l'escalier de planches pliait sous le poids de ceux qui les escaladaient. Galimatias, préposé à la recette, ne savait plus à qui répondre.

Et, vraiment, le spectacle était alléchant au possible. Un enfant jouant un rôle au milieu d'acteurs fauves arrivant tout droit du Sahara, cela valait bien les deux francs exigés à l'entrée de la salle.

— As-tu vu? demanda tout-à-coup Marigné.

— Quoi donc? dit Beauvais.

— Barbézius...

— C'est bien possible. Il cherche un article pour *la Bouche de fer*, comme nous recueillons de la copie pour *les Brûleurs de planches*; qui dit d'ailleurs que Barbézius ne compte pas représenter une scène semblable jouée par ses grenouilles?

Nos deux amis parvinrent à grand'peine à se frayer un passage au dernier rang des spectateurs des premières; songer à avancer davantage était impossible; une muraille de têtes, d'épaules et de bras, s'étendait devant eux; seulement, comme la disposition de la salle se trouvait aménagée en pente, ils se trouvaient très-bien placés pour dominer le spectacle; mieux peut-être qu'au premier rang, parce que l'illusion serait plus complète.

Le spectacle commença par la haute-voltige des lions.

Le signor Luco se montra en costume de dompteur d'une grande simplicité, puis il exécuta les exercices propres à tous les gens du métier: il fit sauter ses pensionnaires, les embrassa, les chevaucha, en passant ses bras dans leurs gueules garnies de crocs redoutables.

Il parut ensuite dans un char antique attelé de panthères, ayant à côté de lui la mythologique Ariane couronnée de pampres, et dans laquelle il était facile de reconnaître Rosalba, qui avait cru nécessaire de se mettre un pied de rouge sur les joues. Tamerlan, habillé d'une peau de tigre, un thyrse d'une main, une coupe de l'autre, secouait les freins d'or des panthères, et salua d'un air vainqueur la foule qui battit des mains.

La première moitié du spectacle était terminée, et à vrai dire, sauf les applaudssements de la fin, personne n'avait donné de sérieuses marques d'intérêt. On attendait la grande scène biblique: *Daniel dans la fosse aux lions*.

Les femmes prenaient d'avance leurs flacons, les enfants se mettaient à trembler, les hommes ne pouvaient se défendre de ressentir cet intérêt haletant qui les pousse à être les témoins de toutes les scènes dangereuses où la vie d'un être peut être en danger, où l'on court le risque de voir déchirer un homme.

Les cirques de Rome regorgeaient de spectateurs.

Partout on se presse du côté où le péril coura par quelqu'un cause une joie féroce à ceux qui le regardent.

Les lumières du gaz furent subitement baissées, un rideau rouge tomba devant la cage des fauves, et chacun se sentit le cœur serré.

Un garçon à maigre échine plaça dans l'angle du décor un escalier volant, aboutissant à la cage des fauves. Quand on gravissait la dernière marche de cet escalier, on se trouvait en face de la porte donnant accès dans la cage des bêtes. Derrière le rideau rouge, on entendait des rauquements terribles, et plus loin, tout au fond, des préludes de harpe.

Enfin, les trois coups sont frappés, le rideau rouge s'écarte et les spectateurs voient entrer le bourreau de Daniel vêtu suivant les indications de Bauché.

Dans une exposition énergique et rapide, le bourreau raconte le crime de Daniel, l'enfant-prophète, et la condamnation qu'il vient de subir. Il attend la victime, il est prêt à la précipiter dans la fosse d'où jamais n'est sorti un être vivant.

Cette tirade, récitée d'une façon déclamatoire, produit sur le public l'effet d'une ouverture. On attend le morceau capital, le grand air.

Le signal de l'émotion est donné par quelques arpèges de harpe, et soudain Hirconor se précipite vers la porte des lions, l'ouvre d'une main rapide, tandis que de l'autre il saisit le bras d'un jeune enfant habillé de blanc, et dont les longues boucles blondes s'échappent d'une bandelette couleur de neige.

D'un geste terrible, Hirconor pousse dans la cage Daniel pâle d'épouvante et qui tombe à genoux, élevant, d'une façon désespérée, ses deux bras levés vers le ciel.

La harpe continue ses arpèges....

En présence de l'enfant isolé, les lions s'élancent, ils le flairent, ils le couvent d'un regard ardent; le dompteur n'est plus là pour les magnétiser de sa prunelle ou les menacer de la barre de fer rougie à blanc.

Luco est en ce moment monté sur le sommet de la cage; il feint de sceller la caverne des lions et d'y apposer le sceau royal de Darius.

— Colibri, dit-il à Henri, d'une voix brève, à ton rôle! récite ta prière.

Mais Colibri ne sait rien, ne voit rien, la mémoire lui manque. Il n'a plus ni le sang-froid nécessaire pour jouer son personnage, ni l'abandon de lui-même qui, la veille, le fit rouler inerte dans la cage. Il redevient un être craintif et faible, les monstres s'approchent, il voit luire tout près leurs prunelles phosphorescentes, il sent leur souffle brûlant sur sa joue décolorée. Une griffe saisit sa tunique blanche et soudain l'enfant s'écrie, dans le paroxysme d'une folle terreur:

— Au secours! au secours!

Les bêtes fauves comprennent qu'au lieu d'un maître c'est une proie qu'on leur donne ; Sahara, le plus grand des quatre lions, lève une de ses lourdes pattes et l'abat sur l'épaule de l'enfant, qui roule sur le plancher.

Alors se passe une indescriptible scène ; les bêtes rugissent, l'appel de l'enfant s'élève plus déchirant. Tamerlan descend du sommet de la grotte, mais il n'ose arracher à ses bêtes la victime qu'elles vont dévorer.

La foule crie, trépigne, se presse contre la balustrade qui la sépare des lions. Du sein de cette foule une femme s'élance, pâle, échevelée, les bras tendus en avant ; en deux bonds elle gravit l'escalier, ouvre la porte de la cage et se précipite au milieu des fauves.

Elle se jette à genoux, regardant les bêtes farouches de ses grands yeux remplis de désespoir et de prière.

Elle rampe sur le sol, au milieu des fauves ; on voit ses mains frémissantes écarter les gueules affamées, repousser les griffes aiguës. Elle ne parle pas, elle ne crie pas, elle se débat au milieu d'un groupe de corps monstrueux ; elle se roule entre les mufles ridés sur les dents blanches, et se relève enfin triomphante, transfigurée, élevant sur ses bras l'enfant évanoui.

— Mon fils ! dit-elle, c'est mon fils !

Et, sans songer à refermer la porte, elle redescend, ou plutôt elle retombe au milieu des spectateurs.

L'émotion est à son comble. De tous les cœurs, serrés par cet horrible spectacle, sort un cri de triomphe. On acclame cette mère, on devine le drame épouvantable, imprévu, derrière la scène préparée par le dompteur. Les femmes s'essuient les yeux, les hommes se défendent mal contre un noble attendrissement. On s'empresse autour de la jeune mère qui, agenouillée sur le sol, ne voit rien que son enfant immobile.

Elle le regarde, palpe ses membres : ni blessure, ni sang, ni danger...

— Henri ! dit-elle, Henri ! c'est moi, moi, la mère, mon trésor, moi, à qui des misérables t'avaient volé. Tu n'es pas mort, Henri ? réponds-moi, mon ange...

Tandis que la jeune femme essaie de ramener son enfant à la vie, un être chétif, bossu, à chevelure flamboyante, s'approche, soulève l'enfant, remet un flacon à la mère et lui dit, d'une voix douce :

— Ne craignez rien, madame Blanche, il ouvre les yeux.

En effet, Henri soulève les paupières, reconnaît sa mère, jette ses bras autour de son cou et pousse un soupir si profond qu'il semble être le dernier. Mais le bonheur ne tue pas ; Henri baise le visage de Blanche, l'appelle des noms les plus tendres ; ils pleurent dans les bras l'un de l'autre, et Barbézius essuie ses yeux mouillés de larmes.

Deux mains amies se placent sur ses épaules.

— Marigné ! Beauvais ! s'écrie l'empailleur de grenouilles.

— Reste ici, près de Mme Blanche, dit doucement le dessinateur à Barbézius, Beauvais va s'occuper de trouver une voiture ; moi, je me rends chez le commissaire de police.

Depuis un instant, les sergents de ville, comprenant qu'il se passait dans la loge un événement inattendu, s'efforçaient de pénétrer dans l'intérieur. Le peu de mots parvenus à leurs oreilles était bien fait pour les alarmer.

— Un enfant a été dévoré par les lions ! disaient les uns.

— Une femme a risqué sa vie pour le sauver ! ajoutaient les autres.

— Luco mériterait la guillotine ! criaient les gamins, qui prenaient parti pour Henri et sa mère, avec une chaleur d'autant plus grande qu'ils avaient frémi davantage.

Avec beaucoup de peine, les agents de l'autorité parvinrent à se frayer un passage ; ils forcèrent les curieux à sortir de la loge, et bientôt il ne resta dans la cabane que Blanche, Henri et Barbézius.

Le rideau rouge était depuis longtemps tiré sur la cage des bêtes fauves et dès qu'il aperçut la jeune femme, le saltimbanque devina la vérité, ferma la cage des lions et rentra dans la coulisse, se contentant de passer à travers l'ouverture des draperies, sa tête énergique coiffée à la persane, en se demandant comment tout cela finirait pour lui.

Il songea d'abord à s'enfuir, dans la crainte de voir la justice, trop curieuse, fouiller au fond de ses affaires ; mais il faudrait pour cela abandonner la ménagerie, et d'ailleurs Luco masquait assez bien Tamerlan pour que celui-ci essayât de se faire illusion. Il ramassa ses papiers, les plaça à la portée de la main et, assis près de Rosalba, dans une petite pièce exiguë, il attendit.

Blanche aurait souhaité partir tout de suite avec son enfant, car il lui semblait que son Henri courait encore un danger, tant qu'il se trouverait dans ce lieu maudit, mais Barbézius la rassura vite en lui annonçant l'arrivée d'un magistrat, et en lui montrant un groupe de sergents de ville prêts à la défendre.

Si Tamerlan avait eu la folle espérance de s'évader, il dut promptement y renoncer en s'apercevant que depuis un moment toutes les issues de sa baraque se trouvaient soigneusement gardées.

Du reste, moins de dix minutes après le moment où Marigné

quitta Barbézius, le commissaire de police pénétrait chez le dompteur.

Après avoir rassuré Mᵐᵉ Monier, lui avoir adressé rapidement plusieurs questions, et fait consigner ses réponses sur un procès-verbal, le fonctionnaire la remit aux soins de Barbézius et de Beauvais, et donna ordre d'introduire le dompteur.

Dans l'espérance que Marigné, qui semblait fort au courant de tous les événements ayant précédé cette scène dramatique, pourrait lui donner des renseignements utiles, le commissaire de police pria le frère de Fabienne de se tenir à sa disposition.

Tamerlan était bien résolu à payer d'audace ; il tenait à la main ses papiers et dit au magistrat :

— Mon commissaire, je suis en règle avec l'autorité. Voici, paraphé à la préfecture de police, mon permis d'exercer mon industrie et d'ouvrir mon spectacle sur la place du Trône, pendant toute la durée de la foire au pain d'épice.

Le commissaire examina les papiers.

— Vous ne vous appelez pas Luco, dit-il, mais Tamerlan.

— J'ai hérité du nom de Luco et de la ménagerie, mon commissaire.

— Et, sans nul doute, reprit le commissaire, le nom de Tamerlan cache celui de quelque dangereux malfaiteur.

— Je vous demande pardon, mon commissaire, je suis en règle avec l'autorité : Luco-Tamerlan, dompteur ; c'est couché sur les papiers de la police.

— Comment s'appelle l'enfant qui, sous le nom de guerre de Colibri, est entré ce soir dans la cage des lions ?

— C'est mon pupille.

— Votre pupille ! un enfant volé ?

— Volé, je n'en sais rien. J'ai bien entendu une femme crier :

— « Mon fils ! » — Mais tout ce que je puis affirmer, c'est que j'ai loué l'enfant.

— Loué l'enfant ?

— Par contrat en bonne forme ; voilà, mon commissaire : signé Antoine Gerfaut.

— Antoine Gerfaut ! Qui est cet Antoine Gerfaut ?

— Encore un pupille, un ingrat qui m'a quitté.

— Alors, c'est lui que vous accusez d'avoir volé l'enfant ?

— N'étant pas curieux, je ne l'ai point questionné : possible que oui... Possible aussi qu'il s'occupait de l'enfant par bon cœur... à preuve, c'est qu'il me payait sa pension, cent francs par mois, à charge par moi d'en faire un garçon de talent.

— Antoine Gerfaut, nous trouverons des détails sur lui en remontant à l'époque où cet enfant fut volé à Mme Monier. Je me souviens que cet enlèvement produisit une vive émotion dans la société parisienne; mais un autre nom avait, ce me semble, été prononcé.

— Ferson?

— Oui, c'est cela, répondit le commissaire.

— Je le lui donnais, mon magistrat, depuis qu'il m'avait déclaré vouloir faire oublier celui d'Antoine Gerfaut.

— L'oncle de l'enfant volé était M. Monier, le millionnaire.

— Alors, Gerfaut s'est montré pas mal pingre à mon endroit

— Où demeure ce Gerfaut?

— Je ne l'ai jamais su, comme j'ai eu l'honneur de vous dire, mon commissaire, que n'étant pas curieux de mon naturel...

— Prenez garde, dit le magistrat.

— Je ne cherche point à égarer l'autorité, reprit Tamerlan, je suis en règle, et la preuve de ma bonne foi, c'est que je vous apprendrai sans barguigner où je trouvais Antoine Gerfaut quand j'avais besoin de le voir. Je suis saltimbanque et dompteur de bêtes féroces, mais je n'ai pas l'habitude d'en imposer. Antoine Gerfaut est le fils d'un ivrogne appelé Denis Gerfaut, condamné au bagne pour avoir donné trois coups de couteau à sa femme, dans un moment d'exaltation. C'est le père Gerfaut lui-même qui m'amena l'enfant, et voilà le traité de Denis. Le petit Antoine mordit mal à l'état, et il déguerpit un matin sans avoir la délicatesse de me rembourser les frais d'éducation. Il y a beaucoup d'ingrats dans notre partie. Je le rencontrai un jour à la fête de Neuilly; il semblait bien nippé et fièrement à son aise; il me raconta qu'il était en service dans une famille anglaise où on l'appelait Ferson pour *englicher* son nom. Comme il me pria de le nommer Ferson, je fis comme tout le monde. Cinq ans plus tard, il vint me trouver, pendant la fête de Montmartre, et il m'amena Henri. Nous nous arrangeâmes pour le prix, et il fut convenu que tous les mois je toucherais cent francs, soit par la poste, soit durant mon séjour à Paris, dans le cabaret de la Paumelle.

— La veuve du guillotiné, rue de Flandre?

— Oui, mon commissaire.

— Et ce Ferson, cet Antoine Gerfaut, semblait dans une bonne situation?

— Il paraissait extrêmement cossu, ayant des vêtements comme il faut, sortant pour le moins de la *Maison qui n'est pas au coin du quai*. Seulement Ferson jouait ce soir-là le rôle d'un nouveau personnage. Il est aussi ennuyeux de porter toujours le même nom, que de mettre cent fois le même costume, pas vrai?

— Ainsi, poursuivit le commissaire, vous soutenez que vous n'avez pas volé le petit Henri ?

— J'en jure mes grands dieux ! dit Tamerlan, en levant la main.

— Il ment ! il ment ! s'écria Marigné, en survenant tout-à-coup ; demandez-lui s'il se souvient de la petite Alie, qui fut la compagne de martyre d'Henri Monier. La pauvre créature est parvenue à s'échapper du bouge où il l'avait conduite. Ma sœur Fabienne en prend soin, et quand vous aurez besoin de son témoignage, monsieur le commissaire, l'enfant sera prête à vous le donner.

— Il suffit, dit le commissaire de police.

Sur un signe de celui-ci, trois agents allèrent à la recherche de Rosalba, qu'ils ramenèrent tremblante et livide sous son rouge.

— La femme à Saint-Lazare, et l'homme au dépôt, dit le commissaire.

— Et la ménagerie ? s'écria Tamerlan.

— Au Jardin des Plantes, jusqu'à ce que vous puissiez apprendre à la justice comment vous avez pu la payer vingt mille francs à la Corilla qui, si ma mémoire est fidèle, a disparu de Florence d'une façon mystérieuse.

Tamerlan et Rosalba eurent à peine le temps de jeter, l'une un châle sur ses épaules, l'autre une houppelande sur son costume de bourreau de Darius, et un agent les poussa dans un fiacre, qui partit au milieu des cris, des malédictions et des vociférations de la foule indignée.

L'enfant offrait son pâle visage aux baisers de la jeune mère. (*Voir page* 494.)

42me Livraison.   42

CHAPITRE XLII

LE PRIX DU SANG

Blanche fut ramenée chez elle dans un état impossible à décrire. Pendant le trajet, elle garda Henri sur ses genoux, le pressant sur son sein, comme si elle redoutait qu'on la privât de nouveau de son cher trésor. L'enfant, brisé par les émotions de terreur intense ressenties depuis plusieurs jours, se collait contre la poitrine de la jeune femme et, les bras noués autour de son cou, offrait son pâle visage aux baisers de la jeune mère. La joie de l'enfant était silencieuse, presque étouffée ; son cœur battait à faire croire que le pauvre petit ne survivrait pas à de si violentes secousses.

Barbézius, placé sur la banquette faisant face à Mme Monier, sentait monter des larmes à ses yeux et priait pour son bonheur.

Quand Guillaumette, ouvrant la porte, aperçut un enfant dans les bras de Mme Monier, elle devina tout et s'écria :

— Henri !

Alleluia accourut, et tandis que la mère s'occupait de l'enfant, l'empailleur de grenouilles dut raconter à la jeune aveugle les événements dont la loge de Tamerlan avait été le théâtre.

La jeune fille l'écoutait silencieuse, attentive. Le timbre doux et pénétrant de la voix du bossu lui allait au cœur. Elle se sentait renaître quand cet accent fraternel résonnait à son oreille. Depuis longtemps elle ne l'avait pas trouvé aussi communicatif, aussi bon, aussi simple.

Son attitude penchée, le mouvement charmant qui ramenait ses bras sur ses genoux, l'expression de joie flottant sur son visage, tout trahissait en Alleluia cette sympathie complète, absolue, qui forme une atmosphère nouvelle autour de l'être qui en est l'objet.

— Vous travaillez beaucoup ? dit Alleluia d'une voix douce, quand elle eut appris les détails de la miraculeuse aventure d'Henri.

— Oui, repondit Barbézius ; la lutte quotidienne me maintient dans une sorte de fièvre qui me permet d'oublier...

— D'oublier quoi? demanda la jeune fille.

— Qu'il est des coupes auxquelles ma lèvre avide ne se désaltérera jamais; qu'il existe des trésors dont la possession m'est interdite; des félicités dont je parlerai dans mes livres sans les avoir jamais connues !

— O mon grand ami! murmura Alleluia de sa voix mélodieuse, que dirai-je donc, si vous vous plaignez? Comprenez-vous les supplices de cette vie passée dans les ténèbres? Encore si j'ignorais la splendeur de tout ce qui réjouit les regards, serais-je moins à plaindre ! Mais je me souviens d'avoir vu le pavillon bleu du ciel parsemé d'étoiles brillantes; j'ai couru dans les grands bois, si gais le matin, à midi, semés d'éclaircies de soleil, et le soir, noyés dans des ombres profondes. Comme j'ai perdu toute jeune mes pauvres yeux, j'eusse peut-être oublié ces merveilles, et j'aurais fini par les assimiler à une fantasmagorie; mais à mesure que vous développiez mon intelligence, que vous me lisiez les poètes, ces grands paysagistes dont la parole rend visible l'objet décrit, j'ai compris que je n'avais pas rêvé, que le Seigneur, ne me trouvant sans doute pas digne de la comtempler, m'avait retiré la vue de son œuvre. Oh! comme j'aspirais avidement les descriptions de nos grands auteurs, tandis que vous m'en citiez des fragments ! Mon esprit voyait dans ces moments-là; votre doigt soulevait ma paupière sur mes yeux clos, et vous me rendiez la vue, une vue intelligente, à laquelle rien n'échappait et que frappait une vision précise, sans éblouissement et sans fatigue....

— Chère! chère enfant! murmura Barbézius.

— J'ai sans doute mal répondu à ce que vous attendiez de moi, mon grand ami; je suis ignorante, infirme et faible. Vous avez fait beaucoup plus que vous ne deviez, car vous m'avez prise mourante sur le sein amaigri de ma mère, et vous nous avez sauvées de la faim et de la mort. Et pourtant plus d'une fois il m'est arrivé, je vous le confesse, de regretter de ne pas m'en être allée à cet âge, pour devenir au ciel un ange du bon Dieu.

— Et pourquoi ce regret désespéré, Alleluia?

La jeune fille secoua sa tête blonde avec découragement.

— Voyez-vous, mon grand ami, dit-elle, j'en sais trop ou trop peu; j'ai effleuré la coupe de la science, je ne m'y suis point abreuvée. Je reste maintenant dans mon isolement, repassant ce que je sais, et mesurant par intuition ce qu'il me reste à apprendre. On dit parfois que je suis une véritable artiste. La vérité est que je trouve dans cette langue infinie des sons le moyen d'épancher ma tristesse. J'arrive souvent à me faire pleurer moi-même en racontant sur mon instrument les mélancolies de mon cœur. Ou bien je parviens à la demi-vision de choses surnaturelles qui me ravissent. Il me semble qu'un voile se déchire, et que dans les profondeurs du ciel vibrent des accords dont je rends sur l'harmonium l'écho affaibli.

— Oui, oui, dit Barbézius, il m'a souvent paru que vous découvriez, avec les yeux de votre âme, des choses que nous ne pouvons atteindre, et que vous perceviez des harmonies inconnues en ce monde.

— C'est un malheur! repartit Alleluia.

— Une consolation, plutôt, s'écria Barbézius.

— Non; j'ai bien dit, un malheur. Si j'étais semblable aux autres femmes, je trouverais mille moyens d'employer les heures de ma journée; les soins du ménage, quelques courses m'arracheraient à une solitude pendant laquelle je me repais de mes songes. Oh! vous ne savez pas, mon grand ami, combien il est cruel de se trouver si longtemps, si souvent seul en face de soi-même. On creuse sa douleur, on cherche, on préfère les chimères aux réalités de la vie.

— Votre mère vous aime.

— Je la vois peu; elle a tant à faire!

— Blanche vous chérit.

— Je le sais, et je l'en bénis. Mais jusqu'à ce jour, Blanche a, comme moi, souffert d'une blessure saignante; maintenant qu'elle a retrouvé Henri, elle sera toute à son enfant, et je ne songerai même pas à m'en plaindre.

— Mais je reste, Alleluia.

Le front de la jeune fille se pencha davantage, et ses joues s'empourprèrent.

— Le rédacteur satyrique de la *Bouche de fer* n'a guère le temps de songer à la pauvre aveugle. Je me rends compte de votre labeur, j'y applaudis, je l'aime; il me semble qu'il est une part de moi, et qu'il compense tout ce qui me manque. Quand je m'attriste de ne plus vous voir, j'écoute cet écho de vous-même qui s'adresse à la foule, et que je crois cependant être seule à comprendre. Si vous saviez avec quelle ferveur j'entends les belles pages qui parlent de Dieu, des choses saintes, des nobles sentiments! Vous trouvez dans votre foi, dans votre vénération pour tout ce qui est beau, le vrai secret de l'éloquence.

— Si je vous apprenais, Alleluia, à qui je dois ce que vous appelez cette éloquence?

— Eh bien?

— C'est à vous, Alleluia, à vous seule.

— A moi! mon grand ami?

— Oui, chère et douce enfant, vous m'avez sauvé.

— Vous me rendez bien curieuse et bien fière.

— Vous souvenez-vous du premier numéro de la *Bouche de Fer* ?
— Oui, répliqua vivement Alleluia, et j'éprouvai un grand chagrin le jour où il parut. Figurez-vous que Blanche, après m'en avoir lu quelques lignes, refusa de continuer. Je la priai, je la suppliai, mais inutilement. Je tenais dans mes mains cette feuille de papier qui me pouvait initier à votre pensée, me révéler une part de vous que j'ignorais, et je ne pouvais pas, je ne pouvais pas lire ! Jamais je ne sentis plus cruellement mon infirmité que ce jour-là.
— Et cependant, chère enfant, je ne me consolerais jamais si vous aviez lu cette page que je désavoue.
— Si vous ne pensiez point ce que vous écriviez, pourquoi le laisser croire ?
— Il y a des jours, Alleluia, où la souffrance nous trouble jusqu'à la folie ! J'aurais souhaité, pendant ces heures de torture, briser ma foi, broyer mon cœur et tuer mon âme pour oublier.
— Oublier quoi ? demanda l'aveugle de sa voix pénétrante.
L'empailleur de grenouilles se leva.
— Ne cherchez pas plus longtemps au fond de mon cœur, chère enfant ; sans le vouloir, vous deviendriez cruelle.
Barbézius saisit les petites mains d'Alleluia et les serra doucement sans parler, puis, comme malgré lui, il laissa échapper ce cri dans lequel il entrait bien moins d'admiration que de douleur :
— Vous êtes belle ! oui, vous êtes bien belle !
Et il s'enfuit comme un sanglier blessé, secouant sa chevelure en crinière, agitant ses grands bras au-dessus de son front livide.
Alleluia retomba sur son siège.
En ce moment, un cri d'enfant se fit entendre ; une petite fille, vêtue de bleu, passa comme un tourbillon devant Alleluia et se précipita dans la chambre où Blanche gardait son enfant sur ses genoux.
— Henri ! Henri ! répétait la petite fille.
— Alie ! répétait celui-ci.
Puis tous deux se questionnèrent, parlant ensemble, s'accablant de caresses, se faisant mille fois répéter les mêmes détails. Henri s'émerveillait de la hardiesse avec laquelle la petite fille avait quitté le bouge de la Paumelle ; Alie pleurait au récit de l'horrible scène de Daniel dans la fosse aux lions.
— Sais-tu, lui dit Henri, jusqu'à ce que tu retrouves ta mère, maman t'aimera.
— Je veux bien, répondit Alie ; seulement, je continuerai à chercher ma mère mignonne.
— Et comment t'y prendras-tu ?

— M. Beauvais m'a fait une chanson ; je la dirai partout, et ma mère finira bien par l'entendre.

— C'est une bonne idée, cela ; tu me la chanteras, ta chanson ?

— Sans doute ; ma chère Fabienne m'accompagne au piano, et nous nous entendons très bien.

— Voilà encore une pauvre créature qui vous aime, dit Blanche à Mlle Marigné.

Il fallut promettre vingt fois à la petite Alie de la ramener le lendemain matin près de son compagnon, pour obtenir qu'elle se laissât emmener.

Pendant le court trajet qui la séparait de la maison de Marigné, elle ne cessa de parler d'Henri avec une affection attendrie. On pense bien qu'Alie dormit mal. Henri finit par fermer les yeux sur les genoux de Blanche, et le lendemain, quand il les ouvrit, il se trouva enveloppé sur les bras caressants de sa mère.

— Alie va venir ? demanda-t-il.

— Alie t'attend, répondit Alleluia en s'avançant avec précaution dans la chambre.

En un instant, Henri se trouva debout ; toute trace d'effroi avait disparu de son joli visage ; on eût dit qu'il s'éveillait d'un rêve pénible dont les images ne viendraient plus jamais le troubler.

Un quart d'heure après, Blanche, Henri, Barbézius, Alleluia et la petite Alie, se trouvaient réunis dans le salon.

La jeune aveugle faisait répéter à la mignonne la chanson composée pour elle par André Beauvais, quand la porte s'ouvrit sous la main de Guillaumette qui annonça :

— Le docteur Roland !

Derrière lui se tenait un homme jeune, d'apparence grave, cravaté de blanc, appartenant, lui aussi, à la Faculté de médecine.

— Mon ami Louis Barthet, dit le docteur, un oculiste de grand mérite.

— Oh ! docteur, s'écria Blanche, c'est Dieu qui vous envoie ; voici Henri. Saviez-vous que la Providence me l'avait rendu ?

— Non, répondit le docteur Roland, et j'avoue même, en toute franchise, que ce matin ma visite n'était pas pour vous. J'ai besoin de l'aide de Barbézius, et Guillaumette m'ayant appris que je le trouverais ici, je le poursuivais de ma requête jusque chez vous.

En quelques mots, le docteur fut mis au courant des événements de la veille. Il attira Henri sur ses genoux, palpa ses membres, l'ausculta, sourit et dit à Blanche :

— C'est un enfant bien constitué qui, dans deux mois, ne se souviendra nullement d'avoir souffert. Ne craignez rien pour sa santé ; si l'épreuve fut dure, l'équilibre physique n'en a nullement souffert.

— Oh! Monsieur, dit Henri, est-ce que vous ne pouvez pas guérir Alie, pour qu'elle puisse jouer avec moi ?

Blanche montra la pauvre petite jambe qui avait été brisée, et le docteur dit doucement à l'enfant :

— Je ne te ferai pas de mal, mignonne ; avec du massage et un appareil peu douloureux, on rendra cette jambe aussi solide et aussi longue que l'autre.

Tandis que le docteur Roland donnait sa consultation, son ami, Louis Barthet, l'oculiste, amenait Alleluia près de la fenêtre, et avec une attention extrême, examinait les yeux limpides de la jeune aveugle.

— Avez-vous du courage, mon enfant ? lui demanda-t-il.

— Oui, Monsieur, répondit la jeune fille.

— S'il suffisait d'une opération pour vous rendre la vue, consentiriez-vous à vous confier à mes soins.

— Quoi ! dit Alleluia, je pourrais voir encore ? je regarderais le ciel, je verrais ma mère ?

— Oui, dit le médecin, j'en suis convaincu.

— Alors, faites, Monsieur, faites tout de suite. Qu'importe que je souffre, pourvu que je voie. N'est-ce pas, mon grand ami ? demanda la jeune fille, en se tournant d'instinct vers Barbézius.

— Oui, oui ! dit l'empailleur de grenouilles, d'une voix rauque.

— Mon enfant, reprit l'oculiste, une opération de ce genre demande des précautions préparatoires : je reviendrai dans huit jours et si vous êtes dans les mêmes dispositions, je vous opérerai avec succès, j'en réponds.

Louis Barthet se tourna vers le docteur :

— N'est-ce pas ton avis, Roland ?

— Parfaitement ; et si je suis certain de ton habileté, je peux aussi te répondre de l'énergie de cette chère Alleluia.

— Il me semble, dit Barbézius, qui paraissait en ce moment combattu entre la douleur et la joie, que vous avez dit souhaiter mon concours.

— Oui, mon ami.

— Immédiatement ?

— Non, demain.

— De quoi s'agit-il ? demanda l'empailleur de grenouilles.

— D'une opération, non pas nouvelle, mais rare dans son application.

— Vous l'appelez, Roland?
— La transfusion du sang.
— Oui, répondit Barbézius, il reste beaucoup à faire pour perfectionner une des plus grandes découvertes de la science médicale.
— Nous l'expérimenterons demain.
— Sur qui? demanda Barbézius.
— Sur une jeune femme atteinte d'anémie au dernier degré.
— Anémie dépendant d'un état maladif prolongé?
— Non, mais plutôt dérivant d'une violente peine morale. De même que Mme Monier devint folle quand son enfant lui eût été volé, la comtesse de Sézanne sentit le principe de l'existence l'abandonner après qu'elle eut perdu sa fille. Tous les moyens mis à ma disposition par la médecine ayant échoué, j'ai songé à cette suprême ressource.
— Et vous avez sous la main le sujet qui se prête à l'expérience?
— Je l'ai trouvé la semaine dernière... Il y a huit jours, je me rendis dans une maison où l'on me mandait pour une opération grave. Au moment où je descendais, la concierge me dit timidement:

« — Je sais bien que monsieur le docteur est très occupé et n'a guère de temps à lui. Mais, dans le quartier, chacun répète qu'il est bon. Dans une mansarde du sixième nous logeons pour rien une pauvre famille ; la misère est si grande que le propriétaire n'a pas le courage de mettre les malheureux à la porte. La grand'mère se meurt de vieillesse, la jeune femme crache le sang.

Il devait y avoir là de la besogne pour l'homme ayant un peu de compassion, pour le médecin ayant beaucoup de science.

Je montai.

Au dernier palier se terminait l'escalier ; ce qui en tenait lieu, était une sorte d'échelle, dont les degrés tremblaient sous les pieds.

Je gravis l'échelle et j'entrai.

Un affreux spectacle s'offrit à mes regards : sur un grabat, l'aïeule s'en allait de cette vie à l'autre, sans même avoir le sentiment complet de sa souffrance.

Couchée sur une paillasse, à côté du mauvais lit de l'aïeule, se débattait la mère, qu'une belle et robuste fille s'efforçait en vain de maintenir.

La jeune fille portait un costume de paysanne et, à en juger par la fraîcheur de ses joues, elle n'habitait pas Paris depuis longtemps.

Dans un coin, trois enfants étiques, demandaient du pain.

La jeune fille, en me voyant, s'avança vivement vers moi.

— Docteur, dit-elle, tout mon sang en échange de leur vie !

Cette exclamation me rappela subitement la comtesse de Sézanne ;

je calmai les angoisses de la pauvre enfant, j'examinai tour à tour les malades ; puis, écrivant sur une page de mon carnet, je remis une ordonnance en y ajoutant vingt francs, destinés à des acquisitions indispensables.

Le soir même, grâce à la générosité d'une riche cliente, des envois de meubles, de linge, changèrent l'aspect de la mansarde ; quand j'y retournai, le visage de la vieille idiote reflétait une joie enfantine ; la mère, dont l'accès de fièvre se trouvait calmé, souriait à ses enfants, et ceux-ci paraissaient avoir oublié les privations passées.

Louise, la belle fille, ne savait comment me témoigner sa reconnaissance.

Je la priai de me raconter son histoire ; et voici ce qu'elle m'apprit :

« Son père était ouvrier ; il crut, comme beaucoup d'autres, que le prix élevé des salaires de Paris lui donnerait l'aisance, et il quitta la province, laissant chez une vieille dame, Louise, sa fille aînée.

« Il arriva à Claude ce qui survient souvent à des hommes accoutumés à un air sain et libre ; l'ouvrier tomba malade, s'alita, puis mourut ; la femme ne savait rien faire, sinon prendre soin des enfants ; l'aïeule était une lourde charge. Madeleine essaya de gagner quelque argent en lavant du linge, en faisant des commissions. De loin, Louise envoyait ses modestes gages. Il fallut mendier, et l'aumône se fit rare. Alors, par degré, cette malheureuse famille tomba dans l'état de dénuement où je l'avais trouvée. »

Quand, au bout de quelques jours, une amélioration complète se fut manifestée, je demandai à Louise :

— Vous souvenez-vous de m'avoir offert votre sang si je sauvais votre famille ?

— Oui, répondit-elle, en me regardant bien en face.

— Vous êtes prête à tenir votre parole ?

— Certes, Monsieur.

— Louise, lui dis-je, peut-être aurez-vous une vive appréhension en vous soumettant à l'épreuve que je vous imposerai. Croyez cependant, mon enfant, que si elle présentait un danger grave, j'y renoncerais plutôt que de vous faire courir un péril. Il s'agit de sauver la vie d'une femme jeune, riche, qui se meurt de la douleur d'avoir perdu son enfant. Le souffle va bientôt manquer à sa poitrine, un sang rare et appauvri, à ses veines. Je veux prendre le vôtre et ressusciter ainsi cette mère agonisante. Si vous consentez à me seconder, vous recevrez dix mille francs.

— Ma mère sera donc heureuse ! s'écria Louise.

Puis elle ajouta plus rapidement :

— Faites tout ce que vous voudrez, docteur, et faites vite.
— Eh bien ! lui dis-je, dans trois jours.

Ce laps de temps me suffisait pour prévenir Mme de Sézanne et prendre les dispositions nécessaires à l'opération. Ma dernière démarche a été de venir m'assurer de votre concours.

— Il vous est acquis, docteur, répondit Barbézius.
— En ce cas, à demain, dix heures, Chaussée-d'Antin, n° 8.
— Vous ne viendrez donc pas demain soigner ma jambe, docteur? demanda la petite Alie.
— Ma mignonne, lui répondit le docteur Roland, je passerai ici pour te voir dans la soirée.
— Ne sois pas impatiente, cher petit ange, ajouta l'empailleur de grenouilles, nous irons soigner, avant toi, une pauvre jeune mère.
— Alors, allez! allez! dit Alie.

Barbézius descendit avec le docteur, et la petite Alie murmura :
— Cela distrairait peut-être la jeune dame malade si j'allais chanter sous ses fenêtres. Quand M. Barbézius ira rejoindre le docteur Roland, je saurai où demeure la dame.

Puis, s'approchant d'Alleluia :
— Voulez-vous remplacer ma grande amie Fabienne, et me faire dire la complainte de l'*Enfant perdue ?*

L'aveugle et la Mignonne chantèrent à demi-voix, tandis que Blanche berçait Henri, endormi sur ses genoux.

Avant le jour, Barbézius était levé.

Il ouvrit tous ses volumes de médecine, et se trouva complétement disposé, par l'étude, à venir en aide à son ami.

Vers dix heures, l'empailleur de grenouilles franchissait le seuil de l'hôtel de Sézanne au moment où la voiture du docteur tournait dans la cour.

Roland et le bossu montèrent ensemble l'escalier, assourdi par les tapis épais, et pénétrèrent dans les salons silencieux, d'où la vie paraissait s'être retirée.

Après avoir traversé les trois salons, le docteur se trouva dans la chambre de la malade.

Mme de Sézanne avait souhaité rester debout jusqu'au dernier moment ; mais le lit préparé, les oreillers empilés dans la ruelle, et la table sur laquelle se trouvaient divers objets indispensables, commandés la veille par le docteur, prouvaient suffisamment qu'on l'attendait.

La malade sourit vaguement en le reconnaissant.

— Vous le voyez, dit-elle, j'obéis à vos ordres. Quoi que vous ordonniez, je le ferai ; tant que la science me signalera un moyen de conserver ma vie, je l'emploierai, afin que Dieu n'ait point à me reprocher d'avoir hâté l'heure de ma délivrance, au moment où je paraîtrai devant lui.

Une femme de chambre s'avança discrètement et dit au docteur Roland :

— Une jeune fille demande à parler à monsieur le docteur.

— Introduisez-la, répondit celui-ci.

Louise parut.

Il était impossible de trouver un plus bel épanouissement de jeunesse que sur ce visage de vingt ans. La peau avait une coloration chaude et veloutée ; les yeux brillaient ; le rouge des lèvres éclatait comme un œillet. La taille haute, forte et souple, se mouvait librement dans des vêtements coupés avec une simplicité extrême. Le front était calme ; l'attitude digne. Louise n'avait aucune peur, ou si elle cachait au dedans d'elle-même une terreur bien légitimée par le mystère renfermé dans ces mots : « transfusion du sang, » elle se sentait si heureuse de penser que son sacrifice sauverait sa pauvre famille, qu'on lisait plus de joie que d'appréhension sur son visage.

Deux femmes de chambre transportèrent Mme de Sézanne sur son lit ; le docteur fit apporter des cuvettes et déplia sa trousse, tandis que Barbézius préparait et chauffait le *transfuseur*. Roland releva ensuite la manche du peignoir de la comtesse, prit le bras de Louise, le plaça au-dessus de la coupe largement évasée de l'instrument, puis, saisissant une aiguille creuse à laquelle adhérait un tube de caoutchouc, il piqua, à l'intersection du coude, la veine *basilique* et en fit jaillir un sang généreux. Instantanément, une piqûre identique fut pratiquée au bras débile de la comtesse, et Barbézius, tournant avec précaution la clef placée à l'extrémité de la coupe d'argent, vit, à travers le tube de cristal qui y faisait suite, descendre le sang veineux dont la force lui était indiquée par des chiffres. A l'extrémité du conduit de verre, le sang rencontrait un lit de sels alcalins qui en rendait la défibrination impossible ; une seconde clef, rapidement mise en jeu par le docteur Roland, laissa couler goutte à goutte le sang de la paysanne dans les veines épuisées de la comtesse.

A mesure que s'avançait l'opération, Louise devenait plus faible et plus pâle, tandis que la force semblait revenir à Mme de Sézanne.

Évidemment l'une de ces deux femmes absorbait la vie de l'autre.

Louise luttait contre une faiblesse toujours croissante, et Barbézius la soutint au moment où elle allait s'évanouir.

— Serrez la ligature autour de son bras, dit le docteur à Barbézius.

Tandis que le chirurgien se disposait à fermer la veine ouverte de Mme de Sézanne, une voix pure, s'éleva sous les fenêtres.

Cette voix chantait :

    Plaignez l'oiseau tombé du nid à terre,
    Plaignez l'enfant qui répète à grands cris :
    — Ah ! rendez-moi les baisers de ma mère,
    Et le bonheur que les méchants m'ont pris !

En entendant cette voix, la malade se souleva sur son lit, les yeux agrandis par l'expression d'une joie extatique, puis elle cria :

— Alie ! Alie !

Et avant que le docteur eût prévu cette crise, Mme de Sézanne tomba privée de sentiment.

— Ne bougez pas, dit le docteur à Barbézius, la plaie de la piqûre n'est pas bandée.

Le praticien prit le temps nécessaire pour entourer le bras blessé, puis il fit revenir à elle Mme de Sézanne.

— J'ai entendu la voix de ma fille, murmura-t-elle, ne me dites pas le contraire, dans la vie ou dans la mort, je l'ai entendue.

Le docteur Roland imposa, d'un signe, à Barbézius, un silence absolu, puis après avoir donné à la malade des prescriptions à suivre, il quitta l'hôtel de Sézanne.

— Montez dans une voiture, ma fille, dit le docteur à Louise ; voici les dix mille francs promis.

Mais Barbézius et le docteur Roland parcoururent en vain les rues avoisinantes, la petite chanteuse avait disparu.

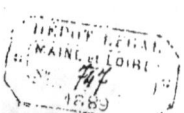

es mains glissèrent au-dessus des guitares, des souffles passèrent dans les flûtes
(*Voir page* 512.)

CHAPITRE XLIII

LES SPIRITES

Es nations sont sujettes, comme les individus, à certaines maladies bizarres, le plus souvent épidémiques et contagieuses à la fois ; ces maladies commencent à s'attaquer à l'esprit, et finissent par s'emparer du système nerveux. Un fluide malsain circule alors dans des milieux étranges ; et loin de fuir ces centres, de s'éloigner des êtres atteints de ce mal mystérieux, un courant de curiosité pousse la foule vers les hommes pris de ce vertige, comme s'ils avaient hâte de gagner à leur tour la contagion. D'ordinaire, un ardent désir de connaître les mystères de l'autre vie, d'approfondir les secrets de la Cabale, d'expérimenter des faits relatés dans de vieux livres couverts d'une poussière de crédulité et d'ignorance, jette les hommes dans une voie dangereuse et fatale.

Au moyen âge, on cherchait le moyen d'opérer la transmutation des métaux en or.

Plus tard, des charlatans, égarés par la composition de grimoires cabalistiques, poursuivirent de longues études pour arriver à prolonger la vie humaine et peut-être à l'éterniser.

Mesmer, après avoir révolutionné l'Allemagne, vint à la cour de France opérer les merveilles magnétiques de ce *baquet* autour duquel se pressèrent tant de gens affolés de merveilleux.

Le baquet de Mesmer abandonné, on se rejeta sur le magnétisme. Ici la science devenait positive ; on ne raisonnait plus hypothétiquement et les hommes les plus rebelles aux idées nouvelles et aux phénomènes inexplicables, étaient obligés de reconnaitre la puissance d'un agent fluidique, suspendant sur le *sujet* les apparences de la vie, supprimant la sensation de la douleur, doublant l'acuité de leurs sens, rapprochant les distances, et leur permettant, grâce à une double vue, dont le principe nous échappe, soit de décrire des pays éloignés, soit de lire des lettres cachetées. Seulement, comme toujours, on voulut aller trop loin. Le magnétisme, qui pouvait rendre des services, en médecine surtout, parce qu'il annihile la souffrance que l'éthérisation est impossible à combattre, le magnétisme devint un moyen de tromperies; la filouterie s'en mêla. On devint somnambule lucide, comme on devient marchand d'orviétan et de poudre à détacher. On abusa de la crédulité des masses au même degré que les tireurs de cartes. Les fausses somnambules apprirent une langue spéciale; la façon dont on leur adressait la question contenait à l'avance la réponse qu'elles y devaient faire.

Quelques sujets pratiquèrent le somnambulisme hydrographique et virent se dérouler des scènes étranges au travers d'une coupe d'eau chargée de fluide. Après avoir multiplié les moyens d'user du magnétisme, on cessa d'en parler; ses fidèles parurent eux-mêmes le mettre en oubli, et de misérables médecins, sans clientèle, continuèrent seuls à assister des somnambules chargées de donner des renseignements sur les chiens perdus ou les objets volés.

On avait été vite rebuté du magnétisme par son insuffisance. En lui demandant trop on avait cessé d'en rien obtenir. A force d'entendre un mensonge succéder à une vérité, on perdit la foi, et l'engouement soulevé par quelques faits étranges cessa de lui-même.

Il fallait un aliment nouveau à l'imagination avide de merveilleux. Le magnétisme avait ouvert une voie dangereuse dans laquelle le spiritisme allait pousser plus avant ceux qui se voueraient à la poursuite de l'étude des phénomènes extra-naturels.

Cette fois, il ne s'agissait pas de vivants agissant par la puisssance d'un fluide nerveux. L'homme prétendait se mettre en communication avec l'esprit des morts. On créait dans ce but une sorte de mythologie étrange. Il existait, disait-on, des esprits légers volants autour de nous, êtres d'une nature mal définie, appartenant à la famille des Trilby, des Kobolds, des Korigans! Ces êtres fantasques, appelés par ces hommes, faisaient tourner les tables, frappaient dans l'intérieur des meubles, scandaient des morceaux de musique. On soutenait même que quelques-uns se nichaient dans le balancier des pendules.

Grâce à eux, les objets matériels perdaient ou retrouvaient tour à tour les lois ordinaires de la pesanteur; les tables se soulevaient, les guéridons se livraient à des sarabandes désordonnées, les murailles craquaient à donner la folle terreur de les voir se renverser subitement.

La folie des tables commença en Amérique; elle passa vite en

France, s'empara de bon nombre d'individus, et bientôt, il ne fut plus possible de mettre les pieds dans un salon, sans qu'on vous offrît de faire tourner des tables et des chapeaux.

Mais, de même que le sommeil magnétique avait précédé la poursuite des phénomènes de la seconde vue, les tables tournantes préludèrent à la recherche de résultats bien autrement étranges.

On abandonna vite les objets extérieurs et matériels pour se jeter dans le domaine de la science pure. Le *spiritisme* devint une sorte de religion ayant ses grands-prêtres, ses apôtres, ses fidèles. On se reconnut à des signes maçonniques. On se compta, on se groupa dans certains centres.

Il se fonda des *journaux spirites*, et ces journaux eurent de nombreux abonnés, des *Revues spirites* composées par des fervents. Un éditeur du Palais-Royal se dévoua à la publication des œuvres les plus importantes d'un groupe d'auteurs hallucinés. Il y eut des catéchismes, des dictionnaires de spirites. Cette religion se fit science. Le culte pieux et religieux des morts que l'Église catholique nous conseille, se changea en une étrange et burlesque comédie. Chacun affirma qu'il possédait le droit d'évoquer les morts, et de les forcer d'abandonner les tortures de l'expiation ou la jouissance du bonheur céleste, pour répondre aux questions qu'il lui plaisait de leur adresser. Chaque individu eut son démon familier comme Socrate, ou son inspiratrice comme Numa.

On pense bien que ces amas de livres, ces folies multipliées sous toutes les formes, ne tardèrent pas à attirer l'attention et à mériter la censure de l'Église.

Elle décida que si les phénomènes existaient, elle les rangeait au nombre des faits produits par la démonologie. Ses apôtres ont vu les prodiges accomplis par Simon le magicien ; la Bible énumère ceux des mages essayant de lutter contre Moïse ; la sorcière d'Endor évoquait Samuel du fond de sa tombe ; on ne peut donc nier la puissance démoniaque agissant par l'intermédiaire de certains hommes, mais on doit en interdire la recherche, la pratique, et l'Église, en cette occasion, montra une fois de plus sa sagesse, en défendant, de la façon la plus formelle, de s'occuper du spiritisme. Qu'importe qu'il y ait là un agent inconnu, indéfini, étrange, indéniable ; si cet agent est dangereux, mauvais, retranchez-le. Est-ce que les médecins permettent à des ignorants la manipulation et l'essai des poisons ? On trouve les savants justes et prévoyants de nous interdire de dangereuses expériences, et certains hommes s'étonnent, s'irritent en voyant que l'Église, notre mère, nous défend de jouer avec des phénomènes dont la source est perverse, et dont l'imminent résultat est de troubler la raison et de faire sombrer notre foi dans un abîme d'où jamais elle ne pourrait remonter.

O sainte Église! mère universelle et divine, que vous êtes sage de serrer les lisières aux enfants imprudents, et de leur indiquer le danger chaque fois que leur imagination les égare.

En venant exercer à Paris leurs jongleries, les frères Davenport ruinèrent le côté physique du spiritisme. On ne parla plus de guitares jouant toutes seules, de pluies de roses tombant du plafond, de mains translucides exécutant toutes seules des sonates au piano.

Le spiritisme changea encore une fois de forme ; il se simplifia et se mit à la portée de tout le monde.

La *typologie* fut remplacée par une *médiannité* extrêmement facile. Chaque croyant doué de la faculté d'écrire sous la dictée ou l'influence d'un esprit, put prendre un crayon, une feuille de papier et, après avoir fait une évocation préalable, laisser courir son crayon jusqu'à ce que l'esprit eut signé de son nom la communication qu'il venait de faire.

Avec une telle simplicité de moyens, le danger redoubla. Chacun se crut médium et passa des heures plus ou moins longues à écrire des divagations dont la lecture devenait souvent très dangereuse. Ces pauvres gens affirmaient n'avoir jamais songé à ce qui se trouvait inopinément écrit par leur main, cela se peut ; mais nous ne sommes pas responsables de nos rêves ; et si nous voulions les croire réels et guider notre conduite d'après leurs incohérences, nous commettrions un grand nombre de sottises.

Malheureusement, en raison de son étrangeté, le spiritisme s'empara de l'imagination d'un certain nombre d'hommes d'esprit. Des romanciers, des poètes, des auteurs dramatiques y trouvant un élément nouveau, s'acharnèrent à demander le dernier mot de ces mystères. Les artistes, natures primesautières, en dehors, l'embrassèrent avec enthousiasme, et certaines gens, voyant les hommes les plus connus de Paris vanter le pouvoir merveilleux du spiritisme, s'empressèrent d'y croire.

Sardou négligea pendant bien des mois l'art dramatique pour se jeter dans le spiritisme à corps perdu. Dans le temps où l'on jouait les *Diables noirs*, il composa même une série de dessins d'autant plus bizarres, qu'il ne sait pas dessiner. L'un de ces dessins s'appelait la *Maison de Mozart*. Chaque détail de l'architecture et l'ornement intérieur d'un grand salon se composaient d'instruments de musique groupés, montés avec un art exquis. Ce dessin, lestement enlevé à la plume, était d'un effet bizarre, plein d'élégance et de goût ; Sardou affirmait l'avoir fait tandis qu'un esprit complaisant lui conduisait la main. Sa *Maison du Christ* n'était pas moins étrange : les instruments de la Passion en composaient uniquement le décor. Ce fut à partir du moment où Sardou communiqua ses dessins, qu'une nouvelle branche de spiritisme se greffa sur les autres.

A quoi bon composer soi-même ses livres, les penser, les revoir, puisqu'un romancier mort peut complaisamment venir vous dicter une œuvre d'une originalité puissante ? On peut fournir une magnifique carrière de compositeur sans savoir une note, si Mozart et Beethowen descendent vous inspirer un opéra de la valeur de *Don Giovani*, ou une *pastorale* marquée du cachet du maître. Michel-Ange pouvait encore modeler des statues ; il suffisait à un ignorant d'évoquer Michel-Ange et de se placer, le ciseau en main, devant un bloc de marbre. On reléguerait ces folies au nombre des inventions du romantisme, si un éditeur n'avait sérieusement édité de la musique dictée de la sorte et si bon nombre de musiciens n'avaient l'outrecuidance d'affirmer que l'esprit de Mozart les accompagne.

Il se fit tant de bruit autour de la secte des spirites, qu'elle devint une sorte de puissance. Ceux qui ne croyaient point à cette hallucination, eurent la curiosité d'en voir les adeptes ; on les loua pour des soirées comme des artistes chanteurs de chansonnettes.

Un des clubs les plus en renom à Paris, le *Club des Viveurs*, ne pouvait manquer de donner une soirée de ce genre.

Après avoir fait jouer dans ses magnifiques salons des pièces inédites de quelques-uns de ses membres, après avoir payé des sommes fabuleuses aux chanteurs en renom pour dire leurs chansonnettes à la mode, il vint à l'esprit d'un des sociétaires influents du *Club des Viveurs* d'organiser une soirée de spiritisme. En somme, ces jeunes gens, avides de toutes les nouveautés, ne pouvaient se dispenser de donner leur avis sur les phénomènes extra-naturels. Tous les jeunes gommeux se promirent de dire après l'expérience, les uns qu'elle « était bien bonne ! » les autres qu'elle « était infecte ! » et carte blanche fut laissée à Geoffroy de l'Isle pour l'organisation de la soirée *spirite* et *thaumaturgique* dédiée aux membres du *Club des Viveurs*.

Afin de donner plus de solennité, les Viveurs invitèrent les journalistes de New-York ; ils offrirent une prime de 20,000 francs au spirite qui les rendrait témoins de phénomènes incontestés. Il ne devait pas être fait d'exceptions de genres dans cette lutte de médiums ; tous étaient conviés ; le chiffre de la prime constituait un appât suffisant ; un délai d'un mois fut laissé pour l'organisation de la soirée, afin que tous les États européens et les grandes villes du Nouveau-Monde pussent envoyer des adeptes.

La proposition du *Club des Viveurs* produisit un bruit énorme. Huit jours après que les journaux complaisants l'eurent insérée dans leurs colonnes, la liste des médiums se composait déjà d'une vingtaine de noms ; seulement, au milieu des représantants de l'idée spirite, on cherchait vainement le médium réellement intéressant, fort et convaincu, ou tout au moins le presdigitateur habile, capable d'escamoter la confiance des spectateurs.

Le président du club, M. de Mortagne, commençait à redouter que cette séance, dont on avait fait trop de tapage, se changeât en mystification, quand, l'avant-veille du jour désigné pour les expériences, un américain, du nom de James Hunters, lui fit remettre sa carte.

Le comte de Mortagne, enchanté de mettre la main sur un sujet d'autant plus intéressant qu'il venait de plus loin, donna ordre de l'introduire immédiatement.

James Hunters était blond, assez grand, bien fait, et réunissant à l'extérieur toutes les qualités qui, au premier abord, permettent de reconnaître un gentleman. La correction de sa toilette, l'élégance de sa parole prévinrent beaucoup en sa faveur le président du club.

— Monsieur le comte, lui dit Hunters, je ne suis ni un charlatan ni un escroc. Ma situation personnelle me permet de vivre sans rien ajouter à mes revenus ; la somme de 20,000 francs que vous promettez à un médium capable de réaliser devant vous des choses prodigieuses, sera déposée par moi à la caisse des pauvres de votre arrondissement. Je n'ai d'autre but, en multipliant des expériences concluantes, que de propager mes idées. Vous permettrez seulement qu'agissant avec un désintéressement pareil, je pose certaines conditions ?

— Expliquez-vous, monsieur, dit le comte de Mortagne.

— D'abord, vous aurez, pendant la séance, trois sténographes chargés d'écrire les communications faites par les Esprits. Ces sténographes ne passeront pas une phrase, pas un mot des choses dictées.

— Soit.

— Deux secrétaires rédigeront le procès-verbal de la séance, et les membres du bureau le signeront.

— Accepté.

— Il ne me reste plus maintenant, monsieur, qu'à prendre congé de vous et à vous donner rendez-vous dans deux jours.

Le soir même, les *reporters*, ravis d'avoir quelques nouveautés dans leur carnet, firent grand bruit de l'arrivée en France de James

Hunters. On rappela à ce sujet Cagliostro et le comte de Saint-Germain, Nostradamus et Nicolas Flamel, Douglas-Hume et le baron du Potel. Il fallait bien faire de l'érudition à bon marché, et multiplier les lignes pour le compte du journal.

L'annonce de la soirée fit un bruit énorme. Les femmes et les sœurs des membres du club ne manquèrent pas d'avoir un impérieux désir d'y assister et pendant deux jours Paris ne s'occupa pas d'autre chose.

Contrairement à la coutume parisienne, qui veut que l'on retarde toujours sur l'heure de l'invitation, tout le monde se trouva exact.

Le salon avait été disposé d'une façon très simple : sur le théâtre, tendu de noir, deux squelettes complets ; une tête de mort sur une sorte de billot ; un guéridon soutenait des instruments de musique entassés dans un pittoresque désordre ; sur un bureau se trouvaient du papier, des crayons soigneusement taillés. Une seconde table, que la grosse sonnette posée sur le tapis indiquait être celle du président, se trouvait environnée de six chaises et de deux fauteuils de velours.

A cette table devait se tenir M. de Mortagne, deux vice-présidents, deux secrétaires chargés de la rédaction des procès-verbaux en partie double, puis trois sténographes.

A neuf heures, le salon était plein.

A neuf heures dix minutes, les médiums firent leur entrée.

Tous étaient calmes, habillés de noir, solennels.

M. de Mortagne déclara la séance ouverte, et le premier des médiums inscrits procéda à l'A, B, C du métier ; il multiplia les expériences de typtologie. Suivant son ordre, des craquements et des bruits se firent entendre dans tous les coins de la salle, et des voix d'enfants s'élevèrent en gémissant du milieu de l'assemblée.

— C'est de la ventriloquie ! dit à demi-voix Amaury de la Haudraye.

Les expériences suivantes réunirent plus de suffrages. Un amateur se mit au piano, et un esprit frappeur accompagna le morceau en le scandant d'une manière très exacte.

Puis des mains glissèrent au-dessus des guitares et en effleurèrent les cordes, des souffles passèrent dans les flûtes, des doigts nerveux secouèrent les tambours de basque et les castagnettes.

Les femmes s'effrayèrent. On commençait à s'amuser beaucoup, car on avait déjà grand'peur.

Cependant l'intérêt réel de la séance n'était pas là.

On ne songeait qu'à ce James Hunters dont les journaux s'entretenaient depuis trois jours. Il allait pétrir à sa guise un public impressionnable, malléable, et remporter une de ces victoires qui fondent à jamais une réputation.

— Vraiment, dit en riant très haut Amaury de la Haudraye, si les médiums n'ont rien de plus à nous offrir, ce n'était guère la peine de tenter notre curiosité pour nous apporter une déception.

James Hunters s'avança de deux pas :
— Vous êtes incrédule, monsieur ? demanda-t-il à de la Haudraye.
— Complétement.
— Vous croyez en Dieu, je l'espère ?
— Modérément.
— Et au diable ?
— Pas du tout.
— Alors, dit le médium, je vous laisserai libre de décider si les choses dont vous allez être témoin, et si les paroles que vous allez entendre viennent du ciel ou de l'enfer.
— Pardieu ! fit Amaury, il serait curieux que le plus grand incrédule de cette réunion se trouvât subitement convaincu !
— Vous le serez avant une heure, monsieur.

Le médium se tourna vers le comte de Mortagne :
— Monsieur le président, dit-il, je tiens à vous prouver que je ne suis ni un charlatan ni un fou. Les sténographes sont prêts, les secrétaires aussi. Voici ce que je vous propose de faire : j'évoquerai l'esprit d'un mort parfaitement connu de l'un de vous, et ce mort, guidant ma main inerte, tracera sur ces feuillets blancs la communication qu'il lui conviendra de faire. A mesure que vous prendrez ces feuillets, monsieur le président, ils seront placés de façon à n'être parcourus ni par les sténographes ni par les secrétaires. La communication achevée et signée, vous en donnerez lecture, et les sténographes écriront sous votre dictée. Ces conditions vous semblent-elles acceptables ?
— Parfaitement, dit le président.
— Je demande la parole d'honneur des membres du bureau de se conformer de point en point à ce qui vient d'être arrêté ?
— Oui ! oui ! crièrent vingt voix, nous tiendrons les engagements convenus.

James Hunters se plaça devant la table couverte de feuilles de papier et de crayons finement taillés.
— Et maintenant, messieurs, dit-il d'une voix plus grave, nous allons entrer, vous et moi, dans le monde de l'inconnu. Il est une chose que j'affirme : mon pouvoir occulte ; une chose que j'ignore : c'est de quelle façon il se doit exercer. Me voici dans vos mains à l'état d'instrument, et l'Esprit qui va me seconder suivra lui-même votre impulsion dans une certaine mesure. Il est parmi vous des incrédules et des douteurs, des convaincus et des indécis. Ce que je souhaiterais

vivement, c'est que le moins croyant d'entre vous se soumît à une expérience. Du moment où celui-là ne m'accuserait ni de charlatanisme ni de mensonge, vous seriez certains que le spiritisme, exercé par des hommes comme moi, est appelé souvent à jouer un rôle providentiel.

James Hunters s'arrêta et tourna autour de lui un regard plein de magnifiques effluves. Il paraissait attirer toutes les volontés, s'emparer des imaginations les plus rebelles, et chercher des adeptes au milieu de ceux qu'il devinait secrètement hostiles.

Les femmes assistant à la séance souriaient pour dissimuler leur frayeur ; de petits frissons de crainte couraient sur leurs membres ; elles s'attendaient, avec James Hunters, à se sentir bien autrement impressionnées que par les airs de mandoline et les visions de mains transparentes.

Les hommes prenaient des airs suffisants pour affirmer davantage leur incrédulité. Quelques-uns riaient à mi-voix, d'autres raillaient l'Américain. Le plus sceptique de tous était assurément Amaury de la Haudraye. Il semblait défier la perspicacité du médium et la puissance des esprits. Sa lèvre n'avait jamais été plus ironique, sa parole plus saccadée, son regard plus froid.

Cependant, en rencontrant fixée sur lui la prunelle d'aigle de James Hunters, il ne put s'empêcher de frissonner.

Deux ou trois de ses meilleurs amis pressèrent Amaury de tenter l'expérience.

— A quoi bon ? s'écria celui-ci, je ne crois pas.

— Vous croirez après, monsieur, répliqua l'Américain.

— Amaury ! voyons, Amaury ! dirent à la fois trois gommeux de la plus haute gomme, offrez-vous pour l'expérience.

— N'insistez pas, ajouta un quatrième, vous seriez indiscret.

— Pourquoi indiscret ? demanda la Haudraye avec une certaine inquiétude.

— Mais parce que vous avez peur, mon très cher bon.

— Peur, moi !

— Oui, vous, pardieu ! Ce n'est pas une raison, parce que vous maniez l'épée avec un rare talent et que vous cassez toutes les poupées au pistolet, pour n'avoir point frayeur du diable.

— Ma foi, riposta M. de la Haudraye, s'il y a un enfer, je suis certain que le démon y reste et ne se mêle point de nos petites affaires.

— Dites tout ce que vous voudrez, vous avez peur.

Amaury de la Haudraye devint pâle.

Il se retourna vers le groupe de gommeux:
— Vous allez voir, dit-il.
Puis, regardant James Hunters bien en face, il ajouta :
— Me voici prêt à subir telle expérience que vous voudrez.
— Dites plutôt, monsieur, telle expérience qu'il plaira à l'esprit de vous imposer. Vous êtes sûr de ne pas trembler ? Vous vous engagez sur l'honneur à garder le silence pendant la lecture de la manifestation dont vous serez l'objet ?
— Oui ! oui ! répéta Amaury d'une voix sèche, commencez.

Mais, en dépit de l'accent élevé et cassant d'Amaury de la Haudraye, il fut facile à tous les membres de cette réunion de voir que l'assurance du jeune homme était une sorte de défi fanfaron, cachant une impression de crainte dont il n'était pas maître de se défendre d'une façon absolue. Depuis l'arrestation de Tamerlan et le miraculeux sauvetage d'Henri, le possesseur des millions de M. Monier commençait à douter de la chance qui l'avait en quelque sorte porté jusqu'à cette heure. Henri lui prenait d'abord la moitié de la fortune laissée par le nabab des Champs-Élysées, puis il lui semblait que Blanche et cet enfant devinaient une partie de sa complicité dans l'enlèvement accompli par Ferson. Il se trouvait donc dans une situation d'esprit peu propre aux expériences proposées, et la façon dont il répondit aux différentes questions de James Hunters surprit fort ses meilleurs amis.

Dès qu'il eut reçu l'adhésion de M. de la Haudraye, le médium ordonna de baisser les lampes ; James Hunters parut se recueillir, cacha pendant quelques secondes son visage dans ses mains, ensuite il murmura d'une voix presque indistincte :
— Je suis prêt.

James saisit alors rapidement un crayon, attira vers lui les feuilles de papier blanc et commença à écrire.

Il se tenait très droit sur sa chaise, le buste immobile ; son bras reposait sur la table, et les mouvements de sa main qui maniait le crayon avaient quelque chose de régulier et d'automatique. Ses doigts couraient sur le papier avec une rapidité invraisemblable ; on comprenait, au mouvement continu, que le médium ne plaçait ni points, ni accents, ni virgules ; à la fin de chaque ligne tracée, la main s'arrêtait net, descendait et commençait une nouvelle ligne. Quand un feuillet était tracé, d'un geste rapide le médium le jetait à terre ; un des sténographes le ramassait et le remettait au président, qui tournait la page écrite du côté de la table, de telle sorte qu'il n'en devinât pas un ligne.

Du reste, James Hunters paraissait avoir complétement perdu la notion des choses présentes. Son regard, fixé dans le vide, restait sans rayon, son visage ressemblait à une figure de marbre, pas un muscle ne tressaillait sur sa face.

Ceux qui assistaient à cette scène étrange se sentaient impressionnés d'une façon lugubre ; le silence les oppressait, l'aspect rigide de James Hunters les épouvantait, et cette chose mystérieuse qui s'élaborait en leur présence, ce drame qui se nouait, les feuillets qui s'amoncelaient sur la table de M. de Mortagne leur serraient le cœur en dépit de leur incrédulité.

Personne ne riait plus.

Amaury de la Haudraye attachait ses prunelles sur la main de James Hunters et en suivait machinalement la marche. Un rictus grimaçant s'esquissait à l'angle de sa bouche ; ses doigts devenaient nerveux, et plus d'une fois il cacha sa main dans son gilet pour arrêter les palpitions de son cœur.

L'air devenait lourd, les haleines s'embrasaient, on respirait dans cette salle, quelque chose de semblable à l'odeur des ossuaires vieillis...

L'obscurité ajoutait encore à l'acuité progressive des impressions, et quand, d'un brusque mouvement, l'Américain signa en longues lettres un nom que nul ne put deviner, et jeta à terre le dernier feuillet, un soupir d'allégement souleva toutes les poitrines.

James Hunters fit signe d'aviver la clarté des lampes. Un flot de lumière envahit la salle et montra sur tous les fronts une étrange pâleur.

Quant à Amaury de la Haudraye, il s'inclinait un peu en avant, comme si son impatience devançait les confidences médianimiques faites à James Hunters.

L'Américain, debout près de la table, dominait l'Assemblée frémissante, et il sembla à M. de la Haudraye que le regard aigu de James Hunters lui traversait le cœur...

Sans savoir pourquoi, sans comprendre par quel moyen le médium perçait à jour sa conscience, Amaury eut peur, et son sourire dissimulait une secrète angoisse quand le président, saisissant les feuillets, s'apprêta à en donner lecture.

M. de Mortagne commença. (*Voir page* 518).

CHAPITRE XLIV

UNE VOIX D'OUTRE-TOMBE

de Mortagne commença :
— Quel esprit se manifeste? Celui d'un homme enfermé depuis longtemps dans la tombe. Vous évoquez, sans croire à la puissance de cette évocation, une âme que vous croyez courroucée contre vous. Mais les âmes ne haïssent plus dans l'autre vie. Rassurez-vous, si vous défiez à la fois Dieu et Satan, je ne viens pas me venger, ni même demander justice. Je veux seulement raconter un ancien drame, prologue de celui dans lequel vous venez de jouer un terrible rôle.

Le président s'arrêta; sa voix était singulièrement émue.
L'auditoire frémissait d'impatiente curiosité.
Amaury de la Haudraye se tenait droit, les épaules effacées, dans l'attitude d'un duelliste. Il comprenait qu'une lutte venait de s'engager, et il commençait à ne plus savoir s'il en sortirait vainqueur.
Le président reprit sa lecture :
« Vous souvenez-vous de Vanika Saboulof ? C'était une princesse russe, grande dame dans toute l'acception du mot, prodigue parce qu'elle était riche, fantasque parce qu'elle était femme. On affirmait qu'elle avait fait le tour du monde, et, à l'entendre parler avec une vivacité charmante et un sentiment puissant d'originalité, des divers pays parcourus, on trouvait qu'elle avait eu grandement raison de passer une partie de sa jeunesse tantôt sur les bords du Gange, tantôt dans la Circassie, s'en allant partout où l'appelait son caprice; parlant les langues vivantes avec une facilité prodigieuse, notant les mélodies populaires de tous les pays qu'elle traversait, collectionnant des objets d'art, des bijoux, des costumes. Elle restait parfois toute une année hors de l'Europe, revenait quand on avait presque envie de prendre son deuil, et accourait à Paris pour se reposer, au milieu des fêtes, des fatigues d'une incessante pérégrination.

« Il vint un moment où elle trouva les routes plus difficiles, les montagnes moins belles, les fleuves moins bleus ; blasée sur les courses sans but, elle se fixa, acheta un hôtel dans les Champs-Élysées et s'y installa royalement ; car, en dépit de ses folies, sa fortune était si considérable, qu'elle n'avait pu réussir à l'ébrécher.

« Vanika Saboulof était restée veuve à vingt ans ; la curiosité de l'inconnu la défendit contre certains entraînements ; elle préféra les paysages aux salons ; seulement, quand elle ne voyagea plus, elle eut le temps de se regarder dans son miroir.

« La beauté de Vanika n'était plus qu'une ombre. La pauvre princesse devint futile et coquette pour passer le temps. Elle eut des conférences d'une heure avec ses couturières, fit chaque jour des stations dans les magasins de Paris, renouvela ses diamants et changea toutes les semaines de coiffeur.

« Sa maison devint le rendez-vous de cette portion de la société parisienne, qui veut avant tout s'amuser à outrance. La princesse était aimable, elle eut bientôt un cercle de connaissances, et son hôtel s'ouvrit avec une somptuosité pareille à celle des palais d'Orient.

« Comme il arrive souvent chez les étrangers, où le crible à travers lequel passent les invités est moins serré que celui du faubourg St-Germain, un peu d'ivraie se mêla parmi les fleurs sans tache.

« Par quels moyens un intrigant, dont le jeune visage avait usé bien des masques, parvint-il à se faire présenter chez la princesse ? Je ne vous le dirai point ; toujours est-il qu'un certain Jean Studen, afflublé d'un titre volé et timbrant son papier d'une couronne de vicomte, pénétra chez la princesse Saboulof, et ne tarda pas à s'y ménager une large place... »

En ce moment, M. de la Haudraye laissa échapper une sourde exclamation ; le président le regarda sans comprendre la raison de cette interruption, tandis que le regard aigu de James Hunters clouait sur son siège le fiancé de Marie de Grandchamp.

« C'était un rusé coquin que ce Jean Studen, reprit M. de Mortagne ; souple, astucieux, spirituel, assez corrompu pour ne reculer devant aucun moyen de faire fortune, il possédait en lui une souveraine confiance, et savait se rendre nécessaire non-seulement aux gens d'un esprit faible qu'il dominait aisément, mais encore aux natures spontanées, enthousiastes, qu'il enlaçait avec une souplesse de comédien.

« La princesse, qui l'avait reçu dans son salon sur une présentation un peu légèrement faite, ne tarda pas à le remarquer. Jean Studen avait vingt-trois ans, une beauté incontestable, une taille élégante. Il s'habillait à merveille et, très ignorant sur beaucoup de points, effleurait tous les sujets avec une aisance qui lui prêtait, aux yeux d'un grand nombre de gens, un vernis d'érudition.

« Il essaya de se rendre nécessaire à la princesse.

« Bientôt elle lui confia le soin de l'organisation de ses fêtes, s'en remit à son goût pour ses attelages, le chargea de certaines correspondances, et finit par ne plus pouvoir se passer de cet homme universel qui lui versait, à l'âge où elle semblait ne plus devoir y prétendre, le poison lent d'une délicate flatterie. Sans doute Studen ne répétait pas à chaque instant des compliments exagérés dans leur forme, mais sa continuelle présence était un éloge permanent. La solitude de la princesse eût été intolérable sans les soins de cet ami, qui trouvait le moyen de varier l'emploi de toutes ses heures.

« Le premier mari de la princesse Vanika, le général Saboulof, avait été un maître rude, maniant au moral le knout et la plète; Vanika l'avait peu regretté, et les souvenirs laissés par le prince n'avaient pas été de nature à lui faire souhaiter de contracter une nouvelle alliance.

« Cette idée lui vint seulement le jour où elle comprit que Jean Studen était indispensable à sa vie.

« Avant de prendre une décision, Vanika voulut encore sonder son cœur, interroger celui de Studen, et connaître si un second mariage pourrait lui donner le bonheur, après lequel la pauvre femme avait couru sans le trouver.

« L'aventurier comprit vite ce qui se passait dans l'esprit de la princesse.

« Imitant ces oiseaux qui ont la conscience de leur beauté et se plaisent à étaler les splendeurs de leur plumage, il fit la roue devant la pauvre femme déjà à moitié vaincue. Il devina, copia ses désirs, ses goûts, il se fondit dans un autre moule. Trop adroit pour montrer la moindre prétention, il affecta de rester à une place modeste, satisfait d'être utile, heureux et toléré.

« Cependant, il n'est guère possible qu'une femme témoigne à un homme les égards que prodiguait la princesse au jeune aventurier, sans que les médisants se croient le droit de s'immiscer dans de semblables affaires. Des amis de la princesse l'interrogèrent discrètement; elle avoua qu'elle comptait épouser Jean Studen dans quelques mois.

« Sans doute personne n'affectionnait outre mesure cette princesse, au retour des Indes, mais la société se tient par des attaches mystérieuses, et c'est un deuil pour elle qu'une mésalliance ridicule ou une éclatante folie.

« Un malheur imminent devait être la suite d'une union disproportionnée, entre une vieille coquette et un garçon dont les revenus paraissaient assez problématiques.

« Un membre de la colonie russe prévint, à Moscou, un frère de la princesse de la sottise que celle-ci allait commettre

« Or, la fortune de Vanika valait la peine d'être surveillée ; le prince Ivan Leneff arriva brusquement à Paris, au moment où sa sœur allait faire publier ses bans.

« Il ne fut pas difficile à Ivan de montrer à Vanika quel avenir l'attendait, si elle confiait sa vie et sa fortune à un chevalier d'industrie, jouant le rôle d'un admirateur dévoué, en attendant qu'il pût se montrer un admirateur tyrannique. Vanika essaya de le défendre. Elle pria son frère de prendre le temps d'étudier Studen ; elle promit de renoncer à ce mariage si Jean ne se trouvait pas digne de sa confiance, mais le prince se montra si résolu, il fit si bien rougir sa sœur de sa folie, que Vanika écrivit à Studen que tout était rompu entre eux, et qu'elle partait pour Moscou, afin de vivre au milieu de ses neveux qu'elle connaissait à peine.

« Cette nouvelle atterra Studen. Il naufrageait au port. Cet homme, avide de jouissances, qui s'était vu sur le point de plonger ses mains frémissantes dans des coffres gonflés d'or, se trouvait brusquement réduit à la misère. Ses ambitions avortaient d'une façon misérable. Depuis un an, il vivait de crédit et, si la nouvelle de son prochain mariage lui avait permis de réaliser d'assez forts emprunts, le départ subit de la princesse le jetait dans d'inextricables embarras.

« Que devenir ? que faire ?

« — Pardieu ! dit-il, la lutte est bien moins entre la princesse et moi qu'entre moi et le prince Leneff. En somme, Vanika est maîtresse d'agir à son gré. Elle m'a prié de ne plus me présenter à l'hôtel ; je m'y rendrai une fois encore, je tenterai une démarche décisive ; je lui peindrai mon désespoir, je lui reprocherai de m'avoir donné des espérances et, le diable aidant, la partie ne sera peut-être pas perdue.

« La princesse résolut de donner une fête d'adieu, une de ces fêtes masquées qui permettent le loup aux femmes et le manteau vénitien aux hommes. Vanika ne voulait point avoir l'air de subir l'influence de son frère et de partir brusquement comme une pensionnaire imprudente. Elle souffrait d'ailleurs beaucoup moins qu'elle ne l'eût pensé de sa rupture avec Studen. La légèreté de sa tête n'empêchait pas son cœur de conserver des qualités sérieuses. Une fois résolue à ne plus commettre une irrémédiable sottise, elle songea avec une joie sincère au bonheur qu'elle goûterait dans la famille de son frère. Elle verrait grandir les jeunes filles, elle s'occuperait de leur éducation, les gâterait un peu, et on l'aimerait plus et mieux que jamais elle ne s'était sentie aimée.

« L'hôtel de la princesse s'ouvrait donc pour la dernière fois. Tout Paris millionnaire, élégant, spirituel, s'y trouvait réuni. Les costumiers avaient épuisé leur imagination pour créer des toilettes ravissantes dans leur exagération et leur fantaisie. Jamais les sultanes d'Asie ne rassemblèrent plus de diamants dans leurs féeriques palais que l'on n'en vit ruisseler ce soir-là à l'hôtel Saboulof. La princesse avait mis tous les siens, et parmi ceux dont elle était fière se trouvaient des pierres historiques, portées jadis par des reines.

« Afin de doubler les plaisirs de cette nuit, la princesse avait fait disposer pour les femmes trois petits salons, dans lesquels il était facile de changer de domino à sa fantaisie. Quant à elle, après avoir paru dans une toilette de dogaresse rutilante de diamants, elle se proposait de revenir en bouquetière, pour distribuer à ses invités des branches de lilas blanc.

« Vers une heure du matin, Vanika venait de passer sa robe Louis XV et de prendre son éventaire parfumé, quand Jean Studen parut devant elle.

« — Vous ! lui dit-elle plus surprise qu'émue, vous auriez dû vous conformer à mon désir et ne me revoir jamais.

« — C'était impossible, madame, et vous n'avez pas cru que j'obéirais à un ordre semblable sans venir humblement vous en demander le motif.

« — Vous le connaissez... j'ai à remplir des devoirs de famille.

« — Princesse, dit Studen, je ne vous retiendrai pas longtemps, mais je veux, ce soir, ce soir même, avoir une explication positive. On vous croit encore occupée de votre changement de toilette, passons dans ce boudoir. Si vous vous montrez inflexible, je me soumettrai et je ne reparaîtrai plus, mais je n'ai point encore perdu toute espérance.

« La princesse était résolue à tenir la promesse faite à son frère, mais l'attitude de Studen la touchait un peu; elle se trouvait des torts et ne pouvait guère lui refuser la compensation qu'il demandait.

« Le boudoir dans lequel entrèrent Studen et Vanika était une pièce octogone, tendue de satin bleu. Sur une table, dans un coffret ouvert, s'entassaient les diamants que la princesse venait d'ôter de son cou, de ses oreilles et de ses bras. Ils débordaient avec l'abondance et la grâce que les peintres mettent souvent, en reproduisant la table de toilette d'une femme occupée de sa parure.

« Vanika tomba sur un divan, Studen resta debout, appuyé contre la table.

Son attitude était brisée, son visage pâle.

« Je le sais, lui dit-il, je ne méritais pas le bonheur que vous m'aviez promis, mais enfin je m'étais accoutumé à y croire. Vous brisez d'un mot, subitement, mes espérances les plus chères. Vous me châtiez comme si j'avais commis un crime. Apprenez-moi ce que vous avez à me reprocher ?

« — Rien ! répondit Vanika, rien ! J'ai été folle de songer, à cinquante ans, à devenir la femme d'un homme de vingt-trois. Je me serais couverte de ridicule, et ce ridicule eût été le moindre de mes châtiments... plus tard... Que voulez-vous, enfin ? Mon frère m'a montré que le bonheur, à mon âge, ne pouvait se trouver que dans les paisibles joies de la famille. Je cède à ses conseils, je pars. Vous trouverez une compagne jeune et belle, qui me fera vite oublier.

« La voix de la pauvre femme trembla un peu; elle passa sur ses yeux son mouchoir de dentelle, et l'y garda quelques instants.

« Jean Studen l'épiait. Il ramena une de ses mains derrière son dos, bien à portée de la table et du coffret de pierreries. Puis, après avoir caché brusquement cette même main dans sa poitrine, il dit à la princesse :

« — Ainsi, c'est à jamais fini ?

« — A jamais, répondit-elle

« — C'est bien, fit Studen, j'ai toujours le droit de mourir !

« Un cri de terreur échappa à la princesse ; elle cria d'une voix étouffée :

« — Malheureux, qu'allez-vous faire ?

« Mais Jean Studen avait déjà disparu, et la princesse se trouvait seule dans le boudoir bleu, avec son éventaire de lilas blanc sur les genoux.

« Ce fut ainsi que la trouva son intendant, Jacques Duchemin.

« Depuis longtemps il souffrait de ce qui se passait chez sa maîtresse, mais, trop convaincu que ses conseils eussent été inutiles, il gardait le silence, se contentant de plaindre une femme, à laquelle il était sincèrement attaché et qui comprenait le dévouement exclusif. Duchemin, largement rétribué, gagnait bien ses vingt mille francs d'appointements. Il faisait de fréquents voyages en Russie, et s'y prenait avec tant d'adresse, quand il s'agissait de renouveler les baux des fermiers, que la fortune de la princesse s'augmentait chaque année, depuis la gestion de cet intendant modèle.

« — Madame la princesse est-elle toujours décidée à partir dans deux jours ? demanda Jacques Duchemin.

« — Dans deux jours. Vous avez trouvé acquéreur pour l'hôtel ?

« — Oui, madame. On le prend tout meublé.

« — C'est bien, monsieur Duchemin, veuillez porter ce coffret de diamants dans mon secrétaire ; voici la clef.

« L'intendant prit le coffret, la plaça dans le meuble indiqué et rentra dans un cabinet de travail où, pendant toute la nuit, il s'occupa à ranger des papiers.

« Un moment il crut entendre des bruits de pas dans sa chambre, mais il se rassura vite après avoir ouvert la porte, car la chambre se trouvait déserte.

« Cependant, s'il eût attendu davantage, et s'il avait eu la curiosité d'avancer jusqu'à l'escalier | de service, il aurait pu voir un jeune homme descendre en prenant des précautions infinies, et dans ce jeune homme il eût reconnu Jean Studen.

« Pendant toute le nuit, l'intendant veilla ; pendant toute la nuit, on dansa dans l'hôtel Saboulof. La princesse joua le mieux qu'elle put sa comédie de femme du monde, mais, à l'aube, elle se sentit brisée et tomba dans les bras de ses femmes de chambre.

« Vers trois heures de l'après-midi, elle se leva.

« Grâce à l'activité de Jacques Duchemin, l'acte de vente de l'hôtel se trouva signé et tous les préparatifs de voyage terminés à l'heure dite. Pendant ce temps, les femmes de service faisaient les malles ; la princesse se réservait seulement le soin de ses diamants, ce qui était pour elle une occasion de passer ses parures en revue.

« Quand elle fut debout, elle songea à ses bijoux et fit ouvrir le coffre de voyage, dans lequel elle les enfermait.

« Ce coffre se trouvait séparé en plusieurs étages dont chacun recevait les colliers, les bracelets, les broches, les pendeloques, et les bagues.

« Vanika commença à coucher sur leur lit de velours les rivières de diamants, les fils de perles.

« Elle chercha un collier à trois rangs de solitaires, et ne le trouvant point, elle pensa qu'il restait au fond de différentes boîtes et continua de classer avec ordre ses broches, ses boucles d'oreilles et ses bracelets. Mais elle eut beau chercher, le collier à trois rangs manquait à l'appel.

« La princesse appela ses femmes de chambre, donna ordre de fouiller tout l'hôtel, on ne trouva rien.

« Le général informé de l'incident, entra dans une violente colère et, sans réfléchir, sans même consulter sa sœur, il courut à la préfecture de police dénoncer le vol d'un collier, dont la valeur atteignait quatre cent mille francs.

« Une demi-heure après, la justice descendait à l'hôtel Saboulof.

« On interrogea les domestiques, on visita leurs chambres, on ne trouva rien.

« La princesse, questionnée sur la façon dont elle avait quitté son collier, répondit qu'elle l'avait détaché dans le boudoir et jeté dans un coffret d'argent ciselé où, provisoirement, elle avait l'habitude de mettre ses bijoux quand elle les ôtait.

« — Et ce coffret, qu'est-il devenu? demanda le commissaire de police.

« — J'ai chargé Jacques Duchemin, mon intendant, de le renfermer dans le secrétaire.

« — Vous êtes sûre de la probité de votre intendant, madame ? demanda le commissaire.

« — Sans doute, puisqu'il augmente ma fortune. Voulez-vous le faire venir?

« — Non ; j'irai le trouver.

« Le commissaire passa chez l'intendant, se fit raconter les incidents de la veille, parcourut l'appartement privé de Jacques Duchemin, et poussa un cri en voyant briller auprès du pied du lit un gros diamant monté, qui, évidemment, avait été arraché d'un collier.

« Ce diamant parut plus qu'un indice, une preuve.

« Duchemin convenait avoir eu les diamants dans les mains pendant la soirée ; on trouvait un des chatons brisés près de son lit. La conclusion de ce fait fut que cet honnête homme, décrété d'accusation comme coupable de vol domestique, se trouva emprisonné le soir même.

« Ce qu'il souffrit, nul ne put le dire, car la honte qui tombait sur lui ne le frappait pas seul : il avait un fils, un fils son orgueil et sa joie, il venait d'achever ses études de droit et promettait de devenir un brillant avocat. Le malheur immérité qui frappait son père brisait à jamais une carrière honorable.

« Vanika tenta d'arracher Duchemin à la justice ; elle déclara qu'elle ne croyait pas l'intendant coupable, bien que les apparences fussent contre lui ; que, d'ailleurs, elle lui devait plus d'un million rentré dans ses coffres grâce à ses soins. Mais la justice n'admet ni compromis ni indulgence ; Duchemin fut gardé, on le jugea.

« Il dut subir les angoisses de la cour d'assises, voir la foule hostile et cruelle, chercher à deviner sur le visage des jurés ce qui se passait dans leur conscience. Il s'entendit flétrir par le procureur général.

« Et son fils était là, son fils qui entendait ces choses horribles, invraisemblables, et qui le regardait à travers ses pleurs !

« Ce qui se passa dans l'âme de ces deux hommes ne peut se décrire ; le père ne songeait qu'au supplice de son enfant, le fils qu'à l'angoisse du père.

Il reprit un peu courage en entendant la plaidoierie éloquente de son avocat, mais hélas ! son espérance ne fut pas de longue durée; le ministère public, qui voulait une condamnation, répliqua, et cette réplique impressionna à tel point les jurés et le public, que Duchemin se jugea perdu. Il ne s'abandonna cependant pas encore, et d'une voix rauque de sanglots, il se leva, le visage livide, les yeux brûlés de larmes, et cria par trois reprises :

— Je suis innocent ! Je suis innocent ! Je suis innocent !

Puis, sans pousser un cri, sans faire un geste, il tomba roidi sur son banc. Le désespoir avait causé l'asphyxie.

« Son fils restait ; son fils héritier de sa honte, son fils héritier de sa mémoire aussi, et qui savait que son père n'était pas coupable !

« Et le fils fit un serment sur le cadavre de Jacques Duchemin : il jura de le venger et d'arracher un jour le double masque collé au visage de Jean Studen.

Encore une fois le comte de Mortagne s'arrêta. La voix sifflait dans sa gorge, il avala un verre d'eau.

Autour de lui, chacun attendait la fin de cette dramatique histoire, et quelques femmes murmurèrent :

— Après, après ?

Le président reprit :

« — Vous m'avez évoqué, monsieur Amaury de la Haudraye, je suis venu. Plus que tout autre, vous pourriez me donner des renseignements précis sur ce Jean Studen qui, moralement, fut mon assassin. Il est temps que justice se fasse ; je la demande, je la veux, je l'exige ! »

L'auditoire haletait.

— La signature ! la signature ! répétèrent les gommeux.

— La communication est signée JACQUES DUCHEMIN, répondit M. de Mortagne.

L'émotion des auditeurs était à son comble.

Amaury de la Haudraye se leva dans une extrême agitation.

— Arrêtez cet homme ! dit-il en étendant la main vers James Hunters.

Les spirites se groupent ; le président voit envahir le bureau, chacun veut voir la signature du mort qui vient de raconter cette étrange histoire. On se demande pourquoi Amaury de la Haudraye est si pâle ; on cherche le médium américain pour lui demander des renseignements, mais le médium a disparu.

A peine James Hunters eut-il été témoin de la dernière scène de cette séance, qu'il s'esquiva rapidement, traversa la cour et s'avança vers une voiture dont un domestique lui ouvrit rapidement la portière.

Dès qu'elle fut close, le médium tira les stores, abaissa une glace, arracha sa perruque et sa fausse barbe, passa un paletot sur son habit et quitta le coupé.

— Monsieur Ramoussot, lui demanda le domestique, faut-il vous attendre?

— Sans doute; j'ai à t'envoyer une pacotille de coquins.

Au même moment, une voiture, d'apparence également mystérieuse, s'arrêta en face du *Club des Viveurs*.

Un homme en descendit.

Lucien Ramoussot, qui venait de jouer si merveilleusement le rôle de médium, dit en s'avançant :

— Monsieur le commissaire de police, vous pouvez monter.

Sur un signe, des agents suivirent.

Le magistrat noua son écharpe par dessus son paletot et passa dans la salle du club.

— Au nom de la loi, dit-il, que personne ne bouge.

Il s'avança alors vers M. de Mortagne.

— Je viens, lui dit-il, mettre fin à une scène étrange, et arrêter les gens qui se jouent des choses les plus sacrées, en affirmant que l'esprit des morts obéit à leurs ordres.

— Oui! oui! s'écria Amaury de la Haudraye, qu'on arrête ce James Hunters.

— Où est-il? demanda le commissaire de police.

— Il a disparu, répondirent les spirites de tous genres qui encombraient l'estrade.

— Alors, vous paierez pour les autres, répliqua le commissaire.

— Mais nous n'avons rien à voir là-dedans! s'écrièrent avec un effroi très sincère, les spirites déconcertés; nous ne sommes pas médiums, nous n'évoquons pas les esprits. Nous sommes de faux spirites, opérant des phénomènes avec plus ou moins d'adresse, voilà tout. Monsieur le commissaire de police a trop d'esprit pour croire qu'il est possible à des hommes d'entrer en communication avec les âmes des morts, en frappant des coups sur une table ou en écrivant soi-même ce qui nous vient à l'esprit. Nous trichons, monsieur le commissaire, nous trichons!

— Soit! dit le commissaire, on vous traitera en escrocs.

Et le magistrat donna un ordre, à la suite duquel la bande des malheureux spirites fut rapidement conduite vers les voitures où s'enfermèrent aussi les agents.

Un moment après, le vicomte de la Haudraye, accompagné de M. de Mortagne, prenait le chemin de son hôtel.

— Un homme rudement fort que ce James Hunters, dit M. de Mortagne à son ami; vous aviez beau répondre de votre courage, Amaury, il vous a pour le moins aussi ému que nous tous. On n'accusera toujours pas celui-là d'être un filou, car il n'a rien demandé et a disparu sans donner son adresse. Qu'en pensez-vous, hein?

— C'est étrange! étrange! répéta M. de la Haudraye.

Il serra la main de son compagnon et s'enferma chez lui.

Quand il se trouva seul, il déposa son masque de froideur, son front se plissa, ses yeux étincelèrent, ses lèvres frémirent et, les poings crispés, il marcha à travers son petit salon en murmurant :

— Quel est ce James Hunters? comment a-t-il appris l'histoire de Jacques Duchemin? Quel intérêt avait-il à la raconter devant moi? On dirait qu'il a connu l'intendant de Vanika Saboulof. Pour que cet homme ait parlé ce soir avec tant d'audace, il faut qu'il soit payé cher, ou qu'il ait un grand intérêt à perdre celui...

Amaury s'arrêta et ajouta d'une voix plus sourde :

— Ce Jacques Duchemin avait un fils!

Il resta longtemps pensif, puis il reprit sa marche saccadée, en disant d'une voix de plus en plus étranglée :

— C'est impossible! je deviens fou!

Puis, cédant à une terreur pleine d'épouvante, il ajouta :

— Si cela était, cependant, si cela était!

Le mort a parlé, dit-il, le mort a parlé ! (*Voir page* 540).

CHAPITRE XLV

UNE EXPÉRIENCE PHOTOGRAPHIQUE

A séance de spiritisme donnée par le médium James Hunters au *Club des Viveurs* ne pouvait manquer de faire beaucoup de bruit. Chaque détail de cette affaire prenait un intérêt croissant pour les curieux : la communication signée Jacques Duchemin, l'émotion étrange dont M. de la Haudraye n'avait pu se défendre, la disparition de l'Américain, l'arrestation des jongleurs qui, sous le nom de spirites, se jouaient depuis si longtemps de la crédulité parisienne, tout concourut à faire de cette soirée l'évènement du jour.

Barbézius y trouva l'occasion d'écrire son article le plus humoristique dans la *Bouche de fer*. Il déploya une érudition digne de tous les chefs de la Cabale passés et futurs. Il se montra tout à la fois savant et spirituel ; mais sans qu'il fût possible à quelqu'un de souligner un mot, de répéter une phrase, l'ensemble de cet article attaquait évidemment M. de la Haudraye. Barbézius, qui semblait, au nom de la science mystique, porter un grand intérêt à ce qui pouvait en révéler les arcanes, demandait pourquoi M. de la Haudraye avait témoigné une si étrange terreur. Savait-il donc cette histoire ? — Avait-il connu le malheureux intendant ? Puis que l'aspect de sa signature le troublait à ce point, c'est qu'il avait eu jadis occasion de la voir. M. de la Haudraye pouvait donc seul révéler ce que le spiritisme avait de fondé, puisqu'on l'avait pris pour sujet, dans une expérience qui pouvait être concluante. Barbézius comprenait, disait-il, la répugnance du jeune homme à se mettre de nouveau en scène, mais il s'agissait d'un fait grave, destiné à fixer sans retour l'opinion des gens sérieux.

Le personnage de James Hunters se perdait dans une obscurité mystérieuse, comme certaines apparitions surnaturelles ; le médium restait dans son rôle ; on avait le droit de dire à M. de la Haudraye :
« — Vous avez tressailli de terreur en reconnaissant l'écriture de Jac-

ques Duchemin ; à votre tour, racontez-nous ce que vous savez de cette étrange aventure. »

Tandis qu'il se rendait invisible pour ses amis, Amaury multipliait ses visites à l'hôtel de Grandchamp, et l'on fixa l'époque de son mariage avec la fille de l'avocat général.

Cependant M. de Grandchamp, très irrité du bruit qui se faisait à Paris, à propos de l'affaire de James Hunters, à laquelle se trouvait mêlé son futur gendre, donna les ordres les plus sévères pour qu'on cherchât tous les adeptes de ce prétendu culte des morts, qui masquaient, sous l'apparence d'une idée familiale et religieuse, les plus grossières supercheries.

On arrêta dans la même journée le rédacteur d'une *Revue Spirite*, deux médiums, puis un photographe très-connu dans un certain monde, sur lequel on avait écrit des volumes : un photographe spirite, qui photographiait les apparitions évoquées par les médiums.

La photographie spirite fonctionnait admirablement et lucrativement.

Il fallait écrire bien des jours à l'avance, pour obtenir une audience du photographe spirite Berger.

Tandis qu'on attendait son tour, indiqué par un numéro d'ordre, la caissière, personne à mine astucieuse et futée, causait avec vous. Elle paraissait doucement s'associer à vos regrets, vous éprouviez une sorte de consolation à trouver une créature compatissante, et vous lui parliez longuement de l'être adoré dont vous pleuriez la perte. Elle vous comprenait, vous encourageait ; ses questions amicales provoquaient les détails que vous donniez sur les vertus, mais aussi sur l'âge et le visage du défunt ; un coup de sonnette électrique retentissait, vous alliez à votre tour voir s'accomplir le mystère de la révélation de la mort ; on vous poussait doucement dans la salle des opérations, et vous attendiez le dieu dans son sanctuaire.

Le photographe paraissait.

— Vous voulez avoir une apparition ? demandait-il.

— Oui, monsieur.

— Évoquez l'esprit de la personne qui vous fut chère, tandis que je m'associerai à vos vœux.

Berger se tournait la face contre la muraille, élevait les bras, puis une seconde après, il s'écriait :

— L'esprit vient, l'esprit est là.

Au même moment, une musique douce se faisait entendre.

Berger sonnait ; un aide apportait une plaque, que l'on avait le soin de vous montrer, pour vous prouver qu'aucune image ne s'y trouvait.

vous vous placiez devant l'objectif, et quand on vous disait : — C'est fini ! — Vous poussiez un soupir de soulagement.

Après le temps nécessaire pour baigner la plaque, on vous le rapportait, et vous trouviez, près de votre propre image, un fantôme plus ou moins flou, que l'on vous certifiait être votre père ou votre mère.

Le plus souvent, vous croyiez reconnaître le fantôme présenté ; si vous compreniez que l'on vous avait rendu victime d'une mystification, vous vous taisiez, afin de ne point passer pour un sot.

Quand un procès éclatant montra quels moyens artificiels employaient les photographes médiums, servant complaisamment d'intermédiaires entre les vivants et les morts, on apprit que l'aimable caissière était chargée de prendre adroitement des renseignements sur les morts dont vous souhaitiez la reproduction ; que, grâce à vos indications, on cherchait dans le cabinet d'accessoires, une tête de carton découpé que l'on fixait au corps d'une poupée articulée, laquelle disparaissait à demi sous les plis d'un voile vaporeux. Voilà pour l'apparition. Quant à la plaque, vue par le client, complètement nette et sans image, Berger avait commencé par tirer, dans un arrière-cabinet, une épreuve à l'aide du mannequin et de la tête appropriée à la circonstance ; cette épreuve restait à l'état invisible, avant qu'on la glissât dans l'objectif braqué sur le client ; quand on l'en tirait, on lui faisait subir la préparation habituelle. Au moment où elle sortait du bain sensibilisateur, le fantôme devenait visible à côté de votre propre image.

Berger fut comdamné à une année de prison, comme escroc, mais ce qui, sans nul doute, le consola, ce fut la pensée que n'ayant aucunement perdu la confiance des spirites, qui n'étaient pas loin de le regarder comme un martyr, il ne manquerait point, une fois rendu à la liberté, de retrouver des clients pour les vivants et, soyez en sûrs, des clients pour les morts.

Jean Marigné, poussé par Ramoussot et Barbézius, avait reproduit jadis pour ses amis, les fantaisies spectrales de la photographie, au moyen d'agencements de miroirs. Il cherchait, en ce moment, à contrôler une expérience fort curieuse, faite en Amérique pour la première fois, et rarement renouvelée, en raison des difficultés qu'elle présente.

— Mon cher Barbézius, disait-il un soir à son ami, en présence de Fabienne, le jour viendra où je ferai parler les morts. Ne souris pas avec incrédulité, et ne t'effraie pas non plus. As-tu souvent, en jouant sur les genoux de ta mère, regardé fixement ses yeux ?

— Oui, souvent, répondit Barbézius.

— Que voyais-tu dans sa prunelle ?

— Ma propre image.

— C'est cela! dit Jean Marigné, l'œil est un miroir microscopique; tout s'y réfléchit, il s'agit seulement de fixer l'image.

— Que veux-tu dire?

— Ceci : si une mort foudroyante, instantanée, frappe un être humain, quel qu'il soit, le dernier objet que fixe son regard, s'y reflète pour un laps de temps plus ou moins long.

— Tu crois cela?

— J'en suis sûr.

— Mais, dit Barbézius, une semblable découverte pourrait avoir des conséquences énormes. Songe donc! l'assassin se trahirait lui-même, de cette façon.

— Malheureusement, ce cas serait rare, bien rare. De quelque façon qu'un homme soit assassiné, l'œil se convulse; on le frappe parfois par derrière; le dernier objet qu'il regarde n'est pas toujours le visage du criminel.

— Et ta conviction est une certitude.

Marigné ouvrit un tiroir et y prit une épreuve photographique, d'aspect bizarre; elle représentait un œil d'assez grande dimension, dont la prunelle se trouvait coupée de carrés irréguliers.

— Qu'est-ce que cela? demanda Barbézius.

— L'œil d'un bœuf, répondit Marigné. Je l'ai photographié immédiatement après que l'assommeur lui a eu brisé le crâne. Et voici l'épreuve obtenue; la prunelle de la bête fixait le pavé, au moment où la mort la foudroya, et, tu le vois, la représentation exacte du pavé se trouve dans la prunelle reproduite.

— C'est vrai, dit Barbézius. Tout cela est fort effrayant, ajouta-t-il après un moment de silence.

Fabienne se leva à son tour et regarda la photographie.

— C'est une grande découverte, frère, dit-elle, et qui peut amener d'étranges résultats.

Marigné referma le tiroir, après y avoir serré l'épreuve.

En ce moment, la domestique apporta une lettre et la remit à sa maîtresse.

Le regard de la jeune femme reconnut vite l'écriture.

— C'est d'Urbain, dit-elle.

Elle tomba dans son fauteuil; l'émotion l'étouffait.

A mesure qu'elle lisait, son front redevenait plus calme.

— Frère, dit-elle, Urbain part dans quinze jours. Je le suivrai.

— Vous irez à Cayenne! s'écria Barbézius.

— J'irai, répondit Fabienne; c'est mon devoir.

Elle prit doucement le bras de son frère, et inclina son front sur l'épaule du jeune homme.

— Tu sais si je t'aime, Jean, dit-elle, mais tu comprends la loi qui m'est faite. Plus mon mari est malheureux, plus je me dois à lui. Il n'attend que de moi la consolation et l'espérance; je les verserai à toute heure dans son âme. Tu seras mon seul regret; tu me coûteras mes seules larmes. Mais, en te quittant, je te laisserai la mission de défendre Urbain, et le soin de nous rappeler tous deux.

Barbézius se leva, il avait les yeux pleins de larmes.

— Courage, madame! dit-il.

Puis, se tournant vers son ami :

— Me permets-tu de parler de ta découverte dans la *Bouche de fer?*

— Certainement; les questions qui intéressent la science doivent toujours être généralisées, si l'on tient à les voir progresser.

Quand le frère et la sœur se trouvèrent seuls, ils tombèrent dans les bras l'un de l'autre.

— Fabienne, dit Marigné, tu as été le modèle des jeunes filles et des sœurs; sois l'exemple des femmes! Je perds plus que toi à ce départ, car je vais rester seul, bien seul, et rien ne me distraira de ton absence. Mais, tu l'as dit, c'est le devoir; et tout devoir est si sacré, qu'il mêle une joie à ses amertumes. Urbain innocent, calomnié, aura son ange visible; et nous qui comptons toujours sur la Providence, nous savons bien qu'elle amènera l'heure de la justice. Loin de me décourager, je sens croître ma force. Je lutte contre ce que chacun regarde comme l'impossible, et cependant j'ai confiance. J'accepte ton départ, comme tu supporteras ton exil; nous soldons à l'avance le bonheur à venir. Et puis, je ne sais pourquoi, mais il me semble que nous avançons, comme des mineurs marchant au but, par une voie souterraine. Un anneau de la chaîne est brisé. Henri se trouve dans les bras de Blanche; cet ange-là doit nous aider à trouver la piste vainement cherchée.

— Oui, oui, frère, répondit Fabienne, nous triompherons.

— Fabienne, reprit Jean, tu ne partiras pas sans dot. J'entends que ma sœur n'ait jamais à souffrir de la pauvreté. Outre mes économies, je possède ici un certain nombre de toiles, que ma réputation croissante portera à un assez joli chiffre. Je veux réunir cent mille francs pour toi.

— C'est trop, dit Fabienne, c'est trop; je travaillerai.

— Tu es ma sœur, mon enfant, dit Marigné d'une voix tendre et douce, tu m'obéiras; j'ai bien droit d'essayer de te rendre moins à plaindre, après que tu m'as fait la vie si facile.

— Eh bien! dit Fabienne, j'accepte la dot, garde seulement les tableaux.

— Obéis, répondit Marigné en embrassant sa sœur, c'est le dernier ordre que je pourrai te donner, chère créature aimée.

— Quel frère Dieu m'a donné ! s'écria Fabienne en fondant en larmes.

Jean se détourna pour cacher ses pleurs. Les hommes croient le plus souvent que la sensibilité est une preuve de faiblesse; ils rougiraient de laisser échapper un sanglot. Marigné pressa sa sœur sur sa poitrine et lui dit doucement :

— Ecris à Urbain, j'ai des dispositions à prendre.

Le dessinateur courut le lendemain chez l'empailleur de grenouilles.

— Je viens te demander un service, lui dit-il; annonce dans ton numéro d'aujourd'hui que le « célèbre Jean Marigné » vend son atelier. Fais mousser mon talent; je veux que mes toiles me rapportent le plus possible; le produit de cette vente est destiné à ma sœur. Tu comprends, il me faut au moins cent mille francs.

— Et toi? demanda Barbézius.

— Moi! je n'aimais que Fabienne et mon art; je vais tâcher de chérir mon art davantage, en attendant qu'elle revienne. Car elle reviendra, ramenant en France le noble Urbain, reconnu innocent.

— Oui, dit Barbézius, ils reviendront. L'article sera fait. Quant à ta découverte photographique, j'en ai parlé en termes assez pompeux pour intriguer à la fois, l'Académie des sciences et le barreau. Emporte ce numéro, tu me diras si tu es satisfait.

— Toujours bon! dit Jean en serrant la main du bossu.

L'artiste rentra chez lui et s'occupa à dresser son catalogue. Dans la journée, il fit avec Fabienne une visite à Urbain, et ces deux êtres, également généreux, s'efforcèrent d'amener Kerdren à accepter leur dévouement.

— Non, Fabienne, disait le condamné, ne m'accompagnez pas. Vous êtes faible, et la mort est là-bas dans l'air qu'on respire. S'il plaît à Dieu de me rappeler, je vous retrouverai aux côtés de votre frère, du mien! Ne poussez pas plus loin la générosité; vous m'avez donné votre vie, Fabienne, c'en était trop pour un malheureux. J'existerai là-bas, de votre souvenir et de l'espérance de vous revoir. Mais ne me suivez pas dans l'exil, je vous en conjure.

— Je te suivrais dans la mort, répondit la jeune femme; c'est l'ordre de ma conscience, c'est l'ordre de Dieu!

Et quand Urbain comprit que rien ne triompherait de l'héroïsme de la jeune femme, il lui dit en laissant tomber des larmes sur ses mains :

— Sans toi je n'aurais pu vivre, Fabienne! je mentais en affirmant le contraire! Depuis le jour où, pour la première fois, je t'ai rencontrée, tu m'as semblé ne devoir me quitter jamais. J'aurais voulu te convaincre que ton devoir ne t'enchaînait point à moi, car je redoute pour toi les périls, les fatigues, les douleurs et les humiliations de la vie qui nous sera faite. Mais je te bénis d'accepter tout cela. Et te trouvant si généreuse et si sainte, je ne crois pas acheter trop cher les preuves de ta tendresse au prix d'un effroyable malheur.

Tous trois causèrent longuement avec une tranquillité qui n'excluait pas la profondeur de l'émotion ; un rayon de joie brillait dans le regard d'Urbain quand il dit à Fabienne :

— Adieu, chère femme !

Ainsi qu'il l'avait promis, Barbézius annonça, dans la *Bouche de fer*, la vente des tableaux de Marigné.

Le nom de Jean Marigné suffisait pour attirer la foule ; l'espérance de voir Fabienne, l'héroïne d'un terrible drame, poussait aussi bon nombre d'amateurs dans l'atelier de la rue de Provence.

De ce côté, les curieux furent bien déçus ; Jean Marigné reçut seul les amateurs.

L'entrée des ateliers était libre, on n'annonçait personne. Jean parlait amicalement à ses amis, faisait ses conditions et posait ses chiffres aux marchands de tableaux.

Il venait de passer deux heures au milieu d'un mouvement perpétuel d'entrées et de sorties, quand un jeune homme s'avança vers lui.

En levant les yeux sur ce dernier, Jean retint un cri de surprise.

— Monsieur Amaury de la Haudraye, dit-il.

Le jeune homme s'inclina.

— J'ai appris, dit-il, que vous vous proposiez de vendre les toiles garnissant votre atelier. On pourrait tout prendre de co.. ce, et les yeux fermés, car les tableaux que j'aperçois sont de valeur égale.

Voici une chasse au sanglier superbe. Combien en demandez-vous?

— Quinze mille francs.

— Vous êtes modeste, répliqua M. de la Haudraye. Nous disons donc cette chasse quinze mille francs. Et cette tête de jeune fille?

— Oh ! une étude ; six mille.

— Quinze et six vingt et un, ajouta M. de la Haudraye.

Il s'arrêta devant un tableau de grande dimension représentant Moïse et Séphora près du puits.

— Me céderiez-vous cette toile pour trente mille francs? demanda M. de la Haudraye.

— Certes! dit Jean Marigné qui se réjouissait pour Fabienne de voir compter si haut les œuvres destinées à lui former une dot.

— Nous disons cinquante et un mille francs, reprit M. de la Haudraye. Vous pouvez faire passer chez M. Delapalme, mon notaire, Chaussée-d'Antin ; ceci est entendu. Il me reste maintenant à vous demander un service.

— Croyez, monsieur, répondit Jean Marigné, que s'il est en mon pouvoir de vous le rendre, c'est chose faite.

Le jeune homme sourit pour le remercier, puis il reprit :

— Je suis, vous le savez, le neveu de M. Monier, qui fut assassiné dans son hôtel des Champs-Élysées.

— Je le sais, monsieur, ma sœur est la femme d'Urbain Kerdren.

Après la mort de mon oncle, dont vous étiez l'ami, une épreuve photographique fut tirée d'après le visage de la victime.

— Je m'en souviens, dit Jean Marigné.

— Avez-vous conservé le cliché?

— Je ne crois pas, monsieur ; il me semble me souvenir que la maladresse d'un élève m'en a privé.

— Ainsi, vous n'avez plus le portrait de M. Monier?

— Pardon, fit Jean, il me reste une épreuve photographique.

— Pouvez-vous me la donner, me la vendre? Estimez-la tel prix que vous voudrez.

— Monsieur, répondit Jean, vous êtes le plus proche parent du mort, et je trouve que ce portrait vous appartient de droit. Vous venez, du reste, de régler trop généreusement le prix de mes toiles pour que je puisse vous refuser un souvenir auquel vous tenez.

Jean ne put voir l'expression de triomphe qui passa en ce moment dans les yeux d'Amaury de la Haudraye.

Marigné n'aperçut pas davantage, dissimulé à demi par les tentures d'une portière, Lucien Ramoussot prêtant une attention étrange à la scène qui se passait entre ces deux hommes.

Marigné venait d'ouvrir un coffret; il y chercha longtemps, découvrit enfin ce qu'il voulait, et dit en se tournant vers M. de la Haudraye:

— J'ai craint un moment d'avoir égaré ce portrait.

Amaury s'avança vivement pour saisir la photographie; mais au moment où Jean Marigné allait la lui remettre, Lucien Ramoussot se plaça subitement entre Jean et Amaury de la Haudraye.

— Jamais! dit-il, monsieur, jamais, entendez-vous bien, ce portrait ne vous sera vendu.

— Pardon, monsieur, répliqua d'une voix glaciale Amaury de la Haudraye, je ne sache pas que les affaires d'intérêt de votre ami soient les vôtres. Je viens d'acheter pour cinquante et un mille francs de tableaux à M. Marigné; il me semble que ce chiffre mérite quelques égards. Et si l'on en manquait envers moi...

— Vous retireriez votre parole?

— Je viendrais du moins retrouver M. Marigné quand je serais certain de le rencontrer seul, et de ne point être exposé à marchander avec des amis trop zélés. Vous réfléchirez, M. Marigné.

— Lucien! dit Jean, quand Amaury se fut éloigné en proie à une froide colère, tu me fais perdre la moitié de la dot de Fabienne!

— Et je sauve l'honneur de Kerdren! s'écria l'agent de police.

— L'honneur d'Urbain, comment? Explique-toi.

— Ce que Barbézius a écrit dans la *Bouche de fer*, est-il vrai ?

— Oui, répondit Jean, mais que signifie?

— Quoi! tu ne devines pas? S'il est possible que le visage d'un assassin reste reflété pendant un certain laps de temps dans la prunelle de la victime, pourquoi le regard pétrifié de M. Monier qui nous parut jadis si étrange, ne livrerait-il pas le secret de sa mort?

Marigné trembla, son front devint livide.

— Malheureux que je suis! dit-il, je n'y pensais point!

Ramoussot serra le bras de son ami.

— Calme-toi, dit-il, reprends le sang-froid dont nous avons tous besoin. Si tu mettais la main sur mon cœur, tu verrais qu'il bat aussi vite que le tien, et cependant je veux cacher à tous l'émotion croissante qui m'envahit. C'est le secret de la mort, le secret de Dieu que nous allons peut-être livrer au monde, à la justice! Or, l'exercice de la justice est une charge sacrée.

— Parle, dit Marigné, que faut-il faire?

— Nous ne devons point faire à huis-clos semblable expérience; mais nous ne pouvons perdre une heure, dans la crainte qu'Amaury de la Haudraye ne cherche un moyen quelconque de nous jouer. Je vais prévenir les *Compagnons de la Vache enragée* d'avoir à se réunir chez toi à dix heures du soir. Nous convoquerons, en même temps, Blanche Monier, Henri, Sœur Sainte-Croix, derniers parents de M. Monier; et nous tenterons une épreuve suprême.

— Oui, dit Marigné, devant tous!

— Jusque-là, silence, même à l'égard de Fabienne.

— Je te le promets, répondit Jean.

Ramoussot lui serra vivement la main.

— A ce soir! dit-il.

Un moment après, Marigné se trouvait de nouveau seul.

Il était sous l'empire d'une surexcitation fébrile. Ses nerfs, tendus outre mesure, lui causaient de cuisantes douleurs. La pensée bouillonnait dans son cerveau, des bourdonnements emplissaient ses oreilles. Il ne pouvait articuler aucune parole, mais son âme débordait de cette supplication intérieure qu'entend si bien l'oreille de Dieu. Marigné sentait à la fois l'impuissance des hommes et l'insuffisance de la science ; le prodige, si ce prodige s'accomplissait, viendrait moins de lui que d'en haut et, tout brisé d'émotion, il tomba à genoux dans un coin de l'atelier.

Fabienne le trouva ainsi, le front levé sur une magnifique image du Christ qu'il avait peinte dans une heure d'inspiration.

— Que peux-tu demander au ciel avec tant de ferveur ? dit Fabienne d'une voix émue.

— Ton bonheur et celui d'Urbain, répondit Marigné.

Fabienne s'effraya presque de l'émotion mêlée de souffrance de son frère ; elle s'efforça de le calmer doucement et, comme elle savait quelle affection Jean portait à Blanche et au petit Henri, elle les envoya chercher. Mais Henri refusa de partir si l'on n'amenait point sa mignonne Alie ; Alie, à son tour, s'obstina pour qu'Alleluia vint avec elle, et une partie du groupe que Marigné voulait réunir le soir même, se rendit chez lui.

Pendant ce temps, Ramousset courait à la maison des orphelins prévenir Sœur Sainte-Croix ; puis, passant rue Cassini, il donna rendez-vous à Claudius Houssaye, André Beauvais, Clément Roux et leurs amis, dans l'atelier du dessinateur.

Tout le monde fut exact.

A mesure qu'entraient les jeunes gens, Marigné leur serrait la main avec une cordialité émue ; Fabienne, gracieuse, accueillante, avait dans les yeux et sur les lèvres ce sourire que donne aux grandes natures le martyre accepté.

Au moment où Sœur Sainte-Croix parut, la jeune femme se jeta dans ses bras :

— Tout sera bientôt consommé ! dit-elle.

Jean Marigné, de plus en plus pâle, s'avança de quelques pas.

— Souvenez-vous, dit-il de notre surprise, je dirai presque de notre épouvante, en remarquant l'étrange regard de M. Monier assassiné. Si jamais une prunelle immobile, vitrifiée, parut révéler un secret et promettre un mystère, ce fut celle de ce malheureux. Le docteur Roland, le juge d'instruction, tous ceux qui la virent éprouvèrent la même sensation. Eh bien ? je vais prendre la photographie faite d'après M. Monier, la soumettre à un objectif grossissant de la plus grande puissance, et nous verrons si cet œil fixe et droit qui semblait encore poursuivre l'assassin, n'en a pas conservé l'image.

Deux jets de lumière, produits par le gaz oxhydrique, répandirent dans l'atelier une clarté brillante comme celle du jour; Marigné s'approcha de l'appareil, y plaça la photographie faite après le trépas de M. Monier, par ordre du juge d'instruction, puis, avec une émotion facile à comprendre, il leva la planchette.

La parole de Marigné : « C'est fait ! » se confondit avec le bruit sec de la planche glissant dans la coulisse. Jean enleva la plaque de verre, mais avant d'entrer dans la chambre noire, il dit, en se tournant vers ses camarades :

— Trois de vous, messieurs, peuvent m'accompagner.

Ramoussot s'avança, et au moment où il allait franchir le seuil de la chambre noire, une main se posa sur son épaule. L'agent de police se retourna et un cri de joie s'échappa de ses lèvres :

— Louis Taden ! mon ami, mon frère !

— Chut ! répondit le jeune homme ; dans une minute, sans doute, tu pourras devant tous me donner mon véritable nom.

Ramoussot et Louis passèrent enlacés.

Fabienne les suivait.

— C'est mon droit ! dit-elle à son frère qui voulait la retenir

Tous trois s'enfermèrent dans la chambre noire, tandis que la plaque de verre trempait dans son bain.

Personne ne parlait ; les mains se pressaient ; les cœurs battaient à outrance ; les lèvres s'ouvraient pour la prière.

Tout à coup, Marigné se pencha vers le bain sensibilisateur, fixa un regard plein d'attente et d'angoisse sur le cliché, et recula pris de vertige, comme s'il eût aperçu un spectre.

— Le mort a parlé, dit-il, le mort a parlé !

Ramoussot et Fabienne saisirent à la fois l'image désormais fixée sur la glace, et tous deux reconnurent dans la prunelle agrandie de la victime, le visage d'un homme qu'ils connaissaient tous.

Cet homme, c'était Amaury de la Haudraye !

La chambre de Mlle de Grandchamps présente un ravissant aspect. (*Voir page* 542).

CHAPITRE XLVI

LA TOILETTE DE LA MARIÉE

La chambre de Mlle de Grandchamp et le petit salon qui n'en est séparé que par une portière présentent un ravissant aspect. Un coffre venu de Constantinople, couvert de nacre, de perles, rehaussé d'or, est placé sur une table de bois des îles. De ce coffre s'échappent, dans un désordre opulent, des cachemires de l'Inde, colorés des teintes les plus douces des fleurs, et d'un tissu si fin qu'ils pourraient passer à travers un bracelet; des dentelles de point d'Alençon, des réseaux d'Angleterre, tout ce que l'adresse et la patience des femmes ont pu produire de plus merveilleux, se déroulent sur les larges plis des failles, sur les tons plus chauds des velours. Un éventail au chiffre d'une des filles de Louis XV, s'ouvre comme un immense papillon à côté d'un livre d'Heures, dont la couverture d'argent repoussé est rehaussée d'anneaux byzantins, d'une incomparable valeur. A côté, sur un guéridon, s'ouvre un écrin de velours rose sur lequel s'étale une rivière royale à pendeloques uniques, un diadème formant une guirlande de roses dont les boutons tremblent au moindre mouvement. Un bracelet, des boucles d'oreilles, des bouquets de corsage complètent les magnificences de la corbeille envoyée par M. Amaury de la Haudraye.

Dans le cabinet de toilette de Marie de Grandchamp s'étale le trousseau marqué d'un M et d'un H surmontés d'une couronne à cinq pointes.

Mme de Granchamp, ne pouvant donner une grosse dot à sa fille, a tenu à déployer un grand luxe dans son trousseau.

On ne voit que peignoirs blancs garnis de Valenciennes d'une hauteur et d'un réseau hors de toute comparaison. Les moindres jupons s'enrichissent de broderies exécutées dans les meilleurs ateliers de Nancy. Les nœuds légers de rubans, se jouant au milieu de ces flots neigeux, ajoutent à l'ensemble une grâce coquette.

La chambre, le petit salon, le cabinet de toilette s'embaument du parfum des bouquets envoyés par M. de la Haudraye.

Sur le lit de Marie s'étale la robe de mariage, en faille blanche, recouverte de points d'Angleterre; le voile, la parure de perles se trouvent à côté de la couronne de fleurs d'oranger et du bouquet à longue traine qui l'accompagne.

Tout est luxe, gaieté, parfums, élégance, dans le nid soyeux de la jeune fille. Mlle Claudine, femme de chambre de Mme de Grandchamp, papillonne au milieu de toutes ces merveilles. Elle ne conçoit point que Julienne Aubry paraisse si préoccupée dans un pareil jour, elle l'accuse de ne point être assez dévouée à sa jeune maîtresse pour se réjouir de son bonheur.

Mais la vieille femme secoue la tête et, loin de montrer avec vanité et plaisir les cadeaux princiers de M. de la Haudraye, elle essaie de les cacher aux yeux de Marie, comme si leur vue devait accroître son chagrin.

La pauvre enfant s'était soumise après avoir lutté de toutes ses forces ; la volonté paternelle s'est traduite par un ordre si formel, qu'à moins d'entrer en révolte ouverte contre sa famille, Marie a dû céder. C'était une fille respectueuse, estimant le devoir plus haut que le bonheur et ne se croyant pas le droit d'entrer en discussion avec ceux que Dieu chargeait de la conduire dans la vie.

Ses prières, ses pleurs étant restés sans effet, elle accepta une union qui la jetait dans une secrète épouvante, et n'implora plus de Dieu que le courage d'accomplir son sacrifice.

Pendant les trois premières semaines qui suivirent le jeudi saint, Marie mit son espérance dans la promesse du jeune homme rencontré par elle à Notre-Dame. Il lui avait parlé avec une sympathie si franche; il avait si bien promis de la protéger comme un frère, d'éloigner d'elle M. de la Haudraye, il paraissait si loyal et si bon, qu'au sein de sa détresse, la pauvre enfant s'était réfugiée dans son souvenir. Elle ne pouvait croire que Dieu eût en vain placé sur sa route cet étranger dont la ressemblance avec son fiancé était si grande, qu'un moment elle s'y était trompée elle-même.

Mais les jours, les semaines s'écoulèrent, l'étranger de Notre-Dame ne parut pas, et, en apparence, ne tenta rien pour sauver Marie d'une union redoutée.

Une sorte de calme succéda à la phase de combat ; Marie accepta la situation qui lui était faite. Trop loyale pour témoigner à M. de la Haudraye une affection qu'elle n'éprouvait pas, elle lui fit comprendre qu'en l'acceptant pour époux elle obéissait à la volonté paternelle.

— Je ne vous demanderai qu'une seule chose, monsieur, en échange de ma soumission et de ma fidélité à remplir mes devoirs.

— Laquelle? demanda Amaury.
— La liberté de demeurer une femme chrétienne.

Amaury de la Haudraye sourit.

— Est-il donc nécessaire d'être dévote pour rester une honnête femme?

— Je crois, répondit Marie de Grandchamp, qu'il est indispensable d'être une femme chrétienne pour avoir le courage de vivre dignement à côté d'un homme que l'on n'aurait pas choisi.

Amaury de la Haudraye se mordit les lèvres.

— Avouez, mademoiselle, ajouta-t-il, qu'il faut à votre fiancé une tendresse bien profonde pour ne point se rebuter de votre froideur.

— Beaucoup de tendresse, répéta Marie, en secouant la tête, non.

— Quel autre sentiment cependant me laisserait le courage de subir une sorte d'antipathie que je ne puis m'expliquer et dont je me désole.

— Monsieur, reprit Marie, ma froideur, disons mieux, ma répugnance, vous laissant complètement indifférent, j'obéis à mon père, et vous vous tenez pour satisfait. Si vous eussiez éprouvé cette tendresse dont vous parlez, vous n'eussiez point usé d'une sorte de violence morale pour m'amener à donner mon consentement à ce mariage. Je reste convaincue que si vous vous obstinez à devenir le mari d'une fille sans dot, dont vous savez ne pas être aimé, c'est que vous gardez pour cela une raison qui m'est inconnue.

— Quelle raison autre que l'affection la plus pure?

— Pas un mot de plus, dit Marie, vous ne sauriez me convaincre. Me promettez-vous ce que je vous ai demandé? Je ne suis pas exigeante en fait de liberté, vous le voyez.

— Je vous le promets, répondit Amaury.

A partir de ce moment, les fiancés n'eurent plus aucune explication. Marie se montra polie à l'égard de M. de la Haudraye et attendit avec résignation l'heure où elle deviendrait sa femme.

La veille du jour où Marie se trouvait dans ses appartements, environnée des présents de M. de la Haudraye, on avait signé le contrat de mariage. Afin de prouver à sa future compagne une tendresse que celle-ci persistait à nier, Amaury avait voulu que sa fortune fût mise en communauté; de plus il reconnaissait à Marie une dot de deux millions.

Depuis huit jours, l'annonce de ce mariage défraie les salons, les journaux. Les jeunes filles jalousent Mlle de Grandchamp, et celle-ci, retirée seule le soir dans sa chambre, fond en larmes et demande à Dieu le courage dont elle a besoin pour ne pas faiblir.

Il est dix heures et demie du matin; le mariage doit avoir lieu à onze heures à la mairie. La jeune fille est coiffée, et sa mère lui aide à passer une robe de sicilienne d'un gris rosé, dont les ruches et les volants se chiffonnent avec une grâce indiquant la signature de la couturière qui l'a confectionnée.

Tandis que Mme de Grandchamp s'occupe de la toilette de sa fille, et l'embrasse, de temps en temps, sur les cheveux, comme pour lui demander pardon d'avoir employé une sorte de violence afin de la rendre millionnaire, l'avocat général est au salon et reçoit les témoins du mariage qui sera consommé dans une heure.

Le visage de M. de Grandchamp respire la satisfaction la plus complète. Le rêve de toute sa vie est réalisé. Il marie richement sa fille.

— Je la rends heureuse malgré elle, dit-il, mais enfin je la rends heureuse !

La pendule marque onze heures moins le quart; le magistrat sourit et plaisante sur le temps nécessaire aux femmes pour mettre une robe et cette couronne de fleurs qu'on est convenu d'appeler un chapeau.

La porte donnant dans son cabinet s'ouvre, son secrétaire paraît et lui remet une carte.

M. de Grandchamp fait un mouvement de contrariété.

— Qu'avez-vous répondu? demande-t-il au secrétaire.

— Que vous ne pouviez vous occuper d'affaires dans un pareil moment, mais il paraît que la chose dont M. Ramoussot veut vous entretenir est si grave qu'on ne peut la remettre une minute.

L'avocat général se tourna vers ses amis.

— Excusez-moi, leur dit-il, je reviens dans un instant. Vous comprenez, les exigences du devoir.....

Le magistrat entre rapidement dans son cabinet.

— Ne pouvez-vous, monsieur, demande-t-il à Ramoussot, remettre à cette après-midi la communication que vous avez à me faire ?

— Non, monsieur, et bénissez Dieu de me voir si vite dans votre maison. Encore une heure, et vous étiez déshonoré.

— Déshonoré, moi ! Songez-vous à ce que vous dites et à qui vous parlez, monsieur ?

— Je parle à M. de Grandchamp, avocat général, et je ne suis, moi, qu'un agent de la police secrète. Voilà ce que vous avez été trop courtois pour ajouter, et vous voyez, monsieur, que je complète parfaitement votre pensée.

— Au fait ! monsieur, au fait ! dit M. de Grandchamp.

— Vous avez quinze minutes de liberté, avant que Mlle votre fille ait terminé sa toilette, et que le fiancé que vous attendez puisse entrer dans votre salon ; c'est plus qu'il ne m'en faut. Mais, sur votre âme et sur votre conscience de magistrat, écoutez-moi, monsieur, car il s'agit de réparer deux injustices et d'empêcher un immense malheur.

— L'avocat général ne put s'empêcher de se sentir impressionné par l'accent convaincu de Ramoussot. Ce jeune homme, dont le visage, le regard, l'accent s'accordaient pour révéler ses instincts généreux et la noblesse de ses sentiments, s'imposait à tous ceux qui le voyaient de près. L'avocat général subit à son tour cette sorte de fascination ; il prit un fauteuil, fit signe à Ramoussot de s'asseoir, regarda la pendule comme s'il voulait ainsi rappeler à l'agent que son audience avait des limites forcées, puis il lui dit d'une voix calme, d'une voix de magistrat qui ne peut ni ne veut laisser percer la moindre émotion :

— Je vous écoute, monsieur.

Ramoussot tira de sa poche un portefeuille d'assez grande dimension.

— Vous vous souvenez, dit-il, monsieur, du bruit que causa dans Paris l'assassinat de M. Monier, oncle de M. de la Haudraye ? L'opinion publique resta partagée et, longtemps après la condamnation d'Urbain Kerdren, on discuta les faibles charges qui avaient motivé le verdict du jury. Quand la justice a parlé, il faut respecter son arrêt et se soumettre. Quand on croit que la justice se trompe, on a le droit de poursuivre lentement le procès qu'elle s'est hâté de terminer, d'opposer une contre-enquête à son enquête, d'entendre d'autres témoins, de s'enquérir de nouveaux faits, et de venir un jour dire aux magistrats : Vous avez commis une erreur. C'est ce que nous avons fait pour Urbain, nous les *Compagnons de la Vache-Enragée*. Je voudrais procéder par ordre, et malgré moi les paroles se pressent sur mes lèvres. Venez-moi en aide, monsieur, et trouvez la ligne droite, la logique, au milieu de tout ce que j'ai à vous révéler. Depuis deux jours, mes amis et moi nous vivons dans une sorte de rêve, la fièvre brûle notre sang, nous avons tant lutté, tant souffert que notre joie nous écrase.

— Continuez, monsieur, dit l'avocat général, je vous ai donné quinze minutes.

— Vous n'avez pas oublié, sans nul doute, monsieur, les remarques faites par le docteur Roland et par le juge d'instruction au sujet de l'étrange regard de la victime ? En effet, M. Monier paraissait encore regarder l'assassin qui l'avait frappé au cœur. — Un de mes amis, Jean Marigné, reprenant en les perfectionnant, des expériences faites par un Américain, a exécuté différentes épreuves tendant à prouver que la prunelle d'un mort conserve pendant un laps de temps, plus ou moins long, l'image qui s'y reflète. La Providence a voulu qu'il songeât, il y a deux jours, à chercher la photographie faite d'après le cadavre de M. Monier et par ordre de la justice, au moment où celle-ci parut sur le théâtre du crime. Hier au soir, devant Sœur Sainte-Croix, sœur cadette de M. Monier, Mme Blanche, sa nièce, Henri, son petit neveu, et Fabienne Marigné, femme d'Urbain Kerdren, une épreuve solennelle a été tentée. La photographie originale que voici a été reproduite par un appareil grossissant; puis on a photographié séparément les yeux de la victime, en se servant du même procédé. D'abord l'image qu'il a été possible de distinguer dans la prunelle qui lui avait servi de miroir, a été presque microscopique, mais chaque expérience l'a grandie, perfectionnée, rendue plus visible, plus reconnaissable. Tenez, monsieur, regardez, étudiez à la loupe ; dans cette prunelle vous voyez une image, mais toute petite, un peu vague, impossible à reconnaître; dans cette autre, elle se dessine mieux, elle grandit, vous distinguez les traits. Vous frémissez, donc vous entrez dans la voie, vous devinez la vérité, une vérité poignante, terrible ! une vérité mortelle, n'est-ce pas ?

En effet, l'avocat général venait de saisir la photographie, de ses doigts crispés il la tenait à la hauteur de ses yeux et, l'effroi mettant un brouillard sur ses prunelles, il distinguait mal le visage que Ramoussot venait de lui présenter.

L'agent de police saisit une dernière photographie.

— Regardez-la, dit-il, monsieur le magistrat, regardez-la bien. Onze heures sonnent à cette pendule... vous savez tout ce que je voulais vous apprendre.

L'avocat général fit un mouvement pour s'approcher de la croisée, comme s'il doutait du témoignage de ses yeux et de sa raison, puis il répéta d'une voix sourde :

— Amaury de la Haudraye !

Et cet homme si froid, si fort, tomba dans son fauteuil, comme si l'on venait de lui écraser le front d'un coup de massue.

Ramoussot prit une carafe, remplit d'eau un verre, le tendit à l'avocat général, dénoua sa cravate blanche, lui fit respirer des sels et conjura une congestion imminente.

La première surprise de la douleur passée, l'avocat général essaya de se retrouver lui-même.

Il se leva rapidement, but le verre d'eau, respira avec force, puis il prit dans ses mains les mains de Ramoussot.

— Vous m'avez sauvé l'honneur, dit-il, que faut-il faire ? Les instants sont précieux ; dans le salon voisin attendent les témoins de ce mariage odieux.....

— Voulez-vous, monsieur l'avocat général, me remettre un ordre d'arrestation immédiate au nom de Jean Studen, dit Amaury de la Haudraye ?

— Oui, dit le magistrat, à l'instant.

— Une fois cet ordre entre mes mains, je réponds de tout.

— Mais, le scandale ?

— Il n'y en aura pas, dans votre maison du moins.

— Ce misérable y est peut-être déjà.

— Non, répondit Ramoussot, il a dû trouver un embarras de voitures au moment où il approchait de votre hôtel.

— Vous aviez prévu.....

— Il faut tout prévoir, monsieur, répondit Ramoussot.

Pendant que l'avocat général remplissait l'ordre d'arrestation, trois coups de sifflet se firent entendre sous les fenêtres de l'hôtel.

— Vite ! vite ! dit Ramoussot, je n'ai pas un moment à perdre. Encore une seconde et la voiture du misérable entrerait dans la cour.

— Voici, dit le magistrat. Comment vous dire...

— Vous ne me devez rien ! s'écria Ramoussot, quand je vous révélerai qui je suis, vous comprendrez comment j'ai pu et pourquoi j'ai voulu vous sauver.

L'agent de police sortit du cabinet du magistrat par une porte donnant sur le vestibule ; il descendit les escaliers, jeta autour de lui un regard rapide, qui groupa immédiatement à ses côtés quatre hommes à l'aspect froid et déterminé ; les deux portières d'une voiture qui venait d'entrer dans la cour de l'hôtel de Grandchamp s'ouvrirent à la fois, puis se refermèrent ; un des hommes dont disposait Ramoussot sauta sur le siège à côté du cocher, et la magnifique voiture de gala, dans laquelle se trouvaient à cette heure Jean Studen et quatre agents de police, prit à grand train la route de Mazas.

Cela s'était accompli sans désordre, sans un cri, sans un mot ; le misérable que l'on arrêtait à l'heure où il se croyait sûr de sa victoire, sentit que la lutte était impossible, il ferma les yeux et resta immobile au fond de la voiture. Il ne se fit pas même l'illusion qu'un moyen de salut pût encore être possible pour lui. Tandis que les agents tenaient les mains du prisonnier, Ramoussot plaça devant les yeux de Studen la signature de M. de Grandchamp, puis il lui glissa à l'oreille quelques mots qui redoublèrent l'effroi du misérable.

Après avoir vu, par la fenêtre de son cabinet, disparaître la voiture entraînant celui qui, une heure plus tard, aurait été le mari de sa fille, M. de Grandchamp respira.

Un horrible malheur venait d'être conjuré. La Providence le sauvait par un miracle. Cependant il ne pouvait oublier qu'il devait expliquer à ses amis, à sa femme, à sa fille, l'événement terrible qui, quelques heures plus tard, ferait l'objet de toutes les conversations de Paris.

Il souffrait à la fois comme père, comme magistrat, comme homme. Son orgueil et son cœur saignaient, et il lui eût été impossible de dire en ce moment laquelle de ces blessures lui paraissait la plus douloureuse.

Enfin il prit une résolution et fit en avant quelques pas.

Le bruit d'une porte que l'on venait d'ouvrir, le bruissement de longues jupes de soie, un murmure de voix douces apprirent à M. de Grandchamp que, leur toilette étant achevée, sa femme et sa fille rentraient au salon.

Il frissonna d'angoisse, se demandant comment il leur révèlerait les événements qui venaient de s'accomplir; puis, prenant une décision subite, il tourna le bouton de la porte, souleva les tentures, et entra lentement dans le salon.

Marie courut se jeter dans ses bras.

— Du courage ! lui dit-il, courage ! je sais seul combien tu en as besoin à cette heure.

Marie leva vers M. de Grandchamp son beau et pâle visage, et elle allait lui demander le sens des paroles qu'il venait de prononcer, quand la porte du salon, faisant face au cabinet d'où sortait l'avocat général, laissa passer le valet de chambre qui, d'une voix vibrante, annonça :

— Monsieur le vicomte de la Haudraye !

— Lui ! murmura le magistrat, qui fit deux pas en avant pour aller au-devant de l'homme qu'on venait d'introduire ; lui, le misérable !

Mais, au moment où l'avocat général allait lui jeter à la face une de ces paroles qui soufflètent et déshonorent, ses yeux se levèrent sur le jeune homme qui s'inclinait respectueusement devant lui, et il recula sous l'empire d'une superstitieuse terreur.

Il avait en face de lui le Ménechme, l'image dédoublée d'Amaury l'assassin, le faussaire, qui avait failli devenir son gendre. Sauf une douceur plus grande dans le regard, une expression de noblesse plus vraie sur le front et une chevelure de teinte différente, c'était bien le même visage, la même taille, la même élégance. Il devenait tellement impossible à tous de ne pas s'y méprendre que le premier mouvement de l'avocat général fut de chasser le jeune homme, tandis que les témoins s'avançaient vers lui, la main tendue.

Le beau jeune homme sourit, salua les amis de l'avocat général, puis marcha vers Marie de Grandchamp, un rayon de joie dans les yeux, un sourire de bonheur sur les lèvres.

— Me reconnaissez-vous, mademoiselle ? lui demanda-t-il d'une voix émue.

La fille de l'avocat général le regarda avec l'expression d'une confiance heureuse.

— Oui, dit-elle, c'est vous qui priiez à Notre-Dame, le jour de l'adoration de la sainte Couronne.

— C'est vous qui pleuriez, ce soir-là, près du Tombeau.

— Vous m'avez promis secours.

— Et vous êtes sauvée.

Deux larmes de joie roulèrent sur les joues de la jeune fille.

Le nouveau venu se tourna vers l'avocat général :

— Monsieur, lui dit-il, un misérable, usurpant mon nom, a failli plonger votre famille dans un double deuil. Celui qui me volait mon titre et mes millions a offert à Mlle de Grandchamp le nom de la Haudraye. Moi, possesseur légitime de ce nom, moi à qui revient de droit la fortune de mon oncle assassiné, je vous supplie de m'accorder une joie, dont il était indigne, et de remettre en mes mains le bonheur de votre enfant.

Marie de Grandchamp s'approcha de son père.

— Cette fois, je n'ai pas peur, dit-elle.

Les témoins de l'avocat général ne pouvaient rien comprendre à ce qui se passait d'insolite dans cette maison d'ordinaire si calme ; ils devinèrent aisément cependant qu'un empêchement subit entravait le mariage projeté, et demandèrent à M. de Grandchamp si leur présence n'était plus nécessaire.

Le magistrat leur serra la main.

— Les journaux vous apprendront peut-être ce soir pourquoi le mariage de ma fille.....

— Est remis à un mois, ajouta le jeune homme, du ton de la prière.

Bientôt le vicomte de la Haudraye se trouva seul avec l'avocat général. Celui-ci ne pouvait comprendre sans de longues explications le drame qui s'était déroulé à Paris, depuis deux années, après avoir commencé aux Etats-Unis. Le vicomte de la Haudraye, et nous ne donnerons plus qu'à ce jeune homme un titre qui légitimement lui appartenait, raconta ses relations avec Jean Studen, la tentative d'assassinat dont il avait été victime à New-York, le vol de ses papiers, son retour en France, ses souffrances, sa rencontre avec Sœur Sainte-Croix, et l'aide qu'il avait reçue de Ramoussot, le jour où celui-ci l'empêcha de souffleter Jean Studen et de le dénoncer au procureur de la République.

Puis il se complut à peindre le dévouement fraternel de l'agent de police, sa générosité, ses bontés de chaque heure ; il parla du piège qui lui avait été tendu, de son rendez-vous, par une soirée d'hiver, avec un homme qui, après l'avoir atteint à la tempe, l'avait précipité dans la Seine. Puis il peignit Hélier, le charbonnier, qui le soigna, le sauva et le cacha dans sa cahutte.

En racontant comment, allant prier à Notre-Dame, il y trouva Mlle de Grandchamp, comme lui accablée de douleur, la voix du vicomte de la Haudraye trembla d'une émotion profonde.

— De cet instant, dit-il, je compris quel devoir m'incombait. Un homme avait fait le mal en se mettant à ma place, je devais, en le retrouvant, remplir tous les devoirs qu'il avait méconnus. Vous lui promettiez votre fille, j'en ferai ma femme; il l'eût rendue misérable, je consacrerai ma vie à sa félicité.

« Et maintenant que vous connaissez mon cœur comme homme, veuillez, comme magistrat, jeter les yeux sur ces pièces judiciaires, vous y verrez la preuve du crime de Jean Studen et vous acquerrez la certitude que c'est bien moi qu'il voulut tuer deux fois.

Le vicomte de la Haudraye entrouvrit son habit et montra, sur sa poitrine, la trace laissée par le poignard de Studen ; il souleva ses cheveux et l'avocat général put voir la cicatrice faite par le *coup de poing* de Denis l'ivrogne.

— Et qu'êtes-vous devenu depuis le jour où vous promites à Marie d'empêcher un mariage qu'elle subissait avec répugnance?

— Je me tenais à l'affût, guettant le moment et l'heure. Un journal m'apprit la date fixée pour le mariage de votre fille, je résolus de venir vous trouver avant la célébration et de tout vous révéler; le soir même je quittai le bateau de charbon qui m'avait été hospitalier, et je rentrai rue du Four-Saint-Germain afin de prévenir Ramoussot, qui me croyait mort. Trouvant sa porte close, je montai chez les Mésanges, une famille d'enfants que protège Mlle Marie de Grandchamp. L'aînée, à qui je fis jurer le secret sur ma visite, m'apprit que Ramoussot se trouvait chez M. Marigné, où, le soir même, devait avoir lieu une expérience photographique, dont le résultat a été l'irrécusable preuve de la culpabilité de Jean Studen, résultat qui amènera forcément la liberté d'Urbain Kerdren.

« J'arrivai tard, je me glissai dans les groupes des *Compagnons de la Vache-Enragée* ; j'entendis et je vis. Je rentrai chez Ramoussot, fou d'une joie qu'il ne fut pas longtemps avant de partager. Il me gronda, me plaignit, m'accabla de reproches, et finit par me serrer dans ses bras.

« Le temps était précieux; il fallait vous arracher l'ordre d'arrestation de l'assassin de M. Monier, empêcher le faussaire de souiller une fois de plus votre maison de sa présence, enfin me permettre de venir à la même heure vous supplier de m'agréer pour aide dans votre œuvre, en attendant que vous m'accueilliez comme un fils.

M. de Grandchamp serra vivement la main du jeune homme.

— L'instinct de ma fille l'a mieux servie que ma sagesse, elle décidera désormais la question de son mariage. Allez rassurer ces dames par quelques mots, racontez-leur ce qu'elles ignorent et laissez le magistrat soulever un fardeau qui retombe en ce moment sur lui. A bientôt, monsieur le vicomte de la Haudraye.

Le jeune hommme remercia de la voix et du geste, et, quittant le cabinet de l'avocat général, il rentra dans le salon, où Mme de Grandchamp et sa fille l'attendaient afin de savoir le mot de l'énigme qui les sauvait.

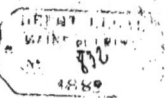

S'asseyant sur le lit de camp, il eut le triste courage de serrer le mouchoir.
(*Voir page* 564).

CHAPITRE XLVII

OÙ LE MASQUE TOMBE

Une heure après son arrestation, Jean Studen comparaissait devant les mêmes magistrats qui avaient instruit l'affaire de l'assassinat de M. Monier, et conclu au renvoi d'Urbain Kerdren devant la cour d'assises.

M. Jomart, dont l'opinion criminaliste pesa si fort dans la balance lors du premier procès, et l'emporta sur les conclusions du substitut, M. Grandier, ne pouvait manquer de déployer une grande énergie afin de prendre une revanche. Sûr d'avance d'avoir contre lui l'opinion publique, il voulut au moins racheter sa première faute par la façon rapide dont serait menée l'instruction du procès Jean Studen.

Ce fut sous ce nom que l'on incarcéra le misérable qui, pendant si longtemps, avait joué le rôle d'un gentilhomme, à la plus grande joie des gommeux de Paris. Chaque année ils apprennent régulièrement qu'ils ont donné une infinité de poignées de main à des sacripants de la pire espèce, à des chevaliers d'industrie, des filous émérites, et ils n'en continuent pas moins à se lier, avec une facilité désolante avec le premier beau garçon bien fait de sa personne, parlant avec faconde et faisant un usage immodéré de l'or qui ne lui coûte rien.

Bien que le visage de M. Jomart ne prédit rien de bon, Jean Studen essaya en présence du magistrat ce qu'il n'avait pas osé devant Ramoussot.

— Monsieur, lui dit-il, il se passe en ce moment une chose inouïe : je suis enlevé dans ma voiture, arrêté le jour de mon mariage...

— L'ordre est signé par M. de Grandchamp, répondit froidement le juge d'instruction.

— Soit ! répondit Studen ; ce dernier fait n'en prouve que mieux de quelle façon je suis victime d'une erreur déplorable. Un aventurier se faisant passer pour le vicomte de la Haudraye...

— Jean Studen, dit M. Jomart, venons-en tout de suite aux charges qui pèsent sur vous. La personnalité du vicomte de la Haudraye est inutile aux débats, en ce moment du moins; plus tard, nous aurons à requérir son témoignage.

— Si vous persistez, monsieur le magistrat, à me refuser mon nom et mon titre, et à m'appeler Jean Studen d'après une calomnie répandue par un aventurier résolu à me perdre, je dois vous déclarer que je ne répondrai plus aux questions qu'il vous plaira de m'adresser.

— Comme vous voudrez, répliqua M. Jomart; l'instruction n'en sera pas moins poursuivie.

Jean Studen resta debout, pâle, immobile, tandis que le juge d'instruction feuilletait des papiers.

— Vous êtes accusé, en premier chef, d'avoir commis un vol considérable de diamants au détriment de la princesse Vanika Saboulof. Les pierreries dérobées valaient une somme d'environ quarante mille francs. Avouez-vous ce vol?

— C'est une infamie dont je suis incapable, monsieur! fit Jean Studen, avec un mouvement d'indignation qu'eût applaudi un comédien. Un projet de mariage fut ébauché entre moi et la princesse, il y a quatre années. L'arrivée du frère de Vanika empêcha celle-ci d'y donner suite. J'avais, depuis longtemps déjà, dit adieu à la princesse quand le vol dont vous parlez fut commis. La meilleure preuve que j'y étais étranger, c'est que la culpabilité de Jacques Duchemin fut reconnue.

— On l'accusa, dit M. Jomart.

— Rappelez-vous en même temps, monsieur, poursuivit Studen, qui commençait à craindre que son mutisme affecté ne lui servît de rien, que l'on avait trouvé, dans l'appartement de l'intendant infidèle, un des brillants faisant partie du collier dérobé à la princesse.

— Vous avez une excellente mémoire, dit le juge avec un sourire froid.

— L'affaire causa beaucoup de bruit.

— Énormément. Ce que vous venez de dire par rapport au chaton du collier me rappelle que, lors de l'assassinat de M. Monier, on découvrit dans la chambre d'Urbain Kerdren l'empreinte de cire de la serrure du jardin. Cette pièce à conviction fit condamner le jeune secrétaire, comme le chaton avait fait accuser le vieil intendant. Cela prouve tout simplement que dans le crime il existe des écoles, des traditions, des maîtres. Rien n'est moins difficile que de commettre un crime, au fond. Les gens les plus niais réussissent un assassinat et savent perpétrer un vol. C'est, en quelque sorte, l'enfance de l'art. La science, l'habileté consistent non seulement à éviter les soupçons, mais à les faire tomber sur un autre. Ce système, plus compliqué, plus raffiné, est celui dont vous vous êtes servi. Il fait perdre la véritable piste et lance la justice sur une fausse voie. Cette fois, elle est certaine de suivre la bonne. Vous niez le vol des diamants?

— Avec la plus grande énergie, répondit Studen, et je ne comprends pas pourquoi on rappelle une chose passée depuis si longtemps, afin d'essayer de jeter sur moi une nouvelle poignée de boue.

— Vous tenez à le savoir? demanda le juge d'instruction à Jean Studen.

— Oui, répondit celui-ci.

M. Jomart fit un signe au greffier, qui sortit et rentra immédiatement. Derrière lui venait Ramoussot.

Pour la première fois, Studen le regarda avec une sorte de crainte. Dans la voiture, et tandis que l'agent remplissait son mandat, le misérable avait peu regardé son visage ; en ce moment, la pâle figure du jeune homme lui semblait une énigme vivante, un X de plus dans le sombre avenir qui se déroulait en face de lui.

— Vous pouvez parler, monsieur, dit M. Jomart à l'agent de police.

Celui-ci s'avança de deux pas vers Jean Studen. Le regard de Ramoussot brûlait, le souffle ardent de sa poitrine arriva jusqu'à Jean Studen.

— Regarde-moi, misérable, dit-il, en accentuant les mots, regarde-moi bien, tu trouveras dans mes traits ceux d'un homme dont tu fus l'assassin moral. En lui enlevant son honneur, tu lui pris sa vie. Jacques Duchemin ne pouvait survivre à l'arrêt qui l'envoyait devant la cour d'assises, et c'est moi, moi, son fils, qui viens me porter ton accusateur et demander que la peine du talion te soit appliquée.

— Jacques Duchemin! répéta Studen en reculant comme s'il voyait un fantôme.

— Sais-tu ce que je suis devenu depuis le jour où mon père tomba foudroyé aux pieds de ses juges? Je me suis caché comme un banni, j'ai changé de nom comme un malfaiteur ; j'ai voilé chez moi le portrait de mon père, ne voulant plus qu'un seul regard fixât son visage jusqu'à ce que j'eusse vengé sa mémoire. Mes années de jeunesse se sont passées dans l'isolement et les larmes. Je ne suis sorti de ma solitude que le jour où, dans les Champs-Élysées, on me montra M. Amaury de la Haudraye, dans lequel je reconnus Jean Studen. A partir de cette heure, un espion s'attacha à ta personne ; je savais que la Providence te devait le châtiment de ton premier crime, et je crus de mon devoir de lui aider afin de hâter ta perte. Mais j'eus beau chercher jusqu'à ce moment le défaut de la cuirasse, je ne le trouvai pas ;

l'armure paraissait bien trempée. Cependant, tu commis une première imprudence en faisant disparaître le petit Henri...

— Moi! s'écria Studen.

— Nous verrons à le prouver plus tard. L'enfant ne se retrouva pas, et il me fut impossible de prouver que tu eusses pris part à cette affaire. Cependant tu venais de commettre une faute, et tu ne devais plus t'arrêter en chemin. Tu voulais jouir vite de la fortune qui t'était destinée; et après avoir craint de la partager avec ton cousin, tu redoutas bien voir tomber une partie dans les mains des pauvres. C'est alors que survint l'accident qui faillit coûter la vie à M. Monier...

— Quoi! dit Studen, vous essaierez de me rendre responsable de l'emportement d'un cheval...

— Je n'insiste pas, dit l'agent de police, je sais, voilà tout; s'il le faut, je prouverai. Le reste de l'instruction de cette affaire regarde M. Jomart. Je continuai à te suivre, à t'épier. Deux crimes impunis te donnaient de l'audace. Tu combinas un meurtre abominable, en trouvant le moyen, comme la première fois, de rejeter les soupçons sur un autre. Mais si j'étais presque enfant encore lors du malheur arrivé à mon père, j'étais, depuis, devenu un homme; je me sentais assez fort pour lutter contre toi; j'étais certain, Dieu aidant, de t'arracher ton masque. C'est alors que, ne croyant pouvoir suffire seul à la tâche que je m'imposais, je voulus avoir la loi derrière moi pour me soutenir, et je devins agent de police. Oh! ne souris pas avec dédain ; le fils de l'intendant de la princesse Vanika peut tendre à tous sa main loyale. On fait la guerre comme on peut. Toutes les armes sont bonnes à qui agit franchement. Il n'est pas de moyens répréhensibles quand on se propose pour but de venger son père et de sauver son ami.

Ramoussot releva fièrement la tête et ajouta en se tournant vers M. Jomart :

— J'accuse cet homme, dit-il, d'avoir dérobé les diamants de la princesse Saboulof, dont mon père était intendant, et d'avoir causé la mort de cet honnête homme.

Puis l'agent de police quitta rapidement le cabinet du juge d'instruction.

— Que répondez-vous? demanda le magistrat.

— Mensonges! calomnies! dit Jean Studen devenu blême.

— En 1871, vous étiez passager à bord du *Franklin*?

— Je n'ai jamais fait de voyage en Amérique.

— N'allez pas plus loin dans vos dénégations, voici votre nom, Jean Studen, sur la liste des voyageurs. A bord du même vapeur se trouvait le vicomte Amaury de la Haudraye qui, se rendant à Java pour y rejoindre M. Monier, fit naufrage, et se trouva recueilli par la barque de sauvetage du *Franklin*. Le hasard vous avait, à tous deux, donné le même visage ; vous aviez le même âge, et vous formâtes dès lors le projet de vous substituer à ce jeune gentilhomme et d'aller, à sa place et sous son nom, trouver un négociant quarante fois millionnaire. Dès que vous eûtes arrêté dans votre esprit cette résolution, vous vous attachâtes à la personne d'Amaury de la Haudraye. A son âge, avec sa loyauté, on est peu défiant ; il crut trouver en vous un ami. Le lendemain même de votre arrivée à New-York, après avoir mêlé de l'opium au vin que vous lui versiez, vous le laissâtes dans une chambre d'hôtel, la poitrine trouée d'un coup de poignard...

— Je nie ! dit Studen les poings crispés, je nie !

Pour la seconde fois, M. Jomart fit un signe au greffier qui, après être resté absent du bureau l'espace de quelques secondes, revint accompagné du vicomte de la Haudraye.

— Vous reconnaissez Jean Studen pour le passager du *Franklin* qui tenta de vous assassiner ?

— Oui, monsieur, répondit le jeune homme ; je lui pardonne le coup de couteau, il ne fit de mal qu'à ma chair, tandis que je ne saurais oublier que sous mon nom usurpé il a commis des infamies et des crimes !

— Monsieur le vicomte, répondit le juge d'instruction, vous ferez oublier les unes, et nous vengerons les autres.

Le jeune homme quitta le cabinet de M. Jomart, où l'agent de police était resté à l'attendre.

— Venons maintenant à l'assassinat de M. Monier, reprit le juge.

— Je ne l'ai pas tué ! dit Jean Studen, dont le sang-froid s'en allait à chaque témoignage nouveau, je ne l'ai pas tué...

— Il est inutile, reprit tranquillement M. Jomart, que nous appelions ici M. Marigné en témoignage. Chargé de faire l'instruction de l'affaire Kerdren, j'en ai tous les détails présents à la mémoire. Il me semble voir encore le visage de la victime, et le regard effrayant qu'elle avait conservé ; ce regard qui aurait dû vous clouer sur le sol aussitôt le crime commis. Le fils de Jacques Duchemin vous accuse d'avoir tué son père, le vicomte de la Haudraye, de l'avoir dangereusement blessé ; c'est du fond de sa tombe que M. Monier vous accuse...

— Encore une fois, ce n'est pas moi ! dit Jean Studen.

— Aviez-vous donc des complices ?

Le misérable, pressé de toutes parts et ne voyant plus le moyen de se sauver des multiples accusations pesant sur lui, crut trouver une

Il fut recueilli par la barque de sauvetage du *Franklin*. (*Voir page* 558.)

sorte de salut dans une idée que lui suggéra le dernier mot de M. Jomart.

— J'étais riche, dit-il, on me savait ambitieux, un homme crut me servir en se rendant coupable....

— Expliquez-vous, dit M. Jomart.

— Je jure n'avoir jamais donné l'ordre de faire disparaître Henri, et ce crime fut commis par un autre.

— Le nom de cet homme ?

— Germain Loysel.

— Sa position ?

— Il était mon valet de chambre.

— Enfin ! dit M. Jomart, vous commencez à comprendre votre véritable intérêt.

— Le fils de Jacques Duchemin a parlé d'une chute de cheval faite par mon oncle : ce fut Germain Loysel, il me l'avoua plus tard, qui se servit d'un moyen artificiel pour irriter *Tibère* de telle sorte qu'un accident fût possible. Quand il me l'avoua, la force me manqua pour le dénoncer, dans la crainte que Germain Loysel ne m'accusât d'être son complice.

— Bien, fit le magistrat; ainsi, Germain Loysel joua dans l'enlèvement d'Henri Monier, votre cousin, le rôle de l'Anglais Ferson ?

— Oui, monsieur.

— Et, sans doute, dans le but de vous demander un jour une part de la fortune qu'il mettait plus rapidement dans vos mains, Germain Loysel assassina celui que vous appeliez votre oncle ?

Jean Studen baissa la tête.

— Et ce même Loysel, pour détourner les soupçons, se présenta chez M. Kerdren, visita l'appartement en se faisant passer pour l'architecte chargé de veiller à des réparations urgentes, et y laissa le morceau de cire qui fit condamner M. Urbain Kerdren ?

— Oui, répondit Studen, mais je suis resté étranger à ces actes, et Loysel seul...

— Loysel ne restera pas impuni ; mais quelle que soit sa part de culpabilité, vous mentez en le chargeant de l'assassinat de M. Monier. C'est vous, vous seul, et en voici la preuve.

En quelques mots, le juge d'instruction expliqua à Jean Studen le prodige scientifique, grâce auquel on avait acquis la preuve de sa culpabilité.

— En conséquence, dit M. Jomart en terminant, vous êtes prévenu de vol au préjudice de la princesse Saboulof, d'usurpation de titre et d'état, en prenant le nom de vicomte de la Haudraye, de rapt sur la personne d'Henri Monier, et de l'assassinat de M. Monier.

Sur un signe du juge, deux agents saisirent chacun par un bras le misérable Studen, lui firent traverser de nombreux couloirs, et un quart d'heure plus tard il se trouvait enfermé à la Conciergerie.

Un moment après, il demandait de l'encre et du papier et commençait à écrire ces pages qui, publiées quelques jours plus tard dans un journal friand de nouvelles, causèrent une si grande sensation :

« Je suis né pauvre, et je me jurai, dès qu'il me fut possible de raisonner, que je mourrais dans la peau d'un homme riche. Les romans, dont la lecture nous est découpée par tranches à 10 centimes dans les journaux illustrés, me racontaient chaque jour que des garçons ingénieux et sans préjugé pouvaient jouer un rôle dans le monde. Un peu d'instruction, une jolie figure et beaucoup d'audace suffisent pour cela. Toutes ces qualités étaient mon partage ; j'avais étudié par orgueil, je me savais intelligent, aucune idée morale et religieuse ne pouvait me retenir ; je me jurai d'être riche avant de savoir par quel moyen j'y parviendrais. Il m'importe peu à cette heure d'écrire ma biographie et de poser pour l'ensemble. Je trouve au contraire une sorte de plaisir à me montrer tel que je suis véritablement à ceux qui m'ont honoré de leur amitié, à ceux dont j'ai tant de fois serré la main quand ils me quittaient grisés de mes vins de Johanisberg et de Tokay. Quel soufflet sur la joue blême de ces petits gommeux, crevés avant d'être des hommes, en apprenant à connaître le « cher bon » qui les a joués comme un escamoteur dont le métier est de faire sauter des muscades. J'ai essayé de me défendre, j'y renonce. Prolonger la lutte ne servirait de rien ; il n'existe pas seulement des défauts à mon armure, elle craque de tous côtés et quitte les membres pour lesquels elle n'était pas faite. Ma chute ne fera point rougir mes nobles ancêtres, car je suis le fils d'un journaliste de bas étage, qui parvint à se faire une sorte de popularité en prenant la spécialité de parler sur la tombe des frères et amis qui se contentaient d'un enterrement civil. Mon père tomba le dernier sur une barricade de la rue de Maubeuge, au moment où les troupes régulières rentraient dans Paris.

« Ma mère était morte et j'avais grandi dans les estaminets où, l'un après l'autre, je perdis mes scrupules. Seulement la perte de toute conscience n'amenant pas la fortune, et troublé d'ailleurs par un accident qui pouvait me conduire au moins sur les bancs de la police correctionnelle, je partis pour la Belgique. Je me procurai un passeport au nom de Jean Studen et je m'embarquai pour l'Amérique, le pays des pépites, le lieu d'asile de tous ceux qui ont quelque faute cachée à dérober.

« A bord du *Franklin* se trouvait le vicomte de la Haudraye; notre incroyable ressemblance me donna l'idée de jouer son personnage; il me suffisait pour cela de le supprimer. Libre dès lors, je me présentai au nabab de Java; il me reconnaissait pour son neveu, se chargeait de mon avenir, et je devenais riche comme j'avais résolu de l'être.

« Ce fut donc Amaury de la Haudraye qui revint en France; M. Monier ne s'y trouvait pas encore, je parcourus l'Italie, vivant des ressources que m'offrait le jeu. A Florence, une lettre de M. Monier m'appela et je quittai l'Italie sans regret : je commençais à craindre de ne pas m'y trouver aussi bien accueilli que par le passé.

« M. Monier m'installa dans son hôtel et, à partir de ce jour, je passai pour son futur héritier; Henri, le fils de Mme Blanche, devait partager avec moi les millions du nabab. Je voulus toute cette succession, dont le chiffre me donnait le vertige, et Henri disparut.

« En disant que Loysel m'aida ou plutôt me prévint, j'ai respecté la vérité.

« Quelle vie j'ai menée dans ce Paris de luxe et de folie! On a vanté mes équipages, j'ai fait courir, j'ai subventionné des théâtres. J'ai régné dans le domaine de la mode, les journaux ont parlé de mon esprit. Une morgue excessive et une grande froideur m'ont toujours donné la réputation d'être un parfait *gentleman*. La foudre éclate au moment le plus brillant de ma vie; sans m'attendre à une catastrophe, je savais qu'elle était toujours possible, et l'épée de Damoclès m'était devenue une vision habituelle.

« Je redoutais l'inconnu, j'avais surtout peur de Germain Loysel.

« Je songeai alors à devenir le mari de Mlle Marie de Grandchamp. Je me disais que si jamais on découvrait mes crimes, l'avocat général garderait assez d'influence pour protéger son gendre ou tout au moins pour le faire évader à temps.

« Si j'avais été moins corrompu, la beauté, la candeur, les grâces de cette jeune fille m'eussent désarmé, mais elle devait être ma préservation dans l'avenir et, certain de n'être pas accepté par son cœur, je m'imposai à sa famille, grâce au chiffre de ma fortune.

« Le premier jour où je ressentis une véritable frayeur de me voir démasqué, fut celui où le vicomte de la Haudraye, sauvé par un miracle, accueilli par Sœur Sainte-Croix, soutenu par le fils de Jacques Duchemin, se présenta à mon hôtel pour y réclamer son nom et son héritage.

« De cette heure je le condamnai.

« Loysel se chargea de trouver l'homme capable de faire disparaitre le neveu de M. Monier; l'assassin fut un ancien forçat, que Loisel supprima à son tour.

« Seulement la main du meurtrier avait tremblé, le vicomte n'était pas mort et, tandis qu'il se guérissait lentement, Marigné découvrait comme par miracle le nom de l'assassin du nabab des Champs-Élysées.

« Je suis trop fataliste pour continuer à me défendre.

« A quoi bon d'ailleurs?

« J'ai contre moi le fils de Jacques Duchemin, Loysel, le vicomte de la Haudraye.....

« Mieux vaut regarder la partie comme perdue.

« Souffrir les lenteurs d'un procès, m'entendre condamner à la peine de mort, tout cela me semble écœurant et parfaitement indigne du rôle que j'ai joué en habile comédien, et pour lequel j'ai été tant de fois applaudi par la galerie de mes complaisants, de mes admirateurs, et du nombre considérable de sots à qui j'ai fait manger mes diners, boire mon vin, et savourer mes traits d'esprit.

« J'ai eu soif de plaisirs, je me suis vautré dans toutes les élégantes turpitudes de la vie parisienne. J'ai jeté de l'or par les fenêtres pour me venger d'avoir eu faim. Je disparaîtrai donc tout entier, laissant une énigme de plus à la société, et un personnage de roman assez curieux pour tenter un faiseur de machines dramatiques.

« Le huit ressorts qui devait me conduire à la mairie pour y voir célébrer mon mariage, m'a mené à la Conciergerie; je ne monterai pas dans une voiture cellulaire.

« Je suis encore vêtu d'un habit de cérémonie, d'une cravate blanche, rien encore n'a dérangé l'harmonie de ma toilette, je n'accepterai pas les vêtements réglementaires de la prison ; je ne coucherai pas dans de gros draps, sur une paillasse jetée au hasard sur un lit de bois; fi donc! ce serait trop indigne de moi.

« On a sifflé la pièce, l'auteur rit au nez du public, et le rideau baisse.

« Je ne crois pas en Dieu, je n'ai pas besoin de prier.

« Je n'ai plus de mère, il ne me reste pas de baiser à recevoir.

« Mon père voulait que l'on enfouît civilement les amis qu'il honorait d'une oraison funèbre, on peut me jeter comme un chien dans la fosse commune, je ne m'en plaindrai pas!

« En somme, me suis-je autant amusé que je l'aurais cru quand j'avais vingt ans? Ce n'est pas bien sûr.

« Je ne regrette personne, nul ne me pleurera.

« Avant que le guichetier entre dans ma cellule, Jean Studen aura vécu. »

Après avoir tracé la dernière ligne, Studen regarda la petite croisée éclairant la pièce exiguë dans laquelle il se trouvait. Mais la fenêtre se trouvait trop haute pour qu'il pût y atteindre; de plus une corde lui manquait pour se pendre, car c'est ce genre de mort qu'il venait de choisir.

Il fouilla dans ses poches et y trouva un mouchoir.

Studen le plia en biais, le tourna fortement, pratiqua un nœud coulant, le passa autour de son cou, et, s'asseyant sur le lit de camp, unique meuble de sa cellule, il eut le triste courage de serrer le mouchoir, jusqu'à ce que la strangulation fût complète.

Il battit un moment l'air de ses mains, tomba à la renverse, ouvrit une dernière fois ses yeux hagards et rendit le dernier soupir.

L'un après l'autre, il coupa les deux poignets. (*Voir page* 573).

CHAPITRE XLVIII

LE RESSORT D'ACIER

Après que Ramoussot eut conduit Jean Studen à la Conciergerie, il donna ordre au cocher de se rendre à l'hôtel Monier. Les agents qui avaient aidé à l'arrestation du misérable, restèrent dans la voiture, en attendant que l'agent de police les appelât.

Aucun des nombreux domestiques de l'imposteur qui, pendant plus de deux années, s'était fait passer pour le vicomte de la Haudraye, ne soupçonnait les événements qui venaient de s'accomplir. Tous s'occupaient des préparatifs nécessaires pour l'arrivée de la jeune femme qui devait le lendemain les commander. On renouvelait les vases de fleurs dans les escaliers; une foule d'objets charmants étaient disposés avec goût dans le boudoir et dans la chambre destinée à la future vicomtesse.

Pierre se multipliait dans l'hôtel. Depuis le moment où M. de la Haudraye était sorti pour se rendre chez M. de Grandchamp, Germain Loysel, devenu invisible, accomplissait dans l'appartement de son maître, des ordres secrets, pour lesquels il refusa l'aide des autres domestiques. Un tel mouvement régnait dans la maison, que l'on ne songea pas même à demander à Ramoussot ce qui l'amenait. Le suisse, si rébarbatif et si curieux d'ordinaire, le laissa passer, les valets du vestibule ne firent aucunement attention à lui, et l'agent de police aurait pu monter au premier étage sans demander aucun renseignement si, désireux de savoir immédiatement où se trouvait Germain, il ne se fût informé près du valet de chambre.

Celui-ci allait répondre à Ramoussot, quand un cri de douleur effroyable, aigu, surhumain, parvint au groupe de valets.

— Qu'est-ce que cela signifie ? demanda l'agent de police.

— Nous n'en savons pas plus que vous, répondit un des laquais.

— Vous devinez, du moins, d'où vient la voix ?

— De l'appartement de M. le vicomte, répliqua le valet de chambre.

Ramoussot comprit que l'aide de ses subordonnés pouvait lui être utile, il les appela, et une minute après, trois hommes d'un aspect déterminé se groupèrent autour de lui.

— Allons, dit Ramoussot.

Il appela Pierre et lui fit signe :

— Montrez-nous le chemin.

— Monsieur, dit Pierre, la maison sent le crime et la mort.

Les domestiques, un peu revenus de leur panique, s'élancèrent dans les escaliers.

On n'entendait plus rien.

— Ouvrez toutes les portes ! dit l'agent de police.

Mais on n'eut pas besoin de parcourir les salons et les chambres du premier étage pour deviner d'où partaient les cris, car des gémissements douloureux, comme un râle d'agonie, recommencèrent, et Ramoussot, marchant vers une porte d'acajou, en tourna le bouton afin de pénétrer dans la pièce, d'où sortaient des appels désespérés.

Cette porte fermée au-dedans résistait.

Sur un signe de Ramoussot, un des agents tira de sa poche un trousseau complet de rossignols et les essaya sur la serrure ; aucun d'eux ne parvint à l'ouvrir.

— Le verrou est mis, dit l'agent.

— A l'aide ! à moi ! criait au dedans une voix rauque.

— Essayez de faire sauter la porte, ajouta Ramoussot, en s'adressant à ses hommes.

Ceux-ci étaient robustes, ils donnèrent un violent coup d'épaule et la porte sauta hors des gonds.

Alors un cri d'horreur et d'effroi s'échappa de toutes les poitrines.

Un homme, les deux poignets pris dans un ressort d'acier à dents de scie, se tordait à terre à côté du coffre-fort de celui que ses domestiques appelaient Amaury de la Haudraye.

Cet homme, c'était Germain.

Il roulait sur le sol en proie à d'inexprimables souffrances, criait, hurlait, appelant à l'aide, et mêlant le blasphème à l'expression suprême de la douleur physique.

— Abattez-moi les poignets, tuez-moi ! je souffre trop, criait-il.

Ramoussot regarda le nom du fabricant qui avait fourni ce coffre-fort, écrivit son adresse sur un papier, puis expédia les deux autres agents, l'un chez M. Reynaud, le commissaire de police, l'autre chez le chirurgien le plus proche.

Les domestiques de l'hôtel semblaient terrifiés.

— Que va dire M. le vicomte ! s'écria le valet de chambre.

— Rien, répondit Ramoussot ; le prétendu Amaury de la Houdraye est en ce moment à la Conciergerie, et il n'en sortira que pour monter sur l'échafaud.

Voici ce qui s'était passé depuis trois jours à l'hôtel Monjer.

La veille de la signature de son contrat de mariage avec Mlle de Granchamp, Amaury de la Haudraye avait sonné Germain, et quand les portes du petit cabinet de travail se trouvèrent fermées, il dit à Loysel :

— Voilà cent mille francs dans ce portefeuille, partez pour l'Amérique, et que je ne vous revoie jamais !

Germain regarda froidement son maître.

— Je n'aime pas l'Amérique, répondit-il.

— Choisissez alors tel pays qui vous plaira, mais partez.

— Je ne me plais qu'à Paris, et M. le vicomte doit comprendre que pour certaines gens, c'est le seul milieu où il leur soit possible de vivre.

— On est bien partout quand on est riche.

— Monsieur le vicomte estime-t-il cent mille francs une fortune ?

— Pour vous, oui, répondit M. de la Haudraye.

— Et si je refusais les offres généreuses de M. le vicomte.

— Vous vous en garderez bien.

— Pourquoi ?

— Vous n'en quitteriez pas moins mon service, et vous perdriez le fruit de deux années, pendant lesquelles je vous ai bien payé.

Germain se demanda pendant un instant rapide s'il ne menacerait pas M. de la Haudraye de révéler les secrets qui les liaient l'un à l'autre ; mais il réfléchit vite que son maître ne s'effraierait guère d'une dénonciation qui, si elle le perdait, consommerait également la ruine du valet de chambre. Germain possédait sur lui-même un grand empire ; il garda un moment le silence, puis feignant de prendre son parti, il répliqua rapidement :

— Je quitterai la France.

— On signe mon contrat demain, ajouta Amaury, je me marie jeudi ; je désire ne pas vous trouver à l'hôtel en revenant de la cérémonie civile.

Germain s'inclina sans répondre.

Amaury lui tendit le portefeuille.

Loysel le prit sans trembler, sans remercier, le plaça tranquillement dans sa poche et sortit à reculons.

Dès qu'il eut disparu, Amaury poussa un soupir de soulagement.

— Allons! dit-il, ça été moins difficile que je ne le redoutais. Un mot de lui, un mouvement de colère pouvait tout compromettre. Je le croyais plus fort! Je le flattais en l'appelant un coquin de grande école, ce n'est, au fond, qu'un plat filou.

Amaury fit quelques tours dans la petite pièce où il se trouvait, et s'arrêta devant un miroir.

— Qu'on vante donc la science de la physiognomonie, dit-il, la perspicacité de certains hommes qui écrivent votre biographie d'après les lignes de votre visage ! Est-il beaucoup de figures plus placides, plus calmes que la mienne ? Qu'on parle donc des bouleversements, du remords de la conscience, des yeux hagards, de la folie furieuse de ceux qui ont passé dans des routes dont la fange s'est détrempée de sang. Et les cauchemars ! est-il assez question dans les livres des visions de la victime, des obsessions des fantômes. M. Monier n'a jamais daigné m'apparaître, et si parfois mon sommeil a été interrompu, ça été seulement par les souvenirs d'un bal ou les émotions d'un baccarat. Dans deux jours, j'aurai pour compagne une des jeunes filles les plus accomplies de Paris, et cette fois, il ne tiendra qu'à moi d'être complètement heureux. Allons, Süden mon ami, vous avez travaillé en maître.

Il souleva également ses cheveux, redressa le nœud mignon de sa cravatte, prit un cigare et se disposa à sortir. Bien qu'il eût trouvé Germain conciliant, la préoccupation de son réglement de compte avec le valet de chambre l'avait troublé pendant toute la matinée.

Germain se tenait caché derrière les rideaux de croisée du salon ; il vit son maître traverser la cour, et quittant son observatoire, il rentra dans le cabinet.

— Cent mille francs ! disait-il entre ses dents, il me donne cent mille francs ! un os à ronger ! Il s'est servi de moi pour entrer en possession d'une colossale fortune ; et puis il me crie : « Va-t-en, tu me gênes ! » Et sur ce mot, je dois quitter Paris, et m'en aller me faire pendre ailleurs. Mon petit monsieur, vous ne connaissez guère votre humble serviteur, Germain Loysel, si vous pensez qu'il va tranquillement boucler sa malle et quitter l'hôtel Monier sans réclamations ; ce mot n'est pas exact : sans revendication ; je ne daignerai plus rien demander. On me refuse ce qui m'est dû justement, je le prendrai.

Germain s'arrêta devant le coffre-fort.

— Songer à forcer cette serrure est impossible, dit-il, il faut user de ruse. Une seule clef le peut ouvrir, et M. de la Haudraye la porte toujours sur lui ; la nuit seulement, le trousseau est sur la table avec un révolver chargé. L'enlever serait stupide, l'alarme serait tout de suite dans l'hôtel ; supprimer la clef de la caisse ne serait guère plus habile, sur cinq clefs quand il en manque une, le calcul est tout de suite fait, et le résultat resterait le même.

Après avoir mûrement réfléchi, Germain se rendit chez le marchand de coffres-forts qui avait livré celui de M. Monier.

Sous prétexte qu'un ami de M. de la Haudraye souhaitait en avoir un semblable, il étudia les serrures, les rouages, les secrets, les combinaisons de lettres, fit jouer les divers ressorts, mania un nombre énorme de clefs lilliputiennes, promit de revenir pour faire l'expédition demandée, et laissa le marchand enchanté de la bonne grâce et du savoir-vivre du valet de chambre.

Dès qu'il fut rentré à l'hôtel, Germain retourna dans le cabinet, et essaya au coffre-fort une clef qu'il venait de dérober chez le marchand. Elle n'ouvrait point la caisse d'Amaury, et Loysel savait bien qu'il ne devait pas s'y attendre, mais il acquit la certitude que cette clef était de la même grandeur que celle du coffre, et c'était tout ce qu'il voulait. Une substitution devenait désormais facile. Le vicomte aurait, le lendemain, trop d'occupations diverses pour s'occuper d'affaires. Son secrétaire était plein d'or, et il ne semblait point probable que M. de la Haudraye eût besoin d'ouvrir sa caisse.

— Imbécile ! fit Germain en frappant du pied, j'allais faire une sottise ; les valeurs peuvent être présentées sur la table du contrat, le vicomte les remettra dans le coffre en rentrant de la soirée de M. de Grandchamp. J'agirai le lendemain matin, et tandis que M. de la Haudraye sera à la mairie.....

Puis avec un sourire railleur, Germain ajouta :

— S'il trouve un déficit dans sa caisse, le vicomte se gardera bien de porter plainte. Porter plainte, lui ! aller devant un juge pour lui dire : « Germain Loysel m'a volé ! » Allons donc ! Il sera trop heureux de se taire. Quoi ! j'aurais suivi depuis dix ans une voie dangereuse, servi les vices d'autrui, échafaudé des fortunes princières, dépisté la police, joué avec le code, raillé les magistrats, nié la justice et la providence, et je m'en irais avec cent mille francs dans ma besace de mendiant ! Non ! non ! M. de la Haudraye, nous partagerons, en ami, et en camarades, et, encore, quand je dis : nous partagerons, je ne me fais point illusion, presque toutes vos valeurs sont nominatives, et je devrai me contenter de l'or et des billets de banque. Ma parole, s'il n'y allait aussi de ma tête, j'aurais voulu jouer une dernière partie, terrifier à mon tour ce misérable, raconter ce que je sais à Ramoussot, cet agent de police en gants gris perle, qui m'effraie plus que toutes les brigades de la préfecture, voir devant les juges, les jurés, la foule, ce gommeux dont Paris fit un des héros de la mode. Cracher sur lui, retirer à pleines mains de ses coffres la fortune que je lui ai gagnée, et la jeter dans la robe de veuve de Mme Blanche, Germain tira de sa poche les cent mille francs qu'il venait de recevoir, et froissa les billets avec rage.

— Cent mille francs ! pour avoir volé le petit Henri, un innocent que j'ai fait torturer par ce monstre de Tamerlan ; pour avoir fait assassiner ce beau jeune homme qui réclamait le nom de la Haudraye, et ressemblait à mon maître d'une façon si étrange ; pour avoir fait tomber sur Urbain Kerdren les soupçons qui l'ont voué à l'infamie ! et enfin, avoir presque été parricide. Non, ce n'est pas payé, ce n'est pas payé ! Quand on s'associe des hommes de ma trempe, il faut s'attendre à partager avec eux.

Pendant le reste de la journée, Germain s'occupa ostensiblement de son départ, et comme ses camarades s'étonnaient de le voir quitter une aussi bonne place :

— J'ai pour principe de ne servir que des jeunes gens, répondit Germain.

Du reste, aucun de ses camarades ne le regrettait, et son départ causait à tous une sorte de soulagement.

La soirée de contrat finit à onze heures, avant minuit Amaury rentra dans l'hôtel. Germain le déshabilla, sortit de la chambre, ferma les portes, mais au lieu de quitter le cabinet de toilette, il s'y tint caché jusqu'au moment où le bruit de la respiration d'Amaury lui prouva que celui-ci venait de s'endormir.

Alors, pieds nus et retenant son souffle, il revint dans la chambre, prit le trousseau de clefs, l'emporta, opéra dans le cabinet voisin la substitution des clefs, et s'éloigna de l'appartement.

Ainsi que Loysel l'avait prévu, Amaury possédait assez d'or dans son secrétaire pour ne point ouvrir son coffre-fort.

M. de la Haudraye ordonna d'atteler à dix heures.

Au moment où il achevait de boutonner ses gants, il dit à Germain, en le regardant bien en face :

— Je ne vous retrouverai pas en rentrant à l'hôtel.

— Ma malle est prête, répondit Germain.

Amaury de la Haudraye descendit l'escalier, donna des ordres aux domestiques et monta en voiture après avoir dit :

— Hôtel de Grandchamp.

Germain ne perdit pas une minute ; tandis qu'on achevait de ranger, de fleurir l'appartement, il rentra dans le cabinet renfermant la caisse, en verrouilla en dedans les deux portes, puis approchant sa petite clef de la serrure, il la fit tourner.

Il s'attendait à trouver plus de difficultés dans son entreprise.

Son regard en plongeant dans le coffre découvrit des liasses de billets de banque et un amas de rouleaux d'or.

Les yeux de Germain étincelèrent de convoitise, il plongea rapidement les mains dans le coffre. Mais alors un cri terrible lui échappa. Ses deux poignets se trouvaient pris à la fois dans un engrenage qui hachait les chairs et atteignait jusqu'à l'os.

Germain ne savait pas que si le premier venu pouvait ouvrir la caisse, il fallait connaître le mot du secret pour écarter le piège dans lequel il se trouvait pris.

Ses hurlements de douleur parvinrent à l'oreille des domestiques de l'hôtel, au moment où Ramoussot y entrait pour opérer l'arrestation du valet de chambre.

Le misérable pris en flagrant délit ne songeait pas à nier, il ne défendait même pas sa vie, il criait qu'on l'achevât pour abréger ses tortures.

Il se passa plus d'un quart d'heure, avant l'arrivée du chirurgien. Presque au même instant, le fabricant du coffre-fort entra.

Le négociant reconnut le valet de chambre qui, l'avant-veille, avait marchandé des caisses de sûreté, mais quand on le pria d'ouvrir le ressort d'acier qui venait de se fermer sur les poignets de Germain, il secoua la tête.

— C'est impossible! dit-il; j'ignore de quelle combinaison de lettres M. de la Haudraye s'est servi.

— Que reste-il donc à faire? demanda Ramoussot.

— A couper les mains, si vous ne voulez attendre le retour de M. de la Haudraye.

L'agent de police consulta le docteur Roland :

Celui-ci était très pâle.

— Si méprisable que soit cet homme, dit-il, ce qui se passe est horrible... Malheureusement le conseil du mécanicien est le seul bon. Il ne peut y avoir d'espoir de conserver ces poignets hachés, mutilés ; si vous l'approuvez, je ferai ici une opération indispensable.

— Soit, monsieur, répondit l'agent de police.

Le docteur Roland écrivit deux billets à des chirurgiens du voisinage, puis il envoya chercher sa boîte de chirurgie.

Malgré la hâte qui fut mise à remplir ces commissions, une heur se passa avant que tout fût prêt, et que les collègues du docteur pussent lui servir d'aides.

Pendant ce temps, Germain poussait des cris de damné.

Le chirurgien prit une petite scie dans sa boîte et l'un après l'autre il coupa les deux poignets de Germain Loysel ; celui-ci criait, se tordait, hurlait ; à la fin il roula sur le sol, et ses deux moignons hideux, tracèrent sur le tapis un sillon sanglant.

L'excès de la douleur le fit évanouir.

Une demie-heure après, Germain se trouvait couché dans un lit à Lariboisière.

D'un côté se tenait le docteur Roland, qui surveillait le blessé dans la crainte d'une hémorragie.

Sœur Sainte-Croix était agenouillée au pied du lit.

— C'est un grand misérable ! dit le docteur avec l'expression du dégoût.

— Aussi a-t-il besoin qu'on prie davantage pour sa pauvre âme.

— Vous me reverrez ce soir, ajouta le docteur.

Le chirurgien s'éloigna de la couche sur laquelle restait plongé, dans la torpeur qui suit souvent une souffrance excessive, le complice de Jean Studen.

Ses yeux clos purent longtemps laisser à Sœur Sainte-Croix l'illusion qu'il dormait, mais un soupir rauque s'exhala de sa gorge, et il murmura :

— J'ai soif !

La religieuse remplit une tasse de tisane et la lui tendit.

— Buvez, mon ami, dit-elle doucement.

Le son de cette voix n'était pas inconnu de Loysel, il souleva les paupières, puis d'un accent mêlé d'effroi et de respect, il murmura :

— Sœur Sainte-Croix.

Le misérable, privé de l'usage de ses deux mains, ne pouvait se soulever sur son lit, la religieuse passa un bras autour de ses épaules, et le soutint, tandis qu'elle approchait le breuvage de ses lèvres.

— Merci, lui dit Germain.

Sœur Sainte-Croix prit son rosaire et continua à prier.

A travers ses cils à demi-clos, Germain la voyait placide comme une sainte, répétant de ses lèvres pures les invocations qui rapprochent le ciel de la terre.

Quand le jour baissa, la religieuse se trouvait encore à son poste.

Le docteur Roland revint, suivant sa promesse, défit les bandages des deux bras, regarda attentivement la face de l'amputé, puis s'éloigna du lit pour faire place aux magistrats.

L'interrogatoire de Jean Studen étant fini, on allait procéder à celui de Loysel.

En voyant paraître le juge d'instruction et le commissaire de police, Loysel contracta sa bouche par un horrible sourire :

— Je ne suis plus un homme, dit-il, mais un amputé, que la mort prendra demain. Je veux rester en paix. Quoi que vous demandiez, je ne répondrai pas. J'ai voulu voler, vous le savez, laissez-moi tranquille.

— Il vous reste un seul moyen de pallier vos fautes, répliqua M. Jomart, et vous le repoussez. Jean Studen, dit Amaury de la Haudraye, a tout avoué.

Un éclair de joie farouche passa dans les yeux de Loysel.

— Vengé, dit-il, je suis vengé ! Cela me suffit.

Il se rejeta sur son lit, ferma de nouveau les yeux et ne répondit plus. Quand les magistrats eurent constaté l'inutilité de leurs efforts, ils se retirèrent.

Encore une fois, dans la salle remplie de lits blancs, Sœur Sainte-Croix resta seule près de Germain. Les lampes venaient d'être allumées, les draperies étaient retombées autour du lit de chaque malade.

Celui de Germain se trouvant le premier du côté de la muraille, quand il restait tourné de ce côté, il pouvait se faire l'illusion d'être seul dans une chambre, veillé par un des anges terrestres, dont la vie se résume dans ces deux mots : héroïsme chrétien.

— Mon ami, dit Sœur Sainte-Croix, en se tenant debout près de l'amputé, afin de lui parler plus bas et de plus près, vous avez dit aux magistrats que vous vous sentiez perdu.

— Oui, répondit Germain, je ne serai pas sauvé, en dépit des soins que vous me prodiguez. Ne croyez pas que je m'en afflige. Si je vivais, que ferait-on de moi ? Je ne regrette qu'une chose, c'est que le docteur Roland ait lié les artères, je serais mort doucement et plus vite.

— Doucement ! répéta la religieuse, pouvez-vous l'affirmer quand vous avez la conscience chargée d'un crime !

Germain se tourna avec effort vers la religieuse.

— Allez-vous-en ! lui dit-il, vous allez me parler de Dieu, et je ne le veux pas.

— Ne redoutez-vous point de paraître devant lui ?

— Pourquoi le craindrais-je, je ne suis pas sûr qu'il existe.

— Malheureux ! N'avez-vous jamais prié ?

— Non.

— Vous avez un père ?

— Il m'a vendu à des saltimbanques.

— Une mère ?

— Mon père lui a donné trois coups de couteau.

— C'est horrible ! ...ible ! répéta Sœur Sainte-Croix. Mais si votre enfance fut ainsi abandonnée, le Sauveur vous tiendra compte de ces misères et il vous fera double part de miséricorde.

— Allez-vous en ! répéta le misérable, je hais la société, je maudis Dieu, je crache sur le crucifix.

Sœur Sainte-Croix porta à ses lèvres la sainte image descendant sur sa poitrine, puis elle reprit, avec une onction plus tendre :

— Vous ne pouvez pas me décourager, quand il s'agit de plaider contre vous-même la cause de votre éternité.

Loysel eut un spasme de douleur, qu'il dompta avec une grande énergie, puis il répliqua :

— Vous vous trompez, ma Sœur, le dégoût vous éloignera de moi.

— Je suis ici pour ceux qui souffrent.

— J'ai volé, dit Germain, si j'avais l'usage de mes bras, je volerais encore.

La religieuse murmura :

— Ayez pitié de lui, Seigneur, selon l'étendue de vos miséricordes.

— J'ai payé des assassins pour débarrasser mon maître d'un homme qu'il redoutait.

— Le sang de Jésus, qui suffit pour racheter le monde, lavera tous vos crimes, ajouta Sœur Sainte-Croix.

— Le jeune homme haï par mon maître était le véritable vicomte de la Haudraye.

— Dieu t'a visiblement protégé, il a un généreux cœur, il vous pardonnera.

Germain s'effrayait du calme de la religieuse. Il ne concevait pas que cette pure jeune fille ne s'enfuit point épouvantée.

— Ce n'est pas tout ! non, ce n'est pas tout ! dit-il; et pour le crime que je vais vous avouer, il ne peut y avoir d'indulgence. J'ai chargé un innocent d'un meurtre atroce, et je l'ai laissé condamner.

— Un miracle vient de rendre la liberté à Urbain Kerdren.

— Enfin ! ajouta Loysel, j'ai enlevé Henri à sa mère, j'ai voulu qu'on le torturât, j'ai payé son martyre.

— Blanche efface ses pleurs sous ses baisers. Vous êtes un grand coupable, mais vos crimes ne sauraient lasser la miséricorde infinie qui pardonne jusqu'à septante fois sept fois.

— Vous n'avez pas compris, ma Sœur. J'ai vendu Henri ! J'ai fait jeter à la Seine votre cousin de la Haudraye. Tout votre sang doit se soulever contre moi.

— La charité me crie d'avoir pitié de vous.

— Non ! non ! elle ne peut aller aussi loin : vous avez le droit de me maudire.

— Si je vous maudissais, serais-je à cette place, priant près de votre lit de souffrance. Vous n'avez vu que le mal et vous avez fait le mal. Il ne m'appartient pas de vous juger. Au nom de mon Dieu, je dois vous promettre le pardon, et pour que vous l'obteniez, il suffit d'une larme de repentir.

— Eh bien ! reprit Germain, ce n'est pas tout encore, je suis peut-être un parricide.

En quelques mots, le misérable raconta l'épisode terrible qui s'était passé dans le champ de pierres avoisinant les buttes Chaumont.

— Il ne manque pas un crime à la liste terrible. On peut m'envoyer à l'échafaud pieds nus et la tête couverte d'un voile noir ; les poignets étant coupés, c'est autant de moins à faire pour le bourreau.

— Mon Dieu ! dit Sœur Sainte-Croix, en tombant à genoux, vous pouvez dissoudre les montagnes avec une goutte d'eau, vous fondrez bien une âme avec une larme et une goutte de sang. Germain, reprit-elle, en élevant ses doigts, enroulés d'un chapelet, vers le misérable, que voulez-vous, que demandez-vous pour croire au pardon ? Une âme, l'âme d'un larron, d'un meurtrier vaut encore un prodige de la part du Sauveur.

Grâce à un effort surhumain, Loysel se souleva vers la religieuse :

— Allez au champ de pierres où se tenait jadis le *Conservatoire des Cris de Paris*, si vous y trouvez un homme aveugle, veillé par une femme, et que cet homme consente à vous accompagner ici, je croirai que Dieu peut encore avoir pitié de moi !

Germain tomba dans un lourd sommeil ; quand il ouvrit les yeux, il chercha vainement du regard la religieuse qui le veillait durant la nuit : elle n'était plus là.

— Allons, dit-il, j'avais raison ; elle a compris et ne reviendra plus : tant mieux !

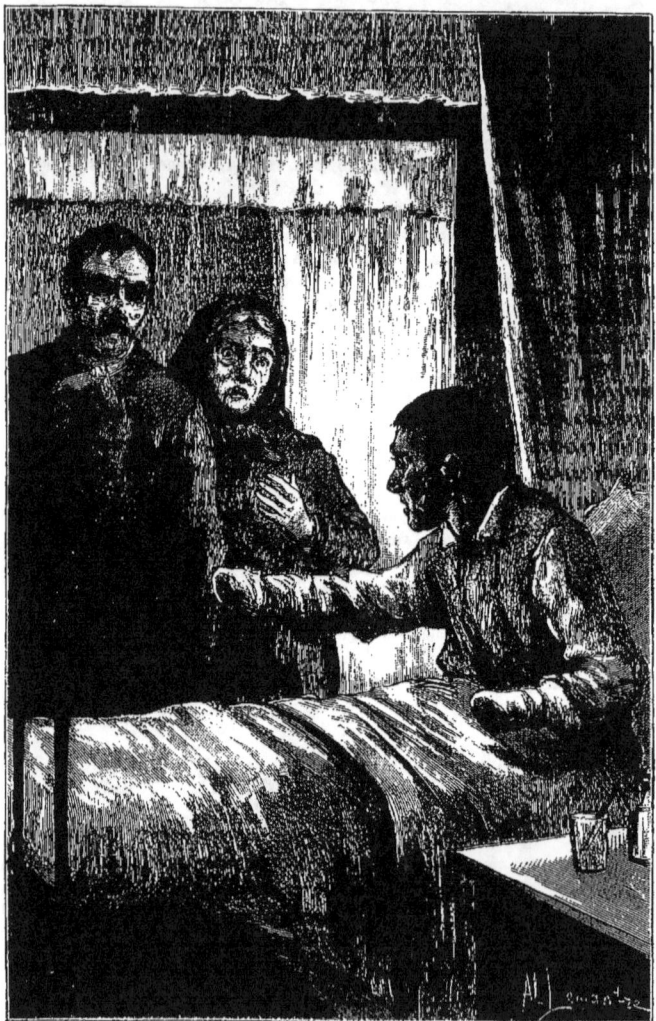

Vous ne me maudirez pas ? demanda-t-il. (*Voir page* 575).

CHAPITRE XLIX

LE MONSTRE

'aube se levait. Sur son lit d'hôpital entouré de rideaux blancs, Germain reposait d'un sommeil fiévreux ; de temps en temps, il agitait ses bras et secouait ses moignons sanglants ; des mots sans suite s'échappaient de ses lèvres, et ces courtes syllabes étaient des commencements de blasphèmes. Agenouillée près de sa couche, Sœur Sainte-Croix priait. La religieuse était pâle, non pas seulement de cette pâleur calme de la fatigue physique qui brise le corps, mais garde l'âme dans toute sa sérénité, mais d'une pâleur attestant d'intimes souffrances, des luttes, dont Dieu seul connaissait le secret. Depuis que l'héroïque fille exerçait la charité, en se faisant toute à tous, au nom de celui qui mourut pour le salut du monde, elle avait côtoyé bien des misérables, frôlé, de sa robe de sainte, la casaque d'anciens forçats, abrité dans sa maison de refuge, bien des maudits de la société. Et pourtant, jamais sa pensée n'était descendue tout au fond de l'ignominie humaine. Tout en s'occupant des brebis galeuses et des bêtes fauves, elle avait gardé, le plus posssible, son ignorance céleste des crimes de la terre. Elle savait accueillir les coupables, mais ce mot gardait pour elle quelque chose de vague dans son horreur. Entre Sœur Sainte-Croix et le misérable, se plaçait presque immédiatement le prêtre. Celui-ci entendait les confidences terribles. On lui racontait des vies employées à commettre le mal et vouées à toutes les turpitudes. Il faut convenir aussi que, si pervertis que fussent les hommes à qui Sœur Sainte-Croix ouvrait les portes de son refuge, ils témoignaient à la religieuse un profond respect, et jamais devant elle il ne leur échappait un mot, rappelant les terribles scènes et les dépravations du passé.

Pour la première fois, la sainte fille se trouvait en face d'un criminel complet qui, avec une sorte de bravade, l'avait initiée aux plus atroces actions de sa vie. Elle trouvait en lui l'agent employé par Amaury, pour se débarrasser d'Henri, le complice de l'assassinat de M. Monier, son frère.

Elle n'avait pas hésité une minute à remplir sa mission près de Loysel; l'occasion d'exercer la charité chrétienne dans ce qu'elle a de plus complet, de plus absolu, de plus divin, lui était envoyée, elle en bénissait Dieu. Mais de même que les athlètes frottaient leurs membres d'huile, afin de se trouver mieux dispos pour la lutte, elle redoublait de ferveur pour obtenir du ciel la grâce de ce malheureux. Près du lit de Germain, elle éprouvait le vague effroi dont nous nous sentons saisis en présence d'un coupable; la nature, l'instinct, cherchaient à l'arracher à la couche d'un maudit couvert du sang de sa famille. La tentation de fuir la pressait, et il lui semblait qu'une main de fer la repoussait et qu'une voix lui criait : « C'est une âme perdue, pourquoi la disputer à Satan qui la réclame? »

Elle essayait de ne pas écouter cette voix, elle se cramponnait aux couvertures de ce lit d'agonie.

— Là est ta place ! murmurait la miséricorde.

— Laisse mourir ce pécheur dans son impénitence, répétait l'autre voix.

Sœur Sainte-Croix collait ses lèvres sur le crucifix et demeurait agenouillée.

La nuit s'écoula pendant ce combat dont elle sortit victorieuse. Quand les premières blancheurs de l'aube passèrent à travers les rideaux des fenêtres, la religieuse se leva, regarda Germain qui, dans ce moment, reposait tranquillement, puis, d'un pas si léger qu'il n'aurait pu troubler le sommeil d'un enfant, la religieuse quitta la salle, après avoir jeté un dernier regard sur le grand crucifix dont les plaies saignantes semblaient comme autant de bouches éloquentes criant à la fois :

— Pardon ! charité !

La matinée était fraîche et belle. Les arbres des boulevards avaient revêtu leurs nouvelles feuilles, et les fleurs rosées des marronniers exhalaient un parfum suave. La vie s'éveillait dans Paris. De lourds tombereaux circulaient lentement, tandis que, l'une après l'autre, s'ouvraient les fenêtres. Les cloches sonnaient dans ce silence plein de la pureté du matin. Paris n'était pas encore Paris. Il ne descendait pas sur les pavés, pour le négoce, pour la bataille, pour le travail. Quelques femmes, vêtues de noir, montaient avec lenteur les marches des églises et des chapelles. Encore une heure, et tout serait changé dans cet aspect qui rafraîchissait le cœur.

La religieuse marchait rapidement; elle prit la rue Grange-aux-Belles, mal pavée, mal bâtie, et rappelant encore les quartiers du vieux Paris dont elle garde le nom. A mesure qu'elle montait, le bruit paraissait grandir. Les échoppes s'ouvraient, les marchands de vin versaient à boire sur les comptoirs d'étain. Des ouvriers déguenillés, hâves, la casquette sur l'oreille, gouaillaient à l'intérieur des cabarets. Des femmes commençaient le labeur matinal, les enfants descendaient pour jouer dans le ruisseau.

Deux ou trois créatures trouvèrent plaisant d'insulter la religieuse qui ne « rendait service à personne, faussait l'éducation des enfants, et vivait à rien faire ». Sœur Sainte-Croix s'approcha d'une jeune mère, pâle, amaigrie, portant dans ses bras un enfant chétif.

— Il est bien faible ! dit-elle.

Sans rien ajouter, la religieuse glissa un louis dans la main de la femme, embrassa l'enfant et s'éloigna.

Enfin, elle aperçut, devant elle, une colline verdoyante semée de fleurs; c'étaient les Buttes-Chaumont.

Sœur Sainte-Croix s'orienta, tourna le champ de pierres, franchit la barrière de planches et se trouva dans le terrain pierreux, dont lui avait parlé Germain.

Une baraque s'élevait à quelque distance ; elle se dirigea vers la porte et frappa doucement.

Une femme en haillons l'entre-bâilla, et regarda la visiteuse avec une expression d'étonnement mêlé de défiance.

— Que voulez-vous ? demanda brusquement la Balayeuse.

— Vous parler, à vous seule d'abord.

— Qui vous envoie ?

— Dieu, répondit Sœur Sainte-Croix.

— Il n'a rien de commun avec des parias comme nous.

— Il n'est ni parias ni maudits pour le Seigneur et pour ceux qui le servent, répliqua Sœur Sainte-Croix avec une angélique douceur.

Puis, plus bas, et comme si elle redoutait qu'on pût l'entendre et trahir le secret des malheureux, elle ajouta :

— Où est votre mari ?

— Est-ce que je sais ! répliqua la Balayeuse. Je m'inquiète bien de cet ivrogne. Qu'est-ce que cela vous fait, à vous ?

— Beaucoup ; lui et vous avez au cœur un profond chagrin.

— Le chagrin, ça nous connait, on n'en meurt pas.

— Je vous ai dit que je venais de la part de Dieu, j'ajouterai, pour que vous m'accordiez l'entrée de votre maison, que je suis envoyée...

— Par la police ! s'écria la Balayeuse.

Sœur Sainte-Croix saisit les mains calleuses de la femme :

— Êtes-vous assez à plaindre pour ne croire qu'à la trahison, et voir partout des pièges? La police! voilà le seul mot qui vient à votre pensée, quand il était si facile d'attendre la charité! N'avez-vous jamais prié, jamais espéré...... la Providence...

— La Providence! Ah bien, oui! Tenez, j'ai tort peut-être de vous parler durement, vous semblez douce, et vous ne me ferez pas de mal. Eh bien! je puis vous le dire, je n'ai point commis de fautes graves, je n'ai jamais songé à un crime, et cependant toutes les misères sont tombées sur moi comme une grêle. Je me suis trouvée séparée du compagnon de ma vie.

— Dieu vous l'a rendu.

— Qu'en savez-vous?

— Il est là.

— On a arraché de mes bras mon enfant, et l'enfant est mort.

— Non, dit Sœur Sainte-Croix, d'une voix plus triste.

— Il n'est pas mort, Antoine? Oh! si vous disiez vrai! si je retrouvais mon enfant, si vous veniez de sa part, je baiserais vos mains, je tomberais à vos genoux. J'ai été brusque, pardonnez-moi! le chagrin m'a rendue mauvaise. Si vous saviez ce que c'est que de perdre son enfant!

— Vous seriez bien heureuse de le revoir?

— Je donnerais mon sang pour l'embrasser.

— Et s'il fallait le quitter après?

— Après. Oh! ce serait affreux.

— Vous résigneriez-vous?

— J'essaierais, dit la Balayeuse. Vous savez où le trouver, vous êtes venue comme une sainte, comme un ange. Où faut-il aller? Que voulez-vous que je fasse?

— Ecoutez, dit Sœur Sainte-Croix avec une autorité mêlée de confiance, votre fils vous appelle et c'est près de lui que je vais vous conduire, mais j'y mets une condition formelle, absolue.

— J'obéirai, dit la Balayeuse, montrez-le-moi seulement.

— Antoine, plus connu hélas! sous le nom de Germain Loysel, est blessé, amputé, sur un lit d'hospice, il va mourir, et cette mort rapide le sauve de l'échafaud. Il expie ses crimes par ses tortures, mais en face du trépas, au milieu de son agonie, il refuse de croire à la miséricorde divine. Il ne veut pas confesser ses fautes au prêtre, parce que le parricide ne peut, dit-il, être absous que si son père lui pardonne.

— Parricide! lui, s'écria la Balayeuse, dont tous les membres trem-

La vie s'éveillait dans Paris. (*Voir page* 567.)

blèrent. Ainsi l'homme qui paya Denis pour l'assassinat du pont Notre-Dame et qui cacha de la poudre au milieu de l'argent destiné à payer le meurtre, c'était... c'était mon fils...

Un tremblement convulsif agita les membres de la femme, elle cacha son front dans ses mains, et la religieuse entendit le bruit d'un sanglot rauque et poignant.

— Si coupable qu'il soit, il est votre enfant, il va mourir, ajouta

Des ouvriers gouaillaient a l'intérieur des cabarets. (*Voir page* 568.)

Sœur Sainte-Croix, en rapprochant d'elle la Balayeuse qu'elle soutint d'un de ses bras. Songez moins à ses crimes qu'à sa misère, à ses tortures. Il fut abandonné...

— Pas par moi !
— Vendu,
— Oui, vendu. Mais c'est horrible, cela, ma Sœur ! J'avais un enfant, un beau petit enfant que j'aimais, et qui renouvela ma vie du moment

où je l'eus dans mes bras ; cet enfant me fut arraché !... J'ai vécu dans l'attente du jour où je le retrouverais, me privant presque de pain pour lui amasser un pécule. J'ai trimé, besogné, souffert, enduré le froid, la faim, et quand on me le rend, c'est pour me dire : « — Il est là-bas dans un lit d'hôpital, et le bourreau vous le prendrait si la mort ne venait la première... » Je deviens folle ! lui pardonner ! Quand Denis...

— Denis n'est pas mort, ne me trompez pas davantage. Je n'ignore point le crime du pont Notre-Dame. Je sais tout, la victime est un de mes parents, la Providence que vous essayez de nier l'a sauvé. Ce meurtre est connu seulement de vous, de moi et de votre fils. Je me tairai. Dieu le permet; soyez donc sans crainte. Je n'ai d'autre mission en ce monde que celle de bénir et de pardonner. Je viens vous redemander l'âme de votre fils; ne pouvant sauver sa vie, je veux, du moins, racheter son éternité. Le malheureux n'ose pas lever les yeux vers le ciel, avant d'avoir été pressé dans les bras de sa mère. Il m'a mise au défi de vous convaincre, de vous amener. Mais il ne sait pas comme moi, de quelle générosité une mère est capable. Il ne sait pas que vous allez céder à ma prière et venir au chevet de ce lit d'agonie. Ah ! pauvre femme, s'il voyait vos pleurs, il ne douterait déjà plus de son pardon.

La Balayeuse venait de tomber à genoux.

Elle tenait, dans ses mains tremblantes, les mains frêles de Sœur Sainte-Croix et les couvrait de baisers et de larmes. Sa poitrine se soulevait sous les sanglots, elle s'abîmait dans une douleur qui, à cette heure, lui paraissait presque un soulagement.

Le soleil se levait et montait au ciel tout rayonnant de jeunesse printanière, les teintes du ciel devenaient plus vives, la fête du jour commençait, et certes, jamais ses clartés n'avaient baigné un groupe plus touchant que celui formé par cette femme en haillons, et cette jeune religieuse, dont le voile d'azur flottait comme deux ailes légères, soulevées par la brise.

La Balayeuse se releva, essuya ses yeux, regarda Sœur Sainte-Croix, et lui dit :
— Partons.
— Nous ne partirons pas seules.
— Qui voulez-vous emmener ?
— Denis.
— Lui ! jamais il ne consentira.
— Si, dit la sainte fille, Dieu veut le salut de Germain.
La Balayeuse n'essaya plus de lutter contre la religieuse. Elle pous-

se la porte de la maison de planches, où jadis se donnaient les cours du *Conservatoire des cris de Paris*; puis, se reculant, elle fit entrer Sœur Sainte-Croix.

D'abord, celle-ci ne distingua rien qu'un capharnaüm étrange, dans lequel s'entassaient des chaises, des bancs, des caisses vides, des loques. Les fenêtres avaient des rideaux sombres, un réchaud de fonte répandait une délétère odeur de charbon.

La Balayeuse fit un signe à la religieuse, lui désigna un siège, puis elle passa derrière un lambeau de tapis qu'elle tira.

— C'est toi, la femme? demanda une voix inquiète.
— Oui, Denis, c'est moi.
— Tu causais tout à l'heure, c'est imprudent.
— Lève-toi, dit doucement la Balayeuse, le soleil est beau, je te mènerai au soleil.

Un moment après, la femme reparut, tenant par la main un être tellement hideux, qu'un cri d'épouvante faillit échapper à Sœur Sainte-Croix.

Toute la figure était labourée, crevassée de cicatrices noires laissées par l'explosion de la poudre. La bouche tordue grimaçait, et deux trous énormes, deux trous rouges comme le sang, s'ouvraient sous les arcades des sourcils. Rien n'était épouvantable comme cette face sans regard, ces orbites creuses paraissaient encore plus horribles que celles des têtes de morts trouvées dans les charniers. La religieuse avait certes vu bien des monstres, jamais aucun ne lui parut si effrayant.

— Il y a quelqu'un ici! dit l'aveugle en serrant la main de sa femme; parle, j'ai peur.

— Écoute, dit la Balayeuse, tu m'as donné une fois ta parole, et cette parole n'a pas été tenue, tu devais me rendre mon fils, et je ne l'ai pas encore vu. Souviens-toi des coups de couteau, souviens-toi que je te défendis en cour d'assises, et rends-moi Antoine.

Un frisson agita les membres de l'aveugle.

— Antoine l'assassin! Antoine le parricide!

— Oui, Antoine le parricide, qui ne connaissait pas son père, parce que, tout enfant, son père l'avait vendu.

— Tais-toi! dit Denis.

— Je ne me tairai pas, je veux Antoine, tu as juré! je ne me souviens que de ton serment.

— Je ne sais pas où il est; si je le savais, j'irais à lui pour lui saisir son cou à deux mains et pour l'étrangler en le maudissant!

— Nul n'a le droit de maudire, Denis, vous moins que personne, dit la religieuse. Dieu s'est chargé du châtiment du coupable, il se repent, il vous appelle, vous me suivrez et, vous souvenant de vos propres fautes, vous n'aurez plus le courage d'accuser. Quand vous aurez accompli ce sacrifice, votre âme sera déjà dans une voie meilleure, et puis, je serai là, moi, pour vous soutenir, vous soulager, vous consoler, pour adopter votre misère et adoucir l'amertume de vos dernières années.

— Denis ! Denis ! répéta la Balayeuse, tu m'as promis de me rendre mon enfant, tiens ta parole, je ne te quitterai jamais, je serai ton amie, ta servante, tu feras de moi ton guide, ta chose et ton chien ! Si tu viens au lit d'Antoine et si tu lui pardonnes, moi aussi je croirai comme la sainte qui nous parle qu'un Dieu de miséricorde nous prendra tous en pitié !

Un spasme douloureux crispa la face du monstre, il tordit ses mains noueuses, puis d'une voix sourde, il murmura :

— J'ai promis.

Le colosse aveugle étendit au hasard ses mains tremblantes, et Sœur Sainte-Croix en saisit une, tandis que la Balayeuse fermait la porte du *Conservatoire des cris de Paris*. Les gens du peuple habitant la rue Grange-aux-Belles, virent avec une grande surprise la religieuse que, le matin, ils avaient insultée, revenir avec la Balayeuse que tous connaissaient et aimaient, et l'aveugle dont le visage effrayait les petits enfants. Sœur Sainte-Croix sema les aumônes sur son passage, et, une demi-heure après, elle franchissait le seuil de l'hospice Lariboisière avec Denis et sa femme.

Quand Germain Loysel ouvrit les yeux et chercha près de son lit la jeune religieuse qui, la veille, avait tenté de lui faire croire au pardon du ciel, sa première pensée fut que la sainte fille, rebutée par ses refus et ses blasphèmes, avait quitté sa couche et ne reviendrait plus. Le misérable murmura bien : — « Tant mieux ! » — Mais cette parole sonnait faux. Un criminel, si endurci qu'il soit, est toujours consolé par une parole d'espérance. Si cette parole ne pénètre pas au plus profond de son cœur, elle y descend toujours comme une rosée bienfaisante. Malgré lui, il regretta de ne plus voir l'angélique visage qui s'inclinait la veille à son chevet, de ne plus entendre la voix harmonieuse qui répétait des prières divines, de ne plus saisir le cliquetis du chapelet de bois dont les grains heurtaient les médailles de cuivre. Il s'irritait de ce regret, et le sentait d'autant plus vivement qu'il essayait de le combattre.

L'heure de la visite du docteur Roland arriva ; ce fut une autre religieuse que Sœur Sainte-Croix qui reçut les instructions du chirurgien, et, de ce moment, Germain demeura convaincu que la sœur de M. Monier ne reviendrait jamais.

Il enfouit sa tête sous les oreillers et resta immobile, souffrant une douleur atroce dans les deux mains broyées qu'on avait coupées la la veille, et mordant les draps pour s'empêcher de crier.

— C'est l'enfer ! l'enfer ! murmura-t-il.

Et ce mot lui rappela des vérités à peine entrevues, mais dont l'idée lui causa une sourde terreur.

— Si cela était vrai, pensait-il ; si j'avais une âme, si tout ne finissait pas avec l'agonie, s'il fallait souffrir encore, souffrir toujours, comme hier, comme aujourd'hui. Si, au milieu de mes tortures, je devais entendre comme à cette heure les sanglots du petit Henri, le cri mal étouffé du vicomte de la Haudraye, la malédiction de mon père. Si cela était..... Oh ! si cela était !

Germain se tordit sur son lit.

Une main légère effleura son épaule, une voix douce lui demanda :

— Avez-vous soif ?

Il se retourna, Sœur Sainte-Croix se tenait debout près du lit.

— Vous ! dit-il, vous !

Elle écarta les rideaux et lui dit :

— Regardez !

La Balayeuse, tenant Denis par la main, s'approcha de la couche du misérable.

— Vous ne me maudissez pas? demanda-t-il, en agitant ses bras sanglants.

— Non, répondit l'aveugle.

— Vous me pardonnez? ajouta Germain, en se tournant vers la Balayeuse.

— Oui, répondit celle-ci, plus doucement.

Alors un homme, dont le blanc surplis tranchait sur le noir de sa robe, s'approcha du blessé :

— Sœur Sainte-Croix a tenu sa parole, dit-il.

— Je crois maintenant au pardon de Dieu, ajouta Germain.

Alors, avec une âpre amertume, un regret sauvage, de sourds éclats de douleur, Germain raconta sa vie semée de lâchetés, de fautes et de crimes.

— J'aurais plus d'espoir dans la miséricorde, dit Germain quand il eut achevé, si je pouvais ajouter à mes œuvres une seule action sainte. Mais je la cherche en vain, je ne la trouve pas.

— Mon fils, lui répondit le prêtre, ce sont les vertus des anges semblables à Sœur Sainte-Croix, qui méritent pour les coupables le pardon du ciel. Les œuvres des justes et le sang du Sauveur; voilà l'éternelle médiation et le secret de la miséricorde céleste!

Quand le prêtre leva la main pour absoudre Germain Loysel, la Balayeuse et Denis se jetèrent à genoux; et au moment où l'abbé Maurice s'éloignait, la mère prit le coupable dans ses bras, et l'embrassa en pleurant.

Dans la journée, de terribles symptômes se déclarèrent, le système nerveux subit un choc violent, on fit appeler en toute hâte le docteur Roland.

Quand celui-ci se trouva en face du malade, il secoua la tête et murmura assez bas pour être seulement entendu de Sœur Sainte-Croix:

— Le tétanos!

Ce mot équivalait à une condamnation.

On devait désormais compter les heures du misérable.

Ni sa mère, ni Denis ne le quittèrent; tous deux furent témoins de son effroyable agonie, tous deux entendirent l'expression de son repentir et tentèrent d'apaiser l'angoisse de la dernière heure.

Il expira dans la soirée.

Sœur Sainte-Croix ne voulut pas permettre que la Balayeuse le veillât; elle fit monter les deux vieillards dans une voiture, prit place à côté d'eux, et les chevaux partirent au galop.

— Où allons-nous? demanda Denis, qui comprit vite qu'au lieu de monter la rue Puébla ou le quartier de la rue Grange-aux-Belles, il traversait les allées d'un bois.

— Nous nous rendons chez vous, répondit la religieuse.

La voiture tourna dans une cour sablée, les chevaux s'arrêtèrent, la Balayeuse se trouva en face d'un bâtiment immense, sur la façade duquel se trouvaient écrits ces mots:

Venez à moi vous tous qui souffrez et je vous soulagerai.

Au milieu du grand cadre d'or se trouvait Alle en haillons. (Voir page 598.)

CHAPITRE L

LE PORTRAIT PARLANT

NE des grandes attractions de la vie parisienne, et dont la périodicité ramène chaque année une curiosité égale et un charme aussi piquant, est, au mois de mai, l'ouverture de l'Exposition de Beaux-Arts au palais de l'Industrie. Les artistes ont la fièvre, les journaux entretiennent l'attente du public, les *saloniers* commettent des indiscrétions au profit de leurs amis, les peintres font des visites aux critiques haut placés, les anecdotes d'ateliers circulent, le livret s'imprime, chacun se demande avec crainte comment sa toile sera éclairée, à quelle hauteur se trouvera un *tableautin* dont la finesse des détails constitue le plus grand mérite. A l'avance on décerne les médailles. Règle générale, un mouvement révolutionnaire règne parmi les jeunes artistes au moment de la formation du jury. Les écoles s'opposent aux écoles. Les réalistes conspuent les classiques, les membres de l'Institut ont contre eux les *jeunes*. Les derniers rapins parlent de la haine qu'ils inspirent aux grands maîtres modernes, et d'avance expliquent ainsi leur refus d'admission. Quinze jours avant l'ouverture des portes, les exclus lancent des malédictions contre le jury qu'ils ont librement élu, et préparent une contre-exposition destinée à les venger du mépris dans lequel on tient leurs œuvres.

L'avant-veille, les artistes reçus pénètrent au palais, donnent à leur toile une couche de vernis, et la jugent pour la dernière fois. Personne n'est content. L'un est à contre-jour, celui-ci trop haut, l'autre trop bas, le dernier a sa toile, d'un ton doux et fin, placée entre deux *machines* tapageuses qui l'écrasent. On regarde l'œuvre de son camarade, on l'applaudit tout haut; tout bas on la critique amèrement. Les jeunes gens qui exposent pour la première fois, ressentent une joie infinie à feuilleter le livret dans lequel leur nom se trouve imprimé à côté de celui de leur maître. Les critiques, munis de leurs cartes, demandent un livret spécial, sur la page blanche duquel ils écriront leurs impressions. Tandis qu'on donne aux toiles la dernière retouche, les hauts *saloniers* préparent leur premier article. Rapidement, avec une sorte de hâte poseuse, ils regardent une toile, écrivent trois mots, et passent à une autre, comme s'ils voulaient dire : « Voyez à quel point j'ai le goût sûr ! Mon opinion est formée sur un regard, je la formule en quatre mots, et j'envoie un homme à l'immortalité ou je le jette pour jamais dans l'oubli ! »

Le premier mai, sur la place faisant face au palais de l'Exposition, s'élève le monument le plus important de l'année. Des banderoles flottent au gré du vent, des cartouches annoncent à tous que le palais des arts s'ouvre pour la foule. Des tourniquets assez semblables à des instruments de torture, arrêtent au passage les gens pressés, les changeurs de monnaie font leurs affaires, les ouvreurs de portières vous prennent par le coude comme s'ils avaient affaire à des impotants, et vous réclament un pourboire parce qu'ils ont gêné vos mouvements, vous en donnez parce que vous ne pouvez faire autrement, et vous vous demandez pourquoi la police n'interdit pas cette mendicité au service obligatoire et non gratuit.

Les voitures prennent la file, une foule élégante en descend.

Les critiques et les artistes passent avec une affectation un peu orgueilleuse, par une petite porte interdite aux profanes. Le vestibule s'emplit ; en face s'ouvrent de magnifiques portières de gobelins, qui vous laissent apercevoir les blancheurs idéales des marbres, les inspirations primesautières de la terre cuite, les grandes et austères figures de bronze, les groupes majestueux, les bustes fins, les enfants rieurs. Quelques œuvres polychromes rendent la vie avec un double sentiment, les magnificences des émaux s'ajoutent à la beauté des colorations rosées. Les marbres de couleur se drapent en vêtements brochés d'or, inscrustés de pierreries. A côté des marbres, des plâtres, des cires, les plantes rares envoient le parfum des fleurs et découpent leurs feuillages. On se croirait dans un jardin peuplé d'êtres vivants que la baguette d'un magicien a pour un moment rendus immobiles. On passe d'un groupe à l'autre, saluant le fier *Gloria victis* de Mercier, souriant à la *Jeunesse* de Chapu attachant un rameau d'or au tombeau brisé de Régnault. On salue les madones recueillies, les anges adorateurs, on reconnaît les bustes d'hommes célèbres, on applaudit à certains groupes, on s'étonne de voir admises beaucoup de statues, et plus d'une mère regrette que la licence laissée à l'art ne lui permette point d'amener sa fille admirer ce qui est vraiment noble et beau.

Les larges escaliers conduisant aux salons de peinture sont gravis par une foule parée, vivante, joyeuse. Les femmes font assaut de coquetterie pour le jour de l'ouverture du salon. On y porte les toilettes les plus fraîches et les plus inédites de l'été. Au sommet des escaliers se trouvent les dessins de verrières, les grandes décorations de Puvis de Chavannes que l'on est toujours tenté de prendre pour des tapisseries ; enfin on pénètre dans le salon carré, cette sorte de salon d'honneur. Les toiles exquises et les tableaux officiels ont seuls droit à son hospitalité dont la faveur distribue le plus souvent les places.

Vers deux heures, la foule est énorme ; les exposants conduisent leurs amis, leurs parents devant leurs œuvres ; les critiques jugeant à voix haute, entraînent le public devant certaines toiles ; les préférences se prononcent déjà ; on décerne par avance les grandes médailles. On se presse, on s'étouffe, on voit souvent mal, parfois on admire de confiance ; en somme, tout le monde est content, sauf l'artiste dont le tableau n'est pas sur la cimaise, ou celui qui entend dire à un monsieur armé d'un lorgnon :

— Pour qui l'exposition des refusés est-elle donc faite, si l'on reçoit de semblables croûtes !

Jean Marigné cause au milieu d'un groupe d'artistes et de connaisseurs arrêtés devant un paysage de Mareuil. Cette œuvre simple, bien conçue, rendue avec un sentiment vrai de la nature, est déjà placée au nombre des meilleures du salon. Mareuil reçoit les offres de plusieurs marchands de tableaux ; il hésite, se réserve, mais son cœur bat de joie dans sa poitrine, et il songe combien sa mère sera heureuse en lisant la lettre dans laquelle il lui racontera son succès.

— Allons ! dit Barbézius, encore un *Compagnon de la Vache-Enragée* arrivé au but. Sois tranquille, ami, la *Bouche de fer*, d'où sort la voix de la vérité, dira demain au public ce que je pense de ta toile ; te voilà connu, on te cite, l'an prochain tu fais prime, et l'année suivante te voilà célèbre !

— Qu'on essaie donc de nier les bienfaits de l'assosiation, dit Marigné ; si nous n'avions point serré les rangs de notre phalange, en serions-nous tous à ce point ? Et si nous ne nous étions résignés à vivre pauvres comme des fils de Job, cloîtrés dans nos ateliers comme des clercs, sobres comme des arabes, et unis comme des frères, eussions-nous grandi si vite ? Combien pouvons-nous compter dans cette foule de jeunes gens doués de facultés incontestables qui ont gaspillé leur santé dans des veilles et des orgies, vautré leur âme dans la fange, et si bien épuisé leur imagination qu'il ne peut sortir de leur cerveau qu'une création brute et triviale, dont les anciens n'auraient pas voulu pour la borne de leurs champs.

— Allons voir tes toiles, dit Barbézius; généreux de louanges pour les autres, tu te montres sévère pour toi-même.

— Oh! moi, dit Marigné, ce que j'ai envoyé au salon est bien peu de chose; ce n'est guère la peine de s'en occuper. J'ai voulu mon nom dans le livret, et ma carte dans ma poche, voilà tout.

Le jeune peintre guida ses amis dans une salle timbrée de la lettre M, brillant en blanc sur fond bleu, puis il se dirigea vers une place qu'il connaissait.

Un groupe pressé de curieux empêcha pendant un moment les amis de Marigné de s'approcher de son tableau.

Le jeune homme l'avait dit, c'était peu de chose : une figure! mais que d'angélique beauté dans cette tête d'enfant, quelle expression de souffrance résignée dans ses yeux bleus levés vers le ciel ; quel abandon douloureux dans la pose des petits bras maigres, des mains transparentes! Sous les haillons perce la peau rosée, délicate où souvent des teintes bleuâtres laissent deviner la trace des brutalités d'une mégère.

Depuis la *Pasqua-Maria* d'Hébert, rien de si touchant dans sa grâce souffrante n'avait paru à Paris. Nul ne connaissait le nom de ce modèle, et chacun l'aimait d'avance. On le devinait : la fantaisie n'était pour rien dans cette figure, c'était un portrait. La curiosité, une curiosité attendrie, serrait le cœur de ceux qui regardaient la toile de Jean Marigné. L'artiste se tenait à l'écart, recueillant les éloges émus de la foule, étudiant le visage des femmes, surprenant de belles larmes de pitié dans des yeux d'enfants. Mais il secouait la tête comme s'il pensait : ce n'est point cela que je rêve, que je veux, que j'attends....

Cependant, depuis une seconde, le regard de Marigné s'attachait avec persistance sur une jeune femme d'environ trente ans, dont la beauté attirait par un charme mêlé de souffrance. Les yeux conservaient ce rayon mouillé que leur donne l'habitude des larmes ; les lèvres avaient oublié le sourire. La tête se penchait en avant, et la démarche trahissait encore plus de lassitude de la vie que de fatigue physique.

— J'ai certainement vu cette figure quelque part, murmura Marigné.

— Comment vous trouvez-vous? demanda une voix affectueuse en s'adressant à la jeune femme.

— Mieux, beaucoup mieux, mon cher comte, répondit celle-ci, je suis les prescriptions du docteur Roland, je me promène, vous le voyez; où donc se trouvent vos filles?

— Dans le salon carré, en face de la *Madone* de Bouguereau, une merveille qu'on vante beaucoup et qui vaut encore mieux que les louanges qu'elle inspire. Tandis que mes enfants se reposent, je fais une rapide inspection des toiles mises à l'ordre du jour, et je tiens à voir la *Petite fille* de Marigné.

— Offrez-moi donc votre bras, et aidez-moi à passer, reprit la jeune femme.

Le comte de Sermet se glissa entre les trois premiers rangs de curieux ; sa grande taille lui permit d'apercevoir ce tableau avant sa compagne, et il murmura :

— Oui, c'est bien, c'est vivant ! Regardez, regardez, comtesse.

Un mouvement de la foule porta rapidement la jeune femme en face du tableau ; elle s'avança comme affolée, passa la main sur ses paupières, se cramponna ensuite à la balustrade, et les yeux noyés de pleurs, le corps agité d'un tremblement convulsif, elle s'écria :

— Alie ! Alie ! et tomba à la renverse sur le plancher, pâle comme une morte, roidie comme un cadavre.

— Je comprends maintenant, dit Marigné.

Il se penche vers Mme de Sézanne, la soulève dans ses bras, et l'emporte en courant jusqu'à la dernière salle voisine du buffet. L'évanouissement de la jeune femme, son cri qui semble promettre une dramatique aventure, ont entraîné la foule sur les pas de Marigné ! Le comte de Sermet lui aide à humecter les tempes de la jeune femme, il s'étonne, il s'effraie.

— Pauvre créature, dit-il à Marigné, elle croit voir partout l'image de l'enfant qu'on lui a volée.

— Monsieur, dit Marigné, cette fois je veux croire qu'elle a vu juste.

— Vous croyez.....

— Cette jeune femme revient à elle, je sollicite l'honneur de l'accompagner, et je vous supplie, monsieur, de vouloir bien nous suivre.

— Mes filles ? demanda le comte de Sermet.

— Vous avez le temps de les rejoindre et de les amener avant notre départ.

La comtesse remercie du regard ceux qui s'empressent autour d'elle ; elle porte à ses lèvres un verre d'eau glacée, accepte le bras de Marigné, descend les escaliers et se trouve dans les Champs-Élysées au moment où le comte de Sermet vient d'installer ses filles en voiture.

— Monsieur, lui dit rapidement Marigné, je suis l'auteur du tableau dont la vue a si fortement ému cette jeune femme, ayez confiance en moi...

L'avant-veille, les artistes reçus pénètrent au palais. (*Voir page* 590.)

Puis se tournant vers Barbézius :

— Préviens le docteur Roland qu'il ait à venir de suite à la maison.

Barbézius sauta dans un fiacre, tandis que le comte de Sermet, Mᵐᵉ de Sézanne et Marigné montaient dans la calèche qui les amena rue de Provence, suivant l'ordre donné au cocher.

Malgré les soins dont elle venait d'être l'objet, la jeune femme se trouvait si émue, si brisée, qu'elle ne s'étonna pas trop de recevoir l'hospitalité dans une maison inconnue. Du reste, la vue de Fabienne qui accourut au devant d'elle avec un empressement touchant, l'émotion sympathique que lut la comtesse dans les yeux de la sœur de Marigné, tout concourut à la convaincre qu'elle se trouvait au milieu de nouveaux amis. D'ailleurs sa tête lui semblait lourde, la pensée s'y faisait jour avec peine, une sorte de brouillard flottait devant son esprit.

Le comte de Sermet la regardait avec inquiétude, et pour le rassurer, elle lui serra doucement la main.

Le bruit inusité régnant alors de l'atelier de Jean, arracha à ses jeux la petite servante de la Paumelle que Marigné et Barbézius trouvèrent jadis aux Buttes-Chaumont. Alleluia elle-même cessa de jouer le morceau qu'elle répétait sur l'orgue, et la fillette, en véritable enfant gâtée et curieuse, allait franchir le seuil du cabinet de travail dans lequel elle se tenait avec la jeune aveugle, quand Fabienne parut subitement et arrêta l'élan de l'enfant en la prenant dans ses bras.

— Qu'avez-vous ? Oh ! qu'avez-vous, Fabienne, ma chérie ? demanda la petite fille en prenant à deux mains pour l'embrasser le visage de sa grande amie. Vous pleurez ? vous a-t-on fait de la peine ? Votre mari, M. Urbain, a-t-il été méchant pour vous ? Oh ! si cela était, je le gronderais bien fort. Pour le punir, restez ici avec nous, Alleluia fera de la musique pour nous deux, et moi, je vous dirai des contes.

Fabienne s'assit dans un fauteuil et garda l'enfant sur ses genoux, puis tout en la caressant comme si elle se livrait à un jeu, elle enleva la jolie robe bleue de la petite Alie, délia ses cheveux blonds que maintenait un ruban, arracha les souliers élégants, les chaussettes de fil d'écosse, puis elle prit dans un coffret de chêne, les haillons dont la fillette était revêtue le jour où nos amis la découvrirent partageant, au milieu des arbustes des Buttes-Chaumont, le déjeuner des moineaux.

— Ma grande chérie ! dit l'enfant, je n'aime pas me retrouver sous ces haillons, ils me rappellent la Rosalba, la Paumelle, tout ce que j'ai souffert.....

— Laisse faire, mignonne, tu ne les garderas pas longtemps.

— Je vais poser une petite mendiante ?
— Oui, pour la dernière fois.
— Alors attachez tout cela, ma grande amie, seulement on ne voit plus la trace des coups, par les déchirures du corsage, et je n'ai pas autant l'air d'avoir pleuré....
— C'est égal, dit Fabienne, tu ressembles.

La jeune femme d'Urbain s'éloigna comme les peintres qui veulent juger de l'effet d'un tableau, puis elle attira de nouveau Alie sur ses genoux.

— Maintenant, dit-elle, tu vas chanter.
— La romance d'Alleluia ?
— Non, la complainte d'André Beauvais.
— Oui, répondit docilement l'enfant.
— Oh ! ce n'est pas tout ! Tu commenceras la complainte ici, dans ce cabinet, et tout en chantant, tu marcheras vers l'atelier, en passant par la petite porte. Au fond de l'atelier est un grand cadre vide qui sert à essayer le rendu des toiles, tu le connais ?
— Oui, ma grande amie.
— Quand tu seras arrivée près du cadre, tu te placeras en arrière et tu seras immobile.
— Je comprends, dit Alie, c'est moi qui serai le tableau.

Tandis que l'enfant se prête docilement aux désirs de Fabienne, Mme de Sézanne serre la main du docteur qui vient d'entrer.

— Le pouls est agité, dit-il ; encore une imprudence, sans doute.
— Non, répond la jeune femme, une émotion.
— M. Barbézius m'a raconté cela en chemin. Mais que de fois déjà n'avez-vous pas cru retrouver les traits ou la voix de celle que vous pleurez !
— Cette voix je l'ai entendue, dit Mme de Sézanne, d'un accent vibrant, la vie m'abandonnait, j'étais près de mourir, et cependant l'accent de mon enfant chantant dans la rue m'a remué le cœur jusqu'à me faire revivre.
— Et tout à l'heure ?
— Tout à l'heure, j'ai vu son portrait.
— Patience, dit le docteur de sa voix ferme et douce ; vous êtes ici dans l'atelier de M. Jean Marigné, l'auteur de la toile exposée au salon. Il a voulu lui-même vous donner les détails que vous ne pouviez manquer de souhaiter.
— Quoi, dit Mme de Sézane en se tournant vers Marigné, cette enfant en haillons a posé chez vous, vous la connaissez, parlez, oh ! monsieur, parlez vite !

— Calmez-vous, de grâce, madame, dit l'artiste, oui, je connais cette enfant, elle a beaucoup souffert, et nous l'attirons ici pour la consoler des douleurs passées, c'est un petit ange. Vous la verrez, je vous le promets...

— Tout de suite, monsieur, tout de suite ! Je vous en supplie ! dit la pauvre mère. J'ai failli mourir de regret de l'avoir perdue, la joie ne me fera pas de mal, la joie de nous retrouver nous guérira toutes deux.

Tandis que ces paroles s'échangeaient, Fabienne, sûre de l'intelligence d'Alie, rentrait dans l'atelier.

Une seconde après, Alleluia commençait très doucement la ritournelle de l'a'r sur lequel André Beauvais avait composé sa complainte.

Le docteur gardait dans ses mains la main de la malade, tandis que Fabienne, anxieuse, s'inclinait sur le dossier de son fauteuil.

Alors un timbre doux, cristallin, pénétrant, commença ce couplet :

> Le nid était doux, l'aile de la mère
> Couvait l'oiselet d'un ardent amour ;
> Le chêne géant, au tronc séculaire,
> Cachait leur bonheur aux rayons du jour.
> La brise de mai soufflait fraîche et douce,
> Les fleurs du printemps parfumaient le sol ;
> Le couvert était dressé sur la mousse,
> Et pour eux chantait le gai rossignol.

Dès les premiers vers, Mme de Sézanne s'était penchée attentive, anxieuse. Ses lèvres tremblaient ; sa main frémissait dans la main du docteur, son regard prenait une fixité inquiétante.

Enfin elle se leva, comme si elle se trouvait sous l'empire d'une hallucination.

— Cette voix !!! murmura-t-elle, j'ai peur.....

Le regard de Fabienne interrogea le docteur Roland.

— Laissez faire, dit-il à voix basse.

Mme de Sézanne s'avança du côté d'où venait la voix d'Alie qui reprit d'un accent plus pénétré, plus ému :

> Plaignez l'oiseau tombé du nid à terre ;
> Plaignez l'enfant qui répète à grands cris :
> Ah ! rendez-moi les baisers de ma mère,
> Et le bonheur que les méchants m'ont pris !

Mme de Sézanne échappa au docteur qui s'efforçait de la tenir, et tendit les bras vers le fond de l'atelier.

— Ma fille ! dit-elle, ma fille.

L'infortunée était à genoux, presque en délire, la poitrine gonflée de sanglots, les yeux voilés de larmes.

Fabienne s'approcha, soutint doucement, d'un bras caressant et fort tout ensemble, la taille de la jeune femme, puis de la main qui lui restait libre, elle écarta la lourde tapisserie qui cachait une partie du fond de l'atelier.

Derrière la tapisserie se trouvait le grand cadre d'or au milieu duquel se tenait Alie en haillons, vivante reproduction du tableau du palais de l'Exposition des Beaux-Arts.

Deux cris retentirent à la fois :

— Alie !

— Ma mère !

Des bras tremblants s'enlacèrent, des baisers se répondirent, des sanglots de joie se mêlèrent. Mme de Sézane ne pouvait parler, elle écartait les cheveux de son front, elle approchait ses petites mains de ses lèvres; elle s'abandonnait à une expansion de folle joie qu'Alie partageait avec ivresse.

Le docteur se frottait les mains, Fabienne essuyait ses joues humides de larmes, et Barbézius écoutait les derniers accords expirant sous les doigts d'Alleluia.

Pendant plus d'une heure ce furent des joies infinies, des conversations entrecoupées de caresses, des questions restant sans réponse. Fabienne, après avoir obtenu le résultat qu'elle souhaitait en montrant à la jeune mère Alie vêtue comme la *Petite fille* du tableau de Marigné, s'empressa de lui remettre sa jolie robe bleu, avec laquelle sa mère la retrouvait plus semblable à ce qu'elle l'avait connue autrefois. Alleluia quitta l'orgue, désormais muet et inutile, et vint dans l'atelier prendre place à côté de l'empailleur de grenouilles qui lui parlait de sa voix la plus douce, et l'initiait à ce qu'elle ne pouvait voir.

— Mère, mère, dit Alie, il ne manque plus ici que le petit Henri; et si je ne vois plus Henri, je serai triste; nous avons été si malheureux ensemble.

— Me voilà, dit Henri en accourant.

Tandis que les enfants s'embrassaient, les mères faisaient connaissance. Blanche et Mme de Sézanne ne pouvaient manquer de s'aimer. Toutes deux après avoir perdu le compagnon de leur vie, avaient failli mourir de douleur en se voyant séparées de leurs enfants. Une sympathie spontanée les rapprocha; elles se devinèrent, se comprirent et de cette heure commença une amitié que rien ne devait altérer.

Les enfants jouaient pendant ce temps : Henri racontait à Alie les émotions de la terrible séance pendant laquelle il joua *Daniel dans la fosse aux lions*; Alie recommençait l'histoire des Buttes-Chaumont, et de la chanson d'André Beauvais.

Ces deux êtres également éprouvés, doux et beaux l'un et l'autre, étaient en ce moment l'objet de toutes les tendresses de deux mères admirables, jeunes, belles, que la souffrance avait sanctifiées et rendues deux fois plus chères à ceux qui les aimaient.

— Madame, dit Blanche à la comtesse, séparons-les le moins possible !

— Nous nous aimerons, dit Mme de Sézanne.

— Vous serez ma sœur, ajouta Mme Monier.

— Et jamais sœur ne se montrera plus dévouée.

Le docteur Roland, comprenant qu'il pouvait laisser les deux jeunes femmes à leurs joies maternelles, prit congé de Jean et de sa sœur.

— Où donc est Urbain? demanda-t-il.

— Mon mari est allé voir l'abbé Tiburce, qui, après l'avoir soutenu pendant l'épreuve, se réjouit maintenant de son bonheur.

— Ma petite sainte Cécile ? dit le docteur en regardant autour de lui pour chercher Alleluia.

Barbézius s'éloigna discrètement.

L'aveugle sourit et tendit la main au docteur.

— Vous souvenez-vous, mon enfant, de la promesse de mon ami ?

— Oui, dit Alleluia, dont le visage rayonna d'allégresse, il m'a répété que, grâce à lui, je pourrais revoir le ciel, ma mère ! que grâce à lui je cesserais d'être aveugle.

— Eh bien ! chère enfant, ce miracle de la science s'accomplira demain.

— Demain ! répéta Alleluia.

La jeune fille plaça les deux mains sur son cœur, se jeta dans les bras de Blanche, et fondit en larmes.

— Je suis trop heureuse ! lui dit-elle.

Il offrit à la jeune fille les magnifiques compensations de son cœur. (*Voir page* 612.)

CHAPITRE LI

LES YEUX DU CŒUR

Blanche s'alarma de cette explosion de joie; elle savait par expérience combien toutes les émotions extrêmes devenaient dangereuses pour la frêle organisation de la jeune fille, et crut prudent de quitter la maison de Fabienne et de la soustraire à un foyer trop brûlant pour sa nature sensitive.

Blanche fit promettre à Barbézius de lui ramener le petit Henri, quand celui-ci aurait assez joué avec Alie et noué connaissance avec Mme de Sézanne. Puis, prenant sous son bras le bras de l'aveugle, elle gagna le modeste appartement de la rue de Provence. Blanche avait loué pour elle, Guillaumette et sa fille, un charmant pavillon placé au fond d'un jardin; mais les réparations indispensables exigeaient beaucoup de temps, et en attendant qu'elles fussent achevées, Mme Monier restait dans la modeste maison où elle avait compté tant d'heures douloureuses, où elle avait aussi éprouvé des joies si grandes.

Pendant le trajet, Alleluia garda le silence; il semblait qu'elle eût craint de profaner son secret en le confiant à son amie au milieu du mouvement des passants et du tumulte de la rue. De temps en temps, la petite main de l'aveugle serrait le bras de Mme Monier et cette caresse en apprenait plus que bien des paroles à la jeune femme.

Guillaumette embrassa sa fille comme si elle en était séparée depuis longtemps, car dans sa tendresse, elle redoutait toujours un accident, un malheur, quand Alleluia s'éloignait du logis; puis l'excellente créature laissa les deux amies seules dans le petit salon.

Alleluia ôta son chapeau, son mantelet, s'assit dans un fauteuil rond, bas, propre pour le repos comme pour la causerie.

Un moment après, Blanche, placée près d'elle et caressant doucement une de ses mains, lui demanda :

— Ne me confieras-tu point, chère Alleluia, le sujet de cette grande joie, qui te rend toute tremblante ?

— Si, vous saurez tout! Est-ce que je puis vous rien cacher? D'ailleurs, j'ai beaucoup de choses à apprendre. Vous serez bien franche, n'est-ce pas?

— Je te le promets, mignonne.

— Vous savez ce que m'a promis l'oculiste, ami du docteur Roland?

— Il t'a promis de te rendre la vue.

— Oui. Eh bien! c'est demain, entendez-vous, chère Blanche, demain que l'on doit me faire cette opération.

— As-tu peur, Alleluia?

— Peur? moi! Non, chère Blanche. Je m'attends à une vive souffrance physique, mais qu'est-ce que cela, au prix de mes yeux. Je reverrai ma mère, dont le visage doux et triste est gravé dans mon souvenir. Je pourrai chercher encore sa pensée dans ses regards, et je n'y trouverai que de la joie, tandis qu'autrefois, je n'y voyais que des larmes. Revoir ma mère, Blanche! oh! comme le cœur me bat à cette espérance. Et puis, avec quel ravissement je contemplerai tout ce qui fit jadis mon admiration: le ciel bleu des soirs d'été, les myriades d'étoiles allumées dans la nuit, la verdure si douce au regard, les fleurs, les oiseaux, les papillons, tout ce que Dieu doua de beauté, de vie et de grâce. Il me semble que je ne me rassasierai jamais de regarder les fleurs, de courir dans les bois, au bras de mon grand ami et de saluer ma résurrection à une existence nouvelle.

Alleluia dit ces mots avec une telle expression que Blanche en demeura surprise. D'habitude, la fille de Guillaumette se renfermait en elle-même et paraissait cacher avec soin les replis de son cœur, tandis qu'à cette heure elle en levait sans crainte les derniers voiles.

Alleluia reprit:

— Mon souvenir me retrace les tableaux dont je vous parle, tandis que certains autres se sont effacés dans une sorte de vapeur. Quand je prie à l'église, que j'entends chanter les hymnes, les prières, toute la grande poésie de la religion catholique envahit mon âme et l'absorbe: cependant il me manque une joie profonde, celle de voir rayonner l'autel devant lequel je m'agenouille, celle de fixer des regards remplis d'adoration, de sainte terreur et d'ardent espoir, sur l'ostensoir devant lequel les fidèles tombent le front dans la poussière. Le parfum des fleurs, l'odeur de l'encens, l'harmonie des orgues m'ouvrent un monde céleste, mais il y manque la vision de l'hostie et le sourire de la Vierge tenant dans ses bras l'Enfant-Jésus.

Blanche rapprocha d'elle la jeune fille.

— Tu es une noble créature, Alleluia, lui dit-elle, et si le bonheur vient à toi, accepte-le sans crainte, tu as bien mérité la visite de cet hôte si cher et si rare qui passe sous la tente des hommes sans s'y arrêter jamais.

— Et puis, reprit l'aveugle, je vous verrai, vous, ma sœur aînée, mon amie, mon guide, je verrai le cher petit Henri que nous avons pleuré ensemble, qu'à demi-folle de bonheur, vous avez remis un soir dans mes bras. Ce visage d'enfant doit ressembler à celui des anges.

— Il en a l'innocence et la douceur, répondit Mme Monier.

— Enfin, reprit Alleluia, il est une autre figure que je souhaite voir.....

— Laquelle?

— La mienne.

— Tu éprouves cette curiosité?

— Depuis longtemps.

— Pourquoi ?

— Depuis le jour de la grande soirée de M. Mustel.

— Tu y obtins un grand succès de virtuose ; mais cela ne suffit pas pour m'expliquer.....

— Ce soir-là, dit Alleluia, en baissant la voix, on répéta autour de moi que j'étais belle.

— Eh bien ! demanda Blanche, avec une sorte d'inquiétude, cela n'avait rien d'affligeant, ce me semble?

— Non, sans doute, car les personnes qui parlaient de ma beauté gardaient dans l'accent quelque chose de doux et de sympathique. On eût dit que cela leur faisait plaisir de me voir belle. Mais, ces personnes, je ne les connaissais point, et si leur éloge, en parvenant à mon oreille, me causait une joie mal définie, je ne le trouvais pas suffisant. Demander à ma mère si j'étais telle qu'on me le disait, cela était inutile, une mère trouve toujours son enfant beau à miracle. Alors, j'ai pensé.....

— Voyons ce que tu as pensé, petite coquette.

— Que vous me diriez la vérité.

— Sur quoi ?

— Mais, sur moi, Blanche! Les autres femmes ont un miroir, moi je ne puis pas même savoir si une louange n'est pas un mensonge.

— Écoute, ma chère Alleluia, dit, d'une voix grave, Mme Monier, il ne faut pas avoir d'orgueil des dons que le Seigneur nous a départis, car s'il nous les a donnés d'une main libérale, nous lui en rendrons quelque jour un compte rigoureux. Cette beauté dont tu parles est le plus souvent funeste aux femmes qui la possèdent. Elles y puisent un orgueil souverain et dominateur prêt à fouler aux pieds tout ce qui ne leur est pas soumis en esclave. Une femme belle, quand cette femme est Parisienne surtout, jette une partie de son cœur à la mer comme un lest inutile. Elle sacrifie ses revenus, ceux de la famille au culte de cette même beauté. Rien d'assez beau pour ses parures. Il faut des étoffes superbes pour draper leurs plis autour de son corps, des bijoux pour orner son cou, ses cheveux et ses bras; des dentelles pour l'entourer de leurs frais réseaux. Elle s'imagine que la nature entière lui doit un tribut. Elle oublie Dieu pour tomber dans l'idolâtrie d'elle-même; elle néglige les siens, pour chercher les félicitations d'un public superficiel et vain. L'égoïsme l'envahit à mesure que grandit sa vanité folle. Trop heureuse est-elle encore, quand elle s'arrête sur une pente glissante et ne roule pas dans des abimes dont tu dois ignorer même le nom. La beauté, quel triomphe, mais quel piège!

— Vous ne m'avez pas répondu, reprit Alleluia : suis-je belle?

Blanche qui tenait la main d'Alleluia dans les siennes, posa cette main frêle sur les genoux de la jeune aveugle; puis, reculant un peu son fauteuil, elle étudia le visage de la jeune fille avec une attention scrupuleuse.

Alleluia impatiente, s'inclina vers son amie :

— Eh bien ? fit-elle.

— Oui, dit doucement Mme Monier, tu es belle, d'une beauté naïve et touchante, simple et, par cela même, deux fois plus attrayante. Ton front est blanc comme un lis et tes cheveux blonds l'entourent comme un nimbe de sainte. Ton sourire est doux, paisible, il reflète ton cœur ouvert à tous les bons sentiments. Quand tes yeux bleus s'animeront d'un rayon, il n'y aura pas de regard plus charmant que le tien, car tes cils blonds leur donneront une douceur infinie. Ton col est souple comme celui d'un cygne, ta taille un peu frêle, mais élégante dans sa gracilité. Tes mains sont petites, presque trop petites. Enfin, tu es belle, simplement et chastement belle, comme une jeune fille qui n'a jamais eu que des pensées pures, et des songes traversés par le vol de son ange gardien.

En écoutant son amie, Alleluia ressentait une joie qui se reflétait sur son visage et le couvrit de teintes roses.

— Blanche, demanda-t-elle, le visage est donc un reflet de l'âme?

— Certes, ma fille. Chaque passion laisse une empreinte sur la figure humaine; la sérénité du bien accompli rayonne sur la physionomie du prêtre; l'austérité des pensées communique quelque chose

Courir dans les bois au bras de mon grand ami. (*Voir pag:* 603.)

Elle néglige les siens pour chercher les félicitations d'un public superficiel.
(*Voir page* 605.)

de surhumain aux têtes des moines. On reconnaît aisément, dans une foule, un sot d'un homme d'esprit. Le magistrat qui écoute, juge, pèse et prononce, n'a aucun rapport avec l'avocat qui plaide, bataille et discute. Le médecin ne garde pas la même attitude que le marchand. Un habile physionomiste ne confondra pas un peintre avec un sculpteur, ni un graveur avec un photographe. Un orgueilleux lève la tête trop haute; un hypocrite ne regarde point en face; un menteur a la voix fausse et l'œil inquiet; un avare a les doigts crochus, le goût rapace. Les mouvements de l'âme, à force de se répéter sur un visage, y gravent leur empreinte; c'est pour cela que sans exagération on peut se servir de cette expression : « Le rayonnement du génie. » L'habitude de hautes pensées laisse un reflet sur le front et illumine le regard. Toi, tu es une enfant, et ta douce figure reflète la pudeur, la grâce inconsciente, et souvent les ardeurs d'un saint enthousiasme.

— Que vous me rendez heureuse, dit Alleluia, en m'apprenant que je suis belle, non pour moi et par un sentiment d'orgueil, mais pour tous ceux qui me chérissent.

Alleluia sembla hésiter à poursuivre cet entretien, et ce fut avec moins d'assurance qu'elle demanda :

— Blanche, je voudrais encore savoir quelque chose.

— Qu'est-ce, ma mignonne?

— Vous ne me raillerez pas?

— La raillerie est une cruauté!

— N'est-ce pas, reprit Alleluia, encouragée, et, d'une voix dans laquelle vibrait une sincère croyance, n'est-ce pas que M. Barbézius est beau?

— Lui? s'écria Mme Monier.

— Oui, lui, répéta la jeune aveugle.

— Pourquoi cette question?

— Parce que... Mais, tenez, ne me répondez pas encore, laissez-moi vous expliquer toute ma pensée, la pensée d'une jeune fille aveugle, qui ne voit rien qu'avec les yeux de son cœur. Barbézius doit avoir sur le front ce rayonnement dont vous parliez tout à l'heure, et dans les yeux l'éclair du génie. Je me souviens de mon émotion tandis que vous lisiez des pages écrites par lui et que vous vous interrompiez pour dire : « — C'est beau! c'est vraiment beau et inspiré! » — Sa voix est douce, pénétrante; quand il lit lui-même ses poésies ou ses articles, on les comprend, on les aime deux fois mieux. Et avec quelle bonté ne parle-t-il point de ceux qui souffrent! Cette voix m'a consolée quand, toute petite, je pleurais; plus tard, elle m'instruisit. Quelle patience n'a-t-il point fallu à M. Barbézius pour dégager ma pensée de ses langes, m'apprendre à discerner, à aimer ce qui est noble et grand!

il s'est fait successivement mon professeur et mon père. On eût dit que cette vaste intelligence s'inclinait vers moi pour réchauffer mon âme, et l'inonder de chaleur et de rayons. Quel homme peut exprimer des sentiments sublimes sans les avoir dans le cœur? Barbézius m'a négligée pendant quelque temps, je ne sais pourquoi, et j'en ai bien souffert, mais sans doute il l'a compris, car il revient meilleur et plus dévoué, s'il est possible, vers la pauvre infirme, dont il est le guide et l'ami. Est-ce que vous m'auriez vue, vous, calme, souriante, acceptant la cécité, l'isolement, la douleur, si je n'avais eu cette noble amitié pour me donner du courage? Ma mère m'apprenait jadis les paroles de la prière, mais Barbézius m'enseignait à les trouver sublimes ; il leur donnait un sens magnifique, il m'en indiquait la poésie, il me pénétrait de leur grandeur, et quand j'avais entendu les psaumes, expliqués par lui, je les aimais davantage. Oh! Blanche! chère Blanche! puisque l'âme transparait sur le visage, j'ai raison de le dire, Barbézius est beau.

Blanche se sentit le cœur oppressé.

— Que t'importe! dit-elle.

— Que m'importe? Mais songez-y donc, Blanche, demain je ne serai plus aveugle, demain je verrais ceux que j'aime, et d'avance, il faut que je sache.... Au moment où mes yeux s'ouvriront à la lumière, je veux aller au devant de mon grand ami et lui tendre les deux mains en lui disant : — « Je vous reconnais! Dans mes ténèbres je vous voyais souvent, et vous ressemblez à mon rêve. »

— Pauvre enfant! murmura Blanche.

— Comprenez-vous quelle sera sa joie, en voyant que j'ai deviné juste?

— Ma fille, dit Blanche, d'une voix grave, réponds-moi, sans trembler, sans rougir.

— Pourquoi rougirais-je, je n'ai jamais fait de mal.

— Tu aimes M. Barbézius?

— Oui, répondit Alleluia de sa voix émue et suave, j'ai grandi près de lui, ne le jamais quitter est le rêve de ma vie. Et lui! Blanche, et lui doit penser de même. On s'attache à ceux que l'on entoure de soins et dont le bonheur est notre ouvrage. Il me chérit profondément, et la preuve de cette vérité c'est qu'il semblait triste quand on répétait autour de moi que j'étais belle. Il ne me l'a jamais dit; jamais non plus il ne m'a avoué ce que je vous avoue sans feinte, et cependant il me semble que s'il devait ne plus vivre dans le même centre que moi, il souffrirait autant que moi-même. Je prie pour lui chaque jour, je demande à Dieu son bonheur de préférence au mien. Si cette amitié profonde, cette reconnaissance exaltée s'appellent d'un autre nom, je ne sais pas, Blanche, et je n'ai pas besoin de le savoir, il me suffit d'en être heureuse.

— Pauvre ! pauvre enfant, murmura Mme Monier.

— Si le docteur ne m'avait point promis de me rendre la vue, jamais je n'eusse osé vous dire tout cela. Malgré ce qu'on appelle ma beauté, en dépit de mon talent, je me sentais inférieure aux autres femmes, j'étais une aveugle, une infirme. Barbézius, qui trouvera la gloire dans ses travaux, ne pouvait se charger d'une existence vouée à une perpétuelle douleur; mais demain, demain, Blanche je lirai son secret dans son premier regard, et j'oserai lui laisser deviner le mien ; il pourra sans honte faire de moi sa femme.

— Sa femme ! toi, sa femme ! répéta Mme Monier.

— Vous m'effrayez ! dit Alleluia à son amie.

— Et toi, tu m'affliges, oui, tu m'affliges profondément.

— Je comprends, dit Alleluia, M. Barbézius est fiancé à une autre ; vous n'osez pas m'avouer cette vérité, ou bien vous tremblez que l'écrivain mis à la mode par le succès ne repousse l'humble fille de Guillaumette qui doit la vie à sa charité.

— Ce n'est pas cela ! Oh ! non, ce n'est pas cela, dit Blanche.

— Parlez, mais parlez vite, vous voyez bien que je souffre.

— Eh bien ! Alleluia, c'est toi qui refuseras d'épouser Barbézius, quand tu l'auras vu.

— Moi ! s'écria l'aveugle, avec un magnifique élan d'incrédulité.

— Oui, toi, ma chérie.

— Ce ne se peut pas, Blanche.

— Hélas ! cela sera, ma pauvre enfant.

— Mais, pourquoi, dites-moi pourquoi ?

— Parce que, de l'heure où tu ouvriras les yeux à la lumière, tu comprendras quelle illusion tu t'es faite. Sans doute la voix de Barbézius est suave et douce, et ses paroles sont éloquentes, mais sa bouche est contournée et difforme ; son âme est belle, mais son visage est hideux ! Dieu, qui lui prodigua tant de qualités éminentes et rares, lui refusa le don de la beauté que tu lui prêtes et dont ton imagination seule l'a paré. Sa taille contrefaite, ses membres noués, ses cheveux en broussailles en feraient pour tous un être répulsif si l'on s'arrêtait à la surface. Un cœur d'ange, dans le corps de Caliban ! une âme prédestinée sous l'enveloppe d'un monstre !

Alleluia frissonna sans répondre.

— Je devais te révéler cette vérité pour t'épargner la violence d'un choc qui aurait pu humilier profondément Barbézius et te causer une peine extrême. Oublie le rêve, renonce à ton œuvre à toi ; Dieu jeta ton grand ami dans un moule grotesque, mais il lui donna les compensations sublimes de l'esprit et du cœur.

De grosses larmes roulèrent sur les joues d'Alleluia.

— Tu pleures ! tu pleures ! s'écria Blanche. Oh ! j'aurais dû me taire.
— Non, dit Alleluia, en prenant la main de son amie, vous avez bien fait de parler, au contraire, plus tard.....
— Le mal eût été irréparable, n'est-ce pas ?
— Oui, tandis que maintenant rien n'est perdu.
— Mais tu souffres ?

Alleluia tourna son beau visage du côté de Blanche :
— Je regrette mes yeux, dit-elle.
— Que signifie ce mot ?
— Blanche, je resterai, je veux rester aveugle ; mes yeux seront éternellement fermés aux choses de ce monde. Si je les ouvrais, Barbézius craindrait de devenir pour moi un objet de mépris, de dégoût et d'horreur. Ce que vous venez de me révéler, je ne l'ai pas absolument compris, et j'en bénis Dieu. En demeurant dans mes ténèbres volontaires, je garderai à mon grand ami l'idéale beauté que je lui prêtais, et il ne souffrira point de ce que vous nommez sa laideur, puisque je ne la pourrai voir. Les distinctions subtiles que vous admettez entre les êtres, me seront inconnues. Barbézius conservera pour moi son âme généreuse, sa voix douce, son intelligence d'élite. Il restera l'homme bienfaisant et bon qui tendit du pain à ma faim, et donna une caresse à mon enfance misérable. Alors, Blanche, loin de me paraître triste, mon sort deviendra doux. J'aurais pu, à mon tour, faire un sacrifice à celui que je chéris du fond de mon cœur, et Alleluia, aveugle, acceptera d'être la femme de l'empailleur de grenouilles.

— Est-ce vrai ? est-ce vrai ? demanda une voix tremblante.

C'était Barbézius qui, ramenant Henri à sa mère, venait d'entendre les derniers mots d'Alleluia.

La jeune fille se leva et, de ce geste qui lui était habituel et instinctif, elle étendit la main du côté de celui qu'elle appelait son grand ami.

— C'est vrai ! dit-elle.

Barbézius regarda Blanche avec angoisse.

— Et votre mère, Alleluia ?

— Ma mère vous aime autant que moi-même, elle n'a jamais souhaité que mon bonheur.

— Il sera bientôt complet, si le docteur Roland.....

— Vous me croyez courageuse, dit Alleluia, avec un sourire, eh bien! non. Je suis faible, presque lâche. Je recule devant la souffrance et la torture. Accoutumée à mon malheur, je m'y résigne. Vous garderez votre femme aveugle, Barbézius, et vous serez ses yeux et sa lumière.

L'admirable enfant voulait même ôter à son fiancé la pensée qu'elle accomplissait un sacrifice, afin de lui laisser la joie de croire qu'il se dévouait.

Et vraiment, ce jour-là, ce malheureux qui avait tant souffert, tant lutté, qui aurait payé de tout son sang la satisfaction d'être semblable aux autres hommes, oublia sa laideur pour ne songer qu'à sa joie. Il offrit à la jeune aveugle les magnifiques compensations de son cœur, de son esprit, de son éloquence. Il répandit devant elle, comme un tapis de fleurs magnifiques, ses qualités fortes, ses vertus renouvelées; il s'empara de cette âme simple et douce d'une façon plus complète, plus absolue, plus bienfaisante et plus sainte.

Tous deux se trouvaient égaux dans la voie du dévouement, tous deux savaient qu'ils marcheraient d'un pas égal dans la route difficile de la vie, qui s'aplanit par le sacrifice et se réchauffe par le dévouement.

Quand Guillaumette rentra, elle apprit tout.

— Dieu soit loué! dit-elle, Alleluia paie notre dette à toutes deux.

Elle ne demanda point à sa fille pourquoi elle renonçait à l'espoir de recouvrer la vue; Guillaumette était ferme, elle comprit. Ses deux mains s'étendirent sur deux fronts penchés. A ses pieds se trouvaient deux êtres dont l'un semblait une grossière ébauche de la forme humaine, et l'autre l'idéalisation la plus pure de la beauté féminine, mais pour l'œil de Dieu, les deux âmes étaient égales, et la bénédiction fut aussi riche de grâces pour Barbézius que pour Alleluia.

Elle se trouva en face d'un domestique de six pieds. (*Voir page* 615.)

CHAPITRE LII

LES JOIES D'EN HAUT

ᴇs petites Mésanges rentraient de l'église. Leur doux visage respirait un recueillement profond. On eût dit à les voir qu'elles venaient subitement de grandir.

Les deux plus jeunes enfants de la famille, Cerisette surtout, regardaient leurs sœurs avec un sentiment de respect. Elles les trouvaient toutes différentes d'elles-mêmes, elles s'en approchaient avec une crainte tendre et baisaient leurs mains avec des caresses humbles et charmantes. Louis était grave. D'ordinaire, il parlait haut, riait aisément, lançait une plaisanterie, jetait un calembour à la tête des Mésanges, comme il eût fait d'un volant ou d'une balle élastique ; mais, depuis quelques jours, Louis mettait son honnête cœur d'enfant au diapason de celui des sœurs jumelles, de Marthe et de Jeanne.

Parfois, il regardait Mésange, cette sœur admirable qui lui avait appris à connaître ses devoirs, à sentir son cœur, et une larme d'attendrissement montait à ses paupières.

En voyant les deux jumelles, Marthe et Jeanne, si paisibles, si modestes, en respirant dans le modeste logis cette saine odeur de l'honnêteté travailleuse, Louis se sentit l'âme envahie par un profond attendrissement. Il comprenait complètement, pour la première fois, l'œuvre courageusement commencée et vaillamment poursuivie par sa sœur. Quand il la regardait, il sentait qu'il la vénérait autant qu'il l'aimait, et il se demandait par quel sacrifice, il la paierait un jour de son abnégation.

Les quatre sœurs qui, le lendemain, devaient faire leur première communion, s'assirent à la table de labeur. Elles venaient de prier, un autre devoir les réclamait, elles étaient prêtes à le remplir. Sans bruit, elles prirent leurs *brucelles*, leurs bobines et se mirent au travail ; quand leurs yeux se rencontraient, elles se souriaient avec une expression charmante, dans laquelle la joie se mêlait au recueillement.

Dans un coin de la chambre, Mésange s'occupait des toilettes du lendemain. Elles étaient bien simples, presque pauvres; les chères enfants ayant employé leurs économies à payer l'enterrement de Molécule, il n'avait pas été possible d'amasser de nouveau la somme nécessaire pour l'achat des robes blanches, des longs voiles, de toute cette parure virginale qui sied si bien aux enfants, et semble rendre visible leur innocence.

Mésange soupirait un peu; dans sa tendresse maternelle elle eût souhaité voir les petites bien parées ; mais la chrétienne se réjouissait du sacrifice accompli, et du mouvement de compassion généreuse qui avait porté les mignonnes à sacrifier une satisfaction bien légitime cependant, au besoin de faire l'aumône, l'aumône d'un cercueil à une pauvre jeune morte.

— Vous aurez des habillements sombres, mes chéries, leur dit Mésange, mais Dieu regarde les âmes, et la vôtre sera blanche comme un lis.

— Nous ne regrettons pas ce que nous avons fait, dit Marthe.

— Non ! non ! ajoutèrent les deux jumelles, Luce et Lucie.

— Je m'en réjouis, ajouta Jeanne ; qui sait si je n'aurais point été plus occupée de ma parure que de Dieu, si j'avais eu comme les autres enfants, une belle robe blanche?

Mésange embrassa les quatre mignonnes.

— Oh! combien je vous aime pour votre sagesse ! leur dit-elle.

— Mais, dit Cerisette, en riant, on dit dans les contes de fées que la marraine de Cendrillon toucha les pauvres habits de sa filleule et les changea en une robe de brocard. Le bon Dieu, qui est plus puissant que les fées, pourrait bien faire un miracle pour mes sœurs, n'est-ce pas, Mésange?

— Dieu peut faire tout ce qu'il veut, Cerisette. Seulement il ne faut pas croire aux fées.

— Oh ! ça m'est égal, dit l'enfant, je croirai aux anges....

Trois coups frappés à la porte, interrompirent la conversation, et Cerisette courut ouvrir.

Elle se trouva en face d'un domestique de six pieds, portant une sorte de livrée de fantaisie, particulière à l'un des magasins les plus en vogue de Paris.

— Mademoiselle Mésange ? demanda le domestique.

— C'est moi, répondit la jeune mère de famille.

— Voici un carton que j'ai ordre de vous remettre.

— Vous devez vous tromper, dit Mésange doucement.
— Non, mademoiselle, cet envoi est fait d'après l'ordre de M{}^{lle} Marie de Grandchamp.

Avant que Mésange fût revenue de sa surprise, le domestique avait disparu.

Luce et Lucie se levèrent par un mouvement instinctif de curiosité, mais elles le réprimèrent vite et reprirent leur place en se mettant à *boutonner* des pétales de roses.

— Venez! venez! leur dit joyeusement Mésange.

Cette fois, Jeanne, Marthe, Luce et Lucie coururent vers leur sœur et, si résignées qu'elles fussent l'instant d'auparavant à porter le lendemain des vêtements sombres, elles ne purent s'empêcher de sourire franchement en voyant Mésange tirer, l'une après l'autre, du carton, quatre toilettes blanches complètes, toutes pareilles, et choisies avec un goût exquis.

— C'est le miracle de l'ange, dit Cerisette, en battant des mains; la fée se repose, la fée est peut-être morte, mais l'ange savait bien que mes petites sœurs manquaient de robes blanches, et il leur en a envoyé du paradis.

Et Cerisette chantait ces mots, dansait, courait autour de la table, et se livrait à mille folies charmantes, dont Mésange ne put s'empêcher de rire.

— Mes chéries, dit la sœur aînée, vous prierez demain, pour M{}^{lle} de Grandchamp, qui vous a si délicatement ménagé une joie que j'étais impuissante à vous donner.

Tandis qu'elle replaçait les robes dans les cartons, on heurta doucement à la porte qui, en s'ouvrant, livra passage à un petit commis tenant un paquet enveloppé de papier bleu, et noué de rubans blancs.

— Pour M{}^{lle} Mésange, de la part de M{}^{me} Urbain Kerdren, dit-il.

Et le petit commis, disparut comme un sylphe.

Cerisette dénoua le ruban.

— Des livres! de beaux livres tout dorés, avec les noms de Luce, de Lucie, de Jeanne et de Marthe sur la couverture.

— Venez les prendre, dit Mésange à ses sœurs, et que demain la première oraison que vous y lirez soit pour cette noble Fabienne, qui a si bien mérité son bonheur.

Jeanne, Luce, Lucie et Marthe prirent les missels, en regardèrent les images, en admirèrent la reliure, puis elles allèrent les placer à côté du carton renfermant les blanches toilettes.

Elles n'avaient pas repris leur place, quand on frappa de nouveau à la porte. Cette fois, les deux jumelles ouvrirent en même temps, à un enfant vêtu comme les orphelins adoptés par la sœur de M. Monier et recueillis dans sa maison de Neuilly.

— De la part de Sœur Sainte-Croix, dit-il doucement.

Il sourit à Louis, à Mésange, aux quatre mignonnes, ferma la porte et descendit en courant.

La religieuse envoyait pour les quatre sœurs de beaux chapelets d'ivoire montés en argent, ornés d'un grand nombre de saintes médailles, et auquel pendait un reliquaire renfermant une parcelle du bois sacré, sur lequel expira le Sauveur des hommes.

Un dernier chapelet en bois noir, enchaîné de fer, était joint à ceux des jumelles, de Marthe et de Jeanne. A celui-là Sœur Sainte-Croix avait joint ce mot: « Vous avez aidé Molécule à mourir en chrétienne, je vous envoie le chapelet qu'elle roulait dans ses doigts avant de rendre le dernier soupir. Dieu vous bénisse, Mésange! autant que je vous aime. »

— Les anges pensent à tout! dit Cerisette; c'est complet! les robes blanches, les livres, les chapelets. Ah! pourtant il manque quelque chose.

— Quoi donc? demanda Marthe.

— Ce n'est pas la peine de le dire, répondit Cerisette, on monte l'escalier, on va frapper à la porte. Et tenez, on frappe. Entrez, mademoiselle, dit Cerisette en faisant une révérence enfantine à une jeune femme de chambre.

— Pour mesdemoiselles Jeanne, Marthe, Luce et Lucie, dit la camériste.

— Des montres d'or, des croix! s'écria Cerisette. Oh! dites-moi vite quel ange envoie ces belles choses à mes sœurs? demanda l'enfant radieux.

— Mlle Alie de Sézanne.

— Alie de Sézanne, la petite Alie?

— Qui a retrouvé sa mère, la comtesse de Sézanne.

La femme de chambre, allait sans doute donner des détails que les enfants souhaitaient avec impatience, mais, par la porte restée entr'ouverte, se glissa un homme long et maigre, tout de noir vêtu, qui posa un portefeuille sur la table :

— Pas besoin de reçu, mesdemoiselles, et mille pardons de vous déranger ; c'est Mme Blanche Monier qui m'envoie.

Il recula de nouveau vers la porte, et la femme de chambre de Mme de Sézanne, comprenant que Mésange devait avoir hâte de visiter le contenu du portefeuille, sortit également de l'appartement des fleuristes.

La main de la sœur aînée tremblait en ouvrant le fermoir. Elle craignit un moment que Blanche eût renfermé dans les poches du portefeuille un billet de banque, dont sans doute elle avait grand besoin, mais qu'elle eût rougi d'accepter.

Quatre livrets glissèrent du portefeuille sur la table.

Un billet, qui les accompagnait, renfermait ces mots :

« Quatre modestes dots pour quatre honnêtes filles. »

Chacun des livrets de caisse d'épargne était de trois mille francs.

Cette fois les yeux de Mésange se mouillèrent de larmes. Elle courut à ses sœurs, les pressa sur sa poitrine, sans parler, et si grande était la joie de la chère fille, qu'elle n'entendit point la porte s'ouvrir sous les petits doigts de Cerisette.

Ramoussot venait d'entrer.

— Mais voyez donc mes richesses ! dit Mésange, avec une charmante expression de bonheur ; regardez ces robes, ces livres, ces chapelets ces croix d'or, ces montres ; les chéries aimées s'occupent trop de Dieu pour beaucoup regarder ces choses, mais je me réjouis pour elles. Je puis bien le dire, maintenant, je me serais peut-être sentie triste demain, en les voyant moins bien parées que leurs compagnes ; elles ressembleront mieux à des anges, avec ces voiles de tulle et ces robes de neige.

— Et vous ? demanda Ramoussot.

— Moi ?

— Oui, vous, quelle sera votre parure ?

— Mes sœurs, répondit Mésange, avec une douce fierté.

— Vous vous souvenez de m'avoir arraché une promesse, Mésange ?

— Oui, l'avez vous tenue ?

— Je l'ai tenue. Et c'est avec un cœur heureux, reconnaissant, un cœur nouveau que je viens vous remercier, Mésange.

— L'abbé Tiburce a tout fait, monsieur.

— Vous m'avez conduit vers lui.

Les yeux de Mésange rayonnèrent.

— Dieu est bon ! dites avec moi que Dieu est bon ! monsieur Ramoussot. Vous avez souffert de longues, d'horribles souffrances, et maintenant vous êtes en paix avec tous, avec vous-même.

— J'ai réhabilité la mémoire de mon père, et tiré le voile noir dont je couvrais son cher visage.

— De plus, vous avez sauvé Urbain Kerdren, rendu le bonheur à Fabienne, mis le vicomte de la Haudraye en possession de sa fortune, aidé à l'œuvre de Sœur Sainte-Croix, replacé Alie dans les bras de Mme de Sézanne, reconquis la foi, l'espérance, toutes les divines vertus qui font fleurir l'âme humaine. Oui, vous êtes heureux et Dieu est bon !

— Dieu est bon, et vous êtes une sainte, Mésange !

— Moi, si faible, moi....

— Vous êtes vraiment la femme forte, la femme devouée, la femme selon Dieu et telle qu'il en faudrait beaucoup pour régénérer notre pauvre société morale. Quand je songe qu'à vous seule vous avez élevé une famille. Avant cinq ans, vos sœurs seront sans doute mariées.....

— J'ai déjà les dots ! s'écria Mésange, en montrant les livrets de caisse d'épargne.

— Et vous ? demanda encore une fois Ramoussot.

— Moi, dit Mésange, est-ce que je puis me marier ? Je suis mère de famille, vous-même l'avez dit, et je ne puis être que cela.

Le regard de Ramoussot enveloppa doucement Mésange.

Puis le jeune homme ajouta avec un peu d'hésitation :

— Voulez-vous me permettre de vous offrir un souvenir ?

Mésange rougit un peu, elle n'osa refuser, quand Ramoussot lui dit, avec une certaine altération dans la voix :

— Vous ne pouvez pas dire non, Mésange, d'abord parce que vous êtes bonne, et que vous me causeriez une grande peine ; ensuite parce que je suis sans doute à la veille de vous quitter.

— Vous partez ? demanda Mésange.

Tout à l'heure elle avait rougi, en ce moment elle devint pâle.

— Oui, je partirai probablement.

— Une affaire pressante vous appelle ?

— Je n'ai pas d'affaires.

— Vous vous ennuyez ?

— Non, Mésange, je travaille et je prie ; avec la prière et le travail, on ne s'ennuie jamais.

— Mais pourquoi, alors ! pourquoi.....

— Si vous acceptez mon souvenir, je vous le dirai.

Mésange, toute tremblante, avança une main dans laquelle tomba une bague, non point un riche anneau orné de pierreries, un bijou destiné à faire remarquer la main de celle qui le porte, mais une pauvre petite bague d'or usée, amincie, et qui semblait à elle seule avoir toute une vie honnête à raconter.

— Elle vient de ma mère, dit Ramoussot.

Mésange garda la bague dans sa main, mais sans la passer à son doigt. Cerisette, qui tournait autour des livres, des chapelets et des montres, s'approcha de sa sœur aînée, et Mésange prit l'enfant sur ses genoux. Elle se sentit alors plus forte et plus tranquille, sans s'expliquer pourquoi, ou du moins sans chercher à le comprendre.

— Je ne suis pas bon, Mésange, dit Ramoussot, la souffrance a laissé dans mon âme un levain mauvais qui ne disparaîtra sans doute que lentement. Seulement, il me semble que je deviendrais excellent, si je subissais doucement, perpétuellement, l'influence d'une créature angélique. Il faudrait pour que je devinsse l'homme que j'eusse été sans l'effroyable malheur qui brisa ma vie, que quelqu'un prît en pitié mon isolement et ma tristesse. On devient indifférent à toutes les questions de fortune et d'avenir, quand le labeur ne doit profiter qu'à soi, et qu'on n'en peut partager le prix avec ceux qu'on aime. Ma vie est isolée, et quoi que vous ayez fait pour mon âme, Mésange, je sens encore le vide autour de moi. Ai-je besoin d'en dire davantage, Mésange ? Ne m'avez-vous pas compris ?

La jeune fille regarda Ramoussot sans rougir et sans baisser les yeux.

— Oui, je vous comprends, dit-elle, et, du fond du cœur, je vous remercie de toutes les nobles pensées dont j'ai été l'objet. Mais vous n'avez point réfléchi que votre rêve est impossible à réaliser. Je ne suis pas une fille comme les autres, moi ! Mes dix-neuf ans n'ont pas le droit de fleurir ! J'ai connu les devoirs trop vite pour avoir le loisir de songer à moi-même, et ces devoirs sont maintenant mon existence même. J'ai une famille, une chère et douce famille de jeunes anges ! Je leur ai donné mes rêves, mes espérances, mon travail, je ne leur reprendrai rien de tout cela. De mes sœurs j'ai mission de faire des femmes laborieuses, honnêtes ; de mon frère un ouvrier ou un soldat. Je ne me reposerai qu'à l'heure où Cerisette, à son tour, aura choisi son sillon dans la vie. Alors les aînées seront peut-être mères et je bercerai les nouveau-nés sur ma poitrine. Mon bonheur sera le reflet du bonheur d'autrui. Ma mère mourante a placé ses enfants dans mes bras, je ne les en repousserai jamais.

— L'ai-je donc pensé, Mésange, l'aurais-je même souffert ? N'ai-je point, près de vous, appris à chérir la couvée d'oiseaux, le chœur d'enfants, dont les chants me calmaient jadis dans mes heures de tristesse ?

— Oui, vous les aimez, je vous crois, je le sais.

— Alors, promettez-moi...

— Rien ! dit Mésange, rien encore, cette semaine est sainte entre toutes, gardons-la pour Dieu. Il n'est point permis de parler des choses de la terre, à côté d'enfants qui se trouvent si près du ciel. Comme mes sœurs, je ne veux songer qu'à Dieu ; plus tard, quand vous aurez subi l'épreuve à laquelle je veux vous soumettre, nous reparlerons de ce que vous avez rêvé.

— Voilà tout, Mésange ? pas une promesse, pas un signe ?

— Attendez ! répondit la jeune fille.

Ce mot fut dit avec un grand calme, mais le regard qui l'accompagna fut si doux, que Lucien se sentit subitement consolé !

— J'ai encore une chose à vous demander, Mésange.

— Parlez.

— Je voudrais faire ce soir la prière avec vous et les chères enfants.

— Nous vous attendrons, répondit lentement la jeune fille.

Ramoussot embrassa Cerisette qui venait de s'assoupir dans les bras de sa sœur. Puis il descendit chez lui, le cœur ému, le front brûlant, et s'arrêta devant le portrait de son père. Longtemps, il resta perdu dans la contemplation de la belle et noble figure de l'intendant de la princesse Vanika Saboulof ; il ne sortit de sa méditation, qu'en entendant au dessus de sa tête, un chœur de voix enfantines qui chantait la légende de saint Nicolas :

*Il était trois petits enfants
Qui s'en allaient glaner aux champs.*

Alors quittant la place qu'il occupait en face du portrait, il monta l'étage qui le séparait de la jeune famille, et s'avança plus craintivement que d'habitude, au milieu du groupe d'enfants recueillis.

Mésange dit alors à Ramoussot, tandis qu'elle faisait agenouiller, près d'elle, Cerisette que le sommeil domptait un peu :

— Veuillez faire la prière, monsieur Lucien, nous répondrons.

Un sentiment de joie, remplit le cœur du jeune homme ; il lui sembla que cette parole si simple, le plaçait subitement à la tête de la famille d'orphelins. Il commença lentement, prononçant les mots sacrés comme s'il leur trouvait un sens nouveau, plus profond et plus ample, plus consolant et plus divin. Quand le dernier « *Amen* » s'éteignit sur les lèvres, Lucien se leva, tendit la main à la sœur aînée, et la quitta sans dire un seul mot qui lui pût rappeler la conversation de la matinée.

Le samedi, les quatre sœurs parurent plus graves encore que de coutume ; le pardon du ciel allait descendre sur leurs âmes ; elles allaient revêtir la robe sans tache du baptême, et cette divine candeur qui appelle Dieu au m'lieu des hommes. Tandis qu'elles achevaient à l'église leurs dernières prières, Mésange rangeait les blanches toilettes du lendemain, souriant avec une joie maternelle à ces apprêts de la plus grande des fêtes, et se baissant par instants pour mettre un baiser sur le front de Cerisette qui courait de temps en temps vers la porte, voir si l'ange n'apportait pas encore quelque chose.

Quand les enfants rentrèrent, tout était fini, et le modeste repas s'étalait sur la table.

Luce et Lucie s'avancèrent les premières vers leur sœur aînée, pâles, d'une émotion profonde, elles s'agenouillèrent devant elle tandis que Marthe et Jeanne se pressaient à ses côtés.

— Tu nous as servi de mère, dit Luce d'une voix tremblante, tu as plus fait pour nous qu'aucune créature n'a jamais fait en ce monde. Bénis-nous, à cette heure, Mésange, car notre mère qui est au ciel, t'a transmis son autorité sur ses filles. Si nous n'avons pas toujours répondu à tes soins, pardonne-le-nous, à l'avenir nous ferons mieux. Oh! Mésange! chère Mésange, dis que tu nous bénis et que tu nous pardonnes.

Ses mains s'abaissèrent sur les fronts levés vers elle, et ces mots passèrent avec peine sur ses lèvres tremblantes :

— Que Dieu ratifie la bénédiction que je vous donne au nom de celle qui n'est plus !

Puis, avec un intraduisible élan de tendresse, elle attira les enfants sur son sein.

Alors, dans cette chambre, on entendit un murmure confus de voix tremblantes, de sanglots étouffés, de baisers, de tendres caresses. Que de joie dans ces larmes, que d'éloquentes promesses dans ces silences, que de remerciements au ciel dans ces regards muets attachés sur le crucifix !

Debout près de sa sœur, Louis se taisait, mais quand elle dénoua les bras qui pressaient les enfants contre elle, le jeune garçon lui dit d'une voix mâle :

— A partir de cette heure, je suis un homme.

Et la fierté adolescente de son regard prouvait qu'il venait de sentir doubler son courage.

Mésange est debout la première ; un baiser apprend à Lucie, Marthe, Jeanne et Luce, qu'il est temps de se lever. C'est le grand jour. La joie rayonne sur le front des enfants. Elles ne parlent pas, recueillies et dominées par le sentiment d'une crainte religieuse et d'une attente mêlée de tremblement, elles passent leur blanc vêtement sans se préoccuper de l'élégance de leur costume. Leur âme est à Dieu ; elles permettent aux mains vigilantes de Mésange de les parer, mais rien n'interrompt leur prière, et la sœur aînée se sent pénétrée d'attendrissement et de respect, près de ces enfants doublement chers à sa tendresse. Le voile blanc couvre leurs fronts, le chapelet descend de leur cou en collier modeste, le livre d'heures est dans leurs mains. Cerisette n'ose plus les approcher, et elle leur envoie des baisers timides.

Enfin la famille des Mésanges descend ; Louis passe le premier, Mésange, tenant Cerisette par la main, marche la dernière. Le batteur d'or et sa famille se tiennent sur la porte ; toutes les femmes du quartier regardent avec admiration les blanches enfants qui, les yeux baissés, traversent la rue étroite encombrée de curieux.

Une foule énorme, recueillie, se presse dans l'église. Ce peuple de Paris, si souvent gouailleur, incrédule, garde le respect de certaines grandes choses. La cérémonie des premières communions l'émeut et l'attire.

Quand Mésange eut conduit ses sœurs, elle fit quelques pas du côté d'une chapelle ; un groupe s'ouvrit, elle comprit qu'on lui faisait place, et tomba pieusement à genoux. Dans le groupe qui l'accueillait se trouvait Fabienne, Urbain Kerdren, Jean Marigné, Barbézius, le vicomte de la Haudraye, Marie de Grandchamp, son heureuse fiancée, Blanche, Alleluia, Mme de Sézanne, Henri, Alie, Ramoussot et une grande partie des *Compagnons de la Vache Enragée*. Tous priaient ; tous avaient à bénir Dieu d'avoir adouci leur épreuve et changé leurs tribulations en joie.

Après l'office, il fut convenu entre Mésange et les amis qui lui donnaient ce jour-là cette preuve d'estime et de sympathie, qu'à deux heures, tous se retrouveraient à Notre-Dame-des-Victoires.

Plus d'un cœur reconnaissant y voulait accomplir un vœu, répéter une ardente prière ou suspendre un ex-voto.

On se rejoignit sous le porche, Mésange et ses sœurs arrivèrent les dernières. Après avoir traversé la nef, les jeunes filles, les jeunes femmes prièrent le prêtre veillant près de la statue, de bénir des chapelets, des médailles ; alors Mésange tendit à Lucien la bague qu'il lui avait donnée :

— Faites-la bénir en même temps, dit-elle sans le regarder.

Henri et Alie vêtus de bleu, souriant, se tenant par la main, allèrent s'agenouiller devant le prêtre qui posa son étole sur leurs fronts en disant :

— Croissez en grâce et en sagesse.

De toutes les âmes s'exhala une prière ardente ; les femmes prièrent pour leurs époux, les jeunes filles demandèrent les vertus, dont elles auraient besoin dans un nouvel état de vie ; Sœur Sainte-Croix dont le royaume n'était pas de ce monde, supplia le Seigneur de lui envoyer beaucoup de malheureux à consoler.

Fiat lux! qu'elle rayonne à jamais, cette double lumière de la clarté du jour, et des clartés célestes ! que le soleil ardent, suspendu dans l'espace, continue à épanouir les fleurs, à dorer les moissons, à mûrir les grappes de la vendange ! Mais que le Soleil de la justice dissipe les ténèbres de l'ignorance, réchauffe les cœurs glacés, inonde de ses rayons ceux-là mêmes qui s'obstinent à rester aveugles !

Fiat lux! que cette bienfaisante lumière baigne les groupes souffrants d'orphelins, de vieillards, de mères en deuil, de tous les Parias de la vie, qui tendent les bras vers le ciel, de tous les vaincus de la lutte, à qui manque la force de la recommencer ; de tous les misérables qui n'osent plus se souvenir qu'il existe un Dieu, dans la crainte de trouver en lui un juge.

Fiat lux! de plus en plus dans les âmes pures et choisies !

Fiat lux! pour les incrédules, les apostats et les lâches !

Fiat lux! pour le travailleur qui fouille la pensée humaine, et tente de faire passer dans ses œuvres un rayon de cette clarté divine. La lumière ! toujours la lumière ! mais la lumière d'en haut qui, après avoir inondé nos âmes, retombe à sa source première, et retombe sans fin sur les hommes en rayons jaillissant des bras étendus de la croix.

Au pied de cette croix, laissons prier les femmes qui ont gagné leur part de bonheur : Fabienne, Mésange, Blanche, Marie de Grandchamp, Alleluia, Sœur Sainte-Croix, ces créatures angéliques qui comprennent le rôle unique de la femme en ce monde : l'abnégation ; ces hommes qui ont souffert et qui sont restés forts : Kerdren, Lucien, le vicomte de la Haudraye, Barbézins et cette phalange de vaillants écrivains, d'artistes convaincus qui travaillent à la gloire du pays en l'honorant par leur génie.

Oui, laissons-les prier, la croix est rafraîchissante et douce pour ceux qui ont grandi à son ombre !

Une livraison chaque samedi. — Une série toutes les 5 semaines.

La seconde livraison paraîtra
LE SAMEDI 16 FÉVRIER

10 Centimes la Livraison. — 50 Centimes la Série

chez tous les libraires, marchands de journaux et colporteurs.

LES PARIAS DE PARIS

PAR

RAOUL DE NAVERY

Edition de luxe, magnifiquement illustrée par A. Lemaistre

Nulle part la richesse d'imagination de Raoul de Navery, son habileté de mise en scène, le réalisme des tableaux largement peints, dans lesquels il révèle Paris sous ses côtés étranges et mystérieux, n'apparaissaient avec plus de relief que dans ce récit palpitant. Mais à côté du drame entraînant, fiévreux et sombre, que de scènes touchantes, dans lesquelles se traduisent les sentiments les plus nobles, les croyances les plus sublimes ! C'est qu'il ne suffit pas de faire vibrer les nerfs, d'exciter la curiosité du lecteur, il faut encore et surtout répandre dans son esprit les nobles enthousiasmes, remplir son cœur d'héroïques sentiments.

Les types qui feront des **PARIAS DE PARIS** une œuvre rapidement populaire sont pris sur le vif. **M. Monier**, le voyageur mystérieux ; les sombres et énigmatiques physionomies **d'Amaury** et de **Germain Loisel**, inquiètent longtemps comme des problèmes.

A côté de ces personnages, jetant leur ombre sinistre sur ce drame, **Alleluia**, la jeune aveugle, **Blanche**, la mère au désespoir, privée de sa raison, **Sœur Sainte-Croix**, dont les voiles de religieuse semblent cacher les ailes d'un ange, reposent des figures effrayantes. Puis vient **Nicolas Barbézius**, l'empailleur de grenouilles, type parisien, sympathique et charmant, spirituel et généreux, **Ramoussot**, l'agent de police. Voilà quels personnages vont se mouvoir dans les milieux les plus disparates : l'atelier du peintre, la cellule de la religieuse, l'hôtel du millionnaire, la chambre du condamné à mort, le tapis-franc où se donnent rendez-vous les misérables, les forçats, seront tour à tour le théâtre des scènes de ce drame mouvementé, dans lequel R. de Navery pourra de nouveau mettre en lumière les qualités qui ont fait un si légitime succès aux **Drames de la Misère**.

Nous avons eu la bonne fortune d'obtenir de M. A. Lemaistre, le dessinateur si connu, qu'il voulût bien se charger de l'illustration des **Parias de Paris**. Des bas-fonds où germe le crime, jusqu'aux plus élégants salons de la grande ville, il a tout vu, tout observé, tout rendu. Son crayon donne une vie plus intense encore aux nombreux personnages, aux vigoureuses études qui font, des **Parias de Paris**, le roman le plus dramatique, le plus original, et aussi le plus populaire qui ait jamais été publié.

L'OUVRAGE SERA COMPLET EN 52 LIVRAISONS

Il paraît régulièrement une livraison chaque samedi à dater du 9 Février.

ANGERS, IMPRIMERIE A. BURDIN ET Cie, 4, RUE GARNIER.

Contraste insuffisant
NF Z 43-120-14

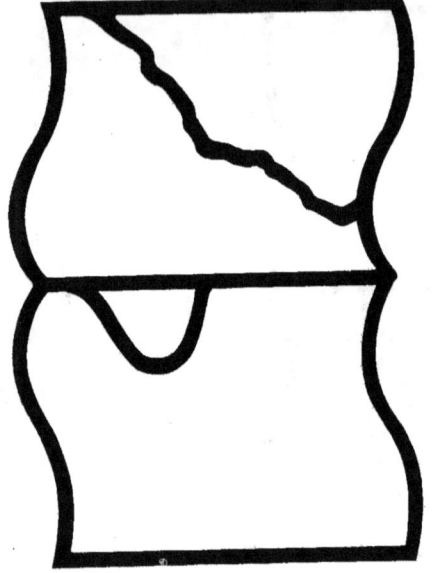

Texte détérioré — reliure défectueuse
NF Z 43-120-11

www.ingramcontent.com/pod-product-compliance
Lightning Source LLC
Chambersburg PA
CBHW071931240426
43668CB00038B/1089